KB185961

안전, 주민, 경찰

자치경찰의 새로운 이해

1

자치경찰실무

이동규 외 14인 지음

박영사

추천사

　대한민국 경찰 창설 76년 만에 도입된 자치경찰제도는 민생치안 정책들을 지역주민들과 공동 생산하는 제도입니다. 특히 사회적 약자인 여성, 아동, 장애인, 노인들을 선제적으로 보호하고 지역의 교통안전 확보와 학교폭력·가정폭력 방지 등 믿음직하고 친근한 우리동네 이웃 경찰관이 되어주는 것이 자치경찰제도의 최우선 목표입니다. 하지만 도입 초창기이다 보니 자치경찰의 독립적 재원확보의 문제, 자치경찰사무의 무한정 확대에 대한 우려 등 부정적인 시각들이 있는 것도 사실입니다. 이러한 중요한 시점에 경찰인재개발원 자치경찰 교육센터에서 '자치경찰의 새로운 이해'라는 책을 발간한 것은 매우 시의적절하고 뜻 깊다고 생각합니다. 경찰인재개발원은 생활안전, 교통, 여성청소년 등 대한민국 지역경찰 교육의 중심지이자 코로나 팬데믹으로 대한민국이 매우 어려운 시기에 따뜻한 손길로 해외 동포들에게 생활치료센터를 제일 먼저 제공한 우리의 영웅들이 근무하는 곳이기도 합니다.

　이 책은 총론 부분에서는 자치경찰제도의 이해와 자치경찰사무에 대해 큰 숲에서 바라봅니다. 그리고 각론 부분에서는 경찰업무의 큰 파트를 차지하고 범죄예방의 핵심이라고 할 수 있는 112 치안종합상황실, 생활안전, 여성청소년 업무, 보호조치 등에 대해 세세히 다루고 있습니다. 이 책은 이제 막 시작한 한국형 자치경찰제도가 안착하고 더욱 성공적으로 발전할 수 있는 밑거름이 되는 소중한 교재로서 적극 추천합니다. 이 책이 나오기까지 노력해주신 경찰인재개발원 자치경찰교육센터의 교수님들의 노고에 진심으로 감사 말씀을 드립니다.

2021. 11.

경찰대학 자치경찰발전연구원장 서준배

머리말

2021년 드디어 우리나라에 자치경찰제도가 본격적으로 도입되고, 우리는 자치경찰 시대를 맞이하게 되었습니다.

자치경찰제도는 국가경찰제도의 단점을 보완하여, 국민의 더욱 가까운 곳에서 치안 서비스를 제공하기 위한 것으로 지방자치제도의 기본 이념을 따르는 제도입니다.

자치경찰제도에서의 경찰은 지역에 더욱 특화된 치안서비스를 제공함으로써, 경찰과 국민은 더욱 가까워지고, 제복을 입은 시민이라는 경찰 본연의 모습은 더욱 선명해질 수 있습니다.

그러나 자치경찰제의 도입과 따라 고민하고 해결해야 할 숙제들이 많이 있습니다. 우리나라의 자치경찰제도는 다른 나라들의 자치경찰제도와는 또 다른 새로운 것으로서 제도나 인력, 행정이나 교육 등 여러 가지 면에서 앞으로 함께 고민해야 할 문제들도 많이 가지고 있습니다.

이 책은 자치경찰의 과거와 현재 그리고 미래에 대한 내용입니다. 경찰 개념의 역사적 변화에서부터, 자치경찰제도의 도입 과정, 자치경찰·국가경찰·자치단체 간의 권한과 임무 구분, 현재 자치경찰 사무의 각 분야에 대한 구체적인 실무내용, 그리고 자치경찰의 교육과 미래전략에 대한 내용까지 포함하고 있습니다. 이를 통해 자치경찰의 중요한 개념들을 이해하고 자치경찰 사무에 대한 내용을 최대한 구체적으로 파악할 수 있도록 정리하였습니다.

이 책은 자치경찰 소속 경찰관, 국가경찰 소속 경찰관, 자지경찰 사무를 담당하는 공무원들을 비롯하여 구체적인 자치경찰의 실무에 대해 알고 싶은 여러 분들에게 도움이 될 수 있을 것입니다. 경찰 업무가 매우 광범위하고, 분량과 내용상 깊이의 제한으로 각 분야별로 모든 내용을 담지는 못했지만, 가장 필수적이고 핵심적인 내용들을 담을 수 있도록 최대한 노력하였고 일반 시민이나 학생들도 자치경찰의 구체적인 내용들을 이해할 수 있도록 가능하면 쉽게 읽을 수 있도록 구성하였습니다.

앞서 얘기한 것처럼 새로운 자치경찰제도는 우리가 이전에 보았던 다른 나라들의 자치경찰제도 그리고 우리나라에서 시범적으로 실시했던 자치경찰 제도와는 또 다른 모습과 특징을 갖고 있습니다. 이 책을 통해 우리나라의 자치경찰을 새롭게 이해하고, 자치경찰제도가 우리나라에 빨리 안착되어, 경찰이 더욱 가까이에서 국민들을 더욱 안전하게 지킬 수 있는 데 조금이나마 도움이 되었으면 합니다.

2021년 11월
경찰인재개발원 자치경찰교육센터 교수 일동

안전, 주민, 경찰
자치경찰의 새로운 이해 자치경찰실무

목차

안전, 주민, 경찰
자치경찰의 새로운 이해 자치경찰실무

PART
01

총론

01 자치경찰의 이해

1. 경찰의 이해

1.1. 경찰의 개념

'경찰'이라는 단어는 확고하게 정의 내려진 불변의 개념이라기보다는 역사적, 제도적 맥락에 따라 다양하게 해석될 수 있는 개념에 가깝습니다.[1] 우선 '경찰'을 의미하는 영어 단어인 Police의 어원과 유래를 통해 경찰 개념의 역사적 변화를 살펴보도록 하겠습니다. Police는 고대 그리스 도시국가 Polis의 '국헌(國憲)', '일체의 정치'를 의미하는 Politeia에 그 뿌리를 두고 있습니다.[2] Politeia는 로마에서 '공화국의 헌법과 그를 지지하는 행정활동 전체'를 의미하는 Politia라는 단어로 받아들여지고[3], 이후 14세기 프랑스에서 Police, 15세기 후반 독일에서 Polizei라는 용어가 등장하였습니다.[4] '경찰'이라는 개념은 16세기 중세 유럽에서 '교회행정을 제외한 일체의 세속적인 국가행정'을 의미하였고, 18세기 전제 군주의 '절대적인 지배권'을 의미하기도 하였습니다.[5] 이후 경찰학의 발달로 인해 '경찰'은 외교, 국방, 재무, 사법을 제외한 내무행정을 의미하는 개념으로 축소되었고, 18세기 후반 계몽주의 사상의 영향으로 '경찰' 개념에서 적극적 복리 증진이 제외되기 시작하였습니다.[6] 19세기 자유주의적 법치국가 시대에 이르러 '경찰' 개

---

1) 서정범, 「경찰행정법」, 세창출판사, 2020; 서정범 등, 「경찰법 연구」, 세창출판사, 2018; 신영호 등, 「경찰과 법」, PNC미디어, 2013.
2) 이동희 등, 「경찰과 법」, 경찰대학, 2015; 신현기 등, 「경찰학 사전」, 법문사, 2012.
3) 서정범, 「경찰행정법」, 세창출판사, 2018
4) 신현기 등, 「경찰학 사전」, 법문사, 2012.
5) 신영호 등, 「경찰과 법」, PNC미디어, 2013.
6) 신영호 등, 「경찰과 법」, PNC미디어, 2013.

념은 소극적 질서유지에 국한되게 되었습니다.[7] 요약하자면, '경찰'이라는 개념은 역사적으로 한 국가의 헌법 질서 혹은 국정 전반을 의미하는 폭넓은 개념에서 출발하여 본연의 치안 유지 기능으로 점차 축소되는 과정을 경험해 온 것입니다. 아래의 [도표]를 통해 경찰 개념의 역사적 변화를 정리하겠습니다.

▌[도표] 경찰 개념의 역사적 변화

구분	경찰의 개념	
고대 그리스	국헌(國憲), 일체의 정치	
로마 공화국	공화국의 헌법과 그를 지지하는 행정활동 전체	
중세 유럽	일체의 세속적인 국가행정	교회행정 제외
16 ~ 18세기 절대군주주의	군주의 절대적인 지배권 (왕권신수설)	
18세기 계몽주의	내무행정	외교, 국방, 재무, 사법 제외
19세기 자유주의적 법치국가	소극적 질서유지	적극적 복리증진 제외

또한 '경찰' 개념은 법 제도의 변화에 의해서도 다양하게 해석될 수 있습니다. 「대한민국헌법」은 제96조에 "행정각부의 설치·조직과 직무범위는 법률로 정한다."라고 규정하고 있습니다. 이러한 행정조직법정주의는 국가의 중요한 사항은 법률로서 정하여야한다는 논리에 기반하며, 경찰행정의 영역에 적용되어 경찰조직법정주의로 불리기도 합니다.[8]

「국가경찰과 자치경찰의 조직 및 운영에 관한 법률」은 "경찰의 기본조직 및 직무 범위와 그 밖에 필요한 사항을 규정함을 목적"으로 합니다. 과거 경찰의 조직법이라고 할수 있는 「경찰법」(이하 "舊 경찰법")에서는 '경찰'이라는 단어가 주로 국가경찰을 의미하였다면, 2020년 12월 22일 전부개정된 「국가경찰과 자치경찰의 조직 및 운영에 관한 법률」(이하 "新 경찰법")에서는 '경찰'이 국가경찰만 지칭하는 것이 아니라 자치경찰도 포함하는 개념으로 확장되었습니다. 아래의 [도표]를 통해 법조문에 나타난 '경찰' 개념의 변화를 구체적으로 살펴보도록 하겠습니다.

---

7) 서정범, 「경찰행정법」, 세창출판사, 2020.
8) 홍정선, 「新 경찰행정법입문」, 박영사, 2021.

▌[도표] 신구 법조문 대조 및 경찰 개념의 변화

舊 경찰법	新 경찰법
제1조(목적) 이 법은 국가경찰의 민주적인 관리·운영과 효율적인 임무 수행을 위하여 국가경찰의 기본조직 및 직무범위와 그 밖에 필요한 사항을 규정함을 목적으로 한다.	제1조(목적) 이 법은 경찰의 민주적인 관리·운영과 효율적인 임무 수행을 위하여 경찰의 기본조직 및 직무범위와 그 밖에 필요한 사항을 규정함을 목적으로 한다.
제3조(국가경찰의 임무) 국가경찰의 임무는 다음 각 호와 같다. (중략)	제3조(경찰의 임무) 경찰의 임무는 다음 각 호와 같다. (중략)
제4조(권한남용의 금지) 국가경찰은 그 직무를 수행할 때 헌법과 법률에 따라 국민의 자유와 권리를 존중하고, 국민 전체에 대한 봉사자로서 공정·중립을 지켜야 하며, 부여된 권한을 남용하여서는 아니 된다.	제5조(권한남용의 금지) 경찰은 그 직무를 수행할 때, 헌법과 법률에 따라 국민의 자유와 권리 및 모든 개인이 가지는 불가침의 기본적인 인권을 보호하고, 국민 전체에 대한 봉사자로서 공정·중립을 지켜야 하며, 부여된 권한을 남용하여서는 아니 된다.
제11조(경찰청장) ③경찰청장은 국가경찰에 관한 사무를 총괄하고 경찰청 업무를 관장하며 소속 공무원 및 각급 국가경찰기관의 장을 지휘·감독한다.	제14조(경찰청장) ③경찰청장은 국가경찰사무를 총괄하고 경찰청 업무를 관장하며 소속 공무원 및 각급 경찰기관의 장을 지휘·감독한다.
제14조(지방경찰청장) ②지방경찰청장은 경찰청장의 지휘·감독을 받아 관할구역의 국가경찰사무를 관장하고 소속 공무원 및 소속 국가경찰기관의 장을 지휘·감독한다.	제28조(시·도경찰청장) ③시·도경찰청장은 국가경찰 사무에 대해서는 경찰청장의 지휘·감독을, 자치경찰사무에 대해서는 시·도자치경찰위원회의 지휘·감독을 받아 관할구역의 소관사무를 관장하고 소속 공무원 및 소속 경찰기관의 장을 지휘·감독한다. 다만, 수사에 관한 사무에 대해서는 국가 수사본부장의 지휘·감독을 받아 관할구역의 소관사무를 관장하고 소속 공무원 및 소속 경찰기관의 장을 지휘·감독한다.
제24조(직무수행) ①국가경찰공무원은 상관의 지휘·감독을 받아 직무를 수행하고, 그 직무수행에 관하여 서로 협력하여야 한다. (중략)	제6조(직무수행) ①경찰공무원은 상관의 지휘·감독을 받아 직무를 수행하고, 그 직무수행에 관하여 서로 협력하여야 한다. (중략)

이렇듯, '경찰'은 역사적 맥락이나 제도적 변화에 의해서도 그 의미가 확장되거나 축소될 수 있는 개념입니다. 하지만, 경찰 개념의 과도한 확장해석은 경찰이 개입해서는 안 될 영역까지 경찰권 발동을 통해 해결하려 하는 '경찰 만능주의'[9]나 '과잉금지의 원칙'

---

9) 서정범 등, 「경찰법 연구」, 세창출판사, 2018.

위반 우려가 있습니다. 반대로 지나친 축소 해석은 경찰의 위험방지가 충분하지 못하다는 '과소금지의 원칙' 위반 우려[10]가 있습니다. 신법의 개정이유에도 명시되어 있듯 자치경찰제 도입은 '분권과 민주성에 대한 요구를 반영하는 동시에, 국민 안전에 공백이 없도록 국가 전체의 치안 총량과 현재의 안정적 경찰활동 체계가 흔들리지 않도록 유지할 필요'가 있습니다.[11] 따라서, '경찰'이라는 개념이 비록 고정불변의 확고한 개념은 아닐지라도, 지나친 확대해석이나 축소 해석은 경계되어야 할 것입니다.

1.2. 경찰의 분류

'경찰'은 '국가경찰과 자치경찰', '행정경찰과 사법경찰', '보안경찰(일반경찰)과 협의의 행정경찰(특별경찰)' 등 다양한 기준에 의해 세부적으로 분류할 수 있습니다. 우선, 경찰은 '권한과 책임의 소재'를 기준으로 '국가경찰'과 '자치경찰'로 분류할 수 있습니다.[12] 다시 말해, 경찰은 국가의 권한과 책임하에 운영되는 '국가경찰'과 지방자치단체의 권한과 책임하에 운영되는 '자치경찰'로 분류할 수 있는 것입니다. 중요한 것은 이러한 국가경찰과 자치경찰의 분류 기준이 경찰 운용의 '권한'뿐만 아니라 경찰 운용에 대한 '책임'도 의미한다는 점입니다. 따라서, 과거 국가경찰 제도하에서는 오직 국가만이 경찰을 운용할 권한을 갖고 그에 대한 전적인 책임을 졌다면 자치경찰 제도하에서는 지방자치단체(시·도 자치경찰위원회)도 경찰을 운용할 권한을 갖고 그 책임을 지게 되는 것입니다. 新 경찰법 제2조는 '국가와 지방자치단체는 국민의 생명·신체 및 재산을 보호하고 공공의 안녕과 질서유지에 필요한 시책을 수립·시행하여야 한다.'는 규정을 신설하여 치안이 국가와 지방자치단체의 책무임을 명시하였습니다.

다음으로, 경찰은 '목적'을 기준으로 '행정경찰'과 '사법경찰'로 구분할 수 있습니다.[13] 다시 말해, 경찰은 공공의 안녕과 질서유지를 목적으로 하는 '행정경찰'과 범죄 수사와 범인 검거를 목적으로 하는 '사법경찰'로 분류할 수 있습니다. '행정경찰'과 '사법경

---

10) 서정범, 「경찰행정법」, 세창출판사, 2020.

11) 국가법령정보센터, 제정·개정이유 - 국가경찰과 자치경찰의 조직 및 운영에 관한 법률, 법제처, 2020.

12) 서정범, 「경찰행정법」, 세창출판사, 2020.

13) 신현기 등, 「경찰학 사전」, 법문사, 2012.; 신영호 등, 「경찰과 법」, PNC미디어, 2013.; 서정범 등, 「경찰법 연구」, 세창출판사, 2018.; 서정범, 「경찰행정법」, 세창출판사, 2020.; 홍정선, 「新 경찰행정법입문」, 박영사, 2021.

찰'은 적용 법규에 있어서도 차이를 보입니다.[14] 즉, 행정경찰은 행정법규 내지 행정법 원리의 적용을 받는 반면, 사법경찰은 형사법규 내지 형사법원리의 적용을 받습니다. 행정경찰 작용을 규율하는 행정법원리에는 국민의 기본권을 제한하는 행정작용은 법률의 수권을 요한다는 '법률유보의 원칙'이 있습니다.[15] 따라서, 경찰이 개별 법률의 구체적 수권 조항 없이 경찰관 직무집행법 제2조 7호의 '그 밖의 공공의 안녕과 질서유지' 조항만을 근거로 주무 행정관청을 대신하여 행정법규를 집행할 수 있는 것은 아닙니다.[16] 또한, 사법경찰 작용을 규율하는 형사법 원리에는 '형법의 보충성의 원칙'이 있습니다. '최후 수단성 원칙'이라고 불리기도 하는 이 원칙은 국가의 강력한 형벌권 발동은 다른 수단에 의해서는 의무이행이 불가능한 경우 최후에 보충적으로 이루어져야 함을 의미합니다.[17] 따라서, 기존에는 국가경찰에 의한 형벌권 발동 등 사법경찰 중심적 문제해결 방식이 주를 이뤄왔다면, 앞으로는 과징금 부과, 법 위반 사실의 공표, 수익적 행정행위의 철회·취소 등 새로운 의무이행 확보 수단[18]을 활용, 지역사회의 반복적인 치안 수요에 대한 근원적인 해결 방안을 모색하여야 할 것입니다.

마지막으로, 경찰은 '임무 수행의 독자성'을 기준으로 '보안경찰(일반경찰)'과 '협의의 행정경찰(특별경찰)'로 구분할 수 있습니다.[19] 다시 말해, 경찰이 다른 행정작용에 수반함 없이 독자적으로 행하는 경찰작용을 '보안경찰' 또는 '일반경찰'이라 부르고, 특별한 행정목적을 달성하기 위하여 각 주무부처 소관 하에 행해지는 행정작용을 '협의의 행정경찰' 또는 '특별경찰'이라 부릅니다. '보안경찰(일반경찰)'의 대표적인 예로 '교통경찰'이 있고, '협의의 행정경찰(특별경찰)'의 예로는 '위생경찰', '산림경찰', '건축경찰' 등이 있습니다.[20] 이러한 구분을 통해 경찰작용이 반드시 제도적 의미의 경찰에 의해서만 수행되는 것은 아니며, 특별법에 근거한 경찰작용은 관련 주무부처에 의해 수행되기도 한다는 점을 알 수 있습니다. 실제로 신법 제4조 제1항 제2호 '가.'목의 5)는 '주민의 일상생활과 관련된 사회질서의 유지 및 그 위반행위의 지도·단속'을 자치경찰사무로 규정하면서도 단서 조항을 통해 '다만, 지방자치단체 등 다른 행정청의 사무는 제외한다.'고 규정하여 일반경찰의 자치경찰사무와 지방자치단체의 질서행정사무를 구분하고 있습니다. 또

---

14) 신영호 등, 「경찰과 법」, PNC미디어, 2013.; 서정범, 「경찰행정법」, 세창출판사, 2020.

15) 이동희 등, 「경찰과 법」, 경찰대학, 2015.; 홍정선, 「新 경찰행정법입문」, 박영사, 2021.

16) 이동희 등, 「경찰과 법」, 경찰대학, 2015.

17) 이주일, 「형법상 보충성의 원칙에 대한 소고」, 한국비교법학회, 2005.

18) 서정범, 「경찰행정법」, 세창출판사, 2020.

19) 신현기 등, 「경찰학 사전」, 법문사, 2012.; 신영호 등, 「경찰과 법」, PNC미디어, 2013.; 서정범 등, 「경찰법 연구」, 세창출판사, 2018.; 홍정선, 「新 경찰행정법입문」, 박영사, 2021.

20) 신영호 등, 「경찰과 법」, PNC미디어, 2013.

한, 특별사법경찰제도의 경우 기능별로 전문적 지식이 정통한 일반 행정공무원에게 사법경찰권을 부여하여 단속과 조사, 송치 등의 효율성을 높이기 위한 제도로 이해되고 있습니다.[21] 아래의 [도표]를 통해 경찰의 분류를 정리합니다.

▌[도표] 경찰의 분류

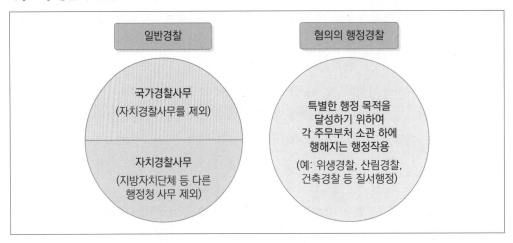

1.3. 경찰의 역할과 한계

경찰은 현대 민주주의 사회의 대표적인 법 집행기구 중 하나입니다. 따라서, 법률에 규정된 경찰의 역할을 먼저 살펴보도록 하겠습니다. 「국가경찰과 자치경찰의 조직 및 운영에 관한 법률」은 제3조를 통해 경찰의 '경찰의 임무'를 규정하고 있습니다. 「경찰관 직무집행법」제2조 '직무의 범위'에도 같은 내용이 규정되어 있으며, 위 조항들은 경찰행정의 작용법적 규정으로 이해되고 있습니다. 특히, 자치경찰제 시행과 관련하여 「국가경찰과 자치경찰의 조직 및 운영에 관한 법률」 제4조 1항 2호는 '자치경찰의 사무'를 규정하고 있습니다. '자치경찰사무'는 법에서 정한 '경찰의 임무' 범위 중 관할 지역의 생활안전·교통·경비·수사 등에 관하여 각 목에 열거된 사무를 의미합니다. 자치경찰사무에 관한 구체적인 사항은 동법 제4조 2항에 의하여 대통령령으로 정하는 기준에 따라 시·도 조례로 정하도록 되어 있으며, 자치경찰의 수사사무는 동법 제4조 3항에 의하여 대통령령으로 정하도록 되어 있습니다. 요약하자면, 자치경찰제 시행으로 경찰의 사무는 '국가경찰사무'와 '자치경찰사무'로 나뉘었고, 자치경찰사무는 대통령령으로 정하는

---

21) 신현기 등, 「경찰학 사전」, 법문사, 2012.

'수사사무'와 대통령령으로 정하는 기준에 따라 시·도 조례로 정하는 '일반경찰사무(非 수사사무)'로 나눌 수 있게 되었습니다. 기존 국가경찰의 사무도 동법 제16조에 의한 국가수사본부의 설치에 따라 '수사사무'와 '일반경찰사무(非 수사사무)'로 나눌 수 있게 된 점을 고려할 때, 경찰의 법적 임무는 아래와 같이 분류할 수 있습니다.

국가경찰사무		자치경찰사무	
수사사무 (I 유형)	非 수사사무 (II 유형)	수사사무 (III 유형)	非 수사사무 (IV 유형)

'국가경찰'과 '자치경찰'은 경찰운용의 '권한과 책임 소재'를 기준으로 한 분류이며, '수사'와 '非 수사'의 분류는 '경찰 활동의 목적'을 기준으로 한 '사법경찰'과 '행정경찰'의 분류와 유사합니다.[22] 이 책에서는 「국가경찰과 자치경찰의 조직 및 운영에 관한 법률」 제4조 1항 2호 라목에 명시된 '수사사무'라는 용어를 사용하여 법정 경찰사무를 분류하였습니다.

앞서 살펴본 바와 같이, 현대 법치주의 국가에서 '경찰의 역할'은 법률이 정하는 바에 의해 결정되는 것이 원칙입니다. 경찰의 역할을 자의적으로 확대해석할 경우, 경찰은 사회공공의 안녕과 질서유지를 위해서만 경찰권을 발동할 수 있다는 '경찰 공공의 원칙'[23]에 위배될 수 있습니다. 반대로, 경찰의 역할을 지나치게 축소해석할 경우, 경찰 개입 여부에 대한 경찰행정청의 판단이나 재량이 정당한 것으로 인정받지 못할 수 있습니다.[24] 입법 기술의 한계와 현장 경찰관이 마주하는 다양한 상황을 고려할 때, 경찰의 역할 한계를 명확히 규정하는 것은 불가능에 가깝습니다. 그럼에도 불구하고, 경찰의 개입은 정확해야 하며, 경찰력은 지역사회의 '치안'이라는 공공재를 유지하기 위해 꼭 필요한 곳에 사용되어야 합니다. 따라서, '경찰의 역할'은 위임입법의 한계를 벗어나지 않도록 성문법률을 기준으로 본연의 경찰 업무 범위 안에서 안정적으로 유지되어야 할 것이며, 경찰 개입에 대한 경찰행정청의 의무에 합당한 판단과 재량은 존중받아야 할 것입니다.

---

22) 신영호 등, 「경찰과 법」, PNC미디어, 2013.; 서정범, 「경찰행정법」, 세창출판사, 2020.
23) 현암사 법전부, 「법률용어사전」, 현암사, 2020.
24) 서정범, 「경찰행정법」, 세창출판사, 2020.

2. 자치경찰제도 개관

2.1. 자치경찰제 도입 연혁

한국의 근현대사를 통해 자치경찰제 도입 배경 및 연혁을 간략히 살펴보면, 한국은 1910년부터 36년간의 일제 강점, 1945년 8월 광복, 이후 3년간의 미군정, 1950년 6월 한국전쟁을 차례로 경험하였습니다. 이 과정 속에서 한국 경찰은 효과적인 경찰 활동을 위해 중앙집권적 국가경찰제로 출발하게 되었으며, 자치경찰제는 1990년대 지방의회의 설치 및 지방선거 실시 등 지방자치제 시행과 더불어 본격적으로 논의되기 시작하였습니다.[25]

자치경찰제 도입에 관한 논의는 지방자치제 시행 이후 출범된 매 정부에서 이루어져 왔습니다.[26] 우선, 광역단위 자치경찰제 도입은 국민의 정부(1998~2003)의 100대 국정과제 중 하나로 선정되었습니다. 참여 정부(2003~2008)에서는 2004년 「지방분권 및 지방행정체제 개편에 관한 특별법」 제정을 통해 자치경찰 도입이 국가의 의무로 규정되었으며, 2006년 「제주특별자치도 설치 및 국제자유도시 조성을 위한 특별법」 제정을 통해 제주 지역에 국가경찰과 별도로 자치경찰이 설치되었습니다. 이명박 정부(2008~2013)에서는 자치경찰제 도입을 192개 국정과제 중 일반과제로 명시하였습니다[27]. 박근혜 정부(2013~2017)에서도 2014년 발표된 '지방자치발전 종합계획'에서 '자치경찰제 도입'이 핵심과제로 포함된 바 있습니다.[28][29] '광역단위 자치경찰제 도입'은 문재인 정부(2017~)의 대선공약 중 하나였으며, 이후 발표된 100대 국정과제에서도 '권력기관의 민주적 개혁', '풀뿌리 민주주의를 실현하는 자치분권' 등의 내용이 담기고, '국정운영 5개년 계획'에 '광역단위 자치경찰 전면실시'가 포함되는 등 자치경찰제 도입에 관한 논의는 계속 진행되어왔습니다[30].

최초 자치경찰을 신설하고 43,000여명의 국가경찰 인력을 단계적으로 이관하는 '이원화 모형'[31]으로 추진되었습니다. 하지만, 이후 실제 입법된 「국가경찰과 자치경찰의

---

25) 신현기, 「자치경찰론」, 진영사, 2017.

26) 경찰청, 「2019 경찰백서」, 경찰청, 2019.

27) 최종술, 역대정부의 경찰정책과 이명박 정부의 경찰정책과제, 한국자치행정학보, 2008.

28) 정정화, 박근혜정부의 지방분권정책 평가와 과제, 한국자치행정학보, 2017.

29) 하혜영, 「지방자치발전 종합계획」의 주요 내용과 국회의 과제, 국회입법조사처, 2015.

30) 국정기획자문위원회, 「문재인 정부 국정운영 5개년 계획 및 100대 국정과제」, 청와대, 2017, https://www.korea.kr/archive/expDocView.do?docId=37595 (2021. 5. 1. 접속)

31) 자치분권위원회·행정안전부·경찰청, 「자치경찰제 10문 10답」, 대통령 소속 자치분권위원회, 2019, https://pcad.go.kr/section/board/bbs_view.html?seq=6369&goto_page=2&PID=report&select_tab = (2021. 5. 1. 접속)

조직 및 운영에 관한 법률」은 【제정·개정이유】를 통해 '경찰권한의 분권화', '지역특성에 적합한 치안서비스의 제공' 등 자치경찰제 도입 필요성을 주장하면서도, '추가 소요비용 최소화' 등 입법 당시의 구체적인 사정변경을 토대로 '일원화 모형'으로 의결되게 됩니다.

2020. 12. 22. 경찰의 조직법적 근거인 舊「경찰법」이 「국가경찰과 자치경찰의 조직 및 운영에 관한 법률」로 전면 개정되었고, 부칙을 통해 시행일을 2021. 1. 1.로 지정하였습니다. 다만, 자치경찰사무 수행에 관한 시범운영을 실시할 수 있고, 그 완료 시점은 2021. 6. 30.까지로 규정되어 있기 때문에 본격적인 자치경찰 시행은 2021. 7. 1.부터로 여겨져 왔습니다. 전국 17개 시·도의회는 신법 제4조(경찰의 사무) 제2항에 근거 '자치경찰사무에 관한 구체적인 사항 및 범위'를 시·도 조례로 제정하였으며, 이 과정에서 '자치경찰 사무의 구체적 사항 및 범위'가 담긴 '별표'를 개정할 필요가 있을 경우 시·도경찰청장의 의견을 '들어야 한다.'(의무규정)으로 할 것인지 '들을 수 있다.'(임의규정)으로 할 것인지 등을 두고 각 시·도별로 의견이 나뉘었습니다. 최종 공표된 17개 시·도 자치경찰 조례 중, 경찰청 표준조례안과 같이 '들어야 한다.'로 제정된 조례는 총 6개 시·도(부산, 대전, 충남, 경남, 경기, 전북)였으며, '들을 수 있다.'라는 표현이 사용된 조례는 없었습니다. 대신 '청취한다.'라는 표현이 총 8개 시·도(서울, 대구, 광주, 세종, 충북, 전남, 경북, 울산)의 조례에 사용되었으며, 이는 시·도경찰청장 의견을 '청취하여야 한다'로 규정된 제주도의 조례와는 다른 표현으로 보여집니다. 이외에도 '협의 절차를 거친다.'(인천), '협의하여 조정할 수 있다.'(강원) 등의 표현이 사용된 조례가 공포되었습니다. 아래의 [도표]는 각 시·도별 조례에서 자치경찰 사무의 구체적 사항 및 범위를 개정할 필요가 있을 경우, 시·도경찰청장 의견 청취 관련 규정입니다.

구분	조례 규정	비고
서울특별시	제2조 제2항: '별표 1을 개정할 필요가 있을 경우 [...] 서울특별시경찰청장의 의견을 청취한다.'	
부산광역시	제2조 제2항: '별표를 개정할 필요가 있을 경우 [...] 부산광역시 경찰청장의 의견을 들어야 한다.'	의무
대구광역시	제2조 제2항: '별표 1을 개정할 필요가 있을 경우 [...] 대구광역시경찰청장의 의견을 청취한다.'	
인천광역시	제2조 제2항: '별표를 개정할 필요가 있을 경우 [...] 인천광역시 경찰청장과 협의 절차를 거친다.'	협의
광주광역시	제2조 제2항: '별표 1을 개정할 필요가 있을 경우 [...] 광주광역시경찰청장의 의견을 청취한다.'	

구분	조례 규정	비고
대전광역시	제2조 제2항: '별표 1을 개정할 필요가 있을 경우 [...] 대전광역시경찰청장의 의견을 들어야 한다.'	의무
울산광역시	제2조 제2항: '별표 1을 개정하려는 경우 [...] 울산경찰청장의 의견을 청취한다.'	
세종특별자치시	제2조 제2항: '자치경찰사무의 구체적인 사항과 범위를 변경하려는 경우 세종특별자치시경찰청장의 의견을 청취한다.'	
경기도	제3조 제2항: '별표1을 정하는 경우 [...] 경기남·북부경찰청장의 의견을 들어야 한다.'	의무
강원도	제2조 제1항: '자치경찰사무의 구체적 사항과 범위는 별표와 같다. 다만, [...] 강원도경찰청장과 협의하여 조정할 수 있다.'	협의
충청북도	제2조 제2항: '별표 1을 개정할 필요가 있을 경우 [...] 미리 기간을 정하여 충청북도경찰청장의 의견을 청취한다.'	
충청남도	제2조 제2항: '별표 1을 개정할 필요가 있을 경우 [...] 충청남도경찰청장의 의견을 들어야 한다.'	의무
전라북도	제2조 제2항: '별표 1을 개정할 필요가 있을 경우 [...] 전라북도경찰청장의 의견을 들어야 한다.	의무
전라남도	제2조 제2항: '별표 1을 개정하려는 경우 [...] 전라남도경찰청장의 의견을 청취한다.'	
경상북도	제2조 제2항: '별표 1을 개정할 필요가 있을 경우 [...] 경상북도경찰청장의 의견을 청취한다.'	
경상남도	제2조 제2항: '별표 1을 개정할 필요가 있을 경우 [...] 경상남도지사와 경상남도경찰청장의 의견을 들어야 한다.'	의무
제주특별자치도	제2조 제2항: '별표 1을 개정할 필요가 있을 경우 [...] 제주특별도지사와 제주특별자치도경찰청장의 의견을 청취하여야 한다.'	의무

　　자치경찰제 도입을 통해 '지역 특성에 맞는 치안 서비스'를 제공하고자 하는 취지는 존중받아야 할 것입니다. 하지만, 각 시·도별로 조례를 통해 법률에 규정된 경찰 본연의 임무 범위를 벗어나는 새로운 특수시책을 시행하려는 시도들은 신중히 검토되어야 할 것입니다. 국가 재정부담 최소화 등의 이유로 지방자치단체 차원의 자치경찰 신규채용이 예정되어 있지 않은 현 상황에서, 기존의 한정된 경찰력은 국민의 안전을 지키는 데 가장 먼저 사용되어야 할 것입니다. 자치경찰제 도입으로 인해 지역별로 긴급신고 대응 역량에 차이가 발생해서는 안 될 것이기 때문입니다. 지역 특성에 맞는 치안 서비스가 반드시 거창한 특수시책만을 의미하는 것은 아닐 것입니다. 지방자치단체 소속 별도의 자치경찰이 채용되기 전까지는, 국민들이 기대하는 기존의 안정적인 경찰 활동 체

계 속에서 경찰 본연의 임무를 수행하며 각 지역의 고유한 치안 수요 해결에 조금 더 관심을 기울이는 방향을 지향해야 할 것입니다.

2.2. 해외 자치경찰 운영 현황

영국과 미국은 자치경찰제를 시행하고 있다고 알려져 있습니다[32]. 우선, 영국은 잉글랜드와 웨일즈, 스코틀랜드, 북아일랜드의 연합 왕국(United Kingdom)으로, 잉글랜드와 웨일즈에 43개의 지방경찰이 존재하며, 스코틀랜드와 북아일랜드에 각각 1개의 경찰력이 별도로 존재합니다[33]. 사실, 잉글랜드와 웨일즈의 43개 지방경찰은 스코틀랜드나 북아일랜드의 경찰에 비해 인사, 예산, 감사, 경찰활동의 목표 설정 등 여러 측면에서 영국 중앙정부(내무장관, Home Secretary)의 직접적인 영향력 하에 놓여 왔습니다[34]. 또한, 1829년 런던에 근대 경찰이 도입된 이후로 수도 외부의 지방경찰은 지속적인 통폐합을 경험해 왔으며, 실제로 1888년 231개였던 잉글랜드와 웨일즈의 지방경찰은 약 1세기에 걸쳐 지속된 통폐합 끝에 1972년 오늘날의 43개로 줄어들게 되었습니다[35]. 한 나라의 경찰제도를 논할 때, 경찰력의 수(the number of police forces)를 기준으로 단일한 국가경찰이 아닌 복수의 지방경찰이 존재한다는 이유만으로 자치경찰이라 할 수는 없습니다. 대신, 각 지방경찰이 중앙정부의 지휘체계로부터 얼마나 독립적인 경찰활동을 전개할 수 있는지, 분권화 정도(degree of decentralisation)에 대한 평가도 함께 이루어져야

---

32) 경찰청, 「경찰백서」, 2018.

33) Mawby, R. C. and Wright, A. (2008) 'The police organisation', in Newburn, T. (ed.) Handbook of Policing. Devon: Willian Publishing.; Newburn, T. (2013) Criminology. 2nd edn. Oxon: Routledge; Jones, T. (2013) 'Policing', in Hale, C. et al. (eds.) Criminology. Oxford: Oxford University Press; Uglow, S. (2013) 'The criminal justice system', in Hale, C. et al. (eds.) Criminology. Oxford: Oxford University Press,; Davies, M., Croall, H. and Tyrer, J. (2015) Criminal Justice. 5th edn. Harlow: Pearson.

34) Critchley, T. A. (1972) A History of Police in England and Wales. 2nd edn. New Jersey: Patterson Smith; Emsley, C. (1996) The English Police: A Political and Social History. 2nd edn. Essex: Pearson Education; Emsley, C. (2009) The Great British Bobby: A History of British Policing from the 18th Century to the Present. London: Quercus; Brain, T. (2010) A History of Policing in England and Wales from 1974: A Turbulent Journey. Oxford: Oxford University Press

35) Critchley, T. A. (1972) A History of Police in England and Wales. 2nd edn. New Jersey: Patterson Smith; Emsley, C. (1996) The English Police: A Political and Social History. 2nd edn. Essex: Pearson Education; Emsley, C. (2009) The Great British Bobby: A History of British Policing from the 18th Century to the Present. London: Quercus; Brain, T. (2010) A History of Policing in England and Wales from 1974: A Turbulent Journey. Oxford: Oxford University Press.

할 것입니다[36].

영국은 각 지방의 경찰 책임자(Police and Crime Commissioner)가 지역 주민들에 의해 선출되며, 임기는 4년에 연임 제한은 없고, 현직 경찰관 혹은 경찰에 의해 직·간접적으로 고용된 자는 입후보 자격이 제한됩니다[37]. 이러한 경찰 책임자에 대한 주민 직선 제도는 시·도지사가 자치경찰위원회 위원장을 임명하는 우리나라의 제도와는 대조적이라 할 것입니다.

또한, 영국은 전통적으로 다른 유럽 대륙법계 국가들과는 차별화된 경찰 이념을 추구해왔습니다[38]. 경찰이 국가의 권위를 상징하며, 시민들을 국가가 제공하는 치안의 수동적인 객체로 본 대륙법계 국가경찰과 달리 영국은 '제복입은 시민(Citizens in uniform)', '동의에 기반한 경찰활동(Consensus policing)'[39] 등 시민들이 자치권에 기반하여 경찰에게 권한을 부여해 왔고 각 지역사회의 치안을 주체적으로 결정해 왔습니다. 이렇듯, 자치경찰제 도입은 기존 경찰조직의 지휘체계를 분산하는 것 외에도 주민참여 등의 민주주의적 가치를 구현해 내는 것이 중요하다 할 것입니다.

미국(The United States of America)은 수도 워싱턴(Washington, D.C.)과 50개 주(states), 해외 속령 등으로 이루어진 연방제 국가입니다[40]. 미국의 정치학자이자 경찰학 연구의 선구자로 평가받는 데이비드 베일리(David H. Bayley, 1933 – 2020)에 따르면, 미국은 극도로 분권화된 경찰 조직 구조(Extremely decentralized structures)를 보유하고 있는 국가 중 하나로, 미국 전역에 다양한 형태로 존재하는 경찰력의 수는 그 규모를 정확히 파악하기 어려울 정도로 분권화되어 있으며, 개별적으로 존재하는 경찰력들이 모여 하나의 미국 경찰 체계를 구성한다고 볼 수도 없다고 평가한 바 있습니다[41]. 미국에는 연방수사국(FBI), 마약단속국(DEA) 등의 연방 단위 법집행기관부터 주 경찰(state police), 자치주 경찰(county police), 시 경찰(city police), 읍·면·동 경찰(town/township police)에 이

36) Bayley, D. H. (1990) Patterns of Policing: A Comparative International Analysis. Rutgers: The State University Press.

37) Police Reform and Social Responsibility Act of 2011, legislation.gov.uk.

38) Davies, M., Croall, H. and Tyrer, J. (2015) Criminal Justice. 5th edn. Harlow: Pearson.; Mawby, R. I. (1999) Policing across the World: Issues for the Twenty–First Century. London: Routledge.

39) Davies, M., Croall, H. and Tyrer, J. (2015) Criminal Justice. 5th edn. Harlow: Pearson.; Kalunta–Crumpton, A. (2009) 'Patterns of community policing in Britain', in Wisler, D. and Onwudiwe, I. D. (eds.) Community Policing: International Patterns and Comparative Perspectives. New York: CRC press.

40) 염윤호, 「외국 자치경찰제도 연구」, 치안정책연구소, 2020.

41) Bayley, D. H. (1990) Patterns of Policing: A Comparative International Analysis. Rutgers: The State University Press

르기까지 다양한 단위의 경찰이 존재하고 있습니다[42]. 또한 경찰의 담당 임무, 경찰책임자에 대한 임명 방식, 각 단위 경찰에 대한 지휘·감독 관계도 미국 전역에 걸쳐 통일되어 있는 것이 아니라 주별로 다양한 형태를 갖고 있습니다[43]. 따라서, 미국이 중앙집권적인 국가경찰 제도를 채택하고 있지 않다는 것은 어느 정도 명확해 보이지만, 앞서 살펴보았듯 미국 전역에서 시행 중인 다양한 경찰제도를 하나의 통일된 체계로 파악하기에는 어려운 측면이 있습니다[44]. 따라서, 미국의 경찰제도와 우리나라 제도의 비교를 통해, 자치경찰제 도입에 대한 정책적 시사점을 도출하기 위해서는 미국 전역의 경찰제도에 대한 포괄적인 분석 외에도 개별 주 단위 경찰제도에 대한 세부적인 분석이 필요할 것입니다.

미국 내에서 가장 오래되고 규모가 큰 지방자치제 경찰(Municipal police)인 뉴욕시경(NYPD)의 경우, 뉴욕 시장(the Mayor of New York City)에 의해 경찰 책임자가 임명되며, 법 집행, 범죄 예방 등의 기본적인 경찰 임무 외에도 성소수자 공동체 지원활동(LGBTQ outreach), 이민자 공동체 지원활동(Immigrant outreach), 주민밀착형 경찰활동(Neighborhood Policing), 아시아인에 대한 증오범죄 퇴치(Combat Hate Crime Against Asians) 등 뉴욕시만의 특색있는 경찰활동 프로그램들을 운영하고 있습니다[45]. 우리나라의 경우에도 법률제·개정 이유에 '지역주민의 치안수요에 적합한 다양한 치안서비스를 제공', '지역실정에 맞는 주민밀착형 경찰서비스 실현' 등의 표현[46]이 등장하는 바, 각 지역사회의 치안수요에 맞는 경찰활동이 이루어져야 할 것입니다. 이 때, 자치경찰제 도입 취지를 존중하여 중앙정부에서 정의한 획일적인 경찰활동도 지양되어야 하겠지만, 경찰 본연의 임무 범위(경찰법 제3조와 제4조 제2호)를 벗어나는 과도한 특수시책 역시 지양되어야 할 것입니다.

영·미법계 국가들과는 달리 중앙집권적인 국가경찰제도를 운영중인 것으로 알려져 있는 유럽 대륙법계 국가에서도 자치경찰제가 부분적으로 도입되어 있음을 알 수 있습니다[47]. 실제로, 프랑스의 경우 주된 치안은 국가경찰(Police Nationale)과 국가군경찰

---

42) 박경래, 주요국의 자치경찰제도와 한국의 자치경찰법안 연구, 2005.

43) 염윤호, 「외국 자치경찰제도 연구」, 치안정책연구소, 2020.

44) Bayley, D. H. (1990) Patterns of Policing: A Comparative International Analysis. Rutgers: The State University Press.

45) https://www1.nyc.gov/site/nypd/about/about−nypd/about−nypd−landing.page (2021. 5. 31. 방문)

46) 국가법령정보센터, 제정·개정문 − 국가경찰과 자치경찰의 조직 및 운영에 관한 법률, 법제처, 2020.

47) 신현기, 「자치경찰론」, 진영사, 2017.

(Gendarmerie Nationale)에 의해 유지되고 있습니다[48]. 프랑스 남부의 니스(Nice) 시와 같은 일부 지방자치단체의 경우, 국가경찰과는 별도의 지자체 소속 경찰을 선발하여 24시간 운영하며 '야간 해변에서의 음주금지 조례' 등 각종 조례를 집행하고 있습니다[49]. 독일의 경우, 주단위(Bundesland)에서는 자치경찰을 운영하고 있지 않다고 보며[50], 각 지방자치단체에 외근 집행공무원을 둘 수 있고, 각종 조례의 집행 등 질서관청 사무를 지방자치단체 소속 질서공무원이 수행하고 있습니다[51].

전면적인 자치경찰제 도입이라는 초유의 변화를 맞이하여, 외국의 제도와 우리나라의 제도를 비교·분석하고자 하는 시도는 어느 정도 필요하겠지만, 각 국의 역사적·제도적 맥락에 대한 충분한 고려 없이 필요한 부분만을 보고 정책적 시사점을 도출한다든지 어디서든 통용 가능한 제도를 찾는 것은 온전한 접근방식이라 볼 수 없을 것입니다[52]. 언어 장벽, 자료의 접근 가능성, 외국 제도에 대한 선입견 등을 고려할 때[53], 외국의 경찰제도를 우리나라에 그대로 이식하기보단 우리나라의 실정에 맞는 자치경찰제를 설계하기 위한 참고 자료 정도로 활용하는 것이 보다 바람직할 것입니다.

2.3. 자치경찰이념과 커뮤니티 폴리싱

우리말로 '지역사회 경찰활동' 혹은 '지역공동체 치안활동' 등으로 번역할 수 있는 커뮤니티 폴리싱(Community Policing)은 1980년대 이전 미국과 영국에서 경찰 전문가주의(Police Professionalism)나 범죄와의 전쟁(War on crime)[54] 등의 구호가 경찰활동의 적법성(Police Legitimacy) 및 지역사회와의 관계(Police Community Relations)[55] 등의 이슈에

---

48) Mouhanna, C. (2009) 'The French Centralised Model of Policing: Control of the Citizens', in Wisler, D. and Onwudiwe, I. D. (ed.) Community Policing: International Patterns and Comparative Perspectives. New York: CRC press.

49) 김세미, 「외국 자치경찰제도 연구」, 치안정책연구소, 2020.

50) 박경래, 주요국의 자치경찰제도와 한국의 자치경찰법안 연구, 2005.

51) 김형훈, 「외국 자치경찰제도 연구」, 치안정책연구소, 2020.

52) Nelken, D. (2010) Comparative Criminal Justice: Making Sense of Difference. London: SAGE Publications.

53) Nelken, D. (2010) Comparative Criminal Justice: Making Sense of Difference. London: SAGE Publications.

54) Worrall, J. K. (2014) 'The Politics of Policing'. in Reisig, M. D. and Kane, R. J. (ed.) The Oxford Handbook of POLICE AND POLICING. New York: Oxford University Press.

55) Willis, J. J. (2014) 'A Recent History of the Police', in Reisig, M. D. and Kane, R. J. (ed.) The Oxford Handbook of POLICE AND POLICING. New York: Oxford University Press.

한계를 나타내자 이를 개선하고자 1980년대 미국과 영국에서 등장하기 시작하여 1990년대에 이르러 전 세계적 인지도를 얻게 된 경찰활동 방식입니다.

커뮤니티폴리싱은 반응적 경찰활동(reactive policing), 사건중심 경찰활동(Incident-driven policing)에 비해 범죄 예방, 시민들과의 긍정적인 교류, 지역사회와의 관계 개선 등을 강조하였습니다[56][57]. 또한, 민주주의 사회에서 시민들은 스스로 어떻게 통치받을 것인지 결정할 수 있어야 한다는 이념으로 경찰활동의 우선순위 설정에 있어 시민 참여의 가치와 필요성을 존중합니다[58]. 분권적 측면에서는 기존의 전통적 경찰활동에서는 관리자들이 부하직원의 실수를 방지하기 위하여 엄격하게 통제하는 역할을 기대받았다면 커뮤니티 폴리싱에서는 지역사회의 문제를 해결하기 위하여 부하직원이 재능과 창의성을 최대한 발휘할 수 있도록 하는 능력이 더 강조 받게 됩니다[59]. 이렇듯, 커뮤니티폴리싱(Community Policing)과 자치경찰(Autonomous Police)은 비록 동의어라고 볼 수는 없지만, 우리 사회가 자치경찰제 도입을 통해 구현하고자 하는 '민주', '자치', '분권' 등의 이념을 지향하는 경찰활동 방식입니다.

하지만, 실제 치안 현장에서 자치경찰제 도입을 통해 커뮤니티 폴리싱 이념을 구현하기 위해서는 몇 가지 과제를 우선적으로 해결해야 합니다. 우선, 경찰법 제정·개정 이유에 나타난 '지역주민의 치안수요에 적합한 다양한 치안서비스', '지역실정에 맞는 주민밀착형 경찰서비스' 등의 표현이 구체적으로 어떤 의미인지, 기존에 국가경찰이 수행해 오던 경찰 활동과는 어떻게 다른지, 현장 경찰관들은 무엇을 해야하고, 만일 새로운 시책이 시행된다면 경찰 본연의 임무에 속하는지 여부 등에 대한 명확한 해석 및 정립이 필요합니다. 실제로, 커뮤니티 폴리싱은 기존의 경찰활동에 비해 경찰활동을 유연하게 정의할 수 있다는 장점도 있지만, 그 결과 실체가 없는 철학적 이념에 불과하다는 비판도 있습니다[60]. 커뮤니티 폴리싱의 정의에 관한 논란에도 불구하고, 커뮤니티 폴리싱을 정의하고자 하는 몇몇 시도를 살펴보자면, 영국에서는 '시민들을 경찰활동의 객체로 보는 것이 아닌 시민들과 함께, 시민들을 위한 경찰활동'[61]으로 정의하였고, 미국에서는

---

56) Kelling, G. L. et al. (1988) 'The Evolving Strategy of Policing', in Perspectives on Policing No. 4. Washington, D.C.: National Institute of Justice.

57) Braga, A. A. (2014) 'Problem-Oriented Policing', in Reisig, M. D. and Kane, R. J. (ed.) The Oxford Handbook of POLICE AND POLICING. New York: Oxford University Press.

58) Cordner, G. (2014) 'Community policing', in Reisig, M. D. and Kane, R. J. (eds.) The Oxford Handbook of Police and Policing. New York: Oxford University Press.

59) Goldstein, H. (1987) 'Toward Community-Oriented Policing: Potential, Basic Requirements and Threshold Questions.' Crime and Delinquency. New York:McGraw-Hill.

60) Cordner, G. (2014) 'Community policing', in Reisig, M. D. and Kane, R. J. (eds.) The Oxford Handbook of Police and Policing. New York: Oxford University Press.

'협력관계, 문제해결 기술 등을 체계적으로 사용하여 범죄, 사회 무질서, 범죄에 대한 두려움 등 대중의 안전과 관련된 이슈를 야기하는 조건들을 선제적으로 다루는 경찰활동'[62]으로 정의한 바 있습니다. 이러한 시도들에도 불구하고, 인적자원의 쇄신이 없는, 구체적인 목표가 설정되지 않은 커뮤니티 폴리싱은 '새 부대에 담긴 낡은 술 (old wine in new bottles)'[63] 등의 비판을 받고 있습니다. 우리나라의 경우에도 '추가소요비용 최소화', '국민부담 경감'[64] 등의 이유로 지방자치단체 차원의 신규채용이 예정되어 있지 않아 인적자원의 쇄신을 기대할 수 없고, '주민생활과 밀접한 치안서비스'[65], '지역주민 밀착형 치안서비스'[66], '지역특성과 여건에 맞는 치안서비스'[67] 등의 표현이 구체적으로 무엇을 의미하는지 다소 불분명한 상황입니다. 또한, 영국·미국·호주 등의 커뮤니티 폴리싱 도입을 골자로하는 경찰개혁 시도 사례를 참고할 때, '무늬만 자치경찰'이라는 비판을 면하기 위해 경찰 본연의 업무 외에 별도의 서비스 임무를 부과한다면, 현장 경찰관들의 문화적 저항에 부딪힐 가능성이 높습니다[68]. 직급이 낮아질수록 현장에서 더 큰 재량을 갖게되는 계급 구조를 갖고 있는 경찰의 조직구조 특성상[69], 현장 경찰관들의 마음을 얻지 못한다면[70] 자치경찰 도입은 제도적 변화에 그치고 경찰활동의 이념적 변화로까지 이어지지 못할 수 있습니다.

　　현대 민주주의 사회의 대표적인 법 집행기구인 경찰의 역할을 고려할 때, 범인 검거와 같은 경찰 본연의 임무를 별도의 부서에서 전담하도록 하는 등의 근본적인 조치 (hiving off of crime functions to specialised units)[71]가 시행되지 않는 이상, 현장 경찰관들

---

61) Kalunta-Crumpton, A. (2009) 'Patterns of community policing in Britain', in Wisler, D. and Onwudiwe, I. D. (eds.) Community Policing: International Patterns and Comparative Perspectives. New York: CRC press.

62) COPS Office, (2009) Community Policing Defined. Washington DC: Office of Community Oriented Policing Services.

63) Center for Research on Criminal Justice, (1977) The Iron fist and the Velvet Glove: An Analysis of the U.S. Police. Ann Arbor: University of Michigan.

64) 국가법령정보센터, 제정·개정이유 - 국가경찰과 자치경찰의 조직 및 운영에 관한 법률, 법제처, 2020.

65) 경찰청, 「2018 경찰백서」, 경찰청, 2018.

66) 경찰청, 「2019 경찰백서」, 경찰청, 2019.

67) 경찰청, 「2020 경찰백서」, 경찰청, 2020.

68) Reuss-Ianni, E. (1983) Two Cultures of Policing: Street Cops and Management Cops. New York: Transaction Publishers; Chan, J. (1997) Changing Police Culture: Policing in a Multicultural Society. Cambridge: Cambridge University Press.; Loftus, B. (2012) Police Culture in a Changing World. Oxford: Oxford University Press.

69) Reiner, R. (2010) The Politics of the Police. 4th edn. Oxford: Oxford University Press.

70) Crank, J. P. (2015) Understanding Police Culture. 2nd edn. Oxon: Routledge.

이 부수적인 서비스 임무를 법 집행 임무보다 우선시하기는 어려운 환경입니다. 이는 경찰관들이 갖고 있는 범인 검거에 대한 높은 사명감이나 서비스 임무에 대한 냉소주의[72] 때문만은 아니고, 일상적인 직무수행 중에도 언제든지 위험한 상황에 직면할 수 있는 경찰 업무의 예측 불가능성[73]에도 기인합니다.

따라서, 한정된 경찰 인력은 자치경찰제 도입의 기본 전제라고 할 수 있는 현재의 안정적 경찰활동 체계를 유지하며 국민 안전[74]을 담보하는데 우선적으로 사용되어야 할 것입니다. 이러한 기본 전제를 바탕으로, 경찰 활동의 우선순위를 중앙정부에서 전국적으로 설정하는 것이 아니라, 각 시·도 경찰이 시민들의 의견을 들어 지역사회의 치안 수요를 파악하고 이를 해소하는데 역량을 집중할 수 있는 여건이 조성될 때, 국민이 체감할 수 있고 현장 경찰관들도 공감할 수 있는 실질적 자치경찰제가 될 수 있을 것입니다.

---

71) Cockcroft, T. (2013) Police Culture: Themes and concepts. 1st edn. Oxon: Routledge.

72) Reiner, R. (2010) The Politics of the Police. 4th edn. Oxford: Oxford University Press.

73) Crank, J. P. (2015) Understanding Police Culture. 2nd edn. Oxon: Routledge.

74) 국가법령정보센터, 제정·개정이유 - 국가경찰과 자치경찰의 조직 및 운영에 관한 법률, 법제처, 2020.

02 자치경찰의 사무와 권한

1. 자치경찰에 대한 기본적 이해

1.1. '자치경찰'이란 무엇인가요?

일반적으로 '자치경찰'은 '자치경찰제(도)'와 같은 뜻으로 사용됩니다. 그리고 경찰사무를 지방자치단체의 책임과 결정하에 수행한다는 의미입니다. 반대로 국가경찰은 국가(행정부)의 책임과 결정하에 경찰사무가 수행된다는 의미일 것입니다.

자치경찰은 '자치'와 '경찰'의 합성어입니다. 각각 개별적으로 나누어 살펴보겠습니다.

우선 사전적 의미로 자치(自治)란 "자기 일을 스스로 다스림"을 의미합니다(국립국어원 표준국어대사전). 법적 의미로 '자치'를 이해하기 위해서는 먼저 최고법에 해당하는 헌법부터 보아야 합니다. 우리 헌법에서 '자치'라는 단어가 명시적으로 등장하고 있으며, 그 조항에 근거하여 지방자치법을 비롯한 여러 '자치'관련 법률들이 규정되어 있기 때문입니다.

헌법 제8장에서는 "지방자치"라는 제목하에 '지방자치단체', '자치에 관한 규정', '기타 지방자치의 조직과 운영에 관한 사항'에 관한 개념을 인정하고 있습니다(제117조, 제118조). 그리고 지방자치단체는 '주민의 복리에 관한 사무'를 수행하지만, 과거에는 '자치에 관한 행정사무', '국가가 위임한 행정사무'의 처리를 담당하는 것으로 규정되었습니다.

즉, 지방자치단체라는 주체와 주민복리에 관한 사무가 밀접한 관련이 있을 때(지역적 근접성이 있을 때), '자치'라는 용어가 활용됩니다.

한편, '경찰'의 개념은 여러 내용으로 정의될 수 있겠지만, 일반적으로 자치경찰을 논의할 때에는 제도적 의미의 경찰(또는 조직적 의미의 경찰)을 지칭합니다. 자세한 내용은 이 책의 해당부분을 찾아보실 수 있습니다.

결국, '자치경찰'이란 지방자치단체가 수행하는 사무의 영역에 "경찰사무"가 추가된 것이며, 지역적 근접성을 갖춘 경찰기관이 그 사무를 수행하는 개념으로 이해할 수 있습니다. 기존에는 국가만이 경찰사무를 수행하였던 점과 비교하면, 종래 국가사무로만 편성되어 있던 경찰사무 중에서 일부를 떼어내 지방자치단체로 그 사무를 이관한 모습에 해당합니다.

1.2. '사무'와 '권한'이란 무엇이며, 어떤 관계인가요?

사무와 권한은 목적과 수단의 관계로 이해할 수 있습니다.

우선 헌법에 의해 '국가'와 '지방자치단체'가 설치·운영되고 있다는 점을 이해해야 합니다. 헌법은 국가로 하여금 '국민'의 '기본권 보장'에 관한 사무를, '지방자치단체'로 하여금 '주민의 복리'에 관한 사무를 처리하도록 규정하고 있습니다. 그리고 국가와 지방자치단체에게 배분된 사무를 처리할 수 있도록 여러 기관들을 설치한 다음, 각 기관들에게 각종 권한들을 적절히 배분해 두고 있습니다. 예를 들면 국회에는 입법권을(제40조), 대통령을 수반으로 하는 정부에는 행정권을(제66조 제4항), 법원에는 사법권을(제101조 제1항), 선거관리위원회에 선거와 국민투표의 공정한 관리 등에 관한 권한(제114조)을 부여해 두고 있습니다.

이처럼 헌법과 법률에 의해 배분된 사무의 처리는 '국가'와 '지방자치단체'의 설치목적이자 존재의 이유라는 점을 알 수 있습니다. 하지만 국가와 지방자치단체는 실체가 없는 관념상 개념에 머물러 있으므로, 그 존재만으로는 소관사무를 처리할 수 없는 한계가 있습니다. 소속 하부기관들과 집행기관인 공무원을 통해서만 배분된 본래의 사무를 실질적으로 처리할 수 있으므로, 사무처리를 위한 수단으로서 여러 권한들이 부여된 것입니다.

결국 국가와 지방자치단체는 헌법과 관련 법률에 의해 배분된 사무의 귀속주체에 해당하고, 사무의 수행주체는 소속 기관입니다. 사무의 귀속주체와 수행주체는 동일하지 않으므로, 국가와 지방자치단체의 대표자에게 소관사무의 처리를 위한 각종 권한을 부여하고 있는 것입니다.

1.3. 자치경찰과 관련된 용어들이 너무 많아서 헷갈려요!! 어떻게 이해하면 될까요?

자치경찰과 관련한 개념을 정확하게 구분하여 이해하고 사용해야 합니다.

자치경찰제가 시행되면서 이전에는 사용되지 않았거나 주목받지 못했던 용어들이 등장하거나 활용되고 있습니다. 각각의 개념들을 명확히 이해해야 하겠습니다. 대표적으로 생소한 용어들을 들자면, "자치경찰" vs "자치경찰관" vs "자치경찰사무" vs "자치사무"와 같은 용어들입니다. 이런 용어들은 각각 다른 의미를 가지고 있을까요? 우선은 각 단어들을 구성하고 있는 글자가 다르므로 그 내용도 다를 것이라는 점을 추측할 수 있습니다.

상세히 설명하면, 일반적으로 자치경찰제를 지칭하는 포괄적, 개념적 차원에서 "자치경찰"이라는 의미가 사용됩니다. 때때로 자치경찰은 자치경찰관, 자치경찰사무, 자치경찰기관과 같은 개념들을 대체하고 있으므로, 사용되는 시기와 장소에 따라 적절하게 이해하고 해석하여야 합니다. 자치경찰"관"은 자치경찰사무를 수행하는 경찰관을 의미합니다. 다만 자치경찰관이라고 해서 그 신분이 반드시 국가공무원이라거나 지방공무원이어야 한다는 논리필연적인 관계는 없습니다. 다음으로 '사무'의 유형에 방점을 두어서 국가경찰사무에 대비되는 의미로 자치경찰'사무'라는 용어가 사용됩니다. 자치경찰사무는 경찰법(제4조 제1항 제2호)에서도 명시적으로 언급되고 있는 법률용어입니다. "자치사무"는 자치경찰사무, 자치소방사무, 자치수도사무 등과 같이 다양한 유형들의 사무를 포함하는 상위의 개념으로 보아야 할 것입니다. 자치경찰사무는 자치사무이지만, 자치사무라고 해서 반드시 자치경찰사무는 아닐 것입니다.

결과적으로 다음과 같이 정리될 수 있습니다:「자치경찰사무는 법정사항이다. 자치경찰사무는 국가공무원 신분의 경찰공무원에 의해 수행된다. 자치사무에는 자치경찰사무가 포함되지만, 자치사무가 반드시 자치경찰사무인 것은 아니다.」

1.4. 자치경찰제는 2021. 7. 1.부터 시작된 것인가요? 그전에는 자치경찰이 없었나요?

우리의 자치경찰제는 '시범' 시행과 '본격' 시행으로 구분할 수 있습니다. 결론적으로 우리나라에서 자치경찰제는 2006. 7. 1.부터 시범시행된 후, 2021. 7. 1.부터 본격 시행된 것으로 정리할 수 있습니다.

일반적으로 「국가경찰과 자치경찰의 조직 및 운영에 관한 법률」의 전면개정을 통해 우리나라에 자치경찰제가 본격적으로 시행된 것은 2021. 7. 1. 부터라고 이해하고 있습니다.

사실, 과거로 거슬러 올라가 확인하면 역대 정부에서 다양한 자치경찰 모형들이 논의되었고, 수시로 자치경찰제 도입을 시·도하였지만 번번이 무산되었습니다. 2004년 지방분권특별법을 제정하여 국가의 의무사항으로 자치경찰제도의 도입을 선언하기도 하였습니다(제10조 제3항 "국가는 지방행정과 치안행정의 연계성을 확보하고 지역특성에 적합한 치안서비스를 제공하기 위하여 자치경찰제도를 도입하여야 한다."). 하지만, 그 간 여러 사정으로 현실화되지 못해 선언적 의미에 머물러 있었습니다.

그러다가 2006. 7. 1.부터 제주도에만 한정하여 시범적 차원에서 자치경찰제가 운영되어 왔었고, 수사권조정과 맞물려 이번 경찰법 개정을 통해 전국에 자치경찰제가 본격적으로 시행된 것입니다.

1.5. 제주특별자치도에서 시행되는 자치경찰제는 무엇이 특수한가요?

제주특별자치도에서만 이원화 모델이 시행중이고, 내륙에는 전부 일원화 모델이 시행중입니다.

2006년부터 시행되어 온 제주도 자치경찰제와 2021년부터 시행된 자치경찰제는 여러 측면에서 차이점이 있습니다. 한마디로 현재 제주특별자치도에서 운영중인 자치경찰은 이원화 모델이라고 보면 됩니다. 즉 현재 제주특별자치도 소속 자치경찰과 제주도경찰청 소속 자치경찰이 모두 공존하고 있기 때문입니다. 이 때 두 자치경찰 기관은 모두 제주도자치경찰위원회의 지휘를 받고 있습니다. 반면 내륙의 자치경찰은 예외없이 일원화 모델을 따르고 있습니다.

1.6. '일원화' 모델과 '이원화' 모델, 도대체 무슨 뜻인가요?

지역적 관할 내에서 경찰사무를 처리하는 기관이 하나의 기관(조직)만 존재하는지, 두 개의 기관(조직)이 존재하는지에 관한 구분입니다.

예를 들면 서울특별시의 지역적 관할 내에서 경찰사무는 자치경찰사무와 국가경찰사무로 나뉘지만, 모두 단일한 서울특별시경찰청이라는 경찰기관이 두 사무를 모두 처리하기 때문에 '일원화 모델'에 해당합니다.

그런데 제주특별자치도의 경우에는 서울과 동일하게 자치경찰사무와 국가경찰사무가 나뉘지만, 자치경찰사무 중 일부는 제주특별자치도 소속의 자치경찰단이라는 경찰기관이 수행하고 있습니다. 그러면서 그 밖의 다른 자치경찰사무와 국가경찰사무는 제주특별자치도경찰청이라는 경찰기관이 수행하고 있습니다. 이처럼 제주도라는 지역적 관할 내에서 경찰사무를 처리하는 국가기관이 2군데 존재한다는 의미에서 '이원화 모델'에 해당하는 것입니다.

이러한 구분은 결국 이원화 모델은 국가경찰과 조직이 분리된 별도의 자치경찰 조직이 신설되어 있는지 여부로 구분됩니다.

1.7. 일원화 모델과 이원화 모델 중 어느 것이 더 좋은건가요?

각 모델은 각각 장단점이 있으므로 단정적으로 대답을 찾기 어렵습니다. 이른바 아이에게 '엄마가 좋아? 아빠가 좋아?'를 묻는 것과 유사합니다.

자치경찰제 시행에 있어서 어느 모델을 채택할 것인지는 역사적, 문화적 배경을 기반으로 시대적 상황과 여건 등을 종합적으로 고려된 입법정책의 문제일 것입니다. 경찰법 개정과정에서 다양한 입법안들이 제시되었는데, 그 중 이원화 모델은 홍익표 의원안으로, 일원화 모델은 김영배 의원안으로 설명될 수 있습니다.

지금 경찰법은 결과적 측면에서 일원화 모델로 채택되었다는 점이 중요하며, 입법 후 현실에서 시행되고 있다는 점을 주목해야 하겠습니다. 즉, 과거 입법과정에만 지나치게 매몰되어 이원론과 일원론의 우열에 관한 맹목적 비교보다는, 지금 시행되고 있는 일원화 모델을 안정적으로 정착시키는데 노력해야 하겠습니다. 다만, 시행초기라는 점에서 제도 시행상 나타나는 문제점들을 확인하고 공론화해서 개선방안을 모색하는 미래지향적 태도를 가질 필요가 있습니다.

한편, 일원화 모델을 채택할 수 밖에 없었던 이유를 개정 경찰법의 제개정 이유에서 확인할 수 있으므로, 아래와 같이 그 이유원문을 옮겨왔습니다. 한번 읽어보시길 권해드립니다. 결국 일원화 모델 채택의 이유는 국가작용의 효율성을 고려한 결과로 해석됩니다. 즉 급진적인 이원화 모델 채택은 많은 조직, 인력, 예산 등의 국가자원 투입이 필요하지만, 현실상 그에 대응할 수 없었다는 한계가 있었던 것으로 이해됩니다("현행 조직체계의 변화와 추가 소요비용 최소화를 통해 국민부담을 경감할 필요").

「국가경찰과 자치경찰의 조직 및 운영에 관한 법률」 개정이유

최근 우리나라에서는 진정한 지방자치를 위해 경찰권한의 분권화와 함께 지역특성에 적합한 치안 서비스의 제공이 필요하다는 점에서 자치경찰제 전면 시행의 필요성이 꾸준히 제기되고 있으며, 더욱이 수사권 조정 시행과 함께 자치경찰제의 도입을 통해 비대해진 경찰권을 효율적으로 분산하여야 한다는 의견이 제기되고 있음.

자치경찰제를 도입함에 있어서는 경찰행정에 분권과 민주성에 대한 요구를 반영하는 동시에, 국민 안전에 공백이 없도록 국가 전체의 치안 총량과 현재의 안정적 경찰활동 체계가 흔들리지 않도록 유지할 필요가 있음.

한편, 지방행정과 치안행정의 연계성을 확보하여 지역주민의 치안수요에 적합한 다양한 치안서비스를 제공하고 지역실정에 맞는 주민밀착형 경찰서비스가 실현되어야 할 뿐만 아니라 현행 조직체계의 변화와 추가 소요비용 최소화를 통해 국민부담을 경감할 필요가 있음.

이에 현행법을 개정하여 경찰사무를 국가경찰사무와 자치경찰사무로 나누고, 각 사무별 지휘·감독권자를 분산하며, 시·도자치경찰위원회가 자치경찰사무를 지휘·감독하도록 하는 등 자치경찰제 도입의 법적 근거를 마련함으로써, 경찰권 비대화의 우려를 해소하면서 지방행정과 치안행정의 연계성을 확보하여 주민 수요에 적합한 다양한 양질의 치안서비스를 제공하는 한편 국가전체의 치안역량을 효율적으로 강화할 수 있도록 하려는 것임.

1.8. '해양'경찰은 자치경찰제가 시행되지 않나요?

네, 맞습니다. 시행되지 않습니다.

해양경찰은 해양경찰법에 근거하여 운영되고 있는 반면, (일반 또는 내륙)경찰은 「국가경찰과 자치경찰의 조직 및 운영에 관한 법률」에 근거하여 운영되고 있습니다. 그런데 해양경찰법에서는 자치경찰에 관한 규정이 없습니다. 따라서 해양경찰은 전부 국가경찰에 해당합니다. 내륙경찰에게만 자치경찰제가 시행되고 있습니다.

때문에 각 시도자치경찰위원회는 소관사무 처리를 위해 (내륙)경찰에 해당하는 시·도 경찰청장만을 지휘할 수 있고, 각 지방해양경찰청장은 지휘할 수 있는 권한이 없습니다.

1.9. 자치경찰제는 어떤 종류의 지방자치단체에서 시행하나요?

시·도와 같은 광역 지방자치단체입니다.

지방자치법에 의하면 우리의 지방자치단체는 광역 지방자치단체와 기초 지방자치단체로 구분할 수 있습니다. 전자는 시·광역시, 특별자치시·도, 특별자치도를 의미하고 후자는 시·군·구를 의미합니다. 이런 구분하에서 자치경찰제는 광역 지방자치단체 차원에서 시행되고 있습니다(지방자치법 제2조 제1항). 따라서 시·군·구청장 소속이 아니라 시·도지사 소속의 시·도자치경찰위원회를 통해 자치경찰사무 수행에 관한 여러 권한들이 행사됩니다. 반대로 시·군·구 소속에는 자치경찰과 관련된 별도의 조직이나 인력이 없는 것을 확인할 수 있습니다.

1.10. 자치경찰사무의 지역적 범위는 어떻게 획정되나요?

각 지방자치단체의 관할구역과 동일합니다.

자치경찰사무는 경찰의 임무 범위에서 "관할 지역"의 생활안전, 교통, 경비, 수사 등에 관한 사무로 정의됩니다(제4조 제1항 제2호). 따라서 관할 지역의 장소적 경계획정은 각 지방자치단체가 수행해야 하는 자치경찰사무의 범위와도 직결되므로, 관할이라는 지역적 범위를 명확히 하는 것은 매우 중요한 작업입니다. 관할 지역 외의 지방자치단체는 일체의 권한이 없음에도 권한을 행사하려는 경우, 또는 지방자치단체의 관할 자치경찰사무임에도 관할 지역이 아니라며 사무수행을 거부하는 경우 등 사무수행과 관련한 다양한 권한갈등이 발생할 수 있기 때문입니다. 아래와 같은 헌법재판소 결정이유를 확인하면, 지역적 관할이 권한행사와 관련하여 왜 중요한지 알 수 있습니다.

> ### 법률에서 정한 자치경찰사무의 지역적 범위
>
> 우리 헌법 제117조 제1항에서 보장하고 있는 <u>지방자치단체의 지방자치권에는 자신의 구역 내에서 자신의 자치권을 행사할 수 있는 권한이</u> 포함된다. 지방자치단체의 구역은 주민·자치권과 함께 지방자치단체의 구성요소이고, 자치권을 행사할 수 있는 장소적 범위를 말하며, 다른 지방자치단체와의 관할범위를 명확하게 구분해 준다. <u>지방자치단체는 지방자치법 제9조 제1항에 따라 자기 관할구역의 자치사무와 법령에 의하여 지방자치단체에 속하는 사무를 처리할 권한을</u> 가지며, 그 제2항 제1호에서 열거하는 지방자치단체의 구역, 조직 및 행정관리 등에 관한 사무를 처리할 권한을 가진다. 따라서 <u>지방자치단체는 자신의 관할구역 내에서 헌법 제117조 제1항과 지방자치법 제9조 및 기타 개별 법률들이 부여한 자치권한 내지 관할권한을</u> 가진다(헌재 2015. 7. 30. 2010헌라2, 홍성군과 태안군 등 간의 권한쟁의).

결국, 시·도자치경찰위원회는 시·도지사 소속이므로 시·도자치경찰위원회의 소관 자치경찰사무는 시·도지사가 수행하는 사무의 지역적 관할과 동일할 것입니다. 헌법재판소 결정(2010헌라2)에 따라 1948. 8. 15. 당시 존재하던 관할구역의 경계가 원천적인 기준이 될 것이므로, 현행 각 시·도, 시·군·구의 경계에 따라 지역적 범위도 동일하게 획정될 것입니다.

2. 자치경찰에 대한 법적 이해

2.1. 자치경찰제를 규율하는 법령은 무엇인가요?

생각보다 많습니다.

자치경찰을 직접 규율하는 법률[1]은 「국가경찰과 자치경찰의 조직 및 운영에 관한 법률」입니다. 다만, 자치경찰을 둘러싼 경찰조직법·경찰공무원(신분)법·경찰작용법에 관한 규정들을 유기적으로 이해해야만 자치경찰이 규율되는 현상을 정확이 이해할 수 있습니다. 따라서 넓은 의미에서 규율법령들을 정의해야 합니다.

우선 자치경찰에 관한 조직법적 성격을 지니는 「국가경찰과 자치경찰의 조직 및 운영에 관한 법률」을 비롯하여 많은 부속법령들이 있습니다. 자치경찰사무는 결국 시·도경찰청과 그 소속 경찰서와 같은 경찰기관을 통해 실현되므로, 경찰기관의 조직에 관한 법령들은 기본적으로 숙지하고 있어야 합니다.

구분	법령	비고
법률	국가경찰과 자치경찰의 조직 및 운영에 관한 법률	
	경찰직무 응원법	
부속법령	국가경찰과 자치경찰의 조직 및 운영에 관한 법률 제14조 제10항에 따른 긴급하고 중요한 사건의 범위 등에 관한 규정	
	국가경찰위원회 규정	
	자치경찰사무와 시·도자치경찰위원회의 조직 및 운영 등에 관한 규정	
	시·도자치경찰위원회에 두는 경찰공무원의 정원에 관한 규정	
	시·도자치경찰위원회에 두는 경찰공무원의 정원에 관한 규정 시행규칙	
	경찰청과 그 소속기관 직제	
	경찰청과 그 소속기관 직제 시행규칙	

---

1) 법률은 국회의 입법권 행사결과로 만들어진 "법률"만을 의미하지만, 법령은 법률과 그에 근거한 대통령령, 부령을 포함하는 개념입니다.

구분	법령	비고
법률	정부조직법	
부속법령	행정기관의 조직과 정원에 관한 통칙	
	행정권한의 위임 및 위탁에 관한 규정	
	행정 효율과 협업 촉진에 관한 규정	
법률	행정기관 소속 위원회의 설치·운영에 관한 법률	
	지방자치법	
부속법령	지방자치법 시행령	
	지방자치단체의 행정기구와 정원기준 등에 관한 규정	
법률	지방자치단체에 두는 국가공무원의 정원에 관한 법률	
부속법령	지방자치단체에 두는 국가공무원의 정원에 관한 법률 시행령	

경찰조직은 결국 구체적 집행기관에 해당하는 경찰공무원에 의해 운영됩니다. 따라서 신분법에 해당하는 경찰공무원법과 그 세부 법령들도 적용됩니다. 한편 시·도자치경찰위원회는 시·도지사 소속으로 설치되는 행정기관이고(경찰법 제18조), 그 구성원 중 일부(위원장, 상임위원)는 지방자치단체의 공무원(제30조 제3항)으로 임명됩니다. 또 시·도자치경찰위원회의 사무기구 소속 구성원들은 기본적으로 지방공무원으로 구성됩니다. 따라서 국가공무원법과 지방공무원법을 비롯한 제반 규정들도 적용됩니다.

구분	법령	비고
법률	경찰공무원법	
	국가공무원법	
	지방공무원법	
부속법령	경찰공무원 임용령	
	경찰공무원 징계령	
	경찰공무원 승진임용 규정	
	경찰공무원 교육훈련규정	
	경찰공무원 복무규정	
법률	경찰제복 및 경찰장비의 규제에 관한 법률	
법률	경찰공무원 보건안전 및 복지 기본법	

국민과 주민에 대한 경찰권 행사는 최종적으로 경찰사무를 처리하면서 구체적인 경

찰작용들을 통해 나타납니다. 따라서 경찰작용에 관한 법령들도 이해해야 합니다. 다만 행정기본법을 비롯한 총론적 법률들이 모두 적용되므로 함께 이해되어야 합니다.

구분	법령	비고
법률	경찰관 직무집행법	
부속법령	경찰관 직무집행법 시행령	
	경찰관의 정보수집 및 처리 등에 관한 규정	
	위해성 경찰장비의 사용기준 등에 관한 규정	
법률	행정기본법	
	행정절차법	
	행정조사기본법	
	행정규제기본법	

한편, 일부 지방자치단체에만 특별하게 적용되는 법률들도 놓쳐서는 안됩니다.

구분	법령	비고
법률	서울특별시 행정특례에 관한 법률	
	제주특별자치도 설치 및 국제자유도시 조성을 위한 특별법	
	세종특별자치시 설치 등에 관한 특별법	
	개정 지방자치법 "특례시" (창원, 고양, 수원, 용인)	2022.1.13.시행

그 밖에 자치경찰사무의 범위에 관해 각 시·도별로 제정된 자치법규인 '조례'가 있습니다. 이들 조례는 최종적으로 해당 지방자치단체에서 처리해야 하는 경찰사무를 구체화하고 있기 때문에 반드시 확인해야 하는 법규입니다.

구분	법령	비고
자치경찰 조례	서울특별시 자치경찰사무 및 자치경찰위원회의 조직·운영 등에 관한 조례	
	부산광역시 자치경찰사무와 자치경찰위원회의 조직 및 운영 등에 관한 조례	
	대구광역시 자치경찰사무와 자치경찰위원회 조직 및 운영 등에 관한 조례	
	인천광역시 자치경찰사무와 자치경찰위원회 조직 및 운영 등에 관한 조례	
	광주광역시 자치경찰사무와 자치경찰위원회의 조직 및 운영 등에 관한 조례	

구분	법령	비고
자치경찰 조례	대전광역시 자치경찰사무와 자치경찰위원회의 조직 및 운영 등에 관한 조례	
	울산광역시 자치경찰사무와 자치경찰위원회의 조직 및 운영 등에 관한 조례	
	세종특별자치시 자치경찰사무와 자치경찰위원회 조직 및 운영 등에 관한 조례	
	경기도 자치경찰사무와 자치경찰위원회의 구성 및 운영 등에 관한 조례	
	강원도 자치경찰사무와 자치경찰위원회의 조직 및 운영 등에 관한 조례	
	충청북도 자치경찰사무와 자치경찰위원회의 조직 및 운영 등에 관한 조례	
	충청남도 자치경찰사무와 자치경찰위원회의 조직 및 운영 등에 관한 조례	
	전라남도 자치경찰사무와 자치경찰위원회의 조직 및 운영 등에 관한 조례	
	전라북도 자치경찰사무와 자치경찰위원회의 조직 및 운영 등에 관한 조례	
	경상북도 자치경찰사무와 자치경찰위원회의 조직 및 운영 등에 관한 조례	
	경상남도 자치경찰사무와 자치경찰위원회의 조직 및 운영 등에 관한 조례	
	제주특별자치도 자치경찰사무 및 자치경찰위원회 운영 등에 관한 조례	
기타	제주특별자치도 행정기구 설치 및 정원 조례	제2조
	제주특별자치도 자치경찰 운영 등에 관한 조례	
	제주특별자치도 자치경찰 운영 등에 관한 조례 시행규칙	
	제주특별자치도 자치경찰공무원 임용 등에 관한 조례	
	제주특별자치도 자치경찰단장 개방형직위의 운영에 관한 조례	
	제주특별자치도 자치경찰공무원 인사교류 조례	
	제주특별자치도 자치경찰공무원 교육훈련 규칙	
	제주특별자치도 자치경찰공무원에게 지급하는 물품에 관한 규칙	
	제주특별자치도 자치경찰공무원 인사 규칙	
	제주특별자치도 자치경찰 무기 · 탄약관리 규칙	
	제주특별자치도 자치경찰 복제에 관한 규칙	

2.2. 자치경찰을 이해하려면 직간접적으로 관련된 법령들이 많은데, 왜 참조해야 하나요?

자치경찰제의 정확한 이해와 안정적 정착을 위해서입니다.

자치경찰제의 시행은 곧 지방자치단체의 사무 중 하나인 경찰사무를 수행하는 것으로 이해됩니다. 이 때문에 그동안 경찰 구성원들에게 익숙하지 않았던 지방자치단체(지방정부)와 자치사무를 둘러싼 여러 법개념들에 대해 폭넓은 이해가 필요합니다.

그런데 우리나라에서 자치경찰제가 본격적으로 시행된 것은 처음이므로, 그 간 자치경찰에 관해 의미있는 사례와 판례, 해석론들이 충분하게 축적되지 않은 것도 사실입니다. 따라서 자치경찰사무를 수행하는 각 시·도경찰청과 시·도자치경찰위원회가 주체적으로 법률을 해석해야 합니다.

결국 관련 법령들의 전반적·체계적 이해와 치밀한 분석이 전제되어야만 경찰기관과 지방정부가 협력관계를 구축할 수 있는 토대가 될 것입니다. 이를 통해 궁극적으로 성공적인 지방분권을 실현할 수 있기 때문입니다. 이 지점에서 자치경찰제를 둘러싼 직간접적 적용법령들을 참조해야 하는 이유를 확인할 수 있습니다.

2.3. 범죄수사사무는 전부 국가경찰사무 아닌가요?

아닙니다. 자치경찰사무에는 수사사무도 포함됩니다.

경찰법 제4조를 확인하면 자치경찰사무에는 "수사"에 관한 사무가 포함됩니다. 따라서 수사사무는 국가경찰수사사무와 자치경찰수사사무로 구분됩니다. 그리고 후자의 사무범위는 경찰법 제4조 제1항 제2호 라목과 같은조 제3항, 자치경찰사무와 시·도자치경찰위원회의 조직 및 운영 등에 관한 규정 제3조의 해석에 의해 결정되므로, 번거롭지만 시행령 조문까지 꼼꼼하게 확인한 후 사무의 유형을 확인해야 할 것입니다.

예를 들면 같은 교통사고라도 죄종별, 장소별로 국가경찰수사사무인지 자치경찰수사사무인지 다르게 규율되고 있으므로, 단정적이고 획일적인 사무유형의 판단은 유의해야 합니다. 구체적으로 고속도로에서 일어난 사고에 대한 수사는 국가경찰수사사무이지만, 국도에서 일어난 교통사고는 자치경찰수사사무에 해당할 수 있기 때문입니다.

한편, 자치경찰수사사무이든 국가경찰수사사무이든 모두 국가수사본부장의 지휘를 받게 됩니다. 다만 지휘권 행사에 따른 사무처리 결과에 따른 평가는 시·도자치경찰위원회에 의한 판단을 받게 됩니다.

2.4. 경찰사무는 구체적으로 어떻게 구분되나요? 왜 그렇게 구분해야 하나요?

경찰법 제4조에 따라 사무의 유형은 국가경찰수사사무, 국가경찰비수사사무, 자치경찰수사사무, 자치경찰비수사사무와 같이 총 4유형으로 구분되어야 합니다.

이렇게 구분하는 이유는 사무의 유형별로 적용법률, 지휘권, 감독권, 현안점검자, 평가권자, 임용권자, 예산편성권자, 감사감찰징계요구권자가 모두 달라지기 때문입니다. 관련 법령들을 개관하여 정리하면 아래 표와 같습니다.

유형	국가경찰사무		자치경찰사무	
	수사사무 〈1유형〉	비수사사무 〈2유형〉	수사사무 〈3유형〉	비수사사무 〈4유형〉
적용법률	형사소송법	행정법	형사소송법	행정법
시·도청장에 대한 지휘감독권	국수본장/경찰청장	경찰청장	국수본장/경찰청장	시·도자치경찰위
경찰서장에 대한 지휘감독권	국수본장/경찰청장 시·도청장	경찰청장 시·도청장	국수본장/경찰청장 시·도청장	시·도청장
현안점검	경찰청장	경찰청장	시·도자치경찰위	시·도자치경찰위
사무수행평가	경찰청장	경찰청장	시·도자치경찰위	시·도자치경찰위
임용권	대통령/경찰청장	대통령/경찰청장	시·도지사 시·도자치경찰위 대통령/경찰청장	시·도지사 시·도자치경찰위 대통령/경찰청장
예산권	경찰청장	경찰청장	시·도지사	시·도지사
감사감찰 징계요구	각급 경찰기관 장	각급 경찰기관 장	시·도자치경찰위	시·도자치경찰위

한편, 자치경찰사무에 관하여 광역 지방자치단체 소속 시·도자치경찰위원회가 시·도경찰청장을 지휘할 수 있고, 시·도경찰청장 소속의 경찰서장에 대해서는 지휘를 할 수 없게 됩니다.

시·도청장의 입장에서는 사무의 유형에 따라 지휘권자가 달라지므로, 사무유형을 엄밀하게 구분할 실익이 있습니다.

경찰서장 입장에서는 사무유형의 구분 없이 모두 시·도경찰청장의 지휘를 받는 것으로 보이기 때문에, 일선 경찰서와 그 소속 경찰관에게는 자치경찰제 시행에 따른 큰 변화를 체감할 수 없게 됩니다. 그러나 경찰서장이 수행하는 자치경찰사무의 경우 시·도경찰위원회에서 그 사무수행에 대한 평가를 시행하기 때문에, 경찰서장의 입장에서 자치경찰사무를 구분할 실익이 발생합니다.

2.5. 자치경찰사무는 구체적으로 무엇인가요?

경찰법 제4조 제1항 제2호에 상세히 규정되어 있습니다. 아래에서 그 조문을 확인해 보겠습니다.

살펴보면 결국 자치경찰사무를 큰 덩어리로 나눠보면, 생활안전사무·교통사무·경비 사무·수사사무로 분류됩니다. 그리고 각각의 사무에 대한 자세한 내용은 이 책의 해당 부분을 찾으셔서 확인하셔야 합니다.

제4조(경찰의 사무) ① 경찰의 사무는 다음 각 호와 같이 구분한다.
1. 국가경찰사무: 제3조에서 정한 경찰의 임무를 수행하기 위한 사무. 다만, 제2호의 자치경찰 사무는 제외한다.
2. 자치경찰사무: 제3조에서 정한 경찰의 임무 범위에서 관할 지역의 생활안전·교통·경비· 수사 등에 관한 다음 각 목의 사무
   가. 지역 내 주민의 생활안전 활동에 관한 사무
      1) 생활안전을 위한 순찰 및 시설의 운영
      2) 주민참여 방범활동의 지원 및 지도
      3) 안전사고 및 재해·재난 시 긴급구조지원
      4) 아동·청소년·노인·여성·장애인 등 사회적 보호가 필요한 사람에 대한 보호 업무 및 가정폭력·학교폭력·성폭력 등의 예방
      5) 주민의 일상생활과 관련된 사회질서의 유지 및 그 위반행위의 지도·단속. 다만, 지방 자치단체 등 다른 행정청의 사무는 제외한다.
      6) 그 밖에 지역주민의 생활안전에 관한 사무
   나. 지역 내 교통활동에 관한 사무
      1) 교통법규 위반에 대한 지도·단속
      2) 교통안전시설 및 무인 교통단속용 장비의 심의·설치·관리
      3) 교통안전에 대한 교육 및 홍보
      4) 주민참여 지역 교통활동의 지원 및 지도
      5) 통행 허가, 어린이 통학버스의 신고, 긴급자동차의 지정 신청 등 각종 허가 및 신고에 관한 사무
      6) 그 밖에 지역 내의 교통안전 및 소통에 관한 사무
   다. 지역 내 다중운집 행사 관련 혼잡 교통 및 안전 관리
   라. 다음의 어느 하나에 해당하는 수사사무
      1) 학교폭력 등 소년범죄
      2) 가정폭력, 아동학대 범죄
      3) 교통사고 및 교통 관련 범죄
      4) 「형법」 제245조에 따른 공연음란 및 「성폭력범죄의 처벌 등에 관한 특례법」 제12조 에 따른 성적 목적을 위한 다중이용장소 침입행위에 관한 범죄

5) 경범죄 및 기초질서 관련 범죄
6) 가출인 및 「실종아동등의 보호 및 지원에 관한 법률」 제2조 제2호에 따른 실종아동
등 관련 수색 및 범죄

2.6. 자치경찰사무와 국가경찰사무는 엄격히 분리 또는 구분될 수 있나요?

반드시 그렇지는 않습니다. 일반적으로는 명확하게 구분할 수는 있겠지만, 모든 사무들이 명백하게 분리되는 것은 아니기 때문입니다.

수사사무의 경우 동일한 범죄행위에 대해서도 국가경찰수사사무로 의율될 수도 있고, 자치경찰수사사무로 의율될 수도 있습니다. 예를 들면, 112 또는 119 허위신고의 경우 경범죄 처벌법위반으로 의율되면 자치경찰사무이고, 형법상 위계에 의한 공무집행방해로 의율되면 국가경찰사무에 해당합니다. 또 가정 내 일어난 어떤 행위도 스토킹처벌법으로 의율되면 국가경찰사무로, 가정폭력에 해당하면 자치경찰사무로 취급될 수 있습니다. 따라서 수사사무의 경우 의율법률과 죄명에 대한 세밀한 관심과 정확한 이해가 필요합니다.

비수사사무의 경우에도 개정 경찰법에서는 자치경찰사무에 해당하지 않으면 국가경찰사무에 해당하는 것으로 규정되어 있습니다. 그런데 자치경찰사무의 최종적 범위는 각 지자체별 조례에 따라 조금씩 차이가 날 수 있으므로, 동일한 위법행위라도 하더라도 지역에 따라 자치경찰비수사사무에 해당할 수도 있고, 국가경찰비수사사무에 해당할 수도 있습니다. 따라서 비수사사무의 경우 해당 시·도의 조례를 최종적으로 확인하여 사무의 유형을 명확히 하려는 자세가 필요합니다.

2.7. 자치경찰사무와 국가경찰사무를 구분하기 위해서는 어떤 순서로 판단하여야 하나요?

자치경찰사무에 해당하는지를 먼저 판단하셔야 합니다.

순서대로 설명해 보겠습니다. 가장 먼저 해야 하는 작업은, 해당 사무가 ①생활안전/교통/경비사무인지 혹은 ②수사사무인지를 구분해야 합니다. 그런 다음 ①의 경우는 다시 해당 시·도의 조례를 확인해서 자치경찰사무에 해당하는지 확인해야 하고, 그렇지

않으면 국가경찰사무에 해당하는 것으로 판단하면 됩니다. 한편, ②의 경우에는 대통령령 제3조를 확인해서 자치경찰사무인지 확인한 후, 그렇지 않으면 국가경찰사무에 해당하게 됩니다.

이처럼 사무의 성질에 따라 자치경찰사무인지 국가경찰사무인지 확인하는 과정에서 차이가 발생합니다.

1순위 사무유형의 파악	2순위 조례와 대통령령 확인	3순위 보충적으로 국가경찰사무에 해당
생활안전 사무	해당시 · 도 조례 확인 → 해당되면 자치경찰사무	2순위에 해당하지 않으면 국가경찰사무
교통사무		
경비사무		
수사사무	자치경찰사무와 시 · 도자치경찰위원회의 조직 및 운영 등에 관한 규정 제3조 확인 → 해당되면 자치경찰사무	

2.8. 자치경찰사무에 해당하는 경우, 시 · 도 지방의회에 의한 민주적 통제는 어떻게 되나요?

자치경찰사무를 수행하는 경찰관은 시 · 도자치경찰위원회를 매개로 지방의회로부터 간접적 통제를 받게 됩니다.

시 · 도의회는 자치경찰사무에 관한 예산의 효율적인 관리를 위하여 의결이 있을 경우 시 · 도자치경찰위원장의 출석 및 자료제출을 요구할 수 있습니다(경찰법 제35조 제3항). 이 과정에서 시 · 도자치경찰위원회는 회의 안건과 관련된 이해관계인이 있는 경우 그 의견을 듣거나 회의에 참석하게 할 수 있게 됩니다(제26조 제2항). 그런데 회의 안건은 자치경찰사무 전반을 포함하므로(제24조), 시 · 도경찰청 소속의 경찰관들은 자치경찰위원회에 참석하여 의견을 진술하게 되는 경우가 발생할 수 있습니다.

2.9. 자치경찰사무를 수행 또는 담당하는 경찰공무원에 대한 임용권은 어떻게 이해해야 하나요?

개별 신분행위별로 다양한 경우의 수가 발생하므로, 구분하여 이해해야 합니다.

국가공무원법, 경찰공무원법, 경찰공무원 임용령의 해석에 의하면 임용권은 다음과 같이 경찰관의 신분변동을 기준으로 세분화 될 수 있습니다: 신규채용, 승진, 전보, 파견, 휴직, 직위해제, 복직, 정직, 강등, 해임, 파면, 면직.

그리고 이러한 개별적 신분변동에 관해 임용권의 위임에 의해 다양한 경우의 수가 관찰됩니다. 신분행위별 임용권 행사권한자를 정리하면 아래 표와 같습니다. 참고로, 여기서 위임이란, "법률에 규정된 행정기관의 장의 권한 중 일부를 그 보조기관 또는 하급행정기관의 장이나 지방자치단체의 장에게 맡겨 그의 권한과 책임 아래 행사하도록 하는 것"을 의미합니다(행정권한의 위임 및 위탁에 관한 규정 제2조 제1호).

	신규채용	승진	전보	파견	휴직	직위해제	복직	정직	강등	해임	파면	면직
경정	대통령							경찰청장				대통령
경감	경찰청장	시·도지사 (심사승진x)	시·도자치경찰위원회 (시·도경찰청장에게 위임 가능) (단, 지구대 파출소 소속 경찰관은 자치경찰사무를 담당하지만, 시·도경찰청장에게 임용권 있음(임용령 제4조 제1항))									경찰청장
경위												
경사												
경장												
순경												

2.10. 자치경찰과 관련된 법적용과 법해석에서 유의할 사항은 무엇인가요?

단연코, 최신법령의 확인일 것입니다.

현재 자치경찰제는 시행 초기이므로 현실의 적용과정에서 많은 문제점들이 발생할 수 있습니다. 또한 입법과정에서 누락되었던 사항들도 보완될 수 있습니다. 자치경찰사무의 유형도 최종적으로 각 시도의 조례로 확정되기 때문에 조례개정도 수시로 발생하게 됩니다. 따라서 어떤한 구체적 사건을 대상으로 법적용 또는 법해석 작업에 앞서, 국가법령정보센터(www.law.go.kr)를 접속하여, 가장 최신의 법령들을 확인하는 과정이 선행되어야 합니다. 법령의 개정을 모르고 있었을 수 있기 때문입니다.

03 경찰사무의 유형별 분류

앞에서 본 바와 같이, 경찰사무는 크게 4가지 유형으로 나눌 수 있습니다. 먼저 「국가경찰과 자치경찰의 조직 및 운영에 관한 법률(약칭 : 경찰법)」 제4조 제1항 제2호에서는 자치경찰사무를 명시하고, 이에 대한 구체적인 사항과 범위는 대통령령, 또는 대통령령으로 정하는 기준에 따라 시·도 조례로 정하도록 하고 있습니다. 국가경찰사무는 같은 항 1호에서 '제3조에서 정한 경찰의 임무를 수행하기 위한 사무. 다만, 제2호의 자치경찰사무는 제외한다.'라고 규정하고 있으므로, 제2호와 대통령령에 명시된 사무를 제외한 나머지에 해당합니다.

수사사무와 비수사사무는 국가수사본부장의 지휘·감독권한을 판단하기 위해 구분이 필요합니다. 「경찰법」 제16조에서 국가수사본부장의 지휘·감독 범위는 '형사소송법에 따른 경찰의 수사'에 한하도록 되어 있습니다. 수사 인력과 장비 관리, 범죄 통계 관리 및 연구, 수사과정 상 범죄 피해자 보호 등이 '형사소송법에 따른 경찰의 수사'에 해당하는지는 좀 더 세밀한 논의가 필요합니다. 다만 이 책에서는 지휘·감독권한을 분명히 구분하기 위해 경찰사무를 4개 유형으로 분류하고 있으므로, 범죄의 혐의·범인·범죄사실과 증거 등 형사소송법 상 사법절차와 밀접하게 관련된 사무만을 수사사무로 분류하였습니다.

이러한 기준에 따라 「경찰청과 그 소속기관 직제 시행규칙」에 규정된 시·도경찰청의 하부조직별 사무를 ① 국가수사사무(I유형) ② 국가비수사사무(II유형) ③ 자치수사사무(III유형) ④ 자치비수사사무(IV유형)로 구체적으로 분류해보도록 하겠습니다.

▌시·도경찰청[1])

부	과	담당사무	I유형 국가 수사	II유형 국가 비수사	III유형 자치 수사	IV유형 자치 비수사
	홍보담당관실	경찰홍보사무		○		
	청문감사 인권담당관실	청문·감사·인권보호 및 민원 업무		○		
	112치안종합 상황실	112신고 접수·지령 및 초동조치에 대한 지휘 등 치안상황의 관리[2])		○		○
		112제도 기획·조정에 관한 업무		○		
		112치안종합상황실 운영에 관한 업무		○		
		지구대·파출소 상황업무의 기획·관리		○		
		시·도경찰청 소관 안전관리·재난상황 및 위기상황관리 업무[3])				○
공공 안전부		비상업무에 관한 계획의 수립 및 집행		○		
	경무기획과	보안		○		
		관인 및 관인대장의 보관 및 관리		○		
		기록물의 분류·접수·발송·통제·편찬 및 기록관 운영과 관련된 기록물의 수집·이관·보존·평가·활용 등에 관한 사항		○		
		정보공개업무에 관한 사항		○		
		소속 공무원의 인사, 교육·훈련 및 상훈		○		
		예산의 집행·회계, 물품 및 국유재산의 관리		○		
		소속 공무원의 복무 및 후생에 관한 사항		○		
		소속기관의 조직 및 정원(의무경찰은 제외한다)의 관리		○		
		시·도경찰청 소관 법제업무		○		
		그 밖에 청 내 다른 부·과·담당관 또는 직할대의 주관에 속하지 않는 사항		○		
	정보화장비과	정보화시설 및 통신시설·장비의 운영		○		

---

1) 「경찰청과 그 소속기관 직제 시행규칙(행안부령 제272호, 2021. 7. 30.)」 제6장 제4절 '그 밖의 시·도 경찰청'에 규정된 직제와 그 사무분장 사항에 의함. 시·도경찰청별로 세부 직제가 다를 수 있으므로 개별 사무에 대한 분류만 참고하기 바람.

부	과	담당사무	I유형 국가 수사	II유형 국가 비수사	III유형 자치 수사	IV유형 자치 비수사
		행정정보화 및 사무자동화에 관한 사항		○		
		통신보안에 관한 사항		○		
		경찰장비의 발전 및 운영에 관한 계획의 수립 · 조정		○		
		장비의 수급 계획 및 보급 관리		○		
	경비과	일반경비 · 다중경비 · 혼잡경비 및 재해경 비에 관한 사항4)		○		○
		경찰부대의 운영과 지도 및 감독		○		
		의무경찰 등 기동경찰의 복무 · 교육훈련 및 인력관리 등에 관한 사항		○		
		테러 예방 및 진압대책의 수립 · 지도		○		
		대테러 전담조직의 운영과 지도 및 감독		○		
		중요시설의 방호 및 지도		○		
		경찰작전과 비상대비계획의 수립 및 집행		○		
		청원경찰의 운영 및 지도		○		
		경호 · 경비에 관한 사항		○		
		경찰항공 업무에 관한 사항		○		
		민방위 업무의 협조에 관한 사항		○		
	공공안녕정보 외사과	정보업무에 관한 기획 · 지도 및 조정		○		
		국민안전과 국가안보를 저해하는 위험 요 인에 관한 정보활동		○		
		국가중요시설 및 주요 인사의 안전 및 보 호에 관한 정보활동		○		
		집회 · 시위 등 공공갈등과 다중운집에 따 른 질서 및 안전 유지에 관한 정보활동		○		
		국민의 생명 · 신체의 안전이나 재산의 보 호 등 생활의 평온과 관련된 정책에 관한 정보활동		○		
		국가기관 · 지방자치단체 · 공공기관의 장 이 요청한 신원조사 및 사실확인에 관한 정보활동		○		

부	과	담당사무	I유형 국가 수사	II유형 국가 비수사	III유형 자치 수사	IV유형 자치 비수사
		제2호부터 제6호까지에 준하는 정보활동		○		
		외사경찰업무에 관한 기획 및 지도		○		
		외국경찰기관과의 교류 및 협력		○		
		외사정보 수집·분석 및 외사보안업무		○		
		외사대테러·방첩 업무		○		
		해외 도피사범 송환 등 국제공조 업무	○	○		
		그 밖의 외사경찰 업무		○		
수사부	수사심사 담당관	수사심의 관련 제도·정책의 수립 및 운영·관리	○			
		불송치 결정 사건을 비롯한 수사 전반의 점검 및 조정과 각종 강제수사의 적법성·타당성 심사 등에 관한 사항	○			
		외부위원이 참여하는 수사심의제도 운영에 관한 사항	○			
		수사 관련 인권보호 정책의 수립, 점검 및 지도	○			
		수사 관련 진정 및 비위사항의 조사·처리	○			
		수사부서 대상 접수 이의사건의 조사·처리	○			
	수사과	범죄수사의 지도	○			
		수사에 관한 민원의 처리	○			
		유치장 관리의 지도 및 감독	○			
		경제·금융 사범에 대한 정보의 처리 및 수사·지도	○			
		공무원·병무·문화재·식품·환경·총기·성매매 등과 관련된 범죄에 대한 정보의 처리 및 수사·지도	○			
		선거·집회시위 등과 관련된 공안범죄에 대한 정보의 처리 및 수사·지도	○			
		범죄첩보의 수집 및 분석에 관한 사항	○			
	형사과	다음 각목의 사건(경찰서에서 수사하는 사	○			

부	과	담당사무	I유형 국가 수사	II유형 국가 비수사	III유형 자치 수사	IV유형 자치 비수사
		건만 해당한다)에 대한 수사 지휘 · 감독 가. 강력범죄 · 폭력범죄 사건 나. 마약류범죄 사건 다. 조직범죄 사건				
		제1호에 규정된 사건과 외국인 범죄에 대한 범죄수법의 조사 · 연구 및 공조		○		
		범죄감식 및 감식자료의 수집 · 관리	○	○		
	사이버수사과	사이버범죄의 수사	○			
		경찰서 사이버범죄 수사 지휘 · 감독	○			
		사이버범죄의 예방에 관한 업무		○		
		디지털포렌식에 관한 업무	○			
	과학수사과	현장감식 및 증거물의 수집 · 분석 · 감정	○			
		범죄분석 및 범죄자료 관리	○	○		
		변사자 조사 등 검시조사관 운영	○			
		과학수사 장비 및 기법 운영		○		
	반부패 · 경제범죄 수사대	주요 부패 · 공공 · 경제 · 금융 범죄사건으로서 다음 각 호의 어느 하나에 해당하는 사건에 대한 정보수집 및 수사 사무	○			
		국가수사본부장 또는 시 · 도경찰청장이 지정하는 중요범죄 사건	○			
		국가수사본부 또는 시 · 도경찰청에서 추진하는 중요 기획수사 사건	○			
		둘 이상의 경찰서에 걸쳐 발생했거나 사건의 경중, 중요도 등을 고려하여 시 · 도경찰청에서 직접 수사할 필요가 있는 사건	○			
	강력범죄 수사대	강력범죄, 폭력범죄, 마약류범죄, 조직범죄, 외국인 또는 외국인과 관련된 범죄 사건으로서 다음 각 호의 어느 하나에 해당하는 사건에 대한 정보수집 및 수사 사무	○			
		국가수사본부장 또는 시 · 도경찰청장이 지정하는 중요범죄 사건	○			

부	과	담당사무	I유형 국가 수사	II유형 국가 비수사	III유형 자치 수사	IV유형 자치 비수사
		국가수사본부 또는 시·도경찰청에서 추진하는 중요 기획수사 사건	○			
		둘 이상의 경찰서에 걸쳐 발생했거나 사건의 경중, 중요도 등을 고려하여 시·도경찰청에서 직접 수사할 필요가 있는 사건	○			
	안보수사과	안보수사경찰업무에 관한 기획·지도	○			
		간첩·테러·경제안보·첨단안보 등 국가안보와 국익에 반하는 범죄에 대한 수사 및 그에 대한 지휘·감독	○			
		제2호의 범죄에 관한 첩보의 수집·분석 및 관리	○			
		보안관찰 및 경호안전대책 업무에 관한 사항		○		
		북한이탈주민 신변보호에 관한 사항		○		
		남북교류 관련 안보수사경찰 업무 및 안보상황 관리, 합동정보조사에 관한 사항	○	○		
자치 경찰부	생활안전과	범죄예방에 관한 연구 및 계획의 수립5)				○
		경비업에 관한 지도·감독		○		
		범죄예방진단 및 범죄예방순찰에 관한 기획·운영6)				○
		각종 안전사고 예방에 관한 계획의 수립7)		○		
		풍속 및 성매매(아동·청소년 대상 성매매는 제외한다) 사범에 관한 지도·단속8)				○
		총포·도검·화약류 등의 허가 및 단속		○		
		즉결심판청구에 관한 지도9)		○		
	여성청소년과	여성·아동·청소년에 대한 범죄 예방 및 피해자 보호에 관한 업무10)				○
		가정폭력·아동학대 수사, 예방 및 피해자 보호에 관한 업무11)			○	○
		성폭력 범죄의 수사, 아동·청소년 대상 성매매의 단속·수사, 성폭력·성매매 예방 및 피해자 보호에 관한 업무12)	○		○	○

부	과	담당사무	I유형 국가 수사	II유형 국가 비수사	III유형 자치 수사	IV유형 자치 비수사
		학교폭력 등 소년비행 방지·선도 및 소년범죄 수사에 관한 업무13)			○	○
		실종·가출인 예방, 수색 및 수사 등에 관한 업무14)			○	○
		아동 보호인력 운영 및 아동안전정책에 관한 업무15)				○
	교통과	도로교통의 안전과 소통에 관한 계획의 수립 및 지도·단속16)				○
		도로교통안전을 위한 민간협력조직의 운영 지도17)				○
		공익신고 및 과태료 징수 관련 계획 수립18)		○		○
		교통기동순찰대의 운영 및 관리19)		○		
		운전면허의 취소와 정지에 관한 업무20)		○		
		운전면허 관련 행정심판·행정소송 업무		○		
		자동차운전전문학원(일반자동차운전학원을 포함한다)의 지도·감독		○		
		교통정보의 수집·분석 및 제공21)				○
		도로교통사고 조사의 지도22)	○		○	

---

2) 「자치경찰사무와 시·도자치경찰위원회의 조직 및 운영 등에 관한 규정(대통령령 제31733호, 2021. 6.8.)」 [별표](이하 대통령령 별표) 1-바-1, 2-바-1에서 지역주민의 생활안전·교통안전 관련 112신고 처리는 자치경찰사무로 규정하고 있어 사무의 성격이 혼재되어 있음

3) 대통령령 별표 1-다(안전사고 및 재해·재난 시 긴급구조지원)에서 긴급구조지원, 재해 발생 시 사회질서 유지 및 교통관리 등 업무 규정

4) 대통령령 별표 1-다-2 '재해 발생 시 지역의 사회질서 유지 및 교통관리 등', 3-나 '지역 내 다중운집 행사 안전 관리 지원'에 따라 일반경비는 국가경찰사무, 다중·혼잡·재해경비는 자치경찰사무로 분류

5) 대통령령에 명확한 문구가 없으나, 생활안전과의 업무범위와 특성을 고려할 때 별표 1-가, 1-나의 활동을 아우르는 표현으로 보아 자치경찰사무로 분류

6) 대통령령 별표 1-가-2, 1-가-3에 해당

7) 경찰법·대통령령 자치경찰사무에 범죄가 아닌 안전사고의 예방 사무는 규정되어 있지 않아 국가경찰사무로 분류

8) 대통령령 별표 1-마-2에 해당

9) 「즉결심판에 관한 절차법」에 따르면, 즉결심판은 범증이 명백하고 죄질이 경미한 범죄사건을 신속·

사무유형별 분류를 통해, 각 시·도경찰청 자치경찰부 산하 생활안전과, 여성청소년과, 교통과의 담당사무 중에는 국가경찰사무와 자치경찰사무가 섞여있는 것을 확인할 수 있습니다. 또한 112종합상황실과 경비과의 일부 담당사무도 자치경찰사무에 해당합니다.

각 시·도경찰청 훈령 「00청과 경찰서의 조직 및 사무분장 규칙」과 각 시·도 자치경찰 조례의 별표를 대조하면 자치경찰사무에 해당하는 사무를 더욱 구체적으로 확인할 수 있습니다. 예시로 강원도경찰청 자치경찰부의 사무분장을 유형별로 분류해보면 다음과 같습니다.

적정한 절차로 심판하기 위한 것으로, 법률에 명확한 규정이 없는 한 지방자치단체가 처리할 수 없는 사법(司法) 사무임. 국가수사본부장의 지휘·감독 범위인 '형사소송법에 따른 경찰의 수사'와는 사무의 성격이 다르므로 국가비수사사무(Ⅱ유형)로 분류

10) 대통령령 별표 1-라에 해당

11) 가정폭력·아동학대 수사는 대통령령 제3조 2호에 자치경찰수사사무로 규정, 예방 및 피해자보호는 대통령령 별표 1-라-1, 1-라-5에 각각 규정

12) 성폭력 및 아동·청소년 대상 성매매 단속·수사업무는 국가경찰수사사무(단, 형법 제245조 공연음란죄 및 성폭력처벌법 제12조 성적 목적을 위한 다중이용장소 침입행위는 자치경찰수사사무에 해당), 성폭력 예방 및 피해자 보호는 대통령령 별표 1-라-7에 따라 자치경찰비수사사무

13) 청소년 비행방지 등 선도·보호활동은 대통령령 별표 1-라-4, 소년범죄 수사는 대통령령 제3조 1호에서 규정

14) 대통령령 별표 1-라-2에 따라 아동·청소년·노인·여성·장애인 등 사회적 보호가 필요한 사람의 실종 예방·대응 활동에 한해 자치경찰사무로 규정, 실종아동 및 가출인 수색·수사는 대통령령 제3조 6호에 규정되어 있으나, 같은 호 가목에서 자치경찰수사사무의 범위인 대통령령 제3조 1호부터 5호까지의 범죄 및 「실종아동등의 보호 및 지원에 관한 법률」 제17조·제18조의 범죄가 아닌 범죄로 인해 실종된 경우는 자치경찰수사사무에서 제외한다고 규정되어 있다.

15) 대통령령 별표 1-라-3 '아동 대상 범죄예방 및 아동안전 보호활동'에 해당한다.

16) 대통령령 별표 2-바-5에 해당

17) 대통령령 별표 2-라-1 '교통활동 지원 협력단체에 대한 운영·관리', 2-라-2 '주민참여형 교통안전활동 지원 및 지도'에 해당

18) 공익신고 처리는 대통령령 별표 2-가-1에 규정, 과태료는 법령에 규정 없어 국가경찰사무로 분류

19) 대통령령에 명확한 규정 없음.

20) 대통령령 별표 2-바-2 운전면허 관련 민원 업무에 정지 및 취소 업무도 포함되는지 검토 필요

21) 대통령령 별표 2-바-3 '지역교통정보센터 운영 및 교통정보 연계'에 해당한다.

22) 대통령령 제3조 3호에 의해 자치경찰수사사무로 분류함. 단, 고속도로에서 발생한 교통사고 및 교통 관련 범죄는 국가경찰수사사무로 분류

▌강원도경찰청 자치경찰부[23]

부	과	계	담당사무	I유형 국가 수사	II유형 국가 비수사	III유형 자치 수사	IV유형 자치 비수사
자치 경찰부	생활 안전과	생활 안전계	범죄예방에 관한 기획				○
			범죄예방종합계획 수립				○
			일반·특별방범 활동에 대한 계획 수립 및 지도				○
			방범진단에 관한 사항				○
			여름경찰관서 운영 기획 및 지도				○
			협력방범 업무에 관한 계획 및 지도				○
			자율방범대·생활안전협의회의 운영에 관한 사항				○
			방범용 CCTV 운영·관리에 관한 사항				○
			경비업에 관한 사항		○		
			순찰정 운영에 관한 사항				○
			범죄예방진단 및 환경개선에 관한 사항				○
			지역공동체치안 협의체 운영				○
			범죄예방을 위한 순찰제도 운영				○
		생활 질서계	풍속사범에 대한 지도 및 단속				○
			사행 행위 지도단속				○
			기초 및 행락 질서 업무지도				○
			즉결심판 업무지도		○		
			경범·통고처분 업무의 관리지도		○		○
			유실물 처리 업무의 지도				○
			보호조치 업무의 지도				○
			총포(권총, 소총, 기관총포 제외), 도검, 화공품, 분사기, 전자충격기, 석궁제조업 허가 및 수출입허가		○		
			총포, 도검, 화약류, 분사기, 전자충격기 판매·사용·소지허가 및 지도단속		○		

23) 「강원도경찰청과 경찰서의 조직 및 사무분장규칙(강원도경찰청 훈령 제288호, 2021. 7. 30.)」 중 제4절 자치경찰부에 명시된 사무분장 내용과 「강원도 자치경찰사무와 자치경찰위원회의 조직 및 운영 등에 관한 조례(강원도조례 제4668호, 2021. 4. 2.)」 [별표]를 비교대조하여 작성함

부	과	계	담당사무	I유형 국가 수사	II유형 국가 비수사	III유형 자치 수사	IV유형 자치 비수사
			수렵 총기 안전관리		○		
			불법 무기류 자진신고 및 색출단속		○		
			폭발물 사고방지 및 경호 안전지도		○		
			사격장 안전관리		○		
			총포 · 화약류 안전사고의 예방에 관한 기획지도		○		
	여성청 소년과	여성 보호계	여성대상범죄 주요 총괄 정책 수립 · 조정				○
			여성대상범죄 유관기관 협력 업무				○
			여성권익 증진 등 여성 정책 수행에 관한 사항(다만, 도경찰청 소속 여성 공무원에 관한 사항은 제외한다)				○
			성폭력 범죄예방 · 피해자 보호 대책 수립 및 관리				○
			성폭력 범죄 재범방지 대책 수립	○			
			아동 · 청소년 대상 성매매 예방 · 피해자 보호 대책 수립 및 관리				○
			해바라기센터 수사관 인력운영		○		
			진술 분석전문가 · 속기사 제도 운영		○		
			가정폭력 · 스토킹 범죄예방 및 피해자 보호 대책 수립 · 관리				○
			학대예방경찰관 운영				○
			여성 대상 범죄 관련 예산 및 경비의 관리		○		
		아동청 소년계	청소년 비행방지 대책(청소년 유해환경 단속 등) 수립 및 관리				○
			학교폭력 예방대책 수립 및 관리				○
			학교전담경찰관 운영				○
			117 학교폭력 신고센터 운영		○		
			청소년 선도 · 보호대책 수립 및 관리				○
			청소년 경찰학교 운영 및 관리				○
			「실종아동등의 보호 및 지원에 관한 법률」에 따른 "실종아동 등" 및 경찰청 예규 「실종아동 등 · 가출인 업무처리규칙」에				○

부	과	계	담당사무	I유형 국가 수사	II유형 국가 비수사	III유형 자치 수사	IV유형 자치 비수사
			따른 "가출인"의 조속한 발견과 복귀를 위한 정책 수립 및 관리				
			실종 예방 · 홍보 관련 대책 수립 및 관리				○
			「실종아동 등 프로파일링 시스템」 운영		○		
			아동안전 대책 수립 및 관리				○
			아동안전지킴이 · 아동안전지킴이집 운영				○
			아동 · 노인 · 장애인 학대 범죄의 예방, 피해자 보호 대책 수립 및 관리				○
			아동 · 청소년 등 단체와 협력 · 지원				○
			아동 · 청소년 보호 지원 관련 예산 및 경비의 관리		○		
		여성 청소년 범죄 수사 지도계	성폭력, 아동 · 청소년 대상 성매매 단속 · 수사, 가정폭력, 아동학대, 학교폭력, 소년범죄, 실종 등 수사 관련 기획 · 지도 · 점검	○		○	
			여성대상범죄 수사 전담경찰관의 운영 및 전문 교육		○		
			여성대상범죄 수사 장비 · 예산 · 시설의 지원 및 관리		○		
			신상정보등록대상자 관리 · 점검 업무		○		
		여성 청소년 범죄 수사대	장애인 및 13세 미만자에 대한 성폭력 사건 수사	○			
			10세 미만자에 대한 아동학대 사건 수사			○	
			영월 · 정선 · 평창 · 회성 · 고성 · 인제 · 화천 · 양구 경찰서 관할 성폭력 및 아동학대 사건 수사	○		○	
			주요 소재불명 신상정보 등록대상자 및 장기실종자 추적 수사	○			
			그 밖에 사회적 이목이 집중되는 사건 수사	○		○	
	교통과	교통계	교통 주요 업무계획 수립				○
			도로교통 관련 법령 검토		○		
			교통경찰 인사관리 및 교육 훈련에 관한 사항		○		
			교통예산(자특) 업무		○		

부	과	계	담당사무	I유형 국가 수사	II유형 국가 비수사	III유형 자치 수사	IV유형 자치 비수사
			운전면허 취소 업무		○		
			운전면허 관련 행정심판 및 소송업무		○		
			운전면허행정처분 이의심의위원회 운영		○		
			자동차 운전면허시험장 및 운전학원 업무		○		
			교통안전 시설의 설치 · 관리				○
			국제운전면허증 발급업무				○
		교통 안전계	교통의 안전과 소통에 관한 대책의 수립 · 시행 및 지도 · 단속				○
			교통사고(사망자) 줄이기 제반 사항				○
			주요 요인 경호 교통 관리		○		
			집회 · 시위, 재해 · 재난, 다중 운집 행사 등 교통 관리				○
			교통법규 위반 지도 · 단속, 공익신고 처리 등				○
			공익신고(범법차량) 신고 · 접수 및 범칙금 · 즉결심판 관리		○		○
			교통경찰용 장비(단속, 안전 등) 보급 · 관리 · 운영 등				○
			교통법규 위반행위 과태료 관리(징수강화 대책 등)		○		
			어린이 교통안전대책 수립 · 시행 및 녹색 어머니회 관리				○
			어린이 통학버스 관리 및 안전점검 등				○
			교통안전에 대한 교육 및 홍보(캠페인)				○
			교통 외근(순찰차, 교통싸이카, 암행순찰 차) 운영 · 관리		○		
			무인영상실 운영(과속단속 등) 제반 사항				○
			모범운전자 등 협력단체 지원 · 관리 및 교 통안전협의체 업무				○
			긴급자동차 지정 신청 · 관리				○
			현장 사례 연구 및 지도, 교육		○		○
		교통 조사계	교통관련 거짓말 탐지기 검사	○		○	
			교통사고 통계 분석		○		

부	과	계	담당사무	I유형 국가 수사	II유형 국가 비수사	III유형 자치 수사	IV유형 자치 비수사
			교통사고 재조사 및 민원처리	○		○	
			교통조사 장비 · 예산 · 교육에 관한 업무		○		
			교통사고 야기 도주사건(뺑소니) 수사 지도	○			
			무사고 운전자 선발에 관한 업무				○
			대형사고 등 중요 교통사고에 관한 업무	○		○	
			교통관련 범죄 첩보수집 · 단속 · 수사 등에 관한 사항	○		○	
			교통사고 과학적 분석에 관한 업무	○		○	
			중요사건 수사 및 지휘	○		○	
		고속 도로 순찰대	고속도로상의 교통관리 및 교통통제		○		
			교통사범 지도단속 및 교통관리	○			
			고속도로상의 교통사고 처리	○			
			순찰차량 등 교통장비 관리 유지		○		
			그 밖에 고속도로상의 안전관리 업무		○		

이러한 방식을 통해 강원도경찰청의 계별 담당사무 유형을 조직도에 표시해보면 다음과 같습니다.

강원도경찰청 조직도(2021.1.28. 기준)

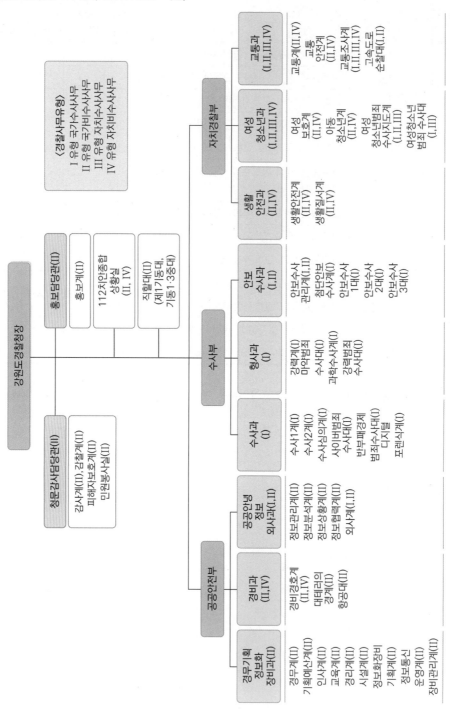

PART
02

각론

안전, 주민, 경찰
자치경찰의 새로운 이해 자치경찰실무

01 수사 기능을 수행하는 자치경찰

1. 서론

경찰법 제3조 및 경찰관직무집행법 제4조에서는 각각 경찰의 임무와 직무로 '수사'를 규율하고 있습니다.[1] 다시 이 수사사무는 자치경찰제 시행에 따라 국가경찰사무와 자치경찰사무로 나뉘는데요. 경찰법 제4조에 따라 자치경찰사무로서 나열된 수사사무를 제외하고는 모두 국가경찰사무로서의 수사사무가 됩니다.[2]

일반적으로는 위 조항을 직무규정(내부적 조직 규범)으로 보고 수권규정(경찰권 행사의 근거 규범)이 별도로 필요하다고 봅니다. 형사소송법 등 다른 법률에서 어떤 기관에 어

---

[1] 경찰법 제3조(경찰의 임무) 경찰의 임무는 다음 각 호와 같다.
  2. 범죄의 예방·진압 및 수사
    경찰관 직무집행법 제2조(직무의 범위) 경찰관은 다음 각 호의 직무를 수행한다.
  2. 범죄의 예방·진압 및 수사
[2] 경찰법 제4조(경찰의 사무) ① 경찰의 사무는 다음 각 호와 같이 구분한다.
  1. 국가경찰사무: 제3조에서 정한 경찰의 임무를 수행하기 위한 사무. 다만, 제2호의 자치경찰사무는 제외한다.
  2. 자치경찰사무: 제3조에서 정한 경찰의 임무 범위에서 관할 지역의 생활안전·교통·경비·수사 등에 관한 다음 각 목의 사무
  라. 다음의 어느 하나에 해당하는 수사사무
    1) 학교폭력 등 소년범죄
    2) 가정폭력, 아동학대 범죄
    3) 교통사고 및 교통 관련 범죄
    4) 「형법」 제245조에 따른 공연음란 및 「성폭력범죄의 처벌 등에 관한 특례법」 제12조에 따른 성적 목적을 위한 다중이용장소 침입행위에 관한 범죄
    5) 경범죄 및 기초질서 관련 범죄
    6) 가출인 및 「실종아동등의 보호 및 지원에 관한 법률」 제2조 제2호에 따른 실종아동등 관련 수색 및 범죄

떠한 수사권을 부여했는지 살펴보겠습니다.

다음의 표는 각 수사기관의 형사소송법에 따른 수사권한과 개별 법령에 따라 수사할 수 있는 대상 범죄를 정리한 것입니다. 세부 설명은 다음 항목에서 이어집니다.

수사기관	수사권[3]			수사 대상 범죄
	개시	진행	종결	
경찰	○	○	○	제한 없음
검사	△	○	○	검찰청법에서 정하는 6대 범죄에 한정하여 수사 개시
검찰청 직원	X	X	X	위와 같음
특별사법경찰 (제주자치경찰 포함)	△	○	X	소속에 따라 사법경찰직무법에서 정하는 특정한 범죄
공수처 검사	△	○	○	공수처법에서 정하는 특정한 범죄
특별검사	△	○	○	특검법에서 정하는 특정한 범죄

2. 경찰

2.1. 사법경찰관리의 개념

형사소송법 제197조에서는 경찰의 수사권을 규정하는데 계급에 따라 '사법경찰관'과 '사법경찰리'로 나누고 있습니다. 사법경찰관은 수사의 주체로 수사개시·진행·종결권을 행사합니다. 사법경찰리는 수사를 보조하는 지위를 갖습니다.[4]

구분	계급
사법경찰관	경무관, 총경, 경정, 경감, 경위
사법경찰리	경사, 경장, 순경

---

3) △ 는 개시권은 있으나 대상 범죄가 한정적이라는 의미, X는 법령에서 고유권한으로 부여하지 않았다는 의미

4) 형사소송법 제197조(사법경찰관리) ① 경무관, 총경, 경정, 경감, 경위는 사법경찰관으로서 범죄의 혐의가 있다고 사료하는 때에는 범인, 범죄사실과 증거를 수사한다.
② 경사, 경장, 순경은 사법경찰리로서 수사의 보조를 하여야 한다.

사법경찰관리는 특별사법경찰관리와 구별 짓기 위하여 실무에서는 '일반사법경찰관리'라고 부르기도 하며 육상의 경찰뿐만 아니라 해양경찰도 포함됩니다.

경찰 계급 가운데 치안총감, 치안정감, 치안감은 사법경찰관리에 빠져 있어 향후 개정 시 이를 포함해야 할 필요성이 있습니다5).

아울러 형사소송법에서는 긴급체포, 각종 영장신청 등의 권한을 사법경찰관에게 부여하고 있어 사법경찰리는 독자적으로 개별 수사행위를 하는 데에 한계가 있습니다. 이와 관련하여 사법경찰관과 사법경찰리의 구별을 없애야 한다는 논의도 있습니다.

형사소송법에서 언급되는 '사법경찰관리'는 경찰법의 '경찰공무원', 경찰관 직무집행법의 '경찰관'과 개념이 다릅니다. 형사소송법에서는 경찰을 행정조직의 공무원 또는 행정작용을 하는 공무수행자라는 의미보다도 형사사법영역에서 수사업무를 담당하는 사람, 수사를 할 수 있는 사람을 의미합니다. 따라서 경찰관 개개인은 어떤 직무집행을 하느냐에 따라서 경찰관 직무집행법의 행위를 할 수도 있고 형사소송법에 따른 행위를 할 수도 있습니다. 예컨대 어떤 죄를 범하려 하고 있다고 의심할 만한 상당한 이유가 있어 이와 관련한 질문을 하기 위하여 가까운 경찰서로 동행할 것을 요구한다면 '경찰관 직무집행법'에 따른 '경찰관의 임의동행'6)이 되지만, 범죄를 저질렀다고 의심할 만한 사람이 있어 실체적 진실발견을 위한 수사를 목적으로 경찰관서로 동행을 요구하였다면 '형사소송법'에 따른 '사법경찰관의 임의동행'7)이 됩니다.

---

5) 이 계급은 1954년 형사소송법 제정 시 없던 계급으로 당시 입법자의 취지를 고려하면 모든 경찰관은 사법경찰관 또는 사법경찰리에 해당함
   특히, 국가수사본부장이 치안정감 계급으로 정해지며 형사소송법의 사법경찰관 범위에 모든 경찰 계급을 포함할 필요성이 높아진 상황임

6) 경찰관 직무집행법 제3조(불심검문) ① 경찰관은 다음 각 호의 어느 하나에 해당하는 사람을 정지시켜 질문할 수 있다.
   1. 수상한 행동이나 그 밖의 주위 사정을 합리적으로 판단하여 볼 때 어떠한 죄를 범하였거나 범하려 하고 있다고 의심할 만한 상당한 이유가 있는 사람
   2. 이미 행하여진 범죄나 행하여지려고 하는 범죄행위에 관한 사실을 안다고 인정되는 사람
   ② 경찰관은 제1항에 따라 같은 항 각 호의 사람을 정지시킨 장소에서 질문을 하는 것이 그 사람에게 불리하거나 교통에 방해가 된다고 인정될 때에는 질문을 하기 위하여 가까운 경찰서·지구대·파출소 또는 출장소(지방해양경찰관서를 포함하며, 이하 "경찰관서"라 한다)로 동행할 것을 요구할 수 있다.

7) 형사소송법 제199조(수사와 필요한 조사) ① 수사에 관하여는 그 목적을 달성하기 위하여 필요한 조사를 할 수 있다. 다만, 강제처분은 이 법률에 특별한 규정이 있는 경우에 한하며, 필요한 최소한도의 범위 안에서만 하여야 한다.

2.2. 경찰과 검사의 관계

그간 경찰법과 경찰관직무집행법에도 불구하고 형사소송법에서는 경찰에 수사권을 부여하지 않았기 때문에 경찰에도 수사권을 부여하는 '검·경 수사권 조정', '경찰의 수사권 독립', '수사구조개혁'과 같은 주제가 자주 우리 사회의 과제로 거론되었습니다.

수사는 시간의 흐름에 따라 개시단계, 진행단계, 종결단계로 나눌 수 있습니다.

1954년 형사소송법이 제정된 이래 2011년까지 경찰은 수사개시·진행·종결권이 없었습니다[8]. 실제 경찰관서에서 경찰관들에 의하여 거의 모든 수사가 이루어졌지만 법률상 고유의 권한이 없어 법과 현실의 괴리가 큰 상황이었습니다. 고유의 수사권이 없는 경찰은 수사의 모든 단계에서 검사의 지휘를 받는 것이 원칙이었기 때문에 검사의 지휘는 '필수적'이라 할 수 있습니다.

2011년 법 개정으로 2012년부터 경찰에 수사개시·진행권이 인정되었습니다[9]. 이에 따라 사법경찰관은 고유의 권한으로 범죄를 인지할 수 있고 대부분의 사건을 검찰청으로 송치하기 전에 검사에게 수사 지휘를 받지 않고 송치할 수 있게 되었습니다. 다만, 이 시기에도 검사의 지휘가 있다면 이에 따라야 하기 때문에 검사는 '선택적'으로 경찰 수사를 지휘하였습니다.

2021년부터 검사의 수사지휘를 폐지하고 검사와 경찰의 협력조항을 신설하였습니다[10]. 또한 경찰에 1차적 수사종결권을 부여하여 경찰은 각 단계에서 검사의 지휘를 받지 않고 수사개시·진행·종결권을 행사할 수 있습니다.

하지만 여전히 영장집행[11], 압수물 환부·가환부[12], 유치장 감찰[13], 변사자 검시[14]

---

8) 1954년 제정 형사소송법 제196조 (사법경찰관리) ① 수사관, 경무관, 총경, 경감, 경위는 사법경찰관으로서 검사의 지휘를 받어 수사를 하여야 한다.
② 경사, 순경은 사법경찰리로서 검사 또는 사법경찰관의 지휘를 받어 수사의 보조를 하여야 한다.

9) 2012. 1. 1. 시행 형사소송법 제196조(사법경찰관리) ① 수사관, 경무관, 총경, 경정, 경감, 경위는 사법경찰관으로서 모든 수사에 관하여 검사의 지휘를 받는다.
② 사법경찰관은 범죄의 혐의가 있다고 인식하는 때에는 범인, 범죄사실과 증거에 관하여 수사를 개시·진행하여야 한다.
③ 사법경찰관리는 검사의 지휘가 있는 때에는 이에 따라야 한다. 검사의 지휘에 관한 구체적 사항은 대통령령으로 정한다.
④ 사법경찰관은 범죄를 수사한 때에는 관계 서류와 증거물을 지체 없이 검사에게 송부하여야 한다.
⑤ 경사, 경장, 순경은 사법경찰리로서 수사의 보조를 하여야 한다.

10) 형사소송법 제195조(검사와 사법경찰관의 관계 등) ① 검사와 사법경찰관은 수사, 공소제기 및 공소유지에 관하여 서로 협력하여야 한다.

11) 형사소송법 제81조(구속영장의 집행) ① 구속영장은 검사의 지휘에 의하여 사법경찰관리가 집행한다. 단, 급속을 요하는 경우에는 재판장, 수명법관 또는 수탁판사가 그 집행을 지휘할 수 있다.
② 제1항 단서의 경우에는 법원사무관등에게 그 집행을 명할 수 있다. 이 경우에 법원사무관등은 그

등 검사의 지휘·명령을 규정한 개별 수사행위가 남아 있습니다. 검·경을 수평적 협력 관계로 개선하려는 흐름에 맞춰 아직 개정되지 않은 이러한 조항도 향후 개정되는 것이 바람직합니다.

2.3. 국가경찰사무와 자치경찰사무로서의 경찰의 수사

경찰의 수사권은 앞에서 살펴본 것과 같습니다. 따라서 경찰의 수사대상이 국가경찰 사무와 자치경찰사무로 그 범죄의 종류에 따라 나뉘더라도 각각 경찰의 권한 차이는 전혀 없습니다.

국가경찰 또는 자치경찰은 경찰 개인의 신분에 부여된 것이 아니며, 자치경찰사무에 해당하는 수사부서의 사법경찰관리는 국가수사본부와 같이 국가경찰사무를 처리하는 부서의 사법경찰관리와 동등한 수사권을 행사합니다.

집행에 관하여 필요한 때에는 사법경찰관리·교도관 또는 법원경위에게 보조를 요구할 수 있으며 관할구역 외에서도 집행할 수 있다.

12) 형사소송법 제218조의2(압수물의 환부, 가환부) ① 검사는 사본을 확보한 경우 등 압수를 계속할 필요가 없다고 인정되는 압수물 및 증거에 사용할 압수물에 대하여 공소제기 전이라도 소유자, 소지자, 보관자 또는 제출인의 청구가 있는 때에는 환부 또는 가환부하여야 한다.

④ 사법경찰관의 환부 또는 가환부 처분에 관하여는 제1항부터 제3항까지의 규정을 준용한다. 이 경우 사법경찰관은 검사의 지휘를 받아야 한다.

13) 형사소송법 제198조의2(검사의 체포·구속장소감찰) ① 지방검찰청 검사장 또는 지청장은 불법체포·구속의 유무를 조사하기 위하여 검사로 하여금 매월 1회 이상 관하수사관서의 피의자의 체포·구속장소를 감찰하게 하여야 한다. 감찰하는 검사는 체포 또는 구속된 자를 심문하고 관련서류를 조사하여야 한다.

② 검사는 적법한 절차에 의하지 아니하고 체포 또는 구속된 것이라고 의심할 만한 상당한 이유가 있는 경우에는 즉시 체포 또는 구속된 자를 석방하거나 사건을 검찰에 송치할 것을 명하여야 한다.

14) 형사소송법 제222조(변사자의 검시) ① 변사자 또는 변사의 의심있는 사체가 있는 때에는 그 소재지를 관할하는 지방검찰청 검사가 검시하여야 한다.

③ 검사는 사법경찰관에게 전2항의 처분을 명할 수 있다.

Q. 범죄신고를 하려는 국민은 국가경찰과 자치경찰 중 어디에 신고해야 할지 구별해야 할까요?

A. 긴급출동이 필요한 범죄신고는 112, 경찰 민원신고는 182!
신고할 때 국가경찰과 자치경찰의 구분은 필요하지 않습니다. 고소장, 고발장 또는 진정 등 수사민원을 내더라도 구별 없이 시·도경찰청 또는 경찰서에 방문하거나 우편으로 접수하면 됩니다.
국가경찰과 자치경찰의 구별은 수사의 사무분장으로, 그에 따라 수사기관이 달라지는 것이 아니므로 국가경찰 또는 자치경찰을 선택하여 수사를 요청한다거나 그에 따라 담당부서가 결정되지는 않습니다.

3. 검사

과거에는 검사의 수사권 행사에 법률상 제한이 없었으나 2021년 검찰청법 개정을 통해 검사가 수사를 개시할 수 있는 범죄를 한정하였습니다.[15] 경찰이 주도적으로 수사하도록 하고 검사는 공소유지에 힘을 쏟도록 권한을 재분배함에 따라 종전에 검사를 '수사의 주재자(主宰者)'라 부르던 말도 더 이상 유효하지 않습니다.

검사가 수사를 개시할 수 있는 범죄는 부패범죄, 경제범죄, 공직자범죄, 선거범죄, 방위사업범죄, 대형참사 등으로 그 세부범위를 하위법령에 위임하여 규율하고 있습니다.[16]

---

15) 검찰청법 제4조(검사의 직무) ① 검사는 공익의 대표자로서 다음 각 호의 직무와 권한이 있다.
    1. 범죄수사, 공소의 제기 및 그 유지에 필요한 사항. 다만, 검사가 수사를 개시할 수 있는 범죄의 범위는 다음 각 목과 같다.
        가. 부패범죄, 경제범죄, 공직자범죄, 선거범죄, 방위사업범죄, 대형참사 등 대통령령으로 정하는 중요 범죄
        나. 경찰공무원이 범한 범죄
        다. 가목·나목의 범죄 및 사법경찰관이 송치한 범죄와 관련하여 인지한 각 해당 범죄와 직접 관련성이 있는 범죄
16) 검사의 수사개시 범죄 범위에 관한 규정(대통령령), 검사의 수사개시 범죄 범위에 관한 규정 시행규칙(법무부령)

Q. 보이스피싱 범죄의 고소장을 검찰청에 접수하면 이 사건은 어느 수사기관이 담당할까요?

A. 과거에는 검찰청에서 고소장을 접수·수리한 다음 일부 범죄에 대해서만 검찰에서 직접 수사를 하고 대부분의 사건은 '수사지휘'라는 이름으로 경찰에 보내고 경찰에서 수사를 진행 후 검사의 확인(지휘)을 받은 뒤 검찰청에 송치하는 절차로 진행되었습니다.

2021년 이후에는 위와 같은 범죄는 검사의 수사개시 범위에 해당하지 않기 때문에 '지휘'가 아니라 경찰로 사건을 '이송'합니다.(검사와 사법경찰관의 상호협력과 일반적 수사준칙에 관한 규정 제18조) 경찰은 이러한 사건에 대하여 처음부터 경찰에 고소장을 제출한 사건과 동일하게 수사합니다.

고소인·피고소인이 될 수 있는 국민의 입장에서는 검사가 수사와 기소를 모두 판단하는 것이 아니라 수사는 경찰, 기소는 검찰이 각각 담당함으로써 어느 한 기관이 무리하게 혐의 유무를 판단할 오류 가능성이 줄어드는 편익이 있다고 평가할 수 있습니다.

4. 검찰청 직원

형사소송법에서 검찰청 직원은 검찰청 소속으로 사법경찰관리의 직무를 수행하는 사람을 말합니다.[17] 7급 이상인 경우 사법경찰관의 직무를, 8급 이하인 경우 사법경찰리의 직무를 수행합니다.[18]

그런데 사법경찰관리의 직무를 수행하는 것과 사법경찰관리인 것은 다릅니다. 즉, 경찰청 소속의 사법경찰관리는 수사개시·진행·종결권이 인정되지만 검찰청 직원은 고유의 수사권이 없고 검사의 지휘를 받아서만 수사할 수 있습니다.

---

17) 형사소송법 제245조의9(검찰청 직원) ① 검찰청 직원으로서 사법경찰관리의 직무를 행하는 자와 그 직무의 범위는 법률로 정한다.
② 사법경찰관의 직무를 행하는 검찰청 직원은 검사의 지휘를 받아 수사하여야 한다.
③ 사법경찰리의 직무를 행하는 검찰청 직원은 검사 또는 사법경찰관의 직무를 행하는 검찰청 직원의 수사를 보조하여야 한다.
④ 사법경찰관리의 직무를 행하는 검찰청 직원에 대하여는 제197조의2부터 제197조의4까지, 제221조의5, 제245조의5부터 제245조의8까지의 규정을 적용하지 아니한다.
18) 검찰청법 제45조부터 제47조까지 참조

5. 특별사법경찰관리

특별사법경찰관리(흔히 줄여 '특사경'이라고도 합니다)는 자치단체, 행정기관 소속으로 특정한 영역에 한정하여 사법경찰관리의 직무를 수행하는 사람을 말합니다.[19] 형사소송법에서는 그 수권조항을, 사법경찰관리의 직무를 수행할 자와 그 직무범위에 관한 법률(약칭 '사법경찰직무법')에서는 사법경찰관리의 직무를 수행할 사람과 각각 그 직무범위를 구체적으로 정하고 있습니다.

이번 형사소송법 개정을 통해 특별사법경찰에게도 수사권이 부여되었습니다. 과거에는 독자적 수사권이 없었지만 2021년부터 수사개시 · 진행권을 행사할 수 있습니다. 다만, 이번 개정 이후 일반사법경찰관에게 수사종결권이 주어진 것과 다르게 특별사법경찰은 수사종결권이 없어 혐의 유무와 관계없이 모든 사건을 검사에게 송치하고 검사는 기소 · 불기소결정을 해야 합니다.

6. 제주자치경찰

이번 자치경찰제 시행과 별개로 제주는 '제주특별자치도 설치 및 국제자유도시 조성을 위한 특별법'(약칭 '제주특별법')에 따라 자치경찰제를 시행하고 있었습니다.[20] 전국 단위의 자치경찰제를 시행하더라도 경찰청 소속의 자치경찰사무를 담당하는 경찰관과 별개로 제주는 계속 자치경찰을 운영합니다.

---

19) 형사소송법 제245조의10(특별사법경찰관리) ① 삼림, 해사, 전매, 세무, 군수사기관, 그 밖에 특별한 사항에 관하여 사법경찰관리의 직무를 행할 특별사법경찰관리와 그 직무의 범위는 법률로 정한다.
   ② 특별사법경찰관은 모든 수사에 관하여 검사의 지휘를 받는다.
   ③ 특별사법경찰관은 범죄의 혐의가 있다고 인식하는 때에는 범인, 범죄사실과 증거에 관하여 수사를 개시 · 진행하여야 한다.
   ④ 특별사법경찰관리는 검사의 지휘가 있는 때에는 이에 따라야 한다. 검사의 지휘에 관한 구체적 사항은 법무부령으로 정한다.
   ⑤ 특별사법경찰관은 범죄를 수사한 때에는 지체 없이 검사에게 사건을 송치하고, 관계 서류와 증거물을 송부하여야 한다.
   ⑥ 특별사법경찰관리에 대하여는 제197조의2부터 제197조의4까지, 제221조의5, 제245조의5부터 제245조의8까지의 규정을 적용하지 아니한다.
20) 제주특별자치도 설치 및 국제자유도시 조성을 위한 특별법 제88조(자치경찰기구의 설치) ① 제90조에 따른 자치경찰사무를 처리하기 위하여 「국가경찰과 자치경찰의 조직 및 운영에 관한 법률」 제18조에 따라 설치되는 제주특별자치도자치경찰위원회(이하 "자치경찰위원회"라 한다) 소속으로 자치경찰단을 둔다.

제주자치경찰은 특별사법경찰의 일종으로 약칭 사법경찰직무법에서 정하는 일부의 범죄에 대하여 수사권을 행사합니다.[21]

향후 자치경찰제도의 정착과 발전을 위해서는 제주자치경찰도 형사소송법에서 일반 사법경찰관리로 포섭하는 것이 바람직해 보입니다.

7. 고위공직자범죄수사처

'고위공직자범죄수사처 설치 및 운영에 관한 법률'에 따라 설치된 고위공직자범죄수사처(약칭 '공수처')에서는 자체적으로 수사처검사와 수사처수사관을 두고 있습니다.[22] 공수처 내부에서 검사와 수사관의 역할과 권한은 검찰청 내부에서 검사와 검찰청 직원을 나누는 것과 유사한 구조입니다.

공수처는 위 법에서 정하는 고위공직자 등의 특정한 범죄에 한하여 수사와 공소제기 및 그 유지 등을 하는 권한을 갖습니다.[23]

---

21) 제주특별자치도 설치 및 국제자유도시 조성을 위한 특별법 제90조(사무) 자치경찰은 다음 각 호의 사무(이하 "자치경찰사무"라 한다)를 처리한다.
  4. 「사법경찰관리의 직무를 수행할 자와 그 직무범위에 관한 법률」에서 자치경찰공무원의 직무로 규정하고 있는 사법경찰관리의 직무
    사법경찰관리의 직무를 수행할 자와 그 직무범위에 관한 법률 제10조(자치경찰공무원) 「제주특별자치도 설치 및 국제자유도시 조성을 위한 특별법」에 따른 자치경찰공무원 중 자치경무관·자치총경·자치경정·자치경감·자치경위는 제주특별자치도의 관할 구역에서 발생하는 범죄 가운데 이 법 제6조 제5호(제5조 제6호 및 제7호에 해당하는 자의 소관만 해당한다)·제6호·제7호·제11호·제13호·제15호·제18호·제19호·제21호·제22호·제24호·제25호·제26호·제28호·제29호·제31호·제32호 및 제41호부터 제46호까지의 범죄와 「제주특별자치도 설치 및 국제자유도시 조성을 위한 특별법」 제471조·제473조 및 이와 관련되는 같은 법 제477조·제478조에 규정된 범죄에 관하여 사법경찰관의 직무를, 자치경사·자치경장·자치순경은 그 범죄에 관하여 사법경찰리의 직무를 수행한다.
22) 고위공직자범죄수사처 설치 및 운영에 관한 법률 제20조(수사처검사의 직무와 권한) ① 수사처검사는 제3조 제1항 각 호에 따른 수사와 공소의 제기 및 유지에 필요한 행위를 한다.
  제21조(수사처수사관의 직무) ① 수사처수사관은 수사처검사의 지휘·감독을 받아 직무를 수행한다.
  ② 수사처수사관은 고위공직자범죄등에 대한 수사에 관하여 「형사소송법」 제197조 제1항에 따른 사법경찰관의 직무를 수행한다
23) 고위공직자범죄수사처 설치 및 운영에 관한 법률 제2조(정의) 이 법에서 사용하는 용어의 정의는 다음과 같다.
  3. "고위공직자범죄"란 고위공직자로 재직 중에 본인 또는 본인의 가족이 범한 다음 각 목의 어느 하나에 해당하는 죄를 말한다. 다만, 가족의 경우에는 고위공직자의 직무와 관련하여 범한 죄에 한정한다.

8. 특별검사 및 특별수사관

특별검사제는 사회적 이목이 집중되는 사건에 대하여 위에서 나열한 상설 수사기능에서 수사하기에는 부적절하다고 판단하는 경우 국회의 입법을 통해 특별검사와 특별수사관을 두어 수사를 전담하도록 하는 제도입니다.

'특별검사의 임명 등에 관한 법률'에 그 근거를 두고 있는데 상설 특별검사를 운영하지는 않으며 개별 사건마다 어느 규모로 어떤 사건을 수사할 것인지 입법이 이루어지고 수사 및 재판이 끝나면 법률이 폐지되고 그 조직도 해체됩니다.

9. 정리

이번 장에서는 수사기관의 종류에 대하여 살펴보았습니다. 개정된 형사소송법에 따라 2021년부터 경찰청 소속의 사법경찰관은 수사개시·진행·종결권을 갖는 수사의 주체로 자리매김하였습니다.

특정 국가기관에 과도한 권한이 부여되면 권한남용을 하기 쉽기 때문에 국가기관 사이에 '견제와 균형'의 원리를 실현하기 위하여 검사를 수사의 주재자로 보았던 개념을 탈피하고 경찰에 1차적 수사권을 부여하고 검사의 수사지휘를 폐지하고 경찰과 검찰을 협력관계로 설정하였습니다. 경찰은 모든 범죄를 수사할 수 있으며 경찰청 조직 안에서 국가경찰사무와 자치경찰사무로 나누고 그에 해당하는 수사사무를 수행합니다.

경찰을 제외하고 검사, 검찰청 직원, 제주자치경찰을 포함하여 특별사법경찰, 공수처 검사 및 수사관의 경우 법률로 정한 특정한 사건의 수사만 할 수 있습니다.

02 112치안종합상황실

1. 112치안종합상황실사무의 구분과 지휘체계

1.1. 112치안종합상황실 사무의 구분

　전통적인 경찰의 업무영역인 범죄예방과 수사 이외에도 현대사회에서 경찰의 업무영역은 재난대응 및 사회 갈등요소에 대한 사전적 개입 등 다양한 분야로 날로 확장되어가고 있습니다. 경찰을 향한 시민들의 긴급신고 또한 연간 약 1,900만건에 이르는 현실에도 불구하고 112신고처리의 기준과 대응방안, 중요 개념의 정의 등을 포섭하는 단일법이 부재한 상황입니다. 2021년 7월 역사적인 자치경찰제의 시행을 앞두고 112긴급신고 사무의 구분과 관련하여 이와 같은 현실 속에서 부득이하게 우리는 국가경찰과 자치경찰의 조직 및 운영에 관한 법률의 규정과 해석에 의하여 112사무를 국가와 자치경찰사무로 구분할 수밖에 없습니다.

　국가경찰과 자치경찰의 조직 및 운영에 관한 법률(약칭 경찰법, 이하 같음)에서는 112신고 처리 사무의 귀속을 명시적으로 규정하고 있지 않고 있습니다. 다만 자치경찰 사무와 시·도 자치경찰위원회의 조직 및 운영 등에 관한 규정(이하 대통령령)의 제2조 및 별표의 해석을 기준에 의하면 경찰의 사무 중 생활안전·교통·경비에 대한 자치경찰사무 범위에서 '지역주민의 생활안전 관련 112신고(일반신고 포함) 처리' 및 '지역주민의 교통안전 관련 112신고(일반신고 포함) 처리'를 자치경찰사무로 구분하고 있습니다.

　그러므로 위 대통령령에서 규정하고 있는 일부 한정된 112신고 사무 이외의 112신고 처리는 원칙적으로 국가사무로 규정된 것으로 판단하여야 합니다.

　특히 국가·자치 사무의 귀속을 불문하고 112신고 사무의 처리는 신고 접수·지령·종결 및 상황관리 등 112신고 처리의 전 과정의 처리 결과의 전국적 균질성이 유지될 수 있어야 하고 더욱이 112신고에 대응에 있어서도 국가와 자치경찰사무로 나뉘어서 판단하는 것 보다 국가경찰과 자치경찰의 총력 대응 체계를 유지하여야 할 필요성이 있어 112사무를 국가와 자치경찰의 사무로 획일적인 사무분장의 실익은 없다고 보아야 합니다.

그러나 본 교재의 성격상 부득이하게 자치사무의 영역에 대한 구분을 위해서 구체적으로 살펴본다면 자치 사무에 속하는 112신고 사무는 경찰사무를 규정하고 있는 경찰법 제4조 제1항 2호의 가목(생활안전), 나목(교통 활동), 다목(다중운집 행사 관련 혼잡 교통 및 안전 관리), 라목(수사사무)은 열거 항목으로 볼 수 있고, 이와 관련 대통령령에서는 가·나목과 관련한 112신고 처리에 대해서만 자치사무로 규정하고 있으므로 같은 제2호의 다목 및 라목과 관련한 112신고처리는 국가사무로 판단을 하여야 할 것입니다. 위와 같은 판단을 기준으로 2021년 現 112접수 코드[1](58종)를 국가·자치사무로 나누면 국가사무 40종, 자치사무 18종으로 구분할 수 있습니다.

1.2. 112치안종합상황실의 보고와 지휘체계

112사무의 보고 및 지휘 여부와 관련하여 112처리는 원칙적으로 국가·자치사무 모두 시·도 경찰청까지는 경찰법 제6조를 근거로 보고·지휘가 가능한 것으로 판단할 수 있습니다. 다만 112신고 자치사무 처리 시 경찰청으로 상황보고·지휘 가능 여부를 검토할 필요가 있습니다. 이와 관련 112 자치사무 사항이라 하더라도 112상황실장이 관련 기능을 총괄하여 처리하여야 한다고 판단되는 사안 특히 전국적으로 일관되고 통일된 긴급신고의 처리 기준이 필요하다고 판단되는 사안에 대해서는 상황계통을 통해 경찰청으로 보고·지휘가 가능하다고 보아야 합니다.

다만, 자치경찰 도입의 취지를 고려, 순수 자치 112사무 처리에 대해서는 시·도 경찰청 이하에 일임하는 것이 바람직할 것입니다.

※ 그러나 순수 자치 112사무의 신고 사건이라 할지라도 사안의 중대성과 긴급성 및 사회적의 미치는 영향을 감안하여 사건의 중요성이 인정되는 경우 경찰청으로 상황보고는 물론 지휘여부도 가능하다고 보아야 할 것이다.

---

1) 112신고 접수 코드는 긴급신고의 운영 및 범죄 발생 유형 및 치안과 관련한 다양한 사회적 환경 변화 등 매우 다양한 원인으로 코드의 조정 변화가 요구된다. 그러나 112신고의 처리와 관련하여 지자체별 112코드 추가 신설 등 112접수코드의 변경과 같은 다양한 요구사항은 사안 발생 시 경찰청에서 일괄 조정 국가적으로 통일된 112접수 코드 체계를 구축하는 것이 합리적으로 판단된다. 이는 범죄 신고 접수의 통계 분석을 통한 범죄 예방 대책 수립 및 전국적으로 균질화된 치안서비스의 제공을 위해서 표준화된 접수 코드의 유지가 유리하기 때문이다.

▌국가경찰사무와 자치경찰사무의 유형별 구분

구분		기준 및 범위
국가경찰사무	수사사무(Ⅰ유형)	없음
	비수사사무(Ⅱ유형)	40종 (표 참조)
자치경찰사무	수사사무(Ⅲ유형)	없음
	비수사사무(Ⅳ유형)	18종 (표 참조)

1.3. 112신고 접수 사건 종별 사무 구분

112긴급신고의 사건 분류는 경찰청 112신고 접수 지령 매뉴얼에 의하면 대분류에 의한 6개의 대분류와 각 대분류 하위 58종의 소분류로 구분할 수 있습니다.

대분류는 ①중요범죄 ②기타범죄 ③질서유지 ④교통 ⑤기타경찰업무 ⑥타기관업무 등 6개의 대분류로 나뉘어져 있으며 세부적으로 살펴보면

1.3.1. 중요범죄

중요범죄의 경우 살인, 강도, 치기, 절도, 납치감금, 성폭력, 가정폭력, 가정내 아동학대, 가정외 아동학대, 데이트 폭력으로 총 10가지의 범죄를 중요범죄 코드로 분류하고 있으며 모두 국가경찰 사무로 구분될 수 있습니다.

1.3.2. 기타범죄

기타범죄의 경우 폭력, 사기, 공갈, 협박, 도박, 재물손괴, 풍속영업, 수배불심자, 기타형사범, 스토킹, 학교폭력, 마약, 피싱사기, 동물학대로 총 15종을 기타범죄로 구분하고 있습니다. 기타범죄 또한 모두 국가경찰의 사무로 보아야 할 것입니다.

1.3.3. 질서유지

질서유지의 경우 시비, 행패소란, 청소년비행, 무전취식, 주취자, 보호조치, 위험방지, 기타경범과 같이 범죄에는 이르지 못하지만 장차 중대 범죄나 재난으로 발전할 가능성이 있는 경우나 경미한 범죄들을 총 8가지로 분류하여 처리하고 있습니다. 이중 자치경찰 사무는 청소년비행, 무전취식, 주취자, 보호조치, 위험방지, 기타경범 총 6종의 사건

분류를 자치경찰 사무로 보아야 합니다.

1.3.4. 교통관련

교통관련 112신고의 경우 교통사고, 교통불편, 교통위반, 사망대형교통사고, 인적피해발생후도주, 음주운전 등 총 6가지로 분류하고 있으며 이중 자치경찰 사무는 교통사고, 교통불편, 교통위반, 3종을 자치경찰 사무로 보아야 합니다.

1.3.5. 기타경찰업무

기타경찰업무 코드는 상담문의, 변사자, 비상벨, 경비업체요청, 가출, 분실습득, FTX, 자살, 실종 사건 등 범죄, 질서유지, 교통관련 신고 사건 외 경찰업무에 들어가는 사건을 별도로 9종류로 분류되어 있으며 이중 자치경찰 사무는 가출, 분실습득 2종을 자치경찰 사무로 볼 수 있습니다.

1.3.6. 타기관, 기타

타기관 및 기타 코드는 내용확인불가, 화재, 구조요청, 소음, 노점상, 기타 타기관, 서비스요청, 청탁금지법, 재해재난, 위험동물, 기타사건으로 주로 소방, 의료 지방자치단체 등 타기관의 신고 접수 시 해당기관으로 연결하거나 현장경찰관이 직접 타기관에 이첩하여 처리되는 업무들로 이중 자치경찰 사무는 화재, 구조요청, 소음, 노점상, 기타 타기관, 서비스요청과 위험동물 관련 112신고를 자치경찰 사무로 구분이 가능할 것입니다.

▎ 붙임: 접수코드별(사건종별) 사무 구분

대분류	사무 구분	소분류
중요범죄	국가	살인, 강도, 치기, 절도, 납치감금, 성폭력, 가정폭력, 가정내 아동학대, 가정외 아동학대, 데이트 폭력 총 10종
	자치	없음
기타범죄	국가	폭력, 사기, 공갈, 협박, 도박, 재물손괴, 풍속영업, 수배불심자, 기타형사범, 스토킹, 학교폭력, 마약, 피싱사기, 동물학대로 총 15종
	자치	없음

대분류	사무 구분	소분류
질서유지	국가	시비, 행패소란 총 2종
	자치	청소년비행, 무전취식, 주취자, 보호조치, 위험방지, 기타경범 총 6종
교통	국가	사망대형교통사고, 인적피해발생후도주, 음주운전 총 3종
	자치	교통사고, 교통불편, 교통위반 총 3종
기타 경찰업무	국가	상담문의, 변사자, 비상벨, 경비업체요청, FTX, 자살, 실종(실종아동 등) 총 7종
	자치	가출, 분실습득 총 2종
타기관 기타	국가	내용확인불가, 청탁금지법, 재해재난 총 3종
	자치	화재, 구조요청, 소음, 노점상, 기타 타기관, 서비스요청, 위험동물 총 7종

다만 자치경찰 운용 취지에 부합하여 전체 112 사건벼 코드의 분류는 조정의 필요성이 높은 것으로 판단 됩니다.

지금까지 112치안종합상황실 사무중 국가경찰사무와 자치경찰사무간의 업무구분 및 보고 지휘의 체계에 대하여 살펴보았습니다. 이제 112치안종합상황실의 의의 및 조직, 기능별 역할, 112신고 처리의 과정 등 112신고 처리 업무 전반에 대하여 살펴보도록 하겠습니다.

2. 112신고 시스템의 의의 및 조직구성

2.1.112신고 시스템의 의의

112신고 시스템이란 "국민의 안전을 위협하는 각종 범죄 및 재난상황 등 위기상황에서 국민들의 긴급신고를 경찰이 접수하고 처리하는 일련의 과정에 C3[2]개념을 통합·체계화한 것으로 경찰통신망과 IT기술을 활용해서 현장에 경찰출동요소를 신속히 배치하여 필요한 조치를 시행하기 위한 초동 대응 시스템으로,

현장상황을 안정적이고 효율적으로 관리하기 위해 현장 경찰을 적정하게 지휘·조정·통제하여 긴급 사건의 대응시간을 최소화하고 경찰 내부의 관련 부서와 외부 유관기관과의 유기적 협업 시스템을 작동하여, 국민의 안전을 확보하기 위한 경찰의 대응 시스템"으로 정의 될 수 있습니다.

---

2) C3: Command(지휘)·Control(통제)·Communication(통신)

2.2. 112치안종합상황실의 조직 구성

112치안종합상황실은 전국 시·도 경찰청별로 1개소씩 총18개소(경기도는 남·북부청 2개소 설치)에 112치안종합상황실이 조직되어 있으며, 전국 각 경찰서별 112치안종합상황실이 운영되고 있습니다.

또한 각 시·도 경찰청 112치안종합상황실에서는 모든 112신고의 접수[3] 및 광역·대형 사건의 지령을 담당하며, 나머지 모든 일반사건의 지령 및 상황관리는 경찰서 112치안종합상황실[4]에서 처리하고 있습니다.

❚ 각 시·도 경찰청 112치안종합상황실의 조직 구성

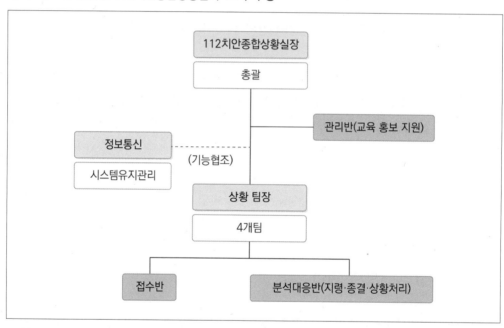

※ 본 교재는 112신고 접수 관련 조직 구성만을 대상으로 하고 있으며 112치안종합상황실내 지역경찰 관련 업무 및 위기관리업무 조직 구성도는 제외하였다.

---

3) 112신고 접수요원(접수반)은 약 1,100명의 요원이 긴급 신고의 접수를 담당하고 있다 다만 세종경찰 청의 112긴급신고 접수는 충남경찰청에서 접수 통보하고 있다.

4) 경찰서의 지령요원(분석대응반)은 전국 255개 경찰서 2,780여명의 지령요원이 사건 분석 및 대응을 담당 하고 있다.

3. 112치안종합상황실의 기능별 역할

112치안종합상황실의 각 기능별 역할에 대하여 살펴보면 각 시·도 경찰청은 상황실장(상황팀장), 112긴급신고 접수반(이하 접수반), 분석대응반(지령 및 상황관리), 관리반으로 구성되어 있으며 각 기능별 역할과 임무를 살펴보도록 하겠습니다.

※ 경찰서 112치안종합상황실의 경우 접수반을 제외한 상황실장 및 분석 대응반과 관리반으로 구성되어 있으며 기능별 역할과 임무에 특별한 차이는 없음

3.1. 상황실장(상황팀장)

상황팀장은 긴급신고사건을 포함한 각종 치안 상황 처리의 총지휘 책임을 갖고 112치안종합상황실장 부재 시 그 업무를 대행하며, 긴급신고와 관련한 초동조치태세 확립을 위해 접수반과 분석대응반의 업무 감독 및 지휘를 수행하고 또한 중요 긴급 상황 발생 시에는 경찰지휘부에 보고 전 우선적인 조치를 통한 안정적인 치안 상황관리의 업무를 수행하게 되며 기타 긴급신고에 대한 초동조치에 관해서 소속 시·도 경찰청 및 경찰서장의 권한을 행사하게 됩니다.

3.2. 접수반

접수반은 최초 범죄피해가 예상되는 긴급 신고자 통화를 통해서 사건 발생 위치와 피해 상황, 가해자 정보 등 긴급신고 처리에 필요한 정보를 최대한 신속하고 정확하게 파악하여 이를 분석 대응반에 인계하는 역할을 수행하며 만약 긴급신고에 대한 상황 판단이 정확하지 않거나 중요하고 긴급한 상황으로 판단 될 경우 사건 해결에 필요한 경찰 내외부의 관련 전문가로 구성된 3자 통화를 실시하거나 현장경찰과의 내부 긴급공청을 실시하고 상황팀장에 즉보하는 역할을 수행하게 됩니다.

3.3. 분석대응반

분석대응반은 접수된 사건이 중요한 긴급상황으로 판단될 경우 긴급공청을 실시하여

현장경찰과의 사건정보의 흐름을 공유하고 모든 사건의 지령, 상황관리, 종결 등 112신고 사건에 대한 종합적인 운영을 책임지고, 접수정보를 바탕으로 능동적인 지령과 신고 내용의 정밀 분석을 통한 추가 정보를 파악하여 사건해결에 필요한 효과적이고 효율적인 초동 대응을 위해서 현장에 출동하는 경찰관을 결정하여 최단시간에 사건 현장에 경찰관을 배치하고, 더불어 사건의 흐름에 따라 현장 상황을 분석하여 사안별 대처방안을 결정함은 물론 사건 해결에 필요한 내·외부 기관에 상황을 전파, 추가 지원을 결정하는 등 사건 종결 시까지 전체 상황을 유지 및 관리하는 역할을 수행하게 됩니다.

3.4. 관리반

관리반은 112치안종합상황실의 운용과 관련한 업무를 기획수립하고 112치안종합상황실의 운영에 필요한 지원에 관한 행정 사항을 총괄하며 특히 112치안종합상황실 요원들의 복지와 인사 등 복무에 관한 사항을 전반적으로 관리하는 행정업무를 수행하게 되며 또한 112 긴급신고 통계 현황을 분석하고 관련 자료를 관리함은 물론 대국민 긴급신고 홍보에 관한 사항과 긴급신고 요원들에 대한 지속적인 전문 교육을 전담함으로써 긴급신고 요원들의 자질 향상을 책임지고 있습니다.

3.5. 정보통신반

112긴급신고 시스템은 정보통신을 기반으로 한 매우 복잡한 전자 시스템으로 구성되어 있습니다. 따라서 이러한 시스템의 유지 보수 관리를 위해서 전문적인 IT 및 시스템 관리 요원들에 의해서 112시스템 통신망 등 긴급신고시스템을 유지 및 관리하고 112신고를 통해서 입수되는 긴급신고에 대한 방대한 양의 DB를 관리하며 실제 시스템 사용 과정에서 발생하는 시스템 개선사항의 반영을 통해서 시스템을 발전시키고 새로운 프로그램을 개발하는 역할을 수행하게 됩니다.

4. 112신고 시스템의 발전

1957년 7월 서울과 부산에 112비상통화기를 설치한 이래 한국의 112긴급신고는 매우 다양한 사건과 기술적 발전을 통해서 제도와 인적구성 및 시스템의 변화를 가져왔습니다. 다음의 표를 통해서 한국의 112신고 제도 및 시스템의 발전 과정을 살펴보도록 하겠습니다.

▌112신고 제도의 발전

연도	발전 내용
1957년 07월	최초 「112비상통화기」 설치(서울 · 부산)
1958년 12월	「112비상통화기」 전국 확대 실시
1987년 11월	서울지방경찰청 C3 시범체제 최초 운영 ※ C3: 지휘(Command), 통제(Control), 통신(Communication)
1990년 04월	서울 · 5대광역시 118개 주요도시 컴퓨터시스템 구축
1992년 08월	시 · 군 단위 이상 68개도시(61개 112센터) 컴퓨터시스템 구축
1994년 01월	읍단위 85개 경찰서 112센터 장비보강 운영
1994년 05월	통신기능에서 방범기능으로 직제개정 112신고 활성화
1994년 11월	민간인 「112신고요원」 전국 확대 실시
1995년 03월	112지령실을 「112신고센터」로 명칭 변경
1995년 06월	「112신고처리요령」 교양책자 발간
1995년 11월	「112범죄신고」의 날 행사 형사국으로부터 업무 인수
1996년 01월	5대광역시 신고자위치(주소) 자동표시시스템 확대운영
2004년 11월	112순찰차 신속배치시스템(IDS) 최초 도입(인천청) ※ 서울 · 부산 · 광주 · 대전청(2005년), 대구청(2006년), 울산청(2007년), 경기청 (2009년) 구축 완료
2010년 01월	「112신고 대응시스템 개선」 시행 (Code 1 · 2 · 3 시행)
2011년 02월	경기남부권(30개서) 통합 112신고센터 구축 ※ 서울 · 부산 · 인천청(1990년), 울산청(1991년), 대구청(1997년), 광주 · 대전청 (2007년) 구축
2012년 05월	112신고센터와 치안상황실 통합, 112종합상황실 신설
2012년 07월	4개 지방청(충북 · 전남 · 경남 · 제주) 112시스템 표준화 ※ 2012년 11월 15일 신고자에 대한 위치추적 시스템 가동 실시
2012년 12월	12개 지방청(서울 · 6대 광역시 · 경기남 · 경기북 · 강원 · 전북 · 경북) 112시스템 통합 · 표준화
2013년 01월	원터치SOS, 112앱 서비스 전국 확대 시행
2013년 09월	충남청 지방청 112종합상황실 구축 및 시스템 표준화
2014년 03월	112신고 콜백 시스템 도입

연도	발전 내용
2014년 09월	112신고 총력 대응 시스템 도입 ※ 전국 112종합상황실 지방청 통합 및 시스템 표준화 완료
2016년 04월	112신고 코드 세분화 기존 3단계 ➔ 5단계 변경 (Code 0 · 1 · 2 · 3 · 4 시행)
2017년 04월	긴급신고 현장 대응 시간 목표 관리제 시행
2017년 12월	출동 경찰관 영상지원 시스템 시범운영(대전청)
2018년 04월	112 · 119 공동 대응 시스템 도입 및 운용
2019년 02월	본청 치안상황관리관실 체계 출범
2020년 02월	재난통신망(新 무전망) 시범 도입 운용
2020년 12월	차세대 112신고 시스템 개발 도입
2021년 01월	직제개정에 따라 112종합상황실 ➔ 112치안종합상황실로 명칭 변경

5. 112신고의 긴급성에 따른 대응코드 분류 필요성과 적용 기준

5.1. 112신고 대응 코드 분류의 필요성

경찰청의 통계자료에 의하면 최근 10년간 경찰인력의 증감률과 경찰관 1인당 담당 인구는 아래 표와 같으며, 경찰 인력은 꾸준히 증원되어 오고 있습니다.

▍경찰관 인력 증감 변화 및 1인당 담당 인구 수 변화

구분(년도)	2011	2012	2013	2014	2015	2016	2017	2018	2019
경찰인력	101,239	102,386	105,357	109,364	113,077	114,658	116,584	118,651	122,913
전년대비 증감률(%)	0.1	1.1	2.9	3.8	3.4	1.4	1.7	1.8	3.6
1인당 담당인구수	501	498	485	469	456	451	444	436	422

자료출처: e-나라지표

※ 미국 427명, 영국 421명, 프랑스 322명, 독일 305명 등으로 다른 치안 선진국과 비교 1인당 담당 인구수
는 아직은 많은 편으로 지속적인 경찰 인력의 증원이 요구된다.

그러나 365일 24시간 중단 없는 치안 서비스의 제공을 위해서 현장 인력은 통상적으로 4교대 혹은 변형 3교대의 근무체계로 운영되는 점을 감안하면 실제 현장 경찰관의 업무 부담은 높은 편이라 보아야 합니다.

더욱이 연간 약 1,900만건에 가까운 112긴급신고의 처리에 있어 경찰관의 사건 현장 평균 도착 시간을 지속적으로 단축하고, 보다 전문적인 신고 처리를 통한 양질의 치안 서비스를 제공하기 위해서는 112신고 사건을 중요도와 긴급성 등을 기준으로 코드 0부터 코드 4까지 총 5단계로 구분하여 처리하고 있습니다.

▎112신고 접수 및 현장 평균 도착시간

	2011	2012	2013	2014	2015	2016	2017	2018	2019
신고 접수 건수 (단위 천건)	9,951	11,772	19,115	18,778	19,104	19,567	18,953	18,730	18,976
증감율(%)	16.2	18.3	62.4	-1.8	1.7	2.4	-3.1	-1.2	1.3
총 출동건수	7,116	7,882	9,344	10,387	10,719	10,701	10,539	10,452	10,703
현장평균 도착시간	3분 53초	3분 34초	4분 32초	3분 55초	5분 09초	5분 14초	5분 21초	5분 20초	5분 21초

자료출처: e-나라지표

※ 한국 경찰은 긴급신고의 초동 조치 대응 역량의 향상을 위해서 최초 112긴급 신고 후 경찰관의 사건 현장 도착시간의 단축을 지속적으로 추진하고 있다. 2015년 현장 도착 평균 시간이 늘어난 것은 2014년까지 신고 접수 종료후 현장경찰관에게 지령 종료부터 현장 도착 소요시간을 측정하는 방식에서 112신고 접수 종료 즉시 현장 도착 소요시간으로 현장 도착 평균 시간에 대한 측정 방법을 변경하였기 때문이다.

※ 2012년에서 2013년간 112신고가 큰 폭으로 증가한 이유는 각 시·도 경찰청 단위로 별개의 시스템으로 운영되던 112시스템으로 전국적으로 통합된 112시스템을 구축하여 112신고 접수를 각 경찰서에서 받던 일부 시·도 경찰청의 접수업무를 시·도 경찰청 단위로 격상하여 신고 접수 비율이 높아지고, 말없이 끊어지는 등 비전형, 무응답 신고 전화에 대한 자동 콜백 시스템을 도입하여 전체적으로 112통계로 산입되는 신고건수가 증가한 것으로 실질적으로 112신고 건수의 대폭적인 증가는 없는 것으로 판단하여야 한다.

5.2. 112신고 대응 코드 분류 적용 기준

위의 설시된 이유로 경찰청은 아래 기준에 의해 112긴급 신고의 대응 코드를 분류하여 처리하고 있습니다.

112신고 대응 코드 분류

구분	코드	코드 분류 기준	출동 목표시간
긴급	0	Code 1 중 이동범죄, 강력범죄 현행범 등 실시간 전파가 필요한 경우	최단시간
	1	생명·신체에 대한 위험이 임박, 진행중, 직후인 경우 또는 현행범인인 경우	최단시간
비긴급	2	생명·신체에 대한 잠재적 위험이 있는 경우 또는 범죄예방 등을 위해 필요한 경우	긴급신고 지장없는 범위내
	3	즉각적인 현장조치는 불필요하나 수사, 전문상담 등이 필요한 경우 ※ 즉시출동 불요하나 신고자와 통화로 조치, 출동 불요 타부서 통보필요	당일 근무시간
상담	4	긴급성이 없는 민원·상담 신고 및 타기관 상담 업무	비출동 종결

긴급신고의 대응 코드 분류 기준은 생명 신체의 위험이 임박하며 진행중이거나 혹은 직후이거나 현행범인인 경우 긴급 신고인 코드 1으로 접수 처리하고 있으며 이중 강력 범죄의 현행범, 비명 후 불완전 신고, 연쇄 이동성 범죄 등 최우선적 대응과 최단시간 도착이 요구되는 경우 코드 0사건으로 접수하여 처리하고 있습니다.

긴급신고 분류 기준

생명 신체 위험	• 살인·강도·납치감금·성폭력·주거침입·집단사태 등 중요범죄로 생명·신체에 대한 중대한 위험이 임박하거나 진행중이거나 직후인 경우 (다소 신빙성이 떨어지더라도 코드 1으로 분류) • 범죄가 아니거나, 경찰 고유 사무가 아니더라도 피해자 구호가 필요하거나 생명·신체의 위험을 방지할 필요가 있는 경우
현행 범인	생명·신체에 대한 위험을 수반하지 않더라도 범죄행위가 진행 중이거나 직후인 경우

또한 비 긴급신고의 대응 코드의 분류는 생명·신체의 위험이 발생할 가능성이 있거나 범죄예방 등을 위해 필요한 경우 코드 2로 접수하여 처리하며 이중 사건발생 후 상당한 시간이 경과하여 즉각적인 조치가 필요 없는 경우 코드 3으로 접수 하달하고 있으며 구체적으로 살펴보면 즉시 출동은 불요하고 신고자에게 통화로 차후 조치 필요사항 전달 및 안내하거나 경찰관의 현장 출동은 불필요하고 신고내용만 타부서(수사·여청·정보과 등)로 통보하는 경우 등이 코드 3의 처리 예입니다.

마지막으로 코드 4의 경우 긴급성이 없는 치안 서비스 관련 민원 상담이나 타 기관과 연계된 상담의 경우 현장 경찰관은 비출동하고 112신고 접수요원이 직접 사건을 상담처리하거나 타기관으로 연계조치하여 처리하고 있으며 2019년의 112 통계상 각 대응 코드별 긴급 신고의 분류통계 현황은 아래 표와 같습니다.

▌대응 코드별 긴급 신고 통계 현황

구분		총계	CODE 0, 1	CODE 2	CODE 3	CODE 4
2019년		18,976,334	2,963,959	6,935,226	804,142	8,273,007
	비율		(15.6%)	(36.5%)	(4.2%)	(43.6%)

자료출처: 경찰청 통계 연보

6. 112신고의 유형

112신고는 통상의 음성 전화 신고 외에도 다양한 매체를 통해서 경찰로 접수 처리되고 있습니다. 접수 유형별 특징은 아래의 표와 같습니다.

▌112긴급 신고 유형별 특징

구분	유형별	특징
전화 신고	112	▶ 신고자가 112로 전화를 걸어 시·도 경찰청 112치안종합상황실에서 접수 ※ 신고자 전화의 종류(집전화, 휴대폰, 070 등)와는 무관
	112(SOS)	▶ 원터치SOS 가입자가 112로 전화를 건 경우로 ※ 신고자의 전화가 휴대폰이면 LBS(위치추적)이 자동으로 가동, 수신
	112(방범)	▶ 지구대 등에서 '방범대상업소'로 등록한 신고자가 112로 전화 ※ 신고자는 현금취급업소 등으로 강·절도 신고에 유의해서 접수 필요
	112 신변보호 (웨어러블)	▶ 신변보호 대상자로 등록된 전화로 신고 한 경우 ▶ 신변보호 대상자가 스마트 워치를 이용하여 신고 한 경우
다매체 신고	SMS접수 (문자신고)	▶ 신고자가 112에 문자메시지를 보낸 경우
	112앱	▶ 스마트폰 어플리케이션 '112앱'을 활용하여 신고한 경우 ※ 신고자의 신상정보와 위치정보가 동시 수신, 신고자의 위치를 112로 전송
	나들가게	▶ 나들가게(동네 수퍼 중 지정) 계산대(POS)에서 보낸 신고

구분	유형별	특징
일반 접수	일반(청)	▶ 시 · 도 경찰청 112종합상황실에서 임의접수
	일반(서)	▶ 경찰서 112종합상황실에서 임의접수
	일반(지파)	▶ 지구대 · 파출소에서 임의접수
	C/S접수	▶ 112시스템 장애 시 가동시키는 장애대응프로그램에서 자동 입력

※ 112 문자신고: 문자 · 사진 · 동영상 등을 이용한 신고 방법으로 특히 농아인, 외국인 등 음성신고가 어려운 경우나, 전화로 신고하기 위험한 범죄 상황에서 범인에게 노출되지 않고 경찰에 신고할 수 있는 방법으로서 활용되고 있다.
※ 원터치 sos서비스: 위급한 상황에서 휴대폰, 스마트폰, 전용 단말기를 이용한 신고 시스템으로, 112신고 시 신고자의 위치정보와 사전에 등록한 주소 · 보호자 정보 등이 자동 현출되는 시스템이다.

7. 위치특정과 긴급신고의 접수 대응

7.1. 위치특정

112 긴급신고의 성공적 대응을 위해 무엇보다 중요한 것은 신속하고 정확한 위치특정에 있다고 할 수 있습니다. 112시스템에서는 아래와 같은 방법으로 신고자와 범죄피해자 및 요구조자의 위치를 확인하고 있습니다.

7.1.1. 주소체계

위치 확인에 있어 가장 손쉽고 정확한 방법으로 현재 국민들이 사용하는 주소체계는 '지번주소'와 '도로명주소'가 있으며, '도로명주소'의 활용이 서서히 증가하고 있는 추세입니다. 다만 '주소'의 경우 자신의 주거지, 사업장 등 생활 영역권을 제외하고는 주소를 정확히 알고 있는 경우가 드물다고 볼 수 있으며 이를 보완할 다양한 방안이 필요합니다. 따라서 주소체계로 위치특정이 어려울 경우 경찰이 활용하고 있는 방법을 좀 더 살펴보록 하겠습니다.

7.1.2. ALI(Automatic Location Identification) 시스템

112신고의 전화가 일반 전화일 경우 가입자 DB를 조회하여 등록지 주소를 통지해주는 시스템으로 일 반 노상에서 사건이 발생하는 경우 인근 상가 간판에 삽입된 전화번호를 통한 신속한 위치확인에 활용되고 있습니다. 또한 현재 112시스템은 112전화 수신시 ALI 시스템을 자동으로 작동시키도록 설정하여 보다 신속한 위치 특정에 활용되고 있습니다. 다만 최근 관련 통신사에서 가입자 DB를 정확히 입력해 놓지 않은 경우가 많아 ALI를 통해 주소를 확인한 경우 반드시 신고자에게 재확인 필요합니다.

※ 특히 공중전화 위치는 ALI를 통해 위치 확인이 가능하나 가입위치 DB가 틀린 경우가 있음

※ 인터넷 전화의 경우는 ALI를 통한 위치확인이 불가능하며 이 경우 가입자 정보조회가 가능한 소방과의 협업을 통해 대상자의 위치를 확인하고 있다.

7.1.3. LBS (Location Based Services) 시스템

신고자의 전화가 일반 전화가 아닌 휴대전화일 경우 신고자의 휴대전화 위치 기반으로 하는 위치추적 시스템으로 현재의 112시스템상 휴대전화 위치측위 방법의 종류와 특성은 아래와 같습니다.

구분	특성
Cell	• 휴대전화가 접속한 기지국의 위치를 기반으로 추적하는 방식 • 휴대전화의 위치가 실내 · 지하 어디에 존재하든 기지국 전파 신호가 닿는 곳이라면 위치 측위가 가능 • 그러나 위치정밀도에서는 오차 범위가 200m에서 2㎞까지 넓은 것이 약점이다.
GPS	• 인공위성을 활용한 측위 신호 통해 휴대전화에 내장된 GPS의 위치를 측정하는 방법 • 기본 오차가 수십m로 매우 정밀한 측위가 가능하지만, 휴대전화에 GPS가 설치되어 있지 않거나 GPS를 꺼 놓은 경우, 건물내부, 지하 등 위성신호가 닿지 않는 곳에 휴대전화가 위치할 경우 위치 측위 불가능
Wi-Fi	• 휴대전화의 Wi-Fi가 연결된 무선AP (Access Point, 무선인터넷 공유기)의 위치를 통한 측위 • 상대적으로 정확한 측위 가능하며 주로 지하나 건물 내의 실내 측위방법으로 활용되고 있으며 AP가 설치되어 있지 않은 실내지역에서는 위치 측위 불가한 단점이 있다. ※ 다만 최근 많이 보급되고 있는 공용 Wi-Fi의 경우 실외지역에 주로 설치되고 있는 점을 감안하면 실내 · 외의 다양한 곳의 위치측위 방법으로 보는 것이 합리적이다.

7.1.4. POI (Point of interest)시스템

POI (Point of interest)시스템은 112신고가 주로 발생하거나 사람들의 통행이 많은 주요 시설물, 역, 공항, 터미널, 호텔 등의 위치 좌표를 사전에 112시스템내 전자 지도에 표시한 것으로 신고자가 불러주는 건물명, 시설물명, 지명 등을 검색하여 지도상에서 위

치를 확인하는 방식으로 휴대전화를 통한 신고가 대다수를 이루는 현재의 상황에서 가장 폭 넓게 신고자 위치확인 수단으로 기능하고 있습니다.

7.1.5. 기타 위치확인 수단

위의 위치특정 방법 이외에 112시스템을 활용한 위치확인 방법은 다음과 같습니다.
• 전신주 전산화 번호를 통한 위치 확인 방법

• 전신주 번호 중 상단부는 전산화번호(고유번호)는 전국 위치 정보이며, 중단부는 한전의 관리번호이므로 이 중 어느 것을 입력해도 위치확인 가능 예 '1779Z981' 혹은 '호죽선92L7R2' 조회 • 상단부(전산화번호) : 8자리 숫자는 전국을 가로 세로로 2Km격자로 나눈후 부여한 번호 • 하단부(관리번호) : 선로관리를 위해 부여한 번호(L은 왼쪽, R은 오른쪽으로 분기됨을 의미)

• 신고자 주변에 주차된 차량에 대한 차적조회를 통한 위치 확인
신고자의 위치한 주변 주차된 차량번호를 2~3개 정도 불러주도록 요청하여 확보된 차량번호를 조회하여 차량 등록지에서 위치 공통점을 발견하여 위치를 특정하는 방법으로 특히 야간일 경우 위치를 특정하는데 유리한 방법으로 활용됨 ※ 일반적으로 집에서 가장 가까운 곳에 주차하고자 하는 습성에 착안

• 산악표지판
산악 및 국립공원 등에서 조난자 구조를 위한 표지판 설치, 활용 중인 것으로 해당표지판에 부여된 고유번호를 통해 위치확인이 가능함. 다만 각 표지판은 운영주체가 상이하므로(소방, 해경, 국립공원관리공단 등) 어디에서 운영 중인지 확인, 해당 기관에 문의하여 위치 확인이 가능함

• 국가지점번호
국가지점번호란 전 국토를 10m×10m의 격자형태로 나누어 각 구역마다 고유번호를 부여한 것으로 번호 부여 체계는 '가나 1234 1234'로 10자리(한글 2자리 + 숫자 8자리) 형태로 표시됨

국가지점번호판	산악표지판	산악표지판에 국가지점번호 표시한 예시

7.2. 긴급신고의 접수 대응

7.2.1. 직관적 상황파악과 신고자 심리 파악

긴급 전화의 대응에 있어서 112 접수근무자는 신고자의 목소리, 주변 소음 등을 통해 신고자가 어떠한 위급한 상황에 있는지를 직관적으로 파악 할 수 있도록 노력하는 것이 필요합니다. 따라서 접수 초기 사건 해결의 중요한 단서가 되는 주변 음향 청취에 주의를 기울이는 동시에 가장 유용한 정보를 신속하게 얻을 수 있는 질문을 하도록 훈련되어야 합니다. 다만, 신고자는 본인이 가장 중요하게 생각하는 내용을 제일 먼저 말하므로 처음부터 신고자의 말을 제지하고 질문하는 것은 바람직하지 않을 것입니다.

특히 신고자는 자신에게 무슨 일이 발생했는지는 잘 알고 있으나, 경찰에게 이를 '잘' 신고하는 요령을 모를 수 밖에 없습니다. 일반적인 경우 112에 도움을 요청해야 하는 긴급한 상황이 생기는 것은 일생에 한번 있을까 말까 하는 일로 112신고자는 신고의 '비전문가'인 점을 염두에 두고 처리하고 있습니다.

> **신고자의 일반적 생각**
>
> ▸ '도와주세요' 한마디면 모두 해결되는 것으로 알고 있는 경우가 대부분이다.
> > • 신고자는 112경찰이 신고자의 위치를 정확히 알기 어렵다는 점은 물론 사건 해결에 여러 가지 추가 정보가 필요하다는 점을 인지하지 못하는 경우가 대부분이다.
>
> ▸ 신고자는 112접수자가 신고자와 같은 동네에 있는 것으로 인지하는 경우가 대부분이다.
> > • 시·군·구명이나 읍·면·동명을 말하지 않고 번지수만 말한다던가 '동명'을 묻는 질문에 '000 아파트 110동'이라고 답하는 경우도 다수반사이다.
>
> ▸ 신고자는 112신고하면 본인의 정확한 위치가 자동으로 확인되는 것으로 인지하는 경우가 많다.

특히, 신고자는 자신에게 발생한 위급상황으로 인해 급박감·공포감 등으로 인해 당황·흥분된 상태로 경찰에게 무엇을 설명해야 하는지 또 어떻게 설명해야 할지 잘 모르는 상태로 경찰이 질문하는 내용보다는 '경찰관이 출동했는지, 언제쯤 도착할지'에 더 관심이 많으며 경찰이 빨리 와주기를 바라는 마음에서 경찰이 질문하는 어떤 질문이든 "예"라고 대답하는 경우가 많습니다.

7.2.2. 신고자 지원 활동

심각한 범죄 피해를 당한 사람은 112 신고를 한 이후 경찰관이 도착할 때까지 심각한 위험에 노출되어 있거나 심리적으로 매우 불안한 상태입니다. 이 시간 동안 신고자는 자신이 아무런 도움도 받지 못한 채 방치되어 있다고 느끼며, 언제 위험이 닥칠지 모른다는 불안감을 느낌을 가지게 되며 따라서 신고자는 경찰관을 기다리는 동안 시간이 평소보다 매우 천천히 흐르는 것으로 느끼며, 그것이 '재신고' 혹은 '지연출동에 대한 민원 제기'의 주요 원인이 됩니다. 따라서 긴급한 상황의 신고자에게 필요한 행동 요령을 안내하여 경찰관 도착 전까지 신고자의 안전을 확보하는 것이 무엇보다 중요합니다. 따라서 신고자가 이동이 가능한 경우 옆집이나 가게 등 사람들의 도움을 받을 수 있는 곳으로 이동할 것을 당부하거나 핸드폰을 무음으로 설정하고 눈에 띄지 않는 곳에 숨도록 안내하는 등 신고자의 안전을 확보하도록 유도하는 것은 매우 중요합니다. 다만 이 과정에서 경찰관의 연락은 놓치지 않고 받게 하여 출동 경찰관과 어긋나지 않도록 주의할 필요가 있습니다.

7.2.3. 사건해결에 필요한 상세 내용 파악

신고자나 요구조자 정보는 현장 경찰관의 요구조자 발견이 용이하도록 인상착의 등 외형적 특징을 간략히 파악하는 것이 필요합니다. 또한 요구조자가 부상을 당한 경우 확인 가능한 수준에서 응급조치를 위한 정보를 우선적으로 파악하는 것이 중요합니다.
※ 부상의 종류 및 정도, 부상원인, 기타 참고사항(혈액형, 지병 여부 등)을 파악하고 파악한 정보는 신속한 조치가 될 수 있도록 119와 공동대응을 실시하고 있다.

또한 피해자의 안전이 어느 정도 확보가 되었다면 용의자의 검거를 위해서 용의자가 도주하는 경우를 대비, 검문검색을 위한 정보를 파악 하여야 합니다. 특히 도주수단의 종류(자동차, 오토바이, 자전거, 도보 등), 색상, 외관상 특징을 상세히 파악하고 도주 방향의 확인이 필요하며 출동 경찰관이 상황에 적정하게 대비할 수 있도록 가해자 수, 흉기 휴대 여부 등 파악하는 것은 물론 차후의 수사활동을 위해서 가해자에 대한 정보 파악도 같이 파악하고 있습니다.

※ 치정 / 동거(결혼, 사실혼) / 채권 · 채무 / 원한 등 가해자와의 관계 등 다만 중요사건에서 신고자가 처한 상황, 흥분 등 심리상황이 모두 다를 수 밖에 없으므로 모든 정보를 일괄적으로 파악하는 것은 불가능하므로 가능한 범위내에서 최대한의 정보를 수집하여야 함

8. 허위 신고와 악성 신고 대응

112신고 전화의 중요한 특성 중 하나는 국민의 생명 신체를 위협하는 매우 급박한 상황으로 전개될 가능성이 매우 높으며 이에 따라 112신고의 접수요원은 모든 신고 접수과정에서 고도의 집중력이 필요하다 할 것입니다. 또한 중요사건의 경우 경찰이 가지고 있는 모든 역량을 집중하여 총력대응 체계를 구축하여 운영 중입니다. 특히 365일 24시간 중단 없이 양질의 치안 서비스를 제공하여야 하는 경찰은 단 한 통화의 긴급신고 전화도 놓쳐서는 안되는 절박한 입장에 있습니다. 그러므로 이러한 긴급신고 체계에 혼선과 지장을 초래하는 허위신고와 악성 신고에 대한 대응방안이 필요하다 할 것입니다.

※ 국가의 중요한 긴급신고인 112를 통한 허위 장난신고 및 악의적인 반복신고는 경찰업무의 지장뿐만 아니라 막대한 공권력의 낭비를 초래할 수 있으며 특히 이로 인한 피해가 선량한 일반 신고자와 요구조자에게 미칠 수 있다. 그럼에도 불구하고 현재 허위 악성 신고에 대한 대응 관련 법안은 형법과 경범죄 처벌법 등으로 분산되어 있으며 그 적용과 실효성에 있어서 의문이 제기 되고 있는 실정이다. 따라서 '112신고 처리법(가칭)'과 같은 긴급신고의 처리와 관련한 기본 법률의 제정이 필요한 시점이라고 판단된다.

• 허위신고: 고의가 명백하고, 신고내용(강력범죄 · 폭발물설치 등)이 중대하거나 경찰력 낭비가 심한 경우는 1회라도 형사입건 등 강력처벌. 다만, 경미한 경우라도 상습성이 있는 경우에는 적극 처벌

허위신고 처벌 법규
▶ 형법 제137조 위계에 의한 공무집행방해죄(5년이하 징역, 1,000만 원이하 벌금)   ▶ 경범죄 처벌법 제3조 3항 거짓신고(60만 원이하 벌금 · 구류 · 과료)

• 성희롱 신고: 접수요원에 대한 성희롱의 경우 원 스트라이크 아웃제 적용

| 성희롱 신고 처벌 법규

> ▶ 성폭력특별법 제13조 통신매체이용음란행위(2년이하 징역 2000만 원 이하 벌금)

- 폭언·단순 반복 전화의 경우 민원전담반 인계 및 계도조치 후 반복 시 처벌

※ 민원전담반 대응: 폭언·단순 반복 전화 혹은 경찰 조치에 대한 불만 등은 민원전담반에서 불편·불만사항을 충분히 청취·해결방안 제시하는 등 민원 처리에 적극적 자세 견지 하되 범죄와 무관한 반복 전화와 폭언은 경범죄 처벌법 등으로 처벌될 수 있음을 경고하거나, 필요시 현장 계도조치

※ 현장 계도가 필요한 경우, 지역경찰이 현장에서 112모바일폰을 통해 녹취파일을 재생하여 들려주는 등 방법으로 계도하되 그럼에도 불구하고 반복 전화 또는 폭언을 지속할 경우 적극 처벌을 강구

| 단순 폭언 반복전화 처벌 법규

> ▶ 경범죄처벌벌 제3조 1항 장난전화(10만 원이하 벌금·구류·과료)
> ▶ 정보통신망 이용촉진및정보보호등에관한법률 제44조 욕설·폭언 반복(1년징역, 1,000만 원 벌금)

9. 타기관 업무의 처리

　자치경찰제도는 국가 경찰과 자치경찰 간 상호협력 및 지원체계를 구축하여 국민의 생명 신체 및 재산을 보호하고 공공의 안녕과 질서를 효율적으로 유지하는 것에 그 목적이 있습니다.

　현재 112신고 업무 중 코드 4에 속하는 상당수의 신고전화(전체 신고전화 중 약 43.6%)가 경찰업무가 아닌 타기관(지자체 등)업무인 상황으로 해당기관에 연계하거나 통보조치 등으로 종결되고 있으므로 국가 경찰조직과 자치단체에서는 이에 대한 현황 분석은 물론 이러한 국민의 요구사항의 대응에 필요한 인적·물적·제도적 지원 시스템을 구축하여 실질적인 자치경찰제도의 효율성을 확보하여야 할 것입니다.

▎타기관 신고의 주요 유형

빈발유형	소관부처 (단체)	관련법령
층간소음	'층간소음이웃사이센터' 또는 '환경분쟁조정위원회'	환경분쟁조쟁법 제4조(설치), 공동 주택관리법 제20조(신청)

빈발유형	소관부처 (단체)	관련법령
동물소음	아파트의 경우 관리사무소 '공동주택관리규약'에 따라 해결	공동주택관리법 시행령 제19조(관리규약의 준칙)
공사장 소음	지자체 환경과	소음진동관리법 제21조, 제23조
불법주차	지자체 교통지도과 또는 주차관리과	도로교통법 제143조, 제32조(견인)
장애인 주차구역내 주차	지자체 사회복지과	장애인 · 노인 · 임산부등 편의증진 보장법 제27조 제3항
거주자 우선주차구역내 다른차 주차	시설관리공단	주차장법 제8조
차량 장기방치	자자체 교통행정과	자동차관리법 제26조
쓰레기 투기 · 소각	지자체 청소행정과	폐기물관리법 제14조
하천에서 자동차 세차	지자체 (안전)치수과	수질 및 생태계 보전법 제15조
돼지분뇨 하천 방류	지자체 (안전)치수과	가축분뇨의 관리 및 이용법 제10조
낚시금지 구역 낚시	지자체 (안전)치수과	내수면어업법 제18조 등
하천에서 물고기 폐사	지자체 (안전)치수과	하천법 제46조
공원 취사행위	지자체 공원녹지과	도시공원 및 녹지법 제49조 제1항 제6호, 시행령 제50조
금연구역 흡연	보건소 건강관리과 또는 보건행정과	국민건강증진법 제9조 제6항, 제34조 제3항
담배꽁초 무단투기	지자체 청소행정과	폐기물관리법 제8조
노점상 단속	지자체 건설관리과	도로법 제61조
현수막 · 전단지	지자체 건설관리과	옥외광고물등 관리법 제18조
구입 물건 환불 거부	소비자보호원	소비자기본법 제35조
세탁물 훼손	소비자보호원	소비자기본법 제35조
신용카드 결제 거부	국세청	여신전문금융업법 제19조
현금영수증 발행거부	국세청	소득세법 제162조의3
택시 불편 (승차거부, 요금과다청구 등)	지자체 교통지도과	택시운송사업발전법 제16조
버스 무정차 신고	지자체 교통지도과	여객자동차운수사업법 제26조 제1항
자동차 매연	지자체 환경과	대기환경보전법 제57조
과적차량 단속 요청	지방국토관리청	도로법 제77조
무등록 오토바이	지자체 교통행정과	자동차관리법 제49조
음식물 이물질	보건소 (보건)위생과	식품위생법 제46조

빈발유형	소관부처 (단체)	관련법령
식당 위생불량 상한음식 배탈 등	보건소 (보건)위생과	식품위생법 제4조, 제94조
문방구 등에서 음식 무허가 조리·판매	보건소 (보건)위생과	식품위생법 제37조, 제94조
노래방 주류 보관	지자체 문화체육과	음악산업진흥법 제22조 제1항
동물 사체	지자체 청소행정과	폐기물관리법 제2조
유기견	지자체 일자리경제과	동물보호법 제14조
애완견 목줄 미착용, 배변 후 미처리	지자체 공원녹지과	동물보호법 제13조 제2항
심야 학원 교습	교육부	학원설립운영 및 과외교습법 제16조, 제17조
불법체류자	출입국사무소	출입국관리법 제46조
임금체불	노동부	근로기준법 제36조
노숙자	지자체 사회복지과 또는 복지정책과	노숙인복지법 제3조
기차내 및 역구내 사건	철도경찰	철도안전법
벌집제거	소방	소방기본법
감염병 질병 문의	질병관리본부 1339콜센터	감염병의 예방 및 관리에 관한 법률 및 시행령

10. 112 신고 지령 및 상황관리

112긴급신고는 각 시·도 경찰청의 접수요원에 의해서 사건 해결에 필요한 위치정보와 피해자 및 용의자에 대한 정보 등 관련 정보가 파악된 후 분석대응반으로 사건이 전송 됩니다. 통상적으로 각 경찰서 단위의 112치안종합상황실의 지령요원[5])에 의해서 사건의 해결을 위해서 적정한 현장경찰의 출동요소를 지정하여 배치하고 사건 종결 시까지 현장 경찰력을 지휘·조정·지원 하여 112신고사건을 종결 처리하게 됩니다.

분석대응반의 지령과정에서 중요 업무구분과 조치내용에 대해서 살펴보도록 하겠습니다.

---

5) 코드 0사건 등 사건의 중요도에 따라 각 시·도 경찰청의 종합지령대에서 직접 사건을 지령 조정하는 경우도 있다.

10.1. 출동요소 및 위치 지령

사건 현장의 최 근접 112순찰차에 대해서 우선 출동 지령을 실시합니다. 특히 Code 0·1은 발생장소 최근접 순찰차에 지령하고 Code 2이하 비긴급 사건의 경우 관할 순찰차에 우선 출동 지령하고 있습니다.

또한 사건 출동장소가 명확한 경우에는 해당 건물의 층수, 정·후문 등 최대한 구체적으로 위치를 지령하고 신고자, 피해자, 목격자, 가해자, 범죄발생 위치 등 구분하여 지령하는 것이 원칙입니다. 다만 위치가 불명확한 경우 위치파악을 위해 해당 담당 부서를 활용한 통신수사 등 다양한 방법을 통해 구체적 위치를 확인 하는 과정을 수행합니다.

10.2. 출동 시 유의 사항의 지시

성폭행 등 가·피해자 분리 필요사건일 경우 분리를 지시하는 등 사건 피해자의 안전확보를 위한 다양한 지시를 시행합니다. 또한 현장경찰관 안전확보를 위한 세부 지시와 사건 종류에 따라 출동 시 노출·비노출 및 경광등·사이렌 취명 여부 판단하여야 합니다.

10.3. 추가 경력 지원 및 긴급배치 시행

사건 유형에 따라서 가해자 수, 흉기휴대 기타 현장상황 고려하여 강력반, 실종팀, 여청 등 전문부서에 추가 출동을 지령하고 이와 관련 모든 가용경력에 대해서 초동조치와 관련한 지휘권 행사하게 됩니다.

또한 중요 강력사건 등 필요시 긴급배치 실시하여 조기에 용의자 검거에 주력하게 됩니다.

10.4. 현장 지휘자 지정 및 관련 부서(타기관) 통보

중요사건일 경우 사건 현장 책임자를 지정·통보하고 현장 도착 여부를 확인합니다. 또한 재해 재난, 해양사고 경우 119, 해경 공동대응 및 신고이관 등 신속 연계조치 합니다.
※ 대형 재해 재난 및 사고일 경우 사건 초기부터 공동대응을 실시

더불어 사안에 따라 지자체 등 유관기관 통보 및 조치·출동 요청을 실시하여 효과적인 사건 처리를 시행합니다.

10.5. 지휘보고 및 상황 유지

중요사건 처리에 있어서 선 조치 후 보고를 원칙으로 하여 처리합니다. 또한 사건 진행 과정에서 추가 확인사항이 발생하거나 중요 사항에 대해서는 현장 출동경찰관에게 반복 지령을 통해 필요 정보를 공유하면서 현장책임자 도착 시까지 현장 경찰 출동요소를 지휘하며 지령 사항의 이행 여부를 확인합니다.

11. 112신고 사건 종결 코드의 구분

112신고는 현장 상황이 종결되는 대로 시스템에 해당 사건처리 결과별 종결코드 및 종결 내용을 입력하여 유지토록 시스템화 되어 있습니다. 이는 사건 처리기록으로 분류되며 향후 유사 사건 발생 시 참고자료로 활용될 뿐만 아니라 112신고 처리결과의 통계 분석을 통해서 치안관련 정책의 수립, 범죄예방 관련 대책의 수립에 있어서 중요한 자료로 활용되고 있습니다.

▌112사건 종결 코드

코드	세부사항
검거	체포, 임의동행, 통고처분, 즉결심판, 검거 후 훈방조치
현장종결	현장 조치, 합의 해산, 순찰강화, 상담안내, 훈방
계속조사	계속 조사, 보호조치, 수배조치, 타부서인계, 타청/타서인계
인계종결	타기관인계, 귀가조치, 병원 후송
미처리	이미해산, 불발견, 신고취소, 무조치 종결, 무응답
허위 오인	허위, 오인, 오작동, FTX
비출동 종결	경찰콜센터, 110, 타청타서, 기타, 상담안내, 수배조치, 조치없이 종결, 동일, 이첩, FAX전송종결

※ 종결코드는 7개 중분류 42개 소분류로 구분되어 있다.

12. 112 신고 사건 정보공개 및 맺음말

모든 국민은 정보의 공개를 청구할 권리를 가지며, 국민의 정보공개청구의 절차와 세부규정에 관하여 대통령령으로 규정하고 있습니다.(공공기관의 정보공개에 관한 법률 제2장 제5조) 따라서 112치안종합상황실은 신고사실 확인서·녹음파일에 대한 정보공개 요청 시 일정한 요건 갖출 경우 발급하고 있습니다.

- 정보공개 대상: 112신고사건 처리내역서 및 녹취파일
  ※ 보존기간: 112신고사건처리내역서 1년, 녹취파일 3개월(경찰청 예규 제496호)로 기간 내 신청
- 청구방법: 신고자 본인이 경찰서 및 시·도 경찰청 민원실 방문 또는 우편·FAX·인터넷으로 정보공개청구
- 공통 구비서류
  1) 신분증(주민등록증·운전면허증·여권 등), 전화가입 사실증명서 또는 전화요금 납입영수증 등 신고 당시 휴대전화 전화명의인이 확인 가능한 서류
  2) 본인의 전화가 타인의 명의 또는 타인의 전화사용 시 반드시 명의자의 위임장을 받아 함께 제출
  3) 제3자가 신고하였을 경우 사전에 제3자의 위임장, 전화가입 사실확인원 첨부하여 신청

- 공통 구비서류
- 정보 공개 및 비공개의 법적 근거
  1) 공개근거
     - 개인정보보호법(제35조 제1항, 제2항)
     - 범죄 신고자 등 보호 및 보상에 관한 규칙(제4조 2항)
  2) 비공개근거
     - 개인정보보호법(제17조, 제18조)
     - 공공기관의 정보공개에 관한 법률(제9조 제1항 제6호)

※ 정보 공개 및 비공개 여부는 정보공개심의위원회에서 타당성 검토 후 결정

█ 112사건 정보공개 절차 및 정보공개 심의 위원회의 구성

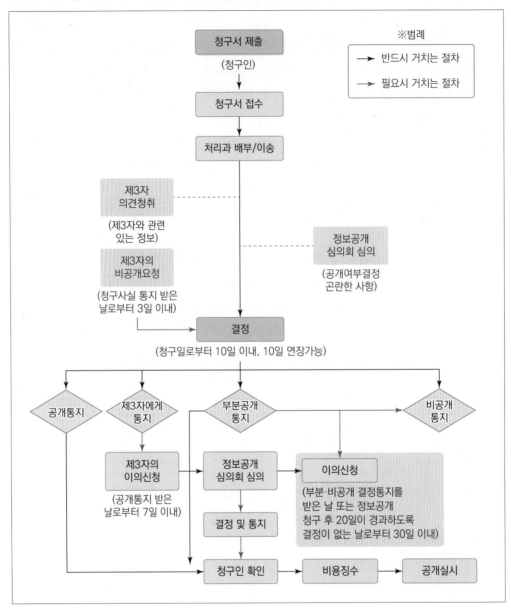

12.1. 맺음말

본 저서는 2021년 7월 시행을 앞두고 국가경찰과 자치경찰 간 유기적 협업과 상호
지원체계의 구축을 위해서 경찰청 치안상황관리관실의 업무 조정 및 '112긴급신고 접수

지령 매뉴얼'을 바탕으로 자치경찰 업무를 담당하게 될 일반 공무원분들의 112치안종합상황실과 112신고 처리업무의 기본적 이해를 돕기 위해서 편성되었습니다.

　112관련 업무는 본 내용 외에도 긴급신고 사안의 중대성 판단, 중요사건별 현장경찰관의 지휘와 조정을 포함해서 소방, 지자체 등 유관기관과의 유기적 협업과 공동대응 시스템, 세부 사건별 접수·지령·상황관리 방안과 순찰차 영상전송 시스템, CCTV 등 통합관제센터와의 협업, 이동성 범죄 대응에 필요한 WASS시스템, 신변보호 웨어러블 기기 등 다양하고 방대한 내용을 포함하고 있습니다.

　지면관계상 이러한 내용을 모두 담을 수는 없으나 적어도 112업무에 대한 기본적 이해에는 부족함이 없다고 판단됩니다. 자치경찰제의 성공적 정착을 위해 조금이나마 도움이 되었으면 좋겠습니다.

03 지역경찰

1. 지역경찰의 개념과 운영

1.1. 자치경찰제에서의 지역경찰

자치경찰제 시행과 관련하여 지역경찰은 경찰청의 치안상황관리관, 경찰서의 112종합상황실 소속으로 자치경찰 부서에 소속되어 있지는 않습니다. 하지만, 지역경찰은 본 교재에서 다루고 있는 생활안전, 여성청소년, 교통 등 자치경찰 사무와 관련된 대부분의 현장 초동조치와 범죄예방 순찰을 수행하고 있어 소속부서가 아닌 사무의 관점에서는 자치경찰 업무를 수행하고 있습니다. 그리하여 이 장에서는 다른 장의 내용과 중복되지 않는 부분인 지역경찰의 개념과 구성, 지역경찰 관련 통계, 범죄예방을 위한 순찰활동, 범죄 초동대응을 위한 물리력 사용을 설명하겠습니다.

1.2. 지역경찰의 정의

경찰청이 발간하는 지역경찰운영지침에 따르면, 지역경찰은 지구대와 파출소(지역경찰관서) 및 기동순찰대에 소속된 경찰공무원으로 정의하고 있습니다. 이와 관련 지역경찰관서는 기존 경찰법을 개정하여 2021년부터 시행된 국가경찰과 자치경찰의 조직 및 운영에 관한 법률에 설치근거를 두고 있습니다. 구체적으로 같은 법 제30조(경찰서장) 제3항에 따르면, "경찰서장 소속으로 지구대 또는 파출소를 두고, 그 설치기준은 치안수요·교통·지리 등 관할구역의 특성을 고려하여 행정안전부령으로 정한다."라고 규정하고 있습니다.

1.3. 지역경찰관서의 설치

지구대와 파출소의 설치기준은 행정안전부령인 경찰청과 그 소속기관 직제 시행규칙 제76조(지구대 및 파출소의 설치기준)에 근거를 두고 있는데, 이 조항은 "경찰서장의 소관 사무를 분장하기 위하여 경찰서장 소속으로 지구대를 두되, 다음 각 호의 어느 하나에 해당하는 경우에는 파출소를 둘 수 있다."고 규정하고 있습니다. 파출소를 둘 수 있는 경우를 보면 ① 도서, 산간 오지, 농어촌 벽지 등 교통·지리적 원격지로 인접 경찰관서에서 출동이 용이하지 않은 경우, ② 관할구역에 국가중요시설 등 특별한 경계가 요구되는 시설이 있는 경우, ③ 휴전선 인근 등 보안상 취약지역을 관할하는 경우, ④ 그 밖에 치안수요가 특수하여 지구대를 운영하는 것이 적당하지 않은 경우로 규정되어 있습니다.

각 시·도 경찰청은 치안수요 현황 및 변동추이를 분석, 매년 말까지 익년도 지구대·파출소 신설 계획을 수립하고 있습니다. 지구대와 파출소를 신설하기 위해서는 필요성에 대해 평가하는 절차를 <그림>과 같이 거쳐야 하는데, 관할면적, 인구, 112신고, 5대범죄 등 치안수요 중심의 1차 평가(정량평가)와 치안수요 및 기타요소를 종합 평가하는 2차 평가(정성평가)가 실시되어 신설 필요성을 판단하게 됩니다.

▌〈그림〉 지구대와 파출소 신설 필요성 평가절차

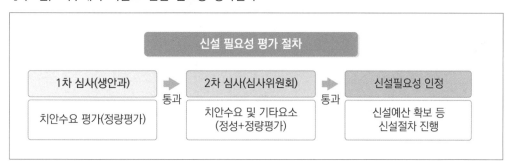

출처: 경찰청 2018년도 지역경찰운영지침

1차 심사시 정량적인 평가요건에 일부 미치지 못하는 지역경찰관서 중 ① 최근 3년 이내 사회적 이목이 집중된 강력사건이 발생한 지역, ② 혁신도시 신설, 행정구역 통합 등 주요 국가정책을 지원하기 위해 지·파출소 신설이 필요한 지역, ③ 대규모 신도시·공업지구 개발로 인해 향후 급격하게 치안수요가 증가할 것으로 예상되어 선제적 대응이 필요한 지역, ④ 빌라·원룸 등 서민주거시설 밀집지역 또는 유흥업소 밀집지역으로 치안환경 개선이 시급한 지역 등은 예외사유로 보아 2차 심사를 받을 수 있으며, 지구

대와 파출소는 경찰청장이 최종 승인을 통해 설치권자인 시·도 경찰청이 설치하거나 폐지할 수 있습니다.[1)

1.4. 지역경찰의 구성 및 운영

지역경찰은 지구대장과 파출소장 등 지역경찰관서장, 순찰팀, 관리팀으로 구성되어 운영됩니다. 지구대장은 경정 또는 경감으로 보하며, 파출소장은 경감 또는 경위로 보합니다. 지역경찰관서장의 임무는 소속 지역경찰의 근무와 관련된 제반사항에 대한 지휘 및 감독이며 경찰 중요시책의 홍보 등 협력치안 활동을 수행합니다. 순찰팀은 순찰팀장과 팀원으로 구성되는데, 지역에 따라 4교대 또는 3교대로 근무합니다. 순찰팀장의 임무는 팀원의 근무를 지정하고 지휘·감독하는 한편 관내 중요 사건 발생시 현장을 지휘합니다. 경찰청에서는 지역경찰의 운영에 대한 기본원칙을 정하였는데, 도심 지역은 지구대 위주로 운영하고, 농촌 지역은 파출소 위주로 운영하며, 경찰서장은 치안수요 및 주민·현장근무자 여론 등 지역 실정에 따라 지구대 체제 또는 파출소 체제 중 적합한 운영형태를 선택·운영함으로써 운영 효율을 극대화하도록 하고 있습니다. 또한 지역경찰관서의 정원은 관할구역 내 112신고출동건수, 5대범죄 발생건수, 인구·면적 등 치안수요를 종합적으로 고려하여 결정하고 있습니다.

1.5. 기동순찰대

기동순찰대는 2014년부터 기존의 지구대·파출소는 그대로 유지한 채 경찰서 내에 별도로 순찰을 담당하기 위해 일부 지역에 신설된 조직입니다. 기존 지구대와 파출소 순찰팀은 지구대와 파출소 관할 내 골목길 등 주민밀착형 순찰에 전념한다면, 기동순찰대는 야간 등 주요 취약시간대 근무하며 지구대와 파출소의 관할구분 없이 경찰서 내 범죄취약지역(Hot-Spot)을 집중순찰하는 것이며, 여성안심구역·불법 풍속업소 밀집지역에 집중적으로 투입되어 가시적인 치안활동을 수행하고 있습니다.

---

1) 경찰청 2018년도 지역경찰운영지침, pp. 8-9

2. 지역경찰 관련 통계[2]

2.1. 전체 경찰인력 및 치안환경의 변화

지역경찰 관련 통계를 살펴보기 앞서 전반적인 이해를 높이기 위해 경찰인력과 치안환경의 변화를 살펴보겠습니다. 아래 <그림>은 2010년부터 2019년까지 최근 10년간 전국 경찰관 수의 변화를 그래프로 정리한 것입니다. 2010년에는 전국에 경찰관이 101,108명이었는데 2019년에는 122,913명으로 21,000명 이상 증가하여 10년 간 경찰관 2만 명 이상의 증원이 이루어졌습니다. 구체적으로 경찰관 증원이 대규모로 진행된 것은 2013년부터 매년 3천 명 수준의 증원이 최근까지 지속적으로 이루어지고 있습니다.

❙〈그림〉 2010년부터 2019년까지 전체 경찰인력 변화

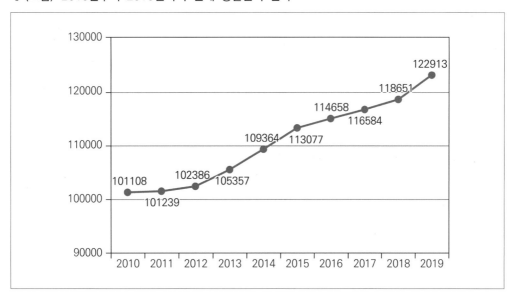

이와 같이 10년 간 2만 명이 넘는 경찰인력 증원이 이루어지면서 경찰관 1인당 관할 인구가 상당히 감소하였는데, 아래 <그림>은 2019년 기준 전국 시도별 경찰관 1인당 인구를 정리한 것입니다. 전국 평균 경찰관 1인당 관할인구는 422명이었는데, 경찰관 1인당 관할인구가 가장 많은 지역은 경기 지역으로 563명이었고, 다음으로 경남 지역이

---

2) 이 내용은 저자가 2021년 4월 20일 경찰청과 자치분권위원회, 한국경찰학회, 한국행정연구원, 한국형 사정책연구원이 공동 개최한 '자치경찰제 시대의 개막, 그 과제와 전망' 세미나에서 발표한 '성공적 자치경찰제도 안착을 위한 인력운영 방향'의 내용 일부를 수정보완한 것입니다.

483명으로 많았습니다. 이외 울산(464명), 인천(459명), 충남(459명), 대전(458명), 충북(448명), 광주(424명), 대구(424명) 지역이 전국 평균보다 경찰관 1인당 관할인구가 많아 인구대비 상대적으로 경찰관이 부족한 지역으로 볼 수 있습니다. 반면, 서울 지역은 경찰관 1인당 관할인구가 339명으로 전국에서 가장 적어 경찰관이 상대적으로 많이 배치되어 있다는 것을 알 수 있고, 이외 전남(342명), 강원(362명), 전북(367명), 부산(377명), 제주(379명)가 전국 평균보다 경찰관 1인당 관할인구가 적어 인구대비 상대적으로 경찰관이 많이 배치된 지역으로 볼 수 있습니다.

▎〈그림〉 2019년 시도별 경찰관 1인당 인구

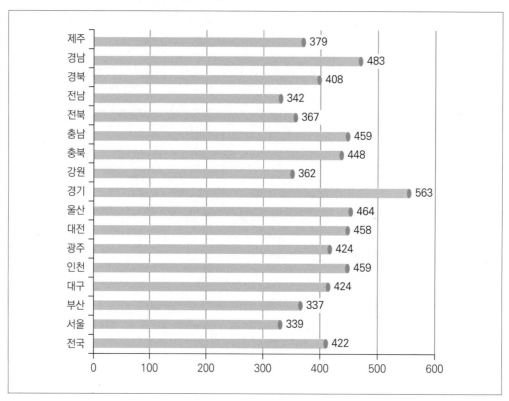

치안환경의 변화와 관련 시도별 관할인구가 2010년부터 2019년까지 10년간 어떻게 변화하였는지 증감을 정리한 것은 아래 〈그림〉과 같습니다. 10년간 전국 평균 인구증가율은 2.6%이며, 인구증가율이 가장 높은 지역은 충남 지역으로 18.7%가 증가하였습니다. 다음으로 제주 지역이 17.5%가 증가하였고, 경기 지역이 12.3%, 인천 지역이 7.2%로 증가율이 높았습니다. 이외에 충북(3.3%), 경남(2.2%), 울산(1.9%), 강원(0.8%), 광주(0.1%) 지역은 인구가 소폭 증가하였습니다. 반면, 서울 지역은 같은 기간 중 인구감

소율이 −5.7%로 가장 높았고, 부산(− 4.3%), 대구(− 2.9%), 전북(− 2.7%), 전남(− 2.6%), 대전(− 1.9%), 경북(− 0.9%) 지역 순으로 인구감소율이 높았습니다.

▌〈그림〉 2010년부터 2019년까지 시도별 인구증감

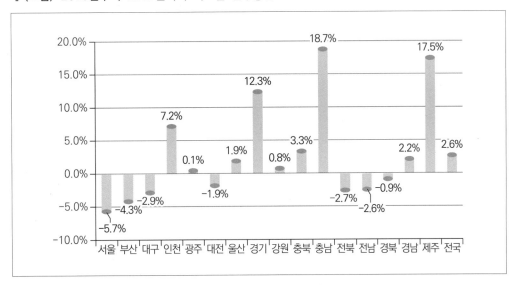

▌〈그림〉 2010년부터 2019년까지 시도별 112신고건수 증가율

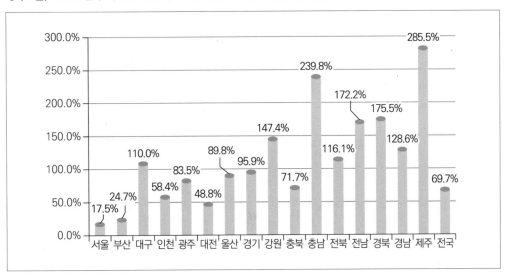

또한 치안수요와 관련된 대표적인 지표인 112신고건수가 2010년부터 2019년까지 10년 간 어떻게 변화하였는지 증감을 정리한 것은 <그림>과 같습니다. 10년 간 전국 평

균 112신고건수의 증가율은 약 70%이며, 112신고 증가율이 가장 높은 지역은 제주 지역으로 285.5%가 증가하여 10년간 약 3배 증가하였습니다. 다음으로 충남 지역이 239.8%가 증가하였고, 경북(175.5%), 전남(172.2%), 강원(147.4%), 경남(128.6%), 전북(116.1%), 대구(110.0%) 지역이 대폭 증가하였습니다. 이외에 경기(95.9%), 울산(89.8%), 광주(83.5%), 충북(71.7%), 인천(58.4%), 대전(48.8%) 지역도 증가율이 높은 반면, 서울(17.5%)과 부산(24.7%) 지역은 112신고건수의 증가율이 낮았습니다.

2.2. 지역경찰 관련 통계

앞서 전국 지역별로 전체 경찰인력과 치안환경의 변화를 살펴보았는데, 이 부분에서는 지역경찰과 관련된 통계를 살펴보겠습니다. 먼저 지역경찰 인력이 최근 10년 간 어떻게 변화하였는지는 아래 <그림>을 통해 확인할 수 있습니다. 2010년에는 지역경찰 인력이 42,564명이었는데, 2019년에는 49,808명으로 약 7천 명 정도 증가하였습니다. 추세를 보면 2010년부터 2011년 사이에는 불과 28명, 2011년에서 2012년 사이에는 69명으로 2년간 100명도 증원되지 않다가 2013년부터 경찰관 2만 명 증원계획이 실행되면서 지역경찰 인력도 연평균 1천 명 이상 지속적으로 증원되고 있음을 볼 수 있습니다. 앞서 2010년부터 2019년까지 전체 경찰인력이 21,000명 정도 증가하였음을 볼 때

▌〈그림〉 2010년부터 2019년까지 지역경찰 인력 변화

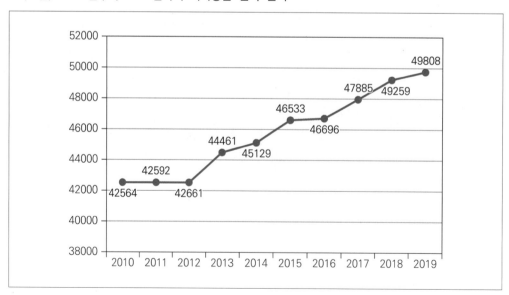

지역경찰 인력의 증가는 전체 증원인력의 약 35% 정도를 차지하고 있습니다.

또한 아래 <표>는 앞서 전국적으로 살펴본 지역경찰 인력이 지역별로 어떻게 변화하였는지 정리한 것입니다. 지역경찰이 가장 많이 증가한 지역은 경기 지역인데 2010년에 7,530명에서 2019년에 10,338명으로 약 3천 명 증가한 반면, 가장 적게 증가한 지역은 충북 지역으로 2010년에는 1,441명에서 2019년에는 1,517명으로 76명 증가하는데 그쳤습니다.

▌〈표〉 2010년부터 2019년까지 시도별 지역경찰 인력

지역	2010	2011	2012	2013	2014	2015	2016	2017	2018	2019
서울	9,456	9,513	9,511	9,728	9,745	10,025	10,076	10,216	10,377	10,458
부산	3,416	3,411	3,411	3,535	3,528	3,627	3,626	3,664	3,694	3,719
대구	2,148	2,148	2,149	2,158	2,176	2,227	2,227	2,271	2,303	2,323
인천	2,023	2,019	2,025	2,172	2,211	2,330	2,302	2,407	2,461	2,514
광주	1,038	1,033	1,035	1,105	1,109	1,198	1,192	1,229	1,267	1,279
대전	919	925	932	1,013	1,100	1,145	1,159	1,177	1,203	1,247
울산	789	789	789	817	872	925	935	961	984	993
경기	7,530	7,543	7,593	8,682	9,075	9,254	9,349	9,753	10,190	10,338
강원	1,722	1,714	1,719	1,761	1,769	1,823	1,836	1,858	1,894	1,907
충북	1,441	1,419	1,400	1,375	1,391	1,439	1,437	1,462	1,509	1,517
충남	1,838	1,802	1,826	1,853	1,871	1,958	1,952	2,017	2,107	2,121
전북	2,156	2,156	2,156	2,104	2,099	2,142	2,136	2,168	2,223	2,239
전남	2,376	2,374	2,374	2,326	2,325	2,381	2,383	2,399	2,468	2,480
경북	2,723	2,722	2,722	2,687	2,686	2,732	2,761	2,832	2,939	2,955
경남	2,528	2,549	2,547	2,626	2,643	2,756	2,759	2,879	3,017	3,053
제주	461	475	472	519	529	571	566	592	623	665

또한 아래 <그림>은 지역경찰 인력이 2010년부터 2019년까지 10년 간 시도별로 얼마만큼 증가하였는지 정리한 것입니다. 증가율이 가장 높은 지역은 제주 지역으로 44.3%가 증가하였습니다. 다음으로 경기 지역이 37.3%가 증가하였고, 대전 지역이 35.7%이 증가하였고, 울산(25.9%), 인천(24.3%), 광주(23.2%), 경남(20.8%) 지역은 전국 평균을 상회하는 증가율을 보였습니다. 이외에 충남(15.4%), 강원(10.7%), 서울(10.6%), 부산(8.9%), 경북(8.5%), 대구(8.1%), 충북(5.3%), 전남(4.4%), 전북(3.8%) 지역은 비교적

증가율이 낮았습니다.

▌〈그림〉 2010년부터 2019년까지 시도별 지역경찰 인력 증가율

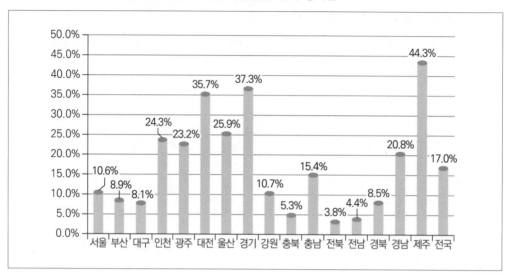

또한 위 〈그림〉은 지역경찰관들이 근무하는 부서인 지구대와 파출소의 2010년부터 2019년까지 변화를 정리한 것입니다. 2010년에는 전국에 지구대와 파출소 수가 1,940개였는데, 2019년에는 2,021개로 81개가 증가하였습니다. 전반적인 경향을 보면

▌〈그림〉 2010년부터 2019년까지 지구대 및 파출소 변화

2010년부터 2014년까지 약 5년 간 지구대와 파출소는 소폭 증가한 반면 2015년부터는 지구대와 파출소가 연 평균 10개 정도 증가하였습니다.

3. 범죄예방을 위한 지역경찰의 순찰활동

3.1. 순찰의 개념과 유형

순찰활동은 지역경찰이 범죄를 예방하기 위해 수행하는 가장 기본적이면서 중요한 활동 중 하나인데, 순찰은 사전적 의미로 여러 장소를 돌아다니면서 살피는 활동입니다. 경찰관들은 순찰 중에 관내 치안상황 파악, 범죄의 예방과 제지 및 현행범 체포, 불심검문, 교통 및 제 경찰사범의 단속, 위험발생의 방지 또는 위험방지를 위한 출입, 청소년 선도·보호 및 주민상담, 방범홍보, 기타 순찰 중 인지한 사건의 취급·처리 등 다양한 업무를 수행하고 있습니다. 즉, 순찰활동은 그냥 단순히 돌아다니는 것이 아닌 관할구역 내의 범죄요인을 찾아 제거하는 문제해결을 위한 활동으로 볼 수 있습니다.

지역경찰의 순찰활동은 주로 순찰차를 통해 담당구역에 대한 차량순찰 활동이 수행되고 있으며, 범죄취약 지역에 대한 거점근무도 실시되고 있습니다. 차량순찰 방식은 넓은 관할구역에서 발생하는 각종 112신고 사건에 대한 현장출동과 초동조치를 신속하게 하기 위해 널리 활용되고 있습니다. 순찰차량을 배정하고도 남는 지역경찰관이 있을 경우 오토바이 순찰이나 도보순찰을 지정하고 있는데, 먼저 오토바이 순찰의 경우 교통혼잡시간대 또는 승용차가 다닐 수 없는 골목 등 주택가 위주로 배치되고 있으며, 범죄예방진단과 범죄취약지역 거점근무, 검문검색 등 지역사회 경찰활동을 병행하고 있습니다. 또한 도보순찰도 실시되고 있으며, 관내 범죄사건·사고 다발지역을 선정하여 취약시간대 도보순찰 근무자를 집중배치하고 있는데 특히 주택가, 터미널, 상가밀집지역 등 차량순찰 곤란한 지역에 도보순찰활동을 실시하고 있습니다.[3] 이하에서는 경찰청의 순찰활동이 최근 10년 간 어떻게 변화되어 왔으며 앞으로 어떻게 전개될 예정인지 살펴보도록 하겠습니다.

---

3) 경찰청 2018년도 지역경찰운영지침, pp. 110−111

3.2. 범죄취약지역(hotspot) 집중순찰[4]

앞서 설명한 지역경찰의 순찰활동 방식은 경찰관들의 판단에 의한 난선 순찰(random patrol) 방식이 주를 이루었습니다. 하지만, 경찰청은 이러한 순찰방식의 효과가 한계가 있다고 판단하여 2013년에 지역경찰 순찰 및 거점근무 효율화 계획을 통해 경찰청이 운영하고 있는 지리적프로파일링시스템(GeoPros)을 활용한 범죄취약지역(hotspot) 집중순찰 방식을 도입하였습니다. 지리적 프로파일링시스템은 형사사법정보시스템(KICS)의 범죄통계를 기반으로 범죄가 많이 발생한 지역인 범죄 취약지역을 알려주는데, 이러한 지역에서 많은 범죄가 발생하는 것을 사전에 예방하기 위해 지구대와 파출소 근무 경찰관이나 기동순찰대를 통한 집중순찰방식을 도입한 것입니다.

구체적으로 지구대와 파출소에서 지리적프로파일링시스템을 활용하여 범죄취약지역을 자체적으로 분석하고 시간대별로 순찰차량이나 도보근무자의 거점근무 장소를 선정하고 순찰동선을 관리합니다. 지역·시간대·범죄유형별 범죄통계를 기반으로 범죄위험도를 분석하는데 범죄위험도가 매우 높은 취약지역은 붉은색으로 표시되며, 다음으로 범죄위험도가 높은 지역은 노란색으로 표시되고, 위험도가 낮은 지역은 푸른색으로 표시되며, 범죄가 발생되지 않는 지역은 투명하게 표현됩니다. 이를 통해 시간대별 차별화된 순찰경로와 주요 거점근무 지점을 선정하게 되고 이를 기반으로 경찰관들이 집중적인 순찰활동을 통해 범죄예방 활동을 수행합니다. 이를 통해 관할구역 내 주요 범죄취약지역에 비중을 두고 순찰역량을 집중하되, 그러할 경우 범죄취약지역으로 지정되지 않은 곳이 취약해질 위험성이 있다는 점을 고려하여 종합적으로 순찰활동을 실시합니다.

또한 순찰차량의 거점근무를 지역경찰의 근무 형태에 포함하여 범죄다발지역 주변에 거점근무를 지정하여 배치하고 있는데, 거점근무 장소는 범죄취약지역 내에서 주민들에 대한 가시성이 높고, 경찰관들의 112신고 출동이 용이한 위치로 선정하고 있습니다. 거점근무시 순찰차에서 하차하여 주변 지역을 도보순찰하거나 경계근무를 하면서 112신고가 하달될 경우 즉시 출동하도록 하고 있습니다.

---

4) 경찰청 생활안전과-546(2013. 2. 4) 지역경찰 순찰 및 거점근무 효율화 계획의 주요 내용을 정리한 것입니다.

▍〈그림〉 Geopros를 이용한 취약지역 집중순찰제도 운영

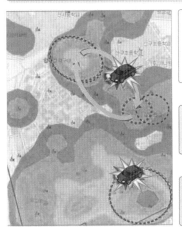

Geopros 시스템 범죄위험지역 예측기능(Hot Spot) 활용

• 지역·시간대·범죄유형별 범죄 발생사례를
  토대로 범죄위험지역 분석

※ 고위험 지역은 붉은색, 저 위험 지역은 푸른색,
  범죄가 없는 지역은 투명하게 표현

• 시간대별 차별화한 순찰 루트 및 주요 거점근무
  지점 선정·관리

• 우범 지역내 경찰차량의 가시적 효과로 범죄예방
  효율 증대 및 112신고 발생시 신속한 현장대응 가능

3.3. 탄력순찰[5]

앞서 설명한 것과 같이 우리나라 경찰의 순찰활동 방식은 순찰차량을 이용한 난선순찰(random patrol)과 취약지역(hotspot) 집중순찰이 주로 수행되었는데 이러한 순찰방식을 통해 체감안전도가 제고되지 않자 경찰청에서는 2017년에 순찰방식의 획기적인 전환을 시도하는데 지역경찰의 판단 중심으로 운영되던 순찰활동에 주민의 의견을 반영하는 탄력순찰을 도입하였습니다.

탄력순찰은 주민이 요청하는 순찰 지점·시간과 112신고를 분석하여 우선적으로 순찰하는 수요자 중심의 주민밀착형 순찰활동입니다. 탄력순찰의 원활한 운영을 위해서 온·오프라인으로 주민이 희망하는 순찰포인트를 접수합니다. 먼저 온라인의 경우 순찰신문고(patrol.police.go.kr) 또는 스마트 국민제보(onetouch.police.go.kr)의 '여성 불안 신고' 코너를 통해 상시 접수를 받는데 순찰신문고로 접수된 요청장소는 경찰청 생활안전 포털 '탄력순찰 시스템'에 자동 등록되고 스마트 국민제보를 통해 접수된 요청장소는 담당 경찰관이 직접 탄력순찰 시스템에 입력합니다.

---

5) 경찰청 범죄예방정책과 – 3326(2017.7.14.) 국민요구에 응답하는 주민밀착형 탄력순찰 계획의 주요 내용을 정리한 것입니다.

한편, 오프라인 접수의 경우 매 분기(1·4·7·10월)별 2주간 집중신고기간 운영하고 있는데, 정류장·지하철역 등 유동인구가 많은 지역, 공공기관·아파트 게시판, 학교 등에 골목길 등이 상세히 나오는 관내 지도·요도를 비치하여 주민이 순찰을 희망하는 구체적 시간·지점 등을 자유롭게 표시하도록 하거나 지구대장·파출소장이 반상회 등 주민자치조직에 진출하여 탄력순찰에 대한 의견을 수렴합니다. 이러한 주민들이 요청한 순찰 장소에 대해서 일몰제를 운영하는데, 분기별 집중신고기간 운영 前 그간 접수받은 순찰 희망장소를 초기화하고, 이후 새로이 접수받은 내용을 토대로 순찰주기·지원경력 우선순위 등을 결정합니다.

이와 같이 순찰에 대한 주민 의견이 수렴되면, 지구대와 파출소별로 주민요청과 112신고를 기준으로 순찰의 우선순위를 선정하는 등 탄력순찰 계획을 수립합니다. 구체적으로 지리특성·위험도 등을 고려하여 도보·차량순찰 여부, 순찰범위, 반복·거점순찰 여부 등을 적절하게 결정합니다. 탄력순찰의 원활한 수행을 위해서 관할 경찰서에서는 경찰관 기동대나 방범순찰대 등 상설부대나 자율방범대 등 순찰 지원경력 확인 후, 지구대·파출소 순찰계획과 우선순위에 따라 순찰인력을 배분하고 탄력순찰 근무에 투입합니다. 지구대와 파출소에서는 기본근무 인력과 지원경력 규모를 고려하여 탄력순찰 근무지점과 순찰코스 지정 후에 근무자에게 공지하여 탄력순찰을 실시합니다. 탄력순찰을 실시할 때 도보순찰이나 차량 거점순찰 등 가시적인 순찰활동을 통해 주민이 체감하는 효과를 극대화하도록 하고 있습니다.

▌〈그림〉 주민요구와 112신고 분석을 통한 탄력순찰제도 운영

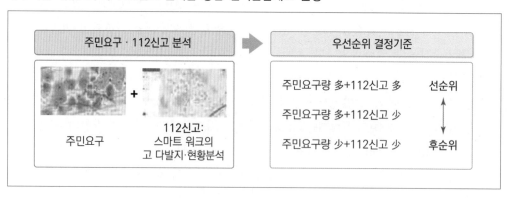

3.4. 지역안전순찰(문안순찰)

　　최근에는 문안순찰이라는 순찰방식을 도입하였는데, 문안순찰은 경찰관이 지역주민이 안녕(安寧)한지 물어보기 위한 순찰활동으로 경찰관의 책무인 공공안녕과 질서유지를 위해 주민에게 경찰권의 발동이 필요한지 확인하는 순찰활동입니다.

　　이는 그간 경찰관들이 주민과 유리된 채 순찰활동을 수행하던 112신고가 접수되면 출동하던 수동적 방식에서 탈피하고, 주민에게 적극적으로 먼저 다가가 지역의 치안문제를 찾아 해결하는 지역사회 경찰활동을 구현하기 위한 목적있는 순찰활동으로 볼 수 있습니다. 이러한 문안순찰 활동을 통해 주민과의 접촉기회가 확대되어 상호신뢰를 구축할 수 있고, 지역의 범죄 및 치안문제를 더욱 효과적으로 해결할 수 있을 것으로 기대됩니다. 구체적으로 주민과의 접촉을 통해 범죄관련 다양한 첩보를 수집할 수도 있고, 관할구역 내에서 최근 발생한 범죄에 대한 예방요령을 홍보할 수 있으며, 각종 범죄나 위험상황에 대해 신고를 적극적으로 독려할 수 있습니다. 즉, 기존의 순찰활동에 비해 다양한 목적을 달성하기 위한 전략적인 순찰활동으로 변화하였다고도 볼 수 있습니다.

　　이러한 문안순찰에서는 주민과의 접촉이 증가하기 때문에 경찰관들의 주민에 대한 태도나 대화기법이 중요합니다. 기존에 경찰관들의 주민접촉이나 불심검문시 경찰관이 이유를 제대로 고지하지 않거나 불친절한 태도로 인해 주민의 불만을 초래한 적이 있었는데, 문안순찰에서는 경찰관들이 주민에게 "안녕하세요? 어떠세요? 여기 어떤 일로 오셨어요? 도와 드릴까요?" 등 친절하게 인사하거나 도움을 주는 말을 먼저 건네면서 시민들의 상태를 살펴보고 자연스럽게 검문을 수행하도록 하고 있습니다.

　　이러한 문안순찰 방식을 2021년 자치경찰제 시행을 앞두고 지역안전순찰이라고 명명하여 수행하고 있습니다. 지역안전순찰은 경찰관이 순찰활동을 증가시키고 지역주민들과 접촉을 늘려 지역주민들로부터 직접 문제를 듣고 치안문제를 선제적으로 파악해 해결하는 전담경찰관을 운영하는 제도이며, 범죄취약지역 환경개선, 시민의 요구에 대응하는 탄력순찰, 사회적 약자 보호를 위한 치안사각지대 해소 등을 위해 실시되고 있습니다.[6] 일부 시·도 경찰청에서는 지역안전순찰을 시범운영한 결과 주민의 요청에 의한 범죄예방진단횟수가 크게 증가하는 한편, 범죄취약지역의 환경 개선과 사회적 약자의 지방자치단체 연계 등 보호강화와 같은 치안문제 해결에 효과가 높은 것으로 보고하고 있어[7] 지역안전순찰은 앞으로 더욱 확대될 예정입니다.

---

6) 대전경찰청 '지역안전순찰제도' 시행 등 2021. 2. 18. 뉴시스
7) 전남경찰청, 이달부터 지역안전순찰 확대 시행, 2021. 3. 7. 노컷뉴스

4. 범죄 초동대응을 위한 지역경찰의 물리력 사용

4.1. 경찰물리력사용의 법적근거

앞서 살펴본 범죄예방을 위한 순찰활동 외에도 지역경찰이 수행하는 활동 중에서 가장 중요한 활동 중 하나가 범죄에 대하여 초동 대응을 수행하는 것입니다. 초동조치 과정에서 범죄를 저지르고 있는 사람에 대해서 이를 제지하거나 체포하기 위해 물리력을 사용하게 되는 경우가 많습니다.

경찰의 물리력 사용에 대한 법적 근거는 주로 경찰관직무집행법에 규정되어 있는데 주요한 내용을 소개하면 경찰관직무집행법 제10조(경찰장비의 사용 등)에 경찰관은 직무 수행 중 경찰장비를 사용할 수 있다고 규정되어 있는데 사람의 생명이나 신체에 위해를 끼칠 수 있는 경찰장비인 위해성 경찰장비는 필요한 최소한도에서 사용하여야 한다고 규정되어 있습니다. 같은 법 제10조의2(경찰장구의 사용)은 경찰관이 ① 현행범이나 사형·무기 또는 장기 3년 이상의 징역이나 금고에 해당하는 죄를 범한 범인의 체포 또는 도주 방지, ② 자신이나 다른 사람의 생명·신체의 방어 및 보호, ③ 공무집행에 대한 항거 제지를 위해 필요하다고 인정되는 상당한 이유가 있을 때에는 그 사태를 합리적으로 판단하여 필요한 한도에서 수갑, 경찰봉 등 경찰장구를 사용할 수 있다고 규정하고 있습니다. 같은 법 제10조의3(분사기 등의 사용)은 ① 범인의 체포 또는 범인의 도주 방지, ② 불법집회·시위로 인한 자신이나 다른 사람의 생명·신체와 재산 및 공공시설 안전에 대한 현저한 위해의 발생 억제를 위해 현장책임자가 판단하여 필요한 최소한의 범위에서 분사기 또는 최루탄을 사용할 수 있다고 규정하고 있습니다. 같은 법 제10조의4(무기의 사용)은 경찰관은 범인의 체포, 범인의 도주 방지, 자신이나 다른 사람의 생명·신체의 방어 및 보호, 공무집행에 대한 항거의 제지를 위하여 필요하다고 인정되는 상당한 이유가 있을 때에는 그 사태를 합리적으로 판단하여 필요한 한도에서 무기를 사용할 수 있다고 규정하고 있습니다.

경찰관직무집행법 외에도 대통령령인 위해성 경찰장비의 사용기준 등에 관한 규정에도 경찰물리력에 관한 규정들이 존재하는데, 제4조(영장집행등에 따른 수갑등의 사용기준)와 제5조(자살방지등을 위한 수갑등의 사용기준 및 사용보고)은 수갑과 포승과 관련된 규정으로서 경찰관은 범인·주취자 또는 정신착란자의 자살 또는 자해기도를 방지하기 위하여 필요한 때에는 수갑·포승 또는 호송용 포승을 사용할 수 있다고 규정하고 있습니다. 또한 제6조(불법집회등에서의 경찰봉·호신용 경봉의 사용기준)와 제7조(경찰봉·호신용 경봉의 사용시 주의사항)에는 경찰봉 관련 규정으로서 경찰관이 경찰봉 또는 호신용 경봉을 사용하는 때에는 인명 또는 신체에 대한 위해를 최소화하도록 주의하여야 한다고 규정하고 있습니다. 한편, 제8조(전자충격기등의 사용제한)는 경찰관은 14세미만의 자 또는 임산부에 대하여 전자충격기 또는 전자방패를 사용하여서는 안 되고, 전극침 발사장치가 있는 전자충격기를 사용하는 경우 상대방의 얼굴을 향하여 전극침을 발사하여서는 안 된다고 규정하고 있습니다. 제9조(총기사용의 경고)는 경찰관이 경찰관직무집행법 제10조의4에 따라 사람을 향하여 권총 또는 소총을 발사하고자 하는 때에는 미리 구두 또는 공포탄에 의한 사격으로 상대방에게 경고하여야 한다고 규정하고 있으며, 다만 경찰관을 급습하는 등 급박한 경우 경고를 하지 않을 수 있습니다.

이와 같이 경찰물리력사용과 관련된 법령에는 경찰장비 및 장구 사용, 무기사용 등에 대하여 주로 규정한 것을 볼 수 있습니다. 다만 경찰의 물리력 사용은 이들 장비의 사용에만 국한되는 것이 아니라 신체적 물리력이나 언어적 통제가 자주 사용되는데 앞서 살펴본 법령에는 이러한 내용이 규정되어 있지 않습니다. 이러한 부분을 보완하고 경찰물리력사용에 대한 기본원칙을 정립하기 위해 2019년 11월 경찰물리력행사의 기준과 방법에 관한 규칙이 제정되어 현재 시행되고 있습니다. 이 규칙이 제정되기 전까지는 우리나라에서는 경찰물리력사용에 대한 기본규칙이 없어 현장경찰관들이 법령과 판례 등을 통해 물리력 사용을 판단했지만 규칙이 제정된 이후로는 이를 근거로 물리력 사용을 하게 되었습니다. 이 규칙은 비교적 최근에 제정된 규칙이라 기존에 출판된 경찰 관련 교과서에 충분히 소개되어 있지 않아 본 교재에서 주요 내용을 설명하겠습니다.

4.2. 경찰물리력의 정의 및 3대 원칙

경찰 물리력 행사의 기준과 방법에 관한 규칙을 살펴보면 경찰 물리력은 범죄의 예방과 제지, 범인 체포 또는 도주 방지, 자신이나 다른 사람의 생명·신체 방어 및 보호, 공무집행에 대한 항거 제지 등 경찰목적을 달성하기 위해 경찰권발동의 대상자에 대해 행해지는 일체의 신체적, 도구적 접촉으로 정의되고 있습니다. 이러한 경찰물리력의 개념적 범위에는 경찰관의 현장 임장, 언어적 통제 등 직접적인 신체 접촉 전 단계의 행위들도 포함됩니다. 또한 경찰관은 경찰목적을 실현함에 있어 적합하고 필요하며 상당한 수단을 선택함으로써 그 목적과 수단 사이에 합리적인 비례관계가 유지되도록 하여야 하며, 물리력을 사용할 필요가 있는 경우 3가지 원칙을 준수하도록 하고 있습니다.

경찰물리력사용 3대 원칙 중 첫 번째 원칙은 객관적 합리성의 원칙이며, 경찰관은 자신이 처해있는 사실과 상황에 비추어 합리적인 현장 경찰관의 관점에서 가장 적절한 물리력을 사용하여야 하며, 이를 위해 범죄의 종류, 피해의 경중, 위해의 급박성, 저항의 강약, 대상자와 경찰관의 수, 대상자가 소지한 무기의 종류 및 무기 사용의 태양, 대상자의 신체 및 건강 상태, 도주여부, 현장 주변의 상황 등을 종합적으로 고려하여야 합니다.

두 번째 원칙은 대상자 행위와 물리력 간 상응의 원칙이며, 경찰관은 대상자의 행위에 따른 위해의 수준을 계속 평가·판단하여 필요 최소한의 수준으로 물리력을 높이거나 낮추어서 사용하여야 합니다.

세 번째 원칙은 위해감소노력 우선의 원칙이며, 경찰관은 현장상황이 안전하고 시간적 여유가 있는 경우에는 대상자가 야기하는 위해 수준을 떨어뜨려 보다 덜 위험한 물리력을 통해 상황을 종결시킬 수 있도록 노력하여야 합니다. 다만, 이러한 노력이 오히려 상황을 악화시킬 가능성이 있거나 급박한 경우에는 이 원칙을 적용하지 않을 수 있습니다. 대상자의 흥분상태를 완화하기 위한 방법으로 자주 활용되는 방법으로는 대상자가 하고 싶은 말을 들어 주고 설득·위로하여 진정시키는 방법, 대상자가 원하는 부분을 충족시켜 주는 방법, 대상자를 자극하지 않고 기다려 주는 방법, 시간을 두고 대상자의 행동을 지켜보는 방법, 대상자와의 물리적 거리를 더욱 더 확보하고 떨어져 현장 상황 및 대상자의 행동을 지켜보는 방법, 현장 경찰관 이외 대상자와의 대화, 설득이 가능한 다른 사람을 현장으로 호출하는 방법 등이 활용될 수 있습니다.

4.3. 대상자 행위수준 5단계

경찰의 물리력 사용의 대상이 되는 대상자가 경찰관 또는 제3자에 대해 보일 수 있는 행위는 그 위해의 정도에 따라 ① 순응 ② 소극적 저항 ③ 적극적 저항 ④ 폭력적 공격 ⑤ 치명적 공격 등 다섯 단계로 구별됩니다.

먼저 ① 순응은 대상자가 경찰관의 지시, 통제에 따르는 상태를 말하는데 대상자가 경찰관의 요구에 즉각 응하지 않고 약간의 시간만 지체하는 경우도 순응에 해당됩니다.

② 소극적 저항은 대상자가 경찰관의 지시, 통제를 따르지 않고 비협조적이지만 경찰관 또는 제3자에 대해 직접적인 위해를 가하지 않는 상태를 말합니다. 예를 들어, 경찰관이 정당한 이동 명령을 발하였음에도 가만히 서 있거나 앉아 있는 등 전혀 움직이지 않는 상태, 일부러 몸의 힘을 모두 빼거나, 고정된 물체를 꽉 잡고 버팀으로써 움직이지 않으려는 상태 등이 이에 해당됩니다.

③ 적극적 저항은 대상자가 자신에 대한 경찰관의 체포·연행 등 정당한 공무집행을 방해하지만 경찰관 또는 제3자에 대해 위해 수준이 낮은 행위만을 하는 상태를 말합니

다. 예를 들어, 대상자가 자신을 체포·연행하려는 경찰관으로부터 물리적으로 이탈하거나 도주하려는 행위, 체포·연행을 위해 팔을 잡으려는 경찰관의 손을 뿌리치거나, 경찰관을 밀고 잡아끄는 행위, 경찰관에게 침을 뱉거나 경찰관을 밀치는 행위 등이 이에 해당됩니다.

④ 폭력적 공격은 대상자가 경찰관 또는 제3자에 대해 신체적 위해를 가하는 상태를 말합니다. 예를 들어, 대상자가 경찰관에게 폭력을 행사하려는 자세를 취하여 그 행사가 임박한 상태, 주먹·발 등을 사용해서 경찰관에 대해 신체적 위해를 초래하고 있거나 임박한 상태, 강한 힘으로 경찰관을 밀거나 잡아당기는 등 완력을 사용해 체포에서 벗어나려고 하는 상태 등이 이에 해당됩니다.

⑤ 치명적 공격은 대상자가 경찰관 또는 제3자에 대해 사망 또는 심각한 부상을 초래할 수 있는 행위를 하는 상태를 말합니다. 예를 들어, 총기류(공기총·엽총·사제권총 등), 흉기(칼·도끼·낫 등), 둔기(망치·쇠파이프 등)를 이용하여 경찰관, 제3자에 대해 위력을 행사하고 있거나 위해 발생이 임박한 경우, 경찰관이나 제3자의 목을 세게 조르거나 무차별 폭행하는 등 생명·신체에 대해 중대한 위해가 발생할 정도의 위험한 폭력을 행사하는 경우가 이에 해당됩니다.

4.4. 경찰관 대응수준 5단계

이러한 대상자 행위에 따른 경찰관의 대응 수준은 ① 협조적 통제, ② 접촉 통제 ③ 저위험 물리력 ④ 중위험 물리력 ⑤ 고위험 물리력 등 다섯 단계로 구별됩니다.

먼저 ① 협조적 통제는 '순응' 이상의 상태인 대상자에 대해 사용할 수 있는 물리력 수준으로서, 대상자의 협조를 유도하거나 협조에 따른 물리력을 말합니다. 이러한 협조적 통제에는 현장 임장, 언어적 통제, 체포 등을 위한 수갑 사용, 안내·체포 등에 수반한 신체적 물리력을 포함합니다.

② 접촉 통제는 '소극적 저항' 이상의 상태인 대상자에 대해 사용할 수 있는 물리력 수준으로서, 대상자 신체 접촉을 통해 경찰목적 달성을 강제하지만 신체적 부상을 야기할 가능성은 극히 낮은 물리력을 말합니다. 이러한 접촉통제에는 신체 일부 잡기·밀기·잡아끌기, 쥐기·누르기·비틀기와 경찰봉 양 끝 또는 방패를 잡고 대상자의 신체에 안전하게 밀착한 상태에서 대상자를 특정 방향으로 밀거나 잡아당기기 등이 포함됩니다.

③ 저위험 물리력은 '적극적 저항' 이상의 상태인 대상자에 대해 사용할 수 있는 물리력 수준으로서, 대상자가 통증을 느낄 수 있으나 신체적 부상을 당할 가능성은 낮은

물리력을 말합니다. 이러한 저위험 물리력에는 목을 압박하여 제압하거나 관절을 꺾는 방법, 팔·다리를 이용해 움직이지 못하도록 조르는 방법, 다리를 걸거나 들쳐 매는 등 균형을 무너뜨려 넘어뜨리는 방법, 대상자가 넘어진 상태에서 움직이지 못하게 위에서 눌러 제압하는 방법이 포함됩니다. 또한 다른 저위험 물리력 이하의 수단으로 제압이 어렵고, 경찰관이나 대상자의 부상 등의 방지를 위해 필요한 경우 분사기를 사용할 수 있습니다.

④ 중위험 물리력은 '폭력적 공격' 이상의 상태의 대상자에 대해 사용할 수 있는 물리력 수준으로서, 대상자에게 신체적 부상을 입힐 수 있으나 생명·신체에 대한 중대한 위해 발생 가능성은 낮은 물리력을 말합니다. 이러한 중위험 물리력에는 손바닥, 주먹,

❙〈그림〉 대상자의 행위수준과 경찰의 대응수준

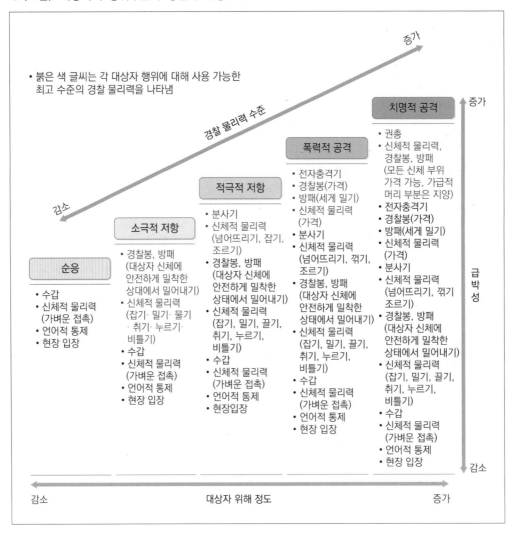

발 등 신체부위를 이용한 가격, 경찰봉으로 중요 부위가 아닌 신체 부위를 찌르거나 가격, 방패로 강하게 압박하거나 세게 미는 행위, 전자충격기 사용 등이 포함됩니다.

⑤ 고위험 물리력은 '치명적 공격' 상태의 대상자로 인해 경찰관 또는 제3자의 생명·신체에 급박하고 중대한 위해가 초래될 가능성이 있는 경우 최후의 수단으로 사용할 수 있는 물리력 수준으로서, 대상자의 사망 또는 심각한 부상을 초래할 수 있는 물리력을 말합니다. 이러한 고위험 물리력에는 권총 등 총기류 사용, 경찰봉, 방패, 신체적 물리력으로 대상자의 신체 중요 부위 또는 급소 부위 가격, 대상자의 목을 강하게 조르거나 신체를 강한 힘으로 압박하는 행위 등이 포함됩니다. 경찰관은 대상자의 '치명적 공격' 상황에서도 현장상황이 급박하지 않은 경우에는 낮은 수준의 물리력을 우선적으로 사용하여 상황을 종결시킬 수 있도록 노력하여야 합니다. 지금까지 설명한 대상자 행위수준 5단계와 경찰관 대응수준 5단계를 도식화한 내용은 <그림>과 같은데, 대상자의 위해수준과 급박성이 증가할수록 경찰관의 물리력 대응수준이 증가하고 사용할 수 있는 물리력 수단이 증가합니다.

4.4. 경찰물리력사용 연속체

비례의 원칙에 입각한 경찰관의 물리력 사용 한계에 대한 이해도 제고를 위해 대상자 행위에 대응한 경찰 물리력 수준을 도식화한 것을 '경찰 물리력 행사 연속체'라고 하며 <그림>과 같습니다. 이 연속체는 경찰관과 대상자가 대면하는 모든 상황에 기계적, 획일적으로 적용될 수 있는 것이 아니며, 실제 개별 경찰 물리력 사용 현장에서는 대상자의 행위 외에도 위해의 급박성, 대상자와 경찰관의 수·성별·체격·나이, 제3자에 대한 위해가능성, 기타 현장 주변 상황을 종합적으로 고려하여 가장 적절한 물리력을 사용하여야 합니다. 즉, 경찰관은 가능한 경우 낮은 수준의 물리력부터 시작하여 물리력의 강도를 높여감으로써 상황을 안전하게 종결시키도록 하여야 하지만, 급박하거나 대상자 행위의 위해 수준이 불연속적으로 급변하는 경우 경찰관 역시 그 상황에 맞는 물리력을 곧바로 사용할 수 있습니다.

이를 위해 경찰관은 평가-판단-행동-재평가의 4단계 과정을 거쳐야 하는데 먼저 1단계 평가는 현장상황을 종합적으로 고려하여 대상자 행위를 '순응', '소극적 저항', '적극적 저항', '폭력적 공격', '치명적 공격' 등으로 평가합니다. 2단계 판단은 대상자의 저항이나 공격을 제압할 수 있는 적절한 물리력 수단을 선택하되, 전체적인 현장상황이 안전하고 시간적 여유가 있는 경우 대상자가 야기하는 위해 수준을 감소시키기 위해 노력하여야 하며, 낮은 수준의 물리력 수단을 우선적으로 고려합니다. 3단계 행동은 경찰관이 선택한 물리력을 사용하는 경우에도 경찰목적을 달성하는 한도 내에서 대상자에게 최소한의 침해를 가져오는 방법으로 물리력을 사용합니다. 4단계 재평가는 물리력 사용 이후 상황을 지속적으로 재평가하면서 대상자의 행위 및 현장 주변 상황 변화에 따라 대응 물리력 수준을 증가시키거나 감소시킵니다.

▌〈그림〉 경찰물리력행사 연속체

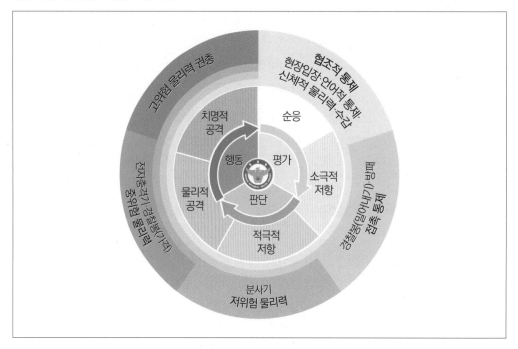

4.5. 개별 물리력수단 정의 및 사용한계

개별 물리력 수단의 한계 및 유의사항을 살펴보면, 먼저 현장 임장은 경찰관이 대상자에게 접근하여 자신의 소속, 신분과 함께 임장의 목적과 취지를 밝혀 그에 따르도록 하는 것을 말하며, 현장 임장은 대상자의 모든 행위 유형에서 행해질 수 있습니다. 현장 임장시 경찰관은 대상자 및 주변 관계자들에 의한 갑작스런 위해 발생 가능성을 염두에 두고 불시의 피습에 대한 대비, 대상자의 흉기소지 여부 확인, 대상자와의 적절한 거리 유지, 여타 경찰 물리력 사용 태세 완비 등 신변보호를 위한 적절한 조치를 취하여야 합니다. 또한 경찰관은 현장 임장 시 대상자나 주변 관계자들의 감정을 자극하거나 오해를 불러 일으켜 경찰관 또는 제3자에 대한 위해로 이어지지 않도록 하여야 합니다.

다음으로 언어적 통제는 경찰관이 대상자에게 특정 행위를 유도하거나 합법적인 명령을 발하기 위해 말이나 행동으로 하는 대화, 설득, 지시, 경고 등을 말하며 대상자의 어깨를 다독이거나 손을 잡아 주는 등의 가벼운 신체적 접촉도 포함합니다. 언어적 통제는 대상자의 모든 행위 유형에서 행해질 수 있으며, 경찰관은 대상자에 대한 직접적인 물리력 사용 이전 언어적 통제를 통하여 상황을 종결시킬 수 있도록 노력하여야 하지만, 이러한 시도가 오히려 상황을 악화시킬 가능성이 있거나 급박한 경우에는 생략할 수 있습니다. 또한 경찰관은 언어적 통제 시 불필요하게 대상자를 자극하여 경찰관 또는 제3자에 대한 위해로 이어지지 않도록 하여야 합니다.

신체적 물리력은 여타 무기나 경찰장구에 의존하지 않고 경찰관 자신의 신체, 체중, 근력을 활용하여 대상자를 통제하는 일련의 방법을 말합니다. 대상자가 순응하는 경우에 경찰관은 대상자를 인도 또는 안내하기 위해 대상자의 손이나 팔을 힘을 주지 않고 잡을 수 있고 어깨 등 신체 일부를 힘을 주지 않고 밀거나 잡아끌 수 있습니다. 다만, 이때 임의동행하는 대상자를 인도·안내하는 경우에는 동행의 임의성이 침해되지 않도록 신체 접촉에 유의하여야 합니다. 대상자가 소극적 저항을 하는 경우 대상자를 통제하기 위해 손이나 팔을 힘을 주어 잡을 수 있고 대상자의 어깨 등 신체 일부를 힘을 주어 밀거나 잡아끌 수 있으며, 대상자가 물체를 꽉 잡고 움직이지 않는 경우 대상자의 신체 일부를 쥐거나 누르거나 비틀어서 손을 떼도록 할 수 있습니다. 대상자가 적극적 저항을 하는 경우, 대상자에게 목을 압박하여 제압하거나 관절을 꺾는 방법, 팔·다리를 이용해 움직이지 못하도록 조르는 방법, 다리를 걸거나 들쳐 매는 등 균형을 무너뜨려 넘어뜨리는 방법, 대상자가 넘어진 상태에서 움직이지 못하게 위에서 눌러 제압하는 방법 등을 사용할 수 있습니다. 대상자가 폭력적 공격을 하는 경우, 경찰관은 대상자에게 손바닥, 주먹, 발 등 신체 부위를 이용하여 대상자를 가격함으로써 제압할 수 있습니다. 대상자가 치명적 공격을 하는 경우, 신체적 물리력 이외의 여타 모든 경찰 물리력 사용이 불가능하거나 무력화된 상태에서 형법상 정당방위 또는 긴급피난의 요건을 충족하는 경우 경찰관은 최후의 수단으로서 대상자의 신체 중요 부위 또는 급소 부위를 가격하는 방법, 대상자의 목을 강하게 조르거나 대상자의 신체를 강한 힘으로 압박하는 방법 등을 사용할 수 있습니다.

수갑은 대상자의 동작이 자유롭지 못하도록 대상자의 양쪽 손목에 걸쳐서 채우는 금속 재질의 장구로서 경찰청이 지급 또는 인정한 장비를 말합니다. 경찰관은 대상자의 언행, 현장상황 등을 종합적으로 고려하여 도주, 폭행, 소요, 자해 등의 위험이 있는 경우 수갑을 사용할 수 있으며, 그 우려가 높다고 판단되는 경우 뒷수갑을 사용할 수 있습니다. 경찰관은 대상자의 움직임으로 수갑이 조여지거나 일부러 조이는 행위를 예방하기 위해 수갑의 이중 잠금장치를 사용하여야 하는데, 대상자의 항거 등으로 사용이 곤란한 경우에는 사용하지 않을 수 있습니다. 또한 경찰관은 대상자의 신체적 장애, 질병, 신체상태로 인하여 수갑을 사용하는 것이 불합리하다고 판단되는 경우에는 수갑을 사용하지 않을 수 있으며, 경찰관은 대상자가 수갑으로 인한 고통을 호소하는 경우 수갑 착용 상태를 확인하여 재착용, 앞수갑 사용, 한손 수갑 사용 등 적절한 조치를 취하여야 합니다.

경찰봉은 강화 플라스틱, 나무 또는 금속으로 제작된 원통형 막대기로서 경찰청이 지급 또는 인정한 장비를 말하며, '소극적 저항' 이상인 상태의 대상자에게 경찰봉을 대상자의 신체에 안전하게 밀착한 상태로 밀거나 끌어당길 수 있습니다. 또한 경찰관은 '폭력적 공격' 이상인 상태의 대상자의 신체를 경찰봉으로 찌르거나 가격할 수 있으며, 이 경우 가급적 대상자의 머리, 얼굴, 목, 흉부, 복부 등 신체 중요 부위를 피하여야 합니다. 그리고 경찰봉 이외의 여타 모든 경찰 물리력 사용이 불가능하거나 무력화된 상태에서 형법상 정당방위 또는 긴급피난의 요건을 충족하는 경우 경찰관은 최후의 수단으로서 경찰봉으로 대상자의 신체 중요 부위 또는 급소 부위를 찌르거나 가격할 수 있습니다.

방패는 강화 플라스틱 또는 금속으로 제작된 판으로서 경찰청이 지급 또는 인정한 장비를 말하며, '소극적 저항' 이상인 상태의 대상자에게 방패를 대상자의 신체에 안전하게 밀착한 상태로 밀 수 있습니다. 또한 경찰관은 대상자의 '폭력적 공격' 이상인 상태의 대상자에 대해 방패로 강하게 압박하거나 세게 밀 수 있습니다. 그리고 방패 이외의 여타 모든 경찰 물리력 사용이 불가능하거나 무력화된 상태에서 형법상 정당방위 또는 긴급피난의 요건을 충족하는 경우 경찰관은 최후의 수단으로서 방패를 활용하여 대상자의 신체를 가격할 수 있습니다.

분사기는 사람의 활동을 일시적으로 곤란하게 하는 최루 또는 자극 등의 작용제를 내장된 압축가스의 힘으로 분사할 수 있는 기기로서 경찰청이 지급 또는 인정한 장비를 말합니다. 경찰관은 '적극적 저항' 이상인 상태의 대상자에 대해 다른 저위험 물리력 이하의 수단으로 제압이 어렵고, 경찰관이나 대상자의 부상 등의 방지를 위해 필요하다고 판단되는 경우 분사기를 사용할 수 있습니다. 이 때 경찰관이 사람을 향하여 분사기를 발사하는 경우에는 사전 구두 경고를 하여야 하지만, 현장상황이 급박한 경우에는 생략할 수 있습니다. 분사기는 밀폐된 공간이나 대상자가 수갑 또는 포승으로 결박되어 있는 경우 등에는 원칙적으로 사용하여서는 안 됩니다.

전자충격기는 사람의 신체에 전류를 방류하여 대상자 근육의 일시적 마비를 일으킴으로써 대상자의 활동을 일시적으로 곤란하게 할 수 있는 기기로서 경찰청이 지급 또는 인정한 장비를 말하며, 대상자 신체에 대해 직접 접촉하여 사용하는 스턴 방식과 대상자 신체에 대해 직접 발사하여 사용하는 전극침 발사 방식으로 사용할 수 있습니다. 전차충격기 사용 대상으로는 경찰관은 '폭력적 공격' 이상인 상태의 대상자와 현행범 또는 사형·무기 또는 장기 3년 이상의 징역이나 금고에 해당하는 죄를 범한 대상자가 도주하는 경우 체포를 위해서 전자충격기를 사용할 수 있습니다. 하지만 경찰관은 대상자 주변에 가연성 액체(휘발유, 신나 등)나 가스누출, 유증기가 있어 전기 불꽃으로 인한 화재·폭발의 위험성이 있는 상황, 대상자가 계단, 난간 등 높은 곳에 위치하거나 차량·기계류를 운전하고 있는 상황, 대상자가 하천, 욕조 등의 부근에 있거나, 폭우 등으로 주변이 모두 물에 젖은 상황, 대상자가 14세 미만 또는 임산부인 경우, 대상자가 수갑 또는 포승으로 결박되어 있는 경우, 대상자의 '저항' 상태가 장시간 지속될 뿐 이를 즉시 중단시켜야 할 정도로 급박하거나 위험하지 않은 상황, 경찰관이 대상자가 갖고 있는 신체적·정신적 장애로 인하여 전자충격기 사용 시 상당한 수준의 2차적 부상 또는 후유증이 발생할 가능성을 인지한 경우, 대상자가 증거나 물건을 자신의 입 안으로 넣어 삼켰거나 삼키려 하여 질식할 수 있는 상황 등에는 전자충격기를 사용해서는 안 됩니다. 또한 경찰관이 대상자에게 전자충격기 전극침을 발사하는 경우에는 사전 구두 경고를 하여야 하지만, 현장상황이 급박한 경우에는 생략할 수 있으며, 한 명의 대상자에게 동시에 두 대 이상의 전자충격기 전극침을 발사하거나 스턴 기능을 사용해서는 안 됩니다. 특히 경찰관이 사람을 향해 전자충격기를 사용하는 경우에는 아래 <그림>과 같이

▌〈그림〉 전자충격기 사용의 적정거리

				[적정거리]		
목표물까지의 거리	0.6m	1.5m	2.1m	3m	4.5m	6.5m
전극침사이의 거리	7.62cm	20.32cm	30.48cm	43.18cm	63.5cm	88.9cm

적정사거리(3 ~ 4.5m)에서 후면부(후두부 제외)나 전면부의 흉골 이하(안면, 심장, 급소 부위 제외)를 조준하여야 하지만, 대상자가 두껍거나 헐렁한 상의를 착용하여 전극침의 효과가 없다고 판단되는 경우 대상자의 하체를 조준하여야 합니다.

권총은 한 손으로 다룰 수 있는 짧고 작은 총으로서 경찰청이 지급 또는 인정한 무기를 말합니다. 경찰관은 대상자가 경찰관이나 제3자의 생명·신체에 대한 급박하고 중대한 위해를 야기하거나, 위해 발생이 임박한 경우 권총 이외의 수단으로서는 이를 제지할 수 없는 상황에 한하여 대상자에게 권총을 사용할 수 있습니다. 구체적으로 경찰관은 사형·무기 또는 장기 3년 이상의 징역이나 금고에 해당하는 죄를 저질렀거나 저지르고 있다고 믿을 만한 상당한 이유가 있는 대상자가 도주하면서 경찰관 또는 제3자의 생명·신체에 대한 급박하고 중대한 위해를 야기하거나, 그 위해 발생이 임박한 경우 권총 이외의 수단으로서는 이를 제지할 수 없는 상황에 한하여 체포를 위해 대상자에게 권총을 사용할 수 있습니다. 하지만 대상자가 경찰관 자신이나 제3자의 생명·신체에 대한 중대하고 급박한 위해를 야기하지 않고 단순히 도주하는 경우에는 오로지 체포나 도주방지 목적으로 권총을 사용하여서는 안 됩니다.

권총은 가장 높은 수준의 위해성 경찰장비이기 때문에 유의사항이 매우 중요한데, 경찰관은 공무수행 중 필요하다고 믿을 만한 경우가 아닌 경우에는 권총을 뽑아 들거나 다른 사람을 향하도록 하여서는 안 되며, 반드시 권총을 권총집에 휴대하여야 하고 권총 장전 시 반드시 안전장치를 장착해야 합니다. 또한 경찰관이 권총을 뽑아드는 경우, 격발 순간을 제외하고는 항상 검지를 방아쇠울에서 빼 곧게 뻗어 실린더 밑 총신에 일자로 대는 '검지 뻗기' 상태를 유지하여 의도하지 않은 격발을 방지하여야 합니다. 그리고 경찰관이 권총집에서 권총을 뽑은 상태에서 사격을 하지 않는 경우, 총구는 항상 지면 또는 공중을 향하게 하여야 합니다. 특히 경찰관이 사람을 향하여 권총을 발사하고자 하는 때에는 사전 구두 경고를 하거나 공포탄으로 경고하여야 하지만, 현장상황이 급박하여 대상자에게 경고할 시간적 여유가 없는 경우 등 부득이한 때에는 생략할 수 있으며 사람을 향해 권총을 조준하는 경우에는 가급적 대퇴부 이하 등 상해 최소 부위를 조준해야 합니다.

✔ **CHECK POINT**

➡ 지역경찰은 경찰서장 소속으로 지구대와 파출소 및 기동순찰대에 소속된 경찰관으로서 자치경찰 사무와 관련된 현장 초동조치를 수행하고 있습니다.

➡ 2010년부터 2019년까지 전체 경찰관은 약 2만 명 이상 증원되었고, 같은 기간 지역경찰은 약 7천명 이상 증원되었으며 최근까지 지속적으로 증원되고 있습니다.

▶ 범죄예방을 위한 순찰활동은 지역경찰의 가장 기본적인 임무이며, 순찰활동의 유형에는 범죄취약지역 집중순찰, 탄력순찰 등이 있는데 최근에는 지역 안전순찰 활동이 전개되고 있습니다.

▶ 지역경찰은 현장 초동조치를 수행하면서 범죄에 대응하기 위해 물리력을 사용할 때가 많은데 이와 관련 경찰물리력 행사의 기준과 방법에 관한 규칙이 제정되어 시행되고 있습니다.

04 생활안전

1. 생활안전

  범죄와 관련된 경찰의 중요한 업무는 경찰법 3조에서 명시하고 있는 것과 같이 예방·진압 및 수사, 범죄피해자 보호 등으로 나눌 수 있습니다. 이 중에서 범죄예방과 관련된 업무는 경찰의 각 기능이 나누어 담당하고 있습니다. 사회발전에 따라 범죄의 행태는 지속적으로 변화하고 있고, 사회적 파급효과가 커지고 있기 때문에 경찰의 업무도 세분화되고 전문화되는 추세입니다. 과거에는 생활안전기능에서 일반범죄예방을 담당하였고, 생활질서기능은 기초질서와 풍속업무를 담당하였으며, 여성청소년기능에서는 청소년범죄와 여성피해자 보호를 담당하는 것이 일반적이었습니다. 현재까지도 이러한 체계는 동일하게 유지되고 있습니다만, 계 단위 조직에서 업무를 담당하는 방식에서 벗어나 전문적으로 각 업무를 담당하는 방식으로 변화되고 있습니다. 일반예방업무와 셉테드를 담당하는 범죄예방진단팀(CPO), 학교폭력 등을 담당하는 학교전담경찰관(SPO), 가정폭력, 학대 등을 담당하는 학대전담경찰관(APO) 등이 그 예가 될 수 있습니다. 물론 범죄예방업무만을 전담한다고 말하기는 어려우나, 경찰관의 기본적인 업무에서 범죄예방과 관련된 내용이 포함되기 때문에 일반적으로 경찰관서 내 생활안전, 생활질서, 여성청소년 기능은 일반적으로 범죄예방과 관련된 업무를 하고 있다고 말할 수 있습니다.

┃ 국가경찰사무와 자치경찰사무의 유형별 구분

구분		기준 및 범위
자치경찰사무	비수사사무(Ⅳ유형)	지역 내 주민의 생활안전 활동에 관한 사무 1) 생활안전을 위한 순찰 및 시설의 운영 2) 주민참여 방범활동의 지원 및 지도

지금은 범죄예방이라는 표현을 일반적으로 사용하고 있습니다만, 과거에는 주로 방범(防犯)이라는 표현을 주로 사용하였습니다. 자율방범대 등의 주민 자율조직이 범죄예방 활동을 위해 거점으로 사용하는 공간을 방범초소라고 부르는 것이 그 예가 될 수 있습니다. 방범(防犯)은 범죄가 발생하기 전에 사전에 범죄를 예방하는 활동을 통칭해서 이야기합니다. 범죄예방과 방범은 사전적으로 동일한 의미를 가지고 있기 때문에 그 의미를 쉽게 이해할 수 있는 범죄예방이라는 표현이 훨씬 이해하기 쉬운 것이 사실입니다만, 두 가지 표현은 여전히 혼용되고 있습니다.

범죄의 행태, 주체, 예방목적 등에 따라 기능적으로 세분화되어 있는 범죄예방 업무를 전반적으로 설명하는 것은 쉽지 않습니다. 개별 활동이 근거로 삼고 있는 범죄예방 이론이 서로 다르고 실무에서 실행하고 있는 경찰 활동은 기간, 목적, 방식 등이 각기 다르기 때문입니다. 또한 범죄예방 업무가 처음부터 체계적으로 나누어 졌다기보다는 생활안전 기능에서 분리된 뒤 확대된 측면이 있기 때문에 기능별 역할과 한계를 명확히 설명하기도 쉽지 않습니다. 다만, 일반적으로 사용되는 경찰 기능별 사무분장 방식을 기준으로 하여 범죄예방 활동에 대해 설명하는 것이 독자의 이해를 높일 수 있다고 생각합니다.

생활안전 기능은 범죄예방정책의 수립과 집행 등을 통하여 국민의 생명과 재산을 보호하고, 공공의 안녕과 질서를 유지하는 공공목적을 달성하는 역할을 담당합니다. 따라서 이를 사전적 예방경찰활동이라고 이야기하고, 수사를 중심으로 한 협의의 경찰활동에서 그 범위가 확대된 적극적 의미의 광의의 경찰활동이라고 부릅니다. 통상 과거에는 생활안전 기능에서 담당하는 활동을 일반방범, 특별방범, 종합방범 활동으로 나누었습니다.

2. 전통적 범죄예방

그렇다면 그동안 경찰이 해왔던 범죄예방활동은 어떠한 것이 있었는지 살펴보도록 하겠습니다. 앞서 말씀드린 것과 같이 아래에서 말씀드리는 개념은 지금 진행되는 활동과는 약간 차이가 있습니다. 이는 경찰의 활동이 시대상황, 주민의 요구, 경찰활동의 필요성 등에 따라 달라질 수 있기 때문에 그렇습니다.

2.1. 일반방범

일반방범이란 경찰관의 일상 근무시 범죄예방을 위한 기본활동을 말합니다. 이러한 기본활동에는 일반적으로 순찰, 경범죄 단속을 비롯하여 경찰관직무집행법에서 규정하고 있는 불심검문, 보호조치, 위험발생의 방지, 범죄예방과 제지, 위험 방지를 위한 출입 등이 있습니다.

순찰은 도보순찰, 자전거순찰, 자동차순찰과 같이 전통적인 순찰활동과 함께 최근에는 CCTV를 이용한 화상순찰, 드론을 이용한 순찰, 기타 장비를 이용한 순찰이 병행되어 사용되고 있습니다. 순찰에는 관할구역 전체를 정해진 노선을 따라 규칙적으로 순찰하는 정선순찰, 사건발생 등을 고려하여 임의로 순찰지역이나 노선을 선정하여 불규칙적으로 순찰하는 난선순찰, 순찰구역 내에 중요한 지점을 지정하여 순찰자가 해당 지점을 통과하며 순찰을 진행하는 요점순찰, 지역경찰관서의 관할 지역을 몇 개의 소구역으로 나눈뒤 지정된 개인별로 담당구역을 순찰하는 구역책임자율순찰 등이 있습니다. 최근에는 순찰활동에 있어서도 지역주민의 의견을 반영하여 순찰지점과 시간을 정하는 탄력순찰, 사회적약자를 안전을 확보하기 위한 문안순찰, 다양한 통계데이터를 바탕으로 순찰지점과 구역 등을 선정하고 주로 도보순찰을 진행하는 지역안심순찰 등 여러 가지 형태의 순찰이 병행되고 있습니다. 이러한 순찰활동을 통해 경찰관은 지역주민과의 접촉을 증가시키고, 지역치안 상황에 대한 주민들의 의견을 들으며 경찰과 지역주민 사이의 협력을 강화할 수 있습니다.

경범죄 단속은 통상 통고처분 및 즉결심판의 대상이 되는 행위로 주로 경범죄 처벌법에서 규정하고 있는 행위를 단속하는 것을 의미합니다. 경범죄 처벌법은 광고물 무단부착, 쓰레기투기, 구걸행위, 소란행위 등 심각한 범죄행위는 아니지만 지역사회의 질서를 훼손하는 행위들을 규정하고 있습니다. 이러한 경범죄를 저지는 사람에게는 범칙금을 처분할 수 있는 통고처분을 할 수 있고, 사안에 따라 즉결심판을 청구하여 법원으로 처분을 요청할 수도 있습니다.

불심검문은 순찰, 기타 일상 근무시에 수상한 행동을 하거나 범죄를 저질렀거나 저지를 수 있다고 의심할 만한 사람, 범죄와 관련된 사실을 안다고 생각되는 사람을 대상으로 진행되는 경찰활동으로 대상자를 정지시키고 관련된 내용을 질문하는 방식으로 진행됩니다. 필요한 경우에는 가까운 경찰관서로의 동행을 요구할 수도 있습니다. 물론, 불심검문은 대상자의 동의를 바탕으로 이루어지는 임의적 경찰활동으로 강제로 진행할 수는 없습니다.

보호조치는 정신착란을 일으키거나 술에 취해 자신 또는 다른 사람에게 위해를 끼칠 수 있는 사람, 자살을 시도하는 사람, 응급구호가 필요하다고 생각되는 사람을 경찰관이 발견하였을 때 보건의료기관이나 공공구호기관에 긴급구호를 요청하거나 경찰관서에 보호하는 등의 조치를 하는 것을 의미합니다.

위험 발생의 방지는 사람의 생명 또는 신체에 위해를 끼치거나 중대한 손해를 끼칠 우려가 있는 천재지변, 사변, 구조물의 파손이나 붕괴, 기타 위험한 사태가 있을 경우 경찰관은 해당 장소에 있는 사람, 관리자, 관계인에게 경고를 할 수 있고, 필요한 경우에는 사람들을 억류하거나 피난시킬 수 있습니다. 경우에 따라서는 사람들의 접근 또는 통행을 제한하거나 금지할 수도 있습니다.

범죄예방과 제지는 경찰관이 범죄행위가 눈 앞에서 일어나려고 할 때, 또는 이러한 상황이 예상될 때에 범죄를 예방하기 위하여 관계인에게 필요한 경고를 하고, 범죄 행위로 인하여 사람의 생명, 신체에 위해가 발생되거나 재산에 중대한 손해가 발생될 우려가 있는 긴급한 경우에는 해당 행위를 제지할 수 있는 것을 의미합니다. 이러한 활동은 발생한 범죄에 대한 수사활동 이전에 범죄가 발생하지 않도록 조치하는 사전적이고 선제적인 경찰활동을 의미합니다.

위험 방지를 위한 출입은 위해를 방지하거나 피해자를 구조하기 위해서 다른 사람의 토지, 건물, 배, 차 등에 출입하는 것을 의미합니다. 경우에 따라서는 숙박시설, 음식점, 역, 기타 많은 사람들이 출입하는 장소에 경찰관이 들어가야 하는 경우도 생깁니다. 이러한 경우 장소의 관리자나 그에 준하는 관계인은 경찰관의 출입요구를 정당한 이유없이 거절할 수 없습니다. 이러한 어느정도 강제력을 띤 경찰의 활동을 즉시강제라고 부르기도 합니다.

2.2. 특별방범

특별방범이란 특정한 장소와 대상자를 중심으로 범죄를 예방하는 활동을 말합니다. 여기에는 범죄가 다발하는 지역(우범지역)을 설정하거나, 방범진단을 하거나 방범상담을 하는 활동이 포함됩니다.

우범지역 설정은 각종 범죄가 빈번히 발생하는 지역을 우범지역 또는 우범장소로 설정하여 일반방범활동을 진행하는 것을 말합니다. 해당 지역에 경찰력을 집중하여 범죄를 예방한다는 점에서 일반방범활동보다는 집중된 경찰활동이라는 차이가 있습니다.

방범진단은 중요사건이 발생하는 지역 및 금융기관 등 현금다액취급업소에 대해 방범진단카드를 비치하고 경찰관이 진단을 실시하여 필요한 사항을 보완하는 활동을 의미합니다.

방범심방은 경찰관이 관내의 각 가정을 방문하여 범죄예방, 청소년선도, 안전사고 방지 등을 위해 주민들을 만나는 활동을 의미하고, 민원사항을 청취하면서 주민의 협력을 얻으며 경찰활동과 관련된 기초자료를 수집하는 활동을 말합니다.

여기서 주의해야 할 점은 과거에 사용되었던 특별방범의 개념이 지금은 다소 달라졌다는 점입니다. 경찰관이 가정을 방문하는 등 대인을 상대로 진행되는 방범심방은 현재 필요한 경우 매우 제한적으로만 활용될 수 있으며, 대부분의 경우에는 건물과 공간을 대상으로 하는 활동인 범죄예방진단이 방범진단을 대체하여 활용되고 있습니다. 우범지역 설정은 여성안심구역 등 범죄예방을 목적으로 세분화되어 지정되고 있으며 다양한 범죄예방 시설물 등을 설치하여 해당지역의 안전을 강화하고 있습니다.

2.3. 종합방범

종합방범활동은 특정지역 또는 대상에 대하여 경찰방범활동과 병행하여 관계기관과 단체등의 활동과 결합하여 종합적으로 추진하는 활동을 의미합니다. 여기에는 지역 방범활동, 특정범죄 방지활동, 계절별 방법활동, 기간별 방범활동 등이 포함됩니다.

이중 지역 방범활동은 다양한 민간단체, 경비업체 등과의 협력을 강화하여 범죄를 예방하는 활동인 협력방범의 개념으로 발전하였고, 봄·가을 여행철(행락철), 여름 휴가철, 명절기간, 연말연시 등 상대적으로 취약한 기간을 중심으로 진행되는 범죄예방 활동을 특별방범 활동으로 부르고 있습니다.

2.4. 소결

현재에도 경찰은 일반방범과 특별방범이라는 개념을 사용하고 있습니다. 일반방범은 위에서 언급한 것과 같이 순찰활동을 중심으로 한 경찰의 기본활동을 의미합니다. 특별방범은 기간별, 계절별로 이루어지는 경찰활동으로 그 개념이 다소 축소되었습니다. 여기에 자율방범대, 민간경비업체 등과의 협업활동을 강조하는 협력방범의 개념이 별도로 분리되었고, 범죄예방진단팀(CPO)을 중심으로 진행되는 범죄예방진단, 환경설계를 통한 범죄예방(CPTED) 등의 개념도 포함되게 되었습니다.

과거 경찰과 지역주민을 중심으로 진행되던 인적인 요소 중심의 경찰활동은 최근 다양한 장비와 시설을 통해 범죄를 예방하는 물적인 요소 중심의 경찰활동으로 확대되고 있다고 말씀드릴 수 있습니다.

✔ CHECK POINT

➡ 범죄예방을 위한 경찰의 활동은 시대의 변화에 따라 그 개념이 조금씩 달라지고 있습니다.

➡ 과거에는 경찰과 지역주민을 중심으로 한 인적요소 중심의 경찰활동이 주가 되었다면, 최근에는 CCTV, 스마트가로등, 동작감지센서등, 비상벨 등 다양한 물적요소를 활용한 경찰활동도 강화되고 있습니다.

➡ 앞으로는 드론을 활용한 순찰, 스마트순찰차 등 발전하는 기술을 활용한 범죄예방활동이 특별방범이라는 이름으로 불리게 될 수도 있습니다.

3. 범죄와 무질서

우리는 일상적으로 범죄라는 단어를 많이 사용합니다. 하지만 범죄라는 단어를 정의하고 설명하는 것은 매우 어려운 것이 사실입니다. 법률적 관점, 특히 형법에서는 법률의 구성요건에 해당하고, 위법하고 책임있는 행위를 범죄라고 이야기하면서 특정한 사회통제를 벗어나는 행동양식을 범죄라고 설명합니다. 법률을 위반한 행위가 범죄라는 일반적인 상식과 약간 차이는 있습니다만 크게 보면 거의 가깝다고 할 수 있습니다. 하지만 범죄학과 사회학에서는 조금 더 추상적이고 형이상학적 방법으로 범죄를 설명합니다. 여기에는 일탈행위 같은 개념들도 포함됩니다. 경찰활동이라는 실무적 관점에서는 법률적 관점의 범죄 개념이 분명한 측면이 있습니다만, 사회와 사람을 조금 더 깊이 이해하기 위해서는 보다 근본적인 범죄에 대한 개념을 이해할 필요도 있습니다. 왜냐하면 범죄예방이라는 측면에서는 범죄 뿐만 아니라 무질서, 범죄에 대한 두려움 등 다양한 개념을 이해할 필요가 있기 때문입니다.

3.1. 무질서

과거에는 경찰이 발생한 범죄에 얼마나 신속하게 대응하는가를 기준으로 경찰활동을 평가했습니다. 하지만 범죄가 발생하고 난 뒤에는 피해를 완벽하게 회복할 수 없다는 점 외에도 사후에 범죄에 대처하는 것보다는 사전에 범죄를 예방하는 것이 훨씬 중요하다는 인식이 확산되었습니다. 결국 사전적이고 예방적 경찰활동의 중요성이 더욱 커지게 된 것입니다. 이러한 인식과 더불어 법률을 직접적으로 위반한 행위 뿐만 아니라, 일반적인 사회질서를 어지럽히는 무질서에 대해서도 경찰이 관심을 보이게 되었습니다. 우리가 잘 알고 있는 깨진 유리창 이론을 통해 설명되는 것처럼 경범죄와 같은 사소한 무질서를 방치하게 되면 더 큰 범죄가 일어나기 쉬운 환경이 조성됩니다. 물론 무관용 경찰활동과 같이 무질서 행위 자체를 단속하고 규제하는 것이 필요한 경우도 있고, 이러한 경찰활동이 효과를 발휘한 경우도 있습니다만, 한국의 범죄수준과 무질서 수준이 그정도로 심각한 상황이 아닌 것은 분명합니다.

3.2. 범죄에 대한 두려움

범죄와 무질서 뿐만 아니라 최근에 경찰활동에서 많은 관심을 보이는 분야는 범죄에 대한 두려움입니다. 실제 범죄피해를 당하지 않았다하더라도 주변 생활환경을 통해 많은 사람들은 범죄 피해에 대한 두려움을 느끼게 됩니다. 야간에 어두운 골목길을 걸어가거나 어두운 지하주차장을 이용하게 될 때 일반적으로 이러한 두려움을 느끼게 됩니다. 실제 주민들은 거주하고 있는 지역의 범죄발생 실태를 명확히 알기 힘듭니다. 경찰활동의 결과로 범죄가 줄어들었다고 하더라도 지역 주민이 이러한 것을 정확히 알 수 없습니다. 오히려 주민 각자가 주관적으로 느끼는 범죄에 대한 두려움이 지역사회의 안전도를 판단하는 기준이 될 수 있습니다. 따라서 경찰은 지역주민이 느낄 수 있는 범죄에 대한 두려움을 개선하기 위한 노력을 병행하고 있습니다.

생활주변의 물리적 환경을 개선하면 범죄와 무질서를 감소시킬 수 있고, 동시에 범죄에 대한 두려움도 개선할 수 있습니다. 야간 가로등의 조도를 높이고, 시야를 가리는 장애물을 제거하고, 사람들이 공간을 많이 이용할 수 있도록 유도하는 셉테드(CPTED) 전략은 이러한 경우 매우 유용하다고 할 수 있습니다.

다만, 범죄, 무질서, 범죄에 대한 두려움이라는 개념은 크게 범죄라고 하는 것으로 통칭해서 이야기하는 것이 일반적이므로 앞으로는 이렇게 개념을 나누지 않고 범죄라고 하는 개념 하나로 이야기 하도록 하겠습니다.

CHECK POINT

> ➡ 범죄, 무질서, 범죄에 대한 두려움 개선을 통해 지역사회의 안전을 확보할 수 있습니다.

4. 범죄 예방 이론

범죄를 완전히 예방할 수 있을까요? 범죄를 완전히 예방할 수 없다면 우리는 범죄가 우리의 삶에 영향을 최소로 미칠 수 있도록 관리하고 통제해야 할까요? 범죄 예방과 통제 정책은 이러한 근본적인 질문에서 시작합니다. 범죄 예방과 관련된 구체적인 이야기를 하기 전에 인류가 어떻게 범죄를 바라보았는지 함께 살펴보도록 하겠습니다. 사실 범죄를 예방하기 위해서는 사람들이 왜 범죄를 저지르는지 알아야 할 필요가 있습니다. 이것이 바로 범죄 원인과 예방과 관련된 논의입니다.

범죄학에서는 많은 학자들이 범죄의 원인과 예방법에 대한 논의를 해왔습니다. 여러분들께서 접할 수 있는 많은 교과서와 이론서에는 관련 내용이 상세하게 기술되어 있습니다. 여기에서는 상식적인 측면에서 간단하게 범죄학 이론을 소개하고자 합니다. 다만, 복잡한 내용을 간단하게 설명하는 과정에서 생략되거나 축소된 부분이 있으니 이점을 기억해주시기 바랍니다.

4.1. 억제이론

억제이론은 고전주의 범죄학에서 밝힌 범죄원인에 대한 예방책입니다. 여기서 말하는 고전주의는 철학의 한 사조인 고전주의와 같은 말입니다. 고전주의는 인간은 자유의지와 도덕적 책임감이 있으며, 합리적이고 경제적인 측면을 고려하여 행동을 결정하는 존재라고 이해합니다. 통상 인간은 자유의지를 가지고 있다고 말합니다. 따라서 범죄를 통한 이익보다 범죄의 결과에 대한 두려움이 더욱 크다는 것을 보여줌으로써 범죄의 의지를 꺾어야 한다고 주장하게 됩니다. 특히, 베카리아는 형벌은 범죄에 비례하여 부과해야 한다고 주장하였습니다.

형벌의 엄격성, 확실성, 신속성을 통한 범죄의 통제를 설명한 것으로 소위 '처벌의 억제효과'를 강조하게 됩니다. 그러나 이러한 인간의 자유의지를 제한하는 방법은 절도

등의 재산범죄에 대해서는 적용이 가능하지만 충동적인 범죄유형에 대해서는 적용하기 곤란하다는 문제점이 있습니다. 또한 범죄를 예방하기 위해서는 모든 사람이 법규에 규정된 처벌이나 형벌의 내용을 알아야 한다는 비판도 제기됩니다. 그리고 이를 모든 사람에게 적극적으로 홍보하는 것도 불가능하겠지요. 일반인들이 법률가 수준으로 법령을 알 수도 없습니다. 아울러 처벌을 통한 예방 효과가 실패하였을 경우 이를 보완할 대안이 없다는 점도 한계로 지적되고 있습니다.

4.2. 치료 및 갱생이론

실증주의 범죄학에서 다룬 범죄원인에 대한 대응방안으로 범죄인은 생물학적·심리적으로 정상인과는 다른 결함을 가진 자로 규정합니다. 고전주의에서 주장하는 범죄자의 한계를 보완하는 것입니다. 즉, 범죄는 자유의지가 아닌 외적요소에 의해 강요되는 것입니다. 여기서 강요라는 표현을 사용한 것은 자유의지에 따른 선택의 반대 의미이기 때문입니다. 대표적으로 롬브로소는 인간의 인상, 골격, 체형 등 타고난 생물학적 특성으로 인해 범죄가 발생한다는 생래학적 범죄인설을 주장하였습니다.

따라서 실증주의 범죄학은 범죄를 개인의 책임이 아닌 사회의 책임으로 인식하여 사회가 범죄문제를 적극적으로 해결하여야 한다고 주장하며 범죄자들에 대한 진단과 치료를 통해 사회에 복귀할 수 있도록 갱생하는 역할이 필요하다고 이야기하고 있고, 여기에서 치료 및 갱생이라는 개념이 등장하게 됩니다. 태생적으로 문제를 가지고 있는 범죄자를 무조건 처벌만 할 수 없다는 뜻입니다.

이러한 이론에 대해서 범죄행위에 대한 간접적인 통제로 직접적이고 적극적인 범죄예방에는 한계가 있으며 치료 및 갱생 활동은 많은 비용이 소요된다는 비판이 있습니다. 아울러 수형자는 수형 환경에 더욱 잘 적응하여 교도소 등에서의 범죄를 학습하는 부작용이 발생한다는 문제도 있습니다.

4.3. 사회발전을 통한 예방이론

사회학적 범죄학에 근거한 것으로 범죄의 원인은 빈곤, 차별, 경제적 불평등 등의 사회적 환경이며 이러한 환경 속에서 특정한 성향을 가진 개인들이 범죄를 저지른다고 합니다. 여기에는 사회구조가 원인이 되어 범죄가 발생한다고 주장하는 사회해체론, 아노

미이론, 하위문화이론 등이 있고, 사회화 과정이 원인이 되어 범죄가 발생한다는 사회학습이론, 사회통제이론, 낙인이론과 같은 주장들이 있습니다. 결국 인간이 속해있는 사회와의 관계에서 범죄의 원인을 찾은 것입니다. 따라서 범죄를 유발할 수 있는 사회적 환경을 우선 개선하여야 근본적인 범죄예방이 가능하다고 주장하게 됩니다.

하지만, 지역 공동체의 유대 관계 강화만으로는 모든 범죄를 예방할 수는 없습니다. 그리고 사회적 환경은 추상적이고 포괄적인 개념이고, 모든 사회적 환경을 개선한다는 것은 불가능합니다.

4.4. 현대적 범죄예방이론

범죄의 원인과 예방에 관련된 이론들은 더욱 다양하게 주장됩니다. 사실 사람이 범죄를 저지르는 이유를 한 가지로 설명하는 것이 어렵다는 것을 반증하는 것이기도 합니다. 결국 각각의 범죄행태가 발생하는 원인을 다양한 시각에서 바라보고 이를 예방하고자 하는 노력으로 변하게 됩니다.

이 중 상황적 범죄예방이론은 범죄 기회감소 방안을 자체를 모색한다면 범죄를 예방할 수 있다고 주장하였습니다. 여기에는 합리적 선택이론, 일상활동이론, 범죄패턴이론 등이 있습니다. 합리적 선택이론(Rational Choice Theory)은 억제이론과 같이 인간의 자유의지에 의한 합리적 선택을 전제로 합니다. 따라서 범죄자들은 범죄의 기회에 반응하여 이성적이고 합리적으로 행동하므로 범죄자들로부터 범죄의 기회를 제거한다면 범죄 감소 가능하다고 주장합니다.

일상활동이론(Routine Activity Theory)은 동기가 있는 잠재적 범죄자, 적절한 범죄대상, 보호자(관리자) 부재라는 3가지가 범죄의 요소라고 주장하며, 범죄발생 요소를 고려하여 범죄에 대응해야 한다고 주장합니다. 아울러 범죄패턴이론은 범죄에는 일정한 장소적 패턴이 있어, 이를 예측해낼 수 있고 이러한 점을 고려한다면 범죄를 예방할 수 있다고 설명합니다.

환경범죄학은 물리적 환경 변화를 통해 범죄를 예방할 수 있다고 주장합니다. 특히 방어공간이론은 자연적 감시, 접근통제, 영역에 대한 관심 등의 중요성을 주장하였습니다. 바로 셉테드 이론의 근거입니다. 즉, 범죄예방은 인적요소에 의한 것이 아닌 환경의 변화를 통해 범죄의 기회와 원인을 제거함으로써 달성 가능하다는 점을 고려하게 됩니다.

4.5. 소결

범죄 원인과 해결방안을 어디에 찾는가를 기준으로 크게 2가지로 나누어 볼 수 있습니다. 고전주의, 실증주의, 사회학적 범죄학은 범죄의 원인을 개인과 사회에서 찾고 있습니다. 사실 경찰 측면에서 주체적 사람과 사람이 생활하는 사회를 변화시킨다는 것은 쉽지 않습니다. 변화가 가능한 측면도 있겠지만 상당한 시간과 노력이 필요하다는 것은 상식적으로도 알 수 있을 것입니다. 하지만, 범죄의 기회를 제거하는 측면에서의 현대적 범죄예방이론은 경찰활동에 직접 접목할 가능성이 높아집니다. 물리적 환경에 대한 개선을 통해 범죄기회를 감소시키고자 하는 CPTED 전략을 통해 구체적인 범죄예방 방안을 제시하는 것이 가능한 것처럼 말입니다. 그래서 경찰이 신속한 범죄예방 전략을 제시할 수 있는 셉테드에 많은 관심을 갖고 적극적으로 활용하는 것인지도 모르겠습니다.

✔ CHECK POINT

➡ 범죄의 원인이 무엇이고 예방할 수 있는 방법이 무엇인지를 한가지로 설명하는 것은 어렵습니다. 각 범죄 유형에 따른 원인과 예방방법이 다를 수 있습니다.

➡ 범죄기회를 감소시켜 범죄를 예방한다는 측면에서 환경설계를 통한 범죄예방(CPTED)과 같이 구체적인 범죄예방 전략이 최근에는 많이 활용되고 있습니다.

5. CPO의 개념과 역할

경찰의 각 기능에서 범죄예방과 관련한 활동을 한다는 것을 처음에 설명드렸습니다. 자치경찰과 관련된 분야에 있어 일반적인 범죄예방활동을 전담하는 기능은 여전히 생활안전분야이고, 이중에서 CPO라고 불리는 범죄예방진단팀은 이러한 범죄예방활동에 있어 가장 중요한 역할을 담당하고 있다고 할 수 있습니다.

5.1. CPO의 개념

CPO는 Crime Prevention Officer의 약자로 지역 전반의 범죄와 무질서에 대한 취약요인을 진단·분석하고 경찰 내부·외부(민간·자치단체 등) 및 기타 사회 각 분야와의 협업을 통해 취약요인을 개선하는 업무를 담당하는 경찰관을 뜻합니다. 바로 범죄예방진단팀이라고 불리는 기능입니다. 앞서 말씀드린 것과 같이 CPO는 ① 범죄, ② 무질서, ③ 범죄에 대한 두려움을 개선하거나 예방하는 일을 담당하고 있습니다.

과거 일반방범, 특별방범과 같은 개념에서 한 단계 발전한 개념이라고 할 수 있습니다다만, 한국 경찰에서 최초로 시도한 정책은 아닙니다. 영국의 범죄와 무질서 감소를 위한 협의회, 캐나다의 셉테드 전문 경찰관, 호주의 범죄예방을 위한 협의체, 일본의 범죄피해를 당하기 어려운 마을 만들기 등 각 나라의 제도와 정책을 벤치마킹하여 2016년 6월 시행된 제도입니다.

지역사회의 범죄와 관련된 취약요인이 개선되면, 지역주민들은 범죄 또는 범죄에 대한 두려움에서 벗어나 궁극적으로는 삶의 질을 향상시킬 수 있게 됩니다. 특히, 반복적으로 발생되는 범죄와 무질서는 경찰의 적극적인 개입 없이는 개선되기 어려우므로 CPO의 역할이 중요하다고 할 수 있습니다.

5.2. CPO의 역할

일반적으로 CPO는 SARA모델에 따라 문제를 조사하고 분석한 뒤 해결방안을 제시·실행하고 그 효과성을 평가하여 해결방안을 유지할 것인지 변경할 것인지를 결정하는 일을 담당하게 됩니다.

지역 취약요인 진단 및 개선을 위해 조사·분석하는 방법으로 지역진단·시설진단이라는 방법을 활용하는데 이 과정에서 범죄·112신고 내용 파악, 인구사회학적 특성 분석, 지역주민 의견 수렴 등을 진행하게 됩니다. 또한 범죄예방 활동과 정책에 지역주민들의 적극적인 참여를 유도할 수 있는 치안 네트워크 구축을 위해서 지역공동체치안협의체를 운영합니다. 지역공동체치안협의체는 교수, 법률전문가, 공무원, 시민단체, 일반 지역주민, 경찰 등 다양한 구성원으로 구성되어, 지역사회 취약요소들을 개선하기 위한 고민을 함께 하게 됩니다.

5.3. CPO의 구체적 활동

CPO는 지역사회가 갖고 있는 범죄와 무질서 특성을 파악해야 합니다. 이를 위해서 경찰이 보유하고 있는 범죄통계시스템, 112신고 접수지령시스템, 지리적프로파일링 시스템(Geopros)을 통해 개별 범죄의 특성, 죄종별 범죄 현황, 지도상 범죄의 분포 등을 확인하게 됩니다. 최근 3~5년간 통계자료를 통해 범죄의 이동성, 형태 등을 파악하기도 합니다. 이러한 과정을 통해 결과라는 측면의 범죄와 무질서가 어떠한 형태로 나타나고 있는지를 확인할 수 있습니다.

결과 내지는 현상이라고 볼 수 있는 범죄통계 뿐만 아니라 지역사회의 인구사회학적 특성을 파악하여 앞으로 지역사회의 범죄가 어떻게 변화할 것인지를 예측할 수도 있습니다. 현재 CPO가 일반적으로 사용하고 있는 인구사회학적 요소는 인구밀도, 지역결속력, 1인가구 비율, 외국인 비율, 풍속업소 수, 지역주민 설문조사 결과 등이 있습니다. 인구사회학적 특성 변화는 향후 지역사회의 범죄추이 및 변화를 예측할 수 있는 수단이 될 수 있습니다.

이러한 통계자료만으로 특정한 건물, 공간, 장소가 갖는 범죄취약점을 알 수는 없습니다. 따라서 CPO는 현장에 나가서 실제 공간이 범죄에 취약한지 아닌지를 파악해야 합니다. 동일한 목적으로 설계된 공간(건물, 장소, 가로)도 연결된 다른 공간, 설치된 시설물, 이용자 등에 따라 각각 다른 특성을 갖고 있기 때문에 현장조사를 통해 취약여부를 판단하는 것이 매우 중요합니다. 이 과정에서 범죄예방진단 체크리스트 기준이 활용됩니다.

범죄통계, 인구사회학적 통계, 현장조사를 통해 공간의 취약점을 찾아냈다면 범죄취약지점에 대한 개선안을 마련해야 합니다. 이 과정에서 인적요소를 활용하는 순찰활동을 활용할 수도 있고, 물적요소를 활용하는 셉테드전략을 도입할 수도 있습니다. 또한 제도적요소를 활용하기 위해 자치단체에 조례를 만드는 방법도 가능할 것입니다.

결국 CPO는 지역사회의 범죄실태를 정확히 파악하고, 이를 해결하기 위한 경찰전략을 다양한 방법으로 적용하는 일을 한다고 할 수 있습니다.

✔ CHECK POINT

➡ CPO는 범죄예방진단을 통해 지역사회 범죄문제를 정확히 인식하고, 이를 바탕으로 인적, 물적, 제도적 요소를 적절하게 활용하여 범죄를 감소시키고, 예방하는 업무를 담당합니다.

6. 각종 통계 시스템

CPO들이 범죄와 무질서 현황을 파악하는 시스템은 어떠한 것이 있는지 살펴보겠습니다. 이러한 시스템 자료를 통해 우리는 데이터에 기반한 치안활동 전략을 세울 수 있고, 그 효과성을 분석할 수 있습니다.

6.1. CSS(범죄통계시스템)

CSS는 범죄통계시스템(Crime Statistics System)의 약자로 사건수사시스템을 통해 경찰단계에서 접수된 사건 통계를 종합적으로 관리하고, 기간별·지역별·관서별 통계 등을 활용할 수 있도록 지원하는 통계 시스템입니다. 경찰청에서 매년 발간하는 범죄통계는 범죄통계시스템의 범죄통계원표를 기준으로 작성되고 있습니다. 범죄통계시스템은 발생관서, 법정동 기준 발생위치, 접수형태, 수사단서, 발생장소, 범죄수법, 죄종, 죄명, 요일, 시간 등 검색조건에 따라 해당되는 데이터를 추출할 수 있어, 범죄 발생 현황 분석 및 범죄예방 대책 수립 등 경찰활동에 광범위하게 활용되고 있습니다.

6.2.112통계시스템

긴급신고전화 112를 통해 신고, 접수, 지령된 일체의 정보를 관리하는 시스템입니다. 112통계시스템은 정식사건으로 접수되어 처리되지는 않았으나 주민들이 경찰을 요청한 다양한 사건, 사고 등에 대한 정보가 포함되어 있습니다. 세부 분류기준에 따라 접수된 신고 건수(중요사건만 따로 산출 가능)를 확인할 수 있으며, 상세내역 확인은 조회일로부터 1년 전 날짜까지 가능합니다. 필요에 따라서 신고시간, 발생주소, 신고내용 등의 세부 사항을 확인할 수 있습니다.

6.3. 지리적 프로파일링 시스템(GeoPros)

GeoPros(지오프로스)는 지리적 프로파일링 시스템(Geographic Profiling System)의 약자로 지리정보시스템(GIS)의 공간분석 기능을 적용, 주요 범죄 발생현황은 물론, 특정지역 내 범죄 다발지역을 분석하여 범죄예방 및 검거에 활용하고 유사 범죄 및 연쇄 범죄 등에 적용하는 시스템입니다. 범죄동향, 추세분석 등이 가능하고 핫스팟 분석을 할 수 있어 지도상에서 범죄실태를 쉽게 파악할 수 있습니다.

6.4. 범죄위험도 예측·분석 시스템(Pre-CAS)

PRE−CAS(프리카스)는 범죄위험도 예측시스템(Predictive Crime Risk Analysis System) 의 약자로 기존 통계 위주의 범죄예측에서 벗어나, 다양한 데이터와 AI 기술을 이용해 범죄위험도를 예측하는 시스템으로 2020년도에 구축되어 운영중에 있습니다. 각종 빅데 이터와 인공지능(AI)을 통해 범죄위험도 및 112 예상신고량 예측이 가능하고, 방범시설, 범죄예방진단 자료 등을 업로드하여 지역의 치안상황 변화추이를 확인할 수 있습니다.

6.5. 기타

이외에도 인구주택총조사, 각 자치단체의 통계자료, 사회조사보고서 등을 활용하여 지역사회의 인구사회학적 통계를 추출할 수 있습니다.

 CHECK POINT

➡ CPO는 경찰 내·외부 통계자료를 활용하여 범죄예방전략을 수립하게 됩니다.

7. 인적요소를 활용한 범죄예방 전략

범죄예방활동에 있어서 전통적으로 활용되어 온 전략은 지역주민들의 협조를 통해 부족한 치안력을 확보하는 방법입니다. 대부분 사람의 관심과 참여를 통해 이루어지는 활동이기 때문에 여기에서는 인적요소라는 표현으로 정의하고자 합니다.

7.1. 지역사회 지향적 경찰활동

지역사회와 경찰 사이의 관계 증진을 통해 범죄를 감소시키는 전략으로 경찰과 지역주민이 범죄, 무질서, 범죄에 대한 두려움 등 문제를 확인하고, 해결방안을 공동으로 모색하는 경찰활동입니다. 치안은 더 이상 경찰만의 문제가 아니라 지역사회가 함께 고민해야하고 특히 시민은 치안서비스의 주체로서 역할이 강조됩니다. 이러한 지역사회 경찰활동의 구체적인 방법론은 문제지향적 경찰활동입니다. 지역사회에 발생하는 구체적인 문제를 중심으로 해결방법을 모색하는 경찰활동인데, 추상적이고 거시적인 범죄예방 정책이 아니라 실제 생활에서 발생하는 문제들부터 해결하는 전략을 뜻합니다. 조사(Scan) - 분석(Analysis) - 대응(Response) - 평가(Assessment)라는 4단계 절차를 통해 주로 문제를 해결하는데 첫 글자를 따서 SARA모델이라고 부르기도 합니다.

7.2. 시민자율 범죄예방활동[8]

7.2.1. 자율방범대

지역사회의 주민들이 지역경찰과 협력하여 범죄예방을 하고자 결성한 자율봉사조직을 뜻합니다. 주요임무는 취약지역에 대한 순찰 및 현행범 체포 등 범죄예방활동, 범죄현장 및 용의자 발견시 신고, 경찰관과 합동근무시 신고출동, 관내 중요 행사시 질서유지 및 기타 경찰업무 보조 등으로 규정되어 있습니다. 한국의 자율방범활동은 1963년경 지역주민의 자율적인 주민야경제에서 출발하였다고 알려져 있습니다.

7.2.2. 녹색어머니회

1969년 6월 초등학교 단위별로 "자모교통 지도반"이라는 명칭으로 처음 출범하여 학생들의 등·하굣길의 안전을 위해 통학로에서 교통안전 봉사활동을 시작하였고, 1971년에 '녹색어머니회'라는 공식명칭으로 서울 등 6개 도시를 위주로 결성하였습니다. 전국 4,000개 초등학교를 중심으로 전국 조직으로 결성되어 약 80여만 명의 회원으로 구성되어 봉사하고 있습니다. 주요활동은 초등학교 앞 어린이 등·하굣길 교통안전지도활동과 일반 보행자의 교통안전계도 활동, 교통안전 및 안전문화 의식을 고취하는 계몽운동의 전개, 초등학교 주변 통학로 위험요소를 찾아 제보 및 개선, 대 국민 교통안전 캠페인,

---

8) 「경찰학사전(2012), 법문사」에서 참조.

교통질서 확립 및 음주 운전 예방 캠페인 등 다양한 캠페인 참여 등이 있습니다.

7.2.3. 합동순찰대

지역 치안상황에 따라 경찰순찰활동의 보조적 역할로 다양한 형태의 순찰대가 편성되어 있습니다. 어르신들로 주로 구성된 실버순찰대, 외국인으로 구성된 외국인 순찰대, 대학생으로 구성된 대학생 순찰대가 그 예입니다. 이러한 합동순찰대는 경찰관들과 함께 취약시간대에 취약지점을 순찰하는 형태로 운영되는데, 치안서비스의 대상자가 공동으로 치안서비스를 생산해낸다는 것에 그 의미가 있고, 이러한 순찰대 구성원들이 부족한 치안서비스가 무엇인지를 알고 그 공백을 메울 수 있다는 점에서 중요하다고 할 수 있습니다.

7.3. 민간경비

실질적 개념으로는 국민의 생명과 신체 그리고 재산 보호, 사회적 손실 감소와 질서유지를 위한 일체의 활동을 말합니다만, 형식적 개념으로는 실정법인 경비업법에서 규정하고 있는 업무를 수행하고 동법에 의하여 허가받은 법인에 의하여 수행되는 활동을 말합니다.

따라서 민간경비란 개인이나 기업 또는 어떠한 집단이 자신의 생명이나 재산을 보호하기 위하여 특정한 의뢰자로부터 대가를 받고 생명이나 재산의 안전에 필요한 서비스를 제공하는 개인, 단체, 영리기업 등을 의미합니다. 이러한 민간경비는 경찰과의 다양한 협업을 통해 경찰력을 보조하고 있습니다.

✔ **CHECK POINT**

⬇ 인적요소를 활용한 경찰활동은 전통적 경찰활동으로 경찰업무에 가장 기본이 됩니다. 지역사회와의 협업은 이러한 인적요소를 기반으로 한다는 것을 기억해야 합니다.

8. 물적요소를 활용한 범죄예방 전략

인적요소와의 협업을 통한 범죄예방활동과 더불어 최근에는 물리인 요소를 활용한 범죄예방 활동의 중요성이 강조되고 있습니다. 특히 CPO를 중심으로 물리적 환경개선을 통해 지속가능한 범죄예방 효과를 거두려는 노력이 확산되고 있습니다. 범죄예방을 위한 물적요소는 다양한 장치, 장비, 시설물 등이 있습니다. 이러한 물적요소는 통상 셉테드 이론을 기반으로 설치되고 운용됩니다.

8.1. 환경설계를 통한 범죄예방

CPTED라는 용어는 1971년 레이 제프리(C. Ray Jeffery)가 1971년 그의 저서 "환경설계를 통한 범죄 예방(Crime Prevention Through Environmental Design)"에서 처음 사용하였으며, 현재 도시설계, 범죄 예방 등 다양한 분야에서 널리 사용되고 있습니다.

CPTED는 말 그대로 물리적 환경 설계를 통해 범행기회를 차단하고 범죄 및 범죄에 대한 두려움을 감소시키는 접근 방법입니다. 이를 위해서 자연적 감시, 접근통제, 영역성강화, 공간의 활성화, 유지보수 등 전략을 통해 물리적 환경에 대한 직접적인 변화를 유도합니다. 이러한 셉테드는 3단계에 걸쳐 발전해왔습니다.

1세대 셉테드는 5가지 기본원칙에 입각하여 범죄예방에 효과적인 물리적 환경을 설계, 개선하는 하드웨어 중심의 접근 방법입니다. 2세대 셉테드는 범죄의 원인이 물리적 환경뿐만 아니라 주민이 직접적으로 관계를 맺고 살아가는 사회 환경에도 영향을 받는다는 점에 착안, 주민이 환경 개선 과정에 직접 참여하여 물리적 개선과 함께 유대감을 재상하는 소프트웨어적 접근 방법입니다. 3세대 셉테드는 치안서비스의 주체인 시민들이 적극적으로 문제를 발굴하고, 스스로 필요한 서비스를 결정하고 추진하는 공동체적 추진 절차를 구축하여 환경개선을 주도하는 개념으로 발전하였습니다.

8.2. 역사

8.2.1. 1960년대 이전

시카고 주택국에서 근무했던 엘리자베스 우드는 저소득층 거주자가 더욱 나은 환경에서 생활할 수 있는 발판을 마련하였습니다. 1937년 시카고 주택국의 출발과 함께 한 우드는 거주환경 디자인 변화 및 심미적 개선을 통해 저소득층이 더욱 좋은 환경에서 생활할 수 있도록 노력하였습니다. 그리고 열악한 환경에서 안전을 강화하기 위한 몇 가지 가이드라인을 만들어내기도 하였습니다. 우드의 가이드라인은 첫째가 아파트단지 에서 거주자들의 가시성을 강화하는 것이고, 둘째는 동시에 거주자들이 모일 수 있는 공간을 만들어 감시가능성을 증가시키겠다는 것이었습니다. 이러한 시도는 거주자에 의 한 자연적 감시라는 현재의 개념, 잘 보이지 않거나 사용되지 않는 공간은 관리되지 않 는다는 개념들과 일치합니다.

8.2.2. 1960년대

당시에는 CPTED라는 말을 직접적으로 사용하지는 않았으나 다양한 도시문제를 건 축학적인 관점에서 재조명하는 시도가 이루어졌습니다. 제이콥스 등에 의해서 각종 도 시 문제, 특히 도시 범죄와 도시 환경 사이의 관련성을 찾으려고 하는 노력을 통해 이후 환경설계를 통한 범죄 예방이라는 새로운 학문의 분야가 시작되는 토대를 만들게 되었 다고 할 수 있습니다. 초기의 CPTED에 대한 관심은 도시의 설계와 범죄사이의 관계에 대한 연구관찰을 기술한 제인 제이콥스의 저서에서 시작되었다고 할 수 있습니다. 1950 년대 이후 미국 사회의 폭발적인 인구증가에 따른 도시의 팽창으로 인하여 여러 가지 도시문제가 대두되었습니다. 미국 각 주의 도시정책 담당자들은 발전하는 도시의 구조 적인 문제를 해결하기 위한 여러 가지 대안들을 구상하게 되었습니다. Jane Jacobs는 1961년 「미국 대도시의 죽음과 삶(The Death and Life of Great American Cities)」이라는 그녀의 저서에서 미국 도시들의 성장 과정에 대해 연구하였습니다. 이 책에서 그녀는 소규모 블록의 필요성, 이웃 관계의 회복, 도시 기능의 혼재를 통한 다양성 확보 등 사 회적 교류의 활성화를 주장하였고, 도로에서의 안전을 위한 세 가지 원칙을 강조하였는 데 공·사적 공간의 분리, 다양한 사용, 보도 사용 증대가 바로 그 것입니다. 또한, 그녀 는 '거리의 눈(street with eyes)'라는 개념을 도입하여 이웃 생활패턴과 가로이용 행태를 통해 활동적이고 바람직한 도시이웃 환경을 조성할 것을 제안하였습니다.

8.2.3. 1970년대

1970년대는 CPTED가 실질적으로 탄생한 시점이라고 말할 수 있습니다. 특히 제프 리와 뉴먼에 의해서 현대 CPTED의 초석이 만들어졌다고 할 수 있습니다. 미 플로리다

주립대학의 범죄학자였던 C. Ray Jeffery는 1964-1968년 사이에 미국 도시들에서 발생한 다량의 도시내 폭력과 인종불안에 대해 연구한 미국의 "폭력의 원인과 예방에 관한 국가위원회"의 1968년 보고서의 초안을 기초로 1971년 그의 저서 「Crime Prevention Through Environmental Design」을 발간하게 되었습니다. 우리가 사용하고 있는 환경 설계를 통한 범죄 예방이라고 하는 CPTED를 최초로 사용한 사람이 바로 제프리입니다. 그는 범죄학적 이론에 기초한 범죄예방 노력은 그 실효성이 적다고 지적하였으며, 심리학과 환경행태학에서 개념적인 골격을 세우고자 하였습니다.

1960년대 말에는 집합주거단지 계획 관계 공무원들에 의해 거주자들에게 발생하는 범죄 및 파괴행위가 어떤 특정형태의 건물에서 더 많이 생기고 있다는 사실이 밝혀지고, 이에 자극을 받은 정부는 새로운 법안을 만들기 시작하여 1968년 '안전가로법(The President's Safe Street Act)'가 통과되게 이르렀습니다. 1971년 미 정부의 후원을 받은 뉴욕대학의 건축학자인 Oscar Newman이 이끄는 연구팀에 의해 관련 연구가 진행되어 CPTED에 있어 가장 기념비적인 연구 결과에 하나인 「방어 공간 (Defensible Space - Crime Prevention through Urban Design)」이 1972년 탄생하게 되었습니다.

'방어 공간'이란 자체적으로 스스로를 방어할 수 있는 사회 구조의 물리적인 표현을 만들어 냄으로써 범죄를 사전에 막고자 하는 거주환경의 한 모델이라고 할 수 있습니다. 거주자가 그 공간을 통제할 수 있도록 주거환경에 실제적 또는 상직적인 방어물이나 영향력, 감시기회 등을 확대 시켜 놓은 공간을 말합니다. 또한 거주자가 친척, 이웃, 친구들에게 안전을 제공하면서, 또한 자신의 삶의 가치를 높이기 위해 선택할 수 있는 생기있는 주거 환경을 말합니다. 여기에는 영역성, 자연적 감시, 이미지의 부각과 입지, 안전지역이라는 네가지 개념이 존재합니다.

8.2.4. 1980년대

1980년대는 양적으로나 질적으로도 모두 CPTED의 발전에 중요한 시기입니다. 각종 경찰학 이론 중에서 가장 널리 알려진 이론 중에 하나가 바로 깨어진 유리창 이론이 아닐까 생각해 봅니다. 이 이론은 범죄학 이론에서 출발하였지만 현재에는 경영학 교재에 등장하여 활용될 정도로 그 영역을 점차 넓혀 나아가고 있습니다. 월슨과 켈링이 월간 애들랜틱에 1982년 발표한 이 이론은 CPTED의 측면에서도 매우 중요합니다. 결론적으로 말하자면 셉테드의 중요한 원리 중 하나인 유지보수가 바로 깨어진 유리창 이론에서 출발했다고 볼 수 있기 때문입니다.

스탠포드의 심리학자인 Philip Zimbardo는 1969년에 몇 가지 실험을 발표했습니다.

그는 번호판이 없이 후드가 열린 자동차를 브롱스 거리에 세워두고 그와 유사한 자동차를 캘리포니아 팔로알토 거리에 세워두기로 하였습니다. 브롱스에 있던 그 차는 그렇게 버려진지 십분도 안되어 "약탈자들"로부터 공격을 받기 시작했습니다. 한편, 팔로알토에 있던 차는 일주일 동안 누구도 손대지 않았습니다. 그리고 난 후 짐바르도가 큰 쇠망치로 차의 한 부분을 가격했습니다. 곧 그 차는 거꾸로 뒤집어지고 완전히 파괴되어 버렸습니다. 이 실험으로 인하여 한 번 파손된 환경이 얼마나 빠르게 훼손되는지를 확인할 수 있게 되었습니다.

무질서를 계속해서 방치하게 되면 지역사회를 통제하는 비공식적 통제능력은 약화되게 되고, 시민들은 범죄에 대한 두려움이 증가하고 외부와의 접촉을 삼감으로써 지역사회에 대한 무관심이 더욱 증가되고 이는 결국 지역사회의 기능을 상실하여 황폐하게 됩니다. 깨어진 유리창은 이러한 무질서 행위로부터 방치되고 있는 공동체를 의미하는 것이다. 따라서 각종 무질서 행위가 계속해서 발생치 않도록 다양한 형태로의 개입이 필요하게 됩니다.

Patrica and Paul Brantingham 부부의 1981년 논문인 환경범죄학(Environmental Criminology)에 따르면 범죄의 네 가지 요소가 갖추어진 곳에서 범죄가 발생한다고 합니다. 이 네 가지 요소는 법률, 범죄자, 대상, 장소입니다. 그들은 이를 범죄의 4요소라고 불렀으며 환경범죄학은 장소라는 측면을 중요하게 생각하고 관련된 연구를 하였습니다. 범죄가 특히 많이 발생하는 장소를 'crime hot spot'이라고 하는데, 이러한 장소나 공간들은 다른 공간에 비해 제대로 관리되지 않는다는 특징이 있습니다. 이러한 상황적 요인들을 변화시킴으로써 범죄를 줄일 수 있습니다.

1980년대 초 영국 내무부의 선도적 발의자인 로날드 클락에 의해 처음 주창된 상황적 예방의 접근은 그 후 전 세계적으로 유행하는 범죄 대응전략으로 각광받고 있습니다. 클락은 1980년부터 상황적 범죄 예방(Situational Crime Prevention)에 대한 글과 책을 출판하였습니다. 상황적 범죄 예방은 범죄 예방을 위해 사회제도의 개선 등 거시적인 관점으로 접근하는 것이 아니라 범죄 기회를 감소시킬 수 있는 전략을 사용합니다. 즉, 범죄자들이 범죄를 행하는데 있어 노력과 위험은 증가시키고 이에 따른 보상을 최소화시킴으로써 범죄를 감소시킬 수 있다는 것입니다. 실제 활용할 수 있는 전략은 경보, 울타리, CCTV, ID카드, 신용카드에 사진 부착 등 다양한 방법이 있습니다. 이러한 접근방법은 범죄 자체에 초점을 맞추어 해결을 시도한다는 측면에서 효과성이 있을 수 있으나, 풍선효과 등 부작용도 있다는 비판을 받고 있습니다.

8.2.5. 1990년대

티모시 크로는 1991년 그의 저서인 "CPTED: 건축설계와 공간 관리 개념의 적용"에서 셉테드의 기본적인 전략에 대한 틀을 잡았습니다. 크로는 자연적 감시, 자연적 접근 통제, 영역성 강화라는 셉테드의 기본 원리를 구체화하고 이를 정의하였습니다. 크로에 따르면, 자연적 감시는 공간 내로의 외부자 또는 침입자를 관찰할 수 있는 기회를 최대화하는 것입니다. 감시가 용이해질 때 범죄자들은 검거될 위험이 커지게 됩니다. 자연적 접근 통제는 범죄의 위험이 기회보다는 더 크다는 인식을 유발하도록 하여 범죄를 저지를 가능성을 낮추는 것입니다. 문, 경비, 잠금장치 등을 활용할 수 있습니다. 영역성 강화는 적절한 디자인을 통해 주인 정신을 강화하고 공간이 관리되고 있다는 인식을 심어주는 것입니다.

공간은 지정된 목적을 가지고 있고, 해당 공간에서 허용되는 행동들을 규정하는 사회·문화·법·물리적 정의를 내포하고 있으며, 이러한 행동들을 지지하고 통제하기 위해 고안되었습니다.

Greg Saville & Gerry Cleveland는 2세대 셉테드를 주장하였습니다. 2세대 셉테드는 기존 셉테드에서 중요하게 고려하는 상황적 요소뿐만 아니라 각종 사회적 요소에 대해서도 중요한 관심을 두겠다는 것입니다. 지역사회의 참여를 포함하여 범죄를 유발하는 각종 요소에 대해서도 중요성을 부여합니다. 공간의 물리적인 측면도 중요하지만 가정이나 이웃이라는 사회적 측면에 대한 관심이 더욱 중요하다는 것입니다. 즉, 하드웨어적인 측면에서 벗어나 소프트웨어적인 영역으로 셉테드를 확장시킬 필요가 있다고 주장하였습니다.

8.2.5. 2000년대 이후

1990년대 이후에는 많은 국가와 다양한 기관에서 CPTED를 체계적으로 연구하였으며 현대의 셉테드 모형이 완성되어 가는 시기입니다. 특히 미국이 중심이 된 CPTED 뿐만 아니라 영국의 SBD 등 각 국의 환경에 맞는 다양한 모형들이 만들어졌습니다. 단순히 물리적인 환경을 중요하게 생각했던 1세대 셉테드에서 지역사회의 주민들과의 협력을 통한 범죄예방 활동인 2세대 셉테드가 발전해온 시기이기도 합니다. 이 후 셉테드는 단순히 건축학적인 개념에서 벗어나 범죄학과 사회학 등 다양한 분야의 연구와 맞물려 통섭의 영역으로 발전하는 양상을 보이고 있습니다. 아울러, 이제는 앞서 소개한 것과 같이 지역주민이 범죄예방의 주체가 되어 공동체적 관점에서 지속가능한 셉테드 정책을 추진하는 3세대 셉테드로의 발전해오고 있습니다.

8.3. 기본원리9)

8.3.1. 자연적 감시(Natural Surveillance)

　자연적 감시는 건축물이나 시설물 등의 설계시에 가시권을 최대로 확보하도록 배치 설계 되어야 한다는 것을 주요 내용으로 하며, 인위적인 순찰이나 조사를 통한 감시보 다는 일상생활을 유지하며 자연스럽게 외부인의 침입여부를 관찰하고 이웃주민과 낯선 사람들의 활동을 구분할 수 있어 범죄의 가능성이 있을 경우 신속히 경찰에 신고하여 적절한 조치를 취할 수 있도록 함으로써 범죄의 기회를 감소시키고 범죄행위의 발견가 능성을 증가시켜 이를 예방하고 억제할 수 있다는 개념입니다.

　주택의 경우 주택내부와 주택외부에서 모두 가시성을 확보하는 것이 범죄행위 발각 에 대한 가능성을 높이게 되고, 침입의 기회를 감소시킵니다. 보행자의 통로에는 가시성 을 방해하는 큰 나무와 잡목들을 가능한 줄이고 멀리서도 보행자의 상태가 관찰될 수 있도록 하여야 합니다. 야간에는 가시성을 극대화하기위한 가로등의 간격과 조도, 투사 각도 등에 대한 고려 등 적절한 조명의 설치를 통해 범죄에 대한 공포감을 감소하는 효 과를 발휘할 수 있습니다.

8.3.2. 자연적 접근통제(Natural Access Control)

　자연적 접근통제는 일정한 지역(예를 들면 아파트 단지)에 대해 접근하는 사람들을 정 해진 공간으로 유도하여 출입하는 사람들을 자연스럽게 통제하는 것을 말하며, 이는 범 죄를 목적으로 접근하는 사람들을 정해진 출입구로만 통행하도록 설계함으로써 범죄행 위에 대한 위험정도(Value of Risk)를 높여 접근가능성을 줄일 수 있고, 이러한 결과는 범죄예방효과를 높일 수 있습니다.

　출입통제의 방법에도 여러 가지가 있으나 이 원리는 설계단계에서부터 출입구를 최 소화하여 자연적으로 접근통제의 효과를 거두는 것을 의미하는 것이고, 기존의 건축물 이 다수의 출입구를 가지고 있다면 이 원리를 적용하여 ① 출입구를 최소화하거나 ② 기존의 주출입구외의 출입구에 대해서는 통행시간을 제한하거나 ③ 경비원이 배치된 주출입구외의 다른 출입구에는 CCTV 등 기계적 감시장치를 설치하여 접근통제의 효과 를 거두는 방법이 모색되어야 할 것입니다.

---

9) 「환경설계를 통한 범죄예방(2019), 경찰인재개발원」에서 참조.

8.3.3. 영역성(Territoriality)

영역성에 있어 영역의 의미는 '어떤 지역에 대해 지역주민들이 자유롭게 사용하거나 점유함으로써 그들의 권리를 주장할 수 있는 가상의 영역'을 말하는 것으로 주요 개념에는 사적공간(private space), 반사적공간(semi-private space), 공적공간(public space)이 있고 이들의 구분을 위해 경계선을 표시하여 침입에 대한 인식을 명확히 함으로써 범죄인에게 심리적인 부담을 주게 되어 범죄가 감소될 것이라는 원리입니다.

영역성은 특히 범죄인에 대한 심리적 부담의 측면보다 사적공간에 대한 거주자들의 인식을 명확히 함으로써 소유의식을 강화시켜 범죄에 대항하고 범죄를 예방하기위한 여러 가지 장치를 적극적으로 부착하여 관리하도록 하는 효과를 의미합니다. 영역성의 강화에 대한 예로는 경계선을 나타내는 울타리, 표지판, 조경, 조명, 도로경계석의 설정 등이 있으며, 적어도 이러한 사적공간에 들어오는 것에 대해서는 통제가 된다는 인식을 심어주는 것이 주된 기능입니다.

8.3.4. 활용성 증대(Activity Support)

활용성 증대의 개념은 위 자연적 감시에서 언급한 바 있는 '거리의 눈'에 의한 감시효과를 높이기 위한 방안으로 공공장소에는 가급적 많은 사람들이 오가고 활발히 사용하도록 함으로써 이들 '거리의 눈(eyes on the street)'에 의한 자연스런 감시를 강화하고 증대시키는 방안을 모색하여야 한다는 것입니다.

특히 이 개념은 새로운 건축설계에 있어서도 감안되어야 하는 중대한 원리이지만 기존의 건축물이나 공공장소에 시민들이 찾아오도록 하는 유인방안을 모색함으로써 범죄예방의 효과적 방안으로 검토할 수 있습니다. 예를 들면 놀이터의 경우 놀이시설의 보강과 가족들이 함께 놀 수 있는 기구 등의 설치를 통해 가족들이 자연스럽게 놀이터로 함께 나올 수 있도록 한다든지, 공원의 경우 주기적으로 공연이나 각종 행사를 하도록 유도하고, 운동시설을 다양화하여 많은 사람들이 운동을 즐기는 장소로 변화를 꾀하는 것 등이 있습니다. 사람이 많은 곳에서 범죄인은 자연히 범죄실행에 부담을 가질 것이고, 이는 범죄기회의 감소로 이어질 것입니다.

8.3.5. 유지관리(Maintenance And Management)

유지관리는 위에서 언급한 여러 가지 CPTED 원리를 적용하여 범죄예방의 효과를 높일 수 있다하더라도 일시적인 방안에 그친다면 궁극적인 범죄예방에는 도움이 되지 않을 것입니다. 처음 설계된 대로 혹은 개선한 의도대로 기능을 지속적으로 발휘하도록 유지관리하는 것이 보다 중요하고 범죄예방에 실질적인 효과를 기대할 수 있을 것입니다.

어떤 공간이 황폐화되거나 버려진 듯한 인상을 주게되면 이 지역에는 범죄인들이 모여들게 되고, 무질서와 범죄가 많아지게 되며, 일반 시민들의 접근은 점점 줄어드는 악순환을 만들게 됩니다. 이러한 악순환을 줄이기 위해서는 황폐화되고 관리되지 않는 지역의 규모를 지속적으로 축소시켜 가야하며, 이를 위해 범죄인들을 유혹하는 물건을 없애고 거리를 깨끗하게 청소하고 낙서된 담은 새로 페인트칠을 하고, 깨진 가로등이나 유리창은 새로 갈아 밝은 거리를 유지하여야 합니다. 아울러 그 지역이 철저하게 관리되고 통제되고 있음을 알리는 표시(sign)를 설치하여 가시적인 인상을 주고, 범죄인들의 출입에 대해 엄격한 통제를 실시해야 합니다. 더불어 위에서 설명한 '활용성증대'를 통해 시민들을 모이게 하는 방안을 연구해 활용해야 할 것입니다.

 **CHECK POINT**

▶ 셉테드 기본원리를 바탕으로 세부 적용방법을 이해한다면 구체적 수단의 효과성을 쉽게 알 수 있을 것입니다.

8.4. 설계원리[10)

8.4.1. 시야선 확보 설계방법

시야선은 전후좌우의 모든 방향에서 볼 수 있는 선을 말합니다. 건물설계나 도시계획시 분명한 시야선을 확인하고 범인이 숨을 수 있는 장소를 피해야 합니다. 시야선을 확보하기 위해서는 건물내의 예리한 코너, 돌출부위, 기둥 등 시야선을 방해하는 것은 가능한 제거, 개조가 불가능한 곳은 CCTV, 볼록거울과 같은 기계적 장비를 설치합니다. 시야선은 2층 이상의 주차장 계단, 지하도, 고층빌딩의 로비와 같이 범죄가 발생할 가능성이 있는 공간을 설계 또는 계획시 반영합니다. 조경 선택시에는 나무들의 성장 습성(최대높이, 넓이) 등을 미리 파악해야하고 기둥모양의 나무와 가지가 개방된 나무 등이 시야선 확보에 용이합니다.

---

10) 「환경설계를 통한 범죄예방(2005), 경찰청」에서 참조.

8.4.2. 조명의 설계방법

조명은 범죄의 두려움을 제거하고 범죄를 예방하는 가장 중요한 요소입니다. 조명의 기본적인 단계는 정상적인 시야에서 사람이 10미터 거리에서 얼굴을 식별할 수 있도록 해야합니다. 조명은 지역에 맞는 적정한 가시권을 제공해야 합니다. 보행자 도로, 뒷 골목길, 공공장소의 접근 통로에서는 10미터 거리에서 얼굴을 식별할 수 있도록 조명을 설치해야 하며 특히 표시물이나 입·출구의 조명은 더 밝은 것을 사용합니다. 아울러, 외딴 곳이나 인적이 드문 곳으로 연결되는 통로에는 조명의 설치를 가능한 피해야 하는데, 이러한 곳에 조명을 설치할 경우 이 같은 장소가 사람이 자주 이용하는 장소라는 잘못된 정보를 제공하여 오히려 범죄의 위험에 노출될 수 있기 때문입니다.

조명은 그림자와 조명 지역 사이의 명암 차이를 줄이기 위해 균일하게 밝혀져야 하고 높은 조도를 사용하기보다는 낮은 조도의 조명을 많이 설치하는 것이 바람직합니다. 이는 깊은 그림자를 감소시키고 과다한 눈부심을 피할 수 있습니다. 조명시설은 잘 깨지지 않도록 내구성이 좋은 재료를 사용하거나 보호 장구를 설치해야 합니다. 또한 사각지대가 생기지 않도록 설계되어야 하며 도로의 포장면에 직접 비추어야 합니다그리고, 시야를 보존하기 위해 조경·담장 등과 같이 빛을 막는 요소를 제거해야 합니다.

8.4.3. 고립지역 개선

고립지역이란 시야선이 닿지 않거나 자연적 감시가 어려운 곳으로 사람의 잦은 통행이 없거나 도로에서 멀리 떨어져 있어 유사시 구조를 요청하거나 구조를 받기 어려운 지역을 말합니다. 대부분 사람들은 고립된 지역에 있게 될 경우 매우 불안하다고 느끼게 되므로 이러한 장소는 제거되거나 개선되어야 합니다. 고립지역 개선 방법은 계단 및 경사로는 유리창을 설치, 주변에서 충분한 관찰이 가능하도록 조치, 고립지역임을 알리고 대체통로를 표시한 표지판설치 및 식별을 위한 조명의 설치, 주차장 진출입에 이용되는 통로는 자연적 감시를 고려한 설계, 저층단지의 주차장은 주변지역이나 빌딩에서 자연적 감시가 가능하도록 설치 등이 있습니다. 이 경우 고립지역은 조명 개선, 볼록거울, 응급전화, 비상벨, CCTV 등 설치를 고려해야 하고 응급전화나 비상벨을 설치한 경우 사용법 기재한 표지판 설치, CCTV가 설치된 곳은 감시지역임을 반드시 표시하면 영역성을 강화하고 범죄기회를 감소하게 됩니다.

8.4.4. 사각지대의 개선

사각지대란 작고 제한된 지역으로 벽이나 수풀 같은 장벽에 의하여 삼면이 가려져 있어 시야선 확보는 어려우나 이동은 가능한 통로 근처 등 감시가 곤란한 함정지역을 말합니다. 터널 안, 지하주차장 기둥 사이, 다리, 계단, 키가 큰 나무 사이의 어두운 공간, 비상탈출을 위해 설치된 지역, 높낮이가 다른 차도와 보도 등이 해당됩니다. 이러한 함정지역(지형상 숨을 수 있는 장소, 인적이 드문 골목, 벽으로 둘러싸인 지역, 주요 보행로 주변의 저장창고 등)은 제거하여야 하며, 제거가 어려운 지역은 일과시간 이후나 사용되지 않는 기간에는 폐쇄하거나 잠궈야 합니다. 함정지역 개선을 위해서는 주변환경을 정비하여 자연적 가시권 확보하고 자연적 가시권 확보가 어려운 지역은 적절한 조명을 사용합니다. 승강기 문에 유리창을 사용하여 외부에서 승강기 내부를 볼 수 있도록 하거나(예, 누드 엘리베이터) 승강기 내에 CCTV, 비상벨 등과 같은 보안시설을 설치합니다. 특히, 자연적 감시효과 증대 및 거리의 눈(Eyes of Street)을 통한 범죄예방기능을 고려하여야 합니다.

8.4.5. 활동 인자(활용성의 증대)

활동인자란 사람들로 하여금 일정지역에 모여 활동 하도록 하거나, 도로나 공간에 생명력을 부여함으로써 범죄 기회를 감소하는 시설이나 사용을 말합니다. 이와 같은 활동인자에는 공원에 설치하는 놀이시설이나 휴게시설, 사무실 빌딩에 위치한 레스토랑 등이 포함됩니다. 활동인자 활성화 방안은 허가받은 노점상이나 포장마차는 공원이나 통로의 가장자리를 따라 배치하여 주민들의 활발한 사용을 유도하고, 공원은 레크리에이션이나 문화활동 같은 다양한 지역사회 활동에 사용되므로 권장합니다. 활동인자 활성화는 많은 사람들을 유인하여 공포감과 익명성을 증가할 수 있으므로 보행자 중심의 활동을 장려하게 되고, 소매점, 편의점과 같은 시설물을 설치함으로서 공포감을 완화하게 됩니다. 청소년을 위한 놀이터, 쉼터, 청소년 센터, 스포츠 공간 등을 조성하는 것은 범죄나 비행의 기회를 차단하는데 유효합니다.

8.4.5. 영역성 강화

올바른 관리가 되지 않고 누구나 쉽게 침입할 수 있는 지역은 적정한 유지관리를 통해 경계를 명확히 해야 합니다. 예를 들면 잘못 경계된 정원은 주변 조경의 정비나 작은 울타리를 설치하여 영역성을 강화해야 합니다. 일상적인 시설을 위하여 사용된 재료는 관리 필요성을 최소화하기 위해 잘 파손되지 않는 재료를 사용해야 합니다. 공공지역은 시설물이 파손될 경우 신고하거나 수리를 쉽게 할 수 있도록 잘 정리된 전화번호부나 웹사이트가 있어야 합니다. 낙서 제거, 쓰레기 처리, 고장난 시설물 수리 등은 공공기관이나 대지의 관리인에 의해 즉시 처리되어야 합니다. 적정한 곳에 전략적으로 위치한 표지판과 지도는 지역주민이나 방문객들에게 안전감을 제공합니다. 표지판은 분명하고 일관되어야 하며 메시지를 쉽게 읽을 수 있도록 표준화하고, 크고 읽기 쉽고 인식할 수 있도록 강한 색깔이나 표준 CI, 간단한 지도와 그래픽 등을 사용합니다. 표지판은 교차로나 입구 근처와 같은 위치의 적당한 높이에 설치하여 가시성을 확보하고, 야간에는 표지판 주위에 조명을 설치하고 특히 주변 환경이 복잡한 곳은 지도를 표시합니다. 주차장의 경우 구조나 위치를 분명하게 표시해서 사용자들이 자신들의 위치를 쉽게 확인할 수 있도록 합니다.

8.4.6. 공간 설계

범죄예방에 치우쳐 보안장비 설치만을 강조할 경우에는 주변 환경을 메마르게 하여 오히려 공포감을 조장하는 반면 조화롭고 아름다운 환경은 사용자에게 안락함을 제공합니다. 좋은 설계는 가능한 주변 환경을 있는 그대로 활용하면서도 지리감을 향상시켜 표지판에 대한 의존도를 줄이게 됩니다. 기본적으로 이용자가 편안하게 즐길 수 있고 미적으로도 아름다운 환경을 조성하고 보다 좋은 공공안전과 보안을 위하여 적합한 재료, 배치, 색깔을 사용합니다. 입구와 출구, 사람을 찾는 장소, 세탁소와 같은 서비스 제공 장소는 처음 방문하는 사람도 쉽게 찾을 수 있도록 해야 합니다. 공간 설계의 목적은 분명해야 하고 사용되지 않거나 사용될 수 없는 공간은 최소화 해야하고, 특히 공간 설계시 야간 사용을 고려하여 설계되어야 합니다.

8.5. 구체적 수단[11]

• 방범용CCTV: 특정 수신자를 대상으로 화상을 전송하는 텔레비전 방식. 유선 또는 무선으로 연결하며, 대상 이외의 일반 대중이 임의로 수신할 수 없도록 되어 있습니다.

---

11) 「CPO 업무가이드(2021), 경찰인재개발원」에서 참조.

- 조명: 어두운 지역을 밝게 하기 위해 설치하는 시설물입니다. 기본 조명은 보안등, 가로등 등 야간 조도를 확보하기 위한 조명기구이고, 보조 조명은 시설물, 조형물, 수목 등 특정 대상을 비추어 경관을 아름답게 하기 위한 조명기구로 로고젝터, LED벽화 조명, 스마트 가로등, 볼라드 조명, 표지병 등이 있습니다.
- 반사경: 외진 골목길, 필로티 공간 등 사각지대를 반사시켜 볼 수 있도록 설치된 거울입니다. 같은 목적으로 안심거울이나 미러시트 등이 사용됩니다.
- 비상벨: 위급상황시 누르는 장치로 싸이렌 또는 음성안내 송출과 동시에 112 및 관제센터와 연계 가능한 장치입니다.
- 안심부스: 공중전화 박스 형태로 되어있으며 112연계 비상벨, 관제센터 연계 내·외부 CCTV, 출입문 자동개폐장치가 설치되어 있어 위급상황 시 신체보호 및 신속한 대처 가능한 시설물입니다.
- 가스배관 덮개: 주택 등의 건물 외벽에 설치된 가스배관을 타고 침입하지 못하도록 배관 겉면에 부착하는 가시덮개 등 구조물입니다.
- 출입 차단기: 아파트, 시설 등의 무분별한 이용을 통제하기 위해 등록된 차량 외 진입을 막는 바(bar) 형태의 시설물입니다.
- 사이공간 통제: 건물과 건물 사이 좁은 통로 내 무질서(쓰레기투기, 청소년 비행 등)를 예방하기 위해 철문, 펜스 등으로 막아 접근을 통제하는 방법입니다.
- 벽화: 노후된 담장 등에 도색을 하거나 밝은 느낌의 그림을 그려 범죄분위기를 억제하는 환경 조성 방법입니다.
- 상징물 설치: 지역 내 일정한 상징물을 설치하여 공간을 구분하거나 영역성을 나타낼 수 있습니다.
- 담장: 공적 장소와 사적 장소를 분명하게 구분하고 필요한 장소로만 접근할 수 있도록 하기 위해 설치하는데, 펜스 등으로 가시성을 확보할 수 있습니다.
- 안내표지판: 안내하고자 하는 내용을 소개하거나 알려주기 위해서 써놓은 판으로, 안내목적과 장소에 따라 형태가 다양합니다. 여성안심귀갓길 안내판, LED CCTV 안내판, 특수형광물질 안내판 등이 있습니다.
- 옥외 휴식공간: 건물 밖 유휴공간 또는 부지를 활용하여 이용자들이 휴식할 수 있도록 설치한 고정된 시설물로 정자, 파고라, 벤치, 그늘막 등이 있습니다.
- 커뮤니티아트: 주택가 담벼락 또는 도로에 벽화, 노면표시 등 환경개선을 통해 공간의 활성화를 유도하는 미술장치입니다.
- 마을텃밭 조성: 유휴지 등 활용하여 주민들의 공동 참여 및 커뮤니티 활성화를 통한 자연적 감시 상시 유도하는 기능을 합니다.

- 공용주차장 조성: 인적이 드문 장소를 활용하여 공용시설을 배치하거나 개방적 설계를 통해 자역적 감시 및 활용성을 증대시킵니다.
- 수목 관리: 주기적으로 수목 관리를 통해 가시권을 확보하여 누군가 해당지역을 관리하고 인식 시킬 수 있도록 깨끗하게 관리합니다.
- 방범시설물 관리: 방범시설물들의 지속적인 관리를 통해 주변 환경을 잘 정비하여 관리되고 있다는 인식을 줄 수 있습니다.

CHECK POINT

▣ 분석된 지역의 현황을 고려하여 적용했을 때 효과가 높을 것으로 생각되는 수단들을 적절히 활용하는 것이 중요합니다. 이것저것 사용하다보면 예산 낭비 뿐만 아니라 향후 유지보수에도 상당한 어려움이 생길 수 있습니다.

9. 제도적요소를 활용한 범죄예방 전략

9.1. 자치단체 조례[12]

자치경찰활동에서 중요한 활동의 근거 중 하나는 각 지방자치단체에서 제정한 조례일 것입니다. 특히 범죄예방 관련 조례 정비, 신설을 통한 지역사회 범죄예방 환경 조성에 제도적 근거로 활용할 수 있어야 합니다. 특히 범죄예방 관련 조례에 지원 내용이 형식적이거나 미흡한 부분이 있어 예산 확보 근거 마련을 위해 조례 제·개정에 지속적인 노력을 기울여야 합니다.

이러한 자치단체의 조례에는 범죄예방 환경설계 조례, 공동주택 관리 조례, 옥외광고물 등 조례, 자율방범대 지원 조례, 공중화장실 지원 조례 등이 있습니다. 참고로 자치법규 정보시스템(www.elis.go.kr)에서 각 자치단체의 조례를 확인할 수 있습니다.

범죄예방 환경설계 조례는 범죄예방 지원 등 관련된 내용이 규정되어 있습니다. 물론 실질적 내용이 미흡하거나 구체적이지 않아 범죄예방 환경설계 적용 곤란한 경우도 있어 개정이 필요한 실정이기도 합니다. 주요 내용은 △ 목적·정의 구체화 △ 범죄예방 협의체 역할 추가 △ 협력체계 구축 △ 취약가구 방범시설물 등 설치지원 △ 심위위원회

---

12) 「CPO 업무가이드(2021), 경찰인재개발원」에서 참조.

자격 추가 등이 있습니다.

공동주택 관리 조례는 건축법 제53조의 2에 의거, 신축 아파트에는 범죄예방시설물(CCTV 등) 설치할 수 있는 법적 근거가 있으나, 범죄에 취약한 건축 후 10년 이상 노후 아파트는 지방자치단체의 예산 등 지원규정이 없어 개정을 통해 지원규정 마련이 필요합니다.

옥외광고물 등 조례는 상업용 간판 설치 시 범죄·화재 등 긴급상황 대비, 현위치를 신속·정확히 알 수 있도록 도로명 주소 기재하도록 하고 있어 상업용 간판에 있는 도로명 주소로 신고할 경우 112 도착시간 단축을 기대할 수 있습니다.

자율방범대 지원조례는 지자체별로 지원조례가 제정되었으나, 지원 항목이 달라 형평성 문제가 제기되고 있습니다. 부족한 경찰력을 지원하는 조례인 만큼 개정을 통해 현실을 반영할 필요가 있습니다.

공중화장실 지원조례는 공중화장실 등의 안전한 환경 조성을 위해 범죄예방시설물 등 설치사업을 구체적으로 조례에 명문화하고 있습니다.

이외에도 △ 건축조례 △ 빈집정비 지원조례 등 범죄예방 관련 조례 등이 있으며, 향후 자치경찰활동과 관련하여 필요한 조례를 지속적으로 제정하는 노력이 필요합니다.

9.2. 지역공동체치안협의체

부서별 단편적 판단에 의해 경찰조치 및 정책수립이 이루어지다 보니, 현장조치 미흡사례나 정책 사각지대가 반복적으로 발생하는 경향이 존재하고 있습니다. 기능 간 연결·

조정·협업(3C) 활성화를 위한 「지역공동체치안 협의체」를 실시, 다양한 치안 관련 사안을 공유·분석·활용하는 장을 마련하고 기능 간 실효적 협력체계를 구축, 지역사회 문제 해결 및 현장 대응력 강화하기 위해 운영되고 있습니다.

지역사회 불안요인을 선제적으로 발굴 및 해결책 모색을 위한 '주민간담회' 실시하고, △ 온라인 카페 △ 어플 △ SNS 등을 활용한 다양한 방식의 주민접촉, 주민들의 요청사항 및 조치결과 등을 분석하여 피드백하는 활동으로 구성됩니다.

논의안건은 지역사회 공동체치안을 위해 필요한 모든 과제이고, 경찰 내부는 주요 치안현안에 대한 기능별 추진사항 및 협력 필요사항을 발굴하고, 외부는 지역사회와의 △ 소통 정례화 △ 다양한 공동과제 발굴·수행 등 협업 내실화 △ 추진정책 공유·연계 등 지역사회 치안 관련 협의를 진행하게 됩니다.

CHECK POINT

▣ 범죄예방활동과 관련된 제도적 지원책이 여전히 부족한 것이 사실입니다. (가칭)범죄예방기본법 제정을 비롯하여 범죄예방을 체계적으로 지원할 수 있는 방안을 마련해야 할 것입니다.

05 보호조치

1. 들어가며

　'보호조치'란 경찰관이 직무를 수행함에 있어 법률적 근거가 되는 「경찰관직무집행법」에 규정되어 되어 있는 조문으로써 '경찰이 직무를 수행하는 과정에서 자신 또는 타인에 대한 생명·신체 및 재산에 대하여 위해를 미칠 우려가 있어 보호가 필요하다고 판단되는 사람을 발견한 경우 보건의료기관 또는 공공구호기관에 긴급구호 요청 또는 경찰관서에 24시간 이내 보호하는 조치[1]'를 말합니다.

　이러한 경찰의 보호조치와 관련하여 우리나라는 정부의 경찰조직 개혁방침에 따라 2021년 1월 1일자로 기 시행중이었던 경찰법이 「국가경찰과 자치경찰의 조직 및 운영에 관한 법률」로 전부개정 되어 새로이 바뀌고, 이에 따른 시행으로 경찰의 조직이 크게 국가경찰과 자치경찰로 구분됨에 따라 자치경찰의 보호조치 사무도 새로운 역사를 맞이하게 됩니다.

　따라서 이번 장에서는 7월 1일부터 자치경찰제의 본격 시행을 앞두고 자치경찰의 '보호조치' 사무에 도움이 되는 교재를 제작함에 있어 새로이 제정된 법령과 자치경찰 사무처리 절차에 관한 도움말을 여덟 개의 항목으로 나누어 서술하였습니다.

　도움말 순서로 1번 항목에서는 보호조치의 이해를 돕기 위한 관련 법령들을 검토하였고, 2번 항목은 보호조치의 대상이 되는 사람들을 설명하였으며, 3번 항목은 보호조

---

1) 2021년 보호조치 업무 매뉴얼 (경찰청,P4,인용)
　경찰관 직무집행법(이하 경직법)에서 말하는 보호조치란 경찰이 직무수행 과정에서 자기 또는 타인의 생명, 신체 및 재산에 위해를 미칠 우려가 있어 보호가 필요하다고 판단되는 사람(요보호자)을 발견한 경우 보건의료기관 또는 공공구호기관에 긴급구호를 요청하거나 경찰관서에 24시간 이내 보호하는 조치를 말한다.

치에 따른 경찰의 조치와 4번 항목에서는 국가경찰 및 자치경찰의 사무구분을 검토하였습니다. 5번 항목은 보호조치의 요건을 설명하였고, 6번 항목에서는 강제 및 임의 보호조치 대상의 구체적인 분류와 설명을 하였으며, 7번 항목은 보호조치의 장소를, 마지막 8번 항목에서는 보호조치 대상자별 처리요령을 체계 있게 정리하였습니다.

아무쪼록 본 교재가 자치경찰의 보호조치 사무에 유용한 도움이 되기를 바랍니다.

1.1. 보호조치의 이해

'보호조치'의 근거 법률로는 경찰관직무집행법 제4조'보호조치 등'이 있고 그 외 관련한 법률로 경찰관직무집행법 시행령 제2조(임시영치), 같은 법 제3조(피구호자의 인계 통보)가 있으며 훈령으로 경찰관직무집행법에 의한 직무 집행시의 보고절차 규칙 제3조(보호조치 및 보고)가 있습니다. 따라서 이번 항목에서는 보호조치의 이해를 돕기 위한 근거 법령들을 하나씩 검토해보도록 하겠습니다.

1.1.1. 경찰관직무집행법

제4조(보호조치 등) ① 경찰관은 수상한 행동이나 그 밖의 주위 사정을 합리적으로 판단해 볼 때 다음 각 호의 어느 하나에 해당하는 것이 명백하고 응급구호가 필요하다고 믿을만한 상당한 이유가 있는 사람(이하 "구호대상자"라 한다)을 발견하였을 때에는 보건의료기관이나 공공구호기관에 긴급구호를 요청하거나 경찰관서에 보호하는 등 적절한 조치를 할 수 있다.
  1. 정신착란을 일으키거나 술에 취하여 자신 또는 다른 사람의 생명·신체·재산에 위해를 끼칠 우려가 있는 사람
  2. 자살을 시도하는 사람
  3. 미아, 병자, 부상자 등으로서 적당한 보호자가 없으며 응급구호가 필요하다고 인정되는 사람. 다만, 본인이 구호를 거절하는 경우는 제외한다.
② 제1항에 따라 긴급구호를 요청받은 보건의료기관이나 공공구호기관은 정당한 이유 없이 긴급구호를 거절할 수 없다.
③ 경찰관은 제1항의 조치를 하는 경우에 구호대상자가 휴대하고 있는 무기·흉기 등 위험을 일으킬 수 있는 것으로 인정되는 물건을 경찰관서에 임시로 영치하여 놓을 수 있다.
④ 경찰관은 제1항의 조치를 하였을 때에는 지체 없이 구호대상자의 가족, 친지 또는 그 밖의 연고자에게 그 사실을 알려야 하며, 연고자가 발견되지 아니할 때에는 구호대상자를 적당한 공공보건의료기관이나 공공구호기관에 즉시 인계하여야 한다.
⑤ 경찰관은 제4항에 따라 구호대상자를 공공보건의료기관이나 공공구호기관에 인계하였을 때에는 즉시 그 사실을 소속 경찰서장이나 해양경찰서장에게 보고하여야 한다.

⑥ 제5항에 따라 보고를 받은 소속 경찰서장이나 해양경찰서장은 대통령령으로 정하는 바에 따라 구호대상자를 인계한 사실을 지체 없이 해당 공공보건의료기관 또는 공공구호기관의 장 및 그 감독행정청에 통보하여야 한다.

⑦ 제1항에 따라 구호대상자를 경찰관서에서 보호하는 기간은 24시간을 초과할 수 없고, 제3항에 따라 물건을 경찰관서에 임시로 영치하는 기간은 10일을 초과할 수 없다

1.1.2. 경찰관직무집행법 시행령

제2조(임시영치) 경찰공무원이 법 제4조 제3항의 규정에 의하여 무기 · 흉기등을 임시영치한 때에는 소속 국가경찰서의 장(해양경찰서의 장을 포함한다. 이하 같다)은 그 물건을 소지하였던 자에게 별지 제1호서식에 의한 임시영치증명서를 교부하여야 한다.

제3조(피구호자의 인계통보) 법 제4조 제6항의 규정에 의한 경찰서장 또는 해양경찰서장의 공중보건의료기관 · 공공구호기관의 장 및 그 감독행정청에 대한 통보는 별지 제2호서식에 의한다

1.1.3. 경찰관직무집행법에 의한 직무집행시의 보고절차 규칙(훈령)

제3조(보호조치 및 보고) 경찰관은 법 제4조 제1항의 규정에 의하여 보건의료기관 또는 공공구호기관에 긴급구호를 요청하였거나 경찰관서에 보호조치한 때에는 지체없이 별지 제2호 서식에 의한 보호조치보고서를 작성하여 소속 경찰관서의 장에게 보고하여야 한다

'보호(保護)'의 사전적 의미[2]를 살펴보면 '위험이나 곤란 따위가 미치지 아니하도록 잘 보살펴 돌봄', '잘 지켜 원래대로 보존되게 함'의 뜻을 가진 단어로 단순한 병자나, 부상자 등에 대하여 병원이나 구호기관으로 인계하는 일반적인 보호의 개념을 생각할 수 있겠으나 경찰이 직무상 수행하는 보호조치는 자신이나 타인에 대한 위해 방지를 위해 개인의 자유를 일시적으로 박탈하는 '즉시강제'의 성격을 가지며 더 나아가 경찰 목적 달성을 위해 개인의 신체나 재산에 직첩적으로 실력을 발동하게 되는 '경찰강제'의 개념도 포함하고 있습니다.

장영민, 박기석(1995)은 경찰관직무집행법에 관한 연구에서 경찰관직무집행법(제4조)상 보호조치는 '당사자 및 타인에 대한 위해 방지라는 소극적인 목적에 한정되는 것으로 봄이 타당하다. 또한 보호조치는 경찰상의 즉시강제라고 할 수 있다'[3]고 서술하였습니다.

---

2) 네이버 사전,(https://ko.dict.naver.com/#/entry/koko/b812d4905ffd45ec830a7e30d94ce0eb), 검색어 '보호'

이와 같이 경찰의 보호조치는 개인의 자유를 일시적으로 박탈하거나 신체 또는 재산에 직접적인 실력을 행사할 수도 있는 특성에 의해 원칙적으로 엄격한 법률의 근거를 요하고 있습니다.

2. 보호조치 대상자

경찰관직무집행법(이하'경직법')상 보호조치의 대상으로는 법 제4조 제1항에 명시된 내용과 같이

    가. 정신착란을 일으켜 자신 또는 다른 사람의 생명·신체·재산에 위해를 끼칠 우려가 있는 사람

    나. 술에 취하여 자신 또는 다른 사람의 생명·신체·재산에 위해를 끼칠 우려가 있는 사람

    다. 자살을 시도하는 사람

    라. 미아, 병자, 부상자 등으로서 적당한 보호자가 없으며 응급구호가 필요하다고 인정되는 사람

을 말합니다. 다만, 여기서 '본인이 구호를 거절하는 경우는 제외' 한다고 규정되어 있습니다.

3. 보호조치에 따른 경찰의 조치

경찰관은 응급구호가 필요하다고 믿을만한 상당한 이유가 있는 사람을 발견하여 보호조치를 수행하는 경우에는 다음과 같은 조치를 할 수 있습니다.

3.1. 긴급구호 요청

경찰관은 경직법 제4조(보호조치) 제1항에 의해 보건의료기관이나 공공구호기관에 긴

---

3) 경찰관직무집행법에 관한 연구(장영민, 박기석, 한국형사정책연구원, 1993, p108)
'보호조치는 당사자 및 타인에 대한 위해 방지라는 소극적인 목적에 한정되는 것으로 봄이 타당하다. 이는 규정의 내용이 생명신체의 위험방지 마치 제거라는 소극목적에 한정되고 있음을 볼 때에도 확인할 수 있다. 또한 본조 보호조치는 경찰상의 즉시강제라고 할 수 있다'고 서술하였습니다.

급구호를 요청하거나 경찰관서에 보호하는 적절한 조치를 할 수 있습니다. 이때 긴급구호를 요청받은 보건의료기관이나 공공구호기관은 경직법 제4조 제2항의 규정에 의해 정당한 이유 없이 긴급구호를 거절할 수 없다고 명시하고 있습니다.

3.2. 경찰관서 임시영치

경찰관은 경직법 제4조 제1항의 보호조치를 하는 경우에 구호대상자가 휴대하고 있는 무기·흉기 등 위험을 일으킬 수 있는 것으로 인정되는 물건에 대하여 경찰관서에 임시로 영치해 놓을 수 있습니다.

[별지 제1호서식] 〈개정 2021. 1. 5.〉

<table>
<tr><td colspan="5" align="center">**임시영치증명서**
제 호</td></tr>
<tr><td rowspan="2">영치인</td><td>①성명</td><td>홍길동</td><td>②생년월일</td><td>1969. 1. 1.</td></tr>
<tr><td>③주소</td><td colspan="3">충남 아산시 무궁화로 111번지</td></tr>
<tr><td rowspan="3">영치물</td><td>④품명</td><td>⑤단위</td><td>⑥수량</td><td>⑦비고</td></tr>
<tr><td>등산용칼</td><td>세트</td><td>1</td><td></td></tr>
<tr><td></td><td></td><td></td><td></td></tr>
<tr><td>⑧임시영치기간</td><td colspan="4">2000
1. 10시~ 2000. 1. 10. 10시 (10일간)</td></tr>
<tr><td>⑨수령일시</td><td colspan="2" align="center">2000. 1. 10. 10시</td><td>⑩수령장소</td><td>아산경찰서</td></tr>
<tr><td colspan="5">위 물건을 경찰관직무집행법 제4조 제3항의 규정에 의하여 임시영치하오니 지정된 날짜에 이 증명서와 주민등록증 및 도장을 가지고 수령하시기 바랍니다.</td></tr>
<tr><td colspan="5"> 2000. 1. 1.
아산경찰서장
(아산지구대장 · 파출소장 · 출장소장) 귀하 </td></tr>
<tr><td colspan="2">2106-34A
81.5.2 승인</td><td colspan="3" align="center">190mm×268mm
(인쇄용지(2급) 60g/㎡)</td></tr>
</table>

※ 기입요령: ⑧임시영치기간은 임시영치한 날로부터 수령한 날까지 10일을 초과할 수 없음

이때 경찰관은 물건 소지자에게 임시영치 증명서를 발급하여야 하고 임시영치 기간은 10일을 초과할 수 없습니다. 임시영치 증명서는 경찰관직무집행법 시행령 제2조 및 별지 제1호 서식에서 찾아볼 수 있으며 양식과 작성사례는 아래와 같습니다.

3.3. 임시영치 보고

경찰관은 물건을 임시영치 하거나 영치물을 반환하였을 경우에는 24시간 이내에 임시영치(반환)보고서를 작성하여 소속 경찰관서의 장에게 보고하여야 합니다. 이와 관련한 근거로는 경찰관직무집행법에 의한 직무집행시의 보고절차 규칙(훈령) 제4조 및 별지 제3호 서식에서 찾아볼 수 있으며 양식과 작성사례는 아래와 같습니다.

[별지 제3호서식]

							결재
① 번 호		**임 시 영 치 (반 환) 보 고 서**					
영 치 물 소 지 자	② 성 명	홍 길 동		③ 생 년 월 일		1969. 1. 1.	
	④ 직 업	무직		⑤ 성별		남	
	⑥ 주 소	충남 아산시 무궁화로 111					
⑦ 임 시 영 치 기 간	2000. 1. 1. 10시 00분 ~ 2000. 1. 10. 10시 00분 (10일간)						
⑧ 임 시 영 치 한 장 소	충남 아산경찰서						
임시영치한물건	⑨ 품명		⑩ 단위		⑪ 수량		⑫ 비고
	등산용 칼		세트		1		
수 령 자		⑬ 성 명	홍 길 동 ㉑		⑭ 생 년 월 일		1969. 1. 1.
		⑮ 주 소	충남 아산시 무궁화로 111				
⑯ 임시영치한 경찰관		소속 아산경찰서 계급 경위 성명 나 경 찰 ㉑					
⑰ 반 환 한 경 찰 관		소속 아산경찰서 계급 경위 성명 나 경 찰 ㉑					

3.4. 구호대상자의 연고자 등에게 보호조치 사실 통지

경찰관은 경직법 제4조 제1항의 조치를 하였을 때에는 같은 법 제4조 제4항의 규정에 따라 지체 없이 구호대상자의 가족이나 친지 또는 그 밖의 연고자에게 그 사실을 통지하여야 합니다. 다만, 연고자가 발견되지 아니할 때에는 구호대상자를 적당한 공공보건의료기관이나 공공구호기관에 즉시 인계하여야 합니다.

3.5. 보호조치 보고

경찰관은 경직법 제4조 제4항에 따라 구호대상자를 공공보건의료기관이나 공공구호기관에 인계하였을 때에는 같은 법 제4조 제5항의 규정에 따라 즉시 그 사실을 소속 경

[별지 제2호서식]

보 호 조 치 보 고 서						결재

피보호자	① 성 명	홍 길 동	② 생 년 월 일	1969. .1 .1.
	③ 직 업	무직	④ 성 별	남
	⑤ 주 소	충남 아산시 무궁화로 111		

⑥ 보 호 기 간	2000. 1. 1. 10시부터 2000. 1. 1. 13시까지	⑦ 보 호 장 소	아산경찰서 아산지구대

⑧ 보 호 사 유	피보호자는 정신질환 증세가 있는 자로 정신보건센터의 도움이 필요함(순찰중 발견) 피보호자를 아산정신보건센터 전문요원에게 인계하기까지 아산지구대 사무실에 임시 보호조치 하게 된 것으로 피구호자를 안전하게 관계기관에 인계

⑨ 질 문 사 항	⑩ 답 변 사 항
혹시 어디 불편하신가요? 많이 불안해 보이십니다.	정신증이 있는데 많이 불안해서 상담을 받고 싶습니다. 관계기관의 도움을 부탁드립니다

⑪ 검 문 종 료 후 조 치	지구대 보호조치 후 아산정신보건센터 전문요원에게 피구호자 인계	⑫ 흉 기 소 지 여 부	없음

⑬ 동행인동행 승 락 표 시	김 삿 갓 ㉂	⑭ 동 행 인 답 변 승 락 표 시	김 삿 갓 ㉂

⑮ 검 문 경 찰 관	소속 아산지구대	계급 경위	성명 나 경 찰 ㉂

찰서장이나 해양경찰서장에게 '보호조치 보고서'를 작성하여 보고 합니다. 보호조치 보고서는 경찰관직무집행법에 의한 직무집행시의 보고절차 규칙(훈령) 제3조 및 별지 2호 서식에서 찾아볼 수 있으며 양식과 작성사례는 앞과 같습니다.

3.6. 관련 기관으로의 피구호자 인계 사실 통보

경직법 제4조 제5항의 규정에 따라 보고를 받은 소속 경찰서장이나 해양경찰서장은 법 제4조 제6항의 규정에 따라 구호대상자를 인계한 사실을 지체 없이 해당 공공보건의료기관 또는 공공구호기관의 장 및 그 감독행정청에 피구호자 인계서를 송부하여 통보하여야 합니다. 피구호자 인계서에 서식에 대한 근거는 경찰관직무집행법 시행령 제3조 및 별지 제2호

[별지 제2호서식] 〈개정 2017. 7. 26.〉

<table>
<tr><td colspan="5" align="center">**아산경찰서**
분류기호 및 문서번호</td></tr>
<tr><td colspan="2">수신 아산정신보건센터장</td><td colspan="3">시행일 2000. 1. 1.
발 신   아산경찰서장 총경 000 (인)</td></tr>
<tr><td colspan="5">제목피구호자 인계서 송부</td></tr>
<tr><td rowspan="4">피
구호자</td><td>①성명</td><td>홍 길 동</td><td>②생년월일</td><td>1969. 1. 1.</td></tr>
<tr><td>③직업</td><td>무직</td><td>④주민등록번호</td><td>690101~1933333</td></tr>
<tr><td>⑤주소</td><td colspan="3">충남 아산시 무궁화로 111</td></tr>
<tr><td>⑥인상착의</td><td colspan="3">신장 173정도, 호리호리한 체격, 양복 정장 차림</td></tr>
<tr><td rowspan="2">발견</td><td>⑦일시</td><td>2000. 1. 1. 09:30</td><td rowspan="2">⑨당시개황</td><td>땅바닥에 주저앉아</td></tr>
<tr><td>⑧장소</td><td>아산시 00공원 내</td><td>불안한 표정과 몸짓</td></tr>
<tr><td colspan="2">⑩인계일시</td><td>2000. 1. 1. 13:00</td><td>⑪인계장소</td><td>아산경찰서
아산지구대</td></tr>
<tr><td colspan="2">⑫인계인</td><td>소속 아산지구대</td><td>계급 경위</td><td>성명 나경찰</td></tr>
<tr><td colspan="2">⑬인수인</td><td>소속 아산정신보건센터</td><td>직위 정신건강전문요원</td><td>성명 김상담</td></tr>
<tr><td colspan="5">경찰관
법 제4조 제6항의 규정에 의하여 피구호자인계서를 위와 같이 송부합니다.</td></tr>
<tr><td colspan="2">2106-32D
81.5.2 승인</td><td colspan="3">190mm×268mm
(인쇄용지(2급) 60g/㎡)</td></tr>
</table>

※ 기입요령: ⑥피구호자의 인적사항이 확인되지 아니한 때에는 성별·신장·체격·착의등 피보호자를 특정할 수 있는 사항을 기입

서식에서 찾아볼 수 있으며 양식과 작성사례는 앞과 같습니다.

4. 국가경찰과 자치경찰 사무의 구분

2021. 1. 1.자 새로이 시행된 '국가경찰과 자치경찰의 조직 및 운영에 관한 법률'(법률 제 17689호, 약칭: 경찰법)은 기존에 시행하였던 구) 경찰법이 2020. 12. 22.자 전부 개정되어 공포 된 것입니다.

이에 따라 경찰조직은 행정안전부장관 소속으로 경찰청을 두고, 특별시장·광역시장 ·특별자치시장·도지사·특별자치도지사(시·도지사) 소속으로 시·도 자치경찰위원회를 두어 크게 국가경찰과 자치경찰로 분리되어 각각의 독립된 업무를 수행하게 되었습니 다. 한편 경찰청은 다시 경찰청장과 국가수사본부장으로 부서를 분리하여 행정경찰 업 무와 수사경찰 업무로 나뉘어 직무를 수행하게 되었습니다.

따라서 이번 장에서는 새로이 개정·공포된 '국가경찰과 자치경찰의 조직 및 운영에 관한 법률(이하'경찰법'으로 표기)에 의한 국가경찰의 사무와 자치경찰의 사무가 어떻게 구분되었는지 검토해보고, 경찰관직무집행법상 경찰의 '보호조치'와 관련한 국가경찰과 자치경찰의 사무에는 어떠한 변화가 생겼는지 관련 법령과 지방별 시·도 조례 등을 통 해 하나씩 살펴보도록 하겠습니다.

4.1. 경찰법상 국가경찰 사무와 자치경찰 사무 검토 (밑줄은 경찰관직무집행법 상 보호조치 관련 조문)

「국가경찰과 자치경찰의 조직 및 운영에 관한 법률」

[시행 2021. 7. 1] [법률 제17990호, 2021. 3. 30 일부 개정]

제3조(경찰의 임무) 경찰의 임무는 다음 각 호와 같다.
1. 국민의 생명·신체 및 재산의 보호
2. 범죄의 예방·진압 및 수사
3. 범죄피해자 보호
4. 경비·요인경호 및 대간첩·대테러 작전 수행
5. 공공안녕에 대한 위험의 예방과 대응을 위한 정보의 수집·작성 및 배포

6. 교통의 단속과 위해의 방지

7. 외국 정부기관 및 국제기구와의 국제협력

8. 그 밖에 공공의 안녕과 질서유지

제4조(경찰의 사무) ① 경찰의 사무는 다음 각 호와 같이 구분한다.

1. 국가경찰사무: 제3조에서 정한 경찰의 임무를 수행하기 위한 사무. 다만, 제2호의 자치경찰사무는 제외한다.

2. 자치경찰사무: 제3조에서 정한 경찰의 임무 범위에서 관할 지역의 생활안전 · 교통 · 경비 · 수사 등에 관한 다음 각 목의 사무

   가. 지역 내 주민의 생활안전 활동에 관한 사무

   1) 생활안전을 위한 순찰 및 시설의 운영

   2) 주민참여 방범활동의 지원 및 지도

   3) 안전사고 및 재해 · 재난 시 긴급구조지원

   4) 아동 · 청소년 · 노인 · 여성 · 장애인 등 사회적 보호가 필요한 사람에 대한 보호 업무 및 가정폭력 · 학교폭력 · 성폭력 등의 예방

   5) 주민의 일상생활과 관련된 사회질서의 유지 및 그 위반행위의 지도 · 단속. 다만, 지방자치단체 등 다른 행정청의 사무는 제외한다.

   6) 그 밖에 지역주민의 생활안전에 관한 사무

   나. 지역 내 교통활동에 관한 사무

   1) 교통법규 위반에 대한 지도 · 단속

   2) 교통안전시설 및 무인 교통단속용 장비의 심의 · 설치 · 관리

   3) 교통안전에 대한 교육 및 홍보

   4) 주민참여 지역 교통활동의 지원 및 지도

   5) 통행 허가, 어린이 통학버스의 신고, 긴급자동차의 지정 신청 등 각종 허가 및 신고에 관한 사무

   6) 그 밖에 지역 내의 교통안전 및 소통에 관한 사무

   다. 지역 내 다중운집 행사 관련 혼잡 교통 및 안전 관리

   라. 다음의 어느 하나에 해당하는 수사사무

   1) 학교폭력 등 소년범죄

   2) 가정폭력, 아동학대 범죄

   3) 교통사고 및 교통 관련 범죄

   4) 「형법」 제245조에 따른 공연음란 및 「성폭력범죄의 처벌 등에 관한 특례법」 제12조에 따른 성적 목적을 위한 다중이용장소 침입행위에 관한 범죄

   5) 경범죄 및 기초질서 관련 범죄

   6) 가출인 및 「실종아동등의 보호 및 지원에 관한 법률」 제2조 제2호에 따른 실종아동등 관련 수색 및 범죄

② 제1항 제2호 가목부터 다목까지의 자치경찰사무에 관한 구체적인 사항 및 범위 등은 대통령령으로 정하는 기준에 따라 시 · 도 조례로 정한다.

③ 제1항 제2호 라목의 자치경찰사무에 관한 구체적인 사항 및 범위 등은 대통령령으로 정한다.

4.2. 보호조치와 관련한 국가경찰의 사무 (II유형)

경찰법 제4조 제1항 제1호는 같은 법 제3조에서 정한 경찰의 임무를 수행하기 위한 사무로 규정하여 국민의 생명·신체·재산의 보호를 위한 임무를 수행하도록 하였습니다. 다만 같은 법 제4조 제1항 제2호는 같은 법 제3조에서 정한 경찰의 임무 범위에서 자치경찰이 담당하는 사무는 제외하도록 하였습니다.

4.3. 보호조치와 관련한 자치경찰의 사무 (IV유형)

경찰법 제4조 제1항 제2호는 자치경찰 사무에 관한 근거 규정으로써 관할 지역의 생활안전·교통·경비·수사 등에 관한 업무를 명시하고 있습니다.

이 중 보호조치와 관련한 근거로는 같은 법 가. 목의 6)항 '그 밖의 지역주민의 생활안전에 관한 사무'가 이에 해당합니다.

자치경찰 사무의 구체적인 업무 범위는 같은 법 제4조 제2항의 규정과 같이 '대통령령으로 정하는 기준에 따라 시·도 조례로 정하도록' 정하고 있으며 2021. 1. 1.자 '자치경찰사무와 시·도자치경찰위원회의 조직 및 운영 등에 관한 규정'이 새로이 신설되어 시행중에 있습니다. 참고로 이 규정은 각 시·도별로 조례안을 제정함에 있어 표준이 되는 기본 안으로 제시되고 있습니다.

그러므로 보호조치와 관련한 자치경찰의 구체적 사무 확인을 위해서는 우선 대통령령인 '자치경찰사무와 시·도자치경찰위원회의 조직 및 운영 등에 관한 규정'을 가장 먼저 검토해보고 그 다음으로 각 시·도별 조례를 살펴보는 것이 순서일 것입니다. 따라서 다음 페이지에는 '자치경찰사무와 시·도자치경찰위원회의 조직 및 운영 등에 관한 규정'과 시·도별 조례안을 표로 만들어 정리하였습니다.

다만, 국내 행정구역상 시·도는 총 17개 지방으로써 17개의 시·도별 조례 내용을 모두 이 책에 옮겨내기에는 같은 내용의 중첩이나 과도한 페이지 분량 소모 등으로 인한 불편이 따르므로 보호조치와 관련된 내용만 발췌하여 간략히 정리하도록 하겠습니다.

참고로 현재 각 시·도별 조례의 정식 명칭은 '자치경찰사무와 자치경찰위원회 조직 및 운영에 관한 조례'이며 시·도별로 입법 및 공포일자가 각각 다르나 2021. 5. 28.자 전라북도의 조례안 공포를 최종으로 하여 전국의 조례가 모두 시행되었으므로 이 날을 기준으로 하여 작성하였음에 착오 없으시길 바랍니다.

4.4. 자치경찰사무와 시 · 도자치경찰위원회의 조직 및 운영 등에 관한 규정

[시행 2021. 1. 1.] [대통령령 제31349호, 2020. 12. 31. 제정]
[시행 2021. 7. 1.] [대통령령 제31733호, 2020. 7. 1. 일부개정]

제2조(생활안전 · 교통 · 경비 관련 자치경찰사무의 범위 등) 「국가경찰과 자치경찰의 조직 및 운영에 관한 법률」(이하 "법"이라 한다) 제4조 제1항 제2호가목부터 다목까지의 규정에 따른 자치경찰사무에 관한 구체적인 사항 및 범위 등을 같은 조 제2항에 따라 특별시 · 광역시 · 특별자치시 · 도 · 특별자치도(이하 "시 · 도"라 한다)의 조례로 정하는 경우 지켜야 하는 기준은 다음 각 호와 같다.

1. 법 제3조에 따른 경찰의 임무 범위와 별표에 따른 생활안전, 교통, 경비 관련 자치경찰사무의 범위를 준수할 것
2. 관할 지역의 인구, 범죄발생 빈도 등 치안 여건과 보유 인력 · 장비 등을 고려하여 자치경찰사무를 적정한 규모로 정할 것
3. 기관 간 협의체 구성, 상호협력 · 지원 및 중복감사 방지 등 자치경찰사무가 국가경찰사무와 유기적으로 연계되고 균형이 이루어지도록 하는 사항을 포함할 것
4. 자치경찰 사무의 내용은 국민의 생명 · 신체 및 재산을 보호하고 공공의 안녕과 질서를 유지하는데 효율적인 것으로 정할 것

■ 자치경찰사무와 시 · 도자치경찰원회의 조직 및 운영 등에 관한 규정 [별표]
<u>생활안전, 교통, 경비 관련 자치경찰사무의 범위</u> (제2조 제1호 관련)

자치경찰사무		범위
1. 지역 내 주민의 생활안전 활동에 관한 사무	바. 그 밖에 지역주민의 생활안전에 관한 사무	1) 지역주민의 생활안전 관련 112신고(일반신고를 포함한다) 처리 2) 지하철, 내수면 등 일반적인 출동이 어려운 특정 지역에서 주민의 생명 · 신체 · 재산의 보호를 위한 경찰대 운영 3) 유실물 보관 · 반환 · 매각 · 국고귀속 등 유실물 관리 4) <u>「경찰관 직무집행법」 제4조에 따른 응급구호대상자에 대한 보호조치 및 유관기관 협력</u> 5) 그 밖에 관련 법령에 경찰의 사무로 규정된 지역주민의 생활안전에 관한 사무

4.5. 각 시·도별 자치경찰사무와 자치경찰위원회의 조직 및 운영 등에 관한 조례안 [별표] 검토

— 각각 지역별 사정에 따라 조례안이 조금씩 다르므로 아래와 같이 해당 지역별로 확인이 필요합니다.

○ 해당지역: 강원도, 경기도, 경상남도, 경상북도, 광주, 대구, 부산, 울산, 인천, 전라남도, 충청남도, 충청북도

생활안전, 교통, 경비 관련 자치경찰사무의 범위 (제2조 제1항 관련)

자치경찰사무	범위기준	구체적 사항 및 범위
그 밖에 지역주민의 생활안전에 관한 사무	경찰관 직무집행법 제4조에 따른 응급구호 대상자에 대한 보호조치 및 유관기관 협력	1) 응급구호대상자 보건의료기관 또는 공공 구호기관 긴급구호 요청 및 인계하거나 경찰관서 임시보호 등 조치 2) 응급구호대상자 휴대 무기·흉기 임시영치 3) 주취자응급의료센터 운영 지원 4) 그 밖에 응급구호대상자 보호에 필요한 조치

○ 해당지역: 서울

생활안전, 교통, 경비 관련 자치경찰사무의 범위 (제2조 제1항 관련)

자치경찰사무	범위기준	구체적 사항 및 범위
그 밖에 지역주민의 생활안전에 관한 사무	경찰관 직무집행법 제4조에 따른 응급구호 대상자에 대한 보호조치 및 유관기관 협력	1) 응급구호대상자 관련 보호조치 2) 응급구호대상자 휴대 무기·흉기 임시영치 3) 주취자응급의료센터 운영 지원 4) 그 밖에 응급구호대상자 보호에 필요한 조치

○ 해당지역: 대전

생활안전, 교통, 경비 관련 자치경찰사무의 범위 (제2조 제1항 관련)

자치경찰사무	범위기준	구체적 사항 및 범위
그 밖에 지역주민의 생활안전에 관한 사무	경찰관 직무집행법 제4조에 따른 응급구호 대상자에 대한 보호조치 및 유관기관 협력	1) 응급구호대상자 보건의료기관 또는 공공 구호기관 긴급구호 요청 및 인계 (다만, 필요시 경찰관서 임시보호 조치) 2) 응급구호대상자 휴대 무기·흉기 임시영치 3) 주취자응급의료센터 운영 지원 4) 그 밖에 응급구호대상자 유관기관 협력

○ 해당지역: 전라북도

생활안전, 교통, 경비 관련 자치경찰사무의 범위 (제2조 제1항 관련)

자치경찰사무	범위기준	구체적 사항 및 범위
그 밖에 지역주민의 생활안전에 관한 사무	경찰관 직무집행법 제4조에 따른 응급구호 대상자에 대한 보호조치 및 유관기관 협력	1) 응급구호대상자 보건의료기관 또는 공공구호기관 긴급구호 요청 및 인계 (다만, 필요시 경찰관서 임시보호조치) 2) 응급구호대상자 휴대 무기·흉기 임시영치 3) 주취자응급의료센터 운영 지원 4) 그 밖에 응급구호대상자 보호에 필요한 조치

○ 해당지역: 세종

생활안전, 교통, 경비 관련 자치경찰사무의 범위 (제2조 제1항 관련)

자치경찰사무	범위기준	구체적 사항 및 범위
그 밖에 지역주민의 생활안전에 관한 사무	경찰관 직무집행법 제4조에 따른 응급구호 대상자에 대한 보호조치 및 유관기관 협력	1) 응급구호대상자 보건의료기관 또는 공공구호기관 긴급구호 요청, 인계 및 경찰관서 임시보호 등 임의조치 2) 응급구호대상자 휴대 무기·흉기 임시영치 3) 주취자응급의료센터 운영 지원 4) 그 밖에 응급구호대상자 보호에 필요한 조치

○ 해당지역: 제주

(생활안전, 교통, 경비 관련: 삭제) 자치경찰사무의 구체적 사항 및 범위
(제2조 제1항 관련)

자치경찰사무	범위기준	구체적 사항 및 범위
그 밖에 지역주민의 생활안전에 관한 사무	경찰관 직무집행법 제4조에 따른 응급구호 대상자에 대한 보호조치 및 유관기관 협력	1) 응급구호대상자 보건의료기관 또는 공공구호기관 긴급구호 요청 및 인계하거나 경찰관서 임시보호 등 조치 2) 응급구호대상자 휴대 무기·흉기 임시영치 3) 주취자응급의료센터 운영 지원 4) 그 밖에 응급구호대상자 유관기관 협력

5. 보호조치의 요건

보호조치의 요건을 알아보기 위해서는 가장 먼저 경직법상 보호조치의 내용이 언급된 법률의 조문 내용을 확인하고 그 내용을 분석하여 볼 필요가 있습니다. 이에 따라 경직법 제4조 제1항의 조문 내용을 살펴보면 / ① '경찰관은 수상한 행동이나 그 밖의 주위 사정을 합리적으로 판단해 볼 때 / ② 다음 각 호의 어느 하나에 해당하는 것이 명백하고 / ③ 응급구호가 필요하다고 믿을만한 상당한 이유가 있는 사람(이하 "구호대상자"라 한다)을 발견하였을 때에는 / ④ 보건의료기관이나 공공구호기관에 긴급구호를 요청하거나 경찰관서에 보호하는 등 적절한 조치를 할 수 있다.'/ 고 명시하고 있어 총 4가지의 전제요건이 있음을 발견할 수 있는데 이 요건들에 대하여 구체적으로 검토해보도록 하겠습니다.

5.1. 수상한 행동이나 그 밖의 주위 사정을 합리적으로 판단할 것

'합리적인 판단'이란 공공의 안녕과 질서유지를 목적으로 공권력을 행사하는 경찰관의 주관적 판단[4] 으로서 일선 현장을 접하는 경찰관 평균의 합리적 경험칙을 의미한다[5]고 할 수 있습니다. 따라서 수상한 거동이나 그 밖의 주위 사정을 합리적으로 판단하는 것은 현장 경찰관의 주관적이고 합리적인 경험칙에 의한 상황 판단이라 설명할 수 있습니다.

5.2. 법 제4조 제1항 각 호(제1호 - 제3호)의 어느 하나에 해당하는 것이 명백할 것

경직법 제4조 제1항은 보호조치 대상자로 정신착란자나 술에 취한 자로 사람의 생명, 신체, 재산에 위해를 끼칠 우려가 있는 사람이나, 자살시도자, 미아, 병자, 부상자로 열거하여 규정하고 있습니다.

---

4) 경찰관직무집행법 해설(경찰청, 2001, p49, 인용)합리적 판단이란 공공의 안녕과 질서의 유지를 목적으로 하는 경찰관의 합리적, 경험칙 등 평균인을 기준으로 불심검문을 행하는 경찰관 개인이 현장에서 접하는 상황을 고려하여 경찰관 평균을 기준으로 합리적으로 결정되는 주관적인 판단을 의미한다

5) 2021년 보호조치 업무 매뉴얼 (경찰청, p5, 인용) 합리적 판단이란 일선 현장을 접하는 경찰관 평균의 합리적 경험칙을 의미한다.

5.3. 응급구호가 필요하다고 믿을만한 상당한 이유가 있는 경우이어야 할 것

'응급[6]'의 사전적 의미는 급한 정황에 대처한다는 뜻으로 경찰관은 단순 정신착란자나 술에 취한 자에 대하여 바로 보호조치를 할 수 있는 것은 아니며 급한 정황이 발생하여 즉시 대처가 필요한 응급의 구호를 요하는 상태라고 믿을만한 상당한 이유가 있을 때 비로소 보호조치가 가능하다는 요건을 가지고 있습니다.

5.4. 관련 기관에 긴급구호를 요청하거나 경찰관서 보호하는 등 적절한 조치를 할 수 있다

위의 ①, ②, ③의 조건들이 모두 이루어졌을 때 경찰관은 관련기관에 긴급구호를 요청하거나 경찰관서에 보호하는 등 적절한 조치를 하게 됩니다. 여기서 주목할 점은 조문의 마지막 내용 중 '경찰관서에 보호하는 등 적절한 조치를 할 수 있다'고 명시하여 『하여야 한다』가 아닌 『할 수 있다』라고 규정함으로써 이 조문은 의무규정이 아닌 경찰관의 재량적 행위를 인정하는 규정이라 볼 수 있겠습니다.

그러나 경찰관이 보호조치를 하지 아니하면 향후 보호조치 대상자의 생명, 신체에 중대한 위험이 예상되는 상황이라면 경찰관의 재량권은 '0'으로 수축 되므로 경찰관이 적절한 보호조치를 하지 아니한 경우에는 부작위에 의한 위법이 성립된다고 보고 있는 것이 법원의 판단이므로 이 점을 항상 유의하여야 할 것입니다.

6. 보호조치 대상의 구체적 분류

경직법 상 보호조치의 대상은 '본인의 의사가 반영되는지?' 또는 '강제에 의한 경찰관의 실력이 행사되는지?'에 따라 강제보호조치 대상과 임의보호조치 대상으로 분류됩니다.

---

6) 네이버 사전: 검색어 '응급'https://ko.dict.naver.com/#/entry/koko/be2414a162d842869912b9d82d4c5ffb)

6.1. 강제보호조치 대상

경직법 제4조 제1항 제1호와 제2호는 보호가 필요하다고 인정되어 본인의 의사와 관계없이 보호조치를 할 수 있는 사람을 규정하고 있는데 대상자는 정신착란자, 술에 취한 사람, 자살시도자가 있으며 구체적인 내용은 아래와 같습니다.

6.1.1. 정신착란자

경직법 제4조에 명시된 '정신착란자'에 대한 용어의 정의는 국내 문헌상 정리된 내용을 찾아볼 수 없습니다. 이는 광복 직후 경찰관직무집행법을 제정하면서 그때 당시의 일본의 경찰관직무집행법을 그대로 직역하여 인용한 것으로 '정신착란자'라는 단어 자체가 일본식 단어이기 때문입니다. 따라서 우리나라 실정법상 현재 시행중인 법령 중에서 가장 적합한 단어를 찾는다면 정신건강증진 및 정신질환자 복지서비스 지원에 관한 법률(이하 '정신건강 복지법') 제3조에서 정의하고 있는 "정신질환자"로 단어를 적용하는 것이 가장 합당하다 할 것입니다.

여기서 정신건강 복지법이 설명하고 있는 '정신질환자'란 망상, 환각, 사고나 기분의 장애 등으로 인하여 독립적으로 일상생활을 영위하는 데 중대한 제약이 있는 사람이라 정의하고 있고, 경직법상 보호조치의 대상자는 정신착란으로 인해 자신 또는 다른 사람의 생명·신체·재산에 위해를 끼칠 우려가 있는 사람으로 정의하고 있습니다. 응급의료에 관한 법률 시행규칙 [별표1] 제1항 다. 목에서는 자신 또는 다른 사람을 해할 우려가 있는 정신장애를 정신과적 응급조치가 필요한 응급증상으로 분류하고 있어 자타해 위험이 있는 정신질환자를 응급환자로 규정하고 있습니다. 일본의 경직법에서도 정신착란을 "이상한 흥분, 각성제 사용에 기인하는 환각, 피해망상, 감정둔마 및 이상행동, 각성제에 의한 이상한 정신상태"[7]로 정의하고 있습니다.

따라서 이러한 정의들을 각각 대입하여 종합해 볼 때 경찰의 보호조치 대상으로는 "망상, 환각, 사고나 기분의 장애 등 정신질환 또는 정신착란으로 인해 일상생활을 영위하는데 중대한 제약이 있거나 이러한 사유로 지적 능력이나 자기 통제 능력을 잃어 자신 또는 다른 사람의 생명·신체·재산에 위해를 끼칠 우려가 있어 응급의 구호가 필요한 사람"으로 볼 수 있겠습니다.

한편, 경찰청에서 발간한 '2021년 보호조치 업무 매뉴얼'에서는 경찰의 보호조치 대상이 되는 '정신질환자'란 조현병, 우울증 등 비교적 명백한 정신병적 정신질환자 뿐만 아니라 치매, 성 도착증, 충동장애, 흥분이 극에 달한 자 등 비정신병적 정신질환을 포

---

7) 일본경찰법(한귀현 역, 한국법제연구원 2003)

함하여 '사회통념에 비추어 판단할 때 정신이상으로 인해 보호가 필요한 자'로 정의 내리고 있으며 경찰이 개입해야 하는 급박한 위험이 있는 정신질환자란 결국 '정신착란을 일으킨 정신질환자'일 것이므로, 법률상의 용어가 다르다고 하여 (굳이)실무적으로 두 개념을 구분할 필요는 없어 보인다8)고 서술하고 있습니다.

6.1.2. 술에 취한 사람

일명 '주취자'로서 술을 마셔 취하거나 만취하여 정상적인 판단 능력이나 의사능력을 상실할 정도에 이르러 자신 또는 다른 사람의 생명·신체·재산에 위해를 끼칠 우려가 있는 사람을 말합니다.

응급의료에 관한 법률 시행규칙 [별표1] 제1항 자.목에서는 약물·알콜 또는 기타 물질의 과다복용이나 중독을 술에 취한 사람과 관련한 응급환자의 응급증상으로 분류하고 있습니다.

6.1.3. 자살시도자

자살예방 및 생명존중문화 조성을 위한 법률(이하, 자살예방법) 제2조는 자살의 위험에 노출되거나 노출될 가능성이 있다고 판단되는 사람을 '자살위험자'로 정의하고 있습니다. '자살시도자'는 주위의 사정과 본인의 거동을 기초로 합리적으로 판단할 때 스스로 자기의 목숨을 끊는 자살을 계획하여 이를 실행할 위험성이 있는 사람으로서 자살 결행의 구체적 계획이 있거나 행동으로 드러난 경우9)가 이에 해당합니다.

최근의 자살시도는 정신질환이 원인인 경우가 다수이며 응급의료에 관한 법률 시행규칙 [별표1]에서는 자신 또는 다른 사람을 해할 우려가 있는 정신장애를 정신과적 응급조치가 필요한 응급증상으로 분류하고 있습니다.

경찰관이 자살시도자 발견 시 정신건강복지법에 의한 자의입원(제41조), 동의입원(제42조), 보호의무자에 의한 입원(제43조)을 권유하여 정신의료기관의 치료를 받게 유도 하거나 자·타해 위험 및 입원 등 상황의 급박성 여부에 따라 행정입원(제44조) 의뢰 또는 응급입원(제50조)을 동의하여 강제입원을 집행하는 경우가 나날이 증가하고 있는 추세입니다.

---

8) 2021년 보호조치 업무 매뉴얼 (경찰청, p8)
9) 2021년 보호조치 업무 매뉴얼 (경찰청, p10, 인용)

6.2. 임의보호조치 대상

　　제4조 제1항 제3호는 적당한 보호자가 없으며 응급구호가 필요하다고 인정되는 아래의 대상자(미아,병자,부상자)들에 대하여 임의보호조치를 할 수 있도록 규정하고 있습니다. 다만, 여기서 유의할 점은 임의보호조치 대상자에 대하여는 '본인이 구호를 거절하는 경우는 제외한다'고 명시되어 있습니다.

6.2.1. 미아

　　미아는 실종아동법의 적용을 받습니다. 실종아동등의 보호 및 지원에 관한 법률 제2조 제2호에서 "실종아동등"이란 약취·유인 또는 유기되거나 사고를 당하거나 가출하거나 길을 잃는 등의 사유로 인하여 보호자로부터 이탈된 아동 등이라고 규정하고 있으며, 실종아동등 가출인 업무처리 규칙 제2조(경찰청 예규)에서 정의하는 "보호실종아동등"이란 보호자가 확인되지 않아 경찰관이 보호하고 있는 실종아동등을 말합니다.

6.2.2. 병자 · 부상자

　　병자·부상자는 질병이나 범죄·재해·사고·자해 등으로 부상을 입고 보호자 없이 방치된 사람으로서 본인의 자력으로는 병원에 찾아가거나 귀가할 수 없는 정도에 이른 사람으로 도로에서 길을 잃은 병든 노인, 낙상사고를 당하여 정신을 잃거나 움직일 수 없는 사람 등을[10] 말합니다.

7. 보호조치의 장소

　　경직법 제4조 제1항에서는 경찰관이 응급구호가 필요하다고 믿을 만한 상당한 이유가 있는 사람을 발견하였을 때에는 보건의료기관이나 공공구호기관으로 긴급구호를 요청하거나 경찰관서에 보호하는 등 적절한 조치를 할 수 있습니다. 따라서 보호조치의 장소로는 보건의료기관과 공공구호기관 및 경찰관서가 있습니다.

---

10) 2021년 보호조치 업무 매뉴얼 (경찰청, p11)

7.1. 보건의료기관

보건의료법 제3조 제4호에 의해 보건의료기관이란 보건의료인이 공중 또는 불특정 다수인을 위하여 보건의료 서비스를 행하는 보건기관, 의료기관, 약국 그 밖의 대통령령이 정하는 기관을 말합니다. 따라서 보건의료기관은 종합병원, 일반병원, 의원, 치과병원, 한방병원, 한의원 조산소, 요양병원, 정신병원 등을 포함합니다.

7.2. 공공구호기관

공공구호기관 이란 국가나 지방자치단체가 보호, 숙박, 의료복지 등을 위해 설립·운영하거나 운영을 위탁하고 있는 사회보장시설을 말합니다. 사회복지사업법 제2조 제1호의 사회복지사업을 수행하는 시설 및 지방자치단체, 노인복지법에 따른 노인복지시설, 아동복지법에 따른 아동복지시설, 노숙인 등의 자립지원에 관한 법률에 따른 노숙인 시설 등을 말합니다.

7.3. 경찰관서

경찰관서는 '경찰청과 그 소속기관 직제'에 따른 경찰서, 지구대, 파출소 등 경찰청 소속 기관을 말합니다. 예외적으로 제주특별자치도 소속 자치경찰단 산하의 파출소 등 지역경찰관서도 경찰관서의 범주에 포함된다고 볼 수 있습니다.

8. 보호조치 대상자별 처리

8.1. 정신착란자(이하, 정신질환자)

정신질환자 신고를 접수하여 현장 출동하는 경찰관은 다음과 같은 사항들을 착안하여 조치합니다.
- 정신건강복지센터 전문요원 등 유관기관 현장 출동 협조 요청
- 신고자 상대 신고개요, 피해 상황, 범죄 관련 혐의 유·무 확인

- 신고대상자(정신질환자) 격리 조치 및 정신질환 여부 판단

  [필요한 경우 수갑 등 경찰 장구 사용으로 피습대비 및 대상자 및 경찰관 안전 최우선 확보]

- 흉기 등 위험한 물건 소지여부 검색, 위해 요인 사전 제거

- 정신질환에 의한 돌발공격에 항상 대비

- 자·타해 위험 없는 경우 가족 인계 및 정신의료기관 입원 독려

  [정신건강복지법 제41조(자의입원등), 제42조(동의입원등), 제43조(보호의무자에 의한 입원등)]

- 자·타해 위험 의심되는 경우 정신건강의학과전문의 또는 정신건강전문요원에게 행정입원 요청

  [정신건강복지법 제44조(특별자치시장·특별자치도지사·시장·군수·구청장에 의한 입원)]

- 자·타해 위험성, 급박성 있는 상황은 의사, 경찰관의 동의를 받아 정신의료기관 응급입원 의뢰

  [정신건강복지법 제50조(응급입원)]

✔ CHECK POINT

정신건강복지법 제50조상 응급입원 요건 5가지

▶ **정신질환자로 추정되는 자**

의학적 정신질환자를 포함, 치매·흥분상태 등 정신이상으로 인해 보호가 필요한 사람으로 경찰관이 평균적인 출동 경험에 의한 합리적 경험칙 등으로 미루어 볼 때 사회 통념상 정신질환자로 판단되면 첫 번째 구성요건이 성립됩니다.

▶ **자·타해 위험성**

정신질환자 자신의 건강 또는 안전이나 다른 사람에게 해를 끼칠 위험이 큰 상황을 말합니다.

▶ **발견자의 의뢰**

응급입원의 주체는 경찰관이 아니라 '정신질환자로 추정되는 사람을 발견한 사람'입니다. 여기서 '발견한 사람'은 최초로 발견한 사람일 것을 요하지 않습니다. 그러나 대부분의 경찰관들은 통상적으로 현장에 출동한 경찰관만이 응급입원의 의뢰자가 된다는 잘못된 해석을 하는 경우가 많습니다. 응급입원의 의뢰자는 가족이나 목격자 신고자 등 제3자도 포함되므로 응급입원 의뢰서를 작성하는 경우 서식의 신청자 란에는 '발견한 사람'으로 작성하면 됩니다. 단, 적절한 의뢰자가 없거나 발견되지 않는 경우에는 경찰관이 의뢰자(신청자)가 될 수도 있습니다.

▶ **상황의 급박성**

정신질환자에 대한 즉시 입원 조치를 하지 않으면 자·타해 위험을 방지할 수 없고 보호자가 없는 등 응급입원 외 달리 다른 방법에 의한 입원을 할 수 없는 경우를 말합니다.

응급입원은 '정신과전문의'가 아닌 '의사'의 동의면 충분합니다. 대부분의 정신의료기관에서는 정신과전문의의 진료가 있어야만 응급입원을 진행하는 경우가 있는데 이는 잘못된 해석으로 일반 의사 또는 당직 의사의 동의만으로도 응급입원이 가능함을 설명할 필요가 있습니다. 경찰관은 의사와 함께 응급입원의 동의자로 규정되어 있습니다.

8.2. 술에 취한 사람(이하, 주취자)

- 의식이 없는 주취자인 경우를 감안 출동단계에서부터 119구급대 협조 요청
- 현장도착과 동시 신고 대상자의 호흡이나 심장박동 확인
- 강한 자극에도 반응이나 의식이 없는 경우 즉시 119 협조, 의료기관 후송 조치
- 단순 만취자로 오인하여 방치 시 사망하는 사례 발생함을 유의
- 정상적 판단능력, 의사결정 능력 상실여부 확인
- 범죄와 무관한 주취자 경우 보호자 확보, 인계
- 만취자 돌발 행동 또는 돌발공격에 대비
  (필요시, 경찰장구 적극 활용하여 제압하되 경찰 물리력 행사 원칙 엄수)
- 음주소란 시 통고처분 또는 즉심청구
- 주취 폭력 또는 관공서 소란 시 엄정 사법처리
- 감정을 건드리는 언행, 시비 등 인권침해 사례 발생치 않도록 유의
- 단순 주취자는 보호조치 대상이 아니므로 귀가 권유, 필요시 가족 등 연고자 인계

✔ CHECK POINT

주취자 처리 관련, 판례 검토 (대법원 2012.12.13. 선고2012도11162)

▶ '술에 취한 상태'의 의미

경직법 제4조 제1항 제1호에서 규정하는 '술에 취한 상태'란 피구호자가 술에 만취하여 정상적인 판단능력이나 의사능력을 상실할 정도에 이른 것을 말하고

▶ 경찰관의 보호조치를 필요로 하는 기준

경찰의 보호조치가 필요한 대상자에 해당하는지는 구체적인 상황을 고려하여 경찰관 평균인을 기준으로 판단하되, 그 판단은 보호조치의 취지와 목적에 비추어 현저하게 불합리하여서는 아니 되며

피구호자의 <u>가족 등에게 피구호자를 인계할 수 있다면 특별한 사정이 없는 한 경찰관서에서 피구호자를 보호하는 것은 허용되지 않는다.</u>

8.3. 자살기도자(이하 자살시도자)

- 시·도 경찰청, 경찰서 소속 위기협상 요원 출동 요청
- 정신건강센터 전문요원 출동 요청 등 관련 기관 통보
- 자살시도자가 자살을 감행할 경우를 대비 출동단계에서부터 119구급대 협조 요청
- 소방과 협조, 추락을 대비한 에어매트 설치 등 인명 보호를 위한 안전 장비 설치
- 정신건강센터 전문요원 출동 요청 등 관련 기관 통보
- 자살시도자 위치 미 확인시 긴급구조를 위한 정보제공 요청(자살예방법 제19조의3)
- 폴리스라인 설치로 구경꾼, 행인, 언론 등 자살시도자를 자극하는 요인 차단
- 자살시도자는 대부분 극도의 흥분상태로 자극을 주는 언행 삼가
- 자살시도자 자살 도구 소지 여부 확인 및 신속 수거
- 자살 동기 청취 등 적극적 청취(경청) 자세 유지
- 침착하고 부드러운 억양으로 공감적 대화 시도
- 자살시도에 대한 급박한 위험을 해소한 경우 정신건강복지센터 등 도움기관 연계
  (정신건강증진법 제44조)
- 자살시도자 또는 가족(유족)에 대한 지원대책, 이용절차 안내(자살예방법 제20조)
- 자살시도자 사후관리를 위한 관계 지원기관으로의 자살시도자 정보제공
  (자살예방법 제12조의2)
- 정신질환 및 자·타해 위험성, 긴급성 등 요건 충족 시 응급입원 조치
  (정신건강증진법 제50조)

✔ CHECK POINT

자살 동기 청취 등 적극적 청취(경청)를 위한 대화기법 8가지

▶ 감정상태 확인하기 (Emotion Labeling)

사람들은 누구나 자신이 어떻게 느끼는지를 상대방이 알아주기를 바라고 자신의 마음을 알아주

는 상대에게 호감을 느낀다. 따라서 상대의 감정을 말로 들려 줌으로써 상대와의 대화의 물꼬를 튼다.

- 선생님 많이 힘들어 보이십니다. – 선생님 많이 슬퍼 보이십니다. – 선생님 외로워 보이십니다.

▶ 바꿔 말하기 (Paraphrasing)

위기자(자살시도자)가 한 말을 경찰관이 순화되고 부드러운 말로 바꾸어 되돌려주는 것이다.

- 이젠 더 이상 못 견디겠어 난 뛰어 내릴거야 → 너무 힘이 들어서 뛰어내리고 싶은 심정이군요

▶ 끝말 따라하기 (Mirroring)

상대방의 끝말을 따라함으로써 지속적인 대화유도와 경청의 모습을 보여주어 신뢰관계 형성에 도움

- 내가 얼마나 화난지 아세요? → 많이 화가 나셨군요, 마음이 아파요 → 마음이 아프시군요

▶ 요약 (Summary)

상대의 말을 요약해 주요 논점을 짚어줌으로써 의사소통상 오해를 줄이고 경청하고 있음을 보여줌

- 그러니까 지금까지 선생님께서 하신 말씀은 ~해서 ~하셨다는 말씀이군요

▶ 개방형질문 (Open Questions)

단순히 예, 아니오 라는 짧은 대답 대신 긴 대답을 유도하여 상대의 억눌린 감정을 배출시킨다.

- 그 동안 무슨일이 있었는지 말씀해 주세요, – 어떻게 해서 이러한 일이 생겼는지 말씀해 주세요

▶ 최소한의 고무 (Minimal Encouragers)

상대방의 계속해서 의욕을 가지고 말을 하기 위해 상대방 말에 맞장구 내지 추임새를 넣어 주는 것

- "아~!", "네~!", "음~!", "그래서요~?", "정말요~?"

▶ 효과적인 침묵 (Effective Pauses)

상대방이 나의 말을 듣지 않거나, 자신의 말만 계속해서 말할 때 주의를 주거나 감정을 순화시킬 때 또는 나의 중요한 말을 집중하여 듣게 하고자 할 때 사용하는 것으로 약 2~3초간 침묵을 유지하는 것

▶ 1인칭의 완곡한 표현 (I Message)

"너", "당신" 등의 2인칭 주어 문장은 상대를 비난하는 조로 들리는 경우가 많으며 경찰관의 주관적인 감정을 전달함으로써 상대에게 덜 공격적인 느낌을 받게 하는 효과

- 만약에 OO한 일이 생기면 제가 걱정이 됩니다. – 저는 선생님을 도와드리려고 노력하고 있는데 선생님께서는 제 말을 들어주지 않으시니 서운합니다.

8.4. 미아(이하 보호실종아동)

- 신고접수 시 즉시 실종아동등 프로파일링시스템에 입력, 범죄관련 여부 확인 (실종아동등 및 가출인 업무처리 규칙 제10조)
- 정보자료 조회로 보호자 수배 및 보호자 확인 시 즉시 인계 (실종아동등 및 가출인 업무처리 규칙 제11조 제2항)
- 해당 아동의 지문, 얼굴 사진, 신체 특성 등 사전등록시스템의 데이터베이스 비교 검색(실종아동등 및 가출인 업무처리 규칙 제13조 제4항)
- 보호자 발견 시 즉시 보호자에게 인계 및 프로파일링시스템 등록 해제 및 관할경 찰서 통보(실종아동등 및 가출인 업무처리 규칙 제11조 제6항)
- 보호자의 아동학대나 가정폭력 등이 의심되는 경우 전문기관의 장과 협의하여 복 귀 절차를 진행하지 아니할 수 있음을 유의(실종아동등의 보호 및 지원에 관한 법률 시 행령 제8조)
- 보호자를 발견하지 못한 경우에는 관할 지방자치단체의 장에게 보호실종아동등을 인계(실종아동등 및 가출인 업무처리 규칙 제11조 제3항)
- 보호자 요청시 신고접수증 발급(실종아동등 및 가출인 업무처리 규칙 제7조 제6항)

✔ CHECK POINT

프로파일링 시스템의 접수 대상

▶ 실종아동등 및 가출인 업무처리 규칙 제7조

- 18세 미만 아동
- 지적·자폐성 정신장애인
- 치매 환자
- 가출인(당시 보호자로부터 이탈된 18세 이상의 사람)
- 보호시설 무연고자(보호시설 입소자 중 보호자가 확인되지 않는 사람)

실종아동등의 복귀(보호자에 대한 인계 거부 사유)

▶ 실종아동등의 보호 및 지원에 관한 법률 시행규칙 제5조(실종아동등의 복귀절차 등)

- 실종아동등의 보호자의 확대 등을 이유로 복귀를 거부하는 경우
- 보호자가 실종아동등을 학대하였거나 학대를 한 것으로 볼만한 사유가 있는 경우
- 보호자가 마약류, 알콜중독, 전염성 질환 그 밖에 정신질환이 있는 경우

• 그 밖에 보호자가 실종 이전에 아동등의 의식주를 포함한 기본적인 보호·양육 및 치료 의무를 태만히 한 사실이 있는 경우

8.5. 병자, 부상자

• 응급구호 대상이므로 출동단계에서부터 119구급대 협조 요청
• 신고자 확인 및 주변 상황 파악
• 범죄 관련 및 응급성 여부 확인
• 응급상황인 경우 기도확보, 호흡 확인, 의식 확인
• 신고 대상자가 의식이 없는 경우 범죄 상황 경우 대비, 대상자 및 주변부 사진 촬영으로 증거확보

06 생활질서(풍속)

1. 풍속분야 사무 개요

'국가경찰과 자치경찰의 조직 및 운영에 관한 법률'에는 '주민의 일상생활과 관련된 사회질서 유지 및 그 위반행위의 지도·단속'을 자치경찰사무의 하나로 규정[1]하였고, 이와 관련하여 각 시·도에서 제정, 시행하고 있는 '자치경찰사무와 자치경찰위원회의 조직 및 운영 등에 관한 조례'에는 위 사무의 범위 중 하나로 '공공질서에 반하는 풍속·성매매사범 및 사행행위 지도·단속'을 명시하고 있으며, 풍속영업의 지도·단속, 성매매 단속, 성매매 예방 및 피해자 보호, 사행행위 지도·단속을 구체적인 업무내용으로 정의하였습니다. 이러한 업무는 종전의 국가경찰로써의 경찰업무 중 '풍속'분야에 해당되는 것으로 자치경찰제 시행 이후에는 위법행위의 적발 및 단속은 자치경찰의 사무로, 이후 송치를 포함한 수사활동은 국가경찰의 수사기능에서 담당하게 되었습니다.

이 같은 내용에 대해 첫 번째 풍속영업의 지도·단속은 '풍속영업의 규제에 관한 법률'(이하 풍속영업규제법), 두 번째 성매매 단속은 '성매매알선 등 행위의 처벌에 관한 법률'(이하 성매매처벌법), 세 번째 사행행위 지도·단속은 '게임산업진흥에 관한 법률'(이하 게임산업법)과 '사행행위 등 규제 및 처벌 특례법'(이하 사행행위규제법)으로 나누어 각 분야별 단속업무에 활용되는 법률을 중심으로 개념과 절차 등을 알아보고자 합니다.

---

[1] 국가경찰과 자치경찰의 조직 및 운영에 관한 법률 제4조 제1항 제2호 가. 5)

2. 풍속영업의 지도 · 단속 분야(풍속영업규제법)

2.1. 풍속영업의 범위

　'풍속'이란 사회 일반의 도덕관념 즉 모든 국민에게 지킬 것이 요구되는 최소한의 도덕률[2]을 말하는 것으로, 이와 관련된 위법행위를 단속하는 것은 선량한 풍속에 유해한 영향을 미치는 행위를 근절하는 데에 목적이 있다고 할 수 있습니다. 이에 따라 풍속영업을 하는 장소에서 선량한 풍속을 해치거나 청소년의 건전한 성장을 저해하는 행위 등을 규제하며 미풍양속을 보존하고 청소년을 유해한 환경으로부터 보호하기 위한 목적으로 '풍속영업규제법'[3]이 제정되었고, 그 대상으로 삼을 영업의 범위를 다음과 같이 명시하고 있습니다.

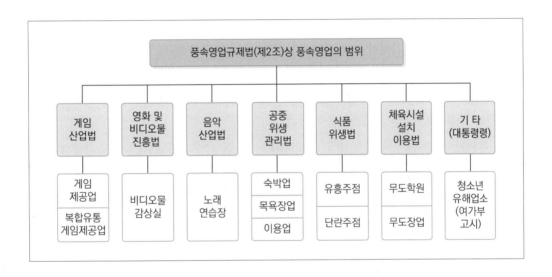

　게임산업법의 게임제공업은 공중이 게임물을 이용할 수 있도록 이를 제공하는 영업으로써 일정한 물리적 장소에서 필요한 설비를 갖추고 게임물을 제공하는 형태를 말하는 것으로 전체이용가로 등급분류된 게임물을 제공하는 청소년게임제공업, 청소년이용불가로 등급분류된 게임물과 전체이용가 게임물을 제공하는 일반게임제공업으로 구분[4]하고 있습니다. 복합유통게임제공업은 청소년게임제공업 또는 인터넷컴퓨터게임시설제

---

2) 김형훈 · 이형돈, 2017 풍속범죄론, 경찰대학, 5면
3) 풍속영업규제법 제1조(목적)
4) 게임산업법 제2조 제6호, 제6의2호

공업과 다른 영업을 동일한 장소에서 함께 영위하는 것[5])으로 규정되어 있습니다.

'영화 및 비디오물의 진흥에 관한 법률'의 비디오물감상실업[6])은 비디오물시청제공업의 한 종류로써 다수의 구획된 시청실과 비디오물 시청기자재를 갖추고 비디오물을 공중의 시청에 제공(이용자가 직접 시청시설을 작동하여 이용하는 경우를 포함한다.)하는 영업을 말하는 것으로, 구획된 장소와 비디오물 시청기자재 등 후술할 여성가족부 고시의 내용 중 청소년 출입·고용불가에 해당하는 시설형태와 설비유형에 해당되므로 청소년의 건전한 성장을 저해하는 영업을 방지하고자 하는 법의 취지에 따라 풍속영업의 범위에 포함시킨 것입니다. '음악산업진흥에 관한 법률'의 노래연습장업도 구획된 장소와 노래방기기 등을 설치하는 영업으로써 같은 취지에서 풍속영업소로 규정하였습니다. '공중위생관리법'의 숙박업과 목욕장업, 이용업[7]) 중 숙박업은 농어촌에 소재하는 민박시설, 자연휴양림 안에 설치된 시설, 청소년 수련시설, 도시 민박시설과 한옥체험업용 시설은 제외하며, 목욕장업 중 숙박영업소에 부설된 욕실이나 체육시설의 체온관리실은 적용제외 대상[8])입니다. 참고로 이 중 목욕장업의 경우 현행 법령에는 종류의 구분이 없지만 구(舊) 공중위생법에서는 일반목욕장업을 공동탕업, 가족탕업, 한증막업으로 구분하고, 특수목욕장업을 사우나탕업, 증기탕업, 복합목욕탕업으로 분류하였던 이유로 각 종류에 따라 풍속영업의 범위에 포함되는지 여부가 쟁점이 된 소송이 있었으나 모두 풍속영업의 범위에 해당된다고 판시[9])하였습니다.

또 '식품위생법'의 식품접객업의 세부종류[10]) 중 단란주점영업과 유흥주점영업 형태

---

5) 게임산업법 제2조 제8호
6) 영화 및 비디오물의 진흥에 관한 법률 제2조 제16호 가목
7) 공중위생관리법 제2조 제1항 제2호부터 제4호
8) 공중위생관리법 시행령 제2조
9) 대법원 2008. 8. 21., 선고, 2008도3975, 판결, 전원재판부 2012헌마410, 2015. 5. 28.
10) 식품위생법 시행령 제21조(영업의 종류) 법 제36조 제2항에 따른 영업의 세부 종류와 그 범위는 다음 각 호와 같다.
   8. 식품접객업
      가. 휴게음식점영업: 주로 다류(茶類), 아이스크림류 등을 조리·판매하거나 패스트푸드점, 분식점 형태의 영업 등 음식류를 조리·판매하는 영업으로서 음주행위가 허용되지 아니하는 영업. 다만, 편의점, 슈퍼마켓, 휴게소, 그 밖에 음식류를 판매하는 장소(만화가게 및 「게임산업진흥에 관한 법률」 제2조 제7호에 따른 인터넷컴퓨터게임시설제공업을 하는 영업소 등 음식류를 부수적으로 판매하는 장소를 포함한다)에서 컵라면, 일회용 다류 또는 그 밖의 음식류에 물을 부어 주는 경우는 제외한다.
      나. 일반음식점영업: 음식류를 조리·판매하는 영업으로서 식사와 함께 부수적으로 음주행위가 허용되는 영업
      다. 단란주점영업: 주로 주류를 조리·판매하는 영업으로서 손님이 노래를 부르는 행위가 허용되는 영업

만을 규정한 것은 주로 술과 노래, 춤 등 유흥접객행위가 이루어지는 업종이므로 '청소년보호법'의 청소년 출입·고용금지업소의 범위에 포함되는 영업형태[11]들로써 풍속영업의 범위에 포함시키고 있습니다.

법률에서는 각 등록이나 허가 종별을 들어 풍속영업의 범위를 정하고 있으나, 법원에서는 '풍속영업을 영위하는 장소 또는 풍속영업을 영위하는 자라고 함은 식품위생법 등 개별 법률에서 정한 영업허가나 신고, 등록의 유무를 묻지 아니하고 풍속영업의 범위에 속하는 영업이 실제로 이루어지고 있는 장소 또는 그와 같은 영업을 자신의 책임과 계산하에 실제로 하는 자를 각 의미한다고 보아야 한다'고 판시[12]함으로써 영업허가 등을 받아 적법하게 영업을 하는 장소나 영업자가 아니라 하더라도 해당 업종의 영업형태로 운영되고 있다면 풍속영업의 범위에 포함시켜 지도·단속해야 한다는 점에 유의해야 합니다.

특히, 풍속영업의 범위로써 '선량한 풍속을 해치거나 청소년의 건전한 성장을 저해할 우려가 있는 영업'[13]을 포함하고 있는데, 이는 청소년보호법상 청소년 출입·고용금지업소의 영업형태 중 여성가족부 고시[14]의 내용과 같이 청소년에게 유해한 물건 등을 제작·생산·유통하거나 불특정한 사람 사이의 신체접촉 등 성적행위나 이와 유사한 행위가 이루어질 우려가 있는 영업을 말하는 것입니다. 이때 청소년 출입·고용금지업소의 형태를 판단할 때에는 구체적인 인허가 종별과는 별개로 성기구를 취급하거나 시설형태, 설비유형, 영업형태를 고려하여야 합니다. 이는 후술할 허가관청에서 관할 경찰서장에게 풍속영업소의 정보를 제공하는 행위와 연결되어 있고, '교육환경 보호에 관한 법률'에서 정한 교육환경 보호구역 내에서 영업할 수 없는 업종의 형태로 볼 수 있습니다.

라. 유흥주점영업: 주로 주류를 조리·판매하는 영업으로서 유흥종사자를 두거나 유흥시설을 설치할 수 있고 손님이 노래를 부르거나 춤을 추는 행위가 허용되는 영업

마. 위탁급식영업: 집단급식소를 설치·운영하는 자와의 계약에 따라 그 집단급식소에서 음식류를 조리하여 제공하는 영업

바. 제과점영업: 주로 빵, 떡, 과자 등을 제조·판매하는 영업으로서 음주행위가 허용되지 아니하는 영업

11) 청소년보호법 시행령 제5조(청소년 출입·고용금지업소의 범위) ② 법 제2조 제5호가목3)에서 "대통령령으로 정하는 것"이란 단란주점영업 및 유흥주점영업을 말한다.

12) 대법원 1997. 7. 11., 선고, 96도3404, 판결

13) 풍속영업규제법 제2조 제7호

14) 청소년보호법 제2조 제5호 가목 8) 또는 9)에 따른 여성가족부고시 2013-51호(청소년유해물건(성기구) 및 청소년 출입·고용금지업소 결정 고시), 2013-52호(청소년 출입·고용금지업소 결정 고시) 등

제정 2011. 4. 28. 여성가족부고시 제2011-19호
개정 2013. 8. 13. 여성가족부고시 제2013-51호

「청소년 보호법」 제2조 제4호 및 제5호와 같은법 시행령 제4조 및 제5조에 따라 청소년보호위원회는 다음과 같이 음란성 성기구 5종을 "청소년유해물건(성기구)"으로, 동 성기구를 판매·대여 또는 이용할 수 있도록 제공하는 성기구 취급업소를 "청소년 출입·고용 금지업소"로 결정하고 같은 법 시행규칙 제2조에 따라 다음과 같이 고시한다.

- 다 음 -

◎ 결정일: 2011년 4월 19일
◎ 결정기관: 청소년보호위원회
◎ 효력발생일: 이 고시는 고시한 날부터 시행한다.
◎ 청소년유해물건(성기구) 목록
  1. 남성용 성기확대 기구류
    - 진공 남성 성기확대기(歡喜) 등
  2. 남성용 성기단련 기구류
    - 남성 성기착용 링제품(BIO SUPER RING) 등
    - 남성 성기착용 옥제품(黃玉) 등
    - 남성용 정력(건강)팬티(VIGOR-BIO BRIEF) 등
  3. 남성용 여성 성기자극 기구류
    - 요철식 특수콘돔(GAT-101) 등
    - 약물주입 콘돔(AMOR LONG LOVE) 등
    - 도깨비 콘돔(일명 愛) 등
    - 일명 『매직링』등
    - 여성 성기자극 밴드(Hercules) 등
  4. 남성용 자위행위 기구류
    - 모타부착식 여자 신체모형의 자위행위기구〈PILOT BOAT(領航者)〉 등
    - 컵모형의 1회용 자위행위기구(Love ship) 등
    - 공기 및 물주입식 비닐팩 자위행위기구(PINKY PAK) 등
  5. 여성용 자위행위 기구류
    - 모타 부착식 남성 성기모형 자위행위기구(PILOT BOAT) 등
◉ 청소년 출입·고용금지업소 목록
- 청소년유해물건으로 결정된 성기구(5종)를 판매·대여 또는 이용할 수 있도록 제공하는 성기구 취급업소

제정 2011. 7. 6. 여성가족부고시 제2011-30호
개정 2013. 8. 13. 여성가족부고시 제2013-52호

「청소년 보호법」 제2조 제5호에 따라 청소년보호위원회는 다음 제1호 형태의 시설 내에 제2호 각 목 유형의 설비를 갖추고 제3호 각 목 형태로 운영되는 영업을 "청소년 출입 · 고용금지업소" 로 결정하고 다음과 같이 고시한다.

- 다 음 -

1. 시설형태
  가. 밀실이나 밀폐된 공간 또는 칸막이 등으로 구획하거나 이와 유사한 시설
2. 설비유형
  가. 화장실, 욕조 등 별도의 시설을 설치한 것
  나. 침구, 침대 또는 침대형태로 변형이 가능한 의자 · 소파 등을 비치한 것
  다. 컴퓨터 · TV · 비디오물 시청기자재 · 노래방기기 등을 설치한 것
  라. 성인용인형(리얼돌) 또는 자위행위 기구 등 성관련 기구를 비치한 것
3. 영업형태
  가. 입맞춤, 애무, 퇴폐적 안마, 나체쇼 등 신체적 접촉이 이루어지거나 성관련 신체부위를 노출하거나 성행위 또는 유사성행위가 이루어질 우려가 있는 영업
  나. 성인용 영상물 또는 게임물, 사행성 게임물 등 주로 성인용 매체물이 유통될 우려가 있는 영업
  다. 성인용 인형(리얼돌) 또는 자위행위 기구 등 성관련 기구를 이용할 수 있는 영업
  【영업 예시】 키스방, 대딸방, 전립선마사지, 유리방, 성인PC방, 휴게텔, 인형체험방 등

업소의 구분은 그 업소가 영업을 할 때 다른 법령에 따라 요구되는 허가 · 인가 · 등록 · 신고 등의 여부와 관계없이 실제로 이루어지고 있는 영업행위를 기준으로 한다

4. 결정일: 2011. 6. 28
5. 효력발생일: 이 고시는 고시한 날부터 시행한다.

2.2. 풍속영업자의 준수사항[15]

풍속영업소를 운영하는 업주와 종사자[16]는 영업소내에서 성매매처벌법에서 규정한 '성매매알선 등 행위', 형법의 성풍속에 관한 죄에 해당하는 음란행위, 음란물의 열람 등을 하게 하는 행위, 도박이나 사행행위를 하게 하는 행위 등을 금지하고 있습니다.

이때 '성매매알선 등 행위'는 성매매를 알선하거나 권유, 유인, 강요하는 행위와 성매매의 장소를 제공하거나 성매매에 제공되는 사실을 알면서 자금, 토지 또는 건물을 제공하는 행위를 포함하는 개념입니다. 또 이 법에서 정한 음란행위란 '성욕을 자극하거나 흥분 또는 만족시키는 행위로서 일반인의 정상적인 성적수치심을 해치고 선량한 성적 도의 관념에 반하는 것'이며, 알선행위는 '알선에 의하여 음란행위를 하여야만 하는 것은 아니고, 음란행위를 하려는 당사자들의 의사를 연결하여 더 이상 알선자의 개입이 없더라도 당사자 사이에 음란행위에 이를 수 있을 정도의 주선행위'[17]로 판단할 수 있습니다.

도박 또는 사행행위에 대한 개념은 '사행행위란 여러사람으로 부터 재물이나 재산상의 이익을 모아 우연적 방법으로 득실을 결정하여 재산상의 이익이나 손실을 주는 행위'[18]로 정의할 수 있으며, 풍속영업소 내에서 일시오락 정도에 불과한 도박행위를 하게 한 경우, 형법상 도박죄는 성립하지 아니하고 풍속영업규제법의 구성요건에는 해당하나 사회상규에 위배되지 않는 행위로서 위법성이 조각되므로 처벌할 수 없다[19]는 점을 인식하고 있어야 합니다.

이같은 준수사항의 위반사실을 적발하여 형사처벌하는 경우 그 행위자를 처벌하는

---

15) 제3조(준수 사항) 풍속영업을 하는 자(허가나 인가를 받지 아니하거나 등록이나 신고를 하지 아니하고 풍속영업을 하는 자를 포함한다. 이하 "풍속영업자"라 한다) 및 대통령령으로 정하는 종사자는 풍속영업을 하는 장소(이하 "풍속영업소"라 한다)에서 다음 각 호의 행위를 하여서는 아니 된다.
　1. 「성매매알선 등 행위의 처벌에 관한 법률」 제2조 제1항 제2호에 따른 성매매알선등행위
　2. 음란행위를 하게 하거나 이를 알선 또는 제공하는 행위
　3. 음란한 문서·도화(圖畵)·영화·음반·비디오물, 그 밖의 음란한 물건에 대한 다음 각 목의 행위
　　가. 반포(頒布)·판매·대여하거나 이를 하게 하는 행위
　　나. 관람·열람하게 하는 행위
　　다. 반포·판매·대여·관람·열람의 목적으로 진열하거나 보관하는 행위
　4. 도박이나 그 밖의 사행(射倖)행위를 하게 하는 행위
16) 풍속영업규제법 시행령 제3조(풍속영업종사자의 범위) 법 제3조 각 호 외의 부분, 제6조 제1항 및 제9조 제1항에서 "대통령령으로 정하는 종사자"란 명칭에 관계없이 영업자를 대리하거나 영업자의 지시를 받아 상시 또는 일시적으로 영업행위를 하는 대리인, 사용인, 그 밖의 종업원(무도학원업의 경우 강사·강사보조원을 포함한다)을 말한다.
17) 대법원 2020. 4. 29., 선고, 2017도16995, 판결
18) 사행행위규제법 제2조 제1항 제1호
19) 대법원 2004. 4. 9., 선고, 2003도6351, 판결

외에 그 법인 또는 개인에게도 해당 조문의 벌금형을 과하도록 하는 양벌규정을 적용하여야 하나, 책임주의 원칙에 근거하여 위반행위 방지를 위해 상당한 주의와 감독을 게을리하지 않은 경우는 처벌하지 않습니다.[20]

한편, 이 법에서는 풍속영업자가 영업장소에서 이같은 준수사항을 지키고 있는지 여부를 확인하기 위한 경찰관의 출입의 근거[21]를 명시하고 있으며, 출입시 반드시 경찰공무원의 권한을 표시하는 증표를 관계인에게 제시하여야 합니다.

2.3. 허가관청과의 정보 공유

이 법에서는 풍속영업소의 효율적인 관리와 규제 등을 위해 허가관청과 관할 경찰서장과의 상호 정보의 공유 의무를 부과하고 있습니다. 풍속영업소를 운영하려는 자는 해당 업종을 규율하는 법률에서 정하는 허가 등(인가를 하거나 등록·신고 등을 포함한다) 절차를 거쳐야 하며, 허가관청은 영업소 소재지를 관할하는 경찰서장에게 풍속영업자의 인적사항, 영업소의 종류 및 명칭, 소재지 등을 알려야 하며,[22] 해당 영업장소가 '교육환경 보호에 관한 법률'에서 정한 교육환경보호구역에 있는지 여부도 별도로 표시하여 통보해야 합니다.[23] 또 해당 영업장의 휴업 또는 폐업하거나 변경사항이 발생한 경우에도 통보의무가 있는데 이때 변경사항이라 함은 허가관청이 허가취소 또는 패쇄명령, 영업정지, 시설개수 명령 처분을 하였을 때[24]를 말합니다.

---

20) 제12조(양벌규정) 법인의 대표자나 법인 또는 개인의 대리인, 사용인, 그 밖의 종업원이 그 법인 또는 개인의 업무에 관하여 제10조의 위반행위를 하면 그 행위자를 벌하는 외에 그 법인 또는 개인에게도 해당 조문의 벌금형을 과(科)한다. 다만, 법인 또는 개인이 그 위반행위를 방지하기 위하여 해당 업무에 관하여 상당한 주의와 감독을 게을리하지 아니한 경우에는 그러하지 아니하다.

21) 제9조(출입) ① 경찰서장은 특별히 필요한 경우 경찰공무원에게 풍속영업소에 출입하여 풍속영업자와 대통령령으로 정하는 종사자가 제3조의 준수 사항을 지키고 있는지를 검사하게 할 수 있다.
   ② 제1항에 따라 풍속영업소에 출입하여 검사하는 경찰공무원은 그 권한을 표시하는 증표를 지니고 이를 관계인에게 내보여야 한다.

22) 제4조(풍속영업의 통보) ① 다른 법률에 따라 풍속영업의 허가를 한 자(인가를 하거나 등록·신고를 접수한 자를 포함한다. 이하 "허가관청"이라 한다)는 풍속영업소의 소재지를 관할하는 경찰서장(이하 "경찰서장"이라 한다)에게 다음 각 호의 사항을 알려야 한다.
   1. 풍속영업자의 성명 및 주소(법인인 경우에는 대표자의 성명과 주소를 포함한다)
   2. 풍속영업소의 명칭 및 주소
   3. 풍속영업의 종류
   ② 허가관청은 풍속영업자가 휴업·폐업하거나 그 영업내용이 변경된 경우와 그 밖에 대통령령으로 정하는 사유가 발생한 경우에는 경찰서장에게 그 사실을 알려야 한다.

23) 풍속영업규제법 시행령 별지 제1호 서식에 따라 통보

한편 경찰서장도 풍속영업소에 대하여 준수사항의 위반사실을 적발하면 형사처벌과 병행하여 그 사실을 허가관청과 국세청장에게 통보해야 할 의무가 있으며, 통보를 받은 허가관청은 그에 따른 행정처분을 한 후 다시 그 결과를 다시 경찰서장에게 알려주도록 규정[25]함으로써 상호 긴밀한 연계관계를 유지하도록 하였습니다.

3. 성매매 단속 분야(성매매처벌법)

3.1. 성매매의 개념

'성매매'란 불특정인을 상대로 금품이나 그 밖의 재산상의 이익을 수수하거나 수수하기로 약속하고, 성교행위 또는 유사 성교행위를 하거나 그 상대방이 되는 것[26]을 의미합니다. 즉 성매매는 성을 파는 행위와 성을 사는 행위를 포함하는 개념으로 모두 처벌대상으로 두고 있습니다. 이때 '불특정인을 상대로'의 의미는 행위 당시에 상대방이 특정되지 않았다는 것이 아니라, 그 행위의 대가인 금품 기타 재산상의 이익에 주목적을 두고 상대방의 특정성을 중시하지 않는다는 뜻[27]으로 보아야 합니다. 즉, 성관계의 목적이 대가를 받기 위한 것이였는지 여부가 성매매 성립의 판단기준이라는 것입니다.

또 유사 성교행위란, 구강·항문 등 신체 내부로의 삽입행위 내지 적어도 성교와 유사한 것으로 볼 수 있는 정도의 성적 만족을 얻기 위한 신체접촉행위로 볼 수 있고, 그

---

24) 풍속영업규제법 시행령 제7조(풍속영업의 통보) ② 법 제4조 제2항에서 "그 밖에 대통령령으로 정하는 사유가 발생한 경우"란 다음 각 호의 어느 하나에 해당하는 처분을 하였을 때를 말하며, 허가관청은 법 제4조 제2항에 따라 그 사유가 발생한 경우 즉시 별지 제2호서식에 따라 경찰서장에게 이를 알려야 한다.
   1. 허가취소 또는 폐쇄명령 2. 영업정지 3. 시설개수 명령
25) 제6조(위반사항의 통보 등) ① 경찰서장은 풍속영업자나 대통령령으로 정하는 종사자가 제3조를 위반하면 그 사실을 허가관청에 알리고 과세에 필요한 자료를 국세청장에게 통보하여야 한다.
   ② 제1항에 따른 통보를 받은 허가관청은 그 내용에 따라 허가취소·영업정지·시설개수 명령 등 필요한 행정처분을 한 후 그 결과를 경찰서장에게 알려야 한다.
   ③ 경찰청장 및 지방자치단체의 장은 제2항에 따른 행정처분을 받은 풍속영업소에 관한 정보를 공유하기 위하여 정보공유시스템을 구축·운영하여야 한다.
26) 성매매처벌법 제2조 제1항 제1호 "성매매"란 불특정인을 상대로 금품이나 그 밖의 재산상의 이익을 수수(收受)하거나 수수하기로 약속하고 다음 각 목의 어느 하나에 해당하는 행위를 하거나 그 상대방이 되는 것을 말한다.
   가. 성교행위
   나. 구강, 항문 등 신체의 일부 또는 도구를 이용한 유사 성교행위
27) 대법원 2016. 2. 18., 선고, 2015도1185, 판결

판단은 행위가 이루어진 장소, 행위자들의 차림새, 신체 접촉 부위와 정도 및 행위의 구체적인 내용, 그로 인한 성적 만족감의 정도 등을 종합적으로 판단[28]하여야 하는 개념입니다. 가령 업소의 여종업원이 손으로 손님의 성기를 자극하여 사정하게 한 행위나 남성종업원이 여성의 성기에 손가락을 집어넣는 행위 등을 예로 들 수 있습니다.

3.2. '성매매알선 등 행위'의 개념

'성매매알선 등 행위'의 개념은 성매매를 알선, 권유, 유인 또는 강요하는 행위와 성매매의 장소나 자금, 토지 또는 건물을 제공하는 행위를 포함[29]하는 것입니다. '알선'의 사전적 의미는 타인의 일이 성사되도록 주선하는 일로써, 성매매와 관련된 개념으로 적용하면 '성매매를 하려는 당사자 사이에 서서 이를 중개하거나 편의를 도모하는 것을 의미하며, 성매매 알선의 기수 시점은 그 알선에 의하여 성매매를 하려는 당사자가 실제로 성매매를 하거나 서로 대면하는 정도에 이르러야만 하는 것은 아니나, 적어도 성매매를 하려는 당사자 사이에 서서 실제로 서로의 의사를 연결하여 더 이상 알선자의 개입이 없더라도 당사자 사이에 성매매에 이를 수 있을 정도의 주선행위는 있어야 한다'[30]는 것입니다. 다시말해 성관계에 이르지 않았다 하더라도 성매매를 할 수 있는 상황에 놓여지는 정도의 주선행위라면 성매매 알선행위의 기수로 본다는 의미로 해석할 수 있습니다.

'권유'는 성매매를 용이하게 하는 행위로써, 성교행위나 유사성교행위가 이루어지기 위한 조건을 어느 정도 구체적으로 제시하면서 성매매 의사를 형성·확대하는데 영향을 미치는 일체의 행위[31]로 규정할 수 있으며, 역시 실제 성매매행위에 나아갈 것을 요하지는 않습니다. 법령에서는 유인, 강요와 함께 규정하고 있는데 이들과 구별되는 점은 유인이나 강요의 수단으로 분류될 수 있는 기망, 협박, 폭행 등이 제외된다는 것입니다.

'성매매에 자금, 토지 또는 건물을 제공하는 행위'를 처벌하기 위해서는 제공자가 성

---

28) 대법원 2006. 10. 26., 선고, 2005도8130, 판결
29) 성매매처벌법 제2조 제1항 제2호 "성매매알선 등 행위"란 다음 각 목의 어느 하나에 해당하는 행위를 하는 것을 말한다.
　　가. 성매매를 알선, 권유, 유인 또는 강요하는 행위
　　나. 성매매의 장소를 제공하는 행위
　　다. 성매매에 제공되는 사실을 알면서 자금, 토지 또는 건물을 제공하는 행위
30) 대법원 2005. 2. 17., 선고, 2004도8808, 판결
31) 전원재판부 2016헌바376, 2017. 9. 28., 합헌

매매에 제공되는 사실을 인식하고 있어야 합니다. 그것은 애초 성매매에 제공될 것이라는 것을 알고 있었던 경우 뿐만 아니라 제공한 이후 그러한 사실을 알게 된 경우도 포함하고 있습니다. 성매매 영업에 건물을 제공한 행위를 예로들면 건물을 임대한 후 그러한 사실을 알게 되었을 때 제공행위를 중단하지 않고 계속 임대하는 경우도 포함되는 것으로 임대차계약을 확정적으로 종료시키는 조치를 취하지 않은 것을 의미합니다.[32] 또 여기서 성매매를 알선하는 범죄에 관한 사실의 인식은 구체적 내용까지 인식할 필요 없이 미필적인 인식으로도 충분하다고 판시하고 있습니다.[33]

'성매매알선 등 행위'에서 유의할 점은 알선, 권유, 유인 또는 강요하는 행위와 성매매의 장소나 자금, 토지 또는 건물을 제공하는 행위를 모두 하나의 죄명, 하나의 벌칙[34]으로 처벌하고 있어, 여기에 해당되는 둘 이상의 다른 형태의 위법행위에 대해 동일 죄명에 해당하는 여러 개의 행위 혹은 연속된 행위를 단일하고 계속된 범의하에 일정 기간 계속하여 행하고 피해법익도 동일한 경우에는 이들 각 행위를 통틀어 포괄일죄로 처단하여야 한다는 법 이론으로 적용하여야 할지 여부입니다. 이에 대하여 성매매에 장소를 제공한 행위의 임차인과 시기가 다르거나, 성매매에 장소를 제공한 행위와 성매매를 알선한 행위와 같이 각 행위가 필연적으로 수반되는 수단 또는 결과로 볼 수 없다면 실체적 경합범으로 보고 처벌해야 한다[35]고 판시하고 있습니다.

3.3. '성매매 목적의 인신매매' 및 '성매매피해자'의 개념과 특례 절차(외국인 성매매 포함)

형법에는 인신매매에 대하여 포괄적인 의미로써 사람을 매매한 행위를 처벌하고 있으며, 그중 성매매 목적으로 사람을 매매한 행위도 포함되어 있습니다.[36] 이와는 별도로 성매매처벌법에서는 성매매와 관련된 인신매매 행위를 세분[37]하고 죄질과 태양에

---

32) 대법원 2011. 8. 25., 선고, 2010도6297, 판결

33) 대법원 2014. 2. 27., 선고, 2013도16361, 판결

34) 성매매처벌법 제19조 제1항 제1호, 3년 이하의 징역 또는 3천만 원 이하의 벌금

35) 대법원 2020. 5. 14., 선고, 2020도1355, 판결

36) 형법 제289조(인신매매) ① 사람을 매매한 사람은 7년 이하의 징역에 처한다.
　② 추행, 간음, 결혼 또는 영리의 목적으로 사람을 매매한 사람은 1년 이상 10년 이하의 징역에 처한다.
　③ 노동력 착취, 성매매와 성적 착취, 장기적출을 목적으로 사람을 매매한 사람은 2년 이상 15년 이하의 징역에 처한다.
　④ 국외에 이송할 목적으로 사람을 매매하거나 매매된 사람을 국외로 이송한 사람도 제3항과 동일한 형으로 처벌한다.

따라 법정형[38]을 규정하고 있습니다. 이때 인신매매의 목적이 되는 성매매의 개념은 성을 파는 행위 뿐만 아니라 음란행위, 음란한 사진이나 영상물을 촬영하는 행위도 포함하고 있으며, 위계나 위력, 그 밖에 이에 준하는 방법을 수단으로 하여 대상자를 지배·관리하면서 제3자에게 인계하는 행위, 인계받는 행위, 대상자를 모집·이동·은닉하는 행위를 인신매매의 개념으로 명시하였습니다. 그 중 위계, 위력, 그 밖의 이에 준하는 방법에는 선불금 등 방법으로 대상자의 동의를 받았더라도 의사에 반하여 이탈을 제지하거나 여권 등을 채무이행 확보 명목으로 받는 행위도 포함하고 있습니다.[39]

특히, 그 대상 중 청소년[40]이나 사물을 변별하거나 의사를 결정할 능력이 없거나 미약한 사람 또는 중대한 장애가 있는 사람에 대해서는 별도로 본인이나 보호·감독하는 사람에게 금품 등을 제공하거나 약속하는 행위만으로도 인신매매의 행위태양에 포함시키고 있습니다. 여기서 중대한 장애라 함은 지체장애인, 시각장애인, 청각장애인, 언어장애인, 지적장애인, 자폐성장애인, 정신장애인 등 타인의 보호감독이 없으면 정상적으로 일상생활 또는 사회생활을 영위하기 어렵고, 이로 인하여 타인의 부당한 압력이나 기망·유인에 대한 저항능력이 취약한 사람으로 설명할 수 있습니다.[41]

'성매매피해자'[42]는 위 '성매매 목적의 인신매매'의 대상자와 연관시켜 생각해 볼 수

---

37) 성매매처벌법 제2조 제1항 3. "성매매 목적의 인신매매"란 다음 각 목의 어느 하나에 해당하는 행위를 하는 것을 말한다.
　　가. 성을 파는 행위 또는 「형법」 제245조에 따른 음란행위를 하게 하거나, 성교행위 등 음란한 내용을 표현하는 사진·영상물 등의 촬영 대상으로 삼을 목적으로 위계(僞計), 위력(威力), 그 밖에 이에 준하는 방법으로 대상자를 지배·관리하면서 제3자에게 인계하는 행위
　　나. 가목과 같은 목적으로 「청소년 보호법」 제2조 제1호에 따른 청소년(이하 "청소년"이라 한다), 사물을 변별하거나 의사를 결정할 능력이 없거나 미약한 사람 또는 대통령령으로 정하는 중대한 장애가 있는 사람이나 그를 보호·감독하는 사람에게 선불금 등 금품이나 그 밖의 재산상의 이익을 제공하거나 제공하기로 약속하고 대상자를 지배·관리하면서 제3자에게 인계하는 행위
　　다. 가목 및 나목의 행위가 행하여지는 것을 알면서 가목과 같은 목적이나 전매를 위하여 대상자를 인계받는 행위
　　라. 가목부터 다목까지의 행위를 위하여 대상자를 모집·이동·은닉하는 행위
38) 성매매처벌법 제18조(벌칙) 제1항 내지 제4항
39) 성매매처벌법 제1조 제2항 다음 각 호의 어느 하나에 해당하는 경우에는 대상자를 제1항 제3호가목에 따른 지배·관리하에 둔 것으로 본다.
　　1. 선불금 제공 등의 방법으로 대상자의 동의를 받은 경우라도 그 의사에 반하여 이탈을 제지한 경우
　　2. 다른 사람을 고용·감독하는 사람, 출입국·직업을 알선하는 사람 또는 그를 보조하는 사람이 성을 파는 행위를 하게 할 목적으로 여권이나 여권을 갈음하는 증명서를 채무이행 확보 등의 명목으로 받은 경우
40) 청소년보호법 제2조 제1호 "청소년"이란 만 19세 미만인 사람을 말한다. 다만, 만 19세가 되는 해의 1월 1일을 맞이한 사람은 제외한다.
41) 성매매처벌법 시행령 제2조

있는데, 강요, 업무·고용관계, 보호·감독관계자에 의하여 마약 등에 중독, 청소년 등, 인신매매 등에 의해 성매매를 하게 된 사람을 말하고 있습니다. 이러한 성매매피해자는 처벌 대상에서 제외하고, 수사 과정에서의 특례를 적용하여야 합니다. 수사과정에서 피의자 또는 참고인이 성매매피해자에 해당한다고 볼 만한 상당한 이유가 있을때에는 부득이한 사유가 없다면 지체없이 변호인 등에게 통지하고 신변보호, 수사 비공개, 보호에 필요한 조치를 하여야 합니다.[43] 또 국가기관 등이나 지방자치단체에 신고한 지원시설인 성매매피해상담소의 종사자는 성매매 피해사실을 알게 되었을 때 지체없이 수사기관에 신고하여야 하는 의무를 부과하고 있습니다.[44]

수사기관에서 이러한 '범죄신고자 등'(신고자 또는 성매매피해자)을 조사하는 경우에는 직권 또는 본인·법정대리인의 신청에 의하여 신뢰관계에 있는 사람을 동석하게 할 수 있고, 특히 청소년이나 의사능력 미약자, 중대장애자 등에 있어서는 수사에 지장을 줄 특별한 사유가 없으면 신뢰관계에 있는 사람을 동석하게 하여야 합니다. 또 신고자 등을 조사하는 경우 '특정범죄 신고자 보호법'을 준용[45]하여 신변의 안전을 보장하고 인적 사항 노출을 방지하는 등의 조치를 취하여야 합니다.

---

42) 성매매처벌법 제2조 제1항 제4호 "성매매피해자"란 다음 각 목의 어느 하나에 해당하는 사람을 말한다.
   가. 위계, 위력, 그 밖에 이에 준하는 방법으로 성매매를 강요당한 사람
   나. 업무관계, 고용관계, 그 밖의 관계로 인하여 보호 또는 감독하는 사람에 의하여 「마약류관리에 관한 법률」 제2조에 따른 마약·향정신성의약품 또는 대마(이하 "마약등"이라 한다)에 중독되어 성매매를 한 사람
   다. 청소년, 사물을 변별하거나 의사를 결정할 능력이 없거나 미약한 사람 또는 대통령령으로 정하는 중대한 장애가 있는 사람으로서 성매매를 하도록 알선·유인된 사람
   라. 성매매 목적의 인신매매를 당한 사람
43) 성매매처벌법 제6조(성매매피해자에 대한 처벌특례와 보호) ② 검사 또는 사법경찰관은 수사과정에서 피의자 또는 참고인이 성매매피해자에 해당한다고 볼 만한 상당한 이유가 있을 때에는 지체 없이 법정대리인, 친족 또는 변호인에게 통지하고, 신변보호, 수사의 비공개, 친족 또는 지원시설·성매매피해상담소에의 인계 등 그 보호에 필요한 조치를 하여야 한다. 다만, 피의자 또는 참고인의 사생활 보호 등 부득이한 사유가 있는 경우에는 통지하지 아니할 수 있다.
44) 성매매처벌법 제7조(신고의무 등) ① 「성매매방지 및 피해자보호 등에 관한 법률」 제5조 제1항에 따른 지원시설 및 같은 법 제10조에 따른 성매매피해상담소의 장이나 종사자가 업무와 관련하여 성매매 피해사실을 알게 되었을 때에는 지체 없이 수사기관에 신고하여야 한다.
   ② 누구든지 이 법에 규정된 범죄를 신고한 사람에게 그 신고를 이유로 불이익을 주어서는 아니 된다.
   ③ 다른 법률에 규정이 있는 경우를 제외하고는 신고자등의 인적사항이나 사진 등 그 신원을 알 수 있는 정보나 자료를 인터넷 또는 출판물에 게재하거나 방송매체를 통하여 방송하여서는 아니 된다.
45) 성매매처벌법 제6조 ③ 법원 또는 수사기관이 이 법에 규정된 범죄를 신고(고소·고발을 포함한다. 이하 같다)한 사람 또는 성매매피해자(이하 "신고자등"이라 한다. 이하 같다)를 조사하거나 증인으로 신문(訊問)하는 경우에는 「특정범죄 신고자 등 보호법」 제7조부터 제13조까지의 규정을 준용한다. 이 경우 「특정범죄 신고자 등 보호법」 제9조와 제13조를 제외하고는 보복을 당할 우려가 있어야 한다는 요건이 필요하지 아니하다.

한편 성매매피해자나 성을 파는 행위를 한 사람을 조사할 때에는, 성매매알선 등 행위를 하거나 성을 파는 행위를 할 사람의 고용·모집 또는 그 직업을 소개·알선한 사람, 성매매 목적의 인신매매를 한 사람에 대한 채무는 무효로 한다는 사실과 지원시설 등을 이용할 수 있음을 본인 또는 법정대리인에게 고지하여야 합니다. 이는 불법의 원인으로 인하여 재산을 급여하거나 노무를 제공한 때에는 그 이익의 반환을 청구하지 못하게 하는 '불법원인급여'[46]의 개념과 같은 맥락으로 이해하시면 좋겠습니다.

추가로 성매매 피의사건과 관련된 외국인 여성에 대한 수사상 절차와 특례를 살펴보겠습니다. 일반적으로 성매매 단속현장에서 외국인 성매매여성을 발견할 경우 성매매처벌법 의율은 별론으로 '출입국관리법'의 적용을 검토해야 합니다. 주 검토사항으로는 법률(시행령)에서 정하는 체류기간을 경과하거나 부여된 체류자격에 맞지 않는 활동을 하는 사례 등을 생각해 볼 수가 있는데, 동 법에는 외국인은 그 체류자격과 체류기간의 범위에서 대한민국에 체류할 수 있으며,[47] 체류자격이나 기간의 범위를 벗어나 체류하거나 연장허가를 받지 않은 경우 등을 처벌대상으로 삼고 있습니다.[48] 그 외에도 취업체류자격이 없이 취업활동을 하거나 고용 또는 고용을 알선한 행위들도 처벌하도록 규정[49]하고 있어 대상 외국인의 여권이나 비자의 확인을 통해 단속할 수 있는 내용들입니다. 이러한 경우 출입국관리법에서 정한 강제퇴거 대상자[50]에 해당될 수 있으므로 당사자와 고용자의 인정진술서를 첨부하여 지방출입국·외국인관서의 장에게 통지해야 합니다.[51]

여기서 유의해야 할 점은, 외국인여성이 성매매처벌법에 규정된 범죄를 신고한 경우나 당사자를 성매매피해자로 수사하는 경우는 강제퇴거 명령 또는 보호의 집행을 하여서는 안된다는 점입니다. 이는 해당 외국인여성의 인권보호와 공소제기 후 피해실태 또

---

46) 민법 제746조(불법원인급여) 불법의 원인으로 인하여 재산을 급여하거나 노무를 제공한 때에는 그 이익의 반환을 청구하지 못한다. 그러나 그 불법원인이 수익자에게만 있는 때에는 그러하지 아니하다.

47) 출입국관리법 제17조(외국인의 체류 및 활동범위) ① 외국인은 그 체류자격과 체류기간의 범위에서 대한민국에 체류할 수 있다.

48) 제94조(벌칙) 다음 각 호의 어느 하나에 해당하는 사람은 3년 이하의 징역 또는 3천만 원 이하의 벌금에 처한다.
　　7. 제17조 제1항을 위반하여 체류자격이나 체류기간의 범위를 벗어나서 체류한 사람
　　17. 제25조를 위반하여 체류기간 연장허가를 받지 아니하고 체류기간을 초과하여 계속 체류한 사람

49) 출입국관리법 제94조(벌칙)

50) 출입국관리법 제46조(강제퇴거의 대상자) 제1항

51) 출입국관리법 제84조(통보의무) ① 국가나 지방자치단체의 공무원이 그 직무를 수행할 때에 제46조 제1항 각 호의 어느 하나에 해당하는 사람이나 이 법에 위반된다고 인정되는 사람을 발견하면 그 사실을 지체 없이 지방출입국·외국인관서의 장에게 알려야 한다. 다만, 공무원이 통보로 인하여 그 직무수행 본연의 목적을 달성할 수 없다고 인정되는 경우로서 대통령령으로 정하는 사유에 해당하는 때에는 그러하지 아니하다.

는 범죄와 관련된 증언, 기타 배상 절차등을 고려한 것으로, 특히 성매매피해자의 경우에는 통보의무 면제 사항[52]에 해당 될 수 있으므로 유의해야 하며, 관할 출입국관리사무소와 협의하여 처리하는 것이 바람직합니다.

4. 사행행위 지도단속 분야(게임산업법 및 사행행위규제법)

4.1. 게임산업법

4.1.1. 게임산업법의 개요

'게임산업법'은 게임산업의 기반 조성과 그 진흥 및 국민의 건전한 게임문화 확립 등을 목적으로 제정된 법률입니다. 이 법에는 게임산업의 진흥과 게임문화의 진흥, 게임물의 등급분류 제도, 게임물 관련 영업의 신고·등록·운영, 게임물의 유통 및 표시, 등록취소의 행정조치 등이 규정되어 있습니다. 하지만 이 모든 내용이 자치경찰의 사무와 직접 연관된 것은 아니므로 간략하게 설명함으로써 갈음하고, 사행행위의 단속 측면에서 필요한 내용을 골라 구체적인 이해를 돕고자 합니다.

우리나라의 게임물은 이 법을 근거로 설립한 문화체육관광부 산하 기관인 게임물관리위원회[53]에서 등급분류와 사후관리, 위반행위 점검 및 단속에 이르는 전반적인 관리

---

52) 출입국관리법 제70조의2(통보의무 면제에 해당하는 업무) 영 제92조의2 제3호에서 "법무부령으로 정하는 업무"란 다음 각 호의 어느 하나에 해당하는 업무를 말한다.
  1. 「형법」제2편 제24장 살인의 죄, 제25장 상해와 폭행의 죄, 제26장 과실치사상의 죄, 제28장 유기와 학대의 죄, 제29장 체포와 감금의 죄, 제30장 협박의 죄, 제31장 약취(略取), 유인(誘引) 및 인신매매의 죄, 제32장 강간과 추행의 죄, 제37장 권리행사를 방해하는 죄, 제38장 절도와 강도의 죄 또는 제39장 사기와 공갈의 죄에 해당하는 범죄 수사
  2. 「폭력행위 등 처벌에 관한 법률」, 「성폭력범죄의 처벌 등에 관한 특례법」 또는 「교통사고처리 특례법」 위반에 해당하는 범죄 수사
  3. 「직업안정법」제46조 제1항 각 호 위반에 해당하는 조사
  4. 「국가인권위원회법」제30조 제1항 각 호에 따른 인권침해나 차별행위의 조사와 구제
  5. 그 밖에 법무부장관이 정하는 업무
53) 제16조(게임물관리위원회) ① 게임물의 윤리성 및 공공성을 확보하고 사행심 유발 또는 조장을 방지하며 청소년을 보호하고 불법 게임물의 유통을 방지하기 위하여 게임물관리위원회(이하 "위원회"라 한다)를 둔다.
  ② 위원회는 다음 각 호의 사항을 심의·의결한다.
    1. 게임물의 등급분류에 관한 사항
    2. 청소년 유해성 확인에 관한 사항
    3. 게임물의 사행성 확인에 관한 사항

업무를 담당하고 있습니다. 게임물을 이용에 제공할 목적으로 게임물을 제작하거나 배급하려는 자는, 자체등급분류 대상에 해당되는 경우[54]를 제외하고 위원회에서 사전에 등급분류를 받아야 하는데, 등급분류라 함은 게임물의 주제 및 내용에 있어 사행성과 청소년에게 유해한 음란성이나 폭력성 등을 기준[55]으로 심의를 통해 이용가능한 연령대로 세분화하여 등급을 분류하는 것이며, 사행성이 짙어 이용에 제공하는 것이 부적절하다고 판단될 경우 유통하지 못하도록 거부하기도 합니다. 등급은 전체이용가, 12세이용가, 15세이용가, 청소년이용불가의 4가지로 구분하고 청소년게임제공업과 일반게임제공업에 제공되는 게임물은 전체이용가와 청소년이용불가 게임물로 구분하고 있습니다.[56]

▎등급분류 신청 및 결정 절차

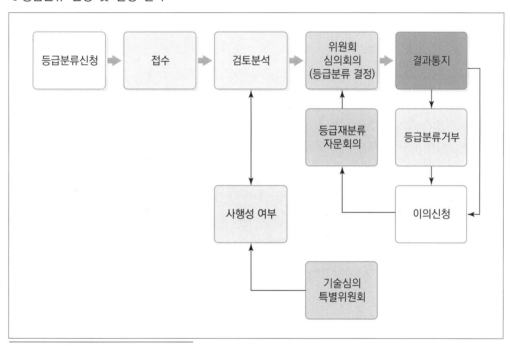

4. 게임물의 등급분류에 따른 제작·유통 또는 이용제공 여부의 확인 등 등급분류의 사후관리에 관한 사항
5. 게임물의 등급분류의 객관성 확보를 위한 조사·연구에 관한 사항
5의2. 제21조의3 제1항 제7호에 따른 교육 및 게임물 이용자와 게임물 관련 사업자 교육에 관한 사항
6. 위원회규정의 제정·개정 및 폐지에 관한 사항
7. 제17조의2 제2항의 규정에 따른 위원의 기피신청에 관한 사항
8. 정보통신망을 통하여 제공되는 게임물 또는 광고·선전물 등이 제38조 제7항의 시정권고 대상이 되는지의 여부에 관한 사항

54) 게임산업법 제21조의2(자체등급분류사업자의 지정) 제3항 단서에서 청소년이용불가 등급 게임물과 청소년게임제공업, 일반게임제공업에서 제공되는 게임물은 자체등급분류의 제외대상으로 규정
55) 게임산업법 시행규칙 제8조(등급분류기준)
56) 게임산업법 제21조(등급분류) 제2항 내지 제3항

자치경찰은 이러한 과정을 통해 이용에 제공되고 있는 게임물이 애초 심의한 기준 (주로 사행성)에 맞지 않도록 제공되거나 사행성으로 운영되는 등 위반사안을 적발함으로써 사행성 영업을 근절하고자 하는 목적으로 활동하여야 합니다.

4.1.2. 게임물과 게임제공업의 개념

게임산업법에서 정의한 '게임물'의 개념은 일반적으로 게임으로 부르는 의미와 다소 차이가 있습니다. 통상 게임을 한다는 말은 일정한 규칙을 전산화된 프로그램으로 구현한 기기를 이용하여 상대방 또는 프로그램 자체와 승부를 겨루는 행위로 인식하고 있지만, 이 법에서는 컴퓨터프로그램 등 정보처리 기술이나 기계장치를 이용하여 오락을 할 수 있게 하거나 이에 부수하여 여가선용, 학습 및 운동효과 등을 높일 수 있도록 제작된 영상물 또는 그 영상물의 이용을 주된 목적으로 제작된 기기 및 장치를 말하는 것입니다. 실무적으로 숙지하여야 할 내용으로는 사행성게임물과 관광진흥법의 규율대상이 되는 유기기구 등은 이 법의 게임물의 범위에서 제외한다는 것입니다.

특히 사행성게임물이 이 법 게임물 제외대상인 것의 실무적 적용 의의는 게임물로써의 규율대상에서도 배제되므로 후술할 게임물관련사업자의 준수사항을 적용하지 않는다는 것입니다. 하지만 '불법게임물 등'의 개념에 포함시켜 처벌할 수 있습니다.[57] 사행성게임물이란 배팅이나 배당을 내용으로 하며 우연적 방법으로 결과가 결정되고 그 결과에 따라 재산상 이익 또는 손실을 주는 게임물이라 할 수 있으며 그에 해당되는 것으로 보고 제한적으로 나열할 수 있는 게임물의 종류도 별도로 명시되어 있습니다.[58]

'게임제공업'은 공중이 게임물을 이용할 수 있도록 이를 제공하는 영업을 말하는 것

---

57) 대법원 2010. 1. 28., 선고, 2009도12650, 판결
58) 게임산업법 제2조 1의2. "사행성게임물"이라 함은 다음 각 목에 해당하는 게임물로서, 그 결과에 따라 재산상 이익 또는 손실을 주는 것을 말한다.
   가. 베팅이나 배당을 내용으로 하는 게임물
   나. 우연적인 방법으로 결과가 결정되는 게임물
   다. 「한국마사회법」에서 규율하는 경마와 이를 모사한 게임물
   라. 「경륜·경정법」에서 규율하는 경륜·경정과 이를 모사한 게임물
   마. 「관광진흥법」에서 규율하는 카지노와 이를 모사한 게임물
   바. 그 밖에 대통령령이 정하는 게임물
      게임산업법 시행령 제1조의2(사행성게임물) 「게임산업진흥에 관한 법률」(이하 "법"이라 한다) 제2조 제1호의2 바목에서 "그 밖에 대통령령이 정하는 게임물"이란 다음 각 호의 어느 하나에 해당하는 게임물을 말한다.
      1. 「사행행위 등 규제 및 처벌 특례법」 제2조 제2호에 따른 사행행위영업을 모사한 게임물
      2. 「복권 및 복권기금법」 제2조 제1호에 따른 복권을 모사한 게임물
      3. 「전통소싸움경기에 관한 법률」 제2조 제1호에 따른 소싸움을 모사한 게임물

으로, 제공되는 게임물을 등급에 따라 청소년게임제공업, 일반게임제공업으로, 청소년게임제공업 또는 인터넷컴퓨터게임시설제공업과 다른 영업 또는 다른 법률에 의한 영업을 동일한 장소에서 함께 영위하는 복합유통게임제공업 등으로 분류하고 있으며, 그 제외 대상[59] 또한 명시하고 있는데, 그 중 게임물관련사업자가 아니면서도 '고객의 유치 또는 광고 등을 목적으로 해당 영업소의 고객이 게임물을 이용할 수 있도록 하는 경우로서 대통령령이 정하는 종류 및 방법 등에 의하여 게임물을 제공하는 경우'에 대한 내용은 구체적으로 파악되어야 할 부분입니다. 이 조항은 게임제공업 외의 업종을 운영하는 자가 게임물의 제공을 목적으로 하지 않고 영업홍보의 목적으로 해당영업소의 고객이 이용할 수 있도록 대통령령[60]에서 정한 방법대로 게임물을 제공하는 경우에 한하여 게임제공업으로 등록하지 않고도 이용에 제공할 수 있도록 한다는 의미로 해석하여야 하며 대신 게임물 관련사업자로써의 준수사항은 지켜야 합니다.

이때 준수해야 하는 종류 및 방법은 세가지로써, 첫 번째, 전체이용가 게임물만을 제공해야 한다는 것인데 이는 앞서 기술한 대로 게임물관리위원회에서 게임물에 대하여 심의하여 전체이용가 등급으로 등급분류한 게임물에 한정된다는 뜻입니다. 등급분류의 내용은 인터넷 게임물관리위원회 홈페이지에서 검색함으로써 확인할 수 있습니다.

두 번째, 1개 영업소당 문화체육관광부장관이 정하여 고시하는 수 이하의 게임물을 설치해야 하는데 이는 '게임제공업소 등이 아닌 영업소의 게임물 설치 대수'에 대한 고시[61]에서 명시되어 있습니다. 그 내용은 휴양콘도미니엄, 종합유원시설업, 대규모 영화상영관, 백화점, 대형마트, 신고면적 660㎡ 이상의 일반음식점 등에서는 5대 이하, 그 외 영업소에서는 2대 이하까지 설치할 수 있도록 고시하고 있습니다. 추가로 해당 고시

---

59) 6. "게임제공업"이라 함은 공중이 게임물을 이용할 수 있도록 이를 제공하는 영업을 말한다. 다만, 다음 각 목의 어느 하나에 해당하는 경우를 제외한다.
　가. 「관광진흥법」에 의한 카지노업을 하는 경우
　나. 「사행행위 등 규제 및 처벌특례법」에 의한 사행기구를 갖추어 사행행위를 하는 경우
　다. 제4호 내지 제8호에 규정한 영업 외의 영업을 하면서 고객의 유치 또는 광고 등을 목적으로 해당 영업소의 고객이 게임물을 이용할 수 있도록 하는 경우로서 대통령령이 정하는 종류 및 방법 등에 의하여 게임물을 제공하는 경우
　라. 제7호의 규정에 의한 인터넷컴퓨터게임시설제공업의 경우
　마. 제22조 제2항의 규정에 따라 사행성게임물에 해당되어 등급분류 거부결정을 받은 게임물을 제공하는 경우
　바. 제1호 나목 단서에 따른 게임물로서 「관광진흥법」에 따른 유기시설 또는 유기기구를 이용에 제공하는 경우. 다만, 안전성 관리 필요성이 크지 아니한 유기시설 또는 유기기구로서 문화체육관광부장관이 정하여 고시하는 것은 제외한다.
60) 게임산업법 시행령 제2조(게임제공업 등에서 제외되는 게임물제공의 범위)
61) 게임제공업소 등이 아닌 영업소의 게임물 설치 대수. 시행 2016. 5. 4., 문화체육관광부고시 제2016-8호, 2016. 5. 4., 일부개정

에는 게임제공업소는 아니더라도 이 법에서 규정한 게임물관련사업자의 준수사항을 지키도록 명시되어 있습니다.

세 번째, 게임물을 해당 영업소 건물 내에 설치해야 하는데, 이는 게임물을 해당영업소의 고객만을 상대로 홍보목적으로 제공하도록 하기 위해서이며, 만약 공개된 장소에 설치한다면 고객과 무관한 일반인들이 이용하게 되어 사실상 게임제공업을 영위하는 결과가 되기 때문인 것으로 해석함으로 옳을 것입니다.

4.1.3. 게임물 관련사업자의 준수사항[62]

'게임물 관련사업자'라 함은 게임제작업, 게임배급업, 게임제공업, 인터넷컴퓨터게임시설제공업, 복합유통게임제공업 영업을 하는 자를 말하는 것[63]으로, 이들이 준수하여야 할 내용에 대해 알아보겠습니다.

제1호의 내용은 유통질서 등에 관한 교육을 받아야 한다는 것으로, 교육의 실시권자는 특별자치시장·특별자치도지사·시장·군수·구청장으로 연 3시간 이내의 범위에서 게임물 관련사업자를 대상으로 게임물 및 게임상품의 건전한 유통질서 확립과 건전한 게임문화의 조성을 위한 교육을 실시하여야 하며, 교육을 이수하지 않은 경우 1천만 원 이하의 과태료 등 행정처분을 받게 됩니다.

제2호는 게임물을 이용하여 도박 그 밖의 사행행위를 하게 하거나 이를 하도록 내버려 두어서는 안된다는 것으로, 영업장에서 사행행위를 방지해야 하는 의무를 게임물 관련사업자에게 부과하고 있습니다. 유의할 점은 사행행위의 도구로 사용되는 대상물로써 제공되는 게임물이 앞서 서술한 사행성게임물 등 게임물 제외대상인 경우에는 게임물이 아닌 것으로 사행행위가 이루어지는 것으로 보아 이 조항을 의율할 수 없고, 무등록 또는 무허가 영업으로도 처벌할 수 없다는 것입니다. 법원에서도 '게임물을 이용하여 도박 그 밖의 사행행위를 하게 하거나 이를 하도록 내버려 두지 아니할 것의 취지는 사행성게임물이 아닌 게임물을 이용하여 사행행위를 조장하는 것을 금지하는 것임에도, 원심이 사행성게임물에 해당하는 게임물을 이용하여 사행행위를 조장하였다는 이유로 게임산업법 위반죄가 성립한다고 판단한 것은 게임산업법에 관한 법리를 오해한 위법이 있다.'고 판시하였습니다.[64]

제2의2호의 '게임머니의 화폐단위를 한국은행에서 발행되는 화폐단위와 동일하게 하

---

62) 게임산업법 제28조(게임물 관련사업자의 준수사항)

63) 게임산업법 제2조 제9호

64) 대법원 2010. 2. 11., 선고, 2009도13169, 판결

는 등 게임물의 내용구현과 밀접한 관련이 있는 운영방식 또는 기기·장치 등을 통하여 사행성을 조장하지 아니할 것'은 게임물의 이용자가 실제 화폐단위와 동일한 게임머니를 이용하게 함으로써 현실과의 착각으로 인해 사행성에 빠지는 일을 방지하기 위한 취지로 해석됩니다. 본 위반행위는 문화체육관광부장관의 개선 또는 삭제를 명하는 시정명령에도 불구하고 이행하지 않을 경우 형사처벌 할 수 있습니다.[65]

제3호 '경품 등을 제공하여 사행성을 조장하지 아니할 것. 다만, 청소년게임제공업의 전체이용가 게임물에 대하여 대통령령이 정하는 경품[66]의 종류(완구류 및 문구류 등. 다만, 현금, 상품권 및 유가증권은 제외한다)·지급기준·제공방법 등에 의한 경우에는 그러하지 아니하다.'는 조문은 게임물의 이용과 관련하여 사행성을 조장할 수 있는 경품 등을 제공하는 행위를 금지하는 것으로, 예외적으로 대통령령으로 정한 것에 따를 경우에 한정하여 경품제공행위를 허용한다는 취지입니다. 첫 번째 전제는 전체이용가 게임물에 제한적으로 경품지급을 허용한다는 것입니다. 이는 게임물에서 제공되는 경품 또한 전체이용가 등급에 맞는 것으로 남녀노소 누구에게나 제공할 수 있는 것이어야 한다고 볼 수 있습니다. 대통령령에서는 그 종류와 지급기준, 제공방법을 제한적으로 명시하고 있는데, 경품의 종류로는 완구류 및 문구류, 유통기한이 있거나 선전성·사행성·폭력성을 유발할 우려가 있는 것 또는 심신에 해를 가할 수 있는 물품, 청소년에게 유해한 물건으로 지정된 것 등을 제외한 문화상품류, 스포츠용품류, 생활용품류를 허용하고 있습니다. 두 번째 경품의 소비자판매가격이 1만 원 이내의 것이어야 하고, 세 번째 등급분류 당시 심의된 경품지급장치를 통해서만 제공되어야 하며 관계자가 직접 경품을 제공하는 행위는 금지하고 있습니다.

제4호의 '제2조 제6호의2 가목의 규정에 따른 청소년게임제공업을 영위하는 자는 청소년이용불가 게임물을 제공하지 아니할 것'은 청소년들이 주로 출입하는 청소년게임제공업장에서 사행성 등 심의에 따라 청소년이용불가로 등급분류 된 게임물을 설치하여 제공할 수 없도록 하고, 제5호의 '제2조 제6호의2 나목의 규정에 따른 일반게임제공업 또는 제2조 제8호에 따른 복합유통게임제공업(「청소년 보호법」에 따라 청소년 출입을 허용하는 경우는 제외한다)을 영위하는 자는 게임장에 청소년을 출입시키지 아니할 것'은 청소년이용불가로 등급분류된 게임물과 청소년이 출입할 수 없는 영업장에서는 청소년의 출입을 금지함으로써 청소년에게 유해한 환경의 접근을 차단하려는 취지입니다. 또 단서로써 복합유통게임제공업소에 청소년이 출입할 수 있는 경우는 게임제공업이 아닌 영업과 게임제공업이 혼합된 형태인 복합유통게임제공업소에서 두 업종이 모두 법률로써 청소년에

---

65) 게임산업법 제38조 제8항, 제46조 제5호
66) 게임산업법 시행령 제16조의2(경품의 종류 등)

게 허용된 경우에 한하여 청소년을 출입시킬 수 있다는 취지로 해석할 수 있습니다.

제6호의 '게임물 및 컴퓨터 설비 등에 문화체육관광부장관이 고시하는 음란물 및 사행성게임물 차단 프로그램 또는 장치를 설치할 것. 다만, 음란물 및 사행성게임물 차단 프로그램 또는 장치를 설치하지 아니하여도 음란물 및 사행성게임물을 접속할 수 없게 되어 있는 경우에는 그러하지 아니하다.'의 취지는 게임물 이용자들이 음란물 또는 사행성게임물에 접촉하는 것을 차단하기 위해 문화체육관광부장관이 고시[67]하는 목록의 차단프로그램을 설치하도록 의무를 부과하는 것으로 위반시 과태료 처분이 가능합니다.

제7호의 '대통령령이 정하는 영업시간 및 청소년의 출입시간을 준수할 것'은 대통령령[68]으로 정한 업종별 영업시간과 그와는 별개로 청소년이 출입가능한 시간을 준수하도록 하는 것입니다. 이때 청소년의 출입에 있어 친권자·후견인·교사 또는 직장의 감독자 그 밖에 해당 청소년을 보호·감독할 만한 실질적인 지위에 있는 자를 동반한 경우에는 청소년 출입시간 외의 시간에도 청소년을 출입시킬 수 있도록 하고 있습니다.

마지막으로 제8호 '그 밖에 영업질서의 유지 등에 관하여 필요한 사항으로서 대통령

---

67) 음란물 및 사행성게임물 차단 프로그램 고시, 시행 2020. 3. 13., 문화체육관광부고시 제2020-5호, 2020. 2. 11., 폐지제정

68) 제16조(영업시간 및 청소년 출입시간제한 등) 법 제28조 제7호에 따른 영업시간 및 청소년의 출입시간은 다음 각 호와 같다.
  1. 영업시간
     가. 일반게임제공업자의 영업시간은 오전 9시부터 오후 12시까지로 한다.
     나. 복합유통게임제공업자의 영업시간은 오전 9시부터 오후 12시까지로 한다. 다만, 다음의 경우에는 영업시간의 제한을 받지 아니한다.
        1) 다목 단서에 따라 영업시간의 제한을 받지 아니하는 청소년게임제공업과 이 법에 따른 다른 영업 또는 다른 법률에 따른 영업을 동일한 장소에서 함께 영위하는 복합유통게임제공업자
        2) 라목에 따라 영업시간의 제한을 받지 아니하는 인터넷컴퓨터게임시설제공업과 이 법에 따른 다른 영업 또는 다른 법률에 따른 영업을 동일한 장소에서 함께 영위하는 복합유통게임제공업자
     다. 청소년게임제공업자의 영업시간은 오전 9시부터 오후 12시까지로 한다. 다만, 청소년게임제공업자 중 게임 이용에 따라 획득된 결과물(법 제28조 제3호 단서에 따라 제공하는 경품을 포함한다)의 제공이 가능한 전체이용가 게임물의 대수 및 설치면적이 전체 대수 및 설치면적의 100분의 20을 초과하지 않는 경우에는 영업시간의 제한을 받지 아니한다.
     라. 가목, 나목 본문 및 다목 본문 외의 게임물 관련사업자는 영업시간의 제한을 받지 아니한다.
  2. 청소년의 출입시간
     가. 청소년게임제공업자, 복합유통게임제공업자(「청소년 보호법 시행령」 제5조 제1항 제2호 단서에 따라 청소년의 출입이 허용되는 경우만 해당한다), 인터넷컴퓨터게임시설제공업자의 청소년 출입시간은 오전 9시부터 오후 10시까지로 한다. 다만, 청소년이 친권자·후견인·교사 또는 직장의 감독자 그 밖에 당해 청소년을 보호·감독할 만한 실질적인 지위에 있는 자를 동반한 경우에는 청소년 출입시간 외의 시간에도 청소년을 출입시킬 수 있다.
     나. 가목 외의 게임물 관련사업자는 청소년 출입시간의 적용을 받지 아니한다.

령이 정하는 사항을 준수할 것'은 이 법 시행령 제17조의 [별표2]로 정한 '게임물 관련 사업자 준수사항'의 내용을 준수하도록 하는 것입니다.

4.1.4. 불법게임물 등의 유통금지 등[69]

이 법에서 '불법게임물 등'에 대한 별도의 개념을 정리하지는 않았지만, 본 조항의 위반사항에 해당되는 게임물들을 말하는 것으로 이해하면 좋겠습니다.

제1항 제1호 '제21조 제1항의 규정에 의하여 등급을 받지 아니한 게임물을 유통 또는 이용에 제공하거나 이를 위하여 진열·보관하는 행위'는 앞서 설명한 게임물관리위원회의 등급분류 절차와 같이 게임물을 유통시키거나 이용에 제공하게 할 목적으로 게임물을 제작 또는 배급하고자 하는 자가 배급하기 전 게임물관리위원회에 등급분류신청서와 게임물내용설명서 등 해당 서류를 접수하여 등급분류를 받아야 함에도 이를 행하지 않은 상태로 유통시키거나 이용에 제공하거나 진열·보관하는 행위를 금지하는 것입니다.

한편 '등급분류를 받지 아니한 게임물을 공중의 이용에 제공하는 것은 일반게임제공업에 해당하지 않으므로 게임물이 아닌 사행성게임물을 공중의 이용에 제공하는 영업을 하는 경우에도 일반게임제공업에 해당하지 아니하는 것이고, 그러한 영업을 관할 관청의 허가 없이 하였다고 하더라도 이를 게임산업법 제45조 제2호, 제26조 제1항에 의하여 처벌할 수는 없다.'는 법원 판결[70]의 논리대로 무등록 또는 무허가로써 단속할 수 없습니다.

본 조문에서 짚어보아야 할 점은 같은 항 제4호와의 구분입니다. 이 조문은 애초 등급분류를 신청하지 않은 경우에 의율하는 것으로 제4호와 같이 등급분류를 신청하였으나 사행성 등 사유로 등급분류가 거부된 게임물과 엄격히 구분되어야 합니다.

또 한가지는 진열·보관 행위에 대한 해석입니다. 본 호와 함께 제2호와 제4호에서는 해당 게임물을 진열·보관하는 행위를 금지하고 있는데, 이는 '유통 또는 이용에 제공할 목적'이 인정되어야만 처벌할 수 있습니다. 예를 들어 폐기를 목적으로 단순히 창고에 보관하는 행위만으로는 처벌할 수 없다는 것에 유의해야 합니다.

제2호 '제21조 제1항의 규정에 의하여 등급을 받은 내용과 다른 내용의 게임물을 유통 또는 이용에 제공하거나 이를 위하여 진열·보관하는 행위'라 함은 애초 등급분류 받을 당시의 게임물을 임의로 개조하거나 게임물의 내용을 변경하는 행위를 의미합니다.

---

69) 게임산업법 제32조(불법게임물 등의 유통금지 등)

70) 대법원 2010. 2. 11., 선고, 2009도13169, 판결

이것은 사행성 방지 등 사회적으로 건전한 게임문화를 조성하기 위한 등급분류제도의 취지가 훼손되는 것을 막기 위한 것으로, 만일 게임물의 내용을 수정한 경우는 24시간 이내에 게임물관리위원회에 신고하도록 하고, 이때 그 변경의 정도가 등급분류 자체의 변경을 요할 정도에 해당한다면 재등급분류를 받아야 합니다.[71]

한편, 등급분류받은 내용과 다르다는 개념은 '게임물 자체의 내용뿐만 아니라 게임물의 내용 구현과 밀접한 관련이 있는 게임물의 운영방식을 등급분류신청서나 그에 첨부된 게임물내용설명서에 기재된 내용과 다르게 변경하여 이용에 제공하는 행위도 등급을 받은 내용과 다른 내용의 게임물을 이용에 제공하는 행위에 해당'된다는 판결내용으로 이해할 수 있습니다. 결국 등급분류 신청시 제시된 게임물의 내용에 없는 중요기능을 부가하거나 다르게 변경하여 이용에 제공하는 행위를 처벌하려는 것입니다.

제3호 '등급을 받은 게임물을 제21조 제2항 각 호의 등급구분을 위반하여 이용에 제공하는 행위'는 앞서 살펴본 게임물의 등급분류[72] 내용과 다르게 이용가능 연령구분에 맞지 않게 게임물을 제공한 경우를 의미합니다. 이때 4가지의 분류 중 청소년이용불가 등급의 게임물을 청소년에게 제공한 경우만 형사처벌 가능[73]하다는 점에 유의해야 합니다.

제4호 '제22조 제2항의 규정에 따라 사행성게임물에 해당되어 등급분류가 거부된 게임물을 유통시키거나 이용에 제공하는 행위 또는 유통·이용제공의 목적으로 진열·보관하는 행위'의 의미는 전술한 제1항 제1호의 기재내용과 같이 게임물관리위원회의 심의과정에서 사행성과 관련된 기준에서 등급분류 거부대상에 포함된 게임물을 이용에 제공하는 행위 등을 말하는 것입니다. 여기서 '사행성게임물'에 대해 판례에서 정립된 개념은 '게임물에서 제외되는 사행성 게임물이라 함은 게임의 진행이 게임산업법 제2조 제1의2호에서 제한적으로 열거한 내용 또는 방법에 의하여 이루어져야 할 뿐만 아니라, 게임의 결과에 따라 게임기기 또는 장치에 설치된 지급장치를 통하여 게임이용자에게 직접 금전이나 경품 등의 재산상 이익을 제공하거나 손실을 입도록 만들어진 게임기기 또는 장치를 의미한다. 또한 게임기기 또는 장치가 제작·배급될 당시에는 적법하게 등

---

71) 게임산업법 제21조 제5항 내지 제6항
72) 게임산업법 제21조 제2항
   1. 전체이용가: 누구나 이용할 수 있는 게임물
   2. 12세이용가: 12세 미만은 이용할 수 없는 게임물
   3. 15세이용가: 15세 미만은 이용할 수 없는 게임물
   4. 청소년이용불가: 청소년은 이용할 수 없는 게임물
73) 게임산업법 제46조(벌칙) 다음 각 호의 어느 하나에 해당하는 자는 1년 이하의 징역 또는 1천만 원 이하의 벌금에 처한다.
   3. 제32조 제1항 제3호의 규정에 의한 제21조 제2항 제4호의 등급구분을 위반하여 게임물을 제공한 자

급을 부여받았지만, 불법적으로 개·변조되어 우연적인 방법으로 결과가 결정될 뿐만 아니라 그 결과에 의하여 재산상 이익을 주는 게임기기 또는 장치로 변하였다면 이는 최초 등급을 부여받았던 것과는 동질성이 상실되어 '사행성 게임물'에 해당한다'[74]는 내용으로 정리할 수 있겠습니다.

제5호 '제22조 제3항 제1호의 규정에 의한 등급분류증명서를 매매·증여 또는 대여하는 행위'에서 '등급분류증명서'라 함은 게임물관리위원회에서 등급분류 후 해당 게임물의 등급을 기재하여 신청인에게 교부하는 서류[75]로써, 이러한 규제는 공적증서의 성격인 증명서가 유통될 경우 임의적 개조나 변경 등의 우려가 있고, 사후관리가 어려워지는 등 게임물의 규제·관리를 목적으로 하는 이 법에서 가장 중요한 등급분류제도의 근간이 흔들릴 수 있다는 차원에서 이해해야 할 것으로 생각됩니다.

제6호 '제33조 제1항 또는 제2항의 규정을 위반하여 등급 및 게임물내용정보 등의 표시사항을 표시하지 아니한 게임물 또는 게임물의 운영에 관한 정보를 표시하는 장치를 부착하지 아니한 게임물을 유통시키거나 이용에 제공하는 행위'에서 '게임물내용정보 표시'란 게임물 이용자 및 보호자 등이 게임 이용시 필요한 정보를 제공하여 청소년을 유해한 환경에서 보호하는 등 선택권을 보장하기 위하여 이용자가 볼 수 있도록 표시하는 장치로 설명할 수 있습니다. '게임물운영정보표시장치'는 게임제공업소용 게임물 중 사행성게임물과 경품을 제공하는 게임물에 부착하는 장치[76]로써, 등급분류 받은 내용, 투입·배출되는 경품수량, 게임진행 시간 등 기타 게임물의 운영과 관련된 데이터를 저장하는 기능을 하는 것입니다. 이와 관련한 표시방법은 플랫폼 별로 따로 명시[77]되어 있는데 주 단속대상이 되고 있는 아케이드게임물의 경우 게임물의 제명, 상호, 이용등급, 등급분류번호, 일련번호, 제작연월일 등이 표시하여 게임기의 외관 전면에 표시하도록 하고 있습니다.

제7호 '누구든지 게임물의 이용을 통하여 획득한 유·무형의 결과물(점수, 경품, 게임 내에서 사용되는 가상의 화폐로서 대통령령이 정하는 게임머니 및 대통령령이 정하는 이와 유사한 것을 말한다)을 환전 또는 환전 알선하거나 재매입을 업으로 하는 행위'는 일명 '환전'

---

74) 대법원 2010. 1. 28., 선고, 2009도12650, 판결
75) 제22조(등급분류 거부 및 통지 등) ③ 위원회는 등급분류 결정을 한 경우에는 다음 각 호의 서류를 신청인에게 교부하고, 사행성게임물에 해당되어 등급분류를 거부결정한 경우에는 결정의 내용 및 그 이유를 기재한 서류를 지체 없이 신청인에게 교부하여야 한다.
    1. 게임물의 해당등급을 기재한 등급분류증명서
    2. 등급분류에 따른 의무사항을 기재한 서류
    3. 게임물내용정보를 기재한 서류
76) 게임산업법 시행령 제19조(게임물에 표시하는 상호 등의 표시방법)
77) 게임산업법 시행령 제19조 관련 [별표3]

이라는 명칭으로 총괄하여 사행행위 근절을 목적으로 주 단속대상으로 삼아야 할 내용입니다. 우선 타 규제조항은 게임물관련사업자 등을 행위자로 하는데 반해 본 호는 '누구든지'로 규제대상을 규정함으로써 게임물이용자 또는 제3자(주로 환전상)도 행위자로써 단속대상으로 볼 수 있는 것입니다. '게임물의 이용을 통하여 획득한'의 의미는 게임물의 이용과 관련된 것이어야 한다는 것으로 해석할 수 있습니다. 다시말해 게임물의 이용과 무관한 경품 등은 그 대상으로 볼 수가 없겠습니다. 예를 들어 게임장에 입장하는 손님에게 번호표 등 추첨권을 배부하고 추첨을 통해 경품을 제공하는 행사를 하는 경우 게임과 무관한 경품으로써 게임산업법으로 처벌할 수 없다고 볼 수 있습니다.[78] '유·무형의 결과물'은 게임의 결과를 나타내는 점수나 게임이용의 결과에 따라 지급하는 경품, 그 외 게임물을 이용할 때 베팅 또는 배당의 수단이 되거나 우연적으로 획득된 게임머니 등 대통령령[79]으로 정하는 것을 의미합니다.

'환전'이라 함은 게임결과물을 수령하고 돈을 교부하는 행위와 게임결과물을 교부하고 돈을 수령하는 행위도 포함[80]됩니다. 예를 들어 게임물 이용자인 '갑'이 게임물 이용의 결과물을 업주(또는 환전상) '을'에게 돈을 받고 교부한 행위에서, 환전이 이루어지기 위해서는 게임이용의 결과물과 돈을 상호 교환하는 행위가 있어야만 하므로 '갑'과 '을'의 행위 모두 환전행위에 해당된다는 의미입니다. 또 위 조항이 '환전 및 환전알선'과 함께 '재매입'만을 규정하면서도 '매도'에 관하여는 별도로 규정하고 있지 아니하나, '재매입'이란 이미 환전된 게임결과물을 다시 매수하는 행위로서 게임제공업자 등이 환전업자로부터 그가 환전행위로 취득한 게임결과물을 다시 매수하는 행위를 금지하고자 규정된 것이라고 할 것인데, 재매입의 상대방은 이미 게임결과물을 환전행위로 취득한 사람

---

78) 인천지방법원 2006. 11. 2., 선고, 2006구합2194, 판결
79) 게임산업법 시행령 제18조의3(게임머니 등) 법 제32조 제1항 제7호에서 "대통령령이 정하는 게임머니 및 대통령령이 정하는 이와 유사한 것"이란 다음 각 호의 어느 하나에 해당하는 것을 말한다.
   1. 게임물을 이용할 때 베팅 또는 배당의 수단이 되거나 우연적인 방법으로 획득된 게임머니
   2. 제1호에서 정하는 게임머니의 대체 교환 대상이 된 게임머니 또는 게임아이템(게임의 진행을 위하여 게임 내에서 사용되는 도구를 말한다. 이하 같다) 등의 데이터
   3. 다음 각 목의 어느 하나에 해당하는 게임머니 또는 게임아이템 등의 데이터
      가. 게임제작업자의 컴퓨터프로그램을 복제, 개작, 해킹 등을 하여 생산·획득한 게임머니 또는 게임아이템 등의 데이터
      나. 법 제32조 제1항 제8호에 따른 컴퓨터프로그램이나 기기 또는 장치를 이용하여 생산·획득한 게임머니 또는 게임아이템 등의 데이터
      다. 다른 사람의 개인정보로 게임물을 이용하여 생산·획득한 게임머니 또는 게임아이템 등의 데이터
      라. 게임물을 이용하여 업으로 게임머니 또는 게임아이템 등을 생산·획득하는 등 게임물의 비정상적인 이용을 통하여 생산·획득한 게임머니 또는 게임아이템 등의 데이터
80) 대법원 2012. 12. 13., 선고, 2012도11505, 판결

이어서 위 조항 중 '환전' 부분에 의한 규제대상이 된다고 할 것인 이상 이들에 대한 규제를 위하여 '재매입'의 경우와 마찬가지로 '매도'에 관하여도 별도로 규정할 필요는 없는 것으로 볼 수 있습니다.

마지막으로 '업으로 하는 행위'로 규정함으로써 처벌대상을 한정한 것은 단순히 일회성 행위는 처벌대상에서 제외한다는 의미입니다. 앞선 사례에서 게임물 이용자인 '갑'과 업주 '을'의 행위는 모두 환전행위에 해당되나 처벌대상으로 삼기 위해서는 업으로 하고 있다는 사실이 인정되어야 하므로 일회성 환전행위를 한 이용자 '갑'은 처벌에서 제외된다는 의미입니다.

제8호 '게임물의 정상적인 운영을 방해할 목적으로 게임물 관련사업자가 제공 또는 승인하지 아니한 컴퓨터프로그램이나 기기 또는 장치를 배포하거나 배포할 목적으로 제작하는 행위'를 규제함에 있어 '게임물의 정상적인 운영을 방해한다'함은 게임물 본래의 시스템을 와해시키고 다른 정상적인 이용자의 게임활동을 방해하며, 게임서버에 과부하를 가져오는 등 게임내용에 부정적 영향을 주는 일체의 행위를 의미하며, '컴퓨터프로그램이나 기기 또는 장치'란 이용자가 마우스나 키보드를 조작하는 방식으로 명령하지 않더라도 자동으로 게임머니나 게임아이템을 취득함으로써 하루 24시간 지속적으로 게임을 할 수 있게 되는 프로그램을 말하는 것으로 통상 '자동게임진행프로그램'을 의미합니다.

제9호 '게임물 관련사업자가 제공 또는 승인하지 아니한 게임물을 제작, 배급, 제공 또는 알선하는 행위'는 온라인 게임의 불법 사설서버 및 불법 위·변조 프로그램을 제작, 배급, 제공 또는 알선하는 행위를 처벌하려는 취지에서 개정된 조항으로, 해외에서 불법적으로 우리나라 콘텐츠의 지식재산권을 침해하는 사례에 대응하기 위한 것입니다.

그 외 제10호 '제9호에 따른 불법행위를 할 목적으로 컴퓨터프로그램이나 기기 또는 장치를 제작 또는 유통하는 행위'와 제11호 '게임물 관련사업자가 승인하지 아니한 방법으로 게임물의 점수·성과 등을 대신 획득하여 주는 용역의 알선 또는 제공을 업으로 함으로써 게임물의 정상적인 운영을 방해하는 행위'를 함께 규제하고 있습니다.

제2항은 반국가적인 행동을 묘사하거나 역사적 사실을 왜곡함으로써 국가의 정체성을 현저히 손상시킬 우려가 있는 것, 존·비속에 대한 폭행·살인 등 가족윤리의 훼손 등으로 미풍양속을 해칠 우려가 있는 것, 범죄·폭력·음란 등을 지나치게 묘사하여 범죄심리 또는 모방심리를 부추기는 등 사회질서를 문란하게 할 우려가 있는 것에 해당되는 게임물을 제작 또는 반입하는 것을 금지하고 있습니다.

4.1.5. 불법게임장 단속절차 및 유의사항

불법게임장의 단속과정은 사례별로 다르지만 일반적인 절차와 유의점들을 간략하게 정리해 보겠습니다. 우선 불법게임장 수사단서의 획득은 주로 제보 또는 신고에 의하게 되며 제보내용의 신빙성 등을 확인하여야 하겠습니다. 특히 게임장의 위반사례는 은밀하고 계획적으로 이루어지는 특성으로 인해 단순한 점검차원으로는 적발할 수 없는 경우가 대부분이기 때문에 타 사건보다 더 구체적인 제보진술과 위반사실에 대한 영상을 확보하는 방법을 활용하게 됩니다. 이때 제보영상을 입수하는 과정에서는 제보자의 자의에 의한 임의제출 받는 경우 외에 경찰관이 촬영장비를 대여해 주는 등으로 관여한 경우에는 확보한 영상에 대해 지체없이 사후영장을 받는 등의 방법으로 차후 공소과정에서의 증거능력을 확보하여야 한다는 것에 유의[81]하여야 합니다.

이러한 방법으로 단속에 필요한 단서를 확보하였다면 모든 강제처분에는 원칙적으로 법원 또는 법관의 영장을 필요로 한다는 '영장주의' 원칙에 따라 강제성을 띠는 현장단속은 사전압수·수색·검증영장을 근거로 함이 마땅하겠습니다. 만일 판사의 영장을 받을 수 없는 때에는 영장없이 압수, 수색 또는 검증을 할 수 있으나 이 경우 사후에 지체없이 영장을 받아야만 합니다.[82]

단속에 임하여 위법사안을 적발하였을 경우 게임물에 대한 압수를 고려해야 하는데, 게임산업법에는 몇 가지 위반사안에 대해 '필요적 몰수' 조항을 두고 있으며, 그에 해당하는 자가 소유 또는 점유하는 게임물, 그 범죄행위에 의하여 생긴 범죄수익과 그로부터 유래한 재산은 몰수, 추징하도록 명시하고 있습니다. 해당되는 위반사안은 게임장 내에서 도박 그 밖의 사행행위를 하게 하거나 이를 하도록 방치한 행위, 경품 등을 제공하는 방법으로 사행성을 조장한 행위, 등급을 받지 아니한 게임물을 유통 또는 이용에 제공하거나 이를 위하여 진열·보관하는 행위, 사행성게임물에 해당되어 등급분류가 거부

---

81) 대법원 2019. 10. 31., 선고, 2019도10226, 판결, 춘천지방법원 2019. 6. 28., 선고. 2019노187, 판결
"수사기관이 직접 게임장 내부를 촬영한다면 동의나 승낙 없이 피고인들의 사생활의 자유 등을 제한한다는 점에서 강제수사에 해당한다. 이 사건에서는 사인인 E이 게임장 내부를 임의로 촬영하였고, 수사기관은 그 점을 알면서도 촬영 장비를 대여하였다. 이는 수사기관이 물적 자원을 제공하는 방식으로 사인의 증거수집에 기여한 것으로서 실질적으로 강제수사 활동의 일환으로 보아야 할 것인바, 영장을 발부받는 등 적법한 절차에 따라서 이루어졌어야 한다. 그러나 기록에 의하면 수사기관은 사전 또는 사후에 그 동영상 촬영과 관련하여 압수·수색·검증 영장을 발부받지 않았다. 환전 동영상 CD 및 그 영상을 캡처한 사진은 모두 헌법과 형사소송법이 정한 적법절차를 위반하여 수집한 증거로서 유죄의 증거로 사용할 수 없다. E의 수사기관 및 원심 법정진술 중 환전 동영상의 촬영과 관련하여 그 촬영 경위나 촬영된 동영상의 내용을 설명하는 부분 역시 적법절차를 위반하여 수집된 증거인 환전동영상 CD에 기초한 증거라고 할 것이므로 증거능력이 없다."

82) 형사소송법 제216조 내지 제218조

된 게임물을 유통 또는 이용에 제공하거나 그 목적으로 진열·보관하는 행위, 게임의 결과물을 환전 또는 환전 알선하거나 재매입을 업으로 하는 행위, 게임물 관련사업자가 제공 또는 승인하지 아니한 게임물을 제작, 배급, 제공 또는 알선하는 행위와 그러한 불법행위를 할 목적으로 컴퓨터프로그램이나 기기 또는 장치를 제작 또는 유통하는 행위, 허가를 받지 않거나 등록 또는 신고를 하지 않고 영업을 하는 경우 또는 영업폐쇄명령을 받거나 허가·등록 취소처분을 받고도 계속하여 영업을 하는 경우 등입니다.[83] 결국 이와 같은 위반사항을 적발하였을 경우 몰수할 물건으로써 해당 업소에서 불법에 이용된 게임물들을 압수해야 하겠습니다.

실무적으로 이렇게 압수한 게임물은 한국환경공단에서 보관하게 되며,[84] 지방자치단체에서 단속된 게임물을 운반할 예산을 편성[85]하고 있습니다.

---

83) 제44조(벌칙) ① 다음 각 호의 어느 하나에 해당하는 자는 5년 이하의 징역 또는 5천만 원 이하의 벌금에 처한다.
    1. 제28조 제2호의 규정을 위반하여 도박 그 밖의 사행행위를 하게 하거나 이를 하도록 방치한 자
    1의2. 제28조 제3호의 규정을 위반하여 사행성을 조장한 자
    2. 제32조 제1항 제1호·제4호·제7호·제9호 또는 제10호에 해당하는 행위를 한 자
    3. 제38조 제1항 각 호의 규정에 의한 조치를 받고도 계속하여 영업을 하는 자
  ② 제1항의 규정에 해당하는 자가 소유 또는 점유하는 게임물, 그 범죄행위에 의하여 생긴 수익(이하 이 항에서 "범죄수익"이라 한다)과 범죄수익에서 유래한 재산은 몰수하고, 이를 몰수할 수 없는 때에는 그 가액을 추징한다.
  ③ 제2항에서 규정한 범죄수익 및 범죄수익에서 유래한 재산의 몰수·추징과 관련되는 사항은 「범죄수익은닉의 규제 및 처벌 등에 관한 법률」 제8조 내지 제10조의 규정을 준용한다.
  제38조(폐쇄 및 수거 등) ① 특별자치시장·특별자치도지사·시장·군수·구청장은 제25조 또는 제26조의 규정에 따른 허가를 받지 아니하거나 등록 또는 신고를 하지 아니하고 영업을 하는 자와 제35조 제1항부터 제3항까지의 규정에 의하여 영업폐쇄명령을 받거나 허가·등록 취소처분을 받고 계속하여 영업을 하는 자에 대하여는 관계 공무원으로 하여금 그 영업소를 폐쇄하기 위하여 다음 각 호의 조치를 하게 할 수 있다.
    1. 해당 영업 또는 영업소의 간판 그 밖의 영업표지물의 제거·삭제
    2. 해당 영업 또는 영업소가 위법한 것임을 알리는 게시물의 부착
    3. 영업을 위하여 필요한 기구 또는 시설물을 사용할 수 없게 하는 봉인
84) 2015. 5. 19. 경찰과 한국환경공단 간 압수게임기의 운송·보관에 대한 MOU를 체결(압수물 처리 업무 협약서)
85) 압수게임기의 운반비용을 지방자치단체에서 부담하는 법적 근거
  게임산업법 제36조(과징금 부과) ② 특별자치시장·특별자치도지사·시장·군수·구청장은 제1항의 규정에 의하여 과징금으로 징수한 금액에 상당하는 금액을 다음 각 호의 용도에 사용하여야 하며 매년 다음 연도의 과징금운용계획을 수립·시행하여야 한다.
    1. 건전한 게임물의 제작 및 유통
    2. 게임장의 건전화 및 유해환경 개선
    3. 모범영업소의 지원
    4. 불법게임물 및 불법영업소의 지도·단속활동에 따른 지원
    5. 압수된 불법게임물의 보관장소 확보 및 폐기

4.2. 사행행위규제법

4.2.1. 사행행위규제법의 개념

사행행위란[86], 여러 사람으로부터 재물이나 재산상의 이익을 모아 우연적 방법으로 득실을 결정하여 재산상의 이익이나 손실을 주는 행위를 뜻합니다. 이러한 개념은 단지 이 법에 국한된 것이 아니라 일반적으로 사행행위라 부르는 법률적 개념에 널리 쓰이고 있으며, 이러한 방식의 영업을 사행행위영업이라 할 수 있습니다. 하지만 이 법에서는 그 범위를 어느 정도 한정적으로 정의하고 있는데, 복권발행업, 현상업, 회전판돌리기, 추첨업, 경품업 등이 그것입니다.[87]

제38조(폐쇄 및 수거 등) ③문화체육관광부장관, 시·도지사 또는 시장·군수·구청장은 유통되거나 이용에 제공되는 게임물 또는 광고·선전물 등이 다음 각 호의 어느 하나에 해당하는 때에는 이를 수거하거나 폐기 또는 삭제할 수 있다. 다만, 제2호의 경우「사행행위 등 규제 및 처벌특례법」에 의한 사행행위영업을 하는 경우를 제외한다.

1. 등급분류를 받지 아니하거나 등급분류를 받은 것과 다른 내용의 게임물
1의2. 시험용 게임물로서 제21조 제1항 제3호의 대통령령이 정하는 대상·기준과 절차 등을 위반한 게임물
2. 사행성게임물에 해당되어 등급분류가 거부된 게임물
2의2. 제2조 제6호 다목의 대통령령이 정하는 종류 및 방법 등을 위반하여 제공된 게임물
3. 제25조의 규정에 의하여 등록을 하지 아니한 자가 영리의 목적으로 제작하거나 배급한 게임물
4. 제34조의 규정을 위반하여 배포·게시한 광고·선전물
5. 게임물의 기술적 보호조치를 무력하게 하기 위하여 제작된 기기·장치 및 프로그램

게임산업법 시행규칙 제29조(과징금의 운용계획) 특별자치시장·특별자치도지사·시장·군수·구청장은 법 제36조 제2항에 따라 매년 10월 31일까지 다음 연도의 과징금 운용계획을 수립·시행하여야 한다.

86) 사행행위규제법 제2조 제1호
87) 사행행위규제법 제2조 제2호 "사행행위영업"이란 다음 각 목의 어느 하나에 해당하는 영업을 말한다.
　가. 복권발행업(福券發行業): 특정한 표찰(컴퓨터프로그램 등 정보처리능력을 가진 장치에 의한 전자적 형태를 포함한다)을 이용하여 여러 사람으로부터 재물등을 모아 추첨 등의 방법으로 당첨자에게 재산상의 이익을 주고 다른 참가자에게 손실을 주는 행위를 하는 영업
　나. 현상업(懸賞業): 특정한 설문 또는 예측에 대하여 그 답을 제시하거나 예측이 적중하면 이익을 준다는 조건으로 응모자로부터 재물등을 모아 그 정답자나 적중자의 전부 또는 일부에게 재산상의 이익을 주고 다른 참가자에게 손실을 주는 행위를 하는 영업
　다. 그 밖의 사행행위업: 가목 및 나목 외에 영리를 목적으로 회전판돌리기, 추첨, 경품(景品) 등 사행심을 유발할 우려가 있는 기구 또는 방법 등을 이용하는 영업으로서 대통령령으로 정하는 영업
　사행행위규제법 시행령 제1조의2(기타 사행행위업)「사행행위 등 규제 및 처벌 특례법」(이하 "법"이라 한다) 제2조 제1항 제2호 다목에서 "대통령령으로 정하는 영업"이란 다음 각 호의 영업을 말한다.
　　1. 회전판돌리기업: 참가자에게 금품을 걸게 한 후 그림이나 숫자등의 기호가 표시된 회전판이 돌고 있는 상태에서 화살등을 쏘거나 던지게 하여 회전판이 정지되었을 때 그 화살등이 명중시킨 기호에 따라 당첨금을 교부하는 행위를 하는 영업
　　2. 추첨업: 참가자에게 번호를 기입한 증표를 제공하고 지정일시에 추첨등으로 당첨자를 선정하여

이러한 '사행행위 영업'과 사행행위 영업에 이용되는 기계, 기판, 용구 또는 프로그램을 제작·개조하거나 수리하는 '사행기구 제조업'과 사행기구를 판매 또는 수입하는 영업을 하는 '사행행위 판매업'의 허가 등에 대한 권한은 경찰청장 또는 시·도경찰청장에게 있습니다.

이 법에서 사행행위 단속의 실무자로써 꼭 알아야 하는 개념은 '사행성 유기기구'의 개념입니다. 법률에서 규정한 사행성 유기기구의 개념은 투전기[88] 외에 기계식 구슬치기 기구와 사행성 전자식 유기기구 등 사행심을 유발할 우려가 있는 기계·기구를 의미하는 것인데, 여기서 '사행심을 유발할 우려가 있는 기계·기구 등'에 해당하는지 여부에 대한 법원의 판단은 '당해 기계·기구 등의 본래적 용법이나 속성만으로 판단할 것은 아니고, 그 이용목적, 이용방법과 형태, 그 이용결과에 따라 금전 또는 환전 가능한 경품을 지급하는지 여부, 그 정도와 규모 및 실제로 경품을 현금으로 환전해 주는지 여부 등 위법한 경품제공이나 환전 등 영업방법에 있어서의 사행성도 종합적으로 고려하여 판단하여야 할 것'[89]으로 정하고 있어 단속과 수사과정에서 해당 기구의 용법 뿐만 아니라 영업형태나 환전여부, 수익형태 등을 폭넓게 확인하여 판단할 사안입니다.

4.2.2. 영업자의 준수사항과 출입·검사 권한

이 법에서는 관계 공무원의 출입·검사의 근거조항을 명시하고 있는데, 경찰청장이나 시·도경찰청장이 특별히 필요한 경우에 사행기구의 제조·판매업자 및 영업자에 대해 필요한 보고를 하게 하거나, 관계 공무원으로 하여금 영업소에 출입하여 영업자 준수사항 이행 상태, 영업시설, 사행기구, 관계 서류 등을 검사하게 할 수 있고, 출입하는 관계 공무원은 영업장의 관계인에게 권한을 증명하는 증표를 제시하도록 규정하고 있습니다.[90] 앞서 살펴본 풍속영업규제법과의 차이로써, 이러한 출입권한의 행사에 대하여 보고를 하지 않거나 거짓으로 보고한 자 및 관계 공무원의 출입·검사나 그 밖의 조치를 거부·방해 또는 기피한 경우 형사처벌을 규정하고 있어 엄격한 관리가 가능하도록 하고 있습니다.[91]

일정한 지급기준에 따라 당첨금을 교부하는 행위를 하는 영업

    3. 경품업: 참가자에게 등수를 기입한 증표를 제공하여 당해 증표에 표시된 등수 및 당첨금의 지급기준에 따라 당첨금을 교부하는 행위를 하는 영업

88) 사행행위규제법 제2조 제1항 제5호 "투전기"란 동전·지폐 또는 그 대용품(代用品)을 넣으면 우연의 결과에 따라 재물등이 배출되어 이용자에게 재산상 이익이나 손실을 주는 기기를 말한다.

89) 대법원 2007. 10. 26., 선고, 2007도4702, 판결

90) 사행행위규제법 제18조(출입·검사)

91) 사행행위규제법 제30조(벌칙) ③ 다음 각 호의 어느 하나에 해당하는 자는 1년 이하의 징역 또는 1천

한편 영업자가 준수하여야 할 사항으로 영업형태별 영업의 방법과 당첨금, 영업시간, 영업소의 운영 등 선량한 풍속유지를 위해 정하는 사항, 그 외에 지켜야 할 내용을 명시하고 있습니다.[92]

4.2.3. 사행행위규제법 적용사례

사행행위규제법의 실무적 의율을 위해 몇 가지 사례와 그에 따른 법 적용의 논리에 대해 살펴보겠습니다.

게임기 등을 제작·판매하면서 문화관광부장관 고시와 위원회규정에서 정한 최고당첨금액 제한과 잔여점수 삭제 내지 초기화 원칙에 위배되는 이른바 '메모리연타 기능'을 가지고 있음에도 등급분류신청을 하면서 제출한 게임설명서와 프로그램 진행경과를 찍은 비디오테이프의 내용에는 메모리연타 기능에 대한 설명이 누락되어 있는 자료들을 기초로 하여 18세 이용가 등급분류 결정을 받은 사례에 대하여, 법원에서는 '피고인들은 메모리연타 기능이 없는 게임기에 대한 등급분류 결정을 받은 것으로 보아야 하고, 따라서 피고인들이 메모리연타 기능이 있는 이 사건 게임기들을 제조·판매한 행위는 등급분류받은 게임물과 다른 것을 제작·유통한 것에 해당하므로 등급분류위반에 해당하고, 게임물을 이용한 게임의 결과가 사용자의 능력과는 무관하게 우연성에 의하여 좌우되며, 이에 따라 사회통념상 상당하다고 인정되는 정도의 허용범위를 넘어 재산상의 이익을 취득하거나 손실을 주도록 하여 게임장을 찾는 손님들로 하여금 오락성보다 주로

만 원 이하의 벌금에 처한다.

    12. 제18조 제1항에 따른 보고를 하지 아니하거나 거짓으로 보고한 자 및 관계 공무원의 출입·검사나 그 밖의 조치를 거부·방해 또는 기피한 자

92) 사행행위규제법 제11조(영업의 방법 및 제한) ① 영업의 방법과 당첨금에 필요한 사항은 대통령령으로 정한다.

  ② 경찰청장은 공익을 위하여 필요하거나 지나친 사행심 유발의 방지 등 선량한 풍속을 유지하기 위하여 필요하다고 인정하면 대통령령으로 정하는 바에 따라 사행행위영업의 영업시간, 영업소의 관리·운영 또는 그 밖에 영업에 관하여 필요한 제한을 할 수 있다.

제12조(영업자의 준수사항) 영업자(대통령령으로 정하는 종사자를 포함한다)는 다음 각 호의 사항과 제11조에 따른 영업의 방법 및 당첨금에 관하여 대통령령으로 정하는 사항, 영업시간 등의 제한 사항을 지켜야 한다.

    1. 영업명의(營業名義)를 다른 사람에게 빌려주지 말 것

    2. 법령을 위반하는 사행기구를 설치하거나 사용하지 아니할 것

    3. 법령을 위반하여 사행기구를 변조하지 아니할 것

    4. 행정안전부령으로 정하는 사행행위영업의 영업소에 청소년(「청소년 보호법」 제2조 제1호에 따른 청소년을 말한다. 이하 같다)을 입장시키거나 인터넷 등 정보통신망을 이용하는 사행행위영업에 청소년이 참가하는 것을 허용하지 아니할 것

    5. 지나친 사행심을 유발하는 등 선량한 풍속을 해칠 우려가 있는 광고 또는 선전을 하지 아니할 것

또는 오직 재산상의 이익 취득만을 목적으로 게임을 하도록 하는 사행성전자식유기기구에 해당하는 것'[93])으로 판시하였습니다.

위 판례는 게임산업법의 '등급분류 받은 내용과 다른 내용의 게임물을 제공한 행위'가 인정됨과 동시에 이 법에서 단속대상으로 삼는 사행성전자식유기기구임을 인정함으로써 '투전기나 사행성 유기기구를 판매하거나 판매할 목적으로 제조한 행위'의 경합범으로 인정한 사례입니다.

낚시터 운영자가 번호표 또는 글자표가 부착된 물고기를 넣어두고 일정한 요금을 내고 입장한 손님들로 하여금 낚시를 하게 한 다음 그 물고기에 부착된 번호표 또는 글자표에 따라 상품권을 지급한 사안에 대하여, '낚시터 손님들이 지급받기로 한 상품권의 주요 원천은 손님들이 지급한 시간당 요금에 있고, 그 상품권의 득실은 우연한 승부라고 할 수 있는 '낚은 물고기에 번호표 또는 글자표가 부착되었는지 여부'에 의하여 좌우되므로, 이용객들이 낚시터에서 요금을 지급하고 낚시를 한 다음 등지느러미에 번호표 또는 글자표가 부착된 물고기를 낚은 경우 상품권을 지급하는 방법으로 낚시터를 운영한 것은 사행행위영업 중 '경품업'에 해당하고, 피고인은 경찰청장의 허가를 받지 아니한 채 위와 같은 낚시터 영업을 하였으므로 피고인에게는 사행행위 등 규제 및 처벌특례법 위반죄가 성립한다'[94])고 판시함으로써 '사행행위 영업의 허가를 받지 않고 영업을 한 자'로 처벌하도록 한 사례입니다.

피씨게임방에 피씨 50대와 대형스크린을 설치하고 손님들로 하여금 인터넷 경마게임물에 접속하여 컴퓨터 화면상에 나타나는 경마게임을 진행하도록 하되 승·패에 따라 획득한 점수에 대하여 인근 복권방에서 환전을 하도록 안내하고, 복권방에서는 환전수수료 5%를 공제한 후 손님들에게 금원을 환전해 주는 방법으로 영업을 한 사안에 대하여, '피씨게임방에 설치된 컴퓨터가 본래의 기능대로 이용할 수 있는 상태의 컴퓨터로 제공하는 것이 아니라 인터넷 경마게임만을 할 수 있도록 되어 있는 점, 우연의 결과로 인하여 취득한 게임점수에 따라 돈을 반환받은 점, 통상의 피씨방과 같이 운영한 것이 아니라 오직 재산상의 이익 취득만을 목적으로 컴퓨터를 사행성을 위하여 설치한 점, 피씨게임방 영업을 통하여 1일 25,000,000원 상당의 수입을 올리는 등'[95]) 사유를 들어 사행심을 유발할 우려가 있는 기계·기구 등을 이용하여 '사행성 유기기구를 이용하여 사행행위를 업으로 한 자'로 인정한 사례입니다.

---

93) 대법원 2007. 11. 15., 선고, 2007도6775, 판결
94) 광주지법 2008. 5. 22., 선고, 2008노519, 판결
95) 대법원 2006. 11. 23., 선고, 2006도2761, 판결, 대전지방법원 2006. 4. 18., 선고, 2005노2726, 판결

07 경범죄

1. 자치경찰사무 중 "경범죄 및 기초질서 관련 범죄" 수사의 범위

국가경찰과 자치경찰의 조직 및 운영에 관한 법률(약칭 경찰법, 이하 같음) 제4조 제1항 제2호에는 자치경찰사무가 규정되어 있습니다. 그 중 라목에는 "다음의 어느 하나에 해당하는 수사사무"라고 하여 그 수사가 자치경찰사무에 해당하는 6가지의 범죄가 나와 있는데, 그 중 다섯 번째가 "경범죄 및 기초질서 관련 범죄"입니다. 그리고 이에 관한 구체적인 사항 및 범위 등은 대통령령에 위임되어 있는데, 해당 대통령령인 자치경찰사무와 시·도자치경찰위원회의 조직 및 운영 등에 관한 규정 제3조(수사 관련 자치경찰사무의 범위 등) 제5호에는 "경범죄 및 기초질서 관련 범죄: 「경범죄처벌법」 제3조에 따른 경범죄"라고 규정되어 있습니다.

위 내용을 종합하면, '경범죄처벌법 제3조에 따른 경범죄에 해당하는 수사사무'는 자치경찰사무에 속한다고 정리할 수 있습니다. 경찰법의 "경범죄 및 기초질서 관련 범죄"라는 표현만으로는 그 범위 판단에 어려움이 있을 수 있었지만, 이를 대통령령에서 경범죄 처벌법 제3조로 한정하였으므로 일단 규정상으로는 그 범위가 명확하다고 볼 수 있습니다.

단, 실제로 치안현장에서 법을 집행하는 과정에서는 경범죄 처벌법 제3조에 해당하는 범죄인지, 아니면 국가경찰사무에 속하는 다른 범죄인지 구별하기가 어려운 경우가 있습니다. 그러한 경우에는 개별 사안별로 범죄구성요건을 세밀하게 검토해보아야 합니다. 여기서는 경범죄 처벌법 제3조를 상대적으로 중한 다른 범죄들과 대조하면서 살펴보도록 하겠습니다.

2. 경범죄 처벌법 제3조 제1항에 규정된 범죄

경범죄 처벌법 제3조 제1항에 해당하는 범죄는 10만 원 이하의 벌금, 구류 또는 과료(科料)의 형으로 처벌하도록 되어 있습니다. 제2항이나 제3항에 비해 벌금형의 형량이 가장 낮습니다. 제1호부터 제41호에 이르기까지 총 40가지의 범죄가 규정되어 있는데 (제4호는 삭제됨), 그 내용은 다음과 같습니다.

2.1. 빈집 등에의 침입

"다른 사람이 살지 아니하고 관리하지 아니하는 집 또는 그 울타리·건조물(建造物)·배·자동차 안에 정당한 이유 없이 들어간 사람"
- 형법상 주거침입죄는 주거의 평온을 침해하는 범죄이지만, 본 죄는 대상물이 사용·관리되지 않고 방치된 경우에 적용됩니다. 재산권 침해, 안전 문제, 비행 발생 등을 고려하여 처벌 규정을 둔 것으로 볼 수 있습니다.

2.2. 흉기의 은닉휴대

"칼·쇠몽둥이·쇠톱 등 사람의 생명 또는 신체에 중대한 위해를 끼치거나 집이나 그 밖의 건조물에 침입하는 데에 사용될 수 있는 연장이나 기구를 정당한 이유 없이 숨겨서 지니고 다니는 사람"
- 형법 제255조는 살인죄를 범할 목적으로 예비 또는 음모한 자를 처벌하고, 폭력행위 등 처벌에 관한 법률 제7조(우범자)는 그 법에 규정된 범죄에 공용(供用)될 우려가 있는 흉기나 그 밖의 위험한 물건 휴대를 처벌합니다. 그러나 본 죄는 그 정도로 흉기를 사용할 범죄가 특정될 것을 요하지 않습니다.

2.3. 폭행 등 예비

"다른 사람의 신체에 위해를 끼칠 것을 공모(共謀)하여 예비행위를 한 사람이 있는 경우 그 공모를 한 사람"
- 본 죄와 관련하여 폭력행위 등 처벌에 관한 법률 제7조(우범자)를 살펴보면 그 법에 규정된 범죄에 공용될 우려가 있는 흉기나 그 밖의 위험한 물건 휴대를 처벌하는 규정입니다. 대법원 판례[1])에 따르면, 이는 폭력의 예비행위를 처벌하는 성격이 있지만 폭력행위 등 처벌에 관한 법률이 아닌 형법 등 다른 법에 규정된 범죄에 공용될 우려만으로는 적용되지 않습니다. 그에 비해 본 죄는 예비하고 있는 행위를 특정 법률이나 죄명으로 한정하지는 않습니다.

2.4. 내용 없음(삭제)

- 종전에는 거짓신고에 대한 규정이 제1항 제4호에 있었으나 60만 원 이하의 벌금, 구류 또는 과료의 형으로 처벌이 강화되면서 2013. 5. 22.자로 거짓신고는 제3항에 위치하게 되었고, 이에 따라 제1항에서는 삭제되었습니다.

2.5. 시체 현장변경 등

"사산아(死産兒)를 감추거나 정당한 이유 없이 변사체 또는 사산아가 있는 현장을 바꾸어 놓은 사람"
- 형법상 제161조에 의해 사체 손괴나 은닉 등이, 형법 제163조에 의해 변사자의 사체 또는 변사의 의심있는 사체를 은닉 또는 변경하거나 기타 방법으로 검시를 방해한 자가 처벌됩니다. 그러나 본 죄는 손괴나 은닉 또는 검시의 방해 정도에 이를 것을 요하지 않습니다.

---

1) 대법원 2018. 6. 19. 선고, 2018도5191 판결. "위 조항은 집단 또는 상습 및 특수폭력범죄 등을 저지를 우려가 있는 사람을 처벌함으로써 공공의 안녕과 질서를 유지하기 위한 규정으로 법률 제정 시부터 현재까지 실질적인 내용의 변경 없이 그대로 유지되어 왔고, 이러한 폭력행위처벌법 위반(우범자)죄는 대상범죄인 '이 법에 규정된 범죄'의 예비죄로서의 성격을 지니고 있다. (중략) 설령 피고인이 형법 등의 다른 범죄에 사용할 의도로 식칼을 소지하였더라도 이러한 범죄는 2016. 1. 6. 법률개정에 따라 더 이상 폭력행위처벌법 제7조에서 말하는 '이 법에 규정된 범죄'가 될 수 없으므로 피고인을 폭력행위처벌법 위반(우범자)죄로 처벌할 수는 없다."

2.6. 도움이 필요한 사람 등의 신고불이행

"자기가 관리하고 있는 곳에 도움을 받아야 할 노인, 어린이, 장애인, 다친 사람 또는 병든 사람이 있거나 시체 또는 사산아가 있는 것을 알면서 이를 관계 공무원에게 지체 없이 신고하지 아니한 사람"

- 형법 제271조의 유기죄는 부조를 요하는 자를 보호할 법률상 또는 계약상의무 있는 자가 유기하는 범죄인데, 본 죄는 그 정도의 의무가 있을 것을 요하지 않습니다. 따라서 자기가 관리하고 있는 곳에 우연히 위치하게 된 미아 등에 대한 신고를 하지 않는 경우 성립할 수 있습니다.

2.7. 관명사칭 등

"국내외의 공직(公職), 계급, 훈장, 학위 또는 그 밖에 법령에 따라 정하여진 명칭이나 칭호 등을 거짓으로 꾸며 대거나 자격이 없으면서 법령에 따라 정하여진 제복, 훈장, 기장 또는 기념장(記念章), 그 밖의 표장(標章) 또는 이와 비슷한 것을 사용한 사람"

- 형법 제118조(공무원자격의 사칭)은 공무원의 자격을 사칭하여 그 직권을 행사하는 범죄인데, 본 죄는 직권행사에 이를 것을 요하지 않습니다.
- 그러나 직권행사에 이르지 않은 경우에도 바로 본 죄를 적용하기보다는 다음과 같은 법률을 살펴볼 필요가 있습니다. 변호사법 제112조 제3호에는 변호사가 아니면서 변호사나 법률사무소를 표시 또는 기재하거나 이익을 얻을 목적으로 법률 상담이나 그 밖의 법률사무를 취급하는 뜻을 표시 또는 기재한 사람을 3년 이하의 징역 또는 2천만 원 이하의 벌금에 처하도록 규정되어 있습니다. 그리고 법무사법 제74조에는 법무사가 아닌 자가 법무사 또는 이와 비슷한 명칭을 사용한 경우, 이익을 얻을 목적으로 문서, 도화, 시설물 등에 법무사 업무를 취급한다는 뜻을 표시하거나 기재한 경우에 3년 이하의 징역 또는 500만 원 이하의 벌금에 처하도록 되어 있습니다. 그리고 상훈법 제39조에는 훈장 또는 포장을 받지 아니한 사람(유족을 포함)이 훈장 또는 포장을 패용한 때에는 6개월 이하의 징역 또는 500만 원 이하의 벌금에 처하도록 되어 있습니다.
- 한편, 군복 및 군용장구의 단속에 관한 법률 제13조 제2항에는 군인이 아닌 자가 군복을 착용하거나 군용장구를 사용 또는 휴대하는 경우에 10만 원 이하의 벌금이나 구류 또는 과료에 처하도록 되어 있는데, 본 죄와 형량은 동일합니다.

2.8. 물품강매 · 호객행위

"요청하지 아니한 물품을 억지로 사라고 한 사람, 요청하지 아니한 일을 해주거나 재주 등을 부리고 그 대가로 돈을 달라고 한 사람 또는 여러 사람이 모이거나 다니는 곳에서 영업을 목적으로 떠들썩하게 손님을 부른 사람"

- 본 죄는 협박의 정도에 이를 것까지 요하지는 않습니다. 만약 협박을 하였다면 형법 제283조 제1항에 해당하여 3년 이하의 징역, 500만 원 이하의 벌금, 구류 또는 과료의 형으로 처벌하게 되어 있습니다. 만약 폭행 또는 협박으로 공포심을 일으켜 의사결정 및 실행의 자유를 방해하는 정도에 이르고 그러한 심적 상태에 빠진 상대방으로부터 재물의 교부를 받거나 재산상의 이익을 취득하였다면 형법 제350조에 의해 공갈죄가 성립하여 10년 이하의 징역 또는 2천만 원 이하의 벌금에 처하도록 규정되어 있습니다.

2.9. 광고물 무단부착 등

"다른 사람 또는 단체의 집이나 그 밖의 인공구조물과 자동차 등에 함부로 광고물 등을 붙이거나 내걸거나 끼우거나 글씨 또는 그림을 쓰거나 그리거나 새기는 행위 등을 한 사람 또는 다른 사람이나 단체의 간판, 그 밖의 표시물 또는 인공구조물을 함부로 옮기거나 더럽히거나 훼손한 사람 또는 공공장소에서 광고물 등을 함부로 뿌린 사람"

- 광고물의 종류나 설치 장소에 따라서는 옥외광고물 등의 관리와 옥외광고산업 진흥에 관한 법률 제17조의3에 의해 2년 이하의 징역 또는 2천만 원 이하의 벌금으로 처벌되거나, 제18조에 의해 1년 이하의 징역 또는 1천만 원 이하의 벌금으로 처벌될 수 있습니다.
- 본 죄에 규정된 행위가 타인의 재물, 문서 또는 전자기록등 특수매체기록을 손괴 또는 은닉, 기타 방법으로 효용을 해하는 정도에까지 이르렀다면 형법 제366조(재물손괴등)에 의해 3년이하의 징역 또는 700만 원 이하의 벌금에 처하게 되어 있습니다.

2.10. 마시는 물 사용방해

"사람이 마시는 물을 더럽히거나 사용하는 것을 방해한 사람"
- 오물을 넣어서 먹는 물로 사용하지 못하게 한 경우에는 형법 제192조(음용수의 사용방해) 제1항에 의해 1년 이하의 징역 또는 500만 원 이하의 벌금에 처하고, 만약 독물이나 그 밖에 건강을 해할 물질을 넣은 사람은 제2항에 의해 10년 이하의 징역에 처하게 되는 등, 마시는 물에 대해 형법에 규정된 더 중한 범죄들이 다수 있습니다. 그에 비해 본 죄는 사람이 마시는 물을 단순하게 더럽히는 정도에 그치는 경우에도 성립할 수 있습니다.

2.11. 쓰레기 등 투기

"담배꽁초, 껌, 휴지, 쓰레기, 죽은 짐승, 그 밖의 더러운 물건이나 못쓰게 된 물건을 함부로 아무 곳에나 버린 사람"
- 오물 투기에 대해서는 다른 법률에서 더 중하게 처벌하고 있는 경우가 다수 있는데, 본 죄는 그러한 정도에 이를 것을 요하지 않습니다.
- 대기환경보전법에는 사업자가 배출시설과 방지시설을 정상적으로 가동하지 아니하여 허용기준을 초과한 오염물질을 배출하는 행위 등을 7년 이하의 징역이나 1억원 이하의 벌금에 처하도록 되어 있고, 자연환경보전법에는 생태·경관보전지역 안에서 물환경보전법 제2조에 따른 특정수질유해물질, 폐기물관리법 제2조에 따른 폐기물 또는 화학물질관리법 제2조에 따른 유독물질을 버리는 행위 등을 2년 이하의 징역 또는 2천만 원 이하의 벌금에 처하도록 되어 있습니다. 그 밖에 폐기물관리법, 자연공원법, 환경범죄 등의 단속 및 가중처벌에 관한 법률 등에도 불법 배출 등을 처벌하거나 경우에 따라서는 가중 처벌하는 규정을 두고 있습니다.

2.12. 노상방뇨 등

"길, 공원, 그 밖에 여러 사람이 모이거나 다니는 곳에서 함부로 침을 뱉거나 대소변을 보거나 또는 그렇게 하도록 시키거나 개 등 짐승을 끌고 와서 대변을 보게 하고 이를 치우지 아니한 사람"

- 본 죄는 사람의 침 또는 대소변, 짐승의 대변을 체외로 바로 배출하거나 그렇게 하도록 시키는 경우에 적용됩니다. 단, 범죄와 형벌에 관한 규정은 엄격하게 해석하여야 하므로 장소에 대한 내용도 간과해서는 안 됩니다. 그러므로 '길, 공원, 그 밖에 여러 사람이 모이거나 다니는 곳'이 아닌 다른 은밀한 장소에서 배출하게 한 것을 아무 곳에나 버리는 경우에는 본 죄보다는 경범죄 처벌법 제3조 제1항 제11호 (쓰레기 등 투기) 적용을 검토할 필요가 있습니다.

2.13. 의식방해

"공공기관이나 그 밖의 단체 또는 개인이 하는 행사나 의식을 못된 장난 등으로 방해하거나 행사나 의식을 하는 자 또는 그 밖에 관계있는 사람이 말려도 듣지 아니하고 행사나 의식을 방해할 우려가 뚜렷한 물건을 가지고 행사장 등에 들어간 사람"
- 본 죄는 그 방해의 방법이 형법상의 장례식 등의 방해나 업무방해에 이를 것을 요하지 않습니다. 장례식, 제사, 예배 또는 설교를 방해한 사람은 형법 제158조(장례식등의 방해)에 의해 3년 이하의 징역 또는 500만 원 이하의 벌금에 처하도록 되어 있고, 허위사실 유포, 위계 또는 위력으로써 사람의 업무를 방해한 사람은 형법 제 314조(업무방해) 제1항에 5년 이하의 징역 또는 1천500만 원 이하의 벌금에 처하도록 되어 있습니다.

2.14. 단체가입 강요

"싫다고 하는데도 되풀이하여 단체 가입을 억지로 강요한 사람"
- 본 죄는 강요의 정도가 폭행 또는 협박에 이를 것을 요하지 않습니다. 만약 폭행 또는 협박으로 단체에 가입까지 하게 한 경우에는 형법 제324조(강요) 제1항에 의해 5년 이하의 징역 또는 3천만 원 이하의 벌금에 해당할 수 있습니다.

2.15. 자연훼손

"공원·명승지·유원지나 그 밖의 녹지구역 등에서 풀·꽃·나무·돌 등을 함부로 꺾거나 캔 사람 또는 바위·나무 등에 글씨를 새기거나 하여 자연을 훼손한 사람"

- 훼손 대상이나 유형에 따라 본죄보다 더 중하게 처벌하는 다음과 같은 법률들이 있으므로 검토할 필요가 있습니다.
- 산림보호법에는 보호수를 절취하거나 산림보호구역에서 그 산물을 절취한 자는 1년 이상 10년 이하의 징역으로, 산림보호구역에서 입목·죽의 벌채, 임산물의 굴취·채취, 입목·죽 또는 임산물을 손상하거나 말라 죽게 하는 행위 등은 5년 이하의 징역 또는 5천만 원 이하의 벌금으로 처벌하도록 규정되어 있습니다.
- 자연공원의 형상을 해치거나 공원시설을 훼손하는 행위는 자연공원법에 3년 이하의 징역 또는 3천만 원 이하의 벌금에 처하도록 되어 있고, 허가 없이 명승, 천연기념물로 지정 또는 임시지정된 구역 또는 보호구역에서 동물, 식물, 광물을 포획·채취하거나 이를 그 구역 밖으로 반출한 사람은 문화재보호법에 5년 이하의 징역이나 5천만 원 이하의 벌금에 처하도록 규정되어 있습니다.
- 생태·경관보전지역 안에서 자연생태 또는 자연경관의 훼손행위를 한 경우에는 자연환경보전법에 의해 처벌하도록 되어 있는데, 핵심구역·완충구역·전이구역 등의 구역분류와 행위의 종류에 따라서 형량은 3년 이하의 징역 또는 3천만 원 이하의 벌금이 되거나 2년 이하의 징역 또는 2천만 원 이하의 벌금이 될 수 있습니다. 단, 생태·경관보전지역 안에서도 자연공원법에 따라 지정된 공원구역 또는 문화재보호법에 따른 문화재(보호구역을 포함)가 포함될 때에는 자연공원법 또는 문화재보호법의 적용을 받게 되는 경우도 있습니다.

2.16. 타인의 가축·기계 등 무단조작

"다른 사람 또는 단체의 소나 말, 그 밖의 짐승 또는 매어 놓은 배·뗏목 등을 함부로 풀어 놓거나 자동차 등의 기계를 조작한 사람"

- 본 죄는 짐승·배·자동차 등이 실제로 이동하게 될 것을 요하지 않습니다. 그 정도를 넘어 권리자의 동의 없이 타인의 자동차, 선박, 항공기 또는 원동기장치자전거를 일시 사용한 사람은 형법 제331조의2(자동차등 불법사용)에 의해 3년 이하의 징역, 500만 원 이하의 벌금, 구류 또는 과료에 처하도록 되어 있습니다. 만약 일시 사용 정도에 그치지 않고 가치를 감소시키거나 원래 있던 장소가 아닌 다른 곳에 방치하거나 장시간 사용하였다면 형법 제329조의 절도죄에 해당할 수 있습니다.[2]

---

2) 대법원 2012. 7. 12. 선고, 2012도1132 판결. "절도죄의 성립에 필요한 불법영득의 의사란 권리자를

만약 자기가 사용을 하거나 이득을 취하지는 않고 재물의 효용을 해하는 행위라면 형법상 재물손괴에 해당할 수 있습니다.

2.17. 물길의 흐름 방해

"개천·도랑이나 그 밖의 물길의 흐름에 방해될 행위를 한 사람"
- 물을 넘겨 사람이 주거에 사용하거나 사람이 현존하는 건조물, 기차, 전차, 자동차, 선박, 항공기 또는 광갱을 침해하였다면 형법 제177조(현주건조물등에의 일수) 제1항에 의해 무기 또는 3년 이상의 징역에 처하도록 되어 있습니다. 물을 넘겨 공용 또는 공익에 공하는 건조물, 기차, 전차, 자동차, 선박, 항공기 또는 광갱을 침해하였다면 형법 제178조(공용건조물 등에의 일수)에 의해 무기 또는 2년 이상의 징역에 처하도록 규정되어 있습니다. 그리고 제방을 결궤하거나 수문을 파괴하거나 기타 방법으로 수리를 방해한 경우에는 형법 제184조(수리방해)에 의해 5년 이하의 징역 또는 700만 원 이하의 벌금에 처하도록 되어 있습니다. 본 죄는 그러한 정도에 이를 것을 요하지는 않습니다.

2.18. 구걸행위 등

"다른 사람에게 구걸하도록 시켜 올바르지 아니한 이익을 얻은 사람 또는 공공장소에서 구걸을 하여 다른 사람의 통행을 방해하거나 귀찮게 한 사람"
- 본죄는 '다른 사람에게' 구걸을 시키는 것으로만 규정되어 있어 그 범위에 대해 특별한 제한을 두고 있지는 않습니다. 그런데 만약 아동에게 구걸을 시키거나 아동을 이용하여 구걸을 한다면 이는 아동복지법에 의해 5년 이하의 징역 또는 5천만 원 이하의 벌금에 처하도록 되어 있습니다.
- 구걸로 인해 이익을 얻은 경우 구걸하도록 시킨 방법이 폭행이나 협박에 해당할 정도라면 형법상 공갈죄를 검토할 필요도 있습니다.

배제하고 타인의 물건을 자기의 소유물과 같이 이용·처분할 의사를 말하고, 영구적으로 물건의 경제적 이익을 보유할 의사임은 요하지 않으며, 일시 사용의 목적으로 타인의 점유를 침탈한 경우에도 사용으로 인하여 물건 자체가 가지는 경제적 가치가 상당한 정도로 소모되거나 또는 상당한 장시간 점유하고 있거나 본래의 장소와 다른 곳에 유기하는 경우에는 이를 일시 사용하는 경우라고는 볼 수 없으므로 영득의 의사가 없다고 할 수 없다."

2.19. 불안감조성

"정당한 이유 없이 길을 막거나 시비를 걸거나 주위에 모여들거나 뒤따르거나 몹시 거칠게 겁을 주는 말이나 행동으로 다른 사람을 불안하게 하거나 귀찮고 불쾌하게 한 사람 또는 여러 사람이 이용하거나 다니는 도로·공원 등 공공장소에서 고의로 험악한 문신(文身)을 드러내어 다른 사람에게 혐오감을 준 사람"

- 본 죄는 그 행위가 형법상 모욕, 폭행, 협박 등에 이를 것을 요하지 않습니다. 단, 후반부에 규정된 고의로 험악한 문신을 드러내는 행위에 대해서는 장소에 대한 내용도 있으므로 모든 장소에 대해 적용하지 않도록 주의해야 합니다.

2.20. 음주소란 등

"공회당·극장·음식점 등 여러 사람이 모이거나 다니는 곳 또는 여러 사람이 타는 기차·자동차·배 등에서 몹시 거친 말이나 행동으로 주위를 시끄럽게 하거나 술에 취하여 이유 없이 다른 사람에게 주정한 사람"

- 본 죄는 그 행위가 형법상 업무방해, 모욕, 폭행, 협박 등에 이를 것을 요하지 않습니다. 단, 장소 요건이 있음에 주의해야 합니다.

2.21. 인근소란 등

"악기·라디오·텔레비전·전축·종·확성기·전동기(電動機) 등의 소리를 지나치게 크게 내거나 큰소리로 떠들거나 노래를 불러 이웃을 시끄럽게 한 사람"

- 본 죄를 적용할 때에는 경범죄 처벌법 제3조 제1항 제20호 음주소란 등과 비교하여 함께 검토할 필요가 있습니다. 양 죄는 장소나 상황, 행위 방법, 주취 여부 등에서 다소간 차이점이 있으며, 법정형은 동일하지만 범칙금 통고처분으로 처리할 경우에는 범칙금의 액수는 다릅니다. 제20호의 음주소란 등이 5만 원, 본 죄는 3만 원입니다.

2.22. 위험한 불씨 사용

"충분한 주의를 하지 아니하고 건조물, 수풀, 그 밖에 불붙기 쉬운 물건 가까이에서 불을 피우거나 휘발유 또는 그 밖에 불이 옮아붙기 쉬운 물건 가까이에서 불씨를 사용한 사람"

- 본 죄는 실제로 화재가 발생하여 형법상 방화나 실화의 정도에 이를 것을 요하지 않습니다. 화재를 일으킬 가능성이 있는 행위를 사전에 방지하기 위한 것으로 볼 수 있습니다.

2.23. 물건 던지기 등 위험행위

"다른 사람의 신체나 다른 사람 또는 단체의 물건에 해를 끼칠 우려가 있는 곳에 충분한 주의를 하지 아니하고 물건을 던지거나 붓거나 또는 쏜 사람"

- 본 죄는 실제로 다른 사람의 신체나 물건에 해를 끼쳐서 형법상 상해나 과실치상 또는 재물손괴에 이를 것을 요하지 않습니다. 그러한 피해를 일으킬 가능성이 있는 행위를 사전에 방지하기 위한 것으로 볼 수 있습니다.

2.24. 인공구조물 등의 관리소홀

"무너지거나 넘어지거나 떨어질 우려가 있는 인공구조물이나 그 밖의 물건에 대하여 관계 공무원으로부터 고칠 것을 요구받고도 필요한 조치를 게을리하여 여러 사람을 위험에 빠트릴 우려가 있게 한 사람"

- 본 죄는 다른 사람에게 사망이나 상해의 결과가 발생할 것을 요하지 않습니다. 만약 그러한 결과가 발생하였다면 경우에 따라 형법상 살인, 상해, 과실치사, 과실치상 등이 성립할 수 있습니다.

2.25. 위험한 동물의 관리 소홀

"사람이나 가축에 해를 끼치는 버릇이 있는 개나 그 밖의 동물을 함부로 풀어놓거나 제대로 살피지 아니하여 나다니게 한 사람"

- 본 죄는 다른 사람이나 가축에 피해가 발생할 것을 요하지 않습니다. 만약 그러한 결과가 발생하였다면 고의나 과실 여부, 피해 등에 따라 형법상 살인, 상해, 과실치사, 과실치상, 재물손괴 등이 성립할 수 있습니다. 만약 사업주가 산업재해를 예방하기 위하여 필요한 조치를 하지 않아서 근로자를 사망에 이르게 하였다면 산업안전보건법도 적용될 수 있습니다.

2.26. 동물 등에 의한 행패 등

"소나 말을 놀라게 하여 달아나게 하거나 개나 그 밖의 동물을 시켜 사람이나 가축에게 달려들게 한 사람"

- 본 죄는 두 가지로 나누어 볼 수 있는데, 먼저 전반부에 규정된 소나 말을 놀라게 하여 달아나게 하는 행위를 보면, 달아난 소나 말 자체에 대해서는 손괴의 정도에 이를 것을 요하지는 않습니다. 만약 그 정도라면 형법상 재물손괴에 해당할 수 있습니다. 한편, 달아난 소나 말에 의해 다른 사람이나 재물에 피해가 발생하였다면 형법상 과실치사, 과실치상 또는 고의 인정 여부에 따라서 살인, 상해, 폭행, 재물손괴 등도 검토해 볼 수 있겠습니다.
- 후반부에 규정된, 개나 그 밖의 동물을 시켜 사람이나 가축에게 달려들게 한 경우를 보면, 본 죄 전반부에 비해서 공격의 의사가 더 강하다고 볼 수 있습니다. 그러나 사람이나 가축이 죽거나 다치게 할 것을 요하지는 않으며 만약 그러한 결과가 발생하였다면 형법상 살인, 상해, 재물손괴 등이 적용될 수 있습니다.

2.27. 무단소등

"여러 사람이 다니거나 모이는 곳에 켜 놓은 등불이나 다른 사람 또는 단체가 표시를 하기 위하여 켜 놓은 등불을 함부로 끈 사람"

- 본 죄는 소등행위를 규정하고 있는데, 단순한 소등에 그치지 않고 수리 등 상당한 조치가 필요하도록 하였다면 형법상 재물손괴가 적용될 수 있습니다.

2.28. 공중통로 안전관리소홀

"여러 사람이 다니는 곳에서 위험한 사고가 발생하는 것을 막을 의무가 있으면서도 등불을 켜 놓지 아니하거나 그 밖의 예방조치를 게을리한 사람"

• 본 죄는 예방조치를 게을리하는 행위를 규정하고 있는데, 실제로 사고가 발생할 것을 요하지는 않습니다. 만약 실제로 사고가 발생하였다면 형법상 업무상과실치사, 업무상과실치상 등을 검토해야 합니다.

2.29. 공무원 원조불응

"눈·비·바람·해일·지진 등으로 인한 재해, 화재·교통사고·범죄, 그 밖의 급작스러운 사고가 발생하였을 때에 현장에 있으면서도 정당한 이유 없이 관계 공무원 또는 이를 돕는 사람의 현장출입에 관한 지시에 따르지 아니하거나 공무원이 도움을 요청하여도 도움을 주지 아니한 사람"

• 본 죄는 현장 출입에 관한 지시에 따르지 않는 행위 등을 규정하고 있는데, 만약 불응 정도가 아니라 화재가 발생한 상황에서 진화용의 시설 또는 물건을 은닉 또는 손괴하거나 기타 방법으로 진화를 방해한 경우에는 형법 제169조(진화방해)에 의해 10년 이하의 징역에 처하도록 되어 있습니다. 화재가 아니라 수재가 발생한 상황에도 비슷한 처벌 규정이 있는데, 방수용의 시설 또는 물건을 손괴 또는 은닉하거나 기타 방법으로 방수를 방해한 경우에는 형법 제180조(방수방해)에 의해 10년 이하의 징역에 처하게 되어 있습니다.

2.30. 거짓 인적사항 사용

"성명, 주민등록번호, 등록기준지, 주소, 직업 등을 거짓으로 꾸며대고 배나 비행기를 타거나 인적사항을 물을 권한이 있는 공무원이 적법한 절차를 거쳐 묻는 경우 정당한 이유 없이 다른 사람의 인적사항을 자기의 것으로 거짓으로 꾸며댄 사람"

• 본 죄는 인적사항을 거짓으로 꾸며대는 행위를 규정하고 있는데, 그 구체적인 방법에 따라서 다른 처벌조항이 적용될 수도 있습니다. 만약 다른 사람의 주민등록증을 자신의 주민등록증인 것처럼 부정하게 사용하였다면 주민등록법 제37조 제8호에

의해 3년 이하의 징역 또는 3천만 원 이하의 벌금에 처하도록 규정되어 있고, 다른 사람의 주민등록번호를 부정하게 사용하였다면 같은 조 제10호에 의해 같은 벌에 처하도록 되어 있습니다. 다른 사람의 운전면허증을 자기의 것인 양 제시하는 등 공문서를 부정행사하였다면 형법 제230조(공문서 등의 부정행사)에 의해 2년 이하의 징역이나 금고 또는 500만 원 이하의 벌금에 해당할 수 있습니다.

2.31. 미신요법

"근거 없이 신기하고 용한 약방문인 것처럼 내세우거나 그 밖의 미신적인 방법으로 병을 진찰·치료·예방한다고 하여 사람들의 마음을 홀리게 한 사람"
- 본 죄는 사람들의 마음을 홀리게 하는 행위를 규정하고 있는데, 기망으로 재산상의 이익을 취득하였다면 형법상 사기죄가, 치료 등 행위로 인해 사망이나 상해가 발생하면 형법상 업무상과실치사, 업무상과실치상을 검토할 필요가 있습니다. 만약 자격이 없는 자의 행위라면 의료법, 보건범죄 단속에 관한 특별조치법도 적용될 수 있습니다.

2.32. 야간통행제한 위반

"전시·사변·천재지변, 그 밖에 사회에 위험이 생길 우려가 있을 경우에 경찰청장이나 해양경찰청장이 정하는 야간통행제한을 위반한 사람"
- 야간통행제한은 6.25 전쟁 이후 전국적으로 시행되다가 1980년대에 일부 지역만 남기고 전면 해제 및 추가 해제가 이루어졌습니다. 현재는 일부 전방접적지역 등에서만 적용됩니다.

2.33. 과다노출

"공개된 장소에서 공공연하게 성기·엉덩이 등 신체의 주요한 부위를 노출하여 다른 사람에게 부끄러운 느낌이나 불쾌감을 준 사람"
- 본 죄는 공공연한 노출행위를 규정하고 있는데, 단순 노출이 아닌 음란한 행위로 볼 수 있다면 형법상 공연음란에 해당할 수 있습니다.

2.34. 지문채취 불응

"범죄 피의자로 입건된 사람의 신원을 지문조사 외의 다른 방법으로는 확인할 수 없어 경찰공무원이나 검사가 지문을 채취하려고 할 때에 정당한 이유 없이 이를 거부한 사람"

- 범죄 피의자로 입건하여 수사를 하려면 인적사항을 확인하고 주거지나 범죄경력 등을 파악하여야 하고, 엉뚱한 사람을 입건하는 등의 착오도 방지하여야 합니다. 본 죄는 이러한 직무수행의 실효성을 확보하고 피의자가 이에 응하도록 하기 위한 것으로 볼 수 있습니다.

2.35. 자릿세 징수 등

"여러 사람이 모이거나 쓸 수 있도록 개방된 시설 또는 장소에서 좌석이나 주차할 자리를 잡아 주기로 하거나 잡아주면서, 돈을 받거나 요구하거나 돈을 받으려고 다른 사람을 귀찮게 따라다니는 사람"

- 본 죄는 형법상 공갈죄에 해당하는 정도에 이를 것을 요하지 않습니다. 단, 앞서 살펴 본 경범죄 처벌법 제3조 제1항 제8호의 물품강매·호객행위와 함께 검토할 필요가 있습니다.

2.36. 행렬방해

"공공장소에서 승차·승선, 입장·매표 등을 위한 행렬에 끼어들거나 떠밀거나 하여 그 행렬의 질서를 어지럽힌 사람"

- 본 죄는 질서유지와 사고 예방 등을 위한 것이며, 형법상 폭행이나 업무방해에 이를 것을 요하지 않습니다.

2.37. 무단 출입

"출입이 금지된 구역이나 시설 또는 장소에 정당한 이유 없이 들어간 사람"

- 본 죄에 앞서 사람의 주거, 관리하는 건조물, 선박이나 항공기 또는 점유하는 방실에 대해서는 형법 제319조(주거침입, 퇴거불응)를 검토하고, 이에 해당하지 않더라도 군사기지 및 군사시설 보호법과 같이 허가 없는 출입을 처벌하는 법이 적용되는 장소인지 검토해야 합니다.

2.38. 총포 등 조작장난

"여러 사람이 모이거나 다니는 곳에서 충분한 주의를 하지 아니하고 총포, 화약류, 그 밖에 폭발의 우려가 있는 물건을 다루거나 이를 가지고 장난한 사람"

- 총포·화약류 등의 종류에 따라서, 그리고 그 소지·사용에 대해 허가 등이 필요한지 여부에 따라서 총포·도검·화약류 등의 안전관리에 관한 법률에 의해 금지 및 형사처벌 대상이 될 수 있으므로 이를 우선 검토해야 합니다.

2.39. 무임승차 및 무전취식

"영업용 차 또는 배 등을 타거나 다른 사람이 파는 음식을 먹고 정당한 이유 없이 제값을 치르지 아니한 사람"

- 본 죄는 조문에 충실하게 해석을 한다면 이미 용역이나 재화를 받고 난 이후의 행위에 초점이 있다고 볼 수 있습니다. 대금 미납의 의사 발생 시점에 대하여 특별한 언급은 없는데, 만약에 처음부터 제값을 치를 의사나 능력이 없음에도 불구하고 마치 이를 지불할 평범한 손님인 것 같은 태도로 탑승하거나 취식을 하였다면 형법상 사기죄에 해당할 수 있습니다.

2.40. 장난전화 등

"정당한 이유 없이 다른 사람에게 전화·문자메시지·편지·전자우편·전자문서 등을 여러 차례 되풀이하여 괴롭힌 사람"

- 본 죄에 규정된 대로 단순히 되풀이하여 괴롭히는 정도가 아니라 내용상으로 특이점이 있다면 다음과 같은 법률 적용을 검토해야 합니다.

- 자기 또는 다른 사람의 성적 욕망을 유발하거나 만족시킬 목적으로 전화, 우편, 컴퓨터, 그 밖의 통신매체를 통하여 성적 수치심이나 혐오감을 일으키는 말, 음향, 글, 그림, 영상 또는 물건을 상대방에게 도달하게 한 경우, 성폭력범죄의 처벌 등에 관한 특례법 제13조(통신매체를 이용한 음란행위)에 의해 2년 이하의 징역 또는 2천만 원 이하의 벌금에 처하도록 되어 있습니다. 만약 공포심이나 불안감을 유발하는 부호·문언·음향·화상 또는 영상을 반복적으로 상대방에게 도달하게 한 경우라면 정보통신망 이용촉진 및 정보보호 등에 관한 법률 제74조 제1항 제3호에 의해 1년 이하의 징역 또는 1천만 원 이하의 벌금에 처하도록 규정되어 있습니다.
- 한편, 2021. 10. 21.부터 시행된 스토킹범죄의 처벌 등에 관한 법률에는 상대방의 의사에 반하여 정당한 이유 없이 상대방 또는 그의 동거인, 가족에 대하여 특정한 행위를 하는 것을 "스토킹행위"라고 한 후, 이를 지속적 또는 반복적으로 하는 것을 "스토킹범죄"라고 하여 3년 이하의 징역 또는 3천만원 이하의 벌금에 처하는 등의 규정을 두고 있습니다. 그리고 "스토킹행위"에는 "우편·전화·팩스 또는 「정보통신망 이용촉진 및 정보보호 등에 관한 법률」 제2조 제1항 제1호의 정보통신망을 이용하여 물건이나 글·말·부호·음향·그림·영상·화상(이하 "물건등"이라 한다)을 도달하게 하는 행위"도 포함됩니다. 이는 본 죄 및 앞서 살펴 본 성폭력범죄의 처벌 등에 관한 특례법이나 정보통신망 이용촉진 및 정보보호 등에 관한 법률의 규정과 내용상 관련이 있을 뿐만 아니라, 법정형은 더 높으므로 간과하지 말고 함께 검토해야 합니다.

2.41. 지속적 괴롭힘

"상대방의 명시적 의사에 반하여 지속적으로 접근을 시도하여 면회 또는 교제를 요구하거나 지켜보기, 따라다니기, 잠복하여 기다리기 등의 행위를 반복하여 하는 사람"
- 스토킹범죄의 처벌 등에 관한 법률의 "스토킹행위"에는 앞서 제40호에서 살펴 보았던 행위 외에, "접근하거나 따라다니거나 진로를 막아서는 행위, 주거, 직장, 학교, 그 밖에 일상적으로 생활하는 장소(이하 "주거등"이라 한다) 또는 그 부근에서 기다리거나 지켜보는 행위, 직접 또는 제3자를 통하여 물건등을 도달하게 하거나 주거등 또는 그 부근에 물건등을 두는 행위, 주거등 또는 그 부근에 놓여져 있는 물건등을 훼손하는 행위"도 포함됩니다. 이는 본 죄와 매우 유사하거나 관련성이 높으므로 함께 검토해야 하겠습니다.

3. 경범죄 처벌법 제3조 제2항에 규정된 범죄

경범죄 처벌법 제3조 제2항에는 20만 원 이하의 벌금, 구류 또는 과료의 형으로 처벌하는 경우가 규정되어 있습니다. 벌금형 형량이 제1항보다는 높고 제3항보다는 낮습니다. 총 4가지 범죄가 규정되어 있는데 그 내용은 다음과 같습니다.

3.1. 출판물의 부당게재 등

"올바르지 아니한 이익을 얻을 목적으로 다른 사람 또는 단체의 사업이나 사사로운 일에 관하여 신문, 잡지, 그 밖의 출판물에 어떤 사항을 싣거나 싣지 아니할 것을 약속하고 돈이나 물건을 받은 사람"
- 본 죄는 약속에 의해 돈이나 물건을 받은 경우를 규정하고 있습니다. 이런 정도에 그치지 않고 폭행이나 협박의 정도에 이르렀고 이로 인해 겁이 난 상대방으로부터 돈이나 물건을 받았다면 형법상 공갈죄를 검토해야 합니다.

3.2. 거짓 광고

"여러 사람에게 물품을 팔거나 나누어 주거나 일을 해주면서 다른 사람을 속이거나 잘못 알게 할 만한 사실을 들어 광고한 사람"
- 본 죄에 앞서 거짓 광고를 처벌하는 다른 특별법 등을 먼저 검토할 필요가 있습니다. 광고에 의하여 원산지·품질·내용·제조방법·용도·수량 등을 오인하게 하는 부정경쟁행위에 대해서는 부정경쟁방지 및 영업비밀보호에 관한 법률 제18조 제3항 제1호에 의해 3년 이하의 징역 또는 3천만 원 이하의 벌금에 처하도록 되어 있습니다. 그리고, 등록을 하지 아니한 상표 또는 상표등록출원을 하지 아니한 상표를 등록상표 또는 등록출원상표인 것 같이 영업용 광고, 간판, 표찰, 상품의 포장 또는 그 밖의 영업용 거래 서류 등에 표시하는 경우에는 상표법 제233조(거짓 표시의 죄)에 3년 이하의 징역 또는 3천만 원 이하의 벌금에 처하도록 규정되어 있습니다.

3.3. 업무방해

"못된 장난 등으로 다른 사람, 단체 또는 공무수행 중인 자의 업무를 방해한 사람"

- 형법상 업무방해죄의 업무에는 공무가 제외된다는 것이 대법원의 입장이지만[3] 본 죄는 그러한 경우도 포함될 수 있도록 규정되어 있습니다.
- 본 죄의 행위 방법은 못된 장난 등인데, 그 정도를 넘은 형법상 공무집행방해의 폭행 또는 협박, 형법상 업무방해의 위계 또는 위력 또는 허위사실유포에 해당할 수 있는지 여부를 검토하여 적용법조를 판단해야 합니다.

3.4. 암표매매

"흥행장, 경기장, 역, 나루터, 정류장, 그 밖에 정하여진 요금을 받고 입장시키거나 승차 또는 승선시키는 곳에서 웃돈을 받고 입장권·승차권 또는 승선권을 다른 사람에게 되판 사람"

- 본 죄와 관련성이 있는 형법상 범죄를 살펴보면, 사람의 궁박한 상태를 이용하여 현저하게 부당한 이익을 취득한 경우에 형법 제349조(부당이득) 제1항에 의해 3년 이하의 징역 또는 1천만 원 이하의 벌금에 처하는 규정이 있습니다. 그러나 대법원 판례[4] 등에 비추어 보면 형법상 부당이득죄 인정이 쉬운 일은 아니므로 신중하게 검토해야 합니다.

---

3) 대법원 2009. 11. 19. 선고, 2009도4166 전원합의체 판결. "형법이 업무방해죄와는 별도로 공무집행방해죄를 규정하고 있는 것은 사적 업무와 공무를 구별하여 공무에 관해서는 공무원에 대한 폭행, 협박 또는 위계의 방법으로 그 집행을 방해하는 경우에 한하여 처벌하겠다는 취지라고 보아야 한다. 따라서 공무원이 직무상 수행하는 공무를 방해하는 행위에 대해서는 업무방해죄로 의율할 수는 없다고 해석함이 상당하다."

4) 대법원 2009. 1. 15. 선고, 2008도8577 판결. "개발사업 등이 추진되는 사업부지 중 일부의 매매와 관련된 이른바 '알박기' 사건에서 부당이득죄의 성립 여부가 문제되는 경우, 그 범죄의 성립을 인정하기 위해서는 피고인이 피해자의 개발사업 등이 추진되는 상황을 미리 알고 그 사업부지 내의 부동산을 매수한 경우이거나 피해자에게 협조할 듯한 태도를 보여 사업을 추진하도록 한 후에 협조를 거부하는 경우 등과 같이, 피해자가 궁박한 상태에 빠지게 된 데에 피고인이 적극적으로 원인을 제공하였거나 상당한 책임을 부담하는 정도에 이르러야 한다. 이러한 정도에 이르지 않은 상태에서 단지 개발사업 등이 추진되기 오래 전부터 사업부지 내의 부동산을 소유하여 온 피고인이 이를 매도하라는 피해자의 제안을 거부하다가 수용하는 과정에서 큰 이득을 취하였다는 사정만으로 함부로 부당이득죄의 성립을 인정해서는 안 된다. 아파트 건축사업이 추진되기 수년 전부터 사업부지 내 일부 부동산을 소유하여 온 피고인이 사업자의 매도 제안을 거부하다가 인근 토지 시가의 40배가 넘는 대금을 받고 매도한 사안에서, 부당이득죄의 성립을 부정"

4. 경범죄 처벌법 제3조 제3항에 규정된 범죄

경범죄 처벌법 제3조 제3항에는 60만 원 이하의 벌금, 구류 또는 과료의 형으로 처벌하는 경우가 규정되어 있습니다. 제1항과 제2항에 비해 벌금형 형량이 높고 사건 처리 절차나 방법에서도 유의미한 차이가 있습니다.

먼저, 벌금형 다액이 60만 원으로 되어 있으므로 범인의 주거가 분명하더라도 그것이 현행범인 체포 불능 사유가 되지 않습니다.[5] 그리고, 제3조 제1항이나 제2항에 대해서는 경범죄 처벌법 내에 통고처분 규정이 있지만, 제3항에 대해서는 통고처분 규정이 없습니다. 제3조 제3항에는 2가지의 범죄가 규정되어 있는데 그 내용은 다음과 같습니다.

4.1. 관공서에서의 주취소란

"술에 취한 채로 관공서에서 몹시 거친 말과 행동으로 주정하거나 시끄럽게 한 사람"
- 형법상 공무집행방해죄는 직무를 집행하는 공무원에 대하여 폭행 또는 협박한 경우에 적용되는데, 본 죄는 그 정도에 이를 것을 요하지 않습니다.

4.2. 거짓신고

"있지 아니한 범죄나 재해 사실을 공무원에게 거짓으로 신고한 사람"
- 형법상 다른 범죄와 비교를 하면, 타인으로 하여금 형사처분 또는 징계처분을 받게 할 목적이 있어야 형법 제156조(무고)를 적용하여 10년 이하의 징역 또는 1천500만 원 이하의 벌금에 처할 수 있고, 대법원 판례에 따르면 공무원이 충분히 심사를 하더라도 잘못된 업무처리를 할 정도의 위계가 인정되어야 형법 제137조(위계에 의한 공무집행방해)에 의해 5년 이하의 징역 또는 1천만 원 이하의 벌금에 처할 수 있습니다. 본 죄는 그 정도에 이를 것을 요하지 않습니다.

---

5) 형사소송법 제214조에 의해 다액 50만 원 이하의 벌금, 구류 또는 과료에 해당하는 죄의 현행범인에 대하여는 범인의 주거가 분명하지 아니한 때에 한하여 영장 없이 체포할 수 있도록 제한되어 있다. 경범죄 처벌법 제3조 제1항은 벌금형 다액이 10만 원, 제2항은 20만 원이므로 범인의 주거가 분명하다면 현행범인 체포를 할 수 없다.

➡ 경범죄 처벌법 제3조에 규정된 범죄는 다른 일반적인 범죄에 비해 구성요건이 덜 까다롭고 처벌도 가벼운 편이지만, 엄연한 형사처벌 규정이므로 법조문에 충실한 해석을 요합니다.

➡ 일단 경범죄 처벌법 제3조에 해당되는 것으로 판단되더라도 그 외의 다른 범죄 해당 여부도 살펴보아야 하며, 서로 비교하여 그 관계를 판단해야 합니다. 구체적인 사건 내용에 따라 다르겠지만, 행위나 처벌의 경중 등을 비교하여 보면 경범죄보다는 다른 범죄에 적용 우선순위가 있거나 경범죄가 다른 범죄에 흡수되어 경범죄 처벌법 적용이 배제될 수도 있기 때문입니다.

5. 경범죄 처벌법 제3조 해당 사건 처리 방법

경범죄 처벌법 제3조에 해당하는 범죄는 일반적인 형사사건이 아닌 다른 방법으로도 처리될 수 있으며, 크게 나누어 보면 통고처분, 즉결심판, 일반적인 형사사건 처리의 3가지 방법이 있습니다.

5.1. 통고처분

경범죄 처벌법 제3장에는 경범죄 처벌의 특례 규정을 두고 있습니다. 특히 제3조 제1항 각 호 및 제2항 각 호의 어느 하나에 해당하는(제3항은 제외) 위반행위를 "범칙행위"라 하고, 범칙행위를 한 사람(단, ① 범칙행위를 상습적으로 하는 사람, ② 죄를 지은 동기나 수단 및 결과를 헤아려볼 때 구류처분을 하는 것이 적절하다고 인정되는 사람, ③ 피해자가 있는 행위를 한 사람, ④ 18세 미만인 사람, 이상 4가지 경우는 제외)을 "범칙자"라고 하여, 일반적인 형사사건으로 처리하지 않고 서면으로 범칙금을 부과하고 이를 납부할 것을 통고하는 간단한 방식으로 사건을 처리할 수 있습니다. 단, 통고처분서 받기를 거부한 사람, 통고처분을 하기가 매우 어려운 사람 등에 대해서는 통고를 하지 않습니다. 뒤에 더 자세히 서술하겠지만 이런 경우에는 즉결심판을 청구해야 합니다.

통고할 범칙금의 액수는 범칙행위의 종류에 따라 대통령령으로 정하는데, 현행 대통령령에는 제3조 제1항에 규정된 범죄에 대한 범칙금액은 행위에 따라 2만 원, 3만 원, 5만 원, 8만 원 등으로 구체적으로 정해져 있습니다. 제2항에 규정된 범죄에 대한 범칙금액은 16만 원으로 동일하게 정해져 있습니다.

납부는 지정된 금융기관이나 그 지점, 우체국 등에 하거나 범칙금 납부대행기관을 통하여 신용카드, 직불카드 등으로 낼 수 있습니다. 통고처분서를 받은 날부터 10일 이내를 납부기간으로 하되, 이를 초과하더라도 그 기간 종료일 다음날부터 20일 이내에 통고받은 범칙금에 20퍼센트를 가산하여 납부할 수도 있습니다.

5.2. 즉결심판

범증이 명백하고 죄질이 경미한 범죄사건을 신속·적정한 절차로 심판하기 위한 즉결심판이라는 절차가 있습니다. 즉결심판에 관한 절차법에 따라 경찰서장은 법원에 즉결심판을 청구할 수 있고 판사는 즉결심판절차에 의하여 피고인에게 20만 원 이하의 벌금, 구류 또는 과료에 처할 수 있습니다. 일반적인 형사사건 처리 방법과는 다르게 검사의 기소를 거치지 않고 경찰서장이 바로 법원에 청구를 하는 간소화된 절차로 이해할 수 있겠습니다. 통고처분과 비교하면, 법원에 청구를 하지 않는 통고처분이 즉결심판보다 더 간단한 절차라고 볼 수 있습니다.

앞서 살펴본 바와 같이 경범죄 처벌법 제3조 제1항이나 제2항에 해당하는 사람 중 "범칙자"에 대해서는 통고처분이 가능한데, 그 중에서도 다음과 같은 경우에는 즉결심판 청구를 하도록 경범죄 처벌법에 규정되어 있습니다. 경범죄 처벌법 제9조(통고처분 불이행자 등의 처리)에 의해 ① 통고처분서 받기를 거부한 사람, ② 주거 또는 신원이 확실하지 아니한 사람, ③ 그 밖에 통고처분을 하기가 매우 어려운 사람, ④ 통고처분을 받고 범칙금 납부기간(10일) 내에 범칙금을 납부하지 않고, 그 다음 날부터 20일까지도 범칙금(20퍼센트 가산)을 납부하지 않은 사람에 대해서는 즉결심판을 청구해야 합니다. 단, 통고받은 범칙금에 50퍼센트를 가산하여 납부하면 즉결심판이 청구되지 않거나 청구된 즉결심판이 취소되도록 하는 방법이 마련되어 있습니다.

위와 같이 경범죄 처벌법 제9조에 해당하여 즉결심판을 청구할 수도 있지만, 원래부터 통고처분 대상이 아니었던 경우에도 즉결심판 청구는 가능합니다. 즉, 경범죄 처벌법 제3조 제1항과 제2항에 해당하더라도 범칙행위를 상습적으로 하는 사람, 죄를 지은 동기나 수단 및 결과를 헤아려볼 때 구류처분을 하는 것이 적절하다고 인정되는 사람, 피해자가 있는 행위를 한 사람, 18세 미만인 사람은 앞서 살펴 본 바와 같이 "범칙자" 개념에 포함되지 않아서 통고처분을 하지 않고, 제3항에 해당하는 사람에 대해서는 통고처분 규정이 없으므로, 이런 경우에는 제9조(통고처분 불이행자 등의 처리)를 검토하지 않고 바로 다음과 같은 기준에 의해 즉결심판 청구 여부를 결정하면 됩니다.

즉결심판은 20만 원 이하의 벌금, 구류 또는 과료가 선고될 사안에 대해서 청구할 수 있습니다. 원래 법에 정해진 처벌이 상당히 높은 범죄에 대해서도 그 구체적인 사건 내용이 경미하여 실제 선고되는 형량이 20만 원 이하의 벌금 정도에 그칠 것이라면 즉결심판을 청구할 수도 있는 것입니다. 대표적인 예로 형법상 도박죄나 사기죄를 들 수 있는데, 도박죄는 법정형이 1천만 원 이하의 벌금이고 사기죄는 법정형이 10년 이하의 징역 또는 2천만 원 이하의 벌금이지만, 사안에 따라 즉결심판으로 처리될 수 있습니다. 그런데, 경범죄 처벌법에 규정된 범죄들은 다른 범죄들에 비해 형량이 낮으므로 (통고처분이 되지 않는다면) 일반적인 형사사건보다는 즉결심판으로 처리될 가능성이 더 높다고 볼 수 있습니다.

예를 들어 경범죄 처벌법 제3조 제3항 제1호에 규정된 관공서에서의 주취소란을 행한 사람에 대해 초범이고 사안이 경미하다는 사정 등으로 일반적인 형사 입건을 하지 않고 사안을 처리하고자 한다면, 즉결심판을 검토하면 됩니다. 이 경우 통고처분은 제3항에 규정된 범죄에 대해서는 원래부터 해당사항이 없어서 고려할 필요가 없습니다.

5.3. 일반적인 형사사건으로 처리

경범죄 처벌법 제3조에 해당하는 범죄는 대체로 통고처분이나 즉결심판으로 비교적 간단하게 처리되는 경향이 있지만, 다른 사건과 함께 다룰 필요가 있거나 통고처분이나 즉결심판으로 처리하기에 적합하지 않은 경우 등 상황에 따라서는 일반적인 형사 사건으로 처리될 수도 있습니다. 그러한 경우에는 입건, 피의자신문조서 작성, 사건 검찰 송치, 검사의 기소, 법원의 판결 등에 이르게 되며 송치서나 공소장 등에 죄명이 "경범죄 처벌법위반"으로 기재됩니다.

CHECK POINT

➡️ 일반적인 형사사건은 검찰을 거쳐 법원에 청구되지만, 경미한 사안을 다루는 즉결심판은 경찰에서 법원으로 직접 청구됩니다. 그리고 일부 범죄는 즉결심판보다 더 간소한 통고처분이라는 방식으로 처리될 수 있는데, 경범죄 처벌법 제3조 제1항 및 제2항에 대해 통고처분 규정이 있습니다.

➡️ 경범죄 처벌법 제3조에 규정된 범죄는 비교적 가벼운 형량으로 인해 다른 범죄에 비해 통고처분이나 즉결심판으로 처리될 가능성이 높다고 볼 수 있습니다.

➡️ 경범죄 처벌법 제3조 각 항에 대한 사건처리 방법을 개략적으로 정리하면 다음의 표와 같습니다.

▌경범죄 처벌법 제3조 각 항에 대한 사건처리 방법 개요

처벌조항	법정형	통고처분	즉결심판	일반형사사건	비고
제3조 제1항	10만 원 이하의 벌금, 구류, 과료	가능 ※ 다음의 어느 하나에 해당하는 사람은 "범칙자" 개념에서 제외되어 통고처분 불가 ① 범칙행위를 상습적으로 하는 사람 ② 죄를 지은 동기나 수단 및 결과를 헤아려볼 때 구류처분을 하는 것이 적절하다고 인정되는 사람 ③ 피해자가 있는 행위를 한 사람 ④ 18세 미만인 사람	가능	가능	범인의 주거가 분명하지 아니한 때에 한하여 현행범인 체포 가능
제3조 제2항	20만 원 이하의 벌금, 구류, 과료	※ 다음의 어느 하나에 해당하는 사람에 대해서는 즉결심판을 청구해야 함 ① 통고처분서 받기를 거부한 사람 ② 주거 또는 신원이 확실하지 아니한 사람 ③ 그 밖에 통고처분을 하기가 매우 어려운 사람 ④ 통고처분을 받고 범칙금 납부기간(10일) 내에 범칙금을 납부하지 않고, 그 다음날로부터 20일까지도 범칙금(20퍼센트 가산)을 납부하지 않은 사람 (단, 이 경우에도 통고받은 범칙금에 50퍼센트를 가산하여 납부 가능)			
제3조 제3항	60만 원 이하의 벌금, 구류, 과료	불가			현행범인 체포 관련 위 제한 규정 적용되지 않음

6. 주의사항

앞서 살펴본 바와 같이 경범죄 처벌법 제3조는 그 구성요건이 유사한 다른 범죄와 함께 검토할 필요가 있습니다. 그런데 만약 다른 범죄로 처리할 사건에 대해 경범죄 처벌법 제3조를 적용하였다면 나중에라도 이를 수정하여야 하는데, 일반적인 형사사건으로 처리한다면 상당한 시일이 소요되고 여러 단계를 거치며 재검토 및 수정이 이루어질 여지가 있는 반면에 통고처분은 그렇지 않습니다. 범칙금의 납부 통고를 받은 사람이 해당 금액을 납부하여 통고처분을 이행하였다면, 그와 동일한 사안에 대해서는 다시 형사재판을 할 수 없는 효력이 발생합니다.[6] 경범죄 처벌법 제8조 제3항에도 "제1항 또는 제2항에 따라 범칙금을 납부한 사람은 그 범칙행위에 대하여 다시 처벌받지 아니한다."고 하여 이러한 점을 명시하고 있습니다. 물론, 같은 일시 경 같은 장소에서 연관되어 발생한 일이라도 동일하지 않은 별개의 범죄로 볼 수 있다면 별도로 사건처리를 할 수 있으므로 이러한 문제가 발생하지 않지만, 그 동일성 판단이 언제나 명확한 것은 아닙니다. 구체적 사건 내용의 차이에 따라 적용법조와 죄명이 달라질 수도 있으므로 경범죄 처벌법 제3조 외의 다른 범죄 성립에 대해서 면밀한 검토가 이루어져야 합니다. 이러한 점은 즉결심판으로 처리할 때에도 마찬가지라고 볼 수 있습니다. 통고처분보다 시일이 더 소요되고 법원의 판단도 받게 되지만, 일반적인 형사사건 보다는 신속하게 결정될 가능성이 높기 때문입니다.

한 가지 더 주의할 점은 경범죄 처벌법 제3조에 규정된 각호의 번호 옆 괄호 안에 표시된 죄명에 의존해서는 안 된다는 것입니다. 죄명과 범죄를 구성하는 요건이 정확하게 부합하지 않는 경우가 많으므로 반드시 구성요건을 구체적으로 살피고, 다른 범죄와 같은 부분과 다른 부분이 무엇인지 비교하면서 적용법조를 판단해야 하겠습니다.

✔ CHECK POINT

▶ 경범죄 처벌법 제3조 적용 사건은 통고처분 등의 간소한 방법으로 처리할 수 있습니다. 그러나 이는 오히려 더 정확한 사안 검토를 요하는 면도 있습니다. 성급한 결정으로 인해 실제 행위에 상응하는 처벌을 하지 못하는 일이 발생할 수 있기 때문입니다.

---

6) 이미 효력이 발생한 동일한 사안에 대해서는 다시 다룰 수 없다는 의미로, 일사부재리의 원칙, 기판력 등의 개념에 해당한다.

08 여성청소년

1. 여성청소년 관련 사무의 구분

1.1. 여성청소년 관련 사무(이하 여청사무)의 국가 · 자치경찰사무 구분

▎자치경찰사무 중 여청사무 범위

자치경찰사무		범위
생활안전사무	아동 · 청소년 · 노인 · 여성 · 장애인 등 사회적 보호가 필요한 사람에 대한 보호 업무 및 가정 · 학교 · 성폭력 등의 예방	1) 아동 · 노인 · 장애인 학대 예방과 피해 아동 · 노인 · 장애인에 대한 보호활동 2) 아동 · 청소년 · 노인 · 여성 · 장애인 등 사회적 보호가 필요한 사람의 실종 예방 · 대응 활동 3) 아동 대상 범죄예방 및 아동안전 보호활동 4) 청소년 비행방지 등 선도 · 보호 활동 5) 가정폭력범죄 예방과 피해자 등 보호 활동 6) 학교폭력의 근절 · 예방과 가해학생 선도 및 피해학생 보호 활동 7) 성폭력 예방과 성폭력 피해자 등 보호 활동 8) 그 밖에 관련 법령에 경찰의 사무로 규정된 아동 · 청소년 · 노인 · 여성 · 장애인 등 사회적 보호가 필요한 사람에 대한 보호 및 가정폭력 · 학교폭력 · 성폭력 등 예방 업무
수사사무	학교 · 가정 · 성폭력 및 아동학대, 실종사건 수사 등 여청 관련 수사	1) 학교폭력 등 소년범죄 수사 2) 가정폭력, 아동학대 범죄 수사 3) 성폭력 범죄 중 「형법」 제245조에 따른 공연음란 및 「성폭력 범죄의 처벌 등에 관한 특례법」 제12조에 따른 성적 목적을 위한 다중이용장소 침입행위에 관한 범죄 4) 가출인 및 「실종아동등의 보호 및 지원에 관한 법률」 제2조 제2호에 따른 실종아동등 관련 수색 및 범죄

'여성청소년 관련 사무(이하 여청사무)'는 아동·청소년·노인·장애인 등 사회적 약자를 대상으로 하는 범죄의 예방과 보호, 수사 등의 사무를 말합니다.

「경찰법」제4조 제2호에 열거된 자치경찰사무의 범위 중 여청사무는 생활안전에 관한 사무에 속해 있는데, 아동·청소년·노인·여성·장애인 등 사회적 보호가 필요한 사람에 대한 보호 업무 및 가정폭력·학교폭력·성폭력 등의 예방업무7)가 있습니다.

또한 여청사무는 자치경찰 수사사무에도 해당되는 것이 있는데, △ 학교폭력 등 소년범죄 △ 가정폭력, 아동학대 범죄 △ 성폭력범죄 중 일부(「형법」제245조 공연음란죄, 「성폭력범죄의 처벌 등에 관한 특례법」제12조 성적목적다중이용장소침입죄) △ 실종아동등·가출인 관련 수색·수사의 업무8)를 여청사무로 볼 수 있습니다. 따라서 대부분의 여청사무가 자치경찰사무에 해당한다고 할 수 있습니다.

1.2. 여청사무 관련 경찰청 사무분장

2021년 3월 개정된 「경찰청 사무분장 규칙」에 따르면 사회적 약자에 대한 예방, 보호업무는 생활안전국에 소속되어 있는 '아동청소년과'와 '여성안전기획과'에서 담당하고 있으며, 수사업무는 국가수사본부 아래 형사국 소속 '여성청소년대상범죄수사과'에서 담당하고 있습니다.

각 과별 담당업무를 살펴보면 '아동청소년과'는 청소년보호업무와 실종학대정책업무를 담당하고9), '여성안전기획과'에서는 여성안전기획업무와 성폭력대책업무, 가정폭력대책업무를 담당하고 있으며10), '여성청소년범죄수사과'의 사무분장은 수사기획업무와 여성대상범죄수사업무, 아동청소년수사업무로 구분11)하고 있습니다.

여청사무는 아동·청소년·여성·노인·장애인 등 사회적 약자 대상 범죄를 담당하기 때문에 일반적인 범죄사건을 대할 때보다 더욱 세심한 대응이 필요합니다. 특히 피해자에 대한 경찰의 조치가 미흡할 경우 사회적 비난 가능성이 크기 때문에 여청사무 담당자들에게는 성인지 감수성을 비롯한 인권의식의 함양과 전문역량이 요구되고 있습니다. 따라서 여청사무는 지속적으로 전문성을 가진 인력을 양성하고 확충하는 한편, 지역사회 관계 기관·단체와의 협력을 통해 보호·지원체계를 구축하는 것이 무엇보다 중요하다고 할 수 있습니다.

---

7) 「경찰법」제4조 제2호 가목 4)
8) 「경찰법」제4조 제2호 라목 1), 2), 4), 6)
9) 「경찰청 사무분장 규칙」제9장. 생활안전국, 제26조(아동청소년과)
10) 「경찰청 사무분장 규칙」제9장. 생활안전국, 제27조(여성안전기획과)
11) 「경찰청 사무분장 규칙」제18장. 형사국, 제57조(여성청소년범죄수사과)

▌경찰청 사무분장규칙 중 여청사무 관련 과별 담당업무

구분			담당업무
국 단위	과 단위	계 단위	
생활 안전국	아동청소년과	청소년보호업무	• 청소년비행 방지 및 선도·보호정책 수립·관리 • 학교폭력 예방정책 수립·관리 • 학교전담경찰관·117신고센터·청소년경찰학교 운영 등
		실종·학대 대책업무	• 실종·가출인 예방·홍보정책 수립·관리 • 실종 신고체계, 프로파일링시스템 구축·운영 • 아동안전지킴이·지킴이집 운영 및 아동안전 관련 단체와 협력·지원 • 학대범죄의 예방 및 피해자 보호 등
	여성안전기획과	여성안전기획업무	• 여성대상범죄 주요 정책 수립 • 여성대상범죄 유관기관과의 협력업무 등
		성폭력대책업무	• 성폭력범죄 예방·피해자보호 대책 수립·관리 • 성폭력범죄자 재범방지 대책 수립 • 성매매 예방 및 피해자 보호대책 수립
		가정폭력대책업무	• 가정폭력범죄 예방·피해자 보호대책 수립·관리 • 스토킹 예방·피해자보호대책 • 학대예방경찰관 운영 등
형사국	여성청소년 범죄수사과	여성청소년 대상범죄 수사기획업무	• 수사제도기획 및 수사지원 • 여성청소년 수사 진술녹화실 설치 • 여청수사 전담경찰관관 운영 및 교육 등
		여성대상 범죄수사업무	• 성폭력·가정폭력 사건 수사지휘·감독 • 아동청소년 대상 성매매 단속·수사 • 여성대상범죄 피해자 보호 및 수사기법 개발, 지원, 교육, 협력업무 • 신상정보 등록대상자 관리 및 해바라기센터 수사관 인력 운영 등
		아동청소년 수사업무	• 아동학대 및 학교폭력, 소년범죄 수사지휘·감독 • 실종사건 추적·수색·수사지휘 및 감독 • 아동청소년사건 수사기법 개발 및 협력 등

다음 장에서는 '여청사무'를 학교·가정·성폭력 및 아동학대, 실종업무 등으로 구분하여 각 업무별로 좀 더 자세하게 알아보도록 하겠습니다.

2. 가정폭력 대응

2.1. 가정폭력 대응 업무의 구분

경찰의 가정폭력 대응 업무는 교육·홍보 등 가정폭력 예방활동과 가정폭력 피해자 보호·지원활동, 가정폭력범죄에 대한 수사활동을 말합니다.

경찰청의 가정폭력 예방 및 피해자보호 관련 업무는 생활안전국 산하 '여성안전기획과(가정폭력대책계)'에서 담당하며, 가정폭력범죄 수사 관련 업무는 형사국 산하 '여성청소년범죄수사과(여성청소년대상범죄수사기획계, 여성대상범죄수사계)'에서 담당하고 있습니다.

가정폭력 대응 업무는 기본적으로 자치경찰사무로 분류가 되어있고, 기획 등 일부의 사무만 예외적으로 국가경찰의 사무에 해당합니다. 가정폭력 대응 업무는 국가경찰사무와 자치경찰사무, 비수사사무와 수사사무로 분류하면 <표-1>과 같습니다.

▍〈표-1〉 가정폭력 대응 업무의 국가경찰사무와 자치경찰사무의 구분

구분		기준 및 범위
국가경찰사무	수사사무(Ⅰ유형)	• 가정폭력사건 수사 지도
	비수사사무(Ⅱ유형)	• 가정폭력 예방 및 피해자 보호 정책 기획 • APO시스템 운영
자치경찰사무	수사사무(Ⅲ유형)	• 가정폭력범죄 수사 • 임시조치 등의 신청
	비수사사무(Ⅳ유형)	• 가정폭력 예방활동 • 가정폭력 피해자 보호활동 • APO시스템 입력 및 활용 • 공동업무수행지침에 의한 타 기관과 협업

2.2. 가정폭력의 이해

가정폭력은 가정구성원 사이의 신체적·정신적·재산상 피해를 수반하는 행위로 가정구성원의 범위와 가정폭력범죄의 유형, 관련 법률은 다음과 같습니다.

2.2.1. 가정구성원의 범위 (「가정폭력범죄의 처벌 등에 관한 특례법」 제2조)

- 배우자(사실상 혼인관계에 있는 자 포함) 또는 배우자 관계에 있었던 자
- 자기 또는 배우자와 직계존·비속 관계(사실상 양친자 포함)에 있거나 있었던 자
- 계부모와 자녀의 관계 또는 적모와 서자의 관계에 있거나 있었던 자
- 동거하는 친족관계에 있는 자(동거하지 않는 형제자매는 해당 없음)

2.2.2. 가정폭력범죄의 유형 (「가정폭력범죄의 처벌 등에 관한 특례법」 제2조[12]))

친고죄	반의사불벌죄	기 타
死者 명예훼손, 모욕	폭행, 존속폭행, 협박, 존속협박, 명예훼손, 출판물 등에 의한 명예훼손	공갈, 상해, 유기, 학대, 체포, 감금, 강요, 주거·신체수색, 주거침입, 퇴거불응, 재물·특수손괴, 강간(유사강간), 강제추행, 준강간, 준강제추행, 미성년자간음, 추행, 카메라등이용촬영, 정보통신망법 위반(공포심·불안감 유발 부호 등 반복 도달행위)

※ 타법률(폭처법, 특강법 등)에 의해 가중처벌되는 죄 포함
※ 가정폭력범죄에 대해서는 가정폭력특례법을 우선 적용 / 아동학대범죄는 아동학대특례법 우선 적용

2.2.3. 「가정폭력범죄의 처벌 등에 관한 특례법」(법무부 형사법제과)

가정폭력범죄를 범한 사람에 대하여 환경의 조정과 성행의 교정을 위한 보호처분을 함으로써 가정폭력범죄로 파괴된 가정의 평화·안정회복 및 건강한 가정을 가꾸어 피해자와 가족구성원의 인권을 보호하기 위한 법률입니다.

2.2.4. 「가정폭력방지 및 피해자보호 등에 관한 법률」(여성가족부 복지지원과)

가정폭력 예방 및 가정폭력 피해자의 보호·지원 관련 법률입니다.

---

12) 가정폭력범죄는 '가정 내에서 일어나는 모든 범죄'가 아니고, 가정폭력범죄의 처벌 등에 관한 특례법 제2조 규정에 의한 가정폭력범죄 유형에 포함되는 범죄를 말함

2.3. 가정폭력 처리 절차

• 가정폭력방지 및 피해자 보호 등에 관한 법률(여가부 소관)[13]

현장출입 · 조사 (法제9조의4)	• 현장출동 경찰관은 가정폭력 현장에 출입하여 피해상태 · 안전여부 조사 ※ 「가정폭력 위험성 조사표」 작성 후 피해자 권리고지서 문자전송(PDA 활용) • 정당한 이유 없이 현장출입 · 조사 방해시 과태료(500만 원 이하) 부과 ※ 작성서류: 현장조사 방해 행위자 통보서 　　절차: 출동경찰관은 학대예방경찰관에 통보 → 전담경찰관은 시 · 군 · 구에 　　　　통보 → 시 · 군 · 구에서 과태료 부과 진행

⬇

• 가정폭력범죄의 처벌 등에 관한 특례법(법무부 소관)

응급조치 (法 제5조)	• 현장 출동한 경찰관 즉시 조치 　1호: 폭력행위 제지 · 분리 　1-2호: 범죄수사 　2호: 상담소 · 보호시설 인도 (동의시) 　3호: 치료기관 인도 　4호: 임시조치 신청가능 통보 　5호: 피해자보호명령, 신변안전조치 신청할 수 있음 고지 ※ 작성서류: 응급조치보고서(사건진행시 작성 / 긴급임시조치 결정서 작성 시 　　　　생략 가능)

⬇

긴급임시조치 (法 제8조의2, 제8조의3)	• 응급조치에도 불구하고 가정폭력 재발의 우려가 있고 긴급을 요하는 경우, 피해 자 신청 또는 경찰관 직권으로 결정 　1호: 주거로부터 퇴거 등 격리 　2호: 피해자 또는 주거 · 직장에서 100m 접근금지 　3호: 전기통신 이용 접근금지(휴대전화, 이메일 등) ※ 작성서류: 가정폭력 위험성 조사표(PDA), 긴급임시조치통보 · 확인서(PDA), 　　　　긴급임시조치결정서(킥스 작성) 　　절차: 지체없이 검사에게 임시조치 신청(의무) → 검사는 임시조치 청구(48시 　　　　간 이내) → 판사의 결정으로 임시조치 집행 ※ 검사의 임시조치 불청구 또는 법원의 임시조치 미결정시 즉시 긴급임시조치 　　취소

⬇

---

13) 경찰청 여성안전기획과 – 2020년 가정폭력대응매뉴얼

임시조치
(法 제8조,
제29조)
	・검사 직권 또는 사법경찰관 신청에 의해 판사에게 청구
	・피해자(법정대리인)는 검사 또는 사법경찰관에게 임시조치의 신청을 요청하거나 이에 관하여 의견진술 가능
	  ※ 임시조치 신청 요청을 받았음에도 신청하지 않은 경우 검사에게 그 사유 보고
	  1호: 주거로부터 퇴거 등 격리 2호: 주거·직장에서 100m 접근금지
	  3호: 전기통신 이용 접근금지 4호: 의료기관 등 위탁
	  5호: 유치장·구치소 등 유치 (1호~3호 위반하고 재발 우려시 신청, 法 8조2항)
	  6호: 상담소 등에의 상담위탁
	・판사의 임시조치(1호~3호) 결정 위반시 과태료(500만 원 이하) 부과
	・임시조치 기간
	  1호~3호: 2개월 이내(2회 연장 가능, 최장 6개월)
	  4호~6호: 1개월 이내(1회 연장 가능, 최장 2개월)
	  ※ 작성서류: 임시조치 신청서(킥스), 임시조치 신청부 기재

가정보호사건 또는 형사사건 송치 (法 제7조)	・「가정보호사건」 송치(가정폭력범죄의 처벌 등에 관한 특례법) 피해자가 처벌의사 없으나 재발 우려 시 징역·벌금 등 형사제재가 아닌 접근제한, 치료위탁, 감호위탁 등 가정보호처분 결정(전과 無) ・「형사사건」 송치(형법) ➡ 일반 형사사건과 동일 절차로 진행

2.4. 출동 경찰관 행동요령

2.4.1. 출동 시 주의사항

피해사실, 현재상황, 피해자·가해자의 현재위치 등 필요한 사항을 신고접수자로부터 파악 철저, 경찰장구 휴대 후 신속히 출동하고, 돌발적인 위험 상황을 고려하여, 「자기보호」를 위한 대비를 잊지 말아야 합니다.

2.4.2. 현장 도착 시 조치사항

2.4.2.1. 현장 출입

현장출입 및 피해상태 조사: 「현장출입·조사권 및 처벌조항」 고지 후 출입하여 피해자를 대면하고 안전 여부, 피해상태 확인합니다.

유형력 행사 가택진입의 법적근거

① 가정폭력방지 및 피해자보호 등에 관한 법률 제9조의4(사법경찰관리의 현장조사)
  ※ 경찰관에게 현장출입 및 조사권이 있으며, 거부 시 500만 원 이하 과태료 부과(가정폭력방
    지법 제22조)
  • 현장출동 경찰관은 '현장조사 방해 행위자 통보서' 작성하여 학대예방경찰관(APO)에 송부
  • APO는 시·군·구청에 통보, 과태료 부과 결과 회신 받아 현장출입·조사 위반자 현황 관리
② 경찰관직무집행법 제6조(범죄의 예방과 제지), 제7조(위험방지를 위한 출입)
③ 형사소송법 제216조(영장에 의하지 아니한 강제처분)

현장에 출입하여 조사하는 경우 피해자·신고자·목격자 등이 자유롭게 진술할 수 있
도록 가정폭력 가해자로부터 철저히 분리된 곳에서 조사합니다. 같은 주거지 내에서도
가·피해자가 서로 다른 공간에서 진술하도록 하고, 지구대·파출소 임의 동행을 위해
순찰차 탑승시에도 동석 금지합니다.

경찰의 가정폭력 신고 장소 출입 및 피해상태 확인 업무를 가해자가 '정당한 이유 없
이' 방해하는 행위시 과태료 부과 경고합니다. 과태료 부과 경고에도 불구하고 정당한
이유 없이 현장출입·조사 방해시 강제출입 후 피해상태 확인, 위반자 과태료 통보절차
진행합니다.

2.4.2.2. 응급조치

진행 중인 가정폭력 범죄에 대하여 신고를 접수한 즉시 현장에 출동하여 응급조치
실행합니다. 폭력행위 제지 시 가족 구성원과의 불필요한 마찰이나 오해의 소지가 없도
록 유의합니다.

• 응급조치 유형: ① 폭력행위의 제지, 가정폭력 행위자와 피해자의 분리, 범죄수사
  ② 가해자 가정폭력 상담소·보호시설 인도(피해자 동의한 경우) ③ 피해자 의료기관
  인도(긴급치료 필요시) ④ 폭력행위 재발 시 임시조치 신청할 수 있음을 통보 ⑤ 피
  해자보호명령 또는 신변안전조치를 청구할 수 있음을 고지 등이 있습니다.
  가·피해자 분리 및 안전 확보 후「가정폭력 위험성 조사표」작성, 사건처리 방향
  및 긴급임시조치 필요성을 판단합니다.
  사건처리 시 KICS 상 응급조치보고서[14] 작성하여 사건기록에 편철, 사건처리를 하
  지 않으면 상담소·의료기관 인계서 등 작성, 여청계 인계합니다.

---

14) 범죄수사규칙 별지 제190호 서식

2.4.2.3. 긴급임시조치

- 긴급임시조치 요건[15]: ① 응급조치에도 불구하고 ② 가정폭력범죄가 재발될 우려가 있고, ③ 긴급을 요하여 법원의 임시조치 결정을 받을 수 없을 때 긴급임시조치를 할 수 있습니다. 긴급임시조치 유형에는 ① 피해자의 주거 또는 점유하는 방실로부터 퇴거 등 격리 ② 피해자의 주거, 직장 등에서 100m이내 접근금지 ③ 피해자에 대한 전기통신을 이용한 접근 금지 등이 있습니다. 피해자가 사건처리는 원하지 않고 단순히 격리나 접근금지만을 원하는 경우, 형사절차와 별개인 민사상 절차인 「피해자보호명령제도」를 안내합니다.

  긴급임시조치후 담당 형사는 지체 없이 임시조치신청서를 작성하여 검사에게 신청 → 검사 청구(48시간 이내) → 판사 결정 → 임시조치 집행 순으로 진행합니다. 검사가 임시조치를 청구하지 않거나 법원이 임시조치의 결정을 하지 않은 경우, 즉시 긴급임시조치 취소 → 피해자·행위자에게 구두 등 적절한 방법으로 통보합니다. 긴급임시조치 위반 시에는 법원에서 300만 원 이하의 과태료가 부과됩니다.

2.4.3. 현장 조사 시 조치사항

2.4.3.1. 질문 및 조사

출동 경찰관이 현장에서 질문 및 조사시, 피해자의 생활 및 태도에 대한 평가성 발언 또는 가해자의 변명동조 등 부적절한 언행에 주의하여야 합니다.

먼저, 가해자의 영향력을 배제하기 위하여 가·피해자 등을 반드시 분리하여 조사하고, 부서진 가재도구를 촬영하는 등 증거 수집 활동이 필요합니다. 노인·자녀가 함께 사는 가정의 경우 노인·아동학대 여부도 반드시 확인, 상습성 여부 및 추가 피해사실을 확인하며 아동이 부모의 폭력으로부터 노출된 가능성이 있는지 파악하기 위해 아동학대 체크리스트 작성 → 학대예방경찰관에게 통보합니다. 사건처리를 할 경우 조사 단계에서 형사처벌 외에도 가정보호사건으로 처리가 가능함을 설명합니다.

---

15) 가정폭력범죄의 처벌등에관한 특례법 제8조의2(긴급임시조치): ① 응급조치에도 불구하고 가정폭력범죄가 재발될 우려가 있고, 긴급을 요하여 법원의 임시조치 결정을 받을 수 없을 때에는 직권 또는 피해자(법정대리인)의 신청으로 다음 어느 하나에 해당하는 조치를 할 수 있다.
1. 피해자의 주거 또는 점유하는 방실로부터 퇴거 등 격리
2. 피해자의 주거, 직장 등에서 100m이내 접근금지
3. 피해자에 대한 전기통신을 이용한 접근 금지
② 긴급임시조치를 한 경우에는 즉시 긴급임시조치결정서를 작성하여야 한다.
③ 2항에 따른 긴급임시조치결정서에는 범죄사실의 요지, 긴급임시조치가 필요한 사유 등을 기재하여야 한다.

2.4.3.2. 가해자 체포 및 증거의 확보

가해자 체포시 법적 절차 준수: 범죄사실, 체포이유, 변호인 선임권 고지 및 변명의 기회를 준 후 체포합니다. 물적증거와 인적증거 확보에도 주의를 기울입니다.

2.4.3.3. 피해자가 수사를 원하지 않는 경우

피해자가 수사를 원하지 않는다는 의사표시를 하는 경우라도 진상을 명확히 파악, 친고죄나 반의사불벌죄에 해당하지 않는 범죄행위나 상습적이고 사안이 중한 경우 사건 처리할 것을 이해시킵니다.

신고와 이혼과는 전혀 별개의 사안이라는 것과 「가정보호 사건」으로 처리하는 경우에는 가해자가 징역·벌금·구류 등 형사처벌을 받지 않음을 설명합니다. 피해자가 사건 처리는 하지 않고 임시조치(접근금지 등)만을 요구할 경우 조사단계에서 가정보호사건으로 처리하도록 설명합니다.

피해자가 완강히 거부하여 더 이상 사건처리할 수 없는 경우, 피해자 진술조서를 받을 수 없으면 차후에라도 가해자에 대한 고소가 가능함을 고지 합니다. 피해자는 위협을 받고 있어, 자신이 직접 신고를 한 경우라도 경우에 따라 수사를 원하지 않을 수도 있으므로, 반드시 가·피해자를 분리시켜 진상을 명백히 파악하도록 노력합니다. 가해자의 자녀에 대한 폭력 여부를 확인하고 폭력피해 확인 시 응급조치 등 실시합니다.

지역경찰은 여청수사팀 요청 없이 현장 종결이 가능한 경우, 「가해자 경고·안내문」을 활용하여, 가해자 성행 및 현장상황 등을 고려하여 구두 고지합니다.

여청수사팀은 가정폭력 신고 현장에 출동할 경우, 지역경찰에 준해 현장 종결 時 「경고·안내문」을 고지하고, 긴급임시조치·고소·현행범 체포 등 가해자를 입건하는 경우, 조사 이후에 「경고·안내문」을 서면으로 배부합니다. 학대예방경찰관은 재발우려가정 가해자 대상 방문시 「경고·안내문」을 배부하고, 자발적인 성행교정 의지가 있는 가해자는 적극적으로 교정·상담프로그램 연계합니다.

2.5. 가정폭력 수사 시 경찰관 행동요령

2.5.1. 수사 단계별 필요조치

2.5.1.1. 가정폭력 사건 인계 시 (지역경찰 → 여청수사팀)

피해자가 가·피해자 분리 요청(응급조치)으로 별도 장소에 피신중이거나 병원진료 등 격리 시 피해조사 방법 등 결정, 적의 조치합니다.

피해자가 진술이 불가능하거나 안정가료 후 피해진술 희망·요청시 현장사진, 피해 사진, 목격자 진술 등 최대 확보하여 피의자 조사 실시합니다.

2.5.1.2. 조사 단계

조사 前 신뢰관계자 동석할 수 있음을 고지하며 가해자와 피해자를 분리하여 조사 실시, 피해자가 보호시설 입소한 경우 철저히 비밀 유지합니다.

'상습 가정폭력 무관용 원칙' 적용, △ 상습 △ 흉기 휴대 △ 3년 이내 가정폭력 2회 이상 재범 시 원칙적으로 구속 수사합니다. 상습성 판단은 범죄·수사경력, 112신고 이력, 이웃·지인의 진술 등을 통해 면밀히 검토, 학대예방경찰관을 통해 재발우려가정 등록여부 확인합니다.

피의자 조사 시 '가정환경 조사서' 상세히 작성, 검찰·법원에 피의자의 성행 및 재발 가능성에 대한 충분한 판단 자료 제공합니다.

구속요건을 충족하지 못해 가해자를 귀가조치 하는 때, 신고이력, 범죄경력, 위험성 조사표, 조사내용을 토대로 재발위험성을 판단하고, 위험성이 있다면 긴급임시조치 결정 후 즉시 임시조치를 신청합니다. (긴급)임시조치 결정이 된 피해자 대상으로는 스마트워치 지급 등 신변보호제도를 적극 활용하여, 가해자의 접근으로부터 보호합니다.

임의동행 또는 체포한 피의자를 조사 후 귀가 또는 석방하는 경우, 보복범죄를 예방하기 위하여 사전에 피해자에게 피의자 귀가·석방 사실 및 쉼터·임시숙소 등 연계 방법을 안내하고, 지역경찰에게도 피의자 귀가 사실을 알리면서 순찰 강화, 필요시 피해자 동행 지원을 요청하는 등 조치합니다.

2.5.1.3. 재발 우려 시 임시조치 신청 (특례법 제8조, 제8조의3)

임시조치 1·2·3호는 재발우려가 있다고 인정하는 경우, 5호는 임시조치(1~3호)를 위반하여 재발우려가 있다고 인정하는 경우 신청합니다. 가정폭력 재범위험성 조사표 등을 고려하여 재발우려 판단합니다.

▌가정폭력 처벌 특례법 상 임시조치의 유형 및 기간

임시조치 유형	임시조치 기간
1호: 피해자 주거 또는 점유하는 방실로부터 퇴거 등 격리 2호: 피해자 주거·직장 등 100미터 이내 접근금지 3호: 전기통신 이용 접근금지 4호: 의료기관 기타 요양소 위탁(판사의 직권만 가능) 5호: 유치장 또는 구치소 유치(제1호~3호 위반시 신청 가능) 6호 상담소 등에의 상담위탁(판사의 직권만 가능)	1~3호: 2개월 이내 (2회 연장 가능, 최장 6월) 4~6호: 1개월 이내 (1회 연장 가능, 최장 2월)

조사 과정에서 임시조치 신청이 필요하다고 판단되는 경우, 신속히 피의자 조사후 수사보고 등 첨부, 임시조치 신청합니다.

법원결정문에 따라 임시조치 집행 후 '임시조치통보서'에 집행일시·방법 등을 상세히 기재하여 사건기록에 편철합니다. 임시조치 집행 시, 행위자에게 임시조치 내용 및 불복방법(항고), 위반 시 제재 등 고지, 명령기간 동안 임시조치 결정문 및 통보서 사본 보관합니다. 임시조치 1~3호 위반시에는 임시조치 5호 신청이 가능하고, 또한 1년 이하의 징역 또는 1천만 원 이하의 벌금에 처해집니다.

2.5.2. 사건 송치 단계

가정폭력범죄 형사사건 송치는 일반형사사건 송치와 동일한 절차로 진행합니다. 사건 수사 시 피해자 의사를 존중하되, 사건의 성질·동기·결과 등을 고려하여 가정폭력범죄 재발우려가 있거나 가정폭력행위자의 폭력성행 교정이 필요한 경우 가정보호사건 송치를 적극 활용합니다. 친고죄·반의사불벌죄 등으로 공소권 없는 사건도 가정보호사건으로 처리 가능합니다.

❙ 가정보호사건 처리 시 보호처분

유형	기간
① 접근행위의 제한 ② 전기통신 이용 접근행위 제한 ③ 피해자에 대한 친권행사 제한 ④ 사회봉사·수강명령 ⑤ 보호관찰 ⑥ 보호시설 감호위탁 ⑦ 의료기관 치료위탁 ⑧ 상담소 등 감호위탁	① ~ ③, ⑤ ~ ⑧: 6개월 이내 ④: 200시간 이내

〈보호처분 위반 시 제재〉→ 현행범인 체포 가능
① ~ ③ 위반: 2년 이하의 징역 또는 2천만 원 이하의 벌금 또는 구류(특례법 제63조)
④ ~ ⑧ 위반: 500만 원 이하의 과태료, 보호처분 취소 후 형사처벌(특례법 제46조)

가정보호사건으로 처리 시 송치의견을 '가정보호사건'으로 작성합니다. 의견서·송치서·수사결과보고 및 KICS 상 송치의견·의견서 작성 시 행위자 성행·사건동기 등 가정보호사건 처리 상당성 여부 자세히 작성합니다.

2.5.3. 가정폭력 피해자 · 피의자 조사 시 착안 사항

2.5.3.1. 피해자 조사 시 착안사항

조사과정에서 피해자의 적극적인 협조를 가로막는 부적절한 언행에 주의합니다. 조사관의 부적절한 언행은 향후 가정폭력 범죄를 음성화시킬 수 있는 요인이 됩니다. 가·피해자가 특이동향 없이 함께 임의동행 되었더라도 반드시 가·피해자 분리 및 수사, 2차 폭행 등 방지합니다.

향후 보복범죄 등에 대한 적극적인 수사의지 표명 등 피해자로부터 신뢰 확보, 피해 사실에 대한 충분한 진술이 이루어지도록 유도합니다. 충분한 피해진술이 확보되어야 정확한 진단으로 임시조치 신청여부 등 판단 가능하고, 경미한 사안으로 착각하여 부실 수사 및 2차 피해 야기하는 사례 방지할 수 있습니다.

범죄피해자 보호법(제8조의2) 개정, 가정폭력 피해자 조사 시 반드시 '범죄피해자 권리 및 지원제도 안내서'(공통, 가정폭력) 교부합니다. 서류는 KICS상 피해자 진술조서 작성 시 팝업창을 통해 안내서 자동 출력, 피해자에게 교부 후 진술조서에 피해자 자필 확인받아 수사서류에 첨부합니다. 외국인 피해자인 경우 KICS에서 언어 선택해서 안내문 제공 가능합니다.

2.5.3.2. 피의자 조사시 착안사항

피의자가 초범이더라도 신고이력, 피해자 · 참고인 진술 등을 통해 중대성, 상습성 등을 세심히 확인하고, 가정폭력범죄가 재발하지 않도록 엄정히 대응합니다. 상습 · 고질적 가정폭력 피의자의 경우 과거 전과사실 및 추가 여죄 등 적극 확인, 「구속 수사」 등 엄정 처벌될 수 있도록 조치합니다. 과거 범죄경력, 목격자 · 참고인 진술 및 관련 증거 최대 확보 등 상습성 · 재범가능성 부각, 영장 신청 시 등 충분히 소명합니다. 특히 범죄의 중대성, 재범의 위험성, 피해자 및 중요 참고인 등에 대한 위해가능성 등을 우선 소명하는 것이 중요합니다.

동종 전과 확인시 과거 처분 및 처분 위반 여부 등 철저히 확인합니다. 향후 재범(보복범죄) 우려 등 판단 시 중요한 참고자료로 활용 가능합니다.

2.5.3.3. 정신병자나 알코올 중독자인 경우

피의자를 자극할 수 있는 언행을 삼가하고 가정폭력에까지 이르게 된 경과를 차분히 밝혀내는 등 심리적 진정을 통해 2차 범행 등 방지합니다. 특히, 주취상태에서 가정폭력을 행한 피의자의 경우 습관적 유사범행을 저지를 가능성이 있는 점을 감안, 가족 · 이웃주민 등 탐문 · 여죄수사를 진행합니다. 정신병 또는 알코올 중독으로 인해 범행이 재발되는 경우, 병원 입원조치(동의입원, 보호·행정입원) 또는 지역별 정신건강보건센터 등 협업을 통해 근본적 해결 유도합니다.

2.5.3.4. 신변안전조치 요청이 있는 경우

법관 직권 또는 피해자 청구에 의해 신변안전조치 요청(법원→검사→경찰)이 있는 경우, 해당 조치 집행합니다.

조치 후, '신변안전조치 이행 통보서' 작성하여 지체 없이 검사에게 통보합니다. 접수된 사건 피해자에 대한 신변안전조치의 경우 담당 수사관이, 사건 접수 없이 신변안전조치 청구만 있는 경우 학대예방경찰관이 작성·통보합니다.

2.6. 맺음말

앞서 살펴본 바와 같이 가정폭력 대응 업무는 모두 자치경찰 사무로 분류하였습니다. 물론 경찰청의 기획업무는 여전히 국가사무이지만 원칙상 모든 가정폭력 사무는 자치경찰 사무입니다. 자치경찰 사무 분류와 함께 가정폭력처벌법이 대폭 개정되어 많은 변화가 있었습니다. 법률에 대한 보다 세심한 검토를 통하여 가정폭력 피해자 보호를 위하여 변화된 가정폭력 대응 체계를 이해하고 업무에 접근하였으면 합니다.

3. 아동학대 대응

3.1 아동학대 대응 업무의 구분

경찰의 아동학대 대응 업무는 교육·홍보 등 아동학대 예방활동과 아동학대 피해자 보호·지원활동, 아동학대범죄에 대한 수사활동을 말합니다.

경찰청의 아동학대 예방 및 피해자보호 관련 업무는 생활안전국 산하 '아동청소년과 (학대정책계)'에서 담당하며, 아동학대범죄 수사 관련 업무는 형사국 산하 '여성청소년범죄수사과(여성청소년대상범죄수사기획계, 아동청소년수사계)'에서 담당하고 있습니다.

아동학대 대응 업무는 기본적으로 자치경찰사무로 분류가 되어있고, 기획 등 일부의 사무만 예외적으로 국가경찰의 사무에 해당합니다.

아동학대 대응 업무는 국가경찰사무와 자치경찰사무, 행정사무와 수사사무로 분류하면 <표-1>과 같습니다.

▌〈표-1〉 아동학대 대응 업무의 국가경찰사무와 자치경찰사무의 구분

구분		기준 및 범위
국가경찰사무	수사사무(Ⅰ유형)	• 아동학대사건 수사 지도
	비수사사무(Ⅱ유형)	• 아동학대 예방 및 피해자 보호 정책 기획 • APO시스템 운영
자치경찰사무	수사사무(Ⅲ유형)	• 아동학대범죄 수사 • 임시조치 등의 신청
	비수사사무(Ⅳ유형)	• 아동학대 예방활동 • 아동학대 피해자 보호활동 • APO시스템 입력 및 활용 • 공동업무수행지침에 의한 타 기관과 협업

3.2. 아동학대 및 아동학대범죄의 이해

아동은 만 18세 미만의 사람(아동복지법 제3조 제1호, 아동학대범죄처벌법 제2조 제1호)으로, 연령 계산은 출생일을 산입하여 "만 나이"로 계산해야 하며, 아동은 만 18세 생일이 도래하지 않은 자를 말합니다.

아동학대는 보호자를 포함한 성인이 아동의 건강 또는 복지를 해치거나 정상적 발달을 저해할 수 있는 신체적·정신적·성적 폭력이나 가혹행위를 하는 것과 아동의 보호자가 아동을 유기하거나 방임하는 것입니다.

아동학대범죄는 보호자에 의한 아동학대로서 아래 아동학대 범죄의 유형에 해당되는 죄를 말합니다. 보호자는 다음과 같습니다.

가. 친권자: 부모(양부모 포함)를 의미(민법 제909조 제1항)

나. 후견인: 미성년자에게 친권자가 없거나 친권자가 법률행위의 대리권과 재산관리권을 행사할 수 없는 경우 후견업무 담당자(민법 제928조)

다. 아동을 보호·양육·교육하거나 그러한 의무가 있는 자

라. 업무·고용 등의 관계로 사실상 아동을 보호·감독하는 자

▌아동학대 범죄의 유형

구분		죄명
형법	가	상해(미수), 폭행, 특수폭행, 특수상해, 폭행치상
	나	유기, 영아유기, 학대, 아동혹사, 유기치상
	다	체포감금(미수), 중체포감금(미수), 특수체포감금(미수), 체포감금치상
	라	협박(미수), 특수협박(미수)
	마	미성년자 약취·유인, 추행 등 목적 약취·유인 (추행·간음·영리·결혼목적, 노동력·성매매·장기적출, 국외이송 목적) 인신매매(추행·간음·영리·결혼목적, 노동력·성매매·장기적출, 국외이송 목적) 약취유인매매이송 등 상해, 약취유인매매이송 등 치상
	바	강간(미수), 유사강간(미수), 강제추행(미수), 준강간·강제추행(미수), 강간등 상해·치상, 강간등 살인, 강간등 치사, 미성년자등에 대한 간음, 업무상위력 등에 의한 간음(업무, 고용 감독관계, 법률에 의해 구금 감호자), 미성년자에 대한 간음·추행
	사	명예훼손(사실적시, 허위사실적시), 출판물등에 의한 명예훼손(사실적시, 허위사실적시), 모욕
	아	주거·신체 수색
	자	강요(미수)
	차	공갈(미수)
	카	재물손괴 등
아동 복지법	타	1. 아동을 매매하는 행위 ※ 단, 「아동청소년의 성보호에 관한 법률」 제12조의 매매 제외 2. 아동에게 음행을 시키거나 음행을 매개하는 행위 또는 아동에게 성적 수치심을 주는성희롱 등 성적 학대행위 3. 아동의 신체에 손상을 주거나 신체의 건강 및 발달을 해치는 신체적 학대행위 5. 아동의 정신건강 및 발달에 해를 끼치는 정서적 학대행위 6. 자신의 보호·감독을 받는 아동을 유기하거나 의식주를 포함한 기본적 보호·양육·치료 및 교육을 소홀히 하는 방임행위 7. 장애를 가진 아동을 공중에 관람시키는 행위 8. 아동에게 구걸을 시키거나 아동을 이용하여 구걸하는 행위 9. 공중의 오락 또는 흥행을 목적으로 아동의 건강 또는 안전에 유해한 곡예를 시키는 행위 또는 이를 위하여 아동을 제3자에게 인도하는 행위
파		가~타 中 他 법률에 의해 가중처벌 되는 죄 - 폭력행위 등 처벌에 관한 법률, 아동청소년의 성보호에 관한 법률, 성폭력범죄의 처벌 등에 관한 특례법, 특정강력범죄의 처벌에 관한 특례법 등

구분		죄명
하	아동학대 치사	가~다 범죄를 범한 사람이 아동을 사망에 이르게 한 때
	아동학대 중상해	가~다 범죄를 범한 사람이 아동의 생명에 대한 위험을 발생하게 하거나 불구 또는 난치의 질병에 이르게 한 때
	상습범	상습적으로 가~파 범죄를 저지른 자 ※ 단, 他 법률에 의해 상습범으로 가중처벌되는 경우 제외

아동학대 관련 법률에는 아동복지법과 아동학대범죄의처벌등에관한특례법이 있습니다. 아동복지법은 아동이 건강하게 출생하여 행복하고 안전하게 자랄 수 있도록 아동의 복지를 보장하기 위해 제정되었습니다. 「아동학대범죄의처벌등에관한특례법」은 아동학대범죄의 처벌 및 그 절차에 관한 특례와 피해아동에 대한 보호절차 및 아동학대행위자에 대한 보호처분을 규정하여 아동을 보호하고 아동이 건강한 사회 구성원으로 성장하도록 하기 위하여 제정되었습니다.

3.2.1. 아동학대 업무흐름도[16]

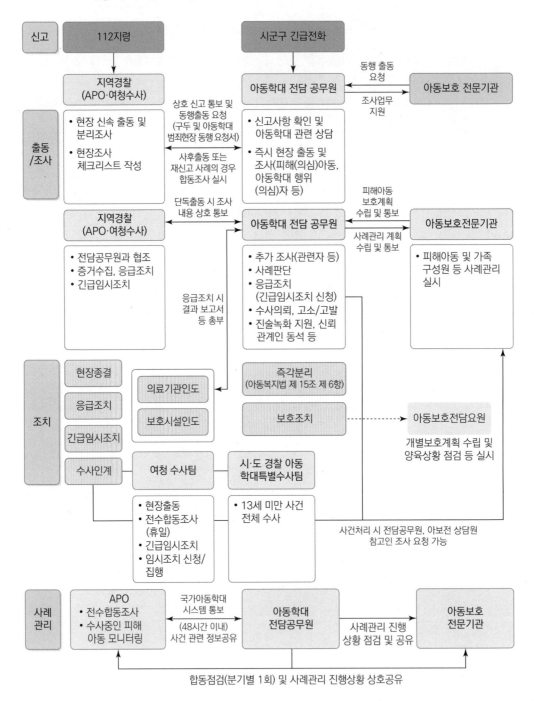

16) 경찰청 아동청소년과 – 2021년 아동학대대응매뉴얼

3.3. 아동학대 사건 단계별 처리 절차

3.3.1. 아동학대 신고접수 경찰관 행동요령

누구든지 아동학대범죄를 알게 된 경우나 그 의심이 있는 경우에는 아동보호전문기관 또는 수사기관에 신고할 수 있습니다. 신고는 112로, 상담은 지자체(아동보호전문기관) 긴급전화 및 보건복지부상담센터 129로 일원화하였습니다. 아동학대범죄 신고자 등에 대하여는 「특정범죄신고자 등 보호법」 제7조부터 제13조까지의 규정을 준용합니다.

아동학대 신고의무자는 직무를 수행하면서 아동학대범죄를 알게 된 경우나 그 의심이 있는 경우에는 아동보호전문기관 또는 수사기관에 신고하여야 합니다. 신고의무자가 아동학대를 신고하지 않은 경우 일천만 원 이하의 과태료가 부과됩니다.

3.3.2. 아동학대 출동 경찰관 행동요령

3.3.2.1. 아동학대 신고 및 출동

출동 전 조치로 피해아동의 안전여부, 흉기소지 여부, 신고이력 여부 등을 확인하여 사안의 경중을 파악합니다. 신고이력여부는 APO시스템 및 112신고시스템 등으로 이력 확인 가능합니다.

아동학대처벌법 제11조(현장출동)에 따라 경찰이나 아동학대전담공무원(아동보호전문기관)은 동행출동이 필요한 아동학대 신고 사건에 관하여 상호 동행 요청할 수 있고, 정당한 사유가 없는 이상 동행출동 실시하여야 합니다. 긴급한 경우 구두로 요청할 수 있고, 구두로 요청한 경우 지체없이 동행요청서를 반드시 송부합니다.

아동학대전담공무원(아동보호전문기관) 긴급전화 또는 내방으로 아동학대 신고된 사항은 경찰 출동이 필요한 경우 112에 통보하고 경찰의 동행출동을 요청합니다. 재신고 사례의 경우 경찰과 아동학대전담공무원(아동보호전문기관) 동행출동 실시합니다.

의료기관 종사자가 신고하는 경우는 주로 중상해가 의심되는 사례로 신속히 상호 동행하여 '현재 피해아동이 있는 장소'와 '신고된 의료기관'에 출동하여 피해아동의 현재 상태, 분리보호의 필요성에 대한 면밀한 조사를 진행하여야 합니다.

경찰 및 아동학대전담공무원(아동보호전문기관)은 신고된 현장에 단독으로 출동하는 경우 조사 결과를 상호 통지하여야 합니다. 신고사실을 유선으로 우선 통보 후 국가아동학대정보시스템 또는 문서 통보로 통보합니다.

3.3.2.2. 현장출입조사

현장출입·조사가 가능한 경우에는 신분증 제시 후 경찰의 아동학대 조사 및 질문권을 고지하고 출입합니다. 학대행위자가 신고자의 인적사항을 물어보는 등 조사과정에서 신고자의 신분이 노출되지 않도록 각별히 주의합니다.

내부에 인기척이 있으나 출입 및 조사를 거부하는 경우에는 아동학대가 진행 중이거나 직후라고 판단되면 「현장출입 및 조사권」을 고지 후 즉시 유형력을 행사하여 가택진입합니다. 경찰관에게 「현장출입 및 조사권」이 있음을 고지하고 피해아동의 안전 확인을 위해 신고된 장소의 내부 확인이 필요함을 설명합니다. 피해아동 또는 학대의심자가 설득에도 불구하고 출입 및 조사를 거부하는 경우, 「가정폭력방지 및 피해자보호 등에 관한 법률」에 따라 과태료가 부과될 수 있음을 경고하고, 시정장치 해정 후 진입합니다. 피해아동 또는 보호자가 신고를 철회하더라도 반드시 피해아동의 안전 및 피해상태 확인합니다.

내부에 인기척이 없으나 아동학대의 개연성이 상당한 경우, 신고내용 상 아동학대의 개연성이 높다고 판단되어 확인이 필요하면 직접 또는 타기관 등 조력을 받아 시정장치 해정 후 진입합니다. 시정장치 해제 후 강제진입이 필요한 경우, 반드시 과태료 부과 규정을 사전에 고지한 뒤, 경찰의 '현장 출입 조사권'에 의한 강제 진입을 고지합니다.

진입 후에는 학대의심자의 영향력을 배제하고 아동 진술의 신빙성을 확보하기 위해 반드시 대면 및 분리조사 실시합니다. 아동학대행위(의심)자가 조사를 방해 또는 거부하는 경우 업무수행 방해 행위로 처벌받을 수 있고 피해아동을 즉각분리 할 수 있음을 고지합니다. 조사 협조에 대해 설득 시도에도 불구하고, 지속 거부하여 피해(의심)아동에 대한 안전확인이 어려운 경우 등은 업무수행방해 행위 처벌 또는 즉각분리조치를 실시합니다.

신고내용에 대한 사실여부 확인은 아동과 학대의심자를 분리한 후 피해아동 → 학대의심자 順(순)으로 진행하며 신고되지 않은 학대상황에 대해서도 추가적으로 확인합니다.

3.3.2.3. 응급조치

다음은 응급조치[17]입니다. 아동학대 현장에 출동하거나 아동학대범죄 현장을 발견한

---

17) 아동학대처벌법 제12조(피해아동 등에 대한 응급조치)
　　① 제11조 제1항에 따라 현장에 출동하거나 아동학대범죄 현장을 발견한 경우 또는 학대현장 이외의 장소에서 학대피해가 확인되고 재학대의 위험이 급박·현저한 경우, 경찰 또는 아동학대전담공무원(아동보호전문기관)은 피해아동, 피해아동의 형제자매인 아동 및 피해아동과 동거하는 아동(이

경우 또는 학대현장 이외의 장소에서 학대피해가 확인되고 재학대의 위험이 급박·현저한 경우, 경찰 또는 아동학대전담공무원(아동보호전문기관)은 피해아동, 피해아동의 형제자매인 아동 및 피해아동과 동거하는 아동(이하 "피해아동등"이라 한다)의 보호를 위하여 즉시 다음의 응급조치를 하여야 합니다. 이 경우 보호시설로 인도의 조치를 하는 때에는 피해아동 등의 이익을 최우선으로 고려하여야 하며, 피해아동 등을 보호하여야 할 필요가 있는 등 특별한 사정이 있는 경우를 제외하고는 피해아동 등의 의사를 존중하여야 합니다.

응급조치의 종류

1. 아동학대범죄 행위의 제지
2. 아동학대행위자를 피해아동등으로부터 격리
3. 피해아동등을 아동학대 관련 보호시설로 인도
4. 긴급치료가 필요한 피해아동을 의료기관으로 인도

하 "피해아동등"이라 한다)의 보호를 위하여 즉시 다음 각 호의 조치(이하 "응급조치"라 한다)를 하여야 한다. 이 경우 제3호의 조치를 하는 때에는 피해아동등의 이익을 최우선으로 고려하여야 하며, 피해아동등을 보호하여야 할 필요가 있는 등 특별한 사정이 있는 경우를 제외하고는 피해아동등의 의사를 존중하여야 한다.
  1. 아동학대범죄 행위의 제지
  2. 아동학대행위자를 피해아동등으로부터 격리
  3. 피해아동등을 아동학대 관련 보호시설로 인도
  4. 긴급치료가 필요한 피해아동을 의료기관으로 인도
② 경찰이나 아동학대전담공무원은 제1항 제3호 및 제4호 규정에 따라 피해아동등을 분리·인도하여 보호하는 경우 지체 없이 피해아동등을 인도받은 보호시설·의료시설을 관할하는 시·도지사 또는 시장·군수·구청장에게 그 사실을 통보하여야 한다.
③ 제1항 제2호부터 제4호까지의 규정에 따른 응급조치는 72시간을 넘을 수 없다. 다만, 본문의 기간에 공휴일이나 토요일이 포함되는 경우로서 피해아동등의 보호를 위하여 필요하다고 인정되는 경우에는 48시간의 범위에서 그 기간을 연장할 수 있다.
④ 제3항에도 불구하고 검사가 제15조 제2항에 따라 임시조치를 법원에 청구한 경우에는 법원의 임시조치 결정 시까지 응급조치 기간이 연장된다.
⑤ 경찰 또는 아동학대전담공무원이 제1항에 따라 응급조치를 한 경우에는 즉시 응급조치결과보고서를 작성하여야 한다. 이 경우 경찰이 응급조치를 한 경우에는 관할 경찰관서의 장이 시·도지사 또는 시장·군수·구청장에게, 아동학대전담공무원이 응급조치를 한 경우에는 소속 시·도지사 또는 시장·군수·구청장이 관할 경찰관서의 장에게 작성된 응급조치결과보고서를 지체 없이 송부하여야 한다.
⑥ 제5항에 따른 응급조치결과보고서에는 피해사실의 요지, 응급조치가 필요한 사유, 응급조치의 내용 등을 기재하여야 한다.

현장에 출동한 경찰과 아동학대전담공무원(아동보호전문기관)은 응급조치 필요여부를 논의하고, 피해아동 보호를 위하여 적절한 응급조치를 판단합니다. 경찰은 응급조치결과보고서 작성 등 관련 행정 업무를 주도적으로 실시하며, 아동학대전담공무원(아동보호전문기관)은 피해아동의 보호시설·의료기관 인도를 실시합니다.

아동학대행위자의 격리·보호시설 인도·의료기관 인도의 경우 72시간을 넘을 수 없으며, 그 기산점은 각각 '격리 시', '인도 시'를 기준으로 합니다. 다만 기간에 공휴일이나 토요일이 포함되는 경우로서 피해아동 등의 보호를 위하여 필요하다고 인정되는 경우에는 48시간의 범위에서 그 기간 연장 가능합니다. 아동학대범죄 행위의 제지는 일시적인 행위이므로 기간의 제한을 받지 않습니다. 검사가 응급조치 후 임시조치를 법원에 청구한 경우 위 응급조치의 기간은 법원의 임시조치 결정 시까지 연장됩니다.

3.2.4. 긴급임시조치[18]

응급조치에도 불구하고 아동학대범죄가 ① 재발될 우려가 있고, ② 긴급을 요하여 법원의 임시조치 결정을 받을 수 없을 때 할 수 있습니다. 경찰은 '직권'이나 '피해아동, 그 법정대리인(아동학대행위자는 제외), 피해아동의 변호사, 시·도지사, 시장·군수·구청장 또는 아동보호전문기관의 장의 신청'에 따라 아동학대행위자에 대하여 퇴거 등 격리, 접근금지(전기통신 포함) 조치를 할 수 있습니다.

긴급임시조치의 종류

1. (피해아동 등 또는 가정구성원의) 주거로부터 퇴거 등 격리
2. (피해아동 등 또는 가정구성원의) 주거, 학교 또는 보호시설 등에서 100미터 이내의 접근 금지
3. (피해아동 등 또는 가정구성원에 대한) 전기통신을 이용한 접근 금지

---

18) 아동학대처벌법 제13조(아동학대행위자에 대한 긴급임시조치)
　① 경찰은 제12조 제1항에 따른 응급조치에도 불구하고 아동학대범죄가 재발될 우려가 있고, 긴급을 요하여 제19조 제1항에 따른 법원의 임시조치 결정을 받을 수 없을 때에는 직권이나 피해아동, 그 법정대리인(아동학대행위자를 제외하고는 이하 같다), 변호사(제16조에 따른 변호사를 말한다. 제48조 및 제49조를 제외하고는 이하 같다) 또는 아동보호전문기관의 장의 신청에 따라 제19조 제1항 제1호부터 제3호까지의 어느 하나에 해당하는 조치를 할 수 있다.
　② 경찰은 제1항에 따른 조치(이하 "긴급임시조치"라 한다)를 한 경우에는 즉시 긴급 임시조치결정서를 작성하여야 하고, 그 내용을 시·도지사 또는 시장·군수·구청장에게 지체없이 통지하여야 한다.
　③ 제2항에 따른 긴급임시조치결정서에는 범죄사실의 요지, 긴급임시조치가 필요한 사유, 긴급임시조치의 내용 등을 기재하여야 한다.

경찰은 긴급임시조치를 한 경우 지체 없이 검사에게 임시조치의 청구를 신청하여야 합니다. 검사가 48시간 내 임시조치를 청구해야 하므로 경찰은 지체없이 신청합니다. 검사가 임시조치를 청구하지 아니하거나, 법원이 임시조치의 결정을 하지 아니한 때에는 즉시 그 긴급임시조치를 취소하여야 합니다. 긴급임시조치를 이행하지 아니한 경우 1천만 원 이하의 과태료가 부과됩니다.

3.3. 아동학대 수사 경찰관 행동요령

3.3.1. 임시조치

아동학대의 재발우려가 있을 경우에는 경찰은 다음의 임시조치를 신청할 수 있습니다.

> **임시조치의 종류**
>
> 1. 피해아동등 또는 가정구성원(「가정폭력범죄의 처벌 등에 관한 특례법」 제2조 제2호에 따른 가정구성원을 말한다. 이하 같다)의 주거로부터 퇴거 등 격리
> 2. 피해아동등 또는 가정구성원의 주거, 학교 또는 보호시설 등에서 100미터 이내의 접근 금지
> 3. 피해아동등 또는 가정구성원에 대한 「전기통신기본법」 제2조 제1호의 전기통신을 이용한 접근 금지
> 4. 친권 또는 후견인 권한 행사의 제한 또는 정지
> 5. 아동보호전문기관 등에의 상담 및 교육 위탁
> 6. 의료기관이나 그 밖의 요양시설에의 위탁
> 7. 경찰관서의 유치장 또는 구치소에의 유치

임시조치에는 필요적 임시조치와 임의적 임시조치가 있습니다. 필요적 임시조치는 응급조치 또는 긴급임시조치를 한 경우와 아동보호전문기관의 장으로부터 응급조치가 행하여 졌다는 통지를 받은 경우에 합니다. 임의적 임시조치는 재발이 우려되거나, 피해 아동·법정대리인·변호사·아동보호전문기관의 장이 임시조치를 신청해 줄 것을 요청하는 경우에 합니다. 임시조치 위반 시 제제는 1~4호 위반 시에 2년이하 징역 또는 2천만 원이하 벌금에 처해집니다.

3.2.2. 사건처리 원칙

다음은 사건처리 원칙입니다. '상습 아동학대 구속수사 원칙'에 따라, 중상해 이상 및 상습(아동학대 신고 3회 이상)인 경우 원칙적으로 구속 수사합니다. 폭행 등 반의사불벌죄가 적용되는 형법과 달리 「아동복지법」 적용 가능, 구성요건을 갖춘 경우 반드시 입건합니다. 보호자·법정대리인 등에게 가정법원에 피해아동보호명령을 신청할 수 있음을 고지합니다. 형사처벌보다 보호처분이 적합한 경우 '아동보호사건'으로 처리여부 판단합니다. 아동보호사건19)으로 송치 시, 의견서·송치서·수사결과보고상 행위자 성행·사건동기 등 아동보호사건 처리 상당성 여부를 자세히 작성합니다. 보호처분의 종류20)는 다음과 같습니다.

---

19) 제27조(아동보호사건의 처리) ①검사는 아동학대범죄로서 제26조 각 호의 사유를 고려하여 제36조에 따른 보호처분을 하는 것이 적절하다고 인정하는 경우에는 아동보호사건으로 처리할 수 있다.
　② 다음 각 호의 경우에는 제1항을 적용할 수 있다.
　　1. 피해자의 고소가 있어야 공소를 제기할 수 있는 아동학대범죄에서 고소가 없거나 취소된 경우
　　2. 피해자의 명시적인 의사에 반하여 공소를 제기할 수 없는 아동학대범죄에서 피해자가 처벌을 희망하지 아니한다는 명시적 의사표시를 하였거나 처벌을 희망하는 의사표시를 철회한 경우
20) 제36조(보호처분의 결정 등) ① 판사는 심리의 결과 보호처분이 필요하다고 인정하는 경우에는 결정으로 다음 각 호의 어느 하나에 해당하는 보호처분을 할 수 있다.
　　1. 아동학대행위자가 피해아동 또는 가정구성원에게 접근하는 행위의 제한
　　2. 아동학대행위자가 피해아동 또는 가정구성원에게 「전기통신기본법」 제2조 제1호의 전기통신을 이용하여 접근하는 행위의 제한
　　3. 피해아동에 대한 친권 또는 후견인 권한 행사의 제한 또는 정지
　　4. 「보호관찰 등에 관한 법률」에 따른 사회봉사·수강명령
　　5. 「보호관찰 등에 관한 법률」에 따른 보호관찰
　　6. 법무부장관 소속으로 설치한 감호위탁시설 또는 법무부장관이 정하는 보호시설에의 감호위탁
　　7. 의료기관에의 치료위탁
　　8. 아동보호전문기관, 상담소 등에의 상담위탁
　② 제1항 각 호의 처분은 병과할 수 있다.
　③ 제1항 제3호의 처분을 하는 경우에는 피해아동을 아동학대행위자가 아닌 다른 친권자나 친족 또는 아동복지시설 등으로 인도할 수 있다.
　④ 판사가 제1항 제3호의 보호처분을 하는 경우 보호처분의 기간 동안 임시로 후견인의 임무를 수행할 사람의 선임 등에 대하여는 제23조를 준용한다.
　⑤ 법원은 제1항에 따라 보호처분의 결정을 한 경우에는 지체 없이 그 사실을 검사, 아동학대행위자, 피해아동, 법정대리인, 변호사, 시·도지사 또는 시장·군수·구청장, 보호관찰관 및 보호처분을 위탁받아 하는 보호시설, 의료기관, 아동보호전문기관 또는 상담소 등(이하 "수탁기관"이라 한다)의 장에게 통지하여야 한다. 다만, 수탁기관이 국가나 지방자치단체가 운영하는 기관이 아닌 경우에는 그 기관의 장으로부터 수탁에 대한 동의를 받아야 한다. <개정 2020. 3. 24.>
　⑥ 제1항 제4호부터 제8호까지의 규정에 따라 처분을 한 경우에는 법원은 아동학대행위자의 교정에 필요한 참고자료를 보호관찰관 또는 수탁기관의 장에게 보내야 한다.
　⑦ 제1항 제6호의 감호위탁기관은 아동학대행위자에 대하여 그 성행을 교정하기 위한 교육을 하여야 한다.

> **보호처분의 종류**
>
> 1. 아동학대행위자가 피해아동 또는 가정구성원에게 접근하는 행위의 제한
> 2. 아동학대행위자가 피해아동 또는 가정구성원에게 「전기통신기본법」 제2조 제1호의 전기통신을 이용하여 접근하는 행위의 제한
> 3. 피해아동에 대한 친권 또는 후견인 권한 행사의 제한 또는 정지
> 4. 「보호관찰 등에 관한 법률」에 따른 사회봉사 · 수강명령
> 5. 「보호관찰 등에 관한 법률」에 따른 보호관찰
> 6. 법무부장관 소속으로 설치한 감호위탁시설 또는 법무부장관이 정하는 보호시설에의 감호위탁
> 7. 의료기관에의 치료위탁
> 8. 아동보호전문기관, 상담소 등에의 상담위탁

보호처분 위반시 제재는 1~3호 위반 시에 2년 이하 징역 또는 2천만 원 이하 벌금에 처해지고, 4~8호 위반 시에는 1천만 원 이하의 과태료가 부과됩니다.

3.4. 맺음말

앞서 살펴본 바와 같이 아동학대 대응 업무는 모두 자치경찰 사무로 분류하였습니다. 물론 경찰청의 기획업무는 여전히 국가사무이지만 원칙상 모든 아동학대 사무는 자치경찰 사무입니다. 자치경찰 사무 분류와 함께 아동학대처벌법이 대폭 개정되어 많은 변화가 있었습니다. 또한 아동학대 공동 업무 수행지침 시행으로 경찰의 업무에도 많은 변화가 있습니다. 법률에 대한 보다 세심한 검토를 통하여 아동 보호를 위해 변화된 아동학대 대응 체계를 이해하고 업무에 접근하였으면 합니다.

4. 학교폭력 대응

4.1. 학교폭력 예방 및 청소년 선도 · 보호 업무

4.1.1. 학교폭력 예방 및 청소년 선도 · 보호 업무란?

경찰의 업무는 '법(法)'을 근거로 합니다. 다시 말해, 법적 근거가 없는 경찰 업무는

존재하지 않죠. 학교폭력 예방 업무는 교육부가 제정한 「학교폭력예방 및 대책에 관한 법률」(이하 학교폭력예방법)을 근거로 두고 있고[21], 하위 근거로 「학교폭력예방 및 대책에 관한 법률 시행령」과 「소년업무규칙」에 두고 있습니다. 또, 청소년 선도·보호 업무는 「학교폭력예방법」과 「소년업무규칙」에서 관련 근거를 찾을 수 있습니다. 학교폭력 예방과 청소년 선도·보호 업무를 이해하는데 있어서 핵심 키워드는 '학교전담경찰관' 제도입니다. 경찰의 학교폭력 예방과 청소년 선도·보호 업무는 전적으로 「학교폭력예방법」과 「소년업무규칙」에서 보장하는 '학교전담경찰관'이 전담하며, '학교전담경찰관' 제도를 이해하지 못하면 학교폭력 예방과 청소년 선도·보호 업무를 이해하기란 어렵습니다. 따라서 이번 장에서는 학교전담경찰관 중심으로 학교폭력 예방과 청소년 선도·보호 업무를 이해하고자 합니다.

현재 '학교폭력'은 가정폭력, 성폭력, 아동학대와 함께 우리 사회 민감 사안 중 하나입니다. 특히, 최근에는 '성폭력 미투'와 '빚투'에 이어 '학폭 미투(Me too·나도 당했다)'가 스포츠계를 넘어 사회 전반에 빠른 속도로 번지고 있죠. 한때 학교폭력이 '철없는 행동'으로 치부했던 과거와 달리 지금은 사회 몸통을 흔드는 중요 범죄로 인식되는 사회 분위기가 만들어지고 있는 셈입니다. 그야말로 인터넷에서 연일 학교폭력 미투가 잇따르는 가운데 최근 한 커뮤니티에는 학교폭력 때문에 2011년 유서를 남기고 극단적 선택을 한 대구 중학생 자살 사건이 다시 언급돼 관심을 받기도 했습니다. 그만큼 '학교폭력'이 우리 사회에서 얼마나 큰 면적을 차지하는지 또 중요한 사안인지를 보여주는 대목이라 할 수 있습니다. 달리 말하면, "이제는 학교폭력을 학생들이 성장하면서 겪을 수 있는 흔한 일상으로 여기는 관점은 옳지 않다."라는 메시지일 수도 있습니다.

조선 시대에도 학교폭력은 있었고, 일제강점기와 한국전쟁 전후로도 학교폭력은 존재했었습니다. 하지만 우리가 기억할 학교폭력의 변천 과정은 크게 두 가지로 구분됩니다. 첫째는 1995년 당시 서울 한 고등학생의 자살 사건[22]으로 대한민국에 '학교폭력'이라는 사회용어가 처음 등장했습니다. 즉, 1995년 이전에는 '학교폭력'이라는 용어 자체가 없었고, '학교폭력'이라는 용어 자체를 우리 사회가 인정하지 않았죠. 하지만 한 학생의 안타까운 자살 사건을 계기로 우리 사회에 '학교폭력'이라는 용어가 처음 등장했고, 이후 대한민국 최초로 「학교폭력 예방 시민 모임」이 출범하면서 우리 사회에 '학교폭력'이 얼마나 위험한 문제인지를 알리는 계기가 됐습니다. 결국, 한 학생의 희생으로 2004년 「학교폭력예방 및 대책에 관한 법률」이라는 '학교폭력' 관련 법률이 제정되기도 했습

---

21) 학교폭력예방법 제20조의6 제1항에는 "국가는 학교폭력예방 및 근절을 위항 학교폭력 업무 등을 전담하는 경찰관을 둘 수 있다"라고 명시하고 있다.

22) 중앙일보, "폭력 키우는 건 침묵"... 아들 잃고 행동에 나서 법 제정 끌어냈다. 2012년 1월 3일 자 보도

니다. 둘째는 앞선 내용에서 언급한 '대구 중학생 자살 사건'[23]입니다. 안타깝게도 두 번째 변천 과정의 전환 또한, 한 중학생의 안타까운 희생이 있었습니다. 학교폭력으로 피해를 당한 한 중학생이 고통을 호소하는 유서를 남기고 생을 마감했죠. 당시 이 사건은 우리 사회에 큰 파장을 불러왔고, 학교폭력을 학생들의 실수로 치부하는 일을 용납하지 않겠다는 사회적 약속이 만들어졌습니다. 결국, 이 사건을 계기로 2012년에만 「학교폭력예방법」이 4회나 개정되었고, 학교와 폭력과 관련한 기관에서는 학교폭력을 '관용'에서 '무관용'으로 태도를 전환하는 계기를 맞기도 했습니다. 특히, 당시 정부의 대안으로 '학교전담경찰관' 제도와 '117 학교폭력 상담 신고 전화'가 설치되었는데, 어쩌면 경찰의 '학교폭력' 업무가 '소년 경찰' 업무에서 '학교폭력'이라는 전문 영역으로 진입한 시기가 바로 2012년 '학교전담경찰관' 제도를 시행한 시점부터라고 볼 수 있습니다. 따라서 현행 경찰의 학교폭력 예방 업무를 이해하기 위해서는 '학교전담경찰관' 제도를 중심으로 이해할 필요가 있습니다.

한편, 경찰의 '청소년 비행 방지 등 선도·보호' 활동은 크게 세 가지로 구분합니다. 첫 번째는 '선도프로그램'입니다. 선도프로그램은 말 그대로 경찰이 주도하여 비행소년을 대상으로 선도 교육을 적용하는 프로그램을 말합니다. 1987년 '제6차 경제사회 발전 5개년 계획'에서 청소년 부문 계획을 수립할 때 청소년 선도프로그램의 일환으로 '사랑의 교실'[24]을 채택하여 1989년 대통령 공약사업으로 선정하여 추진하였고, 이후 경찰청에서 '사랑의 교실'을 채택한 후 경찰관서별 '자체 선도프로그램'으로 변경하여 확대 운영하고 있습니다. 또, 현재는 신경정신과 병원과 협업하여 비행소년 중 치유 목적의 선도프로그램까지 운영하고 있죠. 두 번째는 2003년에 실시한 '전문가 참여' 제도입니다. 이 제도는 범죄를 저지른 소년범을 대상으로 조사과정에서 범죄심리사 등 심리전문가가 개입하여 소년범을 대상으로 '비행 촉발 요인검사'와 '인성검사' 등을 실시하여 소년의 재비행 위험성을 분석하는 제도입니다. 이 제도를 통해 경찰 단계에서의 선도 및 검찰·법원 소년 처우에 관한 기초자료로 활용하고, 과학적이고 합리적인 도구를 활용하여 맞춤형 선도를 통해 재범까지 억제하려는 노력을 기울이고 있습니다. 마지막 세 번째는 '선도심사위원회'입니다. 2012년부터 실시한 '선도심사위원회'의 목적은 범죄사건 중 경미한 소년범죄에 대해 맞춤형 사건처리를 함으로써 소년범에 대한 무분별한 낙인효과를 제거하고, 전과자 양산을 방지하기 위해 만들어졌습니다. 무엇보다 '선도심사위원회'는 지역사회와 유기적 협력체계를 통해 소년범 처분 결정(즉결심판·훈방)은 물론 청소년 가·피해자, 가출청소년 등에 대한 선도·지원을 강화하는 역할을 하고 있어 자치경찰 시행

---

23) YTN, "대구에서 친구들 괴롭힘에 중학생 투신" 2011년 12월 22일 자 보도
24) 동아일보, "훈방 非行 청소년에 善導 교육" 1989년 5월 30일 자 보도

이후 큰 기대를 갖고 있습니다.

중요한 건, 학교폭력 예방과 청소년 선도·보호 업무는 '학교전담경찰관'의 업무라는 사실을 기억해주세요. 다시 말해, 학교전담경찰관은 학교폭력 예방과 청소년 선도·보호 등을 전담하는 '경찰공무원'으로 정의할 수 있고, 영문 표기는 SPO(School Police Officer) 라고 적습니다. 우선, 학교전담경찰관의 자격 요건은 「학교폭력예방법」 규정에 따라 학생 상담 관련 학위나 자격증 소지 여부와 학생 지도 경력 등 학교폭력 업무 수행에 필요한 전문성을 고려해서 선발하고, 구체적인 선발과 임무 또한, 「학교폭력예방법 시행령」에서 규정하고 있습니다. 특히, 경찰에서는 학교전담경찰관의 임무와 관련하여 「소년업무규칙」에서 상세하게 명시하고 있음을 참고해주세요.

4.1.2. 국가경찰과 자치경찰사무의 구분

학교폭력 예방과 청소년 선도·보호 업무가 국가경찰 사무인지 자치경찰사무인지는 기본적인 질문 영역이자 관심 분야죠. 결론부터 말하자면, 학교폭력 예방과 청소년 선도·보호 업무는 자치경찰사무 중 행정사무에 해당합니다. 법적 근거로는 「국가경찰과 자치경찰의 조직 및 운영에 관한 법률」(약칭: 경찰법)과 「자치경찰사무와 시·도자치경찰위원회의 조직 및 운영 등에 관한 규정」(이하 자치경찰규정) 제2조에서 규정하고 있습니다. 먼저, 「경찰법」에서는 '지역 내 주민의 생활 안전 활동에 관한 사무' 영역에 '학교폭력 예방' 업무를 규정하고 있고,[25] 「자치경찰규정」에는 제2조 별표에 따라 생활 안전 사무 중 '청소년 비행 방지 등 선도·보호 활동'과 '학교폭력의 근절·예방과 가해 학생 선도

▎학교폭력 예방 등 업무 관련 자치경찰사무의 범위

자치 비 수사 사무 (Ⅳ유형)		
자치경찰사무		범위
1. 지역 내 주민의 생활안전 활동에 관한 사무	라. 아동·청소년·노인·여성·장애인 등 사회적 보호가 필요한 사람에 대한 보호 업무 및 가정·학교·성폭력 등의 예방	4) 청소년 비행 방지 등 선도·보호 활동 6) 학교폭력의 근절·예방과 가해 학생 선도 및 피해 학생 보호 활동 8) 그 밖에 관련 법령에 경찰의 사무로 규정된 아동·청소년·노인·여성·장애인 등 사회적 보호가 필요한 사람에 대한 보호 및 가정폭력·학교폭력·성폭력 등 예방 업무

---

25) 「경찰법」 제4조(경찰의 사무) 제2호 가목 4) 아동·청소년·노인·여성·장애인 등 사회적 보호가 필요한 사람에 대한 보호 업무 및 가정폭력·학교폭력·성폭력 등의 예방

및 피해 학생 보호 활동으로 규정하고 있습니다. '그 밖에 관련 법령에 경찰의 사무로 규정된 아동·청소년·노인·여성·장애인 등 사회적 보호가 필요한 사람에 대한 보호 및 가정폭력·학교폭력·성폭력 등 예방 업무'로 규정하고 있습니다.

4.1.3. 학교폭력 및 비행소년의 의미

이제 본격적으로 경찰의 업무를 이해하고 이를 자치경찰 업무에 적용해보도록 하죠. 무엇보다 이번 교재는 자치경찰사무 계획을 수립하는 데 있어 도움 될 수 있는 범위에 한정해 기술했습니다. 우선, 경찰 업무를 이해하기 위해서는 업무 주제의 개념과 유형을 이해하는 것은 업무 전체를 이해하는 데 큰 도움이 됩니다. 특히, 이해를 돕기 위해서는 자신과 관련된 업무를 연결하는 것도 중요하지만, 사회구조와 같은 포괄적인 범위에서 자신을 둘러싼 환경에 업무를 적용해보는 것도 권하고 싶습니다. 학교폭력과 비행소년은 우리 사회에 큰 이슈의 한 자락으로 인식된 지 오래고, 특히 부산여중생 집단폭행 사건의 경우 '국민청원게시판 청원 답변 1호'라는 불명예를 경험하기도 했습니다. 다시 말해, 업무적으로 보면, 일개 학교폭력 하나가 우리가 속한 사회의 몸통은 물론 경찰 조직 전체를 뒤흔들 수 있는 민감 사안이 되었다는 걸 인식하는 게 중요합니다. 그만큼 학교폭력의 개념과 유형을 이해하는 데 보다 폭 넓은 노력을 가져줄 필요가 있습니다.

4.1.3.1. 학교폭력의 개념

일단, 학교폭력은 학교의 개념과 폭력의 개념이 융합된 개념입니다. 따라서 학교폭력 예방 업무에 있어서 '학교'의 개념에만 치우쳐도 안 되고, '폭력'의 개념에만 치우쳐도 안 됩니다. 학교폭력은 「학교폭력예방법」의 목적에 따라 피해 학생의 보호와 가해 학생의 선도·교육 및 피해 학생과 가해 학생 간의 분쟁 조정을 통하여 학생의 인권을 보호하고 학생을 건전한 사회구성원으로 육성하는 데 그 목적이 있다는 걸 이해해야 합니다. 이 때문에 자칫 한쪽으로 치우친 개념을 우선하다 보면 학교와 경찰이 예방 활동 과정에서 의견 출동이 발생할 가능성이 높을 뿐 아니라 우리가 기대하는 효과마저 얻기 어렵습니다.

우선, 학교폭력 개념을 이해하려면 '피해 학생'을 주목해야 합니다. 학교폭력이 발생하면 철저하게 피해 학생 중심으로 사안을 처리하고 보호를 지원해야 한다는 뜻이죠. 「학교폭력예방법」 규정을 보면, 학교폭력의 공식은 의외로 간단합니다. 피해 학생이 「초·중등교육법」에서 말하는 학생이면 학교폭력에 해당한다고 보면 됩니다. 다시 말해, 가해 학생이 학생이건 성인이건 유아이건 상관없이 피해 학생을 기준으로 학생 여부만 확인하면 된다는 뜻입니다. 쉬운 예로, 초등학생이 유치원생을 때리면 학교폭력이 아니지만, 유치원생이 초등학생을 때리면 학교폭력이 될 수 있습니다. 왜냐하면 폭행 피해를 당한 학생을 기준으로 학교폭력 여부를 판단하기 때문입니다. 학교폭력의 정의는 「학교폭력예방법」 제2조에서 규정하고 있으며, 아래 내용을 통해 쉽게 이해해보도록 하겠습니다.

학교폭력의 법률적 개념 정리

- 인적 요건: 피해 학생을 기준(피해 학생이 초·중등교육법 상 학생에 한함.)
- 장소적 요건: 학교 내·외에서 발생(장소 불문)
- 행위적 요건: 상해, 폭행, 감금, 협박, 약취·유인, 명예훼손·모욕, 공갈, 강요·강제적인 심부름 및 성폭력, 따돌림, 사이버 따돌림, 정보통신망을 이용한 음란·폭력 정보 등 행위(제2조 제1호), 따돌림(제2조 제1의2호), 사이버 따돌림(제2조 제1의3호) 행위를 통해(법률적 해석 필요)
- 피해 수반 요건: 신체·정신 또는 재산상 피해 중 한 가지라도 수반되면 학교폭력

한편, 학교폭력의 유형은 보통 '행위의 태양'으로 구분합니다. 특히, 인터넷과 스마트폰 사용의 증가로 학교폭력 유형이 오프라인에서 온라인으로 이동하면서 '사이버 폭력'이 큰 양상을 보이는 게 특징입니다. 다시 말해, 지금의 학교폭력은 '사이버 학교폭력'이라고 해도 과언은 아니죠. 무엇보다 학교폭력 유형은 '폭력성 행위'에 한정되어 있음을 이해해야 합니다. 예를 들어, 재산범죄 유형에 해당하는 절도나 사기는 폭력성 행위가 아니라서 학교폭력에 해당하지 않습니다. 이해를 돕기 위해 학교폭력의 유형을 살펴보면 다음과 같습니다.

학교폭력의 유형별 정리

① 신체폭력: 상해, 폭행, 감금, 약취, 유인, 꼬집기, 밀치기 등 공격적인 행위
② 언어폭력: 온·오프라인에서 명예훼손, 모욕, 협박 행위
③ 금품갈취: 돌려줄 생각이 없으면서 돈을 요구하는 등 공갈 행위
④ 강요: 강제적인 심부름 등 의사에 반하는 행동을 강요하는 행위
⑤ 따돌림·사이버 따돌림: 온·오프라인 공간에서 집단적으로 상대방을 의도적이고 반복적으로 피하거나 놀리거나 다른 학생과 어울리지 못하도록 막는 등 행위
⑥ 성폭력: 성희롱, 성추행, 성폭력 행위
⑦ 사이버 폭력: 사이버 명예훼손, 사이버 비방, 사이버 성폭력, 사이버 스토킹, 사이버 갈취, 사이버 감금 등

참고로, 최근 가장 많이 발생하는 학교폭력 유형을 이해하면 자치경찰사무 계획을 수립하는 도움이 됩니다. 일반적으로 학교폭력 빈도를 측정하는 조사에는 전국 시·도 교육감이 시행하는 '학교폭력 피해 경험률' 조사를 들 수 있습니다. 학교와 경찰은 이 표본조사를 통해 한 해 학교폭력 예방 정책과 활동 방향을 계획하고 수립합니다. 2020년 학교폭력 피해 경험률 조사에서 다수의 피해 유형을 보인 건, 언어폭력과 집단 따돌림 그리고 사이버 폭력 순으로 나타났습니다. 하지만 언어폭력과 집단 따돌림에는 사이버 공간에서의 언어폭력과 따돌림을 포함하고 있어 사실상 학교와 경찰은 현재 '사이버 폭력'에 주목하고 있습니다.

또, 학교폭력이 '사이버 폭력화'되면서 학교폭력 담당자는 매년 여성가족부에서 실시하는 '청소년 매체 이용 및 유해환경 실태조사'에도 주목하여 예방정책에 활용합니다. 다시 말해, 예방과 보호 활동에 있어서 최근의 자료를 수집하고 이해하는 건 업무 담당자의 기본이나 다름없습니다. 결국, '학교폭력 피해 경험률 조사'와 '청소년 매체 이용 및 유해환경 실태조사'가 대표적이라고 할 수 있죠.

4.1.3.2. 비행소년의 의미와 유형

비행소년이 우리 사회에서 집중적으로 주목받게 된 시기는 단연코 2017년 발생한 '부산 여중생 집단 폭행' 사건 시리즈였습니다. 여기서 '시리즈'란, 연쇄작용으로 부산 여중생 집단 폭행 사건 이후 연이어 강릉, 천안, 인천으로 집단폭행이 이어지면서 '시리즈'라는 불명예 용어를 감수해야 했고, 경찰과 학교 등 관계기관이 사회적으로 큰 비난을 받기도 했습니다. 특히, 사건의 연속성도 있었지만, 무엇보다 당시 학생들의 폭력행위가 성인 범죄를 추월할 만큼 충격적인 폭력행위를 보여줘 사회적으로 '촉법소년'에 대한 폐지 논란이 일기도 했습니다. 결국, '부산 여중생 집단폭행' 사건은 대한민국 국민청원게시판에서 순식간에 20만 명의 동의를 넘었고, 청와대 답변 1호가 되는 불명예를 안았습니다. 현재 비행소년은 지역 사회에 큰 딜레마로 남아 있는 게 사실입니다. 특히, 피해자 중심의 보호 활동을 요구하는 시민의식을 고려하면, 비행소년에 대한 선도·보호 업무는 '양날의 검' 같은 의미를 지닌다는 점도 이해할 필요가 있습니다.

비행소년(非行少年)에서 '비행'은 잘못되거나 그릇된 행위를 말하며, '소년'이란, 소년법 제2조에서 규정하는 '19세 미만'인 자를 말합니다. 여기서 "소녀는 왜 없냐"라는 질문도 간혹 하는데, 소년의 개념 안에 '소년·소녀'를 포함한다는 점도 참고해주시길 바랍니다.

비행소년의 유형은 「소년법」 제4조 제1항에 해당하는 자를 구분하는 의미입니다. 구체적인 용어는 「소년업무규칙」에서 정하고 있죠. 다시 말해, 비행소년과 관련한 소년의 용어는 경찰에서 먼저 시작되었다고 볼 수 있습니다. 비행소년의 유형은 「소년법」과 「소년업무규칙」을 해석하면 다음과 같이 구분할 수 있습니다.

① 범죄소년: 죄를 범한 14세 이상 소년을 말합니다.
② 촉법소년: 형벌 법령에 저촉되는 행위를 한 10세 이상 14세 미만인 소년으로 형법 제9조[26]에 서 규정하는 '형사미성년자'에 해당합니다.
③ 우범소년: 다음 각 목에 해당하는 사유가 있고 그의 성격이나 환경에 비추어 앞으로 형벌 법령 에 저촉되는 행위를 할 우려가 있는 10세 이상인 소년으로, 집단적으로 몰려다니며 주위 사람 들에게 불안감을 조성하는 성벽(性癖)이 있는 것, 정당한 이유 없이 가출하는 것, 술을 마시고 소란을 피우거나 유해환경에 접하는 성벽이 있는 소년을 의미합니다.

또, 2015년 발생한 '초등학생 벽돌 투척 사망 사건'(일명 캣맘 사건)[27]처럼 사회적으로 논란이 됐던 '범법 소년'이라는 유형도 있는데, '범법 소년'은 범행 당시 만 10세 미만인 소년을 말하는 것으로, 범행 당시 형사 책임연령이 아니어서 형사 처벌을 할 수 없고, 소년법에 따른 보호처분도 할 수 없는 소년을 말합니다. 즉, 10세 미만으로 형사책임무 능력자라 처벌과 처분할 수 있는 법적 근거가 전혀 없다는 뜻입니다. 단, 형사의 경우 '연령 주의'를 택하지만, 민사는 '지능 주의'를 택하고 있어 연령과 상관없이 지능 판별 에 따라 민사소송 진행은 가능합니다.

4.2. 학교폭력 예방 업무

2004년 「학교폭력예방법」이 제정되기 전에는 학교라는 장소는 교육을 위한 일종의 성지로 인식되고 있었습니다. 그래서 학교에서 학교폭력이나 범죄가 발생하여 112 신고 가 들어와도 경찰관은 학교장의 동의를 구하고 학교를 출입할 수 있었죠. 하지만 결국, 학교폭력예방법이 학교의 문턱을 없앴고, 오히려 학교와 경찰이 협업하여 학교폭력 예 방 활동을 권장하고 있습니다. 그만큼 시대가 바뀌었다는 사실을 인정하지 않을 수 없 습니다. 경찰이 학교폭력 예방 업무의 정체성을 갖기 시작한 건 '학교전담경찰관' 제도 가 도입된 2012년 이후라고 볼 수 있습니다. 학교전담경찰관 제도가 도입되기 전에는 「소년업무처리규칙」에서 학교폭력 예방 업무를 제외한 청소년 선도·보호 업무를 담당

---

26) 형법 제9조(형사미성년자)에는 "14세 되지 아니한 자의 행위는 벌하지 아니한다."라고 규정하고 있다.
27) 연합뉴스 "'캣맘'은 초등학생 '낙하 실험' 벽돌에 맞아 사망(종합2보)' 2015년 10월 16일 자 보도

하는 경찰관을 '소년 경찰'이라고 명명하고, 직제 또한 경찰서 여성청소년계 또는 소년 업무 담당 부서에서 주관하도록 했습니다.[28] 하지만, 2013년 3월 「소년업무처리규칙」이 「소년업무규칙」으로 개정되면서 '소년 경찰' 용어가 사라지고, '학교전담경찰관' 용어로 대체되었으며, 학교전담경찰관 업무 범위 또한 학교폭력 예방 중심으로 명시하고, 청소년 선도·보호 업무를 포함하였습니다. 다시 말해, 경찰의 학교폭력 예방 업무는 학교전담경찰관 제도가 시행되면서 본격적으로 시작되었다고 볼 수 있죠. 따라서 학교폭력 업무를 이해하는데 있어서 학교전담경찰관을 기준으로 역할과 활동을 이해하면 도움이 될 수 있습니다.

4.2.1. 학교전담경찰관(SPO) 제도의 이해

학교전담경찰관이 등장하게 된 결정적인 계기는 2011년 대구 중학생 자살 사건입니다. 당시 학교폭력으로 온갖 고문을 견디다 못한 한 중학생이 안타깝게 생명을 희생하면서 우리 사회에 '학교폭력'이 사회 근간을 흔들 수 있는 파괴력을 가졌다는 사실을 알렸고, 학교폭력이 학교에서 흔히 발생할 수 있는 사소한 문제로 생각해서는 안 된다는 경고를 알리기도 했습니다. 결국, 정부는 '학교폭력 근절 범정부 대책'의 일환으로 2012년 6월 학교전담경찰관 제도를 출범시키고, 경찰청은 학교전담경찰관을 경찰서별 여성청소년과(또는 생활안전과)에 소속을 두며, 학교폭력 업무를 담당하도록 제도화했습니다. 학교전담경찰관 제도의 법적 근거는 「학교폭력예방법」 제20조의6[29]에서 규정하고 있습니다. 하지만, 이 근거 또한, 학교전담경찰관이 출범한 시기에는 없다가 2017년 11월이 되어서야 법 개정을 통해 법적 근거를 마련하였습니다. 하위 근거로는 「소년업무규칙」에서 학교전담경찰관의 임무와 역할을 명시하고 있습니다.

경찰이 학생을 대상으로 예방과 보호를 한다는 건, 기본적인 전문성을 요구하는 업무 영역임은 틀림없습니다. 특히, 학교 교육의 연장선에서 경찰이 개입하여 활동하기 때문에 전문성을 공격받기도 합니다. 따라서 모든 영역에 있어서 전문성이 중요한 부피를 차지하는 건 사실이지만 특히, 학교폭력 등과 같은 특정 계층 그것도 성장기에 있는 청

---

28) 소년업무처리규칙 제3조(경찰서 소년업무 담당부서의 직무)에는 청소년 선도·보호 직무는 경찰서 여성청소년계 또는 소년업무 담당부서에서 주관하도록 명시하고 있다. 또, 소년의 착취, 학대, 혹사 또는 이용의 대상으로 희생시키거나 권리를 침해하는 행위에 대해서는 수사기능에서 주관하되 소년업무 담당부서 감독자의 의견을 들어야 하도록 규정했다.

29) 학교폭력예방법 제20조의6(학교전담경찰관)에는 국가는 학교폭력 예방 및 근절을 위하여 학교폭력 업무 등을 전담하는 경찰관을 둘 수 있다고 규정하고 있으며, 운영에 필요한 사항은 대통령령으로 정하고 있다고 규정하고 있다.

소년을 대상으로 활동하는 경찰관에게 전문성은 어쩌면 당연한 요구일 수 있습니다. 이러한 배경을 근거로 학교전담경찰관의 선발과 역할은 「학교폭력예방법 시행령」 제31조의2에서 규정하고 있는데, 학교폭력 예방을 위해 학교전담경찰관을 배치할 경우에는 학생 상담 관련 학위나 자격증 소지 여부, 학생 지도 경력 등 학교폭력 업무 수행에 필요한 전문성을 고려하도록 명시하고 있습니다. 특히, 경찰에서는 학교전담경찰관의 전문인력 확보를 위해 2014년부터 2018년까지 총 4기에 걸쳐 학교전담경찰관 '경쟁경력채용자'를 선발하여 성과에 기여하기도 했습니다. 하지만 현재는 선발하지 않고 있죠. 다음은 현행 학교전담경찰관의 역할을 구분한 내용이며, 모든 활동은 학교 등 유관 기관과 협력을 전제로 한다는 걸 이해하면 좋겠습니다.

① 예방 활동: 학교폭력 · 청소년비행 · 폭력 서클 예방, 정보수집, 예방 교육, 면담, 배움터지킴이 · 학교보안관 · 아동안전 지킴이 등 학생 보호 인력과의 협력 · 연계를 통한 학교 내외에서의 학생 보호 활동 등
② 사안 대응: 신고 사안 처리, 폭력서클 해체, 피해 학생 보호, 가 · 피해 학생 조치 참여 등
③ 사후 관리: 2차 피해 및 보복행위 예방 활동, 유관기관 연계, 가해 학생 및 비행소년 선도 등
④ 청소년 보호: 아동학대 · 소년범죄 등 정보수집 및 보호 · 선도, 학교 · 가정 밖 청소년 발굴 및 지원센터 연계 등

이상 나열한 학교전담경찰관의 임무는 법적 근거를 바탕으로 한 구분한 유형입니다. 중요한 건, 이 외 업무는 원칙적으로 학교전담경찰관 업무에 해당하지 않는다는 걸 기억할 필요가 있습니다. 다시 말해, 지역사회의 청소년 안전 확보와 학교폭력의 전문성을 고려하여 지극히 청소년의 안전을 확보한다는 경찰의 의지가 담겨 있습니다.

학교전담경찰관은 업무 특성상 다양한 '비난 가능성'에 노출된 경찰관 중 한 명입니다. 특히, 활동 대상이 성장기 남 · 여 학생들로 구성되어 있어 무엇보다 성(性)과 같은 도덕과 윤리적인 활동을 중요하게 여깁니다. 따라서 이러한 문제를 차단하기 위해 경찰청에서는 2016년 이후 학교전담경찰관의 학교 담당을 正 · 副 담당제로 운영하고 있으며, 남학교에는 남성 학교전담경찰관, 여학교에는 여성 학교전담경찰관을 正담당으로 배치하는 것을 원칙으로 하고 있습니다. 또, 관내 학교 여학생 비율 등을 고려하여 여성 학교전담경찰관을 확대하여 배치하고 있고 특히, 주목할 점은 여학교 또는 공학 학교 正담당이 남성일 경우, 副담당은 여성으로 지정하고, 正 · 副담당 모두 남성일 경우, 性 관련 민감한 사안 발생 시 서무 · 학대 전담 · 수사팀 등 他 업무 여자 경찰과 함께 활동하는 것을 원칙으로 한다는 점입니다. 자치사무 계획 수립 과정에서도 고민해야 할 건,

바로 청소년 인권과 권리를 침해하는 행위가 발생하지 않도록 세심히 살필 필요가 있습니다.

그렇다면, 학교전담경찰관 제도는 어떤 성과를 낳았을까요? 일단, 학교전담경찰관의 운영 성과는 놀라울 정도로 많은 성과를 보였습니다. 무엇보다 학교전담경찰관 활동으로 인해 '학교폭력 피해 경험률'은 물론 '소년범 발생률'마저 현저하게 감소시켰고 특히, '이화여대 학교폭력 예방 연구소'가 실시한 2016년 설문 조사에서 정부의 학교폭력 예방 정책 36개 중 학교전담경찰관 제도가 정책 인지도·효과성·중요도 등에서 1~3위를 차지하기도 했습니다. 다시 말해, 학교전담경찰관 제도는 학교폭력 예방은 물론 소년범죄 감소까지 효과를 발휘하는 데 큰 영향을 보여준 셈입니다.

▌학교전담경찰관 운영 성과[30]

구분	2012년	2013년	2014년	2015년	2016년	2017년	'12→'17
학교폭력(명)	23,877	17,385	13,268	12,495	12,805	14,000	41.4%↓
소년범(명)	107,018	90,694	78,794	80,321	76,356	72,752	32.0%↓
피해 경험률	9.6%	2.1%	1.3%	0.95%	0.85	0.85	91.1%↓
117 신고(건)	80,127	101,524	80.151	70.629	66,959	71,985	10.2%↓

특히, 위 표와 같이 학교폭력 발생과 관련한 통계 지표로 매년 교육부에서 연 2회(상·하반기) 실시하는 '학교폭력 피해 경험률' 조사에서는, 2012년 학교전담경찰관이 출범하기 전 피해 경험률이 9.6%였던 지표가 2017년에는 0.85%로 감소하였으며, 이러한 지표는 실제 학교현장에서도 학교폭력의 '감소 현상'으로 이어지는 계기가 됐습니다. 특히, 성과 원인으로 지목된 부분은 아무래도 학교와의 유기적인 협업이 주요했습니다. 다시 말해, 학교와 경찰이 적극적인 협력을 통해 학생들과의 소통 활동이 학교폭력과 소년범죄의 발생률을 감소시키는 데 주요 원인으로 분석됐죠. 결국, 학교폭력 예방과 청소년 선도·보호의 개념은 경찰 단독 업무만으로는 효과를 볼 수 없으며, 경찰과 학교, 지자체, 상담센터 등 유관기관과 협업이 전제되어야 효과적인 예방을 할 수 있다는 걸 보여주는 대목이기도 합니다. 따라서 학교폭력 예방은 곧 학교-경찰-지역단체 간 협업에 달렸다는 공식이 나올 수 있습니다.

---

30) 경찰백서 자료를 취합하여 보완한 자료입니다.

4.2.2. 학교전담경찰관 예방 활동

모든 예방의 핵심은 정보와 환경 그리고 유해 물질이라는 3요소가 존재합니다. 다시 말해, 예방 활동은 정보를 획득하고, 유기적인 환경을 살펴야 하며, 근절할 유해 물질을 확인하는 절차가 중요한 핵심입니다. 따라서 학교폭력 예방 절차에 3요소를 적용하여 이해하면 자치사무 계획을 수립하는 데 도움이 될 수 있습니다.

4.2.2.1. 학교폭력 정보수집

학교폭력 예방과 청소년 선도·보호 활동에 있어서 변치 않는 진실은 "청소년은 다양하다."라는 사실을 인식하는 게 중요합니다. 학교전담경찰관이 담당하는 학교와 학생 그리고 학부모와 관련 인물들은 단 한 사람도 똑같은 사람, 똑같은 학교가 없다는 것을 의미하며, 저마다 고유의 특성을 가진다는 점을 기억할 필요가 있죠. 특히, 대상의 정보를 획득하지 않은 상태에서 예방 활동을 전개한다면 딱히 효과를 기대하기 어렵습니다. 다시 말해, 예방 활동에 있어서 학교전담경찰관이 담당하는 학교·학생과 관련한 정보를 수집하고 학교폭력 예방 로드맵을 그리는 것은 중요한 의미를 지닙니다. 어쩌면 기초 정보를 수집하고 이를 확보하여 활동에 적용하는 절차는 필수적인 절차라고 할 수 있죠. 이렇게 본다면 정보를 수집하고 환경을 파악하는 단계는 생활 안전 자치사무에 해당하는 '범죄예방 진단팀(CPO)'과의 업무 협업도 고려해 볼 수 있습니다.

• 학교 기본정보(학교알리미 활용)

학교폭력을 예방하기 위해서는 '학교폭력' 중 '학교'의 기본정보를 수집하는 건 필수 활동입니다. 담당하는 학교의 기본정보를 모르고 그 학교의 학교폭력을 예방한다는 건 어쩌면 어불성설(語不成說)일 수 있죠. 학교 정보는 교육부에서 운영하는 '학교알리미'[31]에서 쉽게 확인할 수 있으며, '학교알리미'는 매년 4월, 5월, 9월 학교가 직접 공시하며, 정보 유형에는 학생현황, 교원현황, 교육 활동, 교육여건, 예결산 현황, 학업성취 사항으로 분류하여 공시합니다. 세부 내용으로는 해당 학교의 '학교폭력 피해 경험률'을 유형별로 상세히 알 수 있고, '학교장 자체 해결제'와 '학교폭력대책심의위원회' 심의 건수 등 학교폭력과 관련한 다양한 정보도 얻을 수 있습니다. 심지어 오늘 학교급식에 돈가스가 나온 것까지 알 수 있는 유익한 정보사이트입니다.

• 학교폭력 기본정보(117 현황 활용)

지역 경찰청에서 보관하는 정보는 단연 117 신고 현황입니다. 지역 단위별로 117 신

---

31) 전국 학교 현황과 해당 학교의 기본 정보를 확인할 수 있다. https://www.schoolinfo.go.kr

고 현황을 파악할 수는 있지만 상세하게 학교별로는 나누지 않습니다. 하지만 학교폭력 예방 효과를 거두려면, 해당 학교의 '피해 경험률'도 중요한 척도이지만, 117 현황 또한 학교전담경찰관이 반드시 수집해야 할 필수 정보입니다.

• 학교폭력 환경정보

학교폭력을 유발하는 환경을 인식한다는 건, 학교전담경찰관에게 중요한 좌표로서 역할을 합니다. 학교 주변으로 시뮬레이션하여 아이들이 어디로 이동하는지에 대한 동선을 예측해 보는 건, 학교폭력 예방 활동에 큰 효과를 가져올 수 있습니다. 현재 아이들은 또래 집단이 중심이고, 일정한 장소를 공유하는 걸 특징으로 하므로 학교를 둘러싼 아이들의 거점을 미리 이해하는 건 도움이 될 수밖에 없습니다. 이러한 학교폭력과 연결되는 환경을 찾는 건, 현장에 직접 임장하여 동선을 그려보는 게 좋은 방법입니다. 그래서 학교전담경찰관은 해당 학교 주변으로 아이들이 어디로 모이고 어디서 시간을 보내는지를 미리 파악하는 것이 중요하죠. 이때, 지구대·파출소에서 보관하고 있는 자료를 도움받으면 학교폭력 예방 활동에 큰 도움이 될 수도 있습니다.

• 학생 정보

학생 정보는 곧 학교폭력 정보와 다름없습니다. 그만큼 학생과 친분을 쌓고 상호 연락체계를 구축하여 수시로 학생들과 대화를 나누는 건, 직접적인 학교폭력 정보를 획득하는 것과 같다고 볼 수 있죠. 따라서 학교전담경찰관은 스마트폰을 사용하는 청소년과 대화하기 위해 'SNS 친구 맺기' 등 적극적인 소통 활동을 전개하여 학교폭력 예방에 도움 되는 정보를 수집합니다. 특히, 이러한 과정은 학교전담경찰관의 역할 중 면담 기능에 해당하는 것으로 면담을 넘어 상담을 원하는 학생(반사회적행동·자살우려·학교부적응 등)을 만나거나 알게 되면 즉시, 전문기관으로 연계하는 것을 원칙으로 합니다. 여기서 주목할 건, 학교전담경찰관의 활동 중 청소년의 고민을 들어주고 대화를 나누는 기능은 '면담 기능'에 해당하지만, 면담이 불편하거나 불가능한 학생을 만났을 경우 반드시 전문 상담센터와 전문 치료센터로 연계하는 것이 중요합니다.

• 사회현상 정보

언론 매체 등을 통한 정보수집은 향후 학교폭력 예방 활동에 예측자료로 활용됩니다. 다시 말해, 학교전담경찰관이 언론에 노출되는 학교폭력 관련 정보를 습득하지 못하면 현재 진행 중인 학교폭력의 변화 속도를 따라가기란 쉽지 않죠. 즉, 학교전담경찰관은 학교의 기본정보와 환경 그리고 학생 정보도 중요하지만, 무엇보다 요구하는 정보는 언론 등 사회현상 정보입니다. 특히, 사회현상 정보는 학교전담경찰관의 활동에 있어서

비난 가능성을 사전에 예측하고 보다 사회적 감수성까지 충족시킬 수 있는 고도의 예방 활동을 끌어낸다는 점에서 주목받고 있습니다.

4.2.2.2. 범죄예방 교육

범죄예방 교육은 말 그대로 '교육'을 실천하는 과정입니다. 교육의 중요성은 이 글에서 차치하더라도 학교폭력 예방 교육에 있어서 중요한 핵심은 교육적 관점을 기울이는 태도가 필요합니다. 그러기 위해서는 단어와 문장 선택이 조심스럽고 또, 교육자료를 제작할 때에도 아이들의 감수성을 고려해야 하죠. 특히, 최근 민감하게 작동하는 양성평등과 성인지 감수성을 고려하지 않으면 안 됩니다. 아무튼, 학교전담경찰관이 진행하는 예방 교육은 타 기관의 업무를 지원하는 성격을 지닙니다. 엄밀히 따지면, 예방 교육은 학교 고유의 역할(학교폭력예방법 제15조)이고, 일반 예방 교육은 학교장 주관하에 학교에서 담당하는 게 원칙입니다. 하지만, 학교전담경찰관은 학교에서 강의 요청이 들어오면 원칙에 따라 거절하는 게 쉽지 않습니다. 왜냐하면, 학교와 관계 유지에 차질을 빚을 수 있기 때문이죠. 이는 곧 해당 학교에서 학교폭력이 발생했을 때 관련 정보를 수집하기 어렵고, 예방은 물론 사안 대응에서도 협업이 어려워 효과적인 활동을 할 수 없습니다. 따라서, 범죄예방 교육은 사전에 학교와의 협력을 통해 역할을 분담할 필요가 있습니다. 학교전담경찰관은 학교와 협의를 통해 학기 초 학교폭력 집중 관리 기간 등 적절한 시기에 특별 예방 교육 형식으로 교육을 추진하고 있습니다. 그 외 일반적인 예방 교육은 학교가 전담하도록 협력을 도모합니다. 특히, 청소년 대상으로 범죄예방 교육안을 제작할 때는 교육 주제와 관련하여 사례 위주로 개념과 유형을 설명하며, 무엇보다 사례 활용 시 「학교폭력예방법」상 비밀누설금지 조항에 저촉되지 않도록 유의해야 합니다.

4.2.2.3. 학교 · 가정 밖 청소년 발굴 · 지원

학교 · 가정 밖 청소년 보호 업무는 '여성가족부' 소관입니다. 다시 말해, 학교폭력을 주관하는 교육부와는 소관 자체가 다르다는 걸 먼저 이해해야 합니다. 최근 코로나 19로 인해 사회적 거리 두기가 일상이 되면서 학교를 그만둔 청소년들과 가정을 뛰쳐나온 청소년들이 사각지대에 내몰리고 있죠. 청년 실업률이 올라가면서 청년들이 아르바이트 시장으로 대폭 이동한 상황에서 학교 · 가정 밖 청소년들이 일자리마저 잃고 있어 진퇴양난에 빠진 셈입니다. 어쩌면 비행 청소년들이 무인 점포를 노리는 건 그들의 생존을 위한 어쩔 수 없는 방법일 수도 있습니다. 따라서 최근 학교전담경찰관은 이러한 사회적 분위기를 고려하여 예방 활동의 일환으로 학교 · 가정 밖 청소년을 위한 보호 활동을 전개하고 있습니다.

• 학교 밖 청소년

흔히 중퇴·자퇴 학생이라고 부르지만 올바른 표현은 아닙니다. 학교를 그만둔 청소년은 관련 법령에 따라 '학교 밖 청소년'이라고 명시하고 있고, 법적으로는 초·중학생(의무교육)까지만 「초·중등교육법」에서 규정하는 학생이고, 고등학생(자퇴 등)은 학생에 해당하지 않습니다. 따라서 학교 밖 청소년 지원에 관한 법률에서 그 지위를 규정하고 있으며, 학교폭력의 대상에서도 구분하고 있습니다. 학교 밖 청소년의 정의는 초·중학교 3개월 이상 결석 또는 취학의무 유예하거나 고등학교에 진학하지 않거나 제적·퇴학 처분 또는 자퇴한 청소년을 말합니다. 현재 학교 밖 청소년은 계속해서 증가할 것으로 예상하며, 2020년 4월 1일 기준으로 52,261명의 초·중·고등학생이 학업을 중단한 걸 알 수 있습니다. 또, 학업중단 이후 학교 밖 청소년의 유형은 학업형, 무업형, 직업형, 비행형, 은둔형으로 구분할 수 있으며 관련 통계는 다음과 같습니다.

▌초·중학생 학급별 학업중단 사유

구분	합계	질병	장기결석	미인정유학 해외출국	기타
초등학교	18,366명	146명	9명	14,370명	3,841명
중학교	10,001명	351명	26명	5,160명	4,464명

구분	합계	자퇴					퇴학	제적·유예· 면제
		질병	해외 출국	가사	부적응	기타		
고등학교	23,894명	1,054명	3,077명	147명	6,694명	12,252명	545명	125명

※ '2020 교육통계연보'(교육부)

• 가정 밖 청소년

가정 밖 청소년은 흔히 '가출청소년'이라고 흔히 부릅니다. 하지만 가정 밖 청소년이 사회문제로 대두되고 주목받기 시작하면서 보호 개념이 필요하다는 목소리가 높아졌고, 특히, 2017년 국가인권위원회가 「청소년복지 지원법」에 명시하고 있는 '가출'이라는 표현을 '가정 밖'으로 수정하고, 가정 밖 청소년 지원과 보호 대책을 마련하라고 권고하면서,[32] 용어도 변경되었습니다. 용어의 개념도 2020년까지 규정하지 않다가 2021년 4월 「청소년복지 지원법」 개정을 통해 "'가정 밖 청소년'을 가정 내 갈등·학대·폭력·방임, 가족해체, 가출 등의 사유로 보호자로부터 이탈된 청소년으로서 사회적 보호 및 지원이

---

32) 중앙일보, '가출청소년에서 '가정 밖 청소년'으로 용어 바뀐 이유는' 2021년 2월 18일 자 보도

필요한 청소년"으로 규정하고 있죠. 즉, 가출과 가정 밖 청소년의 의미는 엄연히 다르다는 사실을 인식할 필요가 있습니다. 아울러, 가정 밖 청소년에 대한 지원은 「청소년복지지원법」 제16조에서 규정하고 있습니다. 최근 코로나 19로 인해 사회적 거리 두기가 일상이 되면서 가정 밖 청소년들이 위기를 겪고 있죠. 특히, 코로나 이전에는 대형마트 건물 계단이나 동네 병원 화장실에서 몸을 피했지만, 코로나 때문에 그마저도 힘든 상황에 놓였습니다. 특히, '헬퍼'(공짜로 재워주며 성관계나 청소를 요구하는 사람)에 자신의 성(性)까지 허락하며 생존을 이어가는 상황이 벌어지다 보니 가정 밖 청소년들이 범죄에 가담하는 등 심각한 사회문제에 직면해 있는 게 사실입니다. 이 때문에 경찰에서는 학교전담경찰관 중심으로 청소년 상담복지센터, 쉼터 등 청소년 유관기관과 협력하여 가정 밖 청소년 보호 활동을 전개하고 있습니다. 최근 여성가족부와 경찰청 통계에 따르면, 2019년 가출 신고가 접수된 청소년은 2만 4천 명, 최근 실태조사에서 가출 경험이 있는 청소년은 12만 명에 이르는 것으로 나타났죠.[33] 학교폭력은 물론 청소년 선도·보호 업무에 있어서 중요한 열쇠는 우리 지역에 '가정 밖 청소년'의 문제를 얼마만큼 해결하고 있는지와 연결해서 고민해야 한다는 걸 보여주는 대목이기도 합니다. 특히, 자치경찰사무를 계획하는 데 있어서 '가정 밖 청소년' 보호 방안은 중요한 주제로 다뤄질 필요가 있습니다.

4.2.2.4. 위기 청소년 발굴 활동

'위기 청소년'이라는 용어는 사회안전망에서 이탈한 가능성이 있거나 이탈한 청소년을 지칭하는 보편적인 용어로 사용되고 있습니다. OECD의 정의에 의하면, 위기 청소년(At-risk Youth)은 '학교생활에 적응하지 못해서 직업을 갖거나 성인으로서 삶을 성취하지 못할 것 같은 청소년, 그 결과 사회에 긍정적으로 기여하지 못하는 청소년'으로 정의하고 있죠. 또 위기 청소년의 현황을 살피면, 청소년의 건강한 성장과 발달을 위협하는 위기상황은 빈곤·가족해체·학대 등 가족적 위기상황, 학업부진, 학업중단 등 교육적 위기상황, 약물·폭력·가출·범죄 등 문제행동으로 표출되는 개인적 위기상황, 실업·범죄 피해 등을 포함하는 사회적 위기상황을 분류할 수 있습니다. 즉, 위기 청소년에서 위기의 유형에는 가족적 위기, 교육적 위기, 사회적 위기, 개인적 위기 등으로 구분할 수 있고, 위기 청소년의 유형에는 학교·가정 밖 청소년과 범죄에 노출된 청소년으로 구분할 수 있다는 걸 이해할 필요가 있습니다. 경찰에서 위기 청소년을 발굴하는 활동은 많은 한계를 가집니다. 더구나 제복을 입고 위기 청소년을 발굴한다는 건, 위기 청소년들이 경찰을 발견하고 회피할 수 있어 발굴하는데 쉽지 않은 법입니다. 따라서, 이러한 발

---

33) 연합뉴스 '청소년 가출신고 2만건...아이들 어디 있나?' 2020년 9월 20일 자 보도

굴 활동은 경찰의 기본 정보를 수집한 후 지역 청소년 상담복지센터 등 유관기관과 협업하여 진행하는 게 효과적입니다.

4.2.2.5. 위기 청소년 지원 활동

• 담당 지정

'학교 밖 청소년' 발굴은 학교폭력 예방 업무를 담당하는 학교전담경찰관에게는 학교폭력 대응만큼 중요한 업무 성격을 지닙니다. 경찰서별 학교전담경찰관 중 '학교 밖 청소년' 담당을 별도로 정해 운영하고 있고 특히, 이 업무를 담당하는 학교전담경찰관은 '학교 밖 청소년' 지원센터(꿈드림)와 유기적인 협력관계를 유지해야 합니다.

• 꿈드림 센터 연계

'가정·학교 밖 청소년' 지원을 위해 경찰서 자체적으로 지역사회와 유관기관의 도움을 받아 지원하는 사례도 있지만, 대부분 지역 '꿈드림' 센터나 지자체 관련 부서와 협업하여 지원합니다. '꿈드림'에서는 여성가족부와 자치단체 지원을 받아 아래와 같이 서비스를 제공하고 있습니다.

▌학교 밖 청소년 지원 서비스

상담지원	• 청소년 심리, 진로, 가족관계, 친구관계 등
교육지원	• 학업 동기 강화 및 학업능력 증진 프로그램 진행 • 검정고시를 통한 학력취득 지원 • 대학입시 지원 • 학업중단 숙려상담, 취학관리 전담기구 사례관리 • 복교지원
직업체험 및 직업교육훈련 지원	• 직업탐색·체험 프로그램 제공 • 직업역량강화 프로그램 제공 • 취업훈련 연계지원(내일이룸학교, 취업성공패키지, 비즈쿨 등)
자립지원	• 자기계발 프로그램 지원 • 청소년 근로권익 보호 • 경제적으로 어려운 학교 밖 청소년 지원 • 기초 소양교육 제공
건강검진	• 10대 특성에 맞춘 건강검진 서비스 제공(본인부담 없음) • 건강생활 관리 지원 • 체력관리 지원
기타서비스	• 지역특성화 프로그램 등

• 쉼터 제공

'가정 밖 청소년'의 경우 건전하고 안정적인 생활을 위해 가정 복귀를 유도하거나, 거부 또는 복귀할 수 없는 상황인 경우 청소년 쉼터로 안내합니다. 단, 쉼터가 청소년들에게 실질적인 도움이 되지 못하는 이유는 부모의 동의를 전제로 입소가 가능하며, 잘못된 행동으로 퇴거 명령을 받게 되면 잘못한 기록이 남아 재입소가 어려운 경우가 많습니다. 이러한 문제 때문에 위기 청소년의 이동 경로 또한 대도시에서 중소도시로 이동하는 현상을 보이죠. 참고로 전국 쉼터 현황은 다음과 같으며, 전국 쉼터 현황은 '한국청소년쉼터협의회'[34])에서 자료를 제공하고 있어 편리하게 확인할 수 있습니다.

❚ 전국 쉼터 현황 및 특성

구분	일시 쉼터	단기 쉼터	중장기 쉼터
개소수(132)	32개소	61개소	39개소
이용 기간	7일 이내	3~9개월	3년, 필요시 1년 단위 연장(최장 4년)
주요 기능	조기 발견을 통한 초기개입, 일시 보호	사례관리를 통한 신속한 가정 복귀 및 유관시설 연계 등	사회 진술을 위한 취업 등 자립지원

※ 여성가족부 '전국 청소년 쉼터 현황 및 특성' 2020년 6월 기준.

4.2.2.6. 경찰-학교 간 '상설협의체' 운영

학교폭력 예방과 근절을 위해 학교전담경찰관과 해당 학교와의 유기적인 협력 체제가 무엇보다 중요합니다. 그래서 경찰에서는 2016년부터 'SPO 개선책'을 발표하면서, 교육과 안전이라는 두 가지 관점에서 경찰청과 교육부 간 공동 TF를 중심으로 외부 교육 전문가 · 현장 학교전담경찰관 · 장학사 · 교사 등이 모여 학교폭력 예방을 위한 다양한 의견 수렴과 심층 토론을 거쳐 결국, 경찰과 교육부 간 '상설협의체'를 신설해 학교폭력 근절을 위한 활동을 진행하고 있습니다.[35]) 상설협의체 관련, 구체적인 개최 시기와 형태, 참석자 등은 지역 실정에 맞게 운영하되 경찰청과 교육부는 반기 1회, 지역 경찰청과 교육청은 분기 1회, 지역 경찰서와 교육지원청도 분기 1회 주기로 협의체를 개최하며, 실질적 논의가 될 수 있도록 가급적 실무자 중심으로 운영하고 있습니다. 특히, 인천 경찰청은 인천시교육청과 공동으로 상설협의체를 운영하며 '학사모'라는 이름으로 학

---

34) 한국청소년쉼터협의회는 2014년 여성가족부로부터 청소년 쉼터 홍보 · 위탁 사업으로 운영하는 단체이다. http://jikimi.or.kr

35) 이데일리 '경찰청, 교육부와 '상설협의체' 신설키로... SPO 개선책 발표' 2016년 7월 14일 자 보도

교와 경찰 간 학교폭력 예방을 위한 협력체계를 구축하여 큰 효과를 보고 있습니다.[36]

4.3. 학교폭력 사안 처리 절차

경찰의 학교폭력 사안 처리의 핵심은 가·피해 학생의 조치 참여와 절차안내의 개념이지 수사의 개념은 아닙니다. 다시 말해, 학교폭력 사안 처리의 주요 주체는 「학교폭력예방법」의 소관 부처인 교육부가 담당하며, 학교전담경찰관은 피해 학생 중심에서 신고 사안을 접수하고, 피해회복에 필요한 절차와 방법을 안내하는 역할이 핵심입니다. 물론, 피해 학생이 신고 과정에서 수사 의뢰할 경우 수사 절차를 안내할 수 있습니다. 이번 글에서는 자치경찰 행정사무와 학교폭력 사안 처리를 학교와 경찰의 관점에서 각각 이해하는 것이 도움이 될 것으로 보여, 경찰의 학교폭력 사안 처리절차를 이해하기에 앞서 학교에서 진행하는 '학교폭력 사안 처리절차'를 이해하고 경찰의 대응까지 알아보겠습니다.

4.3.1. 학교 기능의 학교폭력 사안 처리 단계

학교의 '학교폭력 사안 처리 절차'란 학교폭력 사안이 발생하면 초기대응부터 조치 불복까지 학교가 처리해야 하는 일련의 절차로 「학교폭력예방법」 제11조의2에 규정하고 있으며, 2020년 교육부에서 발간한 개정판 '학교폭력 사안 처리 가이드북'에는 학교폭력이 발생하면 학교에서 대처해야 할 조치를 6단계로 구분하여 설명하고 있습니다.

첫째는 <초기대응 단계>입니다. 학교폭력 사안 절차에 있어서 초기대응은 중요한 의미를 갖는 법이죠. 학교폭력 신고가 접수되면 학교는 신고 사실이 왜곡되지 않도록 신고 사항을 대장에 기록하고 학교장에게 즉시 보고해야 합니다. 이후 보호자와 해당 학교에 통보하고 교육청에 사안 발생 보고합니다. 초기개입 과정에서 피해 학생의 안전을 긴급조치하고, 보호자와 연락하여 폭력 유형별로 초기대응에 주력하는 것이 중요합니다.

둘째, <사안 조사 단계>입니다. 사안 조사는 학교폭력 발생 시 「학교폭력예방법」에서 규정하는 전담기구 또는 소속 교원이 관련 학생의 가·피해 사실을 확인하기 위해 면담, 정보수집, 정황파악 등의 과정을 거쳐 사안의 진위를 판단하고 확정해가는 학교폭력 사안 처리 과정의 중요 절차입니다. 필요시 피해 학생을 보호하고, 가해 학생을 선도하는 긴급조치를 내릴 수 있으며, 사안 조사과정에서 가·피해 학생의 진술과 증빙자료를 확보하여 사안 보고서를 작성 후 '심의위원회'개최를 요청할 수 있습니다. 특히 가·

---

36) 아주경제, "인천 경찰·교육청이 함께하는 학사모 개최" 2017년 5월 17일 보도

피해 학생 진술 청취 시 조사 대상은 학교폭력으로 신고(통보, 인지) 접수된 사안에 한하며, 조사 담당자는 전담기구 또는 소속 교원이 담당하고, 조사 대상자는 가·피해 학생은 물론 목격 학생, 보호자, 소속 교원 등을 대상으로 조사를 진행합니다.

셋째, <학교장 자체 해결 여부 심의 단계>입니다. 2020년 3월 개정된 법령에 따라 학교폭력 사안을 처리하는 전담기구는 「학교폭력예방법」 제13조의2 규정에 의거 해당 사안이 '학교장 자체해결' 요건을 충족하는지를 심의한 후 요건 충족 시 피해 학생·보호자에게 학교폭력대책심의위원회 개최 요구 의사를 서면으로 확인하여 피해 학생·보호자의 동의에 따라 학교장 자체해결로 종료하고, 요건이 충족하지 않을 시 학교는 사안 보고서를 작성한 후 관할 교육지원청(교육청)에 '심의위원회' 개최를 요청합니다.

넷째, <심의위원회 단계>로 교육지원청(교육청) 주관으로 개최하는 '심의위원회'는 「학교폭력예방법」 제13조에 따라 학교가 보고한 '학교폭력 사안 조사 결과 보고서'를 검토하여 가·피해 학생 진술을 청취한 후 진술 내용과 증빙자료를 토대로 심의·의결을 거쳐 피해 학생 조치(1호~6호)와 가해 학생 조치(1호~9호)를 결정한 후 학교에 통보합니다.

다섯째, <조치이행 단계>입니다. 심의위원회에서 결정한 가·피해 학생 조치 결과에 따라 학교는 가·피해 학생에게 결과를 통보하고, 통보한 날로부터 피해 학생 보호조치를 진행하고, 가해 학생 선도조치를 진행한 후 가해 학생 조치사항은 조치가 결정된 날 기준으로 학교생활기록부에 기재합니다.

여섯째, <조치 불복 단계>로 가·피해 학생은 심의위원회에서 결정한 조치사항에 대하여 불복하고 행정심판과 행정소송을 제기할 수 있습니다. 행정심판은 행정청의 위법·부당한 처분이나 부작위로 권리 또는 이익을 침해받은 국민이 이를 회복하기 위해 행정기관에 제기하는 권리구제 제도로서, 행정청인 교육장의 처분에 대한 불복 절차이므로 학교의 설립 형태(국·공립 및 사립)에 관계없이 행정심판을 청구할 수 있으며, 행정소송은 행정청의 위법한 처분 그 밖에 공권력의 행사·불행사 등으로 인한 국민의 권리 또는 이익의 침해를 구제하고, 공법상의 권리관계 또는 법 적용 다툼을 해결하기 위하여 법원이 행하는 재판절차로서 학생이 미성년자이므로 학부모가 원고가 되고 교육장이 피고가 되어 조치 불복에 관한 재판을 진행할 수 있습니다.

4.3.2. 학교전담경찰관의 '학교폭력대책 심의위원회' 참석

위와 같이 학교에서 학교폭력 사안 조사를 완료하면 '사안 조사 결과 보고서'를 작성하여 학교가 관할 교육지원청(교육청)에 보고한 후 심의위원회 개최를 요청하면 교육지원청 단위의 심의위원회가 사안을 심의하여 가·피해 학생의 조치를 결정합니다. 이때, 심의위원회의 구성과 운영은 학교폭력예방법 제13조에 규정하고 있으며, 심의위원회 위원의 임명과 위촉은 동법 시행령 제14조에서 규정하고 있습니다. 학교전담경찰관 또한 심의위원회 위원으로 위촉되어 활동할 수 있고 특히, 심의위원회에서 학교전담경찰관의 역할은 변호사 등 법률전문가 위원과 함께 사안 심의에서 중심 역할을 하며, 가·피해 학생의 조치를 결정하는 데 결정적인 역할을 담당하기도 합니다. 하지만, 학교전담경찰관이 심의위원회에 참석하는 의미는 예방·사후 관리 활동이라 볼 수 있으며, 참석 요청이 있는 경우 불가피한 사정을 제외하고 가급적 참석하여 효과적인 조치를 결정하는 걸 돕습니다. 한편, 심의위원회 참석할 수 있는 요건은 반드시 위촉된 학교전담경찰관에 한하며, 위촉되지 않은 학교전담경찰관은 심의위원회에 참석할 수 없습니다. 특히, 심의위원회 위원은 학교폭력예방법 제21조에 따라 비밀누설금지 조항을 적용받고 있어 심의위원회에서 알게 된 학교폭력 관련 정보를 외부로 누설해서는 안 된다는 것도 기억할 필요가 있습니다.

4.3.3. 피해 학생 보호조치

학교폭력 사안 처리에 있어서 중요한 핵심은 피해 학생이며, 학교는 피해회복을 위해 최선을 다해야 합니다. 피해 학생 보호조치는 「학교폭력예방법」 제16조에 규정하고 있으며, 1호 학내외 전문가에 의한 심리상담 및 조언, 2호 일시 보호, 3호 치료 및 치료를 위한 요양, 4호 학급교체, 5호 삭제(2012.3.21.), 6호 그 밖에 피해 학생의 보호를 위하여 필요한 조치로 구분하고 있습니다. 심의위원회는 위 조치사항을 요청하기 전에 피해 학생·보호자에게 진술의 기회를 부여하는 등 적정한 절차를 거쳐야 합니다. 학교장이 피해 학생의 보호를 위하여 긴급하다고 인정하거나, 피해 학생이 긴급보호의 요청을 하는 경우 학교장 자체해결 혹은 심의위원회 개최 요청 전에 피해 조치 중 제1호, 제2호, 제6호의 조치를 할 수 있습니다.

4.3.4. 가해 학생 선도조치

가해 학생 선도조치의 핵심은 진정한 반성을 통해 보복을 금지하고 재발을 예방하는 것입니다. 특히, 학교는 피해 학생이 가해 조치 이후에도 보복이나 접촉이 이루어지는 것에 대해 심리적으로 위축되어 있다는 사실을 주목해야 하죠. 가해 학생 선도조치는 「학교폭력예방법」 제17조에 규정하고 있으며, 1호 피해 학생에 대한 서면사과, 2호 피해 학생 및 신고·고발 학생에 대한 접촉, 협박 및 보복행위의 금지, 3호 학교에서의 봉사, 4호 사회봉사, 5호 학내외 전문가에 의한 특별 교육 이수 또는 심리치료, 6호 출석정지, 7호 학급교체, 8호 전학, 9호 퇴학 처분으로 구분하고 있습니다. 특히 심의위원회가 교육장에게 가해 학생에 대한 조치를 요청할 때 그 이유가 피해 학생이나 신고·고발 학생에 대한 협박 또는 보복행위일 경우에는 같은 조치를 동시에 부과하거나 조치 내용을 가중할 수 있고 또, 학교장은 가해 학생에 대한 선도가 긴급하다고 인정할 경우 우선 가해 조치 중 제1호부터 제3호까지, 제5호 및 제6호의 조치를 할 수 있으며, 제5호와 제6호는 병과 조치할 수 있습니다.

4.3.5. 경찰 중심 학교폭력 사안 처리

경찰의 학교폭력 사안 처리는 신고접수에서 시작합니다. 신고접수에는 보통 117 신고가 주요 신고 경로이며, 그 밖에 112 신고와 학교전담경찰관을 통한 직접 신고로 구분할 수 있습니다.

4.3.5.1. 117 학교폭력 신고 대응

경찰에서는 학생들이 학교폭력 관련 상담과 신고를 할 수 있도록 「117 학교폭력 신고 센터」를 운영하고 있습니다. 117은 2012년부터 경찰청에서 운영하는 학교폭력 상담·신고 전화입니다. 쉽게 말해, 학생들이 학교폭력과 관련하여 상담·신고할 수 있는 일종의 도움 창구인 셈입니다. 대구 중학생 자살 사건 이후 2013년부터 범정부 대처의 일환으로 각 부처 별로 운영하던 학교폭력 신고 전화를 117로 통합하여 확대하였으며, 경찰·여가부·교육부 등 관계부처가 합동으로 운영하며, 24시간 신속 대응체계를 구축하고 있습니다.

경찰청 공개자료에 따르면, 2021년 1월~4월까지 학교폭력 신고 건수는 10,503건으로 전년도 대비 39%가량 증가했습니다. 117 신고는 사안의 긴급성 및 중대성, 신고내용, 신고자 의사 등을 기준으로 분류하며 총 3단계의 신고를 특성에 맞게 처리하고 있죠. 다만, 아래와 같이 단계를 나눠 신고를 처리하고 있으나 중요한 건, 신고학생과의 연락을 통해 의사를 재확인하는 과정에서 단계가 변경될 수 있다는 사실입니다. 무엇보다 신고 처리는 피해 학생의 의사를 중심으로 처리한다는 점도 이해할 필요가 있습니다.

• 수사 의뢰 단계

본 단계는 신고 학생이 학교폭력으로 심각한 피해를 당하거나 진행 중일 때 수사가 불가피한 상황이 발생하여 처리하는 신고 단계입니다. 특히, 성폭력과 보복행위와 같이 피해 학생의 의사와 별도로 피해 내용이 심각하고, 2차 피해로 이어질 위험성이 클 경우 피해 학생 보호를 위해 신속하게 처리하는 절차입니다. 학교전담경찰관은 117센터로부터 사안을 통보받은 즉시 신고학생과 연락하여 피해 내용을 청취하고 사실관계를 조사한 후 긴급조치 여부를 판단한 후 신고 사안을 수사팀에 인계합니다.

• 학교전담경찰관 연계 단계

본 단계는 신고 학생이 당장 피해가 발생하였거나 피해 직전 상황에 놓여 도움을 요청하고자 할 때 하는 신고 단계입니다. 학교전담경찰관은 117센터로부터 사안을 통보받은 후 신고 학생에게 연락하여 피해 내용을 충분히 청취하고, 사안에 따라 수사팀에게 연계하거나 교육·면담 등 예방 조치를 할 수 있습니다.

• 참고자료 하달 단계

본 단계는 무엇보다 학교전담경찰관이 신고 학생에게 절대 연락해서는 안 됩니다. 신고 학생은 경찰 개입을 원치 않거나 예방 차원에서 참고해야 할 내용을 신고하는 경우가 많으며, 이때 학교전담경찰관은 신고 학생에게 연락하지 말고 신고내용을 참고하여 자체적으로 학교폭력 예방 활동하는 데 활용하는 단계입니다.

117 신고 처리 시 중요한 핵심은 피해 상황을 정확하게 확인해야 한다는 점입니다. 다시 말해, 피해 학생의 피해 상황에 따라 보호를 위해 긴급조치를 내린 후 사안을 처리할 수도 있고, 또, 판단이 미숙한 청소년의 특성을 고려하여 학생의 의사가 바뀔 수 있도 있어 최종적으로 피해 학생의 의사를 최대한 존중하는 태도가 필요합니다.

4.3.5.2. 112 신고 대응

112 신고는 엄연히 지역 경찰의 업무입니다. 다시 말해, 학교폭력 관련 112 신고를 처리하는 데 있어서 학교전담경찰관은 보조적인 역할만 수행합니다. 특히, 집단폭행이나 심각한 사안의 경우 초동조치를 위한 청소년 심리안정 등 상황 해결에 조력할 수 있는 범위에서 대응하는 게 중요합니다.

• 출동 요건

경찰에서는 학교 내 발생한 112 신고 중 학생에 의해 발생한 폭력 사안에 해당하고, 학교와 원할한 소통을 위해 학교전담경찰관 지원을 요청하며, 긴급신고(code1)[37]로 지령된 경우 출동하게 되어 있습니다. 또, 야간과 휴일 등 발생한 신고 사건의 경우 학교전담경찰관의 공백을 대신해 당직 수사팀이 출동하되, 주간근무만 하는 2·3급지의 경우 출동을 생략할 수 있습니다.

---

37) code1 생명·신체에 대한 위험이 임박, 진행중, 직후인 경우 또는 현행범인 경우

• 현장 조치

학교전담경찰관은 지역 경찰과 협조하여 가·피해 학생 개별 면담을 실시하고, 서류 작성 등 기본적인 현장 조치는 지역 경찰이 처리·관리합니다.

시민이 경찰에 신고한다는 건, 큰 용기가 필요합니다. 시민의 감수성을 고려하면, 신고란 많은 고민 속에서 이루어지는 권리회복에 대한 청원적 행위라고 볼 수 있죠. 따라서, 신고를 마주하는 경찰은 신고 대응 시 피해 학생의 감정을 충분히 고려하고, 학생이 처한 환경을 확인하여 시기성과 적절성을 동반하는 대응에 노력할 필요가 있습니다.

4.4. 청소년 비행 선도 · 보호 활동

선도란, 앞장서서 이끌거나 안내하는 것을 말합니다. 또, 경찰의 청소년 선도(先導) 개념은 '비행'을 전제로 하죠. 즉, 경찰의 선도란, 학교폭력을 포함한 소년범죄 등 청소년의 비행행위를 포괄적으로 예방하고 이끄는 경찰 활동이라 할 수 있습니다. 또, 청소년 보호란, 비행을 유발하는 유해환경에서 청소년을 보호한다는 뜻입니다. 경찰의 선도 활동은 '다이버전(Diversion)' 개념과 관련이 깊습니다. 즉, '다이버전'이란, 공식적 사법 처리 절차가 갖는 낙인 및 범죄 유발효과 등 부정적 효과를 최소화하기 위하여 다른 형태의 절차로 전환하는 것을 의미합니다. 즉, 체포, 기소, 판결, 구금과 같은 통상적 범죄자 처리 과정에서 벗어나 일단 사회에 먼저 복귀시켜 사회 속에서 개선·교화시키는 것을 목적으로 하는 제반 조치를 의미하죠. '다이버전'은 청소년의 상습 범행을 감소시키기 위해 많은 국가에서 도입하여 운영하는 경찰의 선도 활동 개념입니다.[38]

4.4.1. 경찰의 청소년 선도 활동

학교전담경찰관은 학교폭력 예방뿐 아니라 비행 청소년 선도 활동을 담당하고 있는데 대표적으로 '선도심사위원회', '선도프로그램', '전문가 참여제'를 대표적인 사례로 들 수 있습니다. 지금부터 경찰의 선도 활동을 살펴볼까요?

4.4.1.1. 선도심사위원회

먼저, 선도심사위원회는 경찰이 소년범을 위해 '다이버전' 개념을 적용시킨 선도 활동 중 대표적인 경찰 자체 제도입니다. 2012년 학교폭력 자진신고 기간 중 가해 학생

---

38) 박은민외 (2011) "청소년 범죄 재범방지를 위한 경찰 다이버전 프로그램 활성화 방안"

대상으로 훈방과 즉결심판을 청구하면서 처음 시도하였고, 2013년 전체 소년범으로 확대된 제도입니다. 이후 2014년에 선도심사위원회 역할을 소년범 선도처분 및 가·피해청소년 보호·지원으로 확대하여 현재는 전국 경찰서에서 자체 운영하고 있습니다.

선도 심사위원회의 법적 근거는 「즉결심판에 관한 절차법」을 근거로 하며, 경찰서장에게 부여한 즉결심판 청구권[39]과 형사소송법의 준용 규정[40]을 근거로 합니다. 또, 경찰서장은 즉결심판 청구권을 행사하는 데 있어서 형사소송법 제247조 제1항의 기소편의주의를 준용하여 훈방권을 행하고 있으며,[41] 판례는 사법경찰관리에게도 훈방권을 인정하고 있습니다.[42] 선도심사위원회는 「소년업무규칙」 제3장 제3절에도 위원회의 설치 및 기능·구성 등 관련 규정을 명시하고 있으며 특히, 죄질이 경미한 범죄소년에 대하여 선도심사위원회의 심의 내용을 반영하여 즉결심판을 청구할 수 있다고 명시하고 있습니다.[43]

선도 심사위원회는 경찰서장을 위원장으로 하며, 내부위원으로 경찰서 여성청소년과장, 외부 요원으로 지자체 공무원, 교육청 장학사, 청소년 상담사 등 2명 이상을 둘 수 있고, 심의 대상자는 만 14세 이상 19세 미만의 범죄소년으로 제한하며, 대상 사건은 소년범의 죄질이 경미하거나 처벌 조항에 벌금형이 명시되어 있는 죄를 범한 사건으로 제한하고 있습니다. 처분 결정은 위원회 심의를 통해 결정하되 소년의 비행 내용과 동기, 원인, 방법 등 범행의 상습성과 재 비행 위험성, 소년의 인성, 보호자, 평상시 생활 태도 및 주거환경 등으로 고려하여 처분을 결정합니다. 특히, 처분 결정 대상 소년범에 대해서는 심리상담사를 통한 '전문가 참여제'를 실시하여, 소년의 비행 요인과 비행 위험성 분석 결과를 선도심사위원회 개최 시 참고자료로 제출할 수 있죠. 처분의 종류에는 <훈방>과 <즉결심판 청구>가 있는데, <훈방>은 초범에 한해 '선도프로그램 이수'를 조건으로 하는 '선도 조건부 훈방' 형태로 운영하며, <즉결심판 청구>는 청구 결정 후 법원에 출석하여 심판을 받도록 조치하고 선도프로그램을 적극 연계하여 선도하고 있습니다.

---

39) 즉결심판법 제3조(즉결심판청구) ① 즉결심판은 관할경찰서장 또는 관할해양경찰서장(이하 "경찰서장"이라 한다)이 관할법원에 이를 청구한다.

40) 즉결심판법 제19조(형사소송법의 준용) 즉결심판절차에 있어서 이 법에 특별한 규정이 없는 한 그 성질에 반하지 아니하는 것은 형사소송법의 규정을 준용한다.

41) 조국 (2003), '경찰 '훈방권'의 법적 근거와 한계' 「경찰법연구」

42) 대법원 1982. 6. 8. 선고 82도 117 판결 "사법경찰관리가 경미한 범죄 혐의사실을 검사에게 인지 보고하지 아니하여 훈방한 경우 직무유기죄이 성부(소극)"

43) 소년업무규칙 제30조 (즉결심판 청구) 경찰서장은 죄질이 경미한 범죄소년에 대하여 선도심사위원회의 심의 내용을 반영하여 즉결심판을 청구할 수 있다.

한편, 선도심사위원회는 보호가 필요한 소년을 대상으로 다양한 지원을 제공하고 있습니다. 심의대상은 촉법소년을 포함한 소년범, 범죄피해 청소년, 학교·가정 밖 청소년 등 사회적 보호 지원이 필요한 위기 청소년이며, 지원 내용으로는 주로 생활용품 등을 지원하고, 심리상담과 신체·정신치료, 법률 지원 등 사안에 적합한 해결방안 등을 분과별로 결정하여 지원합니다.

4.4.1.2. 선도프로그램

'선도프로그램'은 1987년 '제6차 경제사회 발전 5개년 계획' 청소년 부문 계획 수립 과정에서 '사랑의 교실'을 채택하였으며, 1988년 대통령 공약사업으로 선정하여 추진하였고, 2012년부터 원거리 및 장시간 대기, 수용인원 한계 등 '사랑의 교실' 단점을 보완하기 위해 경찰서별 '자체 선도프로그램'을 병행하며, 2013년에는 정신의학적 전문성을 적용하여 선도프로그램 표준모델을 개발하여 시범운영을 거쳐 2014년부터 신경정신과 병원을 활용하여 치유적 선도프로그램까지 운영하게 되었습니다. 다시 말해, '사랑의 교실'을 시작으로 '자체 선도프로그램'과 '치유 선도프로그램' 등 총 3가지 선도프로그램을 운영하고 있습니다. 하지만 2019년부터 선도프로그램 명칭을 개선하여 경찰 자체 선도프로그램을 '희망동행 교실'로 변경하고, 청소년단체 연계 선도프로그램을 전문기관 연계 선도프로그램인 '사랑의 교실'로 변경하였으며, 병원 활용 선도프로그램을 '마음나눔 교실'로 바꾸어 현재까지 운영하고 있습니다.

선도프로그램의 법적 근거는 「학교폭력예방법 시행령」 제31조의2 학교전담경찰관의 임무에 규정하고 있으며, 「소년업무규칙」 제31조[44]에도 규정하고 있습니다. 선도프로그램의 종류에는 앞선 내용처럼 경찰선도프로그램(희망동행 교실), 전문기관 연계 선도프로그램(사랑의 교실), 치유 선도프로그램(마음나눔 교실)이 있고, 표로 구분하면 다음과 같습니다.

선도프로그램 운영은 2시간씩 5회기, 총 10시간으로 프로그램을 진행합니다. 소년들의 수업권에 지장을 주지 않기 위해 최대한 주말·방학 기간을 활용하여 1일 2회기 진행으로 운영할 수 있으며, 일정을 몰아서 단기간에 종료하지 않도록 운영합니다. 단, 캠프 등 1박 2일 프로그램은 예외적으로 허용하고 있죠. 진행 절차는 먼저, 대상자를 선정하여 동의서를 받고, 프로그램을 운영한 후 수료 결과를 편철 합니다.

---

44) 소년업무규칙 제31조(선도프로그램의 운영) ① 지방경찰청장 또는 경찰서장은 비행소년의 재비행 방지를 위해 지역 공동체와 협력하여 선도프로그램을 운영할 수 있다.
② 지방경찰청장 또는 경찰서장은 외부기관을 선정하여 선도프로그램을 위탁 운영할 수 있으며, 이때 비행소년의 재비행 방지에 적합한 프로그램이 진행되도록 지도·감독하여야 한다.

명칭	프로그램 내용	운영 주체
경찰선도프로그램 (희망동행 교실)	학교전담경찰관이 경찰 시스템 및 관련 매뉴얼을 활용하여 회복적 접근 방식으로 진행하는 프로그램	경찰서
전문기관 연계 선도프로그램 (사랑의 교실)	청소년 전문기관과 연계, 청소년 상담사 등 전문가가 집단상담·미술치료 등을 진행하는 프로그램	청소년 전문기관
치유 선도프로그램 (마음나눔 교실)	신경정신과 의사 및 임상 심리사 등 전문가가 진행하는 자기통제·인간관계 형성 프로그램	신경 정신 의학과

4.4.1.3. 전문가 참여제

전문가 참여제는 소년범의 조사과정에서 범죄심리사 등 심리전문가를 참여시켜, 소년범의 성장환경이나 개인적 특성을 분석하고, 그 자료를 바탕으로 재범 위험성을 평가하여 선도 방향을 제시하는 데 목적을 가진 절차입니다. 경찰청과 한국심리학회 간 업무 협약을 체결하여 진행하는 선도 활동으로 경기대학교 이수정 교수가 2005년 개발한 검사 도구 '비행 촉발 요인검사'[45])와 '인성검사(PAI-A)'[46)]를 통해 소년범의 재비행 위험성을 분석하는 데 목적을 두고 있습니다. 전문가 참여제는 2003년 서울 송파경찰서와 수원중부경찰서가 시범 운영하여 2004년에 3개 경찰서가 추가하여 운영하다 2005년 전국 45개 경찰서로 확대하였으며, 2015년 이후 전국 경찰서로 확대하여 운영하고 있습니다.

전문가 참여제는 「소년법」 제9조[47)], 제12조[48)]에 규정하고 있으며, 「소년업무규칙」 제3장 제2절에 규정하고 있습니다.

전문가 참여제 대상 소년은 본인과 보호자가 전문가 참여에 동의한 모든 소년범을 말합니다. 진행 절차는 먼저 소년범에게 참여 동의를 받은 후 범죄심리사가 소년범을 대상으로 '비행 촉발요인' 및 '인성검사'를 실시한 후 비행성 예측 결과 보고서를 작성하여 선도하거나 송치 자료에 첨부하여 활용하고 있습니다. 특히, 선도심사위원회를 통한 즉심과 훈방 대상 소년범은 최대한 전원 전문가 참여를 권하고 있으며, 재비행 위험성

---

45) 비행촉발요인 검사: 가정환경, 학교생활, 비행전력 등 43개 항목 검사를 말하며, 점수에 따라 소년범의 재범의 위험성을 세단계로 나누어 판별하는 비행요인 평가 방법임.

46) 인성검사(PAI-A): 공격성과 반사회성 등 성격 진단을 위한 344개 문항의 일반형 청소년 성격평가질문지를 말함.

47) 소년법 제9조(조사 방침) 조사는 의학·심리학·교육학·사회학이나 그 밖의 전문적인 지식을 활용하여 소년과 보호자 또는 참고인의 품행, 경력, 가정 상황, 그 밖의 환경 등을 밝히도록 노력하여야 한다. [전문개정 2007. 12. 21.]

48) 소년법 제12조(전문가의 진단) 소년부는 조사 또는 심리를 할 때에 정신건강의학과의사·심리학자·사회사업가·교육자나 그 밖의 전문가의 진단, 소년 분류심사원의 분류심사 결과와 의견, 보호관찰소의 조사결과와 의견 등을 고려하여야 한다. <개정 2011. 8. 4.> [전문개정 2007. 12. 21.]

등 분석 결과를 위원회에 제출하여 판단자료로 활용되고 있죠. 하지만 선도심사위원회 심의 대상이 아니라도 송치대상 소년범은 전문가 참여를 유도하여 검찰과 법원의 처우 결정에 대한 보조자료로 첨부하여 송치하고 있다는 점도 의미하는 바가 큽니다. 대상별로 구분하면 다음 표와 같습니다.

▌검사 결과 활용 종류

구분	프로그램 내용
즉심 · 훈방 대상	경비범죄 소년범에 대한 선도심사위원회 개최 시 분석결과를 소년범 처분 결정의 자료로 제공
검찰 · 법원 송치 대상	• 결과물 기록 첨부, 처우 결정의 자료로 제공 • 소년부 판사들도 소년범에 대한 보호처분 결정 시 판단자료로 적극 활용 중.
소년 카드 결과 기재	범죄 심리사가 실시한 비행촉발요인 검사 결과 및 전문가 참여 결과를 요약하여 기재함.

4.5. 결론

지금까지 학교전담경찰관 중심으로 학교폭력 예방과 청소년 선도 · 보호 업무를 알아보았습니다. 결론부터 말하자면, 자치경찰이 시행되더라도 학교폭력 관련 업무는 '학교전담경찰관' 제도가 중심이 될 필요가 있습니다. 특히, 학교전담경찰관 제도는 2012년 시행 이후 수많은 성과를 보였고, 국민으로부터 공감을 받았던 게 사실입니다. 무엇보다 수년간 효과성을 검증한 제도라고 볼 수 있죠. 특히, 학교가 학교전담경찰관의 노력과 성과를 인정한다는 건 학교와 학교전담경찰관 간 협업의 노력에서 보자면 꽤 중요한 의미를 지닙니다. 코로나 때문에 학교폭력이 다소 주춤하긴 했지만, 사회적 거리두기 때문에 칩거하는 시간이 늘면서 사이버 폭력이 상대적으로 크게 늘은 것도 무시할 수 없습니다.[49] 해마다 전국을 떠들썩하게 만드는 학교폭력 사건들이 한두 개는 꼭 등장하고 있고, 또 최근에는 중학생들이 동급생에게 제설제를 먹이고 불로 손을 지지는 등 엽기적인 학교폭력이 발생해서 큰 충격을 주기도 했습니다.[50]

---

49) 국제뉴스 "코로나 19로 인한 사이버 학교폭력 증가, 전문가 활용 적극 대응 필요" 2021. 5. 31. 보도
50) 조선일보 "제설제 먹이고 불로 손 지지고… 제천 엽기학폭 학생들 강제 전학" 2021. 5. 26. 보도

한편, 정부는 지난 2년여 기간 동안 특정 지역별로 자치경찰단을 시범적으로 운영했습니다. 그러면서 자치경찰단에 파견된 경찰관들로부터 다양한 피드백도 쏟아졌죠. 그 중에서도 제주 자치경찰단의 경우 학교전담경찰관을 'SPO'(School Police Officer) 개념에서 'SSPO'(Safety School Police Officer) 개념으로 전환하여 운영하면서 말들도 많았습니다. 하지만 지난해 「제주연구원」에서 실시한 '20 제주자치 경찰 활동에 대한 치안 만족도 조사'에서 '19년도에 비해 <학교폭력 및 청소년 선도 활동> 부분에서 23% 상승하여 3.55점을 받았다며 학교전담경찰관의 활동 성과를 자축하는 보도를 내기도 했습니다.[51] 하지만 정작 업무에 파견된 당시 학교전담경찰관들은 국가경찰로 복귀한 이후 자치경찰 피로도에 대해 말들이 많았죠. 특히, 제주연구원의 발표와는 달리 비슷한 시기에 조사한 '전국 학교폭력 실태조사'에서는 전국 피해 응답률 평균이 0.9%을 보인 반면, 제주지역의 경우 1.6%로 나타나 상대적으로 다른 지역에 비해 높은 학교폭력 피해 경험률을 보이기도 했습니다.[52] 다시 말해, 학교전담경찰관이 학교폭력과 청소년 비행을 예방할 시간에 학교 관련 안전 업무까지 확대하여 운영하다 보니 다른 지역 비해 학교폭력 피해 경험률이 높게 나온 셈입니다.

결국, 자치경찰사무에 있어서 학교전담경찰관의 활용은 중요한 과제가 되었습니다. 중요한 건, 자치경찰이 시행되면 학교전담경찰관은 지역사회 청소년의 안전을 최우선으로 확보하는 역할이자 업무 또한, 지극히 전문성을 요구하는 업무가 될 것은 자명합니다. 특히, 학교폭력이 사이버 폭력으로 이동하면서 청소년들의 학교폭력과 비행 활동이 디지털에 가려져 눈으로는 확인조차 쉽지 않은 게 사실입니다. 그만큼 학교전담경찰관의 업무 영역이 넓어진 데다 전문성을 더 요구받고 있다는 뜻이기도 합니다. 따라서, 자치경찰 업무 계획을 수립하는 데 있어서 지역사회에서 차지하는 학교폭력과 청소년 비행 문제를 곰곰이 따져볼 필요가 있고, 이는 곧 지역주민의 안전과 삶의 질에도 큰 영향을 준다는 사실을 잊어서는 안 됩니다. 특히, 학교폭력과 청소년 비행은 지역사회의 몸통을 뒤흔들 수 있는 파급력 또한, 만만치 않다는 걸 인식할 필요가 있습니다. 이번 글을 통해 자치경찰 관계자분들의 고민에 작은 도움이 되기를 희망하며, 학교전담경찰관의 역할이 지역사회의 안전과 주민의 행복에 크게 기여할 수 있기를 기대합니다.

---

51) 제주자치경찰단 "제주자치경찰, 성공적 시범운영을 통한 '20년도 치안만족도 대폭 상승" 보도자료 배포, 2020. 12. 19.
52) 제주의 소리 "학교폭력 당한 경험 있다 제주 초·중·고생 700여명" 2021. 1. 22. 보도

5. 소년범죄 대응

5.1. 소년범죄 수사

　최근 들어 소년범죄는 양적으로는 감소했을지 몰라도 질적으로는 더 심화하는 모습을 보입니다. 성인을 포함한 전체 강력 범죄에서 소년 강력 범죄가 차지하는 비율은 2배 이상 높은 상황이며[53], 이러한 소년범죄 사건이 언론을 통해 보도될 때마다 생성되는 수많은 댓글만 보더라도 우리 국민이 소년범죄 사건의 양형이나 처우에 대해 얼마나 큰 관심이 있는지 또한 확인할 수 있습니다. 국민이 소년범죄 사건을 바라보는 시각은 다양하겠지만, 결국에는 재범률을 낮추어 더욱 안전한 사회를 만들어나가야 한다는 목표는 크게 다르지 않을 겁니다. 특히, 우리나라 소년법은 소년을 아직 미성숙한 인격체로 파악하고, 비행소년을 처벌의 대상이 아닌 보호, 교육, 교화를 통해 사회로 복귀할 수 있도록 해야 하는 존재로 바라보는 이념을 기초로 합니다.[54]

　2017년 인천 초등학생 유괴 살인사건[55]과 부산여중생 집단폭행 사건[56]이 연이어 발생하면서 국가 차원에서 소년범에 대한 범죄 억제력을 강화할 필요성이 제기되었고, 더불어 사회 각 계층에서 '촉법소년' 등 형사미성년자 연령(만 10세~ 14세 미만)을 하향해야 한다는 주장이 속속들이 줄을 잇기 시작했습니다. 지난해에는 촉법소년들이 차량을 훔쳐 무면허 상태로 운전하다 대학 등록금을 마련하기 위해 아르바이트를 하던 대학생을 차로 치어 사망사고를 내기도 했습니다. 그러면서 또다시 촉법소년 폐지 관련 국민청원 댓글이 봇물 터지듯 쏟아졌고, 피해자 보호가 존재하지 않는 소년법을 그냥 둘 수 없다며 소년법 폐지까지 거론되기도 했습니다.[57]

　통계를 보면, 전체 범죄 대비 소년범죄 비율은 2012년 이후 지속적으로 감소하였으나 2015년 이후부터는 다소 증가 추세를 보이다 다시 2018년에는 감소세로 돌아서는 현상을 볼 수 있습니다. 하지만 최근 10년간 소년 범죄자의 연령 별 현황을 보면, 16

---

53) 윤현석, 소년보호사건에서 조사제도의 실증적 평가분석을 통한 조사관 역할 및 기능 재정립 연구, 인문사회21, 제11권 4호, 2020, 20196면
54) 이수정 외, 소년조사제도의 현황과 재범 예방에 관한 고찰, 소년보호연구 제33권 제2호, 2020. 104면
55) 인천 초등학생 살해 사건은 고등학교를 자퇴한 김양이 2017년 3월 29일에 놀이터에서 놀고 있던 8세 여아를 인천광역시 연수구 동춘동 소재 자신의 집으로 유괴하여 살해한 사건이다.
56) 부산여중생 집단폭행 사건은 2017년 9월 1일, 부산 여중생 4명이 후배 여중생을 집단으로 폭행하여 끔찍한 상해를 입힌 후 가해자 중 1명이 지인이었던 여자 선배에게 마치 자랑하듯이 페이스북 메신저로 사진과 관련 내용을 보내 수많은 SNS 커뮤니티로 확산된 사건이다.
57) 동아일보 "청, 렌터카 사망사고 청원에 '촉법소년 처벌 공론화 필요'" 2020. 06. 02. 보도

세~18세 소년범의 범죄 발생 비율이 지속적으로 높은 것으로 나타났고 특히, 소년범죄 중 폭력 범죄와 재산범죄의 경우 증감을 반복하면서 감소한 반면, 강력 범죄의 경우에는 지속적인 증가 추세를 보이고 있습니다. 그 주된 원인에는 성폭력 범죄의 증가가 큰 덩치를 차지하는 게 특징이죠.[58] 따라서 소년범죄 수사는 시민들의 분노와 혼란을 부추기는 사회 민감성과 연결되어 있어 자치경찰 업무에서 뜨거운 감자가 될 수 있으므로 소년범죄 관련 내용을 이해하고 계획을 수립할 필요가 있습니다.

5.1.1. 소년범죄 수사란?

소년범죄란 만 19세 미만[59] 소년의 범죄행위를 말합니다. 수사란, 범죄자의 범죄 혐의 유무를 밝혀내어 기소 목적으로 용의자를 찾고 범죄의 증거를 수집하여 보관하는 일종의 수사기관 활동이라 볼 수 있죠. 소년범죄 수사는 줄여서 '소년 수사'라고 부르며, 만 14세 미만의 소년이 저지른 범죄에 대해서는 소년법[60]에 따라 보호사건으로 분류하여 소년법원으로 송치하고, 만 14세 이상부터 19세까지 소년범죄에 대해서는 소년형사사건으로 분류하여 일반 형사사건 처리 절차와 동일한 절차를 거쳐 검찰로 송치합니다. 다시 말해, 소년범죄 사건은 소년보호사건과 소년형사사건이라는 이원화 제도로 진행된다는 걸 이해해야 합니다. 또, 만 10세 미만 소년은 형사책임무능력자라고 해서 어떠한 처벌이나 보호처분을 받지 않는다는 사실도 기억해야 합니다.[61]

---

58) 김리사 (2020) "소년범죄위 발생 현황과 시사점" 「국회입법조사처 NARS 지표로 보는 이슈 제158호」

59) 소년법 제2조(소년 및 보호자) 이 법에서 "소년"이란 19세 미만인 자를 말하며, "보호자"란 법률상 감호교육(監護敎育)을 할 의무가 있는 자 또는 현재 감호하는 자를 말한다. [전문개정 2007. 12. 21.]

60) 소년법 제4조(보호의 대상과 송치 및 통고) ① 다음 각 호의 어느 하나에 해당하는 소년은 소년부의 보호사건으로 심리한다.
  1. 죄를 범한 소년
  2. 형벌 법령에 저촉되는 행위를 한 10세 이상 14세 미만인 소년
  3. 다음 각 목에 해당하는 사유가 있고 그의 성격이나 환경에 비추어 앞으로 형벌 법령에 저촉되는 행위를 할 우려가 있는 10세 이상인 소년
    가. 집단적으로 몰려다니며 주위 사람들에게 불안감을 조성하는 성벽(性癖)이 있는 것
    나. 정당한 이유 없이 가출하는 것
    다. 술을 마시고 소란을 피우거나 유해환경에 접하는 성벽이 있는 것
  ② 제1항 제2호 및 제3호에 해당하는 소년이 있을 때에는 경찰서장은 직접 관할 소년부에 송치(送致)하여야 한다.

61) 형법 제9조에는 만 14세 미만의 소년에 대해 벌할 수 없도록 규정하고 있고, 소년법 제4조는 만 10세 이상의 소년에 대해 범죄소년, 촉법소년, 우범소년을 보호 대상으로 규정하고 있다.

5.1.2. 소년의 구분

소년범죄 수사를 이해하기 위해서는 소년법에서 규정하는 소년을 구분해야 합니다. 참고로 형사 제도는 '연령 주의'를 따르며, 민사 제도는 '지능 주의'를 따르죠. 따라서 형사 제도에 있어서 소년의 분류는 연령으로 구분하며, 연령에 따라 위와 같이 소년보호 사건과 소년형사사건으로 구분할 수 있습니다. 소년을 구분하여 정리하면 다음 표와 같습니다.

▌소년의 분류

구분	범죄소년	촉법소년	우범소년
개념	죄를 범한 소년	형벌 법령에 저촉되는 행위를 한 소년	형벌 법령에 저촉되는 행위를 할 우려가 있는 소년
연령	만 14세 이상 19세 미만	만 10세 이상 14세 미만	만 10세 이상 19세 미만
처벌규정	처벌됨(감경 적용)	처벌 대상 아님(보호처분 대상)	

5.1.3. 소년범죄 수사의 목적

목적은 곧 효과와 기대를 포괄하는 의미라고 할 수 있습니다. 소년범죄 수사의 궁극적인 목적 또한 수사의 효과와 기대는 결국, 소년법 제1조에서 말하는 "소년의 건전한 육성"입니다. 즉, 소년범죄 수사는 비행소년에 대한 환경조정과 성행교정을 위해 보호처분 및 형사처분에 관한 특별조치를 행사하는 것을 의미합니다.[62] 또, 소년범죄 수사만이 가진 특징이 있는데, 소년법에는 비행소년에 대해 보호처분을 먼저 고려하고, 형사처벌의 경우 구속영장의 발부제한, 사형·무기형의 완화, 상대적 부정기형의 선고, 환형처분의 금지 등 특례규정까지 두고 있습니다. 또, 수사 시 비행행위의 원인과 죄질, 소년의 특성과 환경, 재비행 위험성 정도 등에 관한 특별심리자료인 '소년카드(소년환경조사서)'[63]와 '비행성예측자료표' 등을 작성해 제공함으로써 소년에 대한 처우에 있어서 개별화·합리화·과학화를 수사에 적용하고 있습니다.

소년범죄 수사는 성인 범죄와는 달리 소년의 특성을 고려하여 보호처분과 형사처벌에 대한 특별한 심리자료를 제공하기 위한 것이라는 점에 유의해야 하며, 소년의 건전

---

62) 소년법 제1조(목적) 이 규칙은 경찰의 사전 예방 활동을 통해 소년의 비행을 방지하고 비행소년을 합리적으로 처우·선도함으로써 소년이 건전하게 성장하도록 지원하는 것을 목적으로 한다.

63) 소년환경조사서 소년카드는 소년업무규칙 제17조에 따라 별지 서식을 통해 작성하며, 이 조사서는 검찰이나 법원 소년부에서 소년이 처분 결정에 영향을 줄 수 있다.

한 성장을 도우려는 수사관의 기본자세를 요구합니다. 따라서 경찰에서 시행하는 소년 범죄 수사의 기본 원칙은 다음과 같습니다.

- **1원칙**: 수사관은 소년의 특성을 고려하여 소년의 건전한 육성을 도모하는 정신으로 수사합니다.
- **2원칙**: 수사관은 소년의 특성상 강압 수사 또는 자백 강요의 위험성이 상존하므로 수사 시 인권침해의 우려 해소 및 진술증거의 증거능력·증명력 확보를 위해 노력해야 합니다.
- **3원칙**: 수사관은 소년에 대한 선입견과 속단을 피하고, 보호자 등과 협력하여 온정과 이해를 전제로 부드러운 어조로 조사해야 합니다.
- **4원칙**: 수사관은 형사처분과 보호처분 기타 적절한 재범방지조치를 위하여 정확하고 과학적인 특별심리자료를 수집·제공해야 합니다.
- **5원칙**: 수사관은 수사 과정에서 검찰과 소년법원 여부를 검토하고, 그 밖에 우범송치와 통고제도 여부 등을 신중히 결정해야 합니다.

5.1.4. 자치경찰 수사 업무의 범위

수사의 기본 주체는 국가수사본부의 업무에 해당합니다. 하지만 특정한 범죄에 대해서는 소년 수사를 자치경찰에서 할 수 있도록 규정하고 있습니다. 자치경찰의 수사 범위는 「국가경찰과 자치경찰의 조직 및 운영에 관한 법률」(약칭: 경찰법)과 「자치경찰사무와 시·도자치경찰위원회의 조직 및 운영 등에 관한 규정」(이하 자치경찰규정) 제3조에서 규정하고 있습니다. 단, 범행 시 소년이 19세 이상인 사람과 형법 제30조(공동정범), 제31조(교사범), 제32조(종범)까지 규정에 따른 공범 관계에 있는 경우에는 사무에서 제외한다고 별도 규정을 두고 있습니다. 그럼, 자치경찰 수사에 해당하는 범죄 유형과 관련 법률을 살펴보면 다음 [표]와 같습니다.

다음 [표]에서 보는 바와 같이 소년범죄 사건에 해당하는 범죄 현황을 살펴보면, 주로 학교폭력 유형에 해당하는 범죄 중심으로 구분된 걸 알 수 있습니다. 무엇보다 사안 자체가 소년들의 경미 사건에 치중하고 있습니다. 또, 절도와 사기 등 재산범죄를 포함하고 있으며, 청소년들의 비행 행위에서 자주 등장하는 사회 사건들로 구성된 것을 알 수 있습니다.

법률	구분	범죄내용
형법	문서죄	제225조(공문서등위·변조), 제229조(위조등 공문서의 행사) 제230조(공문서 등의 부정행사) 및 235조(미수범)
	상해	제257조(상해, 존속상해), 제258조(중상해, 존속중상해), 제258조의2(특수상해), 제260조부터 제264조까지 포함. 266조(과실치상)
	감금	제276조(체포, 감금, 존속체포, 존속감금), 제277조(중체포, 존속중체포, 존속중감금), 제278조(특수체포, 특수감금), 제279조(상습범), 제280조(미수범), 제281조(체포·감금등의 치사상)
	협박	제283조(협박, 존속협박), 제284조(특수협박), 제285조(상습범), 제286조(미수범)
	약취·유인	제287조(미성년자의 약취, 유인), 제294조(미수범: 제287조의 미수범으로 한정), 제296조(예비, 음모)
	명예훼손·모욕	제307조(명예훼손), 제308조(사자의 명예훼손), 제309조(출판물 등에 의한 명예훼손), 제311조(모욕)
	주거침입	제319조(주거침입, 퇴거불응), 제320조(특수주거침입), 제322조(미수범)
	강요	제324조(강요), 제324조의5(미수범: 제324조의 미수범으로 한정)
	절도	제329조(절도), 제330조(야간주거침입절도), 제331조(특수절도), 제331조의2(자동차등 불법사용), 제342조(미수범) ※ 단, 같은 소년이 본문에 규정된 죄를 3회 이상 범한 사건은 제외.
	사기	제347조(사기), 제350조(공갈), 제350조의2(특수공갈), 제351조(상습범), 제352조(미수범)
	점유이탈물횡령	제360조(점유이탈물횡령)
	재물손괴 등	제366조(재물손괴등), 제368조(중손괴), 제369조 제1항(특수손괴), 제371조(미수범)
정보통신망법	사이버명예훼손	제70조(벌칙)제1항(사실적시), 제2항(허위적시), 제74조 제1항 제2호(음란정보)·제3호(공포정보)
기타	가중처벌	위 범죄 중 다른 법률에 따라 가중처벌되는 범죄

5.2. 소년범죄 사건처리 절차

5.2.1. 소년보호사건과 소년형사사건의 구분

소년범죄 사건은 소년법에 따라 연령을 기준으로 촉법소년과 범죄소년으로 나뉘고, 그 구분에 따라 소년보호사건과 소년형사사건으로 구분하여 사건절차가 달라집니다. 소년보호사건은 일명 촉법소년을 대상으로 진행하는 사건으로, 대상자인 촉법소년은 만 10세 이상부터 14세 미만의 소년을 말하며, 형법[64]에서 '형사미성년자'로 규정하고 있어 아무리 강력 범죄를 저질러도 형사 처벌을 받지 않습니다. 이 때문에 사회 일각에서는 논란도 있습니다. 즉, 소년보호사건은 경찰서장이 직접 관할 소년부로 송치합니다. 아울러 소년형사사건은 만 14세 이상부터 19세 미만의 소년이 범행을 저지른 사건을 말하며, 소년이라 할지라도 일반 성인과 같은 형사 절차를 거쳐 검찰에 송치합니다. 단, 경미 사건은 경찰서 단위에서 검찰에 송치하지 않고 선도심사위원회에 회부하여 훈방·즉결심판을 청구할 수 있습니다.

5.2.2. 소년범죄 사건처리 절차

소년사건의 처리 절차는 소년의 범죄를 전제로 하며, 이를 접수하는 과정부터 시작됩니다. 다시 말해, 소년사건 처리 절차는 현장에 출동한 경찰관이 초동조치를 통해 사건을 접수하거나 피해 당사자와 제3자의 고소·고발 등을 통해 사건을 접수한 후 소년 특성에 맞는 조사를 진행하여 범행 사실을 확인하고 관할 소년부 판사와 검찰에 각각 송치하는 절차라고 할 수 있죠. 따라서 소년사건 처리절차는 "초동조치 - 사건접수 - 사건조사 - 선도중심 사건처리 - 종결 단계" 순으로 설명할 수 있습니다.

• 초동조치 단계

현장 출동 시 가·피해자를 분리하여 진술을 청취합니다. 특히, 가·피해자가 함께 있는 경우 피해 사실 진술에 주저할 수 있음을 유의해야 하고 또, 소년범은 인적사항 파악 등 추적 수사가 어려워, 초기에 관련 자료(CCTV, SNS에 게재된 범행 사진·영상 등) 확보가 중요합니다. 초동조치에서 중요한 핵심은 사안을 인지한 후 관련 증빙자료를 확보하는 것이 무엇보다 중요합니다. 그렇지 않을 경우, 조사단계에서 난항을 겪을 수 있어 각별하게 주의해야 합니다.

• 사건접수 단계

소년사건이 접수되면 수사관은 먼저, 접수된 사건기록에서 연령을 확인하여 범죄소년과 촉법소년을 구분하고, 피해자에게 사건접수 사실을 통지합니다. 피해자가 미성년자일 경우 본인과 그 보호자에게 모두 통지해야 합니다.[65]

---

64) 형법 제9조(형사미성년자) 14세되지 아니한 자의 행위는 벌하지 아니한다.

65) 경찰수사규칙 제11조(수사 진행상황의 통지) ① 사법경찰관은 다음 각 호의 어느 하나에 해당하는 날부터 7일 이내에 고소인·고발인·피해자 또는 그 법정대리인(피해자가 사망한 경우에는 그 배우자·직계친족·형제자매를 포함한다. 이하 "고소인등"이라 한다)에게 수사 진행상황을 통지해야 한다. 다

• 사건조사 단계

사건을 조사한다는 건, 당사자를 불러 진술과 자료 확인을 통해 범죄혐의 유무를 확증해가는 과정입니다. 따라서 소년을 조사할 때는 행위의 동기, 그 소년의 성품과 행실, 경력, 가정 상황, 교우 관계, 그 밖의 환경 등을 상세히 조사하여 그 결과를 서면으로 작성하는 노력이 필요하죠. 특히, 소년에 대한 출석요구나 조사 경우에는 지체 없이 그 소년의 보호자 또는 보호자를 대신하여 소년을 보호할 수 있는 사람에게 연락해야 하며 다만, 연락하는 것이 그 소년의 복리 상 부적당하다고 인정하는 경우에는 연락하지 않아도 됩니다. 소년범 조사는 「소년법」과 「경찰 수사규칙」에서 규정하고 있으며, 소년 피의자에 대하여 ① 가급적 구속을 피하고, ② 부득이하게 체포·구속 또는 임의 동행하는 경우에는 그 시기와 방법에 특히 주의해야 합니다. 특히, ③ 소년을 체포·구속한 경우에는 다른 사건보다 우선하여 그 사건을 조사하는 등 신속한 수사를 위해 노력해야 한다고 명시하고 있습니다. 수사관은 가·피해 소년 보호자에게 소년범 사건처리 절차를 설명하고, 소년범 출석요구 시 보호자에게 전화와 우편을 통해 이중으로 통지합니다. 단, 소년이 보호자 연락처를 속이거나 친구를 보호자로 속이는 등 다양한 상황에 대비하여 보호자에게 정확히 통지될 수 있도록 해야 합니다. 결국, 사건조사에서 중요한 핵심은 '소년'이라는 특정한 신분을 가진 사람을 조사한다는 것을 잊어서는 안 되며, 소년이라는 특성을 조사과정에서 항상 유의하고 있어야 합니다.

• 선도중심 사건처리 단계

조사가 한창 진행 중일 때는 소년범죄 사안의 경중과 재범 여부 및 피해자 처벌 의사 등을 고려하여 송치에 대하여 고민해야 합니다. 특히, 조사과정에서 학교전담경찰관과 협의를 통해 선도심사위원회 회부 필요성이 있다고 판단되면 되도록 진술조서 형식으로 조사를 진행하고, 피의자 입건 시 실무상 훈방이 불가하고, 즉결심판 청구는 가능한 점도 고려해야 합니다.

• 인권 보호 단계

사건처리 과정에서 가장 핵심적인 요소라고 볼 수 있습니다. 소년범죄 사건처리 시에는 소년법·소년업무규칙·경찰수사규칙 등 관련 규정을 준수하여 조사 시 소년의 인권이 부당하게 침해되지 않도록 각별히 유의해야 합니다. 특히 소년의 과도한 심리적 부담으로 인해 자해 등 돌발행동이 발생하지 않도록 유의해야 하죠. 심야 조사는 원칙

만, 고소인등의 연락처를 모르거나 소재가 확인되지 않으면 연락처나 소재를 알게 된 날부터 7일 이내에 수사 진행상황을 통지해야 한다.

적으로 금지하며, 부득이한 경우에만 필요 최소한 범위에서 실시합니다. 단, 심야 조사시 조서에 요청 여부와 사유를 기재해서 사건기록에 편철해야 한다는 것도 결코 잊어서는 안 됩니다.

• 보도 금지 단계

소년사건 조사 시, 소년의 주거·성명·연령·직업·용모 등에 의하여 본인을 알 수 있을 정도의 사실이나 사진이 보도되지 않도록 주의해야 합니다. 자칫, 이러한 보도 금지 조항을 어겨 소년범죄 사건이 사회에서 주목받게 되면 관련 소년에게 심리적으로 부정적인 요인을 제공할 수 있고 무엇보다 사건 종결까지 난항을 겪을 수 있습니다.

• 종결 단계

수사를 종결할 때는 수사관의 의견이 중요한 역할을 합니다. 특히, 전문가 참여제를 통해 소년의 '소년 환경조사서'와 '비행성 예측 자료표'를 바탕으로 소년의 처우에 적합한 의견을 기재할 필요가 있으며, 사건을 송치하거나 사건기록을 송부한 날로부터 7일 이내 가·피해 소년 및 보호자에게 사건처리 결과를 통지해야 합니다. 무엇보다 수사란, '서류로 말한다'라는 말이 있죠. 다시 말해, 수사관의 서류와 의견은 법원에서 결정적인 영향을 줄 수 있다는 책임감을 지니고 사건을 종결해야 합니다.

5.3. 소년부 송치

소년범죄 사건을 조사한 후 송치하는 과정에는 소년보호사건의 경우 경찰서장의 지휘로 소년부 판사에게 송치하고, 소년형사사건의 경우 일반 형사사건과 동일하게 검찰로 송치합니다. 하지만, 소년부 송치에 있어서 우리가 유의해야 할 점은 바로 촉법소년 관련 특례입니다. 촉법소년에 대해서는 수사상 별도의 규정을 두고 있어 이번 장에서 함께 이해할 필요가 있습니다.

5.3.1. 촉법소년 수사 특례

먼저, 소년범죄 사건처리 과정에서 소년 범행 시간을 두고 규정을 정하고 있는데, 예를 들어 소년범죄의 범행 시와 검거·송치 시 연령이 다른 경우에는 범행 시를 기준으로 촉법소년 여부를 판단합니다. 예를 들어, 범행 시 촉법소년이었으나 검거·송치 시 '범죄소년'이 된 경우에는 소년부에 소년보호사건으로 송치하고, 범행 시 촉법소년이었으나 검거·송치 시 '성인'이 된 경우에는 보호처분과 형사처벌 모두 불가하며, '죄가 안됨' 의견으로 사건을 종결합니다. 촉법소년은 법적으로 형사미성년자 신분이므로 입건이 불가합니다. 다시 말해, 연령에 의한 책임조각사유에 해당하여 범죄가 성립하지 않으므로 입건이 불가하다는 뜻입니다. 따라서, 고소가 성립하지 않으므로 고소인에게 안내 후 진정(내사) 사건으로 접수하여 촉법소년은 피 혐의자로 입력하여 소년부로 송치합니다. 한편, 촉법소년이 명백함에도 진정이 아닌 고소·고발장을 제출한 경우에는 각하(죄가 안됨)의견으로 송치하고, 진정사건으로 접수하여 소년부로 송치합니다. 입건 후 수사 과정에서 촉법소년임이 확인된 경우에는 해당 사건은 불송치(죄가 안됨)로 종결하고, 별도의 (내사)사건으로 접수하여 소년부로 송치합니다.

5.3.2. 촉법소년의 신병 처리

• 현행범 체포

판례상 확립된 체포의 요건으로 '행위의 가벌성'을 꼽습니다. 따라서 행위의 가벌성이 없는 촉법소년은 현행범인 체포가 원칙적으로 불가합니다. 하지만 연령을 확인하지 못하는 상황에서 사안이 심각하여 긴급을 요하는 경우에는 현행범 체포가 가능하며, 대신 현행범 체포 후 인적 사항 확인 과정에서 촉법소년임을 알게 된 경우에는 즉시 석방하고 보호자에게 인계해야 합니다. 한편, 사건은 검찰에 '죄가 안됨'으로 송치하고, 새로 사건 접수하여 소년부로 송치합니다. 다시 말해 현행범 체포 전부터 촉법소년이 명백한 경우에는 임의동행이 원칙입니다. 특히, 주의할 점은 연령을 확인할 수 없더라도 명백하게 나이가 어려 보이는 경우 가급적 수갑 등 경찰 장구를 사용하거나 강제수사를 진행하는 경우는 조심할 필요가 있습니다.

• 동행영장 발부

동행영장의 핵심은 수사 과정에서 요구하는 절차가 아니라 송치 후 심리 과정에서 요구되는 소년법원의 절차라는 걸 잊어서는 안 됩니다. 다시 말해, 소년부 판사는 소년법에 따라 사건의 조사·심리 및 소년의 보호를 위해 필요한 경우 동행영장과 긴급동행영장을 발부할 수 있습니다. 또, 영장 집행에 있어서 소년법에 따라 사법경찰관리가 대리할 수 있습니다. 한편, 수사 중인 사건의 피의자 조사 등을 위해 발부하는 체포영장과 달리, 동행영장(긴급동행영장)은 소년부 판사의 사건조사·심리를 위해 필요한 경우 발부하는 것이므로, 사건 송치·통고 전에는 절차상 영장 발부가 불가합니다.

• 촉법소년 사건처리 시 주의사항

촉법소년과 성인(또는 범죄소년)이 공범일 경우에는 2개의 사건으로 분리하여 소년부 판사와 검찰에 각각 송치하며, 만 14세 이전부터 이후까지 연속하여 범행을 저지르는 경우 실체적 경합에 해당하므로 1건으로 검찰에 송치합니다. 또, 불기소 사안의 경우 내사 종결 또는 소년부 송치 시 '혐의없음' 또는 '죄가 안됨'에 해당하는 경우에는 소년법 제4조 '형벌 법령에 저촉되는 행위를 한' 것이 아니므로 경찰 단계 내사 종결하고, '공소권 없음'에 해당하는 경우에는 소년보호사건 송치서의 경찰관 의견란에 '심리 불개시' 또는 '불처분'으로 의견을 기재하여 소년부로 송치합니다. 특히, 10세 미만의 경우에는 형사처벌 및 보호처분조차 모두 불가한 형사책임무능력자에 해당하므로 이런 경우 가족관계증명서 등 증서를 통해 가해 소년의 연령을 반드시 확인하고, 피해자 진술 및 가해소년 보호자 연락처와 진술서를 확보하는 것도 필요한 절차입니다. 10세 미만의 소년을 이용하여 범죄를 저지르는 경우에는 간접정범에 해당하므로 처벌 대상이 되는 공범의 존재 여부를 적극적으로 수사할 필요가 있습니다.

• 우범소년 처리 절차

사실상 우범소년은 논란의 여지가 있는 게 사실입니다. 학계나 정치권에서는 죄형법정주의 이념에 어긋나는 우범소년을 두고 범죄를 저지르지 않은 소년을 소년보호사건으로 송치하여 보호처분을 받게 하는 것이 타당한지를 묻기도 합니다. 하지만 여기서 중요한 핵심은, 우범소년을 송치하는 절차의 목적이 처벌의 개념이 아니라 보호의 개념이라는 사실을 잊어서는 안 됩니다. 다시 말해, 형벌 법령 저촉할 우려가 있는 소년을 소년부 판사에게 송치하는 행위는 '소년의 보호를 위한 행위'라는 인식이 중요하며, 따라서 송치 행위 또한 무분별하게 남발되어서는 안 된다는 걸 기억할 필요가 있습니다. 일단, 우범소년은 만 10세 이상 19세 미만의 소년을 대상으로 합니다. 소년법 제4조에 따라 소년의 성격이나 환경에 비추어 앞으로 형벌 법령에 저촉되는 행위를 할 우려가 있는 소년을 말하는데 특히, 우범소년 제도는 비행소년의 보호 공백을 충족하는 차원에서 보충적으로 적용해야 하며, 소년의 인권이 부당하게 침해당하지 않도록 주의해야 합니다. 또, 우범성 판단 시 지능과 성격 등 본인의 문제점과 가정·학교·직장·불량교우 등 비행의 유인과 억제에 관계하는 포괄적인 환경적 요인 등을 종합적으로 검토하여 판단해야 합니다. 다음은 우범 사유에 해당하는 요건 사항입니다.

- 요건 1. 소년이 집단으로 몰려다니며 주위 사람들에게 불안감을 조성하는 성벽이 있을 경우: 소년 여러 명이 다 같이 불량한 태도로 어울려 다니면서 주위 사람들을 불안하게 하는 행동 경향 또는 습벽이 있는 것을 말하는 것으로 예를 들어, 장

시간 공원에 모여 위협적이거나 공포스러운 분위기를 조성하며 술을 마시고 담배를 피우는 등 인근 주민들에게 심각한 위화감을 보이는 경우 해당합니다.

- 요건 2. 소년이 정당한 이유 없이 가출할 경우: 여기서 가출이란 일회성 또는 특정한 사유가 있는 가출이 아닌 이유 없는 무단가출이자 상습적인 가출을 의미합니다. 가출 소년의 성격, 연령, 가정 상황 등을 종합하여 소년이 가정에 돌아가지 않는 것에 정당한 이유가 없는 경우라 할 수 있죠. 특히, 가출 외 다른 우범 사유와 중첩되지 않는 경우, 인권보장 관점에서 우범 사유 해당 여부를 신중하게 검토할 필요가 있습니다.
- 요건 3. 소년이 술을 마시고 소란을 피우거나 유해환경에 접하는 성벽이 있는 경우: 이 요건은 「청소년보호법」 상 청소년 출입, 고용금지업소, 청소년 고용금지업소 등 불건전한 풍속영업이나 유흥시설, 범죄자·약물 남용자 등과 관계있는 장소 등에 출입하거나 음란한 행위 등 사회·윤리적 통념에서 벗어나는 행위를 스스로 하는 행동이 지극히 있는 경우를 말합니다. 특히, 문제가 되는 소년범죄의 유형 대부분이 집단성을 띠고 있어 이 요건의 경우 소년범죄로 이어질 가능성이 큽니다.

• 송치 절차

우범 요건이 충족되면, 학교전담경찰관 등 경찰관은 우범소년을 소년보호사건으로 가정법원 소년부에 송치합니다. 사건조사 과정에서 소년보호사건 '송치서', '소년 환경조사서(소년 카드)', '범죄경력 등 조회 회보서', '비행사건 처리결과 보고서'를 필수적으로 작성하고, 기타 서류로써 진술조서와 내사 보고(증거자료, 긴급 동행영장 신청 사유 등) 등을 첨부합니다. 또, 소년보호사건 송치서 상 죄종 및 죄질을 기재하고 반성의 유무 등을 종합하여 경찰관의 의견을 적극적으로 작성합니다. 단, 경찰관의 작성 시 '소년 환경조사서' 등 소년의 특성을 객관적이고 합리적으로 판단하여 기재해야 하며, 단순히 절도사건 등 범죄를 저지르는 행위만을 고려하여 송치해서는 안 됩니다.

5.3.3. 소년보호처분의 이해

학교폭력에 '가·피해 조치'가 있다면 소년보호사건에는 '보호처분'이 있습니다. 소년보호처분은 소년법에서 명시하고 있습니다. 다시 말해, 경찰서에서 송치한 사건을 소년부 판사가 심리하는 과정에서 소년의 비행 정도를 고려하여 타당한 처우를 내리는 처분의 개념입니다. 여기서 주목할 건, 처분은 처벌이 아니라 소년의 보호조치 개념이며, 근본적으로는 소년을 보호하기 위한 개념이라는 걸 기억할 필요가 있습니다. 보호처분 결정은 소년부 판사가 소년의 성격·환경·비행 경위·재 비행성 여부에 대한 조사관의 의견과 소년분류심사원 분류심사관의 심사의견, 필요시 관련 전문가의 조언 등을 고려하여 결정하며, 이 결정은 소년의 장래 신상에 어떠한 기록도 남지 않습니다. 한편, 보호처분 결정에 있어서 소년부 판사는 보호처분 상호 간 일부를 병합할 수 있으며, 이를 대안 교육, 외출 제한, 보호자 특별교육 등 부가 처분명령을 결정할 수 있습니다. 하지만, 최근에는 소년보호처분에 대해 의문을 갖는 논란도 있는 게 사실입니다. 그러니까 소년부 판사의 보호처분이 소년들에게 경각심을 주는 게 아니라 소년들이 거뜬하게 감당할 수 있는 학교조치와 비슷한 조치로 생각하는 경향이 있다는 뜻입니다. 특히, 최장 소년원 2년이라는 처분 또한 지금의 범죄 소년들은 대수롭지 않게 생각한다는 목소리도 있습니다.[66] 또, 보호관찰의 경우 보호관찰관 1명이 125명을 관리하는 문제는 재범률을 상승시키는 요인이라는 지적도 있습니다.[67] 소년보호처분은 소년의 비행 정도에 따라 1호부터 10호까지 구분하며 주로 사회 내 처분과 시설 내 처분으로 구분합니다. 소년보호처분을 정리하면 다음과 같습니다.

❘ 보호처분의 종류와 기간

구분	구분	내용	기간 또는 시간제한	대상 연령
사회 내 처우	1호	보호자 또는 보호자를 대신하여 소년을 보호할 수 있는 자에게 감호 위탁	6개월 (6개월 연장 가능)	10세 이상
	2호	수강명령	100시간 이내	12세 이상
	3호	사회봉사명령	200시간 이내	14세 이상
	4호	단기보호관찰	1년	10세 이상
	5호	장기보호관찰	2년(1년 연장 가능)	10세 이상
시설 내 처우	6호	아동복지법상 아동보호시설이나 그 밖의 소년보호시설에 감호 위탁	6개월(6개월 연장 가능)	10세 이상
	7호	병원 등 소년의료보호시설 위탁	6개월(6개월 연장 가능)	10세 이상
	8호	1개월 이내 소년원 송치	1개월 이내	10세 이상
	9호	단기 소년원 송치	6개월 이내	10세 이상
	10호	장기 소년원 송치	2년 이내	12세 이상

• 제1호(감호 위탁)

보호처분 중 가장 경미한 처분에 해당합니다. 보호자 또는 보호자를 대신하여 소년

---

66) 세계일보, "길어야 소년원 2년... 소년법 허점 파고드는 10대들" 2018. 10. 2. 보도
67) 서울경제, "1명이 125명 관리... 재범 못막는 보호관찰" 2021. 6. 4. 보도

을 보호할 수 있는 자에게 감호 위탁하는 처분입니다. 기간은 6개월이며, 6개월 연장이 가능하고, 대상 연령은 만 10세 이상의 소년에 해당합니다. 한편, 위탁감호를 위해 위탁 보호 위원 제도를 두고 있는데, 보호자를 대신하여 소년의 감호를 위탁받을 사람으로 법원장이 위촉하며, 소년을 직접 보호·양육하는 '신병 인수 위탁보호 위원'과 주기적으로 만나며 지도·감독하는 '신병 불인수 위탁보호위원'으로 구분할 수 있습니다. 또, 1호 처분을 받은 소년에 대하여 보호자를 대신하여 그 청소년을 보호할 수 있는 자가 상담·주거·학업·자립 등 서비스를 제공하는 회복지원시설을 두고 있습니다.

• 제2호(수강명령)

수감 명령이 아닌 수강명령입니다. 수강명령은 소년에게 일정한 교육과 상담 관련한 내용을 수강하도록 명령하는 처분입니다. 시간은 100시간 이내 결정하며, 12세 이상 소년에게만 부과합니다. 특히, 수강명령에 적합한 소년의 유형을 보면, 본드·부탄가스를 흡입하는 등 약물 남용범죄를 저질렀을 경우 또는 마약범죄를 범한 경우이거나, 알코올 중독으로 인한 범죄를 저지를 경우, 심리적인 특이한 문제와 결합된 성범죄 등을 저지른 자에게 적절한 프로그램을 통하여 치료를 받을 필요가 있는 경우에 수강명령 처분을 부과합니다. 장소는 주로 보호관찰소, 비행 예방센터, 상담복지센터 등 상담 기관, 성교육 기관, 청소년 NGO 등 기관 특성을 고려하여 법원에서 지정합니다.

• 제3호(사회봉사명령)

소년에게 일정한 내용의 사회봉사를 하도록 명령하는 처분으로 200시간 이내 결정하며, 만 14세 이상에만 부과하는 처분입니다. 주요 대상으로는 보호 관찰예규에 따라 사회봉사명령에 적합한 소년 대상자의 유형과 사회봉사명령에 적합하지 아니한 대상자의 유형을 규정하고 있습니다. 장소는 주로 행정기관, 복지시설, 공공시설, 의료시설 등에서 합니다. 사회봉사 유형은 보호관찰 예규에서 규정하고 있습니다.

• 제4호 · 제5호(보호관찰)

해당 처분은 소년범들이 가장 많이 받는 처분이며, 장·단기로 구분합니다. 단기 보호관찰은 1년, 장기 보호관찰은 2년에 1년을 연장할 수 있는 차이만 있지, 보호관찰의 방법과 병합·부과처분 병과 등의 사항은 같습니다. 보호관찰은 소년이 일상생활을 하면서 보호관찰의 지도, 감독과 원호 등을 받도록 하는 처분이며, 만10세 이상에게 결정할 수 있습니다. 보호관찰 방법으로는 대상자의 주거지를 관할하는 보호관찰소 소속 보호 관찰관이 담당하며, 정기적으로 보호 관찰관이 상담합니다. 또, 해당 처분은 제2호 (수강명령)과 제3호(사회봉사명령)처분과 병할할 수 있는데, 부과처분 병과 시 보호관찰

결정 시 3개월 이내의 기간을 정하여 대안 교육 또는 소년의 상담·선도·교화와 관련된 단체나 시설에서의 상담·교육을 받을 것을 명하는 등 부가 처분이 가능합니다

- 제6호(감호위탁명령)

소년을 「아동복지법」상 아동복지시설이나 그 밖의 소년 보호시설에 소년의 감호를 위탁하는 처분을 말하며, 6개월에서 6개월을 연장할 수 있고, 만 10세 이상 소년에게 결정합니다. 주요 대상으로는 가정의 보호력이 부족하고 사회 적응 능력이 부족한 소년이 해당합니다. 주로 아동복지시설 중 가정·지방법원에서 지정한 전담 시설에서 감호를 위탁하고 있고, 6호 처분 전담시설 현황은 다음과 같습니다.

▌6호 처분 전담 시설 현황

시설명	성별	운영단체	위탁법원
효광원	남	천주교	서울, 대전, 대구, 부산, 광주, 의정부, 인천, 수원, 춘천, 청주, 전주
살레시오청소년센터(서울)	남	천주교	서울, 의정부, 인천, 수원, 춘천
로뎀청소년학교(충북제천)	남	기독교	서울, 인천, 수원, 춘천, 청주
희망샘학교(전북고창)	남, 여	아모스	광주, 전주, 춘천
마자렐로센터(서울)	여	천주교	서울, 수원, 인천, 춘천, 청주
나사로청소년의집(양주)	여	기독교	서울, 의정부, 인천, 수원, 춘천, 청주
늘사랑 청소년센터(대구)	여	대한사회복지회	대구

※ 법무부 자료

- 제7호(의료보호시설위탁)

병원·요양소 또는 「보호소년 등이 처우에 관한 법률」상의 소년 의료 보호시설 등에 위탁하는 처분을 말하며, 6개월에 6개월 연장이 가능하며, 만 10세 이상 소년에게 결정합니다. 주요 대상은 주로 정신질환·약물 남용 등 의학적인 치료와 요양이 필요한 경우에 결정하며, 보호자가 치료감호에 필요한 비용을 부담하는 것이 원칙이므로 보호자가 병원·요양원 비용을 지급하거나 지급하겠다는 서류를 제출했을 때 결정합니다. 다만, 보호자의 소득이 월 100만 원 이하 등 생계가 어려운 경우, 국가·지자체에서 운영하는 '대전소년원 부속의원'과 '청소년 복지재단 마리스타의 집'에 위탁합니다.

- 제8호(1개월 소년원 송치 명령)

1개월 이내 통상 4주 기간 동안 소년원에 송치하는 처분을 말하며, 기간은 1개월이

고, 만 10세 이상 소년에 해당합니다. 대상으로는 소년원 수용 경험이 없는 소년으로, 주로 재범 또는 초범이지만 강력 범죄를 저지른 소년에게 처분합니다. 단, 소년분류심사원 수용 경력은 제외하고 있죠. 한편, 위 소년을 법무부에서는 '특수단기 보호소년'으로 명명하며, 대전소년원, 제주소년원은 남자에게 청주소년원은 여자에게 처분명령을 합니다. 교육내용은 4주 단기 인성교육으로 진행하며, 비행유형별 전문적인 교육을 진행한다. 또, 예체능과 체험학습, 교양 교육을 실시하고 있습니다.

• 제9호(단기 소년원 송치)

단기간 소년원에 송치하는 처분으로 6개월 이하의 처분을 결정하며 만 10세 이상 소년에게 해당합니다.

• 제10호(장기 소년원 송치)

장기간 소년원에 송치하는 처분으로 2년 이하로 처분을 결정하며, 만 12세 이상 소년에 해당합니다. 참고로 소년원의 기능을 정의하면, 소년원은 법원 처분에 의해 송치된 비행소년을 일정기간 수용하는 '보호기관'이며, 사법적 기능보다 교육적 기능을 중시하는 '교육기관'입니다. 또, 심리치료·상담 프로그램을 통해 사회 적응을 도와주는 '치료기관'이자, 장학지원, 취업·창업지원 등 소년의 자립과 사회 복귀를 지원하는 '복지기관'의 성격을 갖습니다.

5.4. 피해자 보호 · 지원

학교폭력이든 소년범죄든 경찰의 관점은 먼저 피해자를 주목해야 합니다. 학교폭력 미투가 사회적인 이슈를 일으키고, 소년법 폐지 논란 또한 결국, 피해자를 외면한다는 비판 때문에 제기되었죠. 결국, 피해자를 보호하고 지원하는 업무는 앞선 소년의 이해와 사건처리 절차를 이해하는 것보다 더 중요한 문제일 수 있습니다. 특히, 피해자를 이해하기 위해서는 피해자를 공감하는 개념을 넘어 이해하고자 노력하는 태도가 필요합니다. 그러니까 피해자가 입은 상처와 관련하여 피해 정도와 피해 구간을 살필 필요가 있고, 유형별로 피해자가 무엇 때문에 괴로워하는지 그 상처의 직접적인 원인을 찾는 것 또한 피해자를 보호하는 경찰관의 중요한 역할입니다. 어쩌면 우리는 피해자를 보호·지원한답시고 피해자에게 무언가를 채워주려고 했지만 사실상 피해자가 괴로워하는 요인을 제거해주는 역할은 고민하지 못했습니다. 다시 말해, 피해자의 보호와 지원에 관한 관점은 '채움'보다는 '지움'이 더 도움 될 수 있습니다. 따라서 피해자 보호 지원은 단순히 양적 지원이 아닌 심리·정서적 지원이 복합적으로 병행되어야 하며, 철저하게 피해자 중심에서 맞춤형 보호·지원이 전개될 필요가 있습니다.

5.4.1. 신변보호제도

'신변 보호'라는 용어를 모르는 사람은 극히 드뭅니다. 언론 매체를 통해 수없이 신변보호에 관한 뉴스가 쏟아져 나왔고, 중요 사건에서 2차 가해와 보복범죄에 대한 대안으로 신변 보호 용어가 사용되기도 했습니다. 일반적으로 신변 보호는 피해자 중심에서 보복행위와 2차 피해 우려자 등을 대상으로 신변에 위해를 입을 우려가 있는 경우 위험성과 여건 등을 고려하여 피해자 맞춤형으로 대상자의 신변을 보호하는 제도입니다. 하지만, 예방 차원에서도 신변 보호가 가능하냐는 문제는 여전히 논란 중이기도 하죠. 하지만 중요한 건, 신변보호제도는 국민이 자신에게 닥칠 범죄를 두려워하고 이를 예방하기 위해 경찰의 신변보호제도를 강력한 보호 수단으로 굳게 믿고 있다는 걸 인식할 필요가 있습니다.

신변보호제도의 법적 근거는 「범죄피해자 보호법」, 「특정범죄신고자등 보호법」, 「특정강력범죄의 처벌에 관한 특례법」 등 각종 개별 법률에서 규정하고 있습니다. 하지만 범죄신고자 등이 보복을 당할 우려가 있는 경우 법률상 신변보호조치의 대상이 되며, 실무적으로는 법률상 명시적인 규정이 없더라도 재 피해 및 보복범죄 우려가 있는 경우 신변 보호 조치를 고려할 수 있습니다. 참고로 신변 보호 관련 법률을 살펴보면 다음과 같습니다.

신변 보호 대상자는 범죄 신고를 하는 등 보복을 당할 우려가 있는 범죄피해자, 신고자, 목격자, 참고인 및 그 친족 등을 포함합니다. 여기서 '보복을 당할 우려'라는 뜻은, 범죄 피해 진술 및 범죄 신고 등으로 인하여 생명 또는 신체에 대한 위해를 입거나 입을 우려가 있다고 인정할 만한 충분한 이유가 있는 경우를 말합니다. 그 밖에 반복적으로 생명 또는 신체 위해를 입었거나 입을 구체적인 우려가 있는 사람도 대상이 됩니다. 하지만 단순한 예방 차원에서는 신변 보호 대상이 되지 않으며, 대상을 결정하는 절차에서 대상자의 피해 위험성을 심도 있게 확인하는 게 무엇보다 중요합니다.

신변 보호를 신청할 수 있는 주체는 범죄피해자와 범죄신고자 등 법정대리인·친족 모두 신청이 가능합니다. 특히, 경찰에서는 범죄피해자 등의 동의가 없더라도 피해자의 생명 또는 신체 위해가 있거나 우려될 판단이 들 경우 경찰관 직권으로 신변 보호 요청이 가능합니다. 신청방식 및 절차에는 신변 보호 신청과 요청은 서면을 원칙으로 합니다. 물론 긴급 신변 보호 요청의 경우에는 구두 또는 유선으로 먼저 할 수 있으며, 사후

> **신변보호제도 관련 법률**
>
> - 범죄피해자 보호법 제9조(사생활의 평온과 신변의 보호 등)
> - 특정범죄 신고자 등 보호법 제13조(신변안전조치), 제13조의2(신변안전조치의 종류)
> - 성폭력범죄의 처벌 등에 관한 특례법 제23조(피해자, 신고인 등에 대한 보호조치)
> - 성매매알선 등 행위의 처벌에 관한 특례법 제7조(증인에 대한 신변안전조치)
> - 가정폭력범죄의 처벌 등에 관한 특례법 제55조의2(피해자보호명령 등)
> - 공익신고자보호법 제13조(신변보호 조치)
> - 공공재정 부정청구 금지 및 부정이익 환수 등에 관한 법률 제21조(신변보호조치)
> - 5·18민주화운동 진상규명을 위한 특별법 제51조(신변보호조치)
> - 특정범죄 신고자 등 보호법 시행령 제6조(신변안전조치의 요청 등)
> - 특정범죄 신고자 등 보호법 시행령 제6조(신변안전조치의 요청 등), 제7조(신변안전의 종류), 제8조(신변안전조치의 이행통보 등)
> - 피해자 보호 및 지원에 관한 규칙(경찰청 훈령 제1012호), 제28조(신변보호의 대상), 제29조 (조치유형)

에 지체 없이 신청서를 제출해야 하죠. 신변 보호 신청 대상자는 만 14세 미만의 아동일 경우에만 법정대리인을 작성해야 하며, 신청을 접수 또는 인계받은 담당 기능에서는 '위험성 체크리스트'라는 양식을 작성하여 신변 보호 여부를 판단합니다. 담당 기능에서는 신변 보호 요청이 들어오면, 해당 과장 주관으로 신변 보호 심사위원회를 개최하며, 위험성 등에 따라 각하 또는 최종 결정을 합니다. 신변 보호 결정 시 담당 기능에서 피해자·인권 포털시스템에 신변 보호 대상자를 등록하고, 112 신고관리시스템에 112 긴급 신변 보호 대상자를 등록합니다.

5.5. 결론

이상 소년범죄 수사의 개념과 사건처리 절차 그리고 피해자의 보호·지원까지 살펴보았습니다. 자치경찰이 시행되면 수사 사무 영역에서 다뤄야 할 소년범죄 사건은 지역사회에서 민감한 사안으로 주목받을 가능성이 큽니다. 강력 소년범죄는 여전히 증가하고 있고, 법률은 한계를 보이는 상황에서 예방과 대처는 이제 자치경찰의 큰 숙제로 남았습니다. 특히, 최근 뉴스에서는 보호처분 중인 한 여중생이 교사에게 상습적으로 폭언하고, 몰래 교사를 촬영하여 소셜미디어에 게시한 행동으로 소년원에 들어갔다는 보도가 있었습니다. 특히, 이 여중생은 교사에게 촉법소년의 특례를 들먹이며 당당하게 폭력을 저지른 것으로 확인이 되었습니다.[68] 이처럼 소년범죄는 점점 '촉법 소년화'가 되어 가고 있다는 걸 부정하기 어렵습니다. 더구나 범죄 연령은 계속해서 어려지는 것도 주목할 대목이죠. 자치경찰 수사의 범위를 보면, 소년사건에 대한 범죄들은 대부분 학교폭력 중심으로 그 행위를 구분하고 있음을 알 수 있습니다. 또, 재산범죄 중심으로 소년의 환경과 성격 그리고 지역사회의 특성이 동반되는 범죄들로 구분되어 있으며, 어쩌면 소년범죄에서 자주 발생하는 유형을 자치경찰 수사 사무에 포함시킨 건 적절하다고 판단됩니다. 소년사건에서 소년법 관련 모든 법령과 훈령에는 "소년이 건전하게 성장하도록 돕는 것"을 목적으로 합니다. 그만큼 소년사건 처리에 있어서 중요한 핵심은 "경찰이 소년의 환경을 조정하고, 품행을 교정하겠다"라는 의지가 수사에 녹아들어야 한다는 뜻이기도 합니다. 그러면서도 확고한 근절 의지를 빼놓을 수 없을 겁니다.

앞으로 자치경찰은 이러한 보호와 근절 의지를 두고 균형을 잃지 않는 게 중요해 보입니다. 또, 무엇보다 피해자 보호와 지원은 가장 핵심적인 절차라는 사실을 잊어서는 안 될 것 같습니다. 피해자 입장에서 상처를 이해하고 이를 효과적으로 지원하는 절차야말로 그 어떤 절차보다 중요한 절차이며, 이를 실현하기 위해 타 기능과의 유기적인 협업도 전제되어야 한다는 사실을 상기할 필요가 있습니다. 특히, 최근에는 부산시 '자치경찰위원회'에서 시민들에게 자치경찰에 대한 기대를 묻는 설문 조사가 있었습니다. 조사 결과, '사회적 약자 대상 근절해야 할 범죄'를 묻는 문항에서 부산시민들은 최우선으로 '학교폭력 등 청소년 범죄'(65.4%)를 꼽았습니다. 다음으로는 성범죄(62%), 아동학대(58.5%), 가정폭력(43.4%) 순으로 나타났습니다.[69] 다시 말해, 자치경찰 시행에 있어서 지역주민들은 성범죄와 아동학대보다 학교폭력을 포함한 청소년 범죄를 가장 많이 걱정하고 있었습니다. 한편으로는 지역 주민들은 지역경찰이 주민의 안전과 삶의 질을 올려줄 것을 기대하고 있습니다. 결국, 자치경찰사무에 있어서 학교폭력과 소년범죄 예방은 지역사회의 핵심 과제가 되었다는 걸 잊지 않았으면 좋겠습니다.

6. 성폭력 대응

6.1. 성폭력 대응 업무의 구분

경찰의 성폭력 대응 업무는 교육·홍보 등 성폭력 예방활동과 성폭력 피해자 보호·

---

68) 한국경제 "장애인 팝니다 여중생, 보호관찰 중 또…" 2021. 6. 1. 보도
69) 오마이뉴스 "시민이 꼽은 부산 자치경찰위 역할 세 가지는?" 2021. 6. 10. 보도

지원활동, 성폭력범죄에 대한 수사활동을 말합니다.

성폭력범죄는「형법」제22장(성풍속에 관한 죄)와 제31장(약취, 유인 및 인신매매의죄)의 일부 범죄와 제32장(강간 및 추행에 관한 죄),「성폭력범죄의 처벌 등에 관한 특례법(이하 성폭력처벌법)」,「아동·청소년의 성보호에 관한 법률(이하 청소년성보호법)」등에 규정되어 있습니다.

또한, 성폭력 예방 및 피해자 보호활동과 관련해서는「성폭력방지 및 피해자 보호등에 관한 법률(이하 성폭력방지법)」및 경찰청 훈령인「성폭력범죄의 수사 및 피해자 보호에 관한 규칙(이하 훈령)」등에 규정되어 있습니다.

경찰청의 성폭력 예방 및 피해자 보호 관련 업무는 생활안전국 산하 '여성안전기획과(성폭력대책계)'에서 담당하며, 성폭력범죄 수사 관련 업무는 형사국 산하 '여성청소년범죄수사과(여성범죄수사기획계, 여성대상범죄수사계)'에서 담당하고 있습니다.

시·도경찰청 및 경찰서에서는 여성청소년과(여성청소년과가 설치되지 않은 경찰서에서는 생활안전과에서 담당)에서 성폭력 예방, 피해자 보호, 수사업무를 모두 담당하고 있습니다.

성폭력 대응 업무를 국가경찰사무와 자치경찰사무, 비수사사무와 수사사무로 분류하면 아래 표와 같습니다.

▮성폭력 대응 업무의 국가경찰사무와 자치경찰사무의 구분

구분		기준 및 범위
국가경찰사무	수사사무(Ⅰ유형)	• 자치경찰수사사무를 제외한 성폭력범죄 수사 ※ 일반적으로「성폭력처벌법」제2조에 정의된 성폭력범죄 및「청소년성보호법」제7조~제16조의 죄,「아동복지법」제17조 제2호의 죄 등을 성폭력범죄로 규정하고 있음
	비수사사무(Ⅱ유형)	• 성폭력 예방 및 피해자 보호 정책 기획 • 성폭력사건 수사 지도 • 해바라기센터 운영 지원 • 신상정보등록대상자 관리업무
자치경찰사무	수사사무(Ⅲ유형)	• 형법 제245조(공연음란죄) • 성폭력처벌법 제12조(성적목적 다중이용장소 침입)
	비수사사무(Ⅳ유형)	• 성폭력 예방활동 • 성폭력 피해자 보호활동

국가경찰사무는「경찰법」제4조 제2호 가목의 4)[70]에 규정된 생활안전사무 및 라목의 4)[71]에 해당하는 범죄의 수사업무를 제외한 성폭력범죄의 수사사무를 국가경찰사무

로 분류하고 있습니다.

자치경찰사무는 「경찰법」과 「자치경찰사무와 시·도자치경찰위원회의 조직 및 운영 등에 관한 규정(이하 자치경찰규정)」 제2조 별표에 따른 생활안전사무 중 '성폭력 예방과 성폭력 피해자 등 보호활동'이 해당되며, 자치경찰사무 중 수사사무는 「형법」 제245조 '공연음란죄'와 「성폭력범죄의 처벌 등에 관한 특례법(이하 성폭력처벌법)」 제12조 '성적 목적 다중이용장소 침입죄'로만 국한되어 있습니다.

6.2. 성폭력 관련 법령

6.2.1. 성폭력의 정의

성폭력범죄는 일반적으로 피해자의 의사에 반하여 성적 자기결정권을 침해하는 범죄로 정의하고 있으며, 학술적으로는 아래 표에서 보는 바와 같이 협의, 광의, 최광의로 구분할 수 있습니다.

❚ 성폭력범죄의 학술적 정의

협의	폭행·협박을 행사하여 피해자에게 성적 자기결정권을 침해하는 범죄
광의	〈협의의 성폭력〉 + 피해자 의사에 반해 신체적 접촉을 하거나 음란성 언어 및 통신매체 이용 음란, 카메라를 이용한 범죄(「성폭력처벌법」 상 처벌 규정)
최광의	〈광의의 성폭력〉 + 불특정 다수를 상대로 금전 또는 재산상 이익을 약속하고 성행위를 하거나 성행위의 상대방이 되는 범죄

(출처: 성폭력근절업무매뉴얼 3p, 경찰청)

법령상으로 성폭력범죄를 정의한 규정은 다음 표에서 보는 바와 같이 「형법」, 「성폭력처벌법」, 「청소년성보호법」에 규정되어 있으며, 성폭력범죄는 「형법」 제32장 강간과 추행의 죄 이외에도 「성폭력처벌법」 제2조에 명시된 바에 따르면 간음·추행 목적의 약취·유인, 음행매개, 공연음란, 음화 등 각종 음란물 관련 제조·유통범죄 등이 있습니다. 그리고, 「청소년성보호법」에서는 성범죄와 성폭력범죄를 구별하여 정의하고 있으

---

70) 「경찰법」 제4조 제2호 가목 4) 아동·청소년·노인·여성·장애인 등 사회적 보호가 필요한 사람에 대한 보호 업무 및 가정폭력·학교폭력·성폭력 등의 예방
71) 「경찰법」 제4조 제2호 라목 4) 「형법」 제245조에 따른 공연음란 및 「성폭력범죄의 처벌 등에 관한 특례법」 제12조에 따른 성적 목적을 위한 다중이용장소 침입행위에 관한 범죄

며, 성적 자기결정권보다는 아동과 청소년의 성 자체를 보호법익으로 하여 아동·청소년 성매수, 성적 수치심을 주는 성희롱 등을 포함하고 있음을 알 수 있습니다.

┃ 성폭력범죄의 법령상 정의

형법	• 「형법」 제22장 성풍속에 관한 죄 중 제242조(음행매개), 제243조(음화반포등), 제244조(음화제조등) 및 제245조(공연음란)의 죄 • 「형법」 제31장 약취, 유인 및 인신매매의 죄 중 추행, 간음 또는 성매매와 성적 착취를 목적으로 범한 제288조(추행 등 목적 약취, 유인 등), 제289조(인신매매), 제290조(약취, 유인, 매매, 이송 등 상해·치상), 제292조(약취, 유인, 매매, 이송된 사람의 수수·은닉), 제294조(미수범), 제296조(예비·음모) • 「형법」 제32장(강간 및 추행에 관한 죄) 제297조(강간), 제297조의2(유사강간), 제298조(강제추행), 제299조(준강간, 준강제추행), 제300조(미수범), 제301조(강간등 상해·치상), 제301조의2(강간등 살인·치사), 제302조(미성년자 등에 대한 간음), 제303조(업무상 위력 등에 의한 간음), 제305조(미성년자에 대한 간음, 추행), 제305조의2(상습범), 제305조의3(예비·음모) • 「형법」 제339조(강도강간)의 죄 및 제342조(제339조의 미수범)의 죄
성폭력 처벌법	• 제3조(특수강도강간 등)부터 제15조(미수범)까지의 죄 및 가중처벌되는 죄. • 「성폭력범죄의 처벌 등에 관한 특례법」 제3조(특수강도강간 등), 제4조(특수강간 등), 제5조(친족관계에 의한 강간 등), 제6조(장애인에 대한 강간·강제추행 등), 제7조(13세 미만의 미성년자에 대한 강간, 강제추행 등), 제8조(강간 등 상해·치상), 제9조(강간 등 살인·치사), 제10조(업무상 위력 등에 의한 추행), 제11조(공중 밀집 장소에서의 추행), 제12조(성적 목적을 위한 다중이용장소 침입행위), 제13조(통신매체를 이용한 음란행위), 제14조(카메라 등을 이용한 촬영), 제14조의2(허위 영상물 등의 반포 등), 제14조의3(촬영물 등을 이용한 협박·강요), 제15조(미수범), 제15조의2(예비, 음모)의 죄
청소년 성보호법	• 아동·청소년 대상 성범죄: 제7조부터 제15조까지의 죄 　– 제7조(아동·청소년에 대한 강간·강제 추행 등), 제8조(장애인인 아동·청소년에 대한 간음 등), 제8조의2(13세 이상 16세 미만 아동·청소년에 대한 간음 등), 제9조(강간 등 상해·치상), 제10조(강간 등 살인·치사), 제11조(아동·청소년성착취물의 제작·배포 등), 제12조(아동·청소년 매매행위), 제13조(아동·청소년의 성을 사는 행위 등), 제14조(아동·청소년에 대한 강요행위 등), 제15조(알선영업행위 등) 　– 아동·청소년에 대한 「성폭력처벌법」 제3조~제15조의 죄 　– 아동·청소년에 대한 「형법」 제297조, 제297조의2, 제298조부터 제301조, 제301조의2, 제302조, 제303조, 제305조, 제339조, 제342조(제339조의 미수범 한정)의 죄 　– 아동·청소년에 대한 「아동복지법」 제17조 제2호의 죄: 아동에게 음란한 행위를 시키거나 이를 매개하는 행위 또는 아동에게 성적 수치심을 주는 성희롱 등의 성적 학대행위 • 아동·청소년 대상 성폭력범죄: 제11조부터 제15조까지의 죄를 제외한 죄

6.2.2. 피해자 연령에 따른 범죄행위별 적용 법률

앞서 성폭력범죄의 법령 상 정의에서 살펴본 바와 같이 같은 성폭력범죄를 저질렀어도 13세 미만 미성년자와 연 19세 미만의 청소년[72], 19세 이상의 성인 등 피해자의 연령에 따라 적용하는 법령이 다름을 알 수 있습니다.

동일한 범죄행위에 대해 연령별로 적용법령이 다르다면 법정형이 중한 법률을 적용해야 하는데, 아래 표를 참고하여 피해자 연령별에 따라 어떤 법령을 적용할지 유의하기 바랍니다.

┃성폭력 피해자 연령별 행위별 적용 법률

구분	만 13세 미만	연 19세 미만	연 19세 이상		
강간	성폭력처벌법 제7조 ①	청소년성보호법 제7조 ①	형법 제297조		
유사강간	성폭력처벌법 제7조 ②	청소년성보호법 제7조 ②	형법 제297조의 2		
강제추행	성폭력처벌법 제7조 ③	청소년성보호법 제7조 ③	형법 제298조		
위계·위력에 의한 간음	성폭력처벌법 제7조 ⑤	청소년성보호법 제7조 ⑤	만 19세 미만 / 심신미약자	만 19세 이상	
			형법 제302조	• 업무고용관계: 형법 제303조 ① • 법률상 구금·피구금관계: 형법 제303조 ②	
			※ 위 경우 아니면 성폭력범죄 불성립		
위계·위력에 의한 추행	성폭력처벌법 제7조 ⑤	청소년성보호법 제7조 ⑤	만 19세 미만 / 심신미약자	만 19세 이상	
			형법 제302조	업무·고용관계 : 성폭력처벌법 제10조 ①	
동의하에 간음·추행	형법 제305조 ☆ 무조건 처벌	형법 제305조 (만 13세 이상~ 만 16세 미만) ※ 가해자 19세 이상	성폭력범죄 불성립		

---

72) 청소년성보호법에서는 "'아동·청소년'의 연령을 '19세 미만의 자를 말한다. 다만, 19세에 도달하는 연도의 1월1일을 맞이한 자는 제외한다."고 규정하여 만 나이가 아닌 연 나이 개념을 사용하고 있음에 유의해야 한다.

구분	만 13세 미만	연 19세 미만	연 19세 이상
궁박 상태 간음 · 추행		장애인인 청소년 : 청소년성보호법 제8조	
		청소년성보호법 제8조의2 (만13세 이상~ 만16세 미만) ※ 가해자 19세 이상	성폭력범죄 불성립

출처: 성폭력근절업무매뉴얼 6p~7p, 경찰청

6.3. 성폭력 예방 및 피해자 보호 · 지원

성폭력 예방업무는 경찰만의 업무가 아닌 국가와 지방자치단체의 책무[73]입니다. 국가와 지방자치단체는 성폭력 신고체계를 구축 · 운영하고, 성폭력 예방을 위한 조사 · 연구, 교육, 홍보 및 성폭력 예방을 위한 유해환경을 개선해 나가야 합니다. 또한, 피해자 보호 · 지원을 위해 지원시설 · 제도를 마련하고 기관 간 협력체계를 구축해야 합니다.

성폭력 피해자 보호 · 지원 업무는 성폭력 사건 수사와 밀접한 관계에 있고, 사건 접수단계부터 수사가 종료된 이후까지 지속적으로 진행되어야 하는 업무입니다.

이번 단원에서는 국가경찰과 자치경찰의 수사사무에 구애받지 않고, 경찰의 성폭력 예방 및 피해자 보호 · 지원하고 있는 제도를 간략히 소개하고자 합니다.

6.3.1. 성폭력 예방활동

경찰은 성폭력 예방을 위해 다양한 활동을 하고 있습니다. 경찰관이 직접 학생 · 시민들을 대상으로 성폭력 · 성희롱 예방교육에 참여하거나, UCC 동영상, 포스터 등을 제작 · 게시하는 등의 홍보활동을 하기도 합니다. 또한 「안전드림홈페이지(www.safe182.go.kr)」나, 117학교폭력신고센터 등을 통해 성범죄 관련 정보를 안내하거나 온라인 상담, 신고접수 등을 하고 있습니다.

최근에는 지리적 프로파일링(GeoPros) 등 빅데이터를 기반으로 한 범죄분석을 통해 취약지역을 사전에 예측하여 지역경찰 및 아동안전인력 등과 협업을 통해 '여성안심구역' 지정 및 집중 순찰활동을 전개하고 있으며, 불법 촬영범죄를 사전에 방지하기 위해

---

73) 성폭력방지 및 피해자 보호 등에 관한 법률 제3조(국가 등의 책무)

경찰서, 지자체, NGO 등과 '합동점검반'을 편성하여 공중화장실 몰래카메라 설치 여부를 점검하는 활동도 하고 있습니다.

그 밖에도 성폭력 피해자 조사를 담당하는 전담경찰관의 성인지 감수성을 향상시키는 한편, 성폭력 피해자에 대한 2차 피해 방지를 위한 인식 전환교육, 성폭력 관련 수사기법 등 전문 수사역량을 높이기 위한 교육을 실시하고 있습니다.

경찰교육기관인 경찰수사연수원 · 경찰인재개발원 등에서 「성폭력범죄수사심화과정」, 「여성범죄피해자조사과정」, 「성범죄대응역량향상과정」 등의 교육과정을 운영하고 있으며, 각 시 · 도경찰청에 설치된 경찰교육센터를 통해 「성폭력 전담조사관 교육」 등을 실시하고 있습니다.

6.3.2. 성폭력사건 접수 및 출동과정에서의 피해자 보호

성폭력 사건을 접수하는 경찰관은 우선 피해자의 안전 확보[74]에 유념하여 피해자를 안심시키며, 신속 · 정확하게 신고를 접수해야 합니다. 부상 여부가 확인된 경우에는 경찰관(지역경찰 및 여청수사팀) 출동지령 외에 119에 출동을 요청하고, 증거물 보존에 대한 안내사항을 당부합니다. 현재 13세 미만 아동 및 장애인 대상 성폭력사건은 시 · 도 경찰청(여청수사팀)에서 사건을 담당하여 수사하므로, 아동 · 장애인 대상 사건의 신고접수시에는 시 · 도 경찰청에도 출동을 요청해야 합니다.

성폭력 사건 현장에 출동하는 경찰관은 피해자의 수치심 등을 감안하여 신속한 출동을 저해하지 않는 범위에서 경광등을 소등하는 등 외부의 이목을 끌지 않도록 유의하여야 합니다. 현장 도착시에는 피해자 상태를 우선적으로 파악하여 안전확보 및 치료조치를 하는 한편, 증거채취가 필요한 경우에는 해바라기센터나 가까운 성폭력 전담의료기관에 후송하도록 하고 있습니다.

피의자가 현장에 있는 경우에는 즉시 피해자와 가해자를 분리 조치하고, 경찰관서로 이동하는 경우에도 절대 같은 차량에 탑승시키지 말고 분리하여 이동을 시켜야 합니다.

6.3.3. 2차 피해방지를 위한 성폭력 피해자 조사 지침

「여성폭력방지기본법」에서는 "2차 피해"를 여성폭력 피해자에 대해 '수사 · 재판 · 보호 · 진료 · 언론보도 등 여성폭력 사건처리 및 회복의 전 과정에서 입는 정신적 · 신체적

---

74) 성폭력 진행 · 직후 또는 범인 도주 상황 등 긴급한 경우에는 피해자(신고자)에게 피신을 권유하는 등 안전 확보 후 가해자 흉기소지 여부 등 파악(경찰청, 성범죄 대응 경찰관 행동요령 中)

· 경제적 피해를 입는 것'이라고 정의[75]하고 있습니다.

성폭력 피해자 조사 시 피해자의 인권을 보호하고 2차 피해를 방지하기 위해 관련 법령을 제정하여 다양한 보호·지원제도를 운영하고 있습니다. 특히 아동·청소년 피해자에 대해서는 성인 피해자에 비해 보다 전문적인 조력을 받을 수 있도록 의무규정을 마련하고 있습니다.

경찰에서도 '2차 피해방지를 위한 성폭력 조사 지침'을 마련하고, 비공개 장소에서 피해자가 편안하게 조사받을 수 있는 환경을 조성하고 있습니다.

각 법령과 '성폭력 피해자 조사지침'에서 규정한 피해자 조사 관련 보호·지원제도를 정리하면 다음과 같습니다.

▌성폭력 피해자 조사 관련 보호·지원제도

구분	내용	근거 규정
① 권리고지 및 지원정보 제공	• 피해자 조사시 국선변호임 선임, 신뢰관계자 동석, 진술조력인 참여, 비밀보장, 신변안전조치 등 피해자 권리 및 보호·지원제도 고지	• 피해자보호법 제8조의2 • 훈령 제14조
② 신뢰관계인 동석	• 「성폭력처벌법」 제3조~조8조 범죄, 19세 미만 아동·청소년, 장애인 피해자 신뢰관계자 동석 의무 • 그외 피해자는 조사 전 신뢰관계자 동석이 가능함을 설명하고, 피해자등[76]의 신청이 있는 경우 동석조치 (수사지장 초래등 부득이한 경우 外)	• 성폭력처벌법 제34조 • 성보호법 제28조 • 훈령 제21조
③ 국선변호인 선임	• (의무선정 사유) △ 미성년 피해자에게 법정대리인이 없거나 변별능력이 없는 경우 △ 성폭력처벌법 제3조~제9조 또는 미수범죄의 피해자 • 피해자등에게 변호사를 선임할 수 있음을 고지하고, 국선변호사 선정 요청 시 해당 지방검찰청에 지정 신청	• 성폭력처벌법 제27조 • 성보호법 제30조 • 훈령 제19조
④ 진술녹화 실시	• 19세미만, 장애인, 심신미약 피해자는 진술 영상녹화 의무(단, 피해자가 원하지 않는 경우는 제외)	• 성폭력처벌법 제30조 • 성보호법 제26조 • 훈령 제22조
⑤ 전문가 참여	• 13세 미만이거나 장애인, 심신미약 피해자의 경우 관련 전문가에게 피해자의 정신·심리상태에 대한 진단 소견 및 진술내용에 대한 의견 조회 의무	• 성폭력처벌법 제33조 • 훈령 제27조
⑥ 진술조력인제도	• 13세 미만이거나 장애인, 심신미약 피해자의 경우 직권 또는 피해자등 또는 변호사 신청에 따라 진술조력인 참여	• 성폭력처벌법 제36조 • 훈령 제28조

---

75) 여성폭력방지기본법 제3조(정의) 제3호

구분	내용	근거 규정
⑦ 속기사 지원제도	• 19세 미만 장애인인 경우 속기사를 참여케 하여 편안하게 진술할 수 있는 환경 조성	• 성폭력처벌법 제29조 • 성보호법 제25조 • 훈령 제25조
⑧ 증거보전 특례	• 피해자, 법정대리인, 경찰은 피해자가 공판기일에 출석하여 증언하는 것에 현저히 곤란한 사정(16세 미만, 장애인 등)이 있을 때에는 증거보전 신청 가능	• 성폭력처벌법 제41조 • 성보호법 제27조
⑨ 가명조서	• 모든 성폭력 범죄의 범죄신고자 등에 대해 가명조서를 활용, 신원이 노출될 가능성을 사전에 차단 • 조서·서류를 작성할 때 신원 관련 사항의 전부·일부를 기재하지 않고, 서명은 가명으로, 간인·날인은 무인으로 대체	• 성폭력처벌법 제23조 • 훈령 제20조

6.3.4. 피해자 표준조사모델

성폭력사건은 증거 확보가 어렵고, 피해자의 진술에 의존하는 경우가 많아 다른 범죄에 비해 피해자 진술의 중요성이 크다고 할 수 있습니다. 대법원 판례에서는 피해자 진술의 증명력 인정요건으로 △ 진술의 일관성 △ 진술의 구체성과 합리성 △ 객관적 정황과의 부합여부 △ 진술 오염 가능성 등의 여부 등을 고려하여 판단해야 한다고 판시하였습니다. 특히 아동의 경우 수사관의 수사방법에 따라 아동 진술이 달라질 수 있기 때문에 아동발달에 관한 지식을 가지고 보다 전문적인 면담에 임해야 합니다.

이에 경찰청은 NICHD 아동면담 프로토콜[77], PEACE 기법[78] 등 정보수집형 수사면담 기법을 도입하였으며, 아동을 제외한 모든 성폭력 피해자로 범위를 확장하여 피해자 진술의 임의성과 신뢰성을 보장하고 2차 피해를 방지하기 위해 'NICHD 프로토콜'과 영국의 'ABE 가이드 라인[79]'을 참고한 '성폭력 피해자 표준조사모델'을 개발[80]하였습니다. '표준조사모델'은 수사관 주도형 조사 방식 및 자백·암시에 따른 등 특정 진술 유도를 방지하고, 개방형 질문과 자유진술, 진술자 주도형 조사방식으로 개선한 조사기법입니다.

---

76) 훈령 제2조 제5호 '피해자등'이란 성폭력범죄의 피해자와 그 법정대리인을 말한다.

77) 미국 구립아동건강 및 발단연구소에서 개발한 아동의 인지 및 발달특성을 바탕으로 조사자들이 쉽게 따라할 수 있도록 구조화된 면담기법으로 면담자의 유도 및 암시 가능성, 반복질문과 암시, 진술의 오류 등의 감소효과가 있는 것으로 나타남

78) 영국 경찰의 수사면담을 위한 지침으로 인지면담과 대화 관리를 기본요소로 라포형성과 개방형 질문을 통해 최대한 많은 정보를 왜곡없이 받아내는 기법

79) 'Achieving Best Evidence'의 약자로 취약자, 주요 증인에 대한 최우량 증거 확보 기법

80) "경찰, 성폭력 피해자 '2차 피해' 막을 표준조사모델 개발" 題下 (2018.9.30., 연합뉴스)

6.3.5. 신변보호제도

성폭력범죄의 피해자, 신고자 및 그 친족, 동거인, 그 밖의 밀접한 인적 관계에 있는 사람이 보복을 당할 우려가 있는 경우에는 경찰은 직권 또는 대상자 본인의 신청을 받아 신변안전을 위해 필요한 조치를 취하도록 하고 있습니다(훈령 제12조).

신변보호조치의 유형은 △ 일정기간 동안 특정시설에서의 보호 △ 일정기간 동안의 신변경호 △ 참고인 또는 증인으로 출석·귀가 시 동행 △ 대상자의 주거·직장에 대한 주기적 순찰 △ 비상연락망 구축 등 그 밖의 신변안전에 필요하다고 인정하는 조치 등입니다(훈령 제12조 제3항).

또한 112시스템에 신변보호 대상자를 등록·관리하고, 위치추적 및 긴급 호출 기능이 탑재된 스마트워치를 지급하기도 합니다. 사건을 담당하는 기능에서는 체크리스트를 활용하여 신변보호 필요성을 판단하고 있습니다. 신변보호 신청사건의 위험성을 △ 피해상황 및 정도(1차) △ 가해자 전과·폭력성 등 위험성(2차)에 걸쳐 면밀하게 평가한 후에 '신변보호심사위원회'를 개최하여 신변보호조치 여부를 결정하고 있으며 위원회 결정사항을 신청인에게 통보합니다.

위원회 결정 전 사안이 급박하고 당장 위해 요소가 있다고 판단되는 경우는 선조치로 대상자로부터 동의서를 받은 후 스마트워치 지급 등 즉각적인 신변보호조치를 실시하고 있습니다.

6.3.6. 해바라기센터 운영 및 피해자 보호 · 지원

경찰청은 여성가족부와 협업하여 성폭력범죄 피해자의 수사, 상담, 치료, 법률지원, 그 밖의 피해구제를 위해 '성폭력피해자 통합지원센터(일명 해바라기센터)'를 설치·운영하고 있습니다(성폭력방지법 제18조).

'해바라기센터'는 중앙부처인 경찰청과 여성가족부, 의료기관이 협업하여 운영하고 있기 때문에 자치경찰사무가 아닌 국가경찰사무로 분류되어 있습니다.

2021년 1월 기준으로 '해바라기센터'는 전국에 총 39개소가 운영되고 있으며, 지원내용에 따라 위기지원형, 아동형, 통합형으로 분류됩니다. 특히 위기지원형과 통합형에는 피해자 조사업무를 담당하는 경찰관이 24시간 상주하고 있습니다.

▍해바라기센터 설치 현황 (2021.1월 기준)

구분	개소수	설치병원		
		통합형	위기지원형	아동형
계	39개소	16개소	16개소	7개소
서울	6	서울대병원, 삼육병원, 국립중앙의료원	경찰병원, 보라매병원	연세의료원
부산	2	부산대병원	부산의료원	
대구	2	-	대구의료원	대구경북병원
인천	3	-	인천의료원, 인천성모병원	가천대길병원
광주	3	-	조선대병원	전남대병원
대전	1	충남대병원		
울산	1	울산병원		
경기남부	3	아주대병원	안산한반도병원	분당차병원
경기북부	2	명지병원	의정부병원	
강원	3	강릉동인병원, 강원대병원 원주세브란스병원	-	-
충북	2		청주의료원	건국대충주병원
충남	1	-	단국대병원	-
전북	3	원광대병원	전북대병원	전북대병원
전남	2	영광기독병원	성가를로병원	
경북	3	포항성모병원	안동의료원, 김천제일병원	-
경남	2	진주경상대병원	마산의료원	-
제주	1	한라병원	-	
지원내용		• 위기지원형+아동형 • 365일 24시간 운영 • 경찰관 배치	• 상담, 증거채취 • 의료 · 법률 · 수사지원 • 365일 24시간 운영 • 경찰관 배치	• 아동 · 청소년 · 장애인 대상 장기집중치료 • 심리치료, 부모교육, • 09시~18시 운영 • 경찰관 미배치(출장)

‘해바라기센터’ 외에도 아래 표에서 보는 것처럼 여성가족부, 법무부 등 정부부처와 NGO 등을 통해 성폭력범죄 피해자를 대상으로 상담 및 의료, 법률, 주거, 생계비 지원 등 다양한 보호 · 지원제도들이 운영되고 있습니다.

▎피해자 보호 · 지원체계

지원 제도	지원 내용
범죄피해 구조금 지원	• 피해자가 사망하거나, 장애, 중상해를 입었는데도 범죄자에게 경제적 능력이 부족하여 손해의 전부 또는 일부를 배상받지 못한 경우 국가에서 구조금 지급 • 검찰청 피해자지원실(국번없이 1301) 문의
주거지원	• 범죄피해자에게 주거환경 개선 및 자활의 기반을 마련할 수 있도록 국민임대주택(우선공급), 매입임대주택 또는 전세임대주택을 저렴하게 임대 • 검찰청 피해자지원실, 범죄피해자지원센터(1577-1295), 여성긴급전화(국번없이 1366) 문의

의료비 및
경제적 지원
	• 성폭력 피해자 등 의료비 지원
	  – 성폭력으로 신체 · 정신적 치료가 필요한 피해자에게 치료비용 및 무료진료 지원
	  – 신체적 · 정신적 치료, 임산부 및 태아보호를 위한 검사 · 치료 등 의료비 지원
	  – 피해발생 후 5년 이내 범위에서 지원(의사 소견서 첨부 필요)
	• 범죄피해자지원센터(1577-1295), 여성긴급전화(1366)를 통해 의료비, 생활비, 학자금 등 경제적 지원(각 300만 원 한도내)

성폭력 피해자 보호시설 (쉼터 등)	• 피해자 등의 보호 및 숙식 제공 • 피해자의 심리안정 및 사회적응 상담 및 자립자활교육의 실시와 취업정보의 제공 • △ 일반 보호시설: 1년이내 △ 특별지원 보호시설: 19세까지 △ 장애인 및 자립지원 공동생활 보호시설: 2년 이내 • 여성긴급전화(1366) 문의
심리치유 지원	• 심리치유 전문기관인 스마일센터(02-472-1295)를 통해 지원 • 성폭력 상담소 등의 성폭력 피해자의 심리적 안정을 위한 심리상담, 집단상담, 미술치료, 음악치료, 심신회복캠프, 문화체험 등 각종프로그램 지원

무료 법률상담	• 무료 법률 구조를 받기 위해서는 대한법률구조공단 지부 및 한국가정법률상담소 문의
	• 주민등록등본, 가족관계등록부, 대상자증빙서류 지참
	  ※ 증빙서류: 피해상담 사실 확인서, 진단서, 고소장 사본 및 고소장 접수증 중 하나
	• 대한법률구조공단: 국번없이 132(http://www.klac.or.kr)
	  한국가정법률상담소: 1644-7077(http://www.lawhome.or.kr)

배상명령	• 법원에서 형사 · 가정보호사건 재판 과정에서 유죄판결을 선고할 경우, 직권 또는 피해등의 신청에 따라 범죄로 인한 직접적 물적 피해, 치료비 · 위자료의 배상을 명령 • 대한법률구조공단(국번없이 132)에서 배상명령신청 업무 대행
아동에 대한 취학 지원	• 성폭력 피해자 혹은 동반 가족구성원이 아동인 경우 주소지 외 지역에서의 취학지원 • 초 · 중 · 고등학생 대상(일반고 대상, 특목고 제외) • 상담사실 확인서 등 객관적인 증명자료를 구비하여 해당학교의 장에게 신청하고, 교육장(교육감)이 전학할 학교를 지정하여 전학 등을 조치

지원 제도	지원 내용
긴급 지원	• 피해자 및 가족구성원 등의 생계유지가 어렵게 된 경우 긴급지원(금전 또는 현물) 가능 • 긴급지원대상자와 친족, 그밖의 관계인은 구술 또는 서면 등으로 시장·군수·구청 장에게 지원 요청 가능(※ 보건복지 콜센터: 국번없이 129)
불법촬영물 삭제지원	• 불법촬영물 관련 상담, 삭제지원, 수사·법률지원, 심리치료연계 등 • 디지털성범죄피해자지원센터(02-735-8994) 및 한국사이버성폭력대응센터(02-81 7-7959)

6.4. 성폭력범죄 수사

6.4.1. 피해자 보호를 위한 수사절차상 특례

성폭력범죄 피해자는 다른 범죄 피해자에 비해 조사과정에서 신변노출에 대한 두려움과 성적 수치심을 느낄 가능성이 많습니다. 이러한 상황을 고려하여 법령에서는 성폭력 피해자 보호를 위한 수사·공판과정에서의 특례 조항을 규정하였고, 경찰에서도 수사절차 상 특례조항을 만들어 운영하고 있습니다.

우선 성폭력 사건수사는 경찰서에 전담수사부서를 설치하여 성폭력범죄를 담당하도록 하였으며, 13세 미만 아동 또는 신체·정신장애로 사물을 변별하거나 의사를 결정할 능력이 미약한 경우에는 시·도 경찰청에 설치된 성폭력범죄 전담수사부서에서 성폭력범죄의 수사를 담당하도록 하고 있습니다(훈령 제5조). 그 밖에도 △ 여성피해자 대상 여성 전담조사관 지정[81], △ 가급적 1회에 조사 등 조사횟수 최소화, △ 비공개 장소에서의 조사 △ 가·피해자 분리 신문 및 대질신문 최소화, △ 가해자 확인 시 범인식별실 사용 등 피해자 신변 안전 및 인권보호를 위한 조치를 해야 합니다(훈령 제18조 제2항~제5항).

6.4.2. 자치경찰의 성폭력범죄 수사사무

성폭력범죄 관련 자치경찰사무 중 수사사무는 「형법」 제245조 '공연음란죄'와 「성폭력처벌법」 제12조 '성적목적 다중이용장소 침입죄'로만 국한되어 있습니다.

---

[81] 훈령 제18조(조사시 유의사항) ① 시·도경찰청장 및 경찰서장은 특별한 사정이 없는 한 성폭력 피해 여성을 여성 성폭력범죄 전담조사관이 조사하도록 하여야 한다. 다만 피해자가 원하는 경우에는 신뢰관계자, 진술조력인 또는 다른 경찰관으로 하여금 입회하게 하고, 별지 제1호 서식에 의해 서면으로 동의를 받아 남성 성폭력범죄 전담조사관으로 하여금 조사하게 할 수 있다.

「형법」제245조 '공연음란죄'는 "공공연하게 음란한 행위"를 함으로써 성립하는 범죄를 말하며, 보호법익은 '선량한 성도덕 내지 성풍속'이라는 사회 일반의 이익입니다. '공연음란죄'는 공연성(불특정 또는 다수인이 인식할 수 있는 상태)이 있어야 하며, 음란행위는 성욕을 흥분 또는 만족하게 하는 행위로 다른 사람들에게 성적 수치감·혐오감을 주는 행위를 말합니다. 음란성의 판단은 행위가 행하여지는 주위 환경이나 생활권의 풍속·습관 등의 모든 상황이 고려되어야 합니다. 일반적으로 거리에서 성기를 노출시키거나 자위행위를 하는 바바리맨 등이 공연음란죄의 대상이 되며, 1년 이하의 징역, 또는 500만 원 이하의 벌금, 구류 또는 과료에 해당하는 처벌을 받을 수 있습니다.

「성폭력처벌법」제12조 '성적목적 다중이용장소 침입죄'는 자기의 성적 욕망을 만족시킬 목적으로 화장실, 목욕장, 발한실, 모유수유시설, 탈의실 등 불특정 다수가 이용하는 다중이용장소에 침입하거나 같은 장소에서 퇴거요구를 받고 응하지 아니할 때 성립하는 범죄로 위반할 경우에는 1년 이하의 징역 또는 1천만 원 이하의 벌금에 처해지게

▍성범죄자 등록 · 공개 등 절차 흐름도

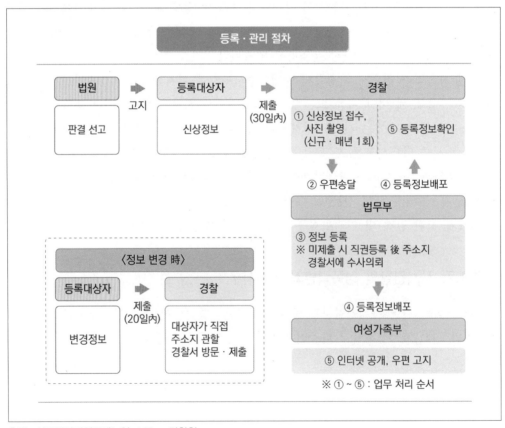

출처: 성폭력근절업무매뉴얼 142p, 경찰청

됩니다. 과거 '성적목적 공공장소침입죄'를 규정하고 있었으나 민간시설의 화장실 등이 공공장소에 해당하지 않아 처벌할 수 없다는 법원의 판례에 따라 2017년 법개정을 통해 '공공장소'를 '다중이용장소'로 변경하였습니다.

6.4.3. 신상정보 등록대상자 관리 업무

'신상정보 등록대상자' 관리 업무는 성폭력 범죄자의 정보를 등록하고, 등록정보 변경 여부를 확인하여 성범죄 전과자의 재범을 억제하는 한편, 등록정보를 범죄의 예방과 수사에 활용할 수 있도록 하는 등 성범죄로부터 사회의 안전을 강화하기 위해 도입한 제도입니다.

'신상정보 등록대상자' 관리 업무는 신고·제출의무 규정 위반 성범죄 전력자에 대한 수사와 연결되어 있기 때문에 자치경찰사무가 아닌 국가경찰사무로 분류하고 있습니다.

법원으로부터 신상정보 등록대상자로 결정된 사람은 판결 확정일로부터 30일 이내에 기본신상정보[82]를 주소지 관할 경찰관서장에게(수용자는 교정·치료·감호시설의 장)에게 제출해야 하며, 경찰관서에서는 신분증 등 관련서류를 확인하고, 대상자의 정면·좌측·우측 상반신 및 전신 컬러사진을 촬영하여 신상정보 제출서 및 관련서류, 범죄경력자료를 등기우편으로 지체 없이 법무부에 송부하고 사진파일은 KICS로 송부합니다.

제출한 등록정보가 변경된 경우에는 그 사유와 변경내용을 사유발생일로부터 20일 이내에 주소지 관할 경찰관서에 제출해야 하고, 6개월 이상 해외에 체류하기 위해 출국하는 경우 미리 체류국가 및 기간등을 신고하고, 입국 시에는 특별한 사정이 없는 한 14일 이내에 그 사실을 신고해야 합니다.

경찰관서에서는 등록대상자를 정기적으로 점검해야 하는데 점검주기는 등록기간 및 고지·공개여부에 따라 3개월·6개월·1년으로 차등 적용[83]됩니다(성폭력처벌법 제45조). 점검 주기에 따른 진위 확인은 등록대상자와 직접 대면하거나 경찰관서에 출석을 요구하는 방법으로 확인하며, 등록정보의 진위와 변경 여부를 확인하여 법무부로 송부해야 합니다.

또한 등록대상자가 기본신상정보를 제출한 그 다음해부터는 매년 1회(12월 31일까지) 주소지 관할 경찰관서에 출석하여 사진을 새로 촬영하고 경찰은 KICS를 통해 법무부에 송부해야 합니다. 등록대상자가 정당한 사유없이 기본신상정보·변경정보를 제출하지

---

82) 성명, 주민등록번호, 주소·실제거주지, 연락처, 직업, 직장 등 소재지, 키·몸무게, 소유차량 등록번호
83) △ 사형·무기·10년 초과 징역·금고: 30년 등록대상자 및 공개·고지 대상자 → 3개월
   △ 3년 초과 10년 이하 징역·금고: 20년 및 △ 3년 이하 징역·금고 등: 15년 등록대상자 → 6개월
   △ 벌금형: 10년 등록대상자 → 1년

않거나 거짓으로 제출한 경우, 매년 1회 사진촬영에 응하지 아니한 경우에는 1년 이하의 징역 또는 500만 원 이하의 벌금형을 받을 수 있습니다.

6.5. 맺음말

앞서 살펴본 바와 같이 성폭력 대응 업무는 예방업무와 피해자 보호업무, 범죄수사 업무로 구분할 수 있으며, 이중 예방업무, 피해자 보호업무와, 「형법」 제245조 '공연음란죄', 「성폭력처벌법」 제12조 '성적목적 다중이용장소침입죄'의 수사업무는 자치경찰사무로 분류하였습니다.

성폭력사건은 수사과정에서 조사관으로부터 피해자가 성적 수치심을 느끼거나 피해자의 신원이 노출되는 등 2차 피해 우려가 높아 항상 피해자 보호에 유념해야 합니다. 경찰은 피해자 조사시 △ 전담조사제도 △ 여성경찰관에 의한 조사·입회 △ 신뢰관계자 동석 △ 진술녹화제도 △ 진술조력인·지정 △ 국선변호인 참여 △ 가명조서 사용 등 법령에 따라 피해자를 보호하고 있습니다. 또한 '해바라기 센터' 운영 및 타 기관의 다양한 피해자 지원제도를 안내·연계하고 있으며, 보복 등 신변에 위협을 느끼는 경우 '신변보호제도'를 운영하고 있습니다.

앞으로도 성폭력 대응 업무는 시민들의 불안감을 해소하기 위한 협업을 통한 사회안전망 구축, 피해자가 손쉽게 보호·지원을 받을 수 있도록 원스톱 보호·지원제도 추진, 피해자 중심의 조사·수사기법 개발 등 성폭력에 대한 국민체감 안전도 향상을 위한 다양한 정책과 제도들이 추진되어야 할 것입니다. 특히 자치경찰제도의 도입을 통해 경찰과 지자체 및 지역사회의 피해자 보호·지원 인프라가 연계될 경우 보다 촘촘한 성폭력 안전망이 구축될 것으로 기대합니다.

7. 실종 대응 및 아동안전업무

7.1. 실종 대응 업무의 구분

경찰의 실종 대응 업무는 실종아동등 및 가출인의 소재, 신원의 확인 기타 필요한 사항을 신속히 알기 위해 보호·수배하고, 수색·수사를 통해 발견하여 가정에 복귀시키는 업무를 말합니다.

경찰이 실종사건을 예방하고, 실종자 발생 시 신속하게 발견·보호하는 것은 국민의 생명과 신체를 보호한다는 경찰의 기본임무[84]를 수행하는 것이기도 합니다.

「실종아동등의 보호 및 지원에 관한 법률(이하 실종아동법)」 제3조에서는 실종아동등의 발생예방, 조속한 발견·복귀와 복귀후 사후 적응을 국가의 책무로 규정하였으며, 경찰청장의 책무로 △ 실종아동등에 대한 신고체계의 구축 및 운영 △ 실종아동등의 발견을 위한 수색 및 수사 △ 유전자 검사대상물의 채취 △ 그 밖의 실종아동의 발견을 위하여 필요한 사항을 시행하도록 규정하고 있습니다[85].

실종 대응 업무를 국가경찰사무와 자치경찰사무로 분류하면 경찰청의 신고체계 구축·운영 및 정책 수립·관리업무 외에는 대부분 자치경찰사무에 포함됩니다. 경찰청의 사무분장을 살펴보면 생활안전국 산하 아동청소년과(실종학대정책계)에서 실종예방정책을 담당하고, 형사국 산하 여성청소년범죄수사과(아동청소년수사계)에서 실종사건 수사정책을 담당하고 있으며, 시·도 경찰청 및 경찰서에서는 모두 여성청소년과(여성청소년과가 설치되지 않은 경찰서는 생활안전과에서 담당) 업무에 해당합니다.

실종업무는 다시 실종예방업무와 실종수사업무로 구분할 수 있는데, 실종예방업무는 「국가경찰과 자치경찰의 조직 및 운영에 관한 법률(이하 경찰법)」 제4조[86] 및 「자치경찰사무와 시·도자치경찰위원회의 조직 및 운영 등에 관한 규정(이하 자치경찰규정) 제2조[87]에 따라 아동·청소년·노인·여성·장애인 등 사회적 보호가 필요한 사람의 실종예방·대응활동을 의미합니다.

실종수사업무는 가출인 및 「실종아동법」 제2조 제2호에 따른 실종아동등 관련 수색 및 범죄[88]에 대한 수사업무를 자치경찰의 사무로 규정하고 있습니다. 실종업무를 국가경찰사무와 자치경찰사무로 분류하면 다음과 같습니다.

▌실종업무의 국가경찰사무와 자치경찰사무의 구분

구분		기준 및 범위
국가경찰사무	비수사사무(Ⅱ유형)	• 실종아동 법·제도 연구 개발 • 실종아동 정책 기획업무

---

84) 「경찰법」 제3조(경찰의 임무) 제1호 국민의 생명·신체 및 재산의 보호
85) 「실종아동법」 제3조 제2항
86) 「경찰법」 제4조 제2호 가목 4)
87) 「자치경찰규정」 제2조 제1호 [별표] 1호 지역내 주민의 생활안전 활동에 관한 사무 중 라목의 2)에 해당.
88) 「경찰법」 제4조 제2호 라목 6) 및 자치경찰규정 제3조(수사 관련 자치경찰사무의 범위 등) 제6호

구분		기준 및 범위
자치경찰사무		• 실종정보시스템 및 실종아동찾기센터(182센터) 운영 • 실종사건 수사 지도
	수사사무(Ⅲ유형)	• 가출인 또는 실종아동등의 조속한 발견을 위한 수색 • 「실종아동법」 제17조 및 제18조의 범죄 수사 (다만 「실종아동법」 제17조 및 제18조 외의 범죄수사는 제외)
	비수사사무(Ⅳ유형)	• 지문 등 사전등록 업무 • 실종 · 유괴 경보체계 구축 · 운영 • 조기발견 지침 대상시설 지도 · 감독 • 유전자 채취 및 보호시설 등 일제 수색 운영 • 아동안전지킴이 운영 및 선발 · 배치 · 감독 • 아동안전지킴이집 관리 및 운영 · 교육

7.2. 실종업무 관련 법령

7.2.1. 실종아동법의 제정과 경과

실종아동동의 보호 · 지원과 수색 · 수사업무의 근거가 되는 「실종아동법」은 2005년 5월 31일에 처음 제정되어 2005년 12월 1일부터 시행되었습니다. 당시 「실종아동법」의 제정 취지를 보면 "매년 평균 3천여 명의 실종아동[89]과 장애실종자가 발생하고, 실종아동 등의 미귀가가 장기화되는 경우 가정의 해체 등 심각한 문제가 초래되므로 아동 등의 실종으로 인한 본인 및 그 가족의 신체적 · 정신적 · 경제적 고통을 제거하고, 가정해체에 따른 사회적 · 국가적 손실을 방지하기 위하여 아동 등의 실종예방과 실종아동 등의 복귀 및 복귀 후 지원 등을 위하여 국가 차원에서 체계적이고 효율적인 실종아동 관련 시스템을 마련하려는 것"이라고 밝히고 있습니다.

10여 년이 지난 지금도 이러한 「실종아동법」의 제정 목적은 여전히 유지되고 있으며, 실종아동등의 조속한 발견과 복귀를 위한 실종업무의 중요성은 당시와 비교하여 전혀 줄어들지 않고 있습니다.

더구나 2013년부터 실종아동등의 범위에 '치매환자'를 포함하면서 고령인구의 증가 등으로 인한 치매환자의 실종신고가 계속 증가하고 있기 때문에 실종업무 담당자의 부담은 더욱 커지고 있다고 할 수 있습니다.

「실종아동법」에는 실종아동등의 조기 발견과 복귀를 위하여 '실종자정보시스템(일명 프로파일링시스템)' 운영, 위치추적제도, △ 유전자 분석, 지문사전등록, 공개수색(실종 · 유

---

89) 당시 경찰청 예규인 「미아 · 가출인 업무처리 규칙」에서는 '미아'를 '보호자를 이탈한 8세 이하의 자'로 규정하였기 때문에 당시에는 '미아'의 발생(신고 접수) 통계를 사용

괴경보), 조기발견지침, 수색과 추적, 수사 등 실종예방과 수사 관련 조치에 대한 법적 근거가 마련되어 있습니다. 때때로 일반적인 범죄수사에서는 허용되지 않은 수사절차 상의 예외를 인정하고 있는데, 이것은 사회적 약자인 실종아동등의 신체와 생명에 대한 안전 확보를 위해서는 실종아동등의 수색 초기에 신속한 총력대응이 필수적이기 때문입니다. 단일법으로 제정된 실종자 발견·보호를 위한 「실종아동법」은 선진국에서도 찾아보기 힘든 매우 선진적인 입법례로 평가될 수 있습니다.

그럼에도 불구하고 법 제정 이후 실종사건 신고 건수가 줄어들지 않고 있어 보다 신속하고 효율적인 실종자 수색·수사를 위해 「실종아동법」의 개정이 필요하다는 주장이 지속적으로 제기되고 있습니다.

7.2.2. 실종아동등·가출인 용어 정의

「실종아동법」 제2조 및 경찰청 예규인 「실종아동등 및 가출인 업무처리규칙(이하 예규)」 제2조에는 실종아동등 및 가출인에 대해 다음과 다음과 같이 정의하고 있습니다.

▌실종아동법 및 예규 상 실종아동등·가출인 용어 정리

용어	규정	내용
아동등	법 제2조 제1호	• 실종 당시 18세 미만의 아동 • 「장애인복지법」제2조[90])의 장애인 중 지적장애인, 자폐성장애인 또는 정신장애인 • 「치매관리법」제2조 제2호[91])의 치매환자
실종아동등	법 제2조 제2호	약취(略取)·유인(誘引) 또는 유기(遺棄)되거나 사고를 당하거나 가출하거나 길을 잃는 등의 사유로 인하여 보호자로부터 이탈(離脫)된 아동
찾는실종아동등	예규 제2조 제3호	보호자가 찾고 있는 아동등
보호실종아동등	예규 제2조 제4호	보호자가 확인되지 않아 경찰관이 보호하고 있는 아동등
장기실종아동등	예규 제2조 제5호	보호자로부터 신고를 접수한 지 48시간이 경과한 후에도 발견되지 않는 실종아동등
가출인	예규 제2조 제5호	신고당시 보호자로부터 이탈된 18세 이상의 사람

---

90) 「장애인복지법」 제2조(장애인의 정의 등) ② 이 법을 적용받는 장애인은 제1항에 따른 장애인 중 다음 각 호의 어느 하나에 해당하는 장애가 있는 자로서 <u>대통령령으로 정하는 장애의 종류 및 기준에 해당하는 자</u>를 말한다.
2. "정신적 장애"란 발달장애 또는 정신 질환으로 발생하는 장애를 말한다.
91) 「치매관리법」 제2조(정의) 이 법에서 사용하는 용어의 뜻은 다음과 같다.

위의 정의에 따르면 실종아동등은 '약취·유인 또는 유기되거나 사고를 당하거나 가출하거나 길을 잃는 등의 사유로 인하여 보호자로부터 이탈된 실종 당시 18세 미만의 아동, 지적장애인, 자폐성장애인, 정신장애인, 치매환자 등'을 의미합니다. 여기서 말하는 지적·자폐성·정신장애인의 개념은 「장애인복지법」 시행령 제2조에 정의되어 있습니다.

▌지적·자폐성·정신장애인의 정의(장애인복지법 시행령 제2조 [별표1])

용어	내용
지적장애인	정신발육이 항구적으로 지체되어 지적능력의 발달이 불충분하거나 불완전하고 자신의 일을 처리하는 것과 사회생활에 적응하는 것이 상당히 곤란한 사람
자폐성장애인	소아기 자폐증, 비전형적 자폐증에 따른 언어·신체표현·자기조절·사회적응 기능 및 능력의 장애로 인하여 일상생활이나 사회생활에 상당한 제약을 받아 다른 사람의 도움이 필요한 사람
정신장애인	지속적인 양극성 정동장애(情動障礙, 여러 현실상황에서 부적절한 정서반응을 보이는 장애), 조현병, 조현정동장애(調絃情動障礙) 및 재발성 우울장애에 따른 감정조절·행동·사고 기능 및 능력의 장애로 인하여 일상생활이나 사회생활에 상당한 제약을 받아 다른 사람의 도움이 필요한 사람

7.3. 실종예방 및 아동안전보호

경찰의 실종예방업무는 「실종아동법」에서 규정하고 있는 △ 지문등 사전등록제도 운영 △ 실종아동등 조기발견 지침 등이 있으며, 「아동복지법」에서 규정하고 있는 △ 아동안전지킴이와 아동안전지킴이집 운영 등이 있습니다.

7.3.1. 지문등 사전등록제

「실종아동법」의 개정을 통하여 법적 근거[92]를 마련한 '지문등 사전등록제'는 2012년 7월부터 시행되고 있습니다. '지문등 사전등록제'는 아동등 및 보호자의 신청을 받아 아동등의 지문과 사진, 신체 특징과 보호자 연락처 등 신상정보를 경찰 시스템에 미리 등

---

1. "치매"란 퇴행성 뇌질환 또는 뇌혈관계 질환 등으로 인하여 기억력, 언어능력, 지남력(指南力), 판단력 및 수행능력 등의 기능이 저하됨으로써 일상생활에서 지장을 초래하는 후천적인 다발성 장애를 말한다.
2. "치매환자"란 치매로 인한 임상적 특징이 나타나는 사람으로서 의사 또는 한의사로부터 치매로 진단받은 사람을 말한다.

92) 「실종아동법」 제7조의2~제7조의4

록하고, 보호자가 확인되지 않거나 신원이 확인되지 않는 실종아동등이 발견될 경우 사전등록 데이터베이스와 비교·검색하여 신원을 신속히 확인하는 제도입니다.

▌지문등 등록정보

구분		내용
아동등 정보	기본정보	성명, 주민등록번호(생년월일), 성별, 주소, 국적
	생체정보	지문정보, 얼굴사진정보
	신체특징	키, 체중, 체격, 얼굴형, 치아, 머리 모양, 머리색, 혈액형, 눈모양, 흉터, 점, 문신, 병력, 신체장애
	차림새	발견당시 옷차림, 안경·모자 등 차림새
	기타 정보	발견지역, 입소 시설명
법정대리인 정보		성명, 생년월일, 주소, 연락처, 실종아동등과의 관계
담당경찰관 정보		소속, 계급, 성명, 연락처

사전등록을 신청한 아동등의 보호자에게는 사전신고증을 발급하고 있으며 지문등정보의 등록 범위는 행정안전부령[93]으로 정하고 있습니다.

보호시설에 입소자 중 보호자가 확인되지 아니한 아동등에 대해서도 서면동의를 받아(심신상실·미약 등의 이유로 본인의 동의를 받을 수 없는 경우에는 동의생략) 아동등의 지문등 정보를 등록·관리하고 있습니다. 사전등록 방법은 보호자가 아동을 데리고 경찰서를 방문하거나, 경찰관이 어린이집, 유치원등 현장을 방문하여 등록하는 방법, 보호자가 '안전드림앱'을 통해 직접 입력하는 방법 등이 있습니다.

7.3.2. 다중이용시설 관리주체에 대한 실종예방 의무 부여

'코드 아담(Code Adam)'이라고 불리는 실종예방지침은 2014년 「실종아동법」 제9조의3(실종아동등 조기발견지침 등) 규정을 신설하여 2014년 7월 29일부터 시행되었으며, 보건복지부에서 「실종아동등 조기발견지침(이하 지침)」을 고시로 지정하고, 다중이용시설의 관리주체의 의무를 부여한 제도입니다.

「조기발견지침」 상의 다중이용시설의 종류는 백화점 등 대규모점포, 놀이공원 등 유원시설, 종합운동장·체육관 등 체육시설, 공연장, 미술관, 여객·철도·항공·항만시설 등이 있습니다.

---

93) 「실종아동등의 발견 및 유전자검사등에 관한 규칙」 제3조(사전신고한 지문등정보의 범위)

▌다중이용시설의 종류(실종아동법 제9조의3 및 시행령 제4조의6)

연번	시설종류	규모 등
1	「유통산업발전법」에 따른 대규모 점포	1만㎡ 이상
2	「관광진흥법」에 따른 유원시설	1만㎡ 이상
3	「도시철도법」에 따른 도시철도의 역사	1만㎡ 이상, 환승역
4	「여객자동차 운수사업법」에 따른 여객자동차터미널	5천㎡ 이상
5	「공항시설법」에 따른 공항시설 중 여객터미널	5천㎡ 이상
6	「항만법」에 따른 항만시설 중 여객이용시설	5천㎡ 이상
7	「철도산업발전기본법」에 따른 역시설	1만㎡ 이상
8	「체육시설의 설치 이용에 관한 법률」에 따른 전문체육시설	5천석 이상
9	「공연법」에 따른 공연이 행하여지는 공연장 등	1천석 이상
10	「박물관 및 미술관 진흥법」에 따른 박물관 및 미술관	1만㎡ 이상
11	지자체가 주최하는 지역축제가 행하여 지는 장소	1만㎡ 이상
12	그 밖에 대통령령으로 정하는 시설·장소(경마·경륜·경정장)	

다중이용시설 관리주체는 자체적으로 지침을 마련하고 그 지침에 따라 실종아동등 발생시 조치를 취해야 합니다. 아동등에 대한 실종신고 접수 시 안내방송과 전광판 등을 통하여 실종 경보를 발령하고, 자체인력을 총 동원하여 출입구 감시 및 CCTV 확인 등 신속한 수색활동을 통하여 실종아동등을 발견하기 위한 노력을 해야합니다.

또한 종사자를 대상으로 연 1회 교육·훈련을 실시하고, 실시 결과를 경찰서에 신고해야 합니다.

관리주체가 △ 자체 지침 수립 △ 실종신고 기록관리 △ 실종아동 등 발생상황 전파와 경보발령 △ 출입자 감시 등 자체 수색 △ 미발견시 경찰신고 등 지침을 위반하거나, 교육·훈련 실시 결과를 경찰에 신고하지 않는 경우는 과태료를 부과하도록 하고 있습니다.

▌다중이용시설의 조기발견지침 위반시 과태료 부과기준(실종아동법 시행령 제9조)

위반행위	규모 등		
	1차위반	2차위반	3차위반
조기발견지침 위반	200만 원	300만 원	400만 원
교육 미실시 또는 실시결과 미보고	100만 원	150만 원	200만 원

7.3.3. 아동안전 보호업무(아동안전지킴이 · 지킴이집 운영)

'아동안전지킴이'는 책임감과 사명감 있는 은퇴한 노인전문 인력을 선발하여 초등학교 주변 통학로, 놀이터, 공원 등에서의 △ 순찰활동 및 아동지도 △ 위험에 처한 아동에 대한 일시적 보호 및 안전사고 예방을 위한 임시조치 △ 그 밖에 실종 및 유괴 등 아동에 대한 범죄예방을 위해 필요한 조치 등을 하고 있는 제도입니다.

지난 2008년 서울 · 경기 · 인천 등 10개 경찰서에서 시범운영된 이래 점차 확대되어 현재 전국의 모든 경찰서에서 운영하고 있으며, 2012년 「아동복지법」 개정 시 '아동안전지킴이'의 근거 규정이 마련되었습니다[94]. '아동안전지킴이'는 아동 보호업무 종사자로서 동의를 받아 범죄경력을 확인하고 있으며, 면접과 체력검사 등을 통과한 분들을 선발하고 있습니다.

'아동안전지킴이집'은 위험에 처한 아동이 쉽게 도움을 요청할 수 있도록 통학로 주변 문구점 · 약국 · 편의점 등을 긴급보호시설로 지정하여 임시 보호 및 경찰에 연계할 수 있도록 하는 제도로 '아동안전지킴이'와 마찬가지로 2008년부터 운영되기 시작하였고, 2012년 개정된 「아동복지법」에 근거규정[95]을 두고 있습니다. '아동안전지킴이집'은 △ 어린이집 · 유치원 · 초등학교 및 주변 놀이터, 공원, 학원가 등에 위치 △ 자발적 참여의지 △ 운영자 · 종사자 등이 성범죄 경력 유무 △ 출입 및 내부관찰 용이 등 제반사항을 고려하여 선정하고 있습니다.

또한 고정된 형태의 '아동안전지킴이집'의 단점을 보완하여 ㈜한국야쿠르트 및 우체국 등과 협력하여 종사자들을 '아동안전 수호천사'로 위촉하여 학교 · 주택가 등에서 길을 잃거나 위험에 처한 아동을 쉽게 발견할 수 있는 직업군을 아동 보호 및 신고요원으로 활용하고 있습니다.

7.4. 실종사건의 수사

실종아동등의 수사와 수색에 관하여는 「실종아동법」과 동법 시행령 및 시행규칙에서 핵심적인 내용을 규정하고 있습니다. 특히, 「실종아동법」에서는 실종아동등의 신고접수 시부터 수색 · 수사, 발견 후 복귀에 관한 내용이 포함되어 있습니다.

---

94) 「아동복지법」 제33조(아동안전 보호인력의 배치 등) ① 국가와 지방자치단체는 실종 및 유괴 등 아동에 대한 범죄의 예방을 위하여 순찰활동 및 아동지도 업무 등을 수행하는 아동안전 보호인력을 배치 활용할 수 있다.

95) 「아동복지법」 제34조(아동긴급보호소의 지정 및 운영) ① 경찰청장은 유괴 등의 위험에 처한 아동을 보호하기 위하여 아동긴급보호소를 지정 · 운영할 수 있다.

「실종아동법」에 규정된 실종수사 관련 사항으로는 △ 신속한 신고 및 발견체계 구축을 위한 정보시스템의 구축·운영(제8조의2) △ 위치정보·통신통신자료 등의 제공 요청 권한 부여(제9조) △ 실종·유괴경보 등 공개 수색·수사 체계 구축·운영(제9조의2) △ 관계 장소에 출입·조사 권한 부여(제10조) △ 보호시설 입소자 및 실종아동등 가족, 무연고 아동등에 대한 유전자 검사의 실시(제11조~제14조) 등이 있습니다.

7.4.1. 신고접수 및 범죄 관련성 판단

실종아동등 및 가출인의 신고 접수는 112, 182(실종아동찾기센터) 및 경찰관서의 일반 전화와 방문을 통하여 이루어질 수 있습니다.

신고를 접수한 경찰관은 사건의 범죄 관련성 여부를 확인[96]하여야 하며, 신고가 접수된 경우 즉시 프로파일링시스템에 입력, 관할 경찰관서를 지정하는 등 필요한 조치를 하여야 합니다. 이 경우 관할 경찰관서는 발생지 관할 경찰관서 등 실종아동등을 신속히 발견할 수 있는 관서로 지정[97]되어야 합니다.

이 때 발생지란 실종아동등 및 가출인이 실종·가출 전 최종적으로 목격되었거나 목격되었을 것으로 추정하여 신고자등이 진술한 장소를 말하며, 신고자 등이 최종 목격 장소를 진술하지 못하거나, 목격되었을 것으로 추정되는 장소가 대중교통시설 등일 경우 또는 실종·가출 발생 후 1개월이 경과한 때에는 실종아동등 및 가출인의 실종 전 최종 주거지가 발생지가 됩니다(예규 제2조 제7호).

실종사건은 유괴·유기·학대·살인 등 범죄와의 관련성을 무시할 수 없기 때문에 신고 접수, 현장출동, 수사진행 등 절차에 따라 위험도를 판단하도록 하고 있습니다. 또한 출동현장에서의 여청·형사기능 간 수사회의 및 합동심의위원회[98], 실종수사조정회의[99] 등을 통해 위험도의 등급을 조정하도록 하고 있습니다.

---

96) 「실종아동등 및 가출인 업무처리 규칙」 제10조(신고접수) ① 실종아동등 신고는 관할에 관계없이 실종아동찾기센터, 각 시·도 경찰청 및 경찰서에서 전화, 서면, 구술 등의 방법으로 접수하며, 신고를 접수한 경찰관은 범죄와의 관련 여부 등을 확인해야 한다.

97) 「실종아동등 및 가출인 업무처리 규칙」 제10조(신고접수) ② 경찰청 실종아동찾기센터는 실종아동등에 대한 신고를 접수하거나, 신고 접수에 대한 보고를 받은 때에는 즉시 실종아동등 프로파일링시스템에 입력, 관할 경찰서를 지정하는 등 필요한 조치를 하여야 한다. 이 경우 관할 경찰관서는 발생지 관할 경찰관서 등 실종아동등을 신속히 발견할 수 있는 관서로 지정해야 한다.

98) 실무상으로 신고접수 시 기준 12시간 내 실종자 미발견 시 여청과장(야간은 상황관리관)을 위원장으로 여청(실종)수사팀장 및 형사팀장, 출동경찰관이 참여하여 합심을 개최하고, 부득이한 사유로 기한 경과시 지체없이 개최하여 범죄 관련성 여부 및 계속 수사 여부를 결정

99) 강력범죄와 관련된 것으로 인정할 상당한 이유가 있는 경우, 즉시 형사에 사건을 인계하도록 하였으나 이견이 있을 경우에는 경찰서장을 위원장으로 여청과장, 형사과장 포함 과장급 위원 3인 이상이 참여하는 위원회를 개최, 형사 이관 시에는 여청과장은 해당 수사부서에 수사의뢰 공문 발송(예규 제20조)

7.4.2. 실종자정보시스템(이하 프로파일링시스템) 활용 정보 조회 · 요청

프로파일링시스템은 경찰청장이 구축 · 운영하고 있으며, 실종아동등 · 가출인의 신고 사항을 접수 즉시 시스템에 입력하고, 자료간 비교 검색 및 실종아동등의 위치추적 등 으로 실종자를 추적 · 발견하는 시스템입니다.

프로파일링시스템은 「사회복지사업법」 제6조의2에 따라 구축 · 운영되는 사회복지업 무 관련 정보시스템과 연계된 정보(건강보험 · 복지부급여정보 등)를 비롯한 다양한 대 · 내 외 정보를 제공받을 수 있으며, 활용 범위를 계속 확장하고 있습니다. 또한 시스템 내에 '지문등 사전등록시스템' 및 '휴대전화 위치추적시스템'을 구축함으로써 명실상부한 '실 종정보통합포털'로 자리매김하고 있습니다.

2008년 3월에 도입된 프로파일링시스템은 2010년 경찰 휴대폰 조회기와 연계되어 현장에 임장한 경찰관의 직접 조회가 가능해졌으며, 순찰 시 실종아동등으로 의심되는 자를 발견한 경우 즉각적인 조회가 가능하게 되었습니다.

통상적으로 실종아동등 신고는 182센터에서 신고를 받고 바로 프로파일링시스템 입 력과 관할서를 지정한 후 관할 경찰서 상황실에 전화로 재차 통보를 해주고 있으며, 연 락을 받은 관할 경찰서에서 시스템의 내용을 확인한 후에 112지령실로 무선지령과 동시 에 112시스템에 신고내용을 입력하고 순찰차를 현장에 출동시키고 있습니다.

❚ 프로파일링시스템을 통한 대외기관 정보 조회 · 요청 기능

- 신규등록시 대외기관 정보조회 -

- 신규등록 후 대외기관 정보 요청 -

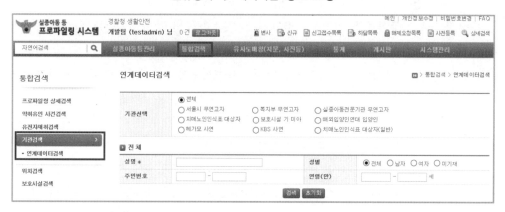

- 통합검색 중 기관검색 기능을 통해 연계데이터 기능 검색 -

7.4.3. 실종사건 탐문·수색 및 추적 수사

경찰관서의 장은 실종신고가 접수되는 경우 지체 없이 수색 또는 수사의 실시여부를 결정하여야 합니다(법 제9조 제1항). 실종신고 접수 시 이루어지는 경찰의 대응은 수색 또는 수사로 나누어질 수 있는데, 수색은 실종아동등에 대한 신고가 접수된 경우 경찰 관서의 장이 소속 경찰공무원을 현장에 출동시켜 주변을 수색하는 등의 초동조치를 말 합니다. 수색 활동을 하였음에도 실종아동등을 발견하지 못한 경우 경찰관서의 장의 판 단에 따라 범죄관련성이 인정되는 경우 수사를 시작하고, 단순실종으로 인정되는 경우 에는 발견을 위한 추적을 시작하는 등 조속한 발견을 위한 조치를 하여야 합니다.[100]

'찾는 실종아동등' 및 가출인 발생신고를 접수 또는 이첩받은 발생지 관할 경찰서장은 즉시 현장출동 경찰관을 지정하여 탐문·수색하도록 하여야 하며, 다만, 수색의 실익이 없거나 현저히 곤란한 경우는 경찰관서장이 판단하여 탐문·수색을 생략하거나 중단할 수 있습니다(예규 제18조 제1항). 탐문·수색 결과, 정밀수색이 필요하다고 인정되는 경우에는 추가로 필요한 경찰관 등을 출동시킬 수 있으며, 현장출동 경찰관은 탐문수색 결과를 실종자정보시스템에 등록하고 경찰서장에게 보고해야 합니다(예규 제18조 제2항).

'찾는 실종아동등' 및 가출인을 발견하기 위해 다양한 방법의 추적수사기법을 활용하고 있는데, △ 신고자·목격자 조사 △ 최종 목격지 및 주거지 수색 △ 위치추적 등 통신수사 △ 유전자 검사 △ 실종아동등 프로파일링 정보조회 등의 방법을 통해 추적하며, 실종아동등 및 가출인이 범죄 관련 여부가 의심되는 경우는 신속히 수사에 착수해야 합니다(예규 제19조).

「실종아동법」에는 경찰이나 지자체 공무원이 실종아동등의 발견을 위해 관계인에게 자료 제출을 요구하거나, 관계 장소에 출입하여 관계인이나 아동등에 대하여 필요한 조사 또는 질문을 할 수 있는 권한을 부여하였으며(법 제10조 제1항), 출입·조사를 실시할 때에는 실종아동등의 가족을 동반할 수 있도록 하였습니다(법 제10조 제2항).

이때 관계자가 위계 또는 위력을 행사하여 관계 공무원의 출입·조사를 방해하는 경우에는 2년 이하 2천만 원 이하의 벌금에 처하도록 하였으며, 정당한 사유없이 명령을 위반하여 보고·또는 자료제출을 거부하거나 허위 보고·자료제출을 한 경우에는 500만 원 이하의 과태료를 부과하도록 하여 관계인의 조력의무를 강화하였습니다.

7.4.4. 실종아동등 휴대전화 위치추적

2012년 7월부터 실종아동등에 대해서는 영장 없이도 휴대전화 위치추적이 가능해졌습니다. '위치추적'이란 실종아동등이 소지하고 있는 휴대전화의 위치정보를 실시 간으로 확인하는 것으로, '무선전화 기지국' 기반 위치확인 뿐만 아니라 GPS(Global Positioning System, 위성항법시스템) 및 와이파이(Wi-Fi, 무선랜 통신망) 정보를 이용해 보다 정확한 위치정보를 확인하는 것을 의미합니다.

「실종아동법」 제9조 제2항에서는 실종아동등의 조속한 발견을 위하여 △ 개인 위치정보, △ 인터넷주소, △ 통신사실확인자료 등을 개인위치정보사업자 등에게 요청할 수 있으며, 요청을 받은 사업자 등이 특별한 사정이 없는 경우 이에 따르도록 규정하고 있습니다. 다만, 실종아동등 휴대전화 위치추적을 통한 위치정보 수집 및 활용은 실종아동

---

100) 「실종아동등의 발견 및 유전자검사등에 관한 규칙」 제7조 제1항

의 발견을 위한 「실종아동법」의 목적으로만 이용할 수 있으며, 실종아동등에 해당하지 않는 가출인에 대해서는 위치추적제도를 활용할 수 없습니다. 또한 실종사건의 범죄 관련성이 인정되는 경우에는 위치정보를 개인위치정보 등을 요청할 수 없을 뿐 아니라, 수색 과정에서 해당 실종아동등이 범죄 피해로 인해 실종되었다고 확인되는 경우 제공받은 개인위치정보등을 즉시 폐기해야 합니다(예규 제14조 제4항). 위치추적제도의 오·남용을 막기 위해 프로파일링시스템에 접수된 실종사건으로, ① 위치추적 대상자가 실종아동등에 해당하며, ② 신고자가 실종아동등의 보호자임이 확인된 경우, ③ 보호자 또는 실종아동등의 명의로 등록된 휴대전화에 대해서만 위치추적이 가능하도록 엄격하게 제도를 운영하고 있습니다. 112상황실을 통해서도 실시간 위치정보 조회를 할 수 있는데 이 경우에도 실종아동등 및 자살기도자에 대해서 확인할 수 있으며, 단순 가출인에 대해서는 위치정보 조회가 불가능합니다.

7.4.5. 공개수색 및 수사체계(실종·유괴경보시스템) 구축·운영

▋실종·유괴경보 발령 절차

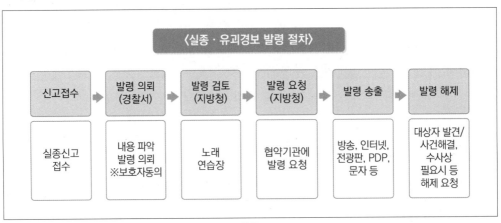

출처: 2018 실종·아동안전업무 매뉴얼 재구성, 경찰청

　　2007년 4월 제주 어린이 납치·살해사건을 계기로 경찰청에서는 아시아 국가에서는 처음으로 미국의 앰버경보시스템(Amber Alert System)을 도입하였고, 2011년에는 「실종아동법」 제9조의2(공개 수색·수사 체계의 구축 및 운영)에 근거 규정을 마련하였습니다.
　　실종·유괴경보시스템은 아동등의 실종사건(실종경보) 및 유괴사건(유괴경보)이 발생할 경우 언론, 전광판 등 다양한 매체를 활용하여 인상착의 등 관련 정보 및 상황을 신속하게 전파하여 국민 제보를 유도하는 시스템으로, 2021년 현재 공공기관, 인터넷 기업, 방송·신문사, 금융기관 등 전국 353개 기관과 협약을 체결하여 운영하고 있으며, 2021년 6월부터는 주요 전기통신사업자를 통하여 문자·음성를 이용한 경보 발령이 가능하게 되었습니다.

실종·유괴경보는 신고접수를 받은 경찰서에서 실종아동등의 보호자로부터 정보공개 동의를 받아 경찰서에서 시·도경찰청에 발령의뢰를 하는데 실종은 여청기능으로, 유괴는 형사기능에서 담당하고 있습니다 시·도경찰청은 경찰서에서 발령요청을 받게 되면 검토·승인절차를 거쳐 협약체결기관에 경보발령을 요청하고 협약체결기관은 방송·인터넷·전광판·문자 등을 활용하여 송출하고 있습니다.

7.4.6. 실종자 발견 · 미발견시 조치사항

실종아동등을 발견하고 보호자를 확인한 경우에는 실종아동등의 복귀를 위해 필요한 조치를 취하여야 합니다(실종아동법 시행령 제8조). 가장 통상적으로는 '찾는 실종아동등' 및 '보호 실종아동등' 발견 시 즉시 보호자에게 인계하는 등의 조치를 취할 수 있으며(예규 제11조 제1항, 제2항), 실종아동등을 보호자에게 복귀시키는 경우 보호자로부터 인수확인을 받아야 합니다(실종아동법 시행규칙 제5조 제1항). 그러나 보호자가 아동·장애인·노인학대 행위자 또는 가정폭력 행위자인 경우나, 「실종아동법」 시행규칙 제5조 제2항 각호[101])에 해당하여 아동등의 복귀가 아동등의 보호·양육을 위하여 부적절하다고 인정되는 경우에는 전문기관의 장과 협의하여 복귀절차를 진행하지 아니할 수 있습니다.

'보호 실종아동등'의 보호자를 발견하지 못한 경우에는 관할 지자체의 장에게 보호실종아동등을 인계하여야 하며(예규 제11조 제3항), 실종아동등을 발견하지 못한 경우, 현장 탐문 및 수색후 결과를 보호자에게 통보하고, '프로파일링시스템'에 등록한 날로부터 1개월 동안은 15일에 1회, 1개월이 경과된 후부터는 분기별 1회 보호자에게 추적 진행 사항을 통보합니다(예규 제11조 제5항).

가출인을 발견한 경우에는 가출신고가 되어 있음을 고지하고, 보호자에게 발견 사실을 통보합니다. 다만, 가출인이 거부하는 때에는 보호자에게 가출인의 소재를 알수 있는 사항을 통보하여서는 안됩니다(예규 제16조 제3항). 가출인에 대해서도 소재를 발견하지 못하였다면 '프로파일링시스템'에 등록한 날로부터 반기별 1회 보호자에게 귀가 여부를

---

101) 1. 실종아동등이 보호자의 학대 등을 이유로 복귀를 거부하는 경우
    2. 보호자가 실종아동등을 학대하였거나 학대를 한 것으로 볼만한 사유가 있는 경우
    3. 보호자가 마약류·알콜중독, 전염성 질환 그 밖에 정신질환이 있는 경우
    4. 그 밖에 보호자가 실종 이전에 아동등의 의식주를 포함한 기본적인 보호·양육 및 치료 의무를 태만히 한 사실이 있는 경우

확인해야 합니다(예규 제16조 제1항).

실종아동등·보호자를 발견하지 못한 경우 보호시설 입소자, 정신의료기관 입원환자 중 보호자가 확인되지 아니한 아동등, 보호시설 입소자였던 무연고 아동, 실종아동등을 찾고자 하는 가족을 대상으로 대상자와 법정 대리인의 동의를 받아 유전자 채취 및 검사를 실시하고 있습니다.

경찰은 채취한 유전자 검사대상물을 전문기관(아동권리보장원 또는 중앙치매센터)에 송부하고, 전문기관은 신상정보를 암호화하여 국립과학수사연구원에 송부합니다. 전문기관의 장은 신상정보를 관리하고 있으며 국립과학수사연구원은 실종아동등·가족의 유전정보 DB를 구축·운영하면서 유전자를 분석, 대조하여 유전자가 일치하는 아동등과 가족을 확인하는 작업을 하고 있습니다.

7.4.7. 그 밖의 실종수사 업무

실종 대응 업무 중 자치경찰사무로 지정된 수사사무는 「실종아동법」 제17조[102]를 위반한 미신고 보호행위자와 제18조[103]를 위반하여 △ 위계·위력으로 출입·조사를 거부하거나 방해한 자 △ 실종아동등의 개인위치정보 제공을 거부한 자 △ 목적외 용도로 유전정보·신상정보를 이용한 자 등에 대한 수사가 해당됩니다.

실종 대응 업무는 실종아동등·가출인의 발견과 복귀가 주된 업무지만, 소재를 알 수 없는 위치불특정 자살의심·기도자의 수색·수사도 실종수사기능에서 담당하고 있습니다.

자살의심·자살기도와 관련된 신고가 접수되면 시·도 경찰청 112상황실에서 정보통신서비스제공자로부터 자살 기도자의 특정정보(성명, 주민번호, 주소, 전화번호, 아이디, 전자우편주소, 위치정보 등)를 확인하여 지역경찰·실종수사 담당자에게 전파하여 수색을 실

---

102) 실종아동법 제17조(벌칙) 제7조를 위반하여 정당한 사유없이 실종아동등을 보호한 자 및 제9조 제4항을 위반하여 개인위치정보등을 실종아동등을 찾기 위한 목적 외의 용도로 이용한 자는 5년 이하의 징역 또는 5천만 원 이하의 벌금에 처한다.

103) 제18조(벌칙) 다음 각 호의 어느 하나에 해당하는 자는 2년 이하의 징역 또는 2천만 원 이하의 벌금에 처한다.
  1. 위계(僞計) 또는 위력(威力)을 행사하여 제10조 제1항에 따른 관계공무원의 출입 또는 조사를 거부하거나 방해한 자
  1의2. 제7조의4를 위반하여 지문등정보를 실종아동등을 찾기 위한 목적 외로 이용한 자
  1의3. 제9조 제3항을 위반하여 경찰관서의 장의 요청을 거부한 자
  2. 제12조 제1항을 위반하여 목적 외의 용도로 검사대상물의 채취 또는 유전자검사를 실시하거나 유전정보를 이용한 자
  3. 제12조 제2항을 위반하여 채취한 검사대상물 또는 유전정보를 외부로 유출한 자
  4. 제15조를 위반하여 신상정보를 실종아동등을 찾기 위한 목적 외의 용도로 이용한 자

시하고 있습니다.

자살기도자를 발견한 경우에는 자살예방센터·정신건강센터 관련 정보(센터 연락처·
주소 및 상담·예방교육, 재활, 유족 지원 등을 무상제공)를 안내하고, 자살기도자의 동의를
받아 자살예방센터 및 정신건강센터에 정보를 연계하고 있습니다.

7.5. 맺음말

앞서 살펴본 바와 같이 실종업무는 실종아동등 및 가출인, 자살기도자 등 국민의 생
명과 신체에 대한 위험으로부터 보호하기 위해 실종예방활동과 가정으로의 조기 복귀를
위한 실종수사활동으로 구분됩니다.

실종사건은 범죄로 인한 실종인지, 단순 가출인지 판단하기가 어려워 초동조치 단계
에서 과학적인 수사 접근이 어렵다는 문제가 있습니다. 또한 실종사건은 유괴·살인 등
강력범죄 관련성이 높다는 점에서 신고 접수 단계에서부터 범죄 관련성을 염두해 두고
수색·수사가 동시에 진행되어야 합니다.

최근에는 치매환자 등 고령자의 실종·가출사건이 증가하고 있으며, 자살 기도자의
추적 업무까지 담당하면서 실종업무는 점점 더 늘어나고 있는 추세입니다. 따라서 실종
관련 인력의 보강이 우선적으로 필요하며, 실종아동등 발견 시 보호를 요청[104]할 보호
시설의 확충, 경찰－지자체－보호시설 간 정보공유시스템 마련 등 지역 내 실종자 보호
·지원체계 구축이 필요합니다.

그리고, 실종수사업무는 국민의 생명·신체의 위험과 직결되는 긴급한 업무인 만큼
기존의 위치정보 외에도 실종자 소재 확인에 도움이 되는 다양한 정보를 제공[105]받을
수 있도록 개선되어야 한다는 주장이 제기되고 있습니다.

---

104) 보호자를 발견하지 못하였거나, 보호자가 없거나, 보호자에게 인도하는 것이 적당하지 아니한 경우
에는 지자체의 장에게 인계해야 하며, 현실적으로는 보호시설에 인계하고 있다.

105) 2021.3.21. 임호선 의원 등이 발의한 「실종아동법」 개정안에는 실종아동등 수사·수색을 위해 CCTV
정보, 대중교통 이용내역, 신용카드 사용장소 등의 정보를 요청하여 제공받을 수 있도록 제9조의2
조항을 신설하는 내용이 포함되었다(기존의 제9조의2는 제9조의3으로 변경).

09 교통

1. 교통사무의 구분

국가경찰과 자치경찰의 조직 및 운영에 관한 법률(약칭 경찰법, 이하 같음) 제3조는 국민의 생명·신체 및 재산의 보호, 범죄의 예방·진압 및 수사, 범죄피해자 보호, 경비·요인경호 및 대간첩·대테러 작전 수행, 공공안녕에 대한 위험의 예방과 대응을 위한 정보의 수집·작성 및 배포, 교통의 단속과 위해의 방지, 외국 정부기관 및 국제기구와의 국제협력, 그 밖에 공공의 안녕과 질서유지를 경찰의 임무로 정하였고, 제4조에 따라 교통사무는 지역내 교통활동에 관한 사무[1]와 교통사고 및 교통 관련 범죄에 대한 수사사무가 자치경찰사무로 그 이외는 국가경찰사무로 나뉘어집니다. 지역내 교통활동에 관한 사무에 대한 구체적인 사항 및 범위 등은 대통령령으로 정하는 기준에 따라 시·도 조례로 정하며 교통사고 및 교통 관련 범죄에 대한 수사사무에 대한 구체적인 사항 및 범위 등은 대통령령으로 정하도록 규정하고 있습니다.

법에 의한 구분은 현장의 상황을 반영한 세부별 구분으로 보기는 어려우며 다만 큰 물줄기를 나누었다는 의미는 있어 보입니다. 또한 자치경찰사무 중 수사사무는 대통령령으로 정하여 다툼의 여지가 크지 않는 반면에 비수사사무는 대통령령에서 정하는 기준에 따라 시·도 조례로 정하도록 하고 있어 추후 사무분장 및 업무의 한계에 있어서 다툼의 여지가 남아 있습니다. 행정안전부에서는 시·도 조례 표준안을 각 지방자치단체로 하달하여 이를 토대로 조례를 제정하도록 권고하였으나 지방자치단체별로 다르게

---

1) ① 교통법규 위반에 대한 지도·단속, ② 교통안전시설 및 무인 교통단속용 장비의 심의·설치·관리, ③ 교통안전에 대한 교육 및 홍보, ④ 주민참여 지역 교통활동의 지원 및 지도, ⑤ 통행 허가, 어린이 통학버스의 신고, 긴급자동차의 지정 신청 등 각종 허가 및 신고에 관한 사무, ⑥ 그 밖에 지역 내의 교통안전 및 소통에 관한 사무

제정되고 있으며2) 이는 지방자치단체의 상황이나 치안 여건, 그리고 자치경찰에 대한 관심도 등이 반영되었을 것으로 추정하며 한편으로는 이원화 모델이 아닌 현재의 일원화 모델은 업무의 변화가 없으므로 크게 문제의 소지는 없으나 앞서 밝힌 것처럼 지방자치단체의 업무의 일부가 조례를 통해 자치경찰의 업무로 변경될 가능성이 있다는 우려가 있습니다.

한편 경찰청 교통국 산하 일부 부서에서는 경찰법의 신설을 앞두고 소관 사무를 국가경찰사무와 자치경찰사무로 분장하는 방안을 마련하였는데 국가경찰사무에 대해서는 경찰청에서 계획 수립 후 시·도 경찰청장 및 경찰서장을 직접 지휘·감독하고 자치경찰사무는 시·도 경찰청에서 계획 수립 후 자치경찰위원회에서 이행 확인 및 지역 주요 현안에 대하여 경찰청과 공유·협조하는 방향으로 큰 틀을 잡았습니다. 다음은 경찰법과 대통령령, 그리고 시·도조례 표준안 및 경찰청 교통국의 사무분장안을 토대로 크게 4가지 유형으로 구분하여 정리한 것입니다.

▎국가경찰사무와 자치경찰사무의 유형별 구분

구분		기준 및 범위
국가경찰사무	수사사무(Ⅰ유형)	• **교통사고** • 인피뺑소니 교통사고, 고속도로 교통사고 • **교통범죄** • 도로교통법 상 30만 원 초과 벌금·구류 및 징역 　※ 음주·무면허·초과속 운전 제외 • 고속도로 교통범죄 • 기타 교통 관련 형사범 　※ 자동차관리법 상 불법튜닝 등
	비수사사무(Ⅱ유형)	• 국가교통안전대책 수립·관리 • 경호·집회 관련 교통관리 • 교통 즉결심판 • 도로교통법 과태료 관리 • 교통규제 법제화 및 고속도로 규제 • 교통안전시설 법제화 및 고속도로 설치·협의 • 무인단속장비 법제화 및 고속도로 내 설치·운영 • 전국단위 교통정보 수집·분석·활용 • 자율차 연구개발

---

2) 2021. 4. 15. 기준 조례가 제정된 지방자치단체는 일곱 곳이며(충남, 강원, 부산, 대전, 인천, 제주, 세종) 제정 과정에서 지방자치단체별 특성에 따라 표준안과는 조금 다르게 제정되었으며 특히 자치경찰사무 조정에 시·도 경찰청장의 의견을 듣는 것을 기속행위로 하였는지 아니면 재량행위로 하였는지가 가장 큰 논점임

구분		기준 및 범위

자치경찰사무	수사사무(III유형)	• 교통사고 및 교통 관련 범죄(고속도로 제외)
		※ 기준(자치경찰사무와 시·도자치경찰위원회의 조직 및 운영 등에 관한 규정 제3조)
		  1. 교통사고처리 특례법 제3조 제1항의 범죄. 다만, 차의 운전자가 같은 항의 죄를 범하고도 피해자를 구호하는 등 도로교통법 제54조 제1항에 따른 조치를 하지 않고 도주하거나 피해자를 사고 장소로부터 옮겨 유기하고 도주한 경우는 제외한다.
		  2. 도로교통법 제148조(특정범죄 가중처벌 등에 관한 법률 제5조의3이 적용되는 죄를 범한 경우는 제외한다), 제148조의2, 제151조, 제151조의2 제2호, 제152조 제1호, 제153조 제2항 제2호 및 제154조부터 제157조까지의 범죄
		  3. 자동차손해배상보장법 제46조 제2항의 범죄
		  4. 특정범죄 가중처벌 등에 관한 법률 제5조의11 및 제5조의13의 범죄

	비수사사무(IV유형)	• **시도 조례로 정함**
		※ 기준(자치경찰사무와 시·도자치경찰위원회의 조직 및 운영 등에 관한 규정 제2조)
		  1. 법 제3조에 따른 경찰의 임무 범위와 **별표**에 따른 생활안전, 교통, 경비 관련 자치경찰사무의 범위를 준수할 것
		  2. 관할 지역의 인구, 범죄발생 빈도 등 치안 여건과 보유 인력·장비 등을 고려하여 자치경찰사무를 적정한 규모로 정할 것
		  3. 기관 간 협의체 구성, 상호협력·지원 및 중복감사 방지 등 자치경찰사무가 국가경찰사무와 유기적으로 연계되고 균형이 이루어지도록 하는 사항을 포함할 것
		  4. 자치경찰 사무의 내용은 국민의 생명·신체 및 재산을 보호하고 공공의 안녕과 질서를 유지하는 데 효율적인 것으로 정할 것
		〈별표〉
		• 교통법규위반 지도·단속, 공익신고 처리
		• 음주단속 장비 등 교통경찰용 장비 보급·관리·운영 등
		• 교통사고 예방, 교통소통을 위한 교통안전 시설 설치·관리·운영
		• 도로교통 규제 관련 지역 교통안전시설 심의위원회 설치 및 운영
		• 무인 교통단속용 장비의 심의·설치·관리·운영
		• 교통안전에 대한 교육(홍보)
		• 교통활동 지원 협력단체에 대한 운영·관리
		• 주민참여형 교통안전활동 지원 및 지도
		• 차마의 안전기준 초과 승차, 안전기준 초과 적재 및 차로폭 초과 차 통행허가 처리

구분	기준 및 범위
	• 도로공사 신고접수, 현장점검 및 지도 · 감독 등 • 어린이통학버스 관련 신고접수 · 관리 및 관계 기관 합동 점검 • 긴급자동차의 지정 신청 · 관리 • 버스전용차로 통행 지정 신청 · 관리 • 주 · 정차 위반차량 견인대행법인 등 지정 • 지역주민의 교통안전관련 112신고(일반신고를 포함한다) 처리 • 운전면허 관련 민원 업무 • 지역교통정보센터 운영 및 교통정보 연계 • 정체 해소 등 소통 및 안전 확보를 위한 교통관리 • 지역내 교통안전대책 수립 · 시행 • 교통안전 관련 기관 협의 등 • 지역 내 다중운집 행사 등의 교통질서 확보 및 교통안전 관리 지원

지금까지는 교통사무가 어떻게 국가경찰사무와 자치경찰사무로 나뉘어지는 살펴보았으며 이를 토대로 더욱 나은 교통안전 서비스가 제공되고 국민의 삶의 질이 높아지는 교통정책이 수립되어야 할 것으로 보이며 특히 자치경찰사무를 통해 지역주민 맞춤형 치안서비스가 제공되어야 할 것입니다. 다음 장에서부터는 교통사고(교통범죄), 교통단속(교통안전), 교통시설(교통운영)로 구분하여 교통사무를 자치경찰사무 중심으로 설명드리면서 국가경찰사무까지 함께 개략적으로 살펴보겠습니다.

2. 교통사고(교통범죄)

2021년 1월 1일부터 국가수사본부의 출범에 따라 교통국 교통안전과 교통조사계를 국가수사본부 형사국 강력범죄수사과 교통수사계로 편제가 변경되었으며 기존의 수사사무는 교통수사계에서 수행하고 행정사무의 영역인 교통사고 통계 분석 · 관리, 행정처분, 무사고 운전자 선발 등은 교통국 교통안전계에서 수행하는 것으로 개편되었습니다. 이 장에서는 교통사고에 대한 개념과 처리 절차, 그리고 처벌 및 가중 처벌 등에 대하여 살펴보면서 교통사고의 이해도를 높이고자 합니다.

2.1. 교통사고의 개념

교통사고라 함은 차의 교통으로 인하여 사람을 사상하거나 물건을 손괴한 것을 말한다고 교통사고처리 특례법에 규정되어 있는데 이에 대한 주제어를 살펴보면 차, 교통, 인하여, 피해발생입니다. 도로교통법 제2조에서 차는 ① 자동차, ② 건설기계, ③ 원동기장치자전거, ④ 자전거, ⑤ 사람 또는 가축의 힘이나 그 밖의 동력으로 도로에서 운전되는 것으로 정의하고 있으며 다만, 철길이나 가설된 선을 이용하여 운전되는 것과 유모차와 행정안전부령으로 정하는 보행보조용 의자차[3]는 제외하고 있습니다. 자동차는 철길이나 가설된 선을 이용하지 아니하고 원동기를 사용하여 운전되는 차(견인되는 자동차도 자동차의 일부로 본다)로서 자동차관리법 제3조에 따른 승용자동차, 승합자동차, 화물자동차, 이륜자동차(원동기장치자전거는 제외)와 건설기계관리법 제26조 제1항 단서[4]에 따른 건설기계인 덤프트럭, 아스팔트살포기, 노상안정기, 콘크리트믹서트럭, 콘크리트펌프 트럭적재식 천공기, 영 별표1의 규정에 의한 특수건설기계중 국토부장관이 지정하는 건설기계(도로보수트럭, 콘크리트믹서트레일러, 아스팔트콘크리트재생기, 트럭지게차) 등 총 10종이 해당합니다. 원동기장치자전거는 자동차관리법 제3조에 따른 이륜자동차 가운데 배기량 125시시 이하(전기를 동력으로 하는 경우에는 최고정격출력 11킬로와트 이하)의 이륜자동차와 그 밖에 배기량 125시시 이하(전기를 동력으로 하는 경우에는 최고정격출력 11킬로와트 이하)의 원동기를 단 차가 해당되며 최근에는 원동기장치자전거 중 시속 25킬로미터 이상으로 운행할 경우 전동기가 작동하지 아니하고 차체 중량이 30킬로그램 미만인 것으로서 행정안전부령으로 정하는 것(전동킥보드, 전동이륜평행차, 전동기의 동력만으로 움직일 수 있는 자전거)인 개인형 이동장치가 새롭게 정의에 포함되었습니다. 자전거는 자전거 이용 활성화에 관한 법률 제2조 제1호(자전거란 사람의 힘으로 페달이나 손페달을 사용하여 움직이는 구동장치와 조향장치 및 제동장치가 있는 바퀴가 둘 이상인 차로서 행정안전부령으로 정하는 크기와 구조를 갖춘 것을 말한다) 및 제1호의2(자전거로서 사람의 힘을 보충하기 위하여 전동기를 장착하고 ① 페달(손페달을 포함한다)과 전동기의 동시 동력으로 움직이며 전동기만으로는 움직이지 아니할 것, ② 시속 25킬로미터 이상으로 움직일 경우 전동기가 작동하지 아니할 것, ③ 부착된 장치의 무게를 포함한 자전거의 전체 중량이 30킬로그램 미만일 것)에 따른 자전거 및 전기자전거가 해당합니다. 끝으로 사람 또는 가축의 힘이나 그 밖의 동력으로 도로에서 운전되는 것은 대표적으로 손수레, 우마차, 경운기(농업기계) 등이 있습니다.

교통은 도로교통법에 정의되어 있지는 않으나 교통사고조사규칙(경찰청훈령 제976호

---

3) 식품의약품안전처장이 정하는 의료기기의 규격에 따른 수동휠체어, 전동휠체어 및 의료용 스쿠터의 기준에 적합한 것을 말한다(도로교통법 시행규칙 제2조)

4) 다만, 국토교통부령으로 정하는 건설기계를 조종하려는 사람은 도로교통법 제80조에 따른 운전면허를 받아야한다.

2020. 7. 31.)에는 차를 운전하여 사람 또는 화물을 이동시키거나 운반하는 등 차를 그 본래의 용법에 따라 사용하는 것을 말하며 표준국어대사전[5]에는 자동차·기차·배·비행기 따위를 이용하여 사람이 오고 가거나 짐을 실어 나르는 일로 표현하고 있는데 결국 교통은 사람이나 물건이 오가는 것을 말하는 것이라고 볼수 있습니다. 이 때에 차를 그 본래의 용법에 따라 사용하는 것인 운전으로만 교통의 범위를 한정할 것인가가 문제인데 대법원에서는 차를 운전하는 행위 및 그와 동일하게 평가할 수 있을 정도로 밀접하게 관련된 행위 모두를 포함하는 것으로 해석하여야 한다고 판시[6]함으로써 운전에서 나아가 그 범위를 좀 더 확대하였다고 보입니다. 또한 운전의 개념은 엔진시동설, 발진설, 발진조작완료설로 나뉘어지는데 대법원에서는 발진조작완료설을 채택하고 있는 한편 고의의 운전행위만을 의미하고 자동차를 움직이게 할 의도없이 다른 목적을 위하여 자동차의 원동기의 시동을 거는 경우까지 포함하고 있지는 않습니다.[7]

이러한 차의 교통이 원인이 되어 사고가 발생하여야 하는데 정차중인 차에 사람이나 물건이 부딪쳐 다치거나 손괴된 경우 등은 사고차량 운전자의 안전조치 여부 등을 조사하여 차의 원인으로 인한 것인지를 명백히 밝혀야 할 것입니다. 마지막으로 사람을 사상하거나 물건을 손괴하는 것, 즉 피해결과의 발생이 있어야 하는데 인적피해의 경우는 의사의 진단 등을 통하여 확인 가능할 것이고 물적피해에 대해서는 제조사, 판매사 또는 이를 수리하는데 드는 비용으로 확인 가능할 것입니다.

☑ **CHECK POINT**

➡ 도로교통법에는 철길이나 가설된 선을 이용하여 운전되는 것, 유모차와 행정안전부령으로 정하는 보행보조용의자차(수동휠체어, 전동휠체어, 의료용스쿠터)는 차에서 제외한다고 명시하고 있습니다.

➡ 개인형이동장치는 원동기장치자전거이지만 도로교통법 상에 자전거등으로 다시 정의하고 있어 자전거와 마찬가지로 통행방법의 특례가 적용되고 또한 자전거도로의 통행이 가능합니다.

➡ 외발자전거를 혈중알코올농도 0.05%의 주취상태로 운전하다가 적발된 경우 음주단속이 가능할까요? 불가능할까요?

---

5) www.naver.com에서 검색
6) 대법원 2007. 1. 11. 선고 2006도7272 판결
7) 대법원 1999. 11. 12. 선고 98다30834 판결, 대법원 2004. 4. 23. 선고 2004도1109 판결

2.2. 교통사고의 처리 절차

교통사고를 야기한 운전자가 부담하여야 할 책임은 형사적인 부분과 행정적인 부분, 그리고 민사적 부분이 있는데 경찰이 개입하는 책임의 영역은 형사적 책임과 행정적 책임입니다.[8] 형사적 책임은 교통사고를 일으킨 운전자에 대한 형사처벌의 특례를 다루고 있는 교통사고처리 특례법을 필두로 교통사고 중에 가중처벌하는 조항을 다루고 있는 특정범죄 가중처벌 등에 관한 법률, 자동차보험에 의무적으로 가입하도록 규정하고 있는 자동차손해배상보장법, 그리고 운전자가 도로에서[9] 왔다갔다하면서 지켜야 할 기본적인 규정을 담고 있는 도로교통법에 따라 징역형 또는 벌금형의 처벌을 받습니다. 행정적 책임은 도로교통법에 따라 자동차 등을 운전하려는 사람은 시·도경찰청장으로부터 운전면허를 받아야 하며 또한 도로교통법에 운전자가 지켜야 할 의무를 다하여야 하는데 이를 다하지 못하는 경우 운전면허에 대한 행정처분을 받습니다. 결국 교통사고의 처리는 이러한 책임을 묻기 위한 과정으로 볼수 있으며 이러한 절차에 첫단추는 도로교통법에서 정하고 있는데 경찰공무원(자치경찰공무원은 제외한다)은 교통사고가 발생한 경우에는 대통령령으로 정하는 바에 따라 필요한 조치를 하도록 규정하고 있고(도로교통법 제54조 제6항), 도로교통법 시행령 제32조는 경찰공무원(자치경찰공무원은 제외한다)은 교통사고가 발생하였을 때에는 ① 교통사고 발생 일시 및 장소, ② 교통사고 피해 상황, ③ 교통사고 관련자, 차량등록 및 보험가입 여부, ④ 운전면허의 유효 여부, 술에 취하거나 약물을 투여한 상태에서의 운전 여부 및 부상자에 대한 구호조치 등 필요한 조치의 이행 여부, ⑤ 운전자의 과실 유무, ⑥ 교통사고 현장 상황, ⑦ 그 밖에 차, 노면전차 또는 교통안전시설의 결함 등 교통사고 유발 요인 및 교통안전법 제55조에 따라 설치된 운행기록장치 등 증거의 수집 등과 관련하여 필요한 사항을 조사하도록 하고 있으며 다만, 인적피해가 야기되지 않은 경우로서 공소제기할 수 없는 경우에는 ⑤부터 ⑦까지는 조사를 생략할수 있습니다. 또한 도로교통법 시행규칙 제38조는 시행령 제32조에 따라 교통사고를 조사한 경우에는 교통사고보고서(별지 제21호 서식)를 작성하여 경찰서장에게 보고하여야 하며 다만, 앞서 살핀 바와 같이 인적피해가 야기되지 않은 경우로 공소제기할 수 없는 경우에는 단순 물적피해 교통사고 보고서(별지 제21호의2 서식)를 작성하여 경찰서장에게 보고하도록 하고 있습니다.

---

8) 교통사고처리 특례법의 특성 상 보험의 가입여부, 처벌의사의 확인 등은 민사적인 영역으로 볼 수도 있지만 이에 따라 형사처벌의 가부가 결정되는 교통사고의 유형이 있으므로 적절한 개입은 필요함

9) 도로교통법은 기본적으로 도로에서 적용되는 법률이나 음주운전, 사고후미조치, 주·정차된 차 손괴 후 인적사항 미제공은 도로 외에서도 적용함

교통사고에 대한 좀더 세부적인 절차와 기준은 교통사고조사규칙(경찰청훈령 제1003호 2021. 1. 22.)에서 구체적으로 정하여 교통사고를 신속·명확하게 처리하도록 하고 있는데 여기에서 전부를 다루는 것은 지면의 한계로 인하여 쉽지 않아 몇 가지 알아야할 사항만 살펴보고자 합니다. 제20의2는 교통사고의 수를 규정하면서 1건으로 처리할 것인지 수 건으로 처리할 것인지에 대한 기준을 정하고 있고 제20조의3에서는 차대차 사고, 차대사람 사고, 차량단독 사고, 건널목 사고 등으로 사고의 유형을 정하고 있으며 가장 중요한 것은 제20조의4의 기준에 따라 당사자의 순위를 결정하는 것으로 차대차 사고로서 당사자 간의 과실이 차이가 있는 경우 과실이 중한 당사자를 선순위로 지정하고 당사자간의 과실이 동일한 경우는 피해가 경한 당사자를 선순위로 지정하며 차대사람 사고는 운전자를 선순위로 지정합니다. 결국 교통사고의 처리는 가해자와 피해자를 구분[10]하는 것이라기 보다는 교통사고의 원인 규명을 통해 형법 제268조에서 규정하고 있는 업무상 과실의 정도를 가늠하여 당사자의 순위를 결정하고 이에 따라 앞서 살핀 운전자가 부담해야할 책임을 각각의 당사자에게 묻는 것입니다. 그리고 제20조 사고처리의 기준에 따른 처리절차를 도식화하면 다음과 같습니다.

---

10) 경찰청에서는 선입견 배제와 수사의 신뢰성을 높이기 위해 당사자 표시 형식을 개선함(교통안전과 −8173, 2019. 12. 20.)

교통사고 처리절차

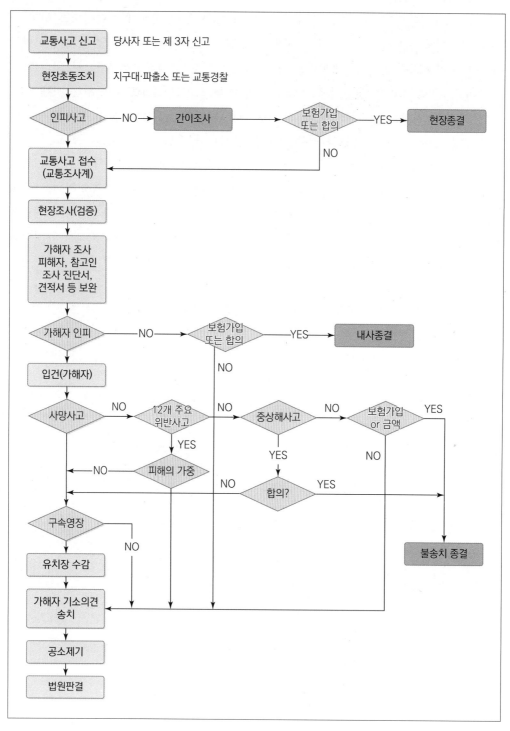

⬛ 법규위반으로 교통사고를 야기한 경우에는 위반행위 벌점과 사고결과에 따른 벌점(인적피해), 그리고 조치 등 불이행에 따른 벌점 모두를 합산합니다.

⬛ 단순 물적피해 교통사고는 실무적으로 자동차손해배상보장법 상의 의무보험 가입여부를 확인하고 상호 원만히 처리하겠다는 의사를 확인한 경우에 현장종결이 가능하며 2021. 4. 17. 도로교통법 시행규칙이 개선되면서 보고서에 교통조사관 의견 기재란이 포함되어 효율성을 제공하였습니다.

⬛ 교통사고와 관련된 차가 3대 이상인 경우로서 하나의 원인행위로 인하여 시간·장소적 밀접한 연속선상에서 발생한 경우 1건으로 처리하고 그 이외에는 수 건으로 처리하면 됩니다.

2.3. 교통사고처리 특례법의 이해

교통사고처리 특례법은 마이카 열풍과 면허 취득 인구의 증가가 필수불가결하게 교통사고의 증가로 이어지면서 교통사고 통계를 관리하기 시작한 1970년 37,243건의 교통사고가 1980년에 120,182건으로(3.2배) 급격하게 늘어났고 이런 증가는 과실범인 교통사고 운전자를 형사처벌함으로써 전과자를 양산하는 것이 바람직한 것이냐는 관점과 운전자는 결국 잠재적인 범죄자일수 있다는 관점에서 문제점으로 대두되었고 결국 이 문제를 해결하기 위해서 정부안으로 교통사고운전자처벌등에 관한 특례법안이 제11대 국회 내무위원회에 제출되었고 이후에 명칭이 교통사고처리 특례법으로 변경되어 국회를 통과, 현재까지 시행되고 있으며 그 목적은 업무상과실 또는 중대한 과실로 교통사고를 일으킨 운전자에 대한 형사처벌 등의 특례를 정함으로써 교통사고로 인한 피해의 신속한 회복을 촉진하고 국민생활의 편익을 증진함을 제1조에 담고 있으며 1981. 11. 24. 정부안으로 제출된 법안의 주요 골자를 보면 다음과 같은데 처벌의 특례와 보험의 특례를 통하여 운전자에 관한 형사처벌을 완화하는 반면에 피해를 신속히 회복할 수 있도록 하였음을 알 수 있습니다.

> **교통사고운전자처벌등에 관한 특례법안 주요 골자**
>
> • 자동차등의 운전자가 업무상과실 또는 중대한 과실로 사람을 사상하거나 타인의 재물을 손괴한 경우 신호위반·중앙선침범·무면허운전·음주운전 등으로 인한 사고를 제외하고는 피해자의 의사에 반하여 당해 운전자를 처벌할 수 없도록 함(안 제3조)

- 교통사고를 일으킨 자동차 등이 교통사고로 인한 피해에 대한 손해배상금 전액을 보상하는 보험 또는 공제에 가입된 때에는 피해자로부터 처벌을 원하지 아니하는 의사가 있는 것으로 보아 당해 교통사고를 일으킨 운전자를 처벌하지 아니하도록 함(안 제4조)
- 허위의 보험 또는 공제가입에 관한 증명서류를 발급하거나 이를 행사한 자에 대하여 3년이하의 징역 또는 300만 원이하의 벌금에 처하도록 함(안 제5조)

앞서 살펴본 것처럼 교통사고처리 특례법은 2개의 중요한 특례를 규정하고 있는데 그 첫 번째가 제3조 처벌의 특례로 제1항은 차의 운전자가 교통사고로 인하여 형법 제268조의 죄를 범한 경우에는 5년 이하의 금고 또는 2천만 원 이하의 벌금에 처하고 제2항은 차의 교통으로 제1항의 죄 중 업무상과실치상죄 또는 중과실치상죄와 도로교통법 제151조의 죄를 범한 운전자에 대해서는 피해자의 명시적인 의사에 반하여 공소를 제기할 수 없도록 규정하고 있습니다. 이 때 피해자의 명시적인 의사라 함은 원칙적으로 상해 또는 재물피해를 입은 피해자 본인일 것이며(대리인에 의할 경우에는 대리권이 증명되어야 할 것) 막연한 표현인 "법대로 처리하여 달라", "피해보상을 해주면 처벌을 원치 않는다", "관대한 처분을 바란다"등은 처벌을 원하지 않는다는 명시적 의사로 보기 어려우므로 이를 명확히 해야 하며 다음의 대법원 판례들을 통해서 피해자의 범위에 대한 판단, 명시적 의사가 어느 정도인지 그리고 약속한 치료비 전액을 지급하지 아니한 경우에 대한 철회가 가능한지 등에 대하여 가늠해볼수 있을 것 같습니다.[11]

결국 이를 종합하면 처벌불원의사표시의 주체는 피해자이어야하고(대리권이 증명되는 경우 대리인도 가능) 시기는 1심판결 선고 전까지 표시되어야 하며 통상 실무에서는 합의서를 명시적 의사표시가 있다고 보아 처벌의 특례를 적용합니다. 이와 달리 처벌의 특례는 적용받으나 보험의 특례가 적용되지 않는 경우가 있는데 이는 2006. 2. 23.에 교통사고처리 특례법 제4조 제1항 등에 대하여 헌법재판소의 위헌판결로 인한 것입니다. 즉, 중상해를 입은 피해자의 재판절차진술권의 행사가 근본적으로 봉쇄된 것은 공익(교통사고의 신속한 처리 또는 전과자의 양산 방지)을 위하여 사익이 현저히 경시된 것으로 법익의 균형성을 위반하고 있다고 판단하였습니다.[12] 한편 보험의 특례를 적용하기 위해서는 확정판결이나 그 밖에 이에 준하는 집행권원상 피보험자 또는 공제조합원의 교통사고로 인한 손해배상금 전액을 보상하는 보험 또는 공제에 가입되어 있음이 확인되어야 하며 일상생활배상책임보험처럼 보상한도금액이 있거나 대인배상Ⅱ가 무한이 아닌

---

11) 대법원 1983. 9. 13. 선고 83도1052 판결, 대법원 2001. 12. 14. 선고 2001도4283 판결
12) 헌법 재판소 2009. 2. 26. 결정 2005헌마764

보상한도금액 책정되어 있는 경우는 이에 해당한다고 보기 어렵습니다.[13]

실무적으로 이러한 보험(또는 공제)의 가입 여부 보험회사, 공제조합 또는 공제사업자가 교통사고로 인한 손해배상금 전액을 배상한다는 취지의 서면에 의하여 증명되어야 하는데 통상 보험가입사실증명원, 보험사입사실증명서로 확인하고 있으며 전자는 교통사고가 발생한 경우 보험사에 이를 신고·접수한 경우에 발급되므로 앞서 살핀 보험에 해당하는지 여부가 명확하나 후자는 단순 가입사실만 증명하는 것으로 보험 가입내역, 운전자의 범위나 나이 기준 등에 따라 보험의 특례 적용 가부가 결정되므로 후자보다는 전자를 수사실무상 요구하는 편입니다. 다만, 경찰청에서는 교통경찰업무관리시스템과 보험개발원의 전산시스템을 연계, 신속하게 보험 가입여부를 확인하여 교통사고처리의 효율성을 높였듯이 추후 보험사에 신고·접수한 경우 전산시스템으로 확인이 가능하도록 개선할 예정입니다.

 CHECK POINT

▪ 교통사고처리 특례법의 주요내용인 처벌의 특례와 보험의 특례는 그 적용에 있어서 피해자의 명시적 의사 확인, 손해배상금 전액을 보상하는 보험 또는 공제의 가입(특히 특약 등에 의하여 처리가 되지 않는 경우를 명확히 확인)된 경우에만 적용됨을 꼭 기억해야 합니다.

▪ 도로에서 적용을 기준으로 하는 도로교통법(물론 도로 외 장소에서 제한적으로 적용되기도 함)과 달리 교통사고처리 특례법은 도로교통법이 정하는 도로로 제한할 아무런 근거가 없으므로 모든 장소에서 발생한 경우 적용해야할 것입니다.(대법원 1988. 5. 24. 선고 88도255 판결)

▪ 교통사고를 야기한 운전자의 업무상 과실은 법령상의 주의의무 뿐만 아니라 신뢰의 원칙, 결과 예견의무, 결과 회피의무 등을 종합적으로 고려하여 판단해야할 것입니다.

2.4. 특례예외 12개 항목

피해자의 명시적인 의사에 반하여 공소를 제기할 수 없는 경우는 앞서 살핀 것과 같으나 이와 달리 공소를 제기할 수 있는 경우가 있는데 사망사고, 도주(유기도주)사고, 음주측정거부인적피해야기사고, 그리고 특례예외 12개 항목 교통사고이며 그 중 12개 항목 교통사고는 다음과 같이 정리할 수 있습니다.

---

13) 여창우, 교통사고처리 특례법 제4조 제1항에 관한 연구(부제: 현장 사례 및 판례를 중심으로), 경찰인재개발원 제36집 논문집, 2020 연구논문에서 자세히 다루고 있음

조항	통상적 명칭(적용법조)	위반 행위	비고
제1호	신호(지시)위반 (도로교통법 제5조)	• 신호기 위반 • 경찰공무원 등의 수신호 위반 • 통행의 금지 또는 일시정지 안전표지 위반	• 제1호~제8호 는 교통사고처 리 특례법이 제 정되어 시행된 1982. 1. 1. 부 터 적용
제2호	중앙선침범 (도로교통법 제13조 제3항 · 제62조)	• 중앙선을 침범하는 경우(통행구분위반 포함) • 고속도로등에서 횡단, 유턴, 후진 위반	
제3호	속도위반 (도로교통법 제17조 제1,2항)	• 제한속도를 시속 20킬로미터 초과	
제4호	앞지르기위반 (도로교통법 제21조 제1항 · 제22조 · 제23조 · 제60조 제2항)	• 앞지르기방법 위반 • 앞지르기시기 위반 • 앞지르기장소 위반 • 끼어들기금지 위반 • 고속도로등에서의 갓길 앞지르기	
제5호	철길건널목위반 (도로교통법 제24조)	• 건널목 통과 시 일시정지(신호에 따르는 경우 예외) • 차단기, 경보기 울리는 동안 건널목 진입 금지 • 건널목 통과하다 운행 불가 시 승객 대피	• 제8호는 2007. 12. 21. 부터 특가법14)으로 가중처벌
제6호	보행자보호의무위반 (도로교통법 제27조 제1항)	• 횡단보도를 통행하는 보행자의 보호	
제7호	무면허운전 (도로교통법 제43조 · 제96조, 건설기계관리법 제26조)	• 운전면허 또는 건설기계조종사면허 미취득 • 국제운전면허증 미소지 • 위 경우 효력이 정지중이거나 운전이 금지된 때 포함	
제8호	음주(약물)운전 (도로교통법 제44조 제1항 · 제45조)	• 술에 취한 상태에서 운전 • 약물의 영향으로 정상적으로 운전하지 못할 우려	
제9호	보도침범 (도로교통법 제13조 제1,2항)	• 보도를 침범하는 경우 • 보도 횡단방법 위반	• 1993. 7. 1. 시행(3차 개정)
제10호	승객추락방지의무위반 (도로교통법 제39조 제3항)	• 운전 중 타고 내리는 사람이 떨어지지 아니하 도록 문을 정확히 여닫는 등 필요한 조치 위반	
제11호	어린이보호구역 (도로교통법 제12조 제1,3항)	• 어린이 보호구역에서 속도 위반 • 어린이의 안전에 유의하면서 운전하여야 할 의 무 위반	• 2009. 12. 22. 시행(10차 개정) • 2020. 3. 25. 부터 특가법으로 가중처벌

조항	통상적 명칭(적용법조)	위반 행위	비고
제12호	화물조치위반 (도로교통법 제39조 제4항)	• 화물이 떨어지지 아니하도록 덮개를 씌우거나 묶는 등 필요한 조치 위반	• 2017. 12. 3. 시행(14차개정)

특례예외 12개 항목은 피해자의 명시적인 의사표시(처벌을 원하지 않는다는)가 있거나 교통사고로 인한 손해배상금의 전액을 보상할수 있는 보험(대인배상Ⅱ가 무한)에 가입되어 있다고 하더라도 공소제기를 할 수 있어 형사처벌의 대상이 됩니다.

2.4.1. 신호(지시)위반

도로교통법 시행규칙 별표2 신호기가 표시하는 신호의 종류 및 신호의 뜻을 살펴보면 녹색의 등화는 ① 차마는 직진 또는 우회전할 수 있다. ② 비보호좌회전표지 또는 비보호좌회전표시가 있는 곳에서는 좌회전할 수 있다고 규정하고 있어 녹색의 등화에 좌회전하는 경우(비보호좌회전표지나 비보호좌회전표시가 없는 경우)에는 신호위반에 해당합니다.15) 황색의 등화는 ① 차마는 정지선이 있거나 횡단보도가 있을 때에는 그 직전이나 교차로의 직전에 정지하여야 하며, 이미 교차로에 차마의 일부라도 진입한 경우에는 신속히 교차로 밖으로 진행하여야 한다. ② 차마는 우회전할 수 있고 우회전하는 경우에는 보행자의 횡단을 방해하지 못한다고 규정하고 있고 적색의 등화는 그 의미가 차마는 정지선, 횡단보도 및 교차로의 직전에서 정지하여야 한다. 다만, 신호에 따라 진행하는 다른 차마의 교통을 방해하지 아니하고 우회전할 수 있다고 규정하고 있어 황색과 적색의 등화는 모두 정지의 의미를 담고 있으며 후단의 의미만 달리 하고 있음에도 많은 운전자들이 황색의 등화의 의미를 예비신호, 주의신호로 이해하고 신속히 교차로를 진입할려는 이유로 황색의 등화를 위반한 교통사고가 신호위반 교통사고의 다수를 차지하고 있습니다. 최근 황색의 등화되는 순간에 이를 사람이 인지하고 정지하는데 걸리는 시간인 인지반응시간을 고려해야 한다는 주장(일명 딜레마존)이 많은데 이는 사람마다 그 기준이 다르고 또한 혈중알코올농도처럼 객관적으로 측정할 수 있는 과학적 장비가 없어 객관화하기가 곤란하며 또한 대법원에서도 차량이 교차로에 진입하기 전에 황색의 등화로 바뀐 경우에는 차량은 정지선이나 교차로의 직전에 정지하여야 하며 차량의 운전자가 정지할 것인지 또는 진행할 것인지 여부를 선택할 수 없다라고 판시하여 인지반응시간을 고려하는 것으로 보이지는 않습니다.16) 한편 적색등화의 점멸은 정지선이나

---

14) 특정범죄 가중처벌 등에 관한 법률
15) 대법원 1992. 1. 21. 선고 91도2330 판결

횡단보도가 있을 때에는 그 직전이나 교차로의 직전에 일시정지한 후 다른 교통에 주의하면서 진행할 수 있다고 규정하고 있어 일시정지하지 않고 교차로에 진입하다가 교통사고를 야기하는 경우 신호위반에 해당합니다.

도로교통법 제5조에 운전자는 교통안전시설이 표시하는 신호 또는 지시에 따르도록 규정하는 것과 달리 교통사고처리 특례법 특례예외 제1호의 적용은 통행금지 또는 일시정지를 내용으로 하는 안전표지가 표시하는 지시를 위반하여 운전한 경우로 한정하고 있어 적용대상 안전표지는 시대의 흐름에 따라 다음과 같습니다.

구분	적용대상 안전표지
교통사고조사매뉴얼 (2012. 12.)	
대법원 2017. 11. 29. 선고 2017도9392판결	회전교차로표지 및 유도표시에 표시된 화살표의 방향과 반대로 진행한 것은 교통사고처리 특례법 제3조 제2항 단서 제1호가 정한 도로교통법 제5조에 따른 통행금지를 내용으로 하는 안전표지가 표시하는 지시를 위반하여 운전한 경우에 해당함
경찰청 지침 (2018. 9. 17.)	 교통사고조사매뉴얼 16종에서 13종 추가(총 29종)
도로교통법 시행규칙 개정 (2021. 4. 17.)	• 진로변경제한선의 최소길이를 30미터에서 10미터로 변경하고 서행표시(지그재그선)도 포함시킴 • 노상장애물을 안전지대로 포함시켜 황색, 백색 구분없이 안전지대로 특례예외 제1호 적용

---

16) 대법원 2018. 12. 27. 선고 2018도14262 판결

2.4.2. 중앙선침범

황색실선이나 점선의 중앙선이 설치되어 있는 도로에서 이를 침범하여 교통사고를 야기하거나 고속도로나 자동차전용도로에서 횡단, 유턴, 후진하다가 교통사고를 야기하는 경우 적용하는 것으로 사고의 참혹성 및 예방효과를 제고하기 위하여 일부 침범설을 채택하여 중앙선을 넘어서거나 차체가 걸친 경우 모두 중앙선 침범에 해당합니다. 다만 이러한 중앙선의 침범이 고의적이고 의도적인 경우와 반대방향의 차에게 영향을 준 경우로 한정하고 있으며 특히 교통사고조사매뉴얼에서는 동일방향 중앙선침범은 특례예외 제2호를 적용하지 않는 것으로 명시하고 있습니다. 또한 좌회전하다가 일부 중앙선을 침범하거나 위험을 회피하기 위한 부득이한 중침 등도 특례예외 제2호를 적용하는 것은 곤란하다고 명시하고 있습니다. 한편 일반도로와 달리 고속도로 및 자동차전용도로에서 나들목 진입을 잘못하여 후진하는 경우(최근 고속도로 및 자동차전용도로에는 중앙분리대가 설치되어 횡단이나 유턴은 흔하지 않음) 특례예외 제2호의 적용대상임을 인식하여야겠습니다.

2.4.3. 속도위반

제한속도를 시속 20킬로미터를 초과하여 운전한 경우로 이는 과학적인 방법으로 증명되어야 적용할 수 있을 것인데 최근 차에 설치된 EDR(Event Data Recorder, 일명 교통사고기록장치) 분석, 여객자동차운수사업법 및 화물자동차운수사업법에 따른 자동차에 설치된 DTG(Digital Tacho Graph, 디지털 운행기록계) 분석, 그리고 차에 설치된 영상녹화장비(일명 블랙박스)나 도로에 설치된 CCTV 등을 통하여 확보한 동영상을 분석하는 방법 등이 있을 것입니다. 이런 과학적인 분석방법을 통하여 확보된 차의 속도를 토대로 도로교통법에서 규정하고 있는 법정속도에 대한 위반정도, 경찰청장이나 시·도 경찰청장의 필요구역 또는 구간에 대한 제한속도에 대한 위반정도, 그리고 이상 기후 시 감속규정에 따른 속도에 대한 위반정도를 판단하여 적용해야할 것입니다.

2.4.4. 앞지르기위반

앞지르기위반은 5가지의 위반 태양을 포함하고 있는데 먼저 다른 차를 앞지르고자 하는 경우 앞차의 좌측으로 통행하여야 하는데 우측으로 통행하다가 교통사고가 나는 경우에 적용하는 앞지르기 방법위반, 둘째 앞차의 좌측에 다른 차가 앞차와 나란히 가고 있는 경우나 앞차가 다른 차를 앞지르고 있거나 앞지르려고 하는 경우와 이 법이나 이 법에 따른 명령에 따라 정지하거나 서행하고 있는 차, 경찰공무원의 지시에 따라 정지하거나 서행하고 있는 차, 위험을 방지하기 위하여 정지하거나 서행하고 있는 차를 앞지르기하다가 교통사고가 나는 경우에 적용하는 앞지르기 금지시기위반, 셋째 교차로, 터널안 다리위 등 앞지르기가 금지된 장소에서 앞지르기하다가 교통사고가 나는 경우에 적용하는 앞지르기 금지장소위반, 넷째 이 법이나 이 법에 따른 명령에 따라 정지하거나 서행하고 있는 차, 경찰공무원의 지시에 따라 정지하거나 서행하고 있는 차, 위험을 방지하기 위하여 정지하거나 서행하고 있는 차의 앞으로 끼어들기하다가 교통사고가 나는 경우에 적용하는 끼어들기위반, 끝으로 고속도로에 갓길로 앞지르기하다가 교통사고가 나는 경우 등입니다. 앞지르기는 단계별로 진로변경(1단계), 통과(2단계), 복귀(3단계)로 나누어 볼 수 있는데 1단계와 2단계는 앞지른 상태로 보기 어려워 적용이 어려우며 황색점선의 중앙선이 설치된 곳에서 앞지르기하다가 사고가 나는 경우는 중앙선 침범과 상상적 경합관계에 있습니다.

2.4.5. 철길건널목위반

철길 건널목을 통과하려는 운전자는 일시정지하여 안전한지 확인하고 통과하도록 규정하고 있으며 만일 건널목에 신호기가 설치되어 있다면 정지하지 아니하고 통과할 수 있습니다. 또한 차단기가 내려져 있거나 내려지려고 하는 경우 또는 경보기가 울리고 있는 동안에도 건널목 안으로 들어가서는 안되며 건널목을 통과하다가 고장 등의 사유로 건널목 안에서 차를 운행할 수 없게 된 경우에는 즉시 승객을 대피시키고 비상신호기 등을 사용하거나 그 밖의 방법으로 철도공무원이나 경찰공무원에게 그 사실을 알려야 하는데 이를 지키지 아니한 경우에도 적용을 받습니다.

2.4.6. 보행자보호의무위반

보행자가 도로를 횡단할 수 있도록 안전표지로 표시한 도로의 부분인 횡단보도를 통행하는 보행자와 사고가 발생하는 경우 적용하는 것으로 기본적으로는 횡단보도 내에서 교통사고가 발생할 것을 전제[17]로 하며 보호객체가 보행자인 사람으로 한정[18]됩니다.

---

17) 횡단보도를 통행하는 보행자와 함께 횡단보도를 벗어난 지점을 걷는 보행자도 예외적으로 특례예외 제6호를 적용한 판례가 있으며(대법원 2011. 4. 28. 선고 2009도12671 판결), 2021. 4. 17.에 시행되는 도로교통법 시행규칙에 따라 대각선횡단보도표시는 횡단보도 표시 사이 빈 공간도 횡단보도에 포함시키므로 적용에 유의

18) 도로교통법 제2조 제10호 보행자에 유모차와 보행보조용의자차를 포함하고 있으며 자전거나 오토바이에서 내려 끌고가는 경우, 손수레를 끌고 가는 경우도 보행자로 보는 것이 타당함

또한 신호등이 설치된 횡단보도와 설치되지 않은 횡도보도 구분하여 적용을 고려해야 하는데 신호등이 설치된 횡단보도는 녹색의 등화에 보행자가 횡단보도를 횡단할 수 있고 적색의 등화에는 횡단하여서는 아니된다고 규정하고 있으며 녹색등화의 점멸은 횡단을 시작하여서는 아니되고 횡단하고 있는 보행자는 신속하게 횡단을 완료하거나 그 횡단을 중지하고 보도로 되돌아와야 한다고 규정하고 있습니다. 이 때 녹색의 등화에 횡단을 시작하여 적색의 등화에 횡단을 종료하지 못하고 교통사고가 발생하는 경우 특례예외 제6호의 적용 여부에 다툼이 발생하는데 횡단보도를 진입하기 전에 진행신호가 언제 바뀔 것인가를 미리 판단하거나 확인해야할 주의의무를 요구하는 것은 부당하여 적용해야 한다는 긍정설과 차량신호기가 진행신호인 경우에 이미 횡단보도로서의 성격이 상실되었다고 적용이 불가하다는 부정설이 대립되며 판례 또한 엇갈리고 있습니다.[19] 다만 교통사고조사매뉴얼은 운전자 보다 보행자가 교통법규에 밝지 아니하고 횡단보도의 신호를 믿고 적법하게 횡단을 시작하는 점, 보행 신호등의 녹색 등화의 점멸이 횡단을 신속하게 완료하도록 하고 있는 점 등을 종합적으로 고려하여 특례예외 제6호를 적용하는 긍정설에 무게를 두고 있습니다. 한편 신호등이 설치되지 않은 횡단보도는 보행자가 언제든지 건널수 있는 장소로써 특례예외 제6호의 적용에 문제는 없어 보이며 다만, 보행자가 도로를 횡단할 수 있도록 표시하는 것이 횡단보도이므로 횡단을 목적으로 하지 않는 경우 즉, 횡단보도에 누워있거나 앉아있는 경우, 횡단보도에서 교통정리를 하는 경우, 횡단보도에서 택시를 잡는 경우, 횡단보도에서 화물 하역작업을 하는 경우, 보도에 서 있다가 횡단보도로 넘어진 경우, 가로지르는 경우 등은 특례예외 제6호의 적용의 대상이 아닙니다. 한편 도로교통법 제3조는 도로에서의 위험을 방지하고 교통의 안전과 원활한 소통을 확보하기 위하여 필요하다고 인정하는 경우에는 신호기 및 안전표지를 설치·관리하여야 한다고 규정하면서 그 설치·관리권자를 특별시장·광역시장·제주특별자치도지사 또는 시장·군수(광역시의 군수는 제외한다.)로 규정함으로써 이외의 사람이 설치한 경우는 도로교통법이나 교통사고처리 특례법의 적용을 받는 횡단보도로 볼 수 없어 이 곳에서 교통사고가 발생하더라도 특례예외 제6호의 적용은 불가합니다.

2.4.7. 무면허운전

특례예외 12개 조항 중 유일하게 도로교통법과 함께 법률인 건설기계관리법을 적용하는 조항으로 운전면허 또는 건설기계조종사면허를 받지 아니하거나(효력이 정지중이거

---

19) 긍정설: 대법원 1986. 5. 27. 선고 86도549 판결
    부정설: 대법원 2001. 10. 8. 선고 2001도2939판결

나 운전이 금지중인 때를 포함) 국제운전면허증을 소지하지 아니하고 운전하는 경우 적용하며 운전은 도로(제44조·제45조·제54조 제1항·제148조·제148조의2 및 제156조 제10호의 경우에는 도로 외의 곳을 포함한다)에서 차마 또는 노면전차를 그 본래의 사용방법에 따라 사용하는 것(조종을 포함한다)을 말한다는 정의에 따라 도로에서 운전 또는 조종되는 경우로 한정하여 적용함이 타당합니다. 한편 도로의 성립조건은 형태성, 이용성, 공개성, 교통경찰권 등을 살펴야하는데 2012. 7. 27. 경찰청에서 하달한 교통사고에서의 도로에 관한 기준(교통안전담당관－3822)은 이러한 점을 종합하여 도로의 기준을 제시하고 있으며 이를 바탕으로 특례예외 제7호의 적용여부를 판단하여야 할 것입니다.

도로로 인정되는 곳	도로로 인정되지 않은 곳
• 도로를 진행하던 차량이 도로 옆 공터, 논, 다리 밑 등으로 추락 또는 이탈하여 발생한 사고 • 농로에서 논으로 추락한 경운기 사고 • 통제가 이루어지지 않은 아파트 단지 내 도로 • 출입통제가 이루어지지 않는 병원구내, 시청 등 관공서 주차장 • 농어촌 정비법에 의한 농로, 밭길, 임로 등 차량 통행이 가능한 도로 • 농로 및 임로의 끝지점, 막다른 골목, 마을 앞 길 • 불특정 다수인의 통행이 가능한 사유지 도로(사설도로) • 고수부지 등 하천부지에 형성된 자전거 도로 ※ 지적도상 지목, 자전거도로 고시여부 불문하고 교통에 사용되는 곳 • 기타 일반 공중 및 차량의 출입이 자유로운 장소	• 일반인과 학생의 차량출입이 통제되는 대학구내 ※ 축제·운동회 등으로 차량·사람의 출입을 허용하는 경우 도로로 인정 • 출입이 통제·관리되는 아파트 단지 내 도로 • 아파트 단지 내 건물과 건물사이의 'ㄷ'자 공간으로 진·출입구가 동일하고 주차목적 외 순환통행이 불가능 한 장소 ※ 입·출구가 동일하더라도 주차를 위한 출입 외 순환통행이 가능한 장소제외 • 일반 공중이나 차량 출입이 자유롭지 않은 주차장 • 노상 주차장의 주차구획선 안쪽 • 출입이 통제된 공사현장 • 차량 통행을 통제하고 있는 미개통 도로 • 공사로 통제되어 일반교통에 사용되지 않는 도로의 부분

2.4.8. 음주 및 약물운전

술에 취한 상태에서 자동차, 원동기장치자전거, 건설기계, 노면전차 또는 자전거를 운전하다가 교통사고를 야기하고 음주측정(호흡측정 또는 채혈)을 하였는데 혈중알코올농도 0.03퍼센트 이상인 경우[20])와 마약, 대마 및 향정신성의약품과 화학물질관리법 시행령 제11조에 따른 환각물질[21])의 영향으로 정상적으로 운전하지 못할 우려가 있는 상태에서 운전하다가 교통사고를 야기한 경우에 적용됩니다. 전자는 호흡측정기를 이용하거

---

20) 음주측정거부는 교통사고처리 특례법 제3조 제2항 본문에 포함

21) ① 톨루엔, 초산에틸 또는 메틸알코올, ② ①의 물질이 들어 있는 시너, 접착제, 풍선류 또는 도료, ③ 부탄가스, ④ 이산화질소(의료용으로 사용되는 경우는 제외)

나 혈액을 채취하여 공인된 분석법(국립과학수사연구소의 분석)을 통하여 나온 혈중알코올농도가 0.03퍼센트 이상이면 적용하는 반면 후자는 약물의 영향으로 정상적으로 운전하지 못할 우려가 있는 상태임을 입증해야 합니다.

호흡측정이나 채혈을 못하는 경우나 교통사고 후 상당시간이 경과되어 음주측정한 경우에는 통상 독일계 스웨덴 학자인 위드마크가 창안한 계산방법인 위드마크 공식을 활용하고 있는데 법원은 술의 종류와 음주속도, 음주시 위장에 있는 음식, 평소의 음주 정도 등 다양한 요소들이 있어 평균인과 마찬가지로 쉽게 단정할 수 없으므로 공식적용이 피고인에 불이익한 경우라면 증명력을 인정할 수 없다고 판시[22]하고 있으며 제한적으로 피고인에게 가장 유리한 조건일 경우에 한하여 위드마크 공식에 의한 수치를 인정[23]하고 있으므로 이 공식을 적용함에 있어서는 최종음주 일시 및 장소, 적발시간(운전시간), 측정시간 등을 정확히 확인하여야 합니다.

도로교통법의 목적은 도로에서 일어나는 교통상의 모든 위험과 장애를 방지하고 제거하여 안전하고 원활한 교통을 확보함을 목적으로 하고 있으나 도로 외의 장소에서 음주운전을 하더라도 처벌되지 않고 또한 도로 외 장소에서 음주교통사고를 일으키더라도 특례예외 제8호가 적용되지 않는 것에 대하여 처벌을 강화하여야 한다는 국민적 여론 형성 등에 따라 2010. 7. 27. 도로교통법 제2조 제24호 운전의 정의가 '도로에서 차마를 그 본래의 사용방법에 따라 사용하는 것(조종을 포함한다)을 말한다'에서 '도로(제44조·제45조·제54조 제1항·제148조 및 제148조의2에 한하여 도로 외의 곳을 포함한다)에서 차마를 그 본래의 방법에 따라 사용하는 것(조종을 포함한다)을 말한다'로 개정되어 2011. 1. 24. 부터 시행됨으로써 음주운전은 도로 외의 장소에서도 처벌이 되고 인적피해가 발생하는 교통사고를 일으키는 경우 특례예외 제8호 적용을 받습니다. 이러한 도로 외 음주운전에 대한 처벌이 국민의 기본권을 과도하게 침해하고 있다며 대구지방법원 경주지원에서 재판중인 사건에 대하여(2012고단943) 직권으로 제기한 위헌법률심판제청에 대하여 헌법재판소에서는 다음과 같은 사유로 합헌결정하였습니다.

> **헌법재판소 2016. 2. 25 자 2015헌가11 결정**
>
> 가. 심판대상조항에 규정된 '도로 외의 곳'이란 '도로 외의 모든 곳 가운데 자동차등을 그 본래의 사용방법에 따라 사용할 수 있는 공간'으로 해석할 수 있다. 따라서 심판대상조항이 죄형법정주의의 명확성원칙에 위배된다고 할 수 없다.

---

22) 대법원 2008. 8. 21. 선고 2008도5531 판결, 대법원 2005. 7. 14. 선고 2005도3298 판결 등
23) 대법원 2000. 11. 10. 선고 2000도860 판결

나. 심판대상조항의 입법목적은 도로 외의 곳에서 일어나는 음주운전으로 인한 사고의 위험을 방지하여 국민의 생명과 안전, 재산을 보호하고자 하는 것이다. 이러한 입법목적의 정당성은 충분히 인정되고, 심판대상조항이 장소를 불문하고 음주운전을 금지하고 위반할 경우 처벌함으로써 입법목적을 달성하는데 기여하므로 수단의 적합성도 인정된다. 음주운전의 경우 운전조작능력과 상황대처능력이 저하되어 일반 교통에 제공되지 않는 장소에 진입하거나 그 장소에서 주행할 가능성이 음주운전이 아닌 경우에 비하여 상대적으로 높다. 따라서 구체적 장소를 열거하거나 일부 장소만으로 한정하여서는 음주운전으로 인한 교통사고를 강력히 억제하려는 입법목적을 달성하기 어렵다. 음주운전은 사고의 위험성이 높고 그로 인한 피해도 심각하며 반복의 위험성도 높다는 점에서 음주운전으로 인한 교통사고의 위험을 방지할 필요성은 절실한 반면, 그로 인하여 제한되는 사익은 도로 외의 곳에서 음주운전을 할 수 있는 자유로서 인격과 관련성이 있다거나 사회적 가치가 높은 이익이라 할 수 없으므로 법익의 균형성 또한 인정된다. 따라서 심판대상조항은 일반적 행동의 자유를 침해하지 아니한다.

다. 자동차의 음주운전은 사람의 왕래나 물건의 운반을 위한 장소적 이동을 수반하는 개념으로서, 다른 기계 기구의 음주운전 행위와는 공공의 위험발생 가능성, 위험의 크기 및 경찰권 개입의 필요성에 현저한 차이가 있다. 양자는 도로교통법 및 심판대상조항의 의미와 목적에 비추어 볼 때 본질적으로 같은 집단이라 할 수 없으므로 차별취급의 문제가 발생하지 않는다. 따라서 심판대상조항은 평등원칙에 반하지 않는다.

[재판관 김이수, 재판관 서기석의 반대의견]
음주운전에 대한 형사처벌은 그 장소적 범위를 '도로 외의 곳'으로 확장할 필요가 있다 하더라도, 안전하고 원활한 교통을 확보할 필요가 있는 장소로 제한해야 할 것이므로, ○○아파트 단지 등 교통사고의 위험성이 높은 곳을 구체적으로 열거하거나, '도로 외의 곳' 문구 다음에 '중 안전하고 원활한 교통을 확보할 필요가 있는 장소'라는 문구를 부가하는 등 기본권을 보다 덜 제약하는 방법을 택해야 하며, 또 이와 같은 방법으로도 그 입법목적을 충분히 달성할 수 있다. 사적인 공간에서의 교통사고로 인하여 발생할 수 있는 타인의 신체 또는 물건에 대한 극히 희박한 위험을 방지하고자 하는 공익이 심판대상조항에 의하여 제한되는 일반적 행동의 자유보다 반드시 우월하다고 단정할 수는 없다. 따라서 심판대상조항은 과잉금지원칙에 반하여 일반적 행동의 자유를 침해한다.

한편 음주운전으로 인한 교통사고가 급증하는 추세에 있고 음주운전으로 인해 사망하거나 부상하는 자의 수도 늘고 있으나 교통사고처리 특례법 상 음주운전사고에 대한 처벌규정은 미약하여 음주운전이 줄어들지 않고 있음에 따라 음주 또는 약물의 영향으로 정상적인 운전이 곤란한 상태에서 자동차(원동기장치자전거)를 운전하여 사람을 상해에 이르게 한 사람은 10년 이하의 징역 또는 5백만 원 이상 3천만 원 이하의 벌금에 처하고 사망에 이르게 한 사람은 1년 이상의 유기징역에 처하도록 특정범죄 가중처벌 등에 관한 법률에 위험운전치사상죄를 2007. 12. 21.부터 신설 시행하였으며 이후에 음주 또는 약물의 영향으로 정상적인 운전이 곤란한 상태에서 자동차를 운전하여 사람을 상해 또는 사망에 이르게 한 사람의 법정형을 치상의 경우 현행 "10년 이하의 징역 또는 5백만 원 이상 3천만 원 이하의 벌금"을 "1년 이상 15년 이하의 징역 또는 1천만 원 이상 3천만 원 이하의 벌금"으로, 치사의 경우 현행 "1년 이상의 유기징역"을 "무기 또는 3년 이상의 징역"으로 상향 조정함으로써 실효성을 제고하고 아울러 음주운전에 대한 경각심을 높이며, 국민의 법감정에 부합하는 제도를 마련하기 위해서 2018. 12. 18. 개정되어 현재에 이르고 있는데 자세한 내용은 교통사고의 가중처벌에서 자세히 다루도록 하겠습니다.

2.4.9. 보도침범

보도는 연석선, 안전표지나 그와 비슷한 인공구조물로 경계를 표시하여 보행자(유모차와 행정안전부령으로 정하는 보행보조용 의자차를 포함한다)가 통행할 수 있도록 한 도로의 부분을 말하며 이를 침범하거나 보도 횡단방법을 위반하여 운전하다가 보행자와 사고가 발생하는 경우에 적용하므로 보호객체는 특례예외 제6호와 동일하게 보행자로 한정하고 설치·관리권자가 설치한 것에만 적용합니다. 다만 횡단보도는 횡단의 목적이 있어야만 적용이 가능하나 특례예외 제9호는 특별한 사정이 없는 한 보도에 있는 보행자 모두에게 적용이 가능합니다.

2.4.10. 승객추락방지의무위반

운전 중 타고 있는 사람 또는 타고 내리는 사람이 떨어지지 아니하도록 하기 위하여 문을 정확히 여닫는 등 필요한 조치를 할 주의의무를 다하지 않은 상태에서 승객이 추락하여 다친 경우에 적용하며 여닫는 문이 없는 이륜자동차(원동기장치자전거 포함) 및 자전거 등은 적용대상으로 보기 어렵습니다. 한편 법원은 승객의 추락방지 의무를 위반하여 운전한 경우라 함은 도로교통법 제35조 제2항에서 규정하고 있는대로 차의 운전자가 타고 있는 사람 또는 타고 내리는 사람이 떨어지지 아니하도록 하기 위하여 필요한 조치를 하여야 할 의무를 위반하여 운전한 경우를 말하는 것이 분명하고 차의 운전자가 문을 여닫는 과정에서 발생한 일체의 주의의무를 위반한 경우를 의미하는 것은 아니라고 할 것이므로 이 사건에 있어서와 같이 승객이 차에서 내려 도로 상에 발을 딛고 선 뒤에 일어난 사고는 승객의 추락방지의무를 위반하여 운전함으로써 일어난 사고에 해당하지 아니한다고 판시[24]하였습니다.

---

24) 대법원 1997. 6. 13. 선고 96도3266 판결

교통사고처리 특례법에서 승객이라는 표현으로 인하여 이 의미가 여객운수사업법에 따른 자동차의 승객만을 의미하는 것인지 여부와 한 발은 차안에 있고 다른 발은 지면에 닿고 있다가 차가 출발하여 떨어진 경우 적용 여부가 논란이 있었으나 경찰청에서는 전자에 대하여 도로교통법 제39조 제2항은 모든 차 또는 노면전차의 운전자에게 부여된 의무이므로 굳이 버스나 택시의 승객으로 한정할 이유가 없고 후자에 대하여 두 발을 딛고 지면에 선 상태가 아니라는 점을 이유로 승객추락방지의무를 다하였다고 보기 어렵다는 취지의 질의회시(2011. 12. 10. 교통안전담당관－6436)로 이를 정리하였습니다.

2.4.11. 어린이보호구역

어린이보호구역 교통사고는 시행 초기에 지방청별로 처리 기준이 달라 경찰청에서 처리 기준을 하달하였는데 그 내용을 살펴보면 ① 제한속도(시속 30킬로미터 이내)를 시속 1킬로미터라고 초과하여 운전 중 어린이의 신체를 상해에 이르게 한 경우로 한정하고, ② 특례예외 다른 조항과 동시에 위반하여 사고를 야기한 경우 해당규정 모두를 적용하며(예: 신호위반과 속도위반의 경우 특례예외 제1호 및 제11호 적용), ③ 어린이보호구역 운영시간에 대한 표시가 없는 곳은 전일 운영되므로 단속·규제시간에 따라 달리 적용하는 사례가 없도록 하고, ④ 보호대상 어린이는 도로교통법의 기준에 따른 13세 미만의 사람으로 보행자 또는 자전거를 타고 있는 어린이 등이며(2011. 6. 30. 교통안전담당관－3188). 이후에 어린이 안전에 유의하면서 운전하여야 할 의무를 위반한 경우도 적용하도록 수정 지침이 하달되었습니다(2012. 7. 25. 교통안전담당관－3766). 결국 특례예외 제11호는 장소적인 요건에서 어린이 보호구역이어야 하고 보호객체는 13세 미만의 사람인 어린이(자전거를 탄 어린이 포함), 그리고 운전자의 위반행위는 속도위반뿐만아니라 어린이 안전에 유의하면서 운전하여야 할 의무를 위반한 경우도 포함하여 적용합니다.

2019. 9. 11. 아산의 한 어린이보호구역에서 발생한 교통사고가 사회적으로 이슈가 되면서 교통사고의 위험으로부터 어린이를 보호하기 위하여 자동차(원동기장치자전거를 포함한다)의 운전자가 어린이 보호구역에서 도로교통법 제12조 제3항을 위반하여 어린이에게 교통사고처리 특례법 제3조 제1항의 죄를 범한 경우 가중처벌할 수 있도록 2020. 3. 25.부터 특정범죄 가중처벌 등에 관한 법률로 어린이보호구역에서 어린이 치사상의 가중처벌이 신설 시행되었는데 사망에 이르게 한 경우 무기 또는 3년 이상의 징역, 상해에 이르게 한 경우는 1년 이상 15년 이하의 징역 또는 5백만 원 이상 3천만 원 이하의 벌금에 처하도록 규정하고 있습니다. 이에 대해서는 교통사고의 가중처벌에서 자세히 다루도록 하겠습니다.

2.4.12. 화물조치위반

도로교통법에서 운전 중 자동차의 화물 낙하를 방지하기 위해 필요한 조치를 하도록 규정하고 있음에도 불구하고 자동차의 낙화물 발생건수는 고속도로에서만 연간 20만건 이상으로 집계되고 있으며 이러한 낙화물은 다수의 교통사고의 원인이 되어 국민의 생명과 재산의 피해를 발생시키고 있음에 따라 자동차의 화물이 떨어지지 아니하도록 필요한 조치를 하지 아니하고 운전하여 업무상과실치상죄 또는 중과실치상죄를 범한 경우에는 피해자의 의사에 상관없이 공소를 제기할 수 있도록 하여 가해자에 대한 처벌을 강화하기 위해서[25] 2017. 12. 3.부터 신설 시행되고 있습니다.

다른 특례예외 조항과 달리 법문 상 자동차의 화물이 떨어지지 아니하도록 필요한 조치를 하지 아니하고 운전한 경우로 구성하고 있어 적용대상은 자동차로 한정하고 원동기장치자전거는 포함되지 않는다고 보는 것이 타당합니다.[26] 다만, 도로교통법이나 교통사고처리 특례법에서 화물의 정의를 규정하고 있지 않아 그 기준이 모호한데 국립국어원 표준국어대사전에는 그 뜻이 운반할 수 있는 유형의 재화나 물품을 통틀어 일컫는 말로 되어 있고 도로교통법 제39조 제4항에 '실은 화물'이라는 표현으로 미루어 볼때에 자동차에 이동의 목적으로 실은 물품이라는 것을 미루어 짐작이 가능합니다.[27] 그러나 실무적으로 화물칸에 일부 남아 있는 자갈 등이 떨어진 때, 자동차의 일부 부품(예를 들면 화물칸에 비치해 놓은 삽, 판스프링 등)이 떨어진 때 등은 이동의 목적으로 실은 물품에 해당하지 않아 이런 것들이 떨어져 교통사고가 발생하는 경우에 특례예외 제12호의 적용 여부가 고려되어야 할 것이며 또한 화물이 떨어지고 바로 교통사고가 발생한 경우라면 적용에 크게 문제가 없어 보이나 상당시간이 경과한 후에 교통사고가 발생한 경우에 특례예외 제12호의 적용 여부는 고려되어야 할 것으로 보입니다.

✔ **CHECK POINT**

➡ 특례예외 12개 항목은 처벌의 특례와 보험의 특례가 적용되지 않아 형사처벌의 대상임을 꼭 기억해야 합니다. 다시 한번 살펴보면 신호(지시)위반, 중앙선침범, 속도위반, 앞지르기위반, 철길건널목위반, 보행자보호의무위반, 무면허운전, 음주 및 약물운전, 보도침범, 승객추락방지의무위반, 어린이보호구역, 그리고 화물조치위반입니다.

---

25) 교통사고처리 특례법 일부개정법률안(의안번호 – 1077) 제안이유 및 주요내용 발췌
26) 경찰청 교통안전과 – 7522(2017. 12. 5.) 교통사고처리 특례법 개정안 시행에 따른 업무처리 지침 하달
27) 화물자동차운수사업법령에 화물의 기준을 제시하고 있으나 이는 여객자동차 운송사업용 자동차에 싣기 부적합한 것으로 표현하고 있어 이를 토대로 모든 자동차에 적용하는 교통사고처리 특례법의 화물 기준을 정하는 것은 합리적이지 않음

☑ 자동차와 원동기장치자전거의 운전자는 음주 및 약물운전으로 교통사고를 일으키거나 어린이 보호구역에서 어린이와 교통사고를 일으키는 경우는 특정범죄 가중처벌 등에 관한 법률이 적용되어 가중처벌되므로 유의하여야 합니다.

2.5. 교통사고의 가중처벌

특정범죄에 대한 가중처벌 등을 규정함으로서 건전한 사회질서의 유지와 국민경제의 발전에 이바지함을 목적으로 한 특정범죄 가중처벌 등에 관한 법률은 1966. 2. 23. 제정되어 1966. 3. 26. 시행되었으며 교통사고에 있어서는 도주차량운전자 등 죄질이 극악한 범죄를 가중처벌함으로써 이들 범죄에 대한 일반경계적 실효를 거둠과 아울러 건전한 사회질서유지와 국민기강의 확립을 기하려는 목적으로 그 죄질에 따라 사형까지 처할수 있도록 1973. 2. 24. 신설되어 1973. 3. 27. 시행되었고 이후에 위험운전치사상, 어린이보호구역에서의 어린이 치사상에 대한 가중처벌들이 신설되어 교통사고의 가중처벌은

▌교통사고 가중처벌 유형

조항	명칭	위반 행위 및 법정형
제5조의3	도주차량운전자의 가중처벌	• 인적피해 교통사고를 일으킨 운전자가 도로교통법 제54조 제1항에 따른 피해자를 구호하는 등의 조치를 하지 아니하고 도주하는 경우 - 사망: 무기 또는 5년 이상의 징역 - 상해: 1년 이상의 유기징역 또는 5백만 원 이상 3천만 원 이하의 벌금 - 유기도주 사망: 사형, 무기 또는 5년 이상의 징역 - 유기도주 상해: 3년 이상의 유기징역
제5조의11	위험운전치사상	• 음주 또는 약물의 영향으로 정상적인 운전이 곤란한 상태에서 운전하다가 교통사고를 일으킨 경우 - 사망: 무기 또는 3년 이상의 징역 - 상해: 1년 이상 15년 이하의 징역 또는 1천만 원 이상 3천만 원 이하의 벌금
제5조의13	어린이보호구역에서 어린이치사상의 가중처벌	• 어린이보호구역에서 속도위반을 하거나 어린이의 안전에 유의하면서 운전하여야 할 의무를 위반하여 어린이(자전거나 킥보드 탄 어린이 포함)와 교통사고를 야기한 경우 - 사망: 무기 또는 3년 이상의 징역 - 상해: 1년 이상 15년 이하의 징역 또는 5백만 원 이상 3천만 원 이하의 벌금

총 3가지 유형이 있으며 적용 대상은 자동차와 원동기장치자전거의 운전자입니다.

2.5.1. 도주차량 운전자의 가중처벌

특정범죄 가중처벌 등에 관한 법률 상의 도주라 함은 사고운전자가 사고로 말미암아 피해자가 사상을 당한 사실을 인식하였음에도 불구하고 즉시 정차하여 피해자를 구호하는 등 '도로교통법 제54조 제1항의 규정에 의한 조치'를 취하지 아니하고 사고장소를 이탈하여 사고를 낸 사람이 누구인지 확정될 수 없는 상태를 초래하는 경우를 의미한다는 판례의 취지[28]를 정리해 보면 도주는 ① 피해자가 사상을 당한 사실을 인식하였는지 여부, ② 도로교통법 제54조 제1항의 규정에 따른 구호조치 여부, ③ 사고장소를 이탈, ④ 교통사고를 낸 사람을 확정할 수 없는 상태 등을 고려하여 판단해야 할 것입니다.

교통사고가 난 사실을 인식하였는지 여부는 확정적 고의여만 하느냐가 논란의 여지가 있는데 법원은 피고인이 사고사실을 분명하게 알지 못하였다 하여도 제1심 법정에서 자백한 바와 같이 피고인은 사고당시 무엇인가의 물체를 충격하였다는 점을 알았고 피고인이 차에서 내려 직접 확인하였더라면 쉽게 사고사실을 알 수 있었는데도 그러한 조치를 취하지 아니한 채 별일 아닌 것으로 생각하고 그대로 사고현장을 이탈한 것이므로 앞서 본 법리에 비추어 피고인에게는 미필적으로라도 사고의 발생사실을 알고 도주할 의사가 있었다고 보아야 할 것이니 피고인의 도주의사는 넉넉히 인정된다고 판시하였습니다.[29]

도로교통법 제54조 제1항은 교통사고가 발생한 경우에는 차 또는 노면전차의 운전자나 그 밖의 승무원은 즉시 정차하여 사상자를 구호하는 등 필요한 조치를 하거나 피해자에게 인적사항(성명·전화번호·주소 등을 말한다)을 제공하도록 규정하고 있습니다. 법원은 도로교통법 제54조 제1항의 취지는 도로에서 일어나는 교통상의 위험과 장해를 방지·제거하여 안전하고 원활한 교통을 확보하기 위한 것으로서 피해자의 피해를 회복시켜 주기 위한 것이 아니고 이 경우 운전자가 취하여야 할 조치는 사고의 내용과 피해의 정도 등 구체적으로 상황에 따라 적절히 강구되어야 하고 그 정도는 건전한 양식에 비추어 통상 요구되는 정도의 조치를 말한다 할 것이다. ~중략~ 그럼에도 불구하고, 원심이 위 교통사고가 경미한 접촉사고에 불과하여 피고인이 사고현장을 이탈할 당시 교통상의 위험과 장해를 방지·제거하여 안전하고 원활한 교통을 확보하기 위한 조치를

---

28) 대법원 1996. 4. 9. 선고 96도252 판결, 대법원 2002. 1. 11. 선고 2001도5369 판결, 대법원 2004. 3. 12. 선고 2004도250 판결, 대법원 2011. 3. 10. 선고 2010도16027 판결 등 참조

29) 대법원 2000. 3. 28. 선고 99도5023 판결

취할 필요가 있었다고 보기 어렵다는 이유로 위 공소사실에 대하여 무죄를 선고한 것은 도로교통법 제148조, 제54조 제1항에 관한 법리를 오해하는 등으로 판결 결과에 영향을 미친 위법을 저지른 것이라고 할 것이다 판시하면서 사상자의 구호조치의 기준을 제시하였습니다.[30] 한편 도로교통법 제54조 제1항의 의무가 가해차 운전자에게만 부과된 것인가를 살펴보면 법원에서는 교통사고발생시의 구호조치의무 및 신고의무는 차의 교통으로 인하여 사람을 사상하거나 물건을 손괴한 때에 운전자 등으로 하여금 교통사고로 인한 사상자를 구호하는 등 필요한 조치를 신속히 취하게 하고, 또 속히 경찰관에게 교통사고의 발생을 알려서 피해자의 구호, 교통질서의 회복 등에 관하여 적절한 조치를 취하게 하기 위한 방법으로 부과된 것이므로 교통사고의 결과가 피해자의 구호 및 교통질서의 회복을 위한 조치가 필요한 상황인 이상 그 의무는 교통사고를 발생시킨 당해 차량의 운전자에게 그 사고발생에 있어서 고의·과실 혹은 유책·위법의 유무에 관계없이 부과된 의무라고 해석함이 상당할 것이므로 당해 사고에 있어 귀책사유가 없는 경우에도 위 의무가 없다 할 수 없고, 또 위 의무는 신고의무에만 한정되는 것이 아니므로 타인에게 신고를 부탁하고 현장을 이탈하였다고 하여 위 의무를 다한 것이라고 말할 수는 없다 할 것이다라고 판시하였는데 이는 교통사고 관련 운전자 모두에게 부여된 의무라고 판단한 것으로 보입니다. 다만, 도주차량의 가중처벌은 형법 제268조의 죄를 범한 해당차량의 운전자를 구성요건으로 하고 있으므로 과실이 없는 피해차량의 운전자는 형법 제268조의 죄를 범한 운전자라고 볼 수 없으므로 특정범죄 가중처벌 등에 관한 법률의 적용은 곤란하고 도로교통법 제54조 제1항의 규정에 의한 조치를 취하지 아니한 때에 해당되어 같은법 제148조에 따라 5년 이하의 징역이나 1천5백만 원 이하의 벌금의 처벌을 받게 되고 주·정차된 차만 손괴한 것이 분명한 경우 피해자에게 인적사항을 제공하지 아니한 경우에는 20만 원 이하의 벌금이나 구류 또는 과료의 처벌을 받게 됩니다(범칙행위 특례에 따라 통고처분: 승합자동차등 – 13만 원, 승용자동차등 – 12만 원, 이륜자동차등 – 8만 원).

　　사고장소의 이탈에 대한 판단과 교통사고를 낸 사람을 확정할 수 없는 상태는 함께 살펴보아야 필요가 있는데 각각의 사안별로 법원의 판단은 엇갈리는데 이를 정리하면 다음과 같습니다.

---

30) 대법원 2008. 10. 9. 선고 2008도3078 판결

도주한 때로 본 경우	도주한 때로 보지 않은 경우
• 사고 운전자가 사고 목격자에게 단순히 사고처리를 부탁만하고 구호조치가 이루어지기전에 사고현장을 이탈한 사안에서 도로교통법에 규정된 조치를 취하였다고 볼수 없다.(대법원 2005. 12. 9. 선고 2005도5981 판결) • 사고 후 피해자에게 명함을 주고 부근의 택시 기사에게 피해자를 이송하여 줄 것을 요청하였으나 경찰관이 온 후 병원으로 가겠다는 피해자의 거부로 병원으로 이송되지 아니한 사이에 경찰관이 현장에 도착한 것으로 피해자 병원 이송 및 경찰관의 사고현장 도착 이전에 사고 운전자가 현장을 이탈한 경우 도주한 때에 해당한다.(대법원 2004. 3. 12. 선고 2004도250 판결) • 사고운전자가 사고로 인하여 피해자가 사상을 당한 사실을 인식하였음에도 불구하고 피해자를 구하는 등 규정된 의무를 이행하기 이전에 사고현장을 이탈하였다면 사고 운전자가 사고현장을 이탈하기 전에 피해자에 대하여 자신의 신원을 확인할 수 있는 자료를 제공하여 주었다고 하더라도 도주한 때에 해당한다(대법원 2002. 1. 11. 선고 2001도5369 판결) • 교통사고 후 피해자와 경찰서에 신고하러 가다가 음주운전이 발각될 것이 두려워 피해자가 경찰서에 들어간 후 그냥 돌아간 경우 도주한 때에 해당한다(대법원 1996. 4. 9. 선고 96도252 판결)	• 사고 운전자가 교통사고 현장에서 동승자로 하여금 사고차량의 운전자라고 허위 신고하도록 하였더라도 사고장소에서 보험회사에 사고접수를 하고 경찰관에게 위 차량이 가해차량임을 밝히며 경찰관의 요구에 따라 동승자와 함께 조사를 받은 후 이틀 후 자진하여 경찰에 출두하여 자수한 경우 도주한 때에 해당하지 않는다(대법원 2009. 6. 11. 선고 2008도8627 판결) • 교통사고 후 사고 현장으로부터 약 400미터 이동하여 정차하였고 그로 인하여 현장조치를 제대로 이행하지 못한 사안에서 교통사고의 발생 경위, 도로여건 등에 비추어 불가항력적 2차사고 예방을 위해 주차공간을 찾아 이동하였다면 도주의 범의가 있었다고 보기 어렵다(대법원 2006. 9. 28. 선고 2006도3441 판결) • 다방종업원인 운전자가 사고 후 즉시 피해자를 병원으로 후송한 다음 다방으로 돌아와서 주인에게 사고 사실을 알리고 파출소에 교통사고 신고를 한 후 자진 출석하여 조사를 받았고 운전자의 일행이 운전자를 대신하여 그들의 인적사항을 피해자에게 알린 경우 도주의 의사를 인정하기 어렵다(대법원 2000. 5. 12. 선고 2000도1038 판결) • 교통사고 운전자가 사고현장에서 다친 곳이 없다고 말한 피해자와 합의 중 경찰차의 사이렌 소리가 들리자 피해자에게 자신의 운전면허증을 건네주고 가버린 경우 도주에 해당하지 않는다(대법원 1997. 7. 11. 선고 97도 1024 판결)

결국 도주차량 운전자의 가중처벌은 사고의 경위와 내용, 피해자의 나이와 상해의 부위 및 정도, 사고 뒤의 정황 등을 종합적으로 고려하여 피해자를 구호하는 등의 조치를 취할 필요가 있었다고 인정되는 때에 적용하는 것이 타당할 것으로 보입니다. 끝으로 도주에 대한 4가지 고려요소 외에도 상해의 정도에 따라 도주차량 적용에 영향을 미치는데 실무적으로 교통사고 발생 후 시일이 경과한 후에 병원에 가는 경우, 현장에서 아프지 않다고 진술한 경우 등은 도주차량 적용이 곤란하다고 판단됩니다.

2.5.2. 위험운전치사상

음주운전으로 인한 교통사고가 급증하는 추세에 있고 음주운전으로 인해 사망하거나 부상하는 사람의 수도 늘고 있으나 교통사고처리 특례법의 처벌규정은 미약하여 음주운전이 줄어들지 않고 있음에 따라 특정범죄 가중처벌 등에 관한 법률에 위험운전치사상죄를 음주 또는 약물의 영향으로 정상적 운전이 곤란한 상태에서 자동차(원동기장치자전거 포함)를 운전하여 사람을 상해에 이르게 한 사람에 대하여 10년 이하의 징역 또는 5백만 원 이상 3천만 원 이하의 벌금에 처하고 사망에 이르게 한 사람은 1년 이상의 유기징역에 처하도록 2007. 12. 21.부터 신설하여 시행하고 있습니다. 그러나 이후에도 음주운전에 대한 운전자의 인식 개선이 제대로 되지 않고 여전히 음주운전으로 인한 교통사고의 발생이 일어나고 있는 상황에서 2018. 9. 25. 부산에서 발생한 음주운전 교통사고가 청와대 국민청원을 통해 알려지면서 처벌을 강화해야 한다는 여론이 형성되었고 나아가 대통령께서도 수석보좌관회의에서 직접 답변을 통해 음주운전에 대한 처벌이 엄중하지 않기 때문이라고 볼 수 있다면서 재범 가능성이 높은 음주운전 특성상 초범이라도 처벌을 강화하고 강력한 재발 방지 대책을 마련하도록 지시하였습니다. 이에 따라 2018. 12. 18. 특정범죄 가중처벌 등에 관한 법률을 개정하면서 상해에 이르게 한 경우는 1년 이상 15년 이하의 징역 또는 1천만 원 이상 3천만 원 이하의 벌금에 처하고 사망에 이르게 한 경우는 무기 또는 3년 이상의 징역에 처하도록 처벌을 강화하여 현재에 이르고 있습니다.

교통사고처리 특례법 특례예외 제8호는 도로교통법 제44조 제1항을 위반하여 술에 취한 상태로 운전을 하는 경우 적용하는 것으로 혈중알코올농도 0.03퍼센트 이상인 경우 적용대상이나 이와 달리 위험운전치사상은 음주의 영향으로 정상적 운전이 곤란한 상태이어야 하는데 이에 대한 법률적 정의가 없어 혈중알코올농도가 어느 정도인지 정상적 운전이라는 것이 어떤 상황인지에 대한 논란의 소지가 많았으나 다행스럽게 이러한 점에 대해서는 정상적 운전이 곤란한 상태가 명확하지 아니하여 위헌이라고 인정할 만한 상당한 이유가 있다고 하여 울산지방법원에서 위헌법률 심판제청을 하였고 헌법재판소에서 합헌으로 결정한 적이 있으며 그 내용은 다음과 같습니다.

> **헌법재판소 2009. 5. 28 자 2008헌가11 결정**
>
> 이 사건 법률조항이 가중처벌의 근거로 삼고있는 "음주의 영향으로 정상적인 운전이 곤란한 상태에서 자동차를 운전하여"란 음주로 인하여 운전자가 현실적으로 전방 주시력, 운동능력이 저하되

고 판단력이 흐려짐으로써 도로교통법상 운전에 요구되는 주의의무를 다할 수 없거나, 자동차의 운전에 필수적인 조향 및 제동장치, 등화장치 등의 기계장치의 조작방법 등을 준수하지 못하게 되는 경우를 의미하는 것이므로 그 개념이 불명확하다고 할 수 없고, 알코올이 사람에 미치는 영향은 사람에 따라 다르므로 "정상적인 운전이 곤란한 상태"에 해당되는지 여부는 구체적인 교통사고에 관하여 운전자의 주취정도 뿐만 아니라 알코올 냄새, 말할 때 혀가 꼬부라졌는지 여부, 똑바로 걸을수 있는지 여부, 교통사고 전후의 행태 등과 같은 운전자의 상태 및 교통사고의 발생 경위, 교통상황에 대한 주의력 · 반응속도 · 운동능력이 저하된 정도, 자동차 운전장치의 조작을 제대로 조절했는지 여부 등을 종합하여 판단하여야 하므로 이 사건 법률조항이 주취의 정도를 명확한 수치로 규정하지 않았다고 하여 형사처벌요건이 갖추어야 할 명확성의 요건을 충족시키지 못하였다고 보기도 어렵다.

한편, 대법원은 '특정범죄 가중처벌 등에 관한 법률' 제5조의11 위반죄를 업무상과실치사상죄의 일종(2008도7143)이라고 판시하는바, 이는 정상적인 운전이 곤란한 상태에서 자동차를 운전하였더라도 그러한 위험운전을 하기만 하면 사람을 사상에 이르게 한 교통사고에 대하여 과실이 없는 경우에도 처벌할 수 있는 것이 아니라 사상(死傷)의 결과에 대하여 과실이 있어야 처벌 할 수 있다는 취지로 이해되고, 이러한 해석은 이 사건 법률조항의 범죄요건을 체계적 · 합리적으로 해석한 것이라고 할 것이다. 이러한 해석에 의하면 이 사건 법률조항은 위험운전행위를 한 경우에도 사람의 사상의 결과에 대한 과실을 범죄구성요건으로 하는 취지라고 할 것이므로, '자동차운전 업무상의 과실'을 요건으로 명시하지 아니하였다고 하여 이를 불명확하다고 볼 수도 없다.

이런 법률적 배경을 토대로 경찰청에서는 각 시 · 도 경찰청에서 음주운전 교통사고에 대한 균질되고 통일된 사건처리를 위해 위험운전치사상죄의 적용 기준을 하달[31]하였는데 그 내용을 살펴보면 위험운전치사상죄를 적용하기 위해서 고려할 수 있는 판단기준을 ① 음주측정 결과 등, ② 피해정도, ③ 사고 전 · 후 경위, ④ 사고내용, ⑤ 운전자 상태, ⑥ 운전자 외관 등 6개의 항목으로 분류하였고 또한 6개의 판단기준 항목에 따라 구체적 적용 가이드라인을 제시하였습니다.

물론 가이드라인이 절대적인 것은 아니라 개별 사건에서 나타나는 별도의 사정이 있는 경우에는 이를 종합적으로 고려하여 적용여부를 판단하여야겠으나 교통사고조사 시에 정상적인 운전이 곤란했다는 증거와 정황자료(예를 들면 관련자 진술 및 영상자료 등)를 필수적으로 확보하여 수사기록에 첨부하고 현장출동 경찰관에게 음주측정 당시 상황, 운전자의 협조 여부, 주취운전자 정황진술보고서 등을 명확하게 작성하도록 요청해 음주운전 교통사고를 일으킨 운전자에 대하여 엄정한 법집행이 가능하도록 해야겠습니다.

---

31) 경찰청 교통안전과－1993(2020. 4. 3.) 특가법 상 위험운전치사상죄 적용기준 알림

▌특가법 상 위험운전치사상죄 적용* 가이드라인

* 적용 여부 판단 시 검토 필요성 유무에 따라 ○, ×로 구분

판단 항목	①음주측정결과 (혈중알콜농도)	②피해정도	③사고경위	④사고내용	⑤운전자 상태	⑥운전자 외관
세부 검토 기준	0.2% 이상	피해상태 불문	×	×	×	×
	0.2% 미만~ 0.08% 이상	사망 · 중상해 8주 이상	×	×	×	×
		8주 미만	○	○	×	×
	0.08% 미만~ 0.03% 이상	사망 · 중상해 8주 이상	○	○	×	×
		8주 미만~ 4주 이상	○	○	○	×
		4주 미만	○	○	○	○

한편 죄수관계를 살펴보면 특정범죄 가중처벌 등에 관한 법률상 위험운전치사상죄와 도로교통법상 음주운전죄는 입법 취지와 보호법익 및 적용영역을 달리하는 별개의 범죄이므로 양 죄가 모두 성립하는 경우 두 죄는 실체적 경합관계에 있다고 법원에서 판시[32]하였고 또한 음주로 인한 특정범죄 가중처벌 등에 관한 법률 위반죄는 그 입법취지와 문언에 비추어 볼 때 주취상태의 자동차 운전으로 인한 교통사고가 빈발하고 그로 인한 피해자의 생명·신체에 대한 피해가 중대할 뿐만 아니라 사고발생 전 상태로의 회복이 불가능하거나 쉽지 않은 점 등의 사정을 고려하여 형법 제268조에서 규정하고 있는 업무상과실치사상죄의 특례를 규정하여 가중처벌함으로써 피해자의 생명·신체의 안전이라는 개인적 법익을 보호하기 위한 것이므로 그 죄가 성립하는 때에는 차의 운전자가 형법 제268조의 죄를 범한 것을 내용으로 하는 교통사고처리 특례법 위반죄는 그 죄에 흡수되어 별죄를 구성하지 않는다고 판시[33]하였으며 음주 또는 약물의 영향으로 정상적인 운전이 곤란한 상태에서 자동차를 운전하여 사람을 상해에 이르게 함과 동시에 다른 사람의 재물을 손괴한 때에는 특정범죄 가중처벌 등에 관한 법률 위반죄 외에 업무상 과실재물손괴로 인한 도로교통법위반죄가 성립하고 위 두 죄는 1개의 운전행위로 인한 것으로서 상상적 경합관계에 있다고 판시하였습니다. 마지막으로 도주차량 운전자의 가중처벌과의 관계는 법 시행 초기 연구 논문[34]에는 위험운전치사상죄를 범한 운전자가 도

---

32) 대법원 2008. 11. 13. 선고 2008도7143 판결
33) 대법원 2008. 12. 11. 선고 2008도9182 판결

주한 경우 도주차량죄만 성립하고 따라 위험운전치사상죄는 성립하지 않는 흡수관계로 보았으나 2019. 10. 17. 청주지방법원은 ① 법조경합은 1개의 행위가 외관상 수개의 죄의 구성요건에 해당하는 것처럼 보이나 실질적으로 1죄만을 구성하는 경우를 말하며, 실질적으로 1죄인가 또는 수죄인가는 구성요건적 평가와 보호법익의 측면에서 고찰하여 판단하여야 한다(대법원 2004. 1. 15. 선고 2001도1429 판결, 1998. 3. 24. 선고 97도2956 판결 등 참조)., ② 한편, 이른바 '불가벌적 수반행위'란 법조경합의 한 형태인 흡수관계에 속하는 것으로서 행위자가 특정한 죄를 범하면 비록 논리 필연적인 것은 아니지만 일반적·전형적으로 다른 구성요건을 충족하고 이 때 그 구성요건의 불법이나 책임의 내용이 주된 범죄에 비하여 경미하기 때문에 처벌이 별도로 고려되지 않는 경우를 말한다(대법원 2012. 10. 11. 선고 2012도1895 판결)는 두 가지의 법리에 비추어 볼때에 음주로 인한 위험운전치사죄는 교통사고처리 특례법위반죄와 달리 도주치사죄에 포함된다거나 불가벌적 수반행위로서 흡수관계에 있다고 할 수 없다고 판시하면서 실체적 경합관계로 판결하였습니다.

2.5.3. 어린이보호구역에서의 어린이치사상의 가중처벌

도로교통법상 어린이보호구역의 정의는 없으나 같은법 제12조 제1항은 시장 등은 교통사고의 위험으로부터 어린이를 보호하기 위하여 필요하다고 인정하는 경우에는 해당 시설의 주변도로 가운데 일정구간을 어린이보호구역으로 지정할 수 있도록 하고 있는 한편 공동부령(행정안전부·교육부·국토교통부·보건복지부)인 어린이·노인 및 장애인 보호구역의 지정 및 관리에 관한 규칙은 어린이보호구역을 지정·관리하는 절차 및 기준에 관하여 필요한 사항을 규정하고 있으며 예전에는 교통사고처리 특례법의 두 가지의 중요 특례인 처벌의 특례와 보험의 특례 적용을 받아 형사처벌이 되지 않는 경우가 있었으나 2007. 12. 21. 교통사고처리 특례법이 개정되어 어린이보호구역에서 어린이의 신체를 상해에 이르게 하는 경우는 특례예외 제11호에 포함되어 교통사고처리특례가 적용되지 않도록 2009. 12. 22.부터 시행하였습니다.

특례예외 12개 항목에서 간략히 살핀 것과 같이 아산에서 발생한 교통사고가 사회적 이슈가 되면서 어린이 보호, 교통안전 강화의 방법으로 운전자에게 무거운 책임을 부과하는 것이 타당한가의 논란과 포퓰리즘에 기반한 졸속 법안의 전형이라는 비판이 대두되는 가운데에서 2019. 12. 24 신설되어 2020. 3. 25.부터 시행하고 있습니다. 어린이 보호

---

34) 오훈, 음주운전 교통사고에 관한 형사법적 고찰(위험운전치사상죄를 중심으로), 고려대학교 석사학위 논문, 2013.

구역에서 어린이 교통사고에 적용되는 법률은 결국 교통사고처리 특례법과 특정범죄 가중처벌 등에 관한 법률 두 가지이며 동일한 점과 다른 점을 비교해보면 다음과 같습니다.

적용법률	교통사고처리 특례법	특정범죄 가중처벌 등에 관한 법률
사고주체	차의 운전자	자동차(원동기장치자전거를 포함)의 운전자
보호객체	어린이(자전거 및 킥보드 운전 포함)	좌동
위반사항	① 도로교통법 제12조 제1항 조치준수위반(속도위반) ② 어린이 안전에 유의하면서 운전하여야 할 의무 위반	좌동
처벌정도	• 사망: 5년 이하의 금고 또는 2천만 원 이하의 벌금 • 상해: 사망과 법정형 동일	• 사망: 무기 또는 3년 이상의 징역 • 상해: 1년 이상 15년 이하의 징역 또는 5백만 원 이상 3천만 원 이하의 벌금

동일한 점은 보호객체가 어린이(보행자와 자전거 및 킥보드를 탄 어린이를 포함)이며 위반사항은 제한속도를 위반하거나 어린이 안전에 유의하면서 운전하여야 할 의무 위반입니다. 다른 점은 교통사고처리 특례법에서는 사고주체가 차의 운전자이나 특정범죄 가중처벌 등에 관한 법률에서는 자동차(원동기장치자전거를 포함)의 운전자로 한정함으로써 어린이보호구역에서의 어린이치사상의 가중처벌은 자동차(원동기장치자전거를 포함)의 운전자로 한정되며 나머지 차의 운전자는 교통사고처리 특례법의 적용을 받아 처벌이 되는데 그 정도의 차이는 위에서 본 것과 같이 상당합니다.

어린이보호구역에서의 어린이치사상의 가중처벌은 운전자에게 너무 가혹한 처벌이라는 주장과 더불어 어린이 안전에 유의하면서 운전하여야 할 의무가 너무 포괄적이고 모호한 규정이라는 논란[35]을 최소화하고 법적용의 통일성을 기하기 위하여 경찰청에서는 법 시행 이전에 처리기준을 마련하였는데 이 또한 실무적으로는 조문의 제시와 현행 교통사고처리 특례법 규정과의 비교, 조사시 착안사항, 처리 흐름도, 죄수관계 등이 간단하게만 언급되어 있어서 다소 부실한 측면이 있다고 보입니다. 이러한 점을 감안하여 1년여간 어린이보호구역에서의 어린이치사상의 가중처벌을 적용받아 처벌이 확정된 판결을 추적, 분석하여 영상증거 등 다양한 과학적 증거의 확보를 통한 구성요건의 입증, 공판을 연계한 수사의 필요성 제시, 피해자 보호와 지원 연계, 그리고 교통조사 실무가

---

35) YTN [앵커리포트] '과잉처벌' vs '과한 우려'…민식이법 논란, 이유는? 2020. 5. 21. <https://www.ytn.co.kr/_ln/ 0103_202005211231294097>

용 체크리스트 등의 개발 등을 제안한 연구논문36)은 의미가 있다고 보이며 어린이보호구역에서의 어린이치사상의 가중처벌에 대하여 좀 더 깊은 이해를 원하신다면 꼭 한번 읽어보시기를 권해드립니다.

✔ **CHECK POINT**

▶ 교통사고의 가중처벌은 도주차량 운전자, 그리고 위험운전치사상, 끝으로 어린이보호구역에서의 어린이치사상 3가지이며 또한 엄중한 처벌이 뒤따르므로 운전 시에 더욱 유의해야 합니다. 음주 또는 약물 운전은 절대 하지 말아야 하며 교통사고가 발생한 경우 사상자를 구호하는 등 필요한 조치를 하여야 하고 어린이 보호구역에서는 어린이 안전에 특별한 주의의무를 기울여야 합니다.

▶ 교통사고 발생한 경우 ① 사상자 구호 등 필요한 조치, ② 상대방 운전자와 연락처 교환, ③ 필요한 경우 경찰 신고 또는 보험 접수, ④ 2차 교통사고 예방 등을 이행하기 위한 평소의 마음가짐도 중요합니다.

▶ 특가법 어린이보호구역치사상에 관한 판결분석과 교통조사 실무대응 연구논문은 https://www. spo.go.kr/site/spo/ex/board/View.do을 참고하세요.

2.6. 그 밖의 교통범죄

신고접수되거나 고소에 의하여 접수되는 교통사고나 음주단속 등 교통범죄의 일부에 대해서만 담당하던 교통조사계를 2016. 1. 부터 보복·난폭운전, 교통사고 관련 보험사기, 자동차불법개조, 대포자동차 등 교통과 관련되어 국민안전에 심각한 위험을 야기하고 증가하는 교통범죄에 선제적 대응을 위하여 지방경찰청(현 시·도경찰청)에 교통범죄수사팀을 신설하여 다양한 교통범죄에 적극 대응하고 경찰서는 교통조사계(뺑소니전담반)을 교통조사팀과 교통범죄수사팀으로 명칭을 변경, 교통범죄수사팀에서 뺑소니 교통사고를 중점업무로 하되 여타 교통범죄수사도 병행하도록 하였습니다.

2.6.1. 난폭운전 및 보복운전

도로교통법 제46조의3은 자동차등(개인형 이동장치는 제외한다)의 운전자는 제5조에 따른 신호 또는 지시 위반, 제13조 제3항에 따른 중앙선 침범, 제17조 제3항에 따른 속

---

36) 이정원, 여창우, 특가법 어린이보호구역치사상에 관한 판결분석과 교통조사 실무대응 - 신설시행 1년간 선고된 하급심 판결을 중심으로 - 형사법의 신동향 통권 제70호, 2021.

도의 위반, 제18조 제1항에 따른 횡단·유턴·후진 금지 위반, 제19조에 따른 안전거리 미확보, 진로변경 금지 위반, 급제동 금지 위반, 제21조 제1항·제3항 및 제4항에 따른 앞지르기 방법 또는 앞지르기의 방해금지 위반, 제49조 제1항 제8호에 따른 정당한 사유 없는 소음 발생, 제60조 제2항에 따른 고속도로에서의 앞지르기 방법 위반, 제62조에 따른 고속도로등에서의 횡단·유턴·후진 금지 위반 중 둘 이상의 행위를 연달아 하거나 하나의 행위를 지속 또는 반복하여 다른 사람에게 위험 또는 위해를 가하거나 교통상의 위험을 발생하게 하여서는 아니된다고 규정하고 이를 어기는 경우 1년 이하의 징역 또는 5백만 원 이하의 벌금에 처하도록 하였으며 도로 위에서 위험한 물건인 자동차를 이용하여 위협, 폭행, 상해를 가하거나 공포심을 느끼게 한 경우에는 형법 및 폭력행위등 처벌에 관한 법률에 따라 처벌하고 있는데 이를 통상 난폭운전 및 보복운전 처벌이라고 불리우고 있습니다. 이를 행위나 고의 여부, 위험의 정도에 따라 다음과 같이 구분해볼 수 있습니다.[37]

구분	난폭운전	보복운전
행위의 반복성	신호 또는 지시위반 등 9가지 위반행위 중 둘이상을 연달아 하거나, 하나의 행위를 지속 또는 반복	자동차를 이용한 단 1회의 폭행·협박 행위라도 가능
고의	보복의 목적없이 다른 사람(불특정인)에게 위협 또는 위해를 가하거나 교통상의 위험을 발생시킬 고의	보복을 목적으로 특정인(보복의 대상)을 폭행·협박하려는 확정적 고의
위험의 정도	사회의 통념 및 일반상식(조리)의 위험과 위협	고의와 의도가 분명하고 누가 보아도 피해자가 위험과 위협을 느끼는 정도

2.6.2. 보험사기

보험사기는 자동차보험, 상해보험, 건강보험, 산업재해보상보험 등의 다양한 분야에서 발생하며 시대에 따라 형태도 변화하고 지능화되고 있습니다. 교통사고에 있어서는 고의사고 유발, 교통사고 위장 살해, 담보되지 않는 손해에 대한 보상신청 등으로 나뉘어지며 금융감독원이 공개한 보험사기 통계자료를 살펴보면 최근 5년동안 보험사기 적발금액은 다음과 같습니다.

---

37) 서울지방경찰청, 교통범죄수사매뉴얼, 2015. 참고

연도	2016	2017	2018	2019	2020
금액 (백만 원)	7,185,506	730,180	798,161	880,912	898,592

보험사기 적발금액은 표와 같이 해마다 그 규모가 커지고 있으며 적발되지 않는 금액 또한 상당히 클 것으로 예상되며 이러한 보험사기의 증가현상은 보험금 누수를 통해 보험회사의 경영을 악화시킬 뿐만 아니라 결국에는 보험료 인상으로 이어져 선량한 다수의 보험계약자들에게 피해를 입히고 보험이 갖는 사회적 기능을 저해할 우려가 있음에도 불구하고 보험사기를 별도의 범죄로 구분하고 관련 범죄에 대한 처벌을 강화하고 있는 외국의 입법례와는 달리, 우리나라의 경우 다른 사기죄와 동일하게 형법상 사기죄로 처벌하고 있어 보험사기 방지를 위한 특별법을 마련하여 건전한 보험거래질서를 확립하고 보험사기를 사전에 예방하도록 함으로써 사회적 손실을 경감시키기 위해서 2016. 3. 29. 보험사기방지특별법을 제정하고 2016. 9. 30.부터 시행하고 있습니다.

주요내용으로 먼저 보험회사는 보험계약자 등의 행위가 보험사기행위로 의심할만한 합당한 근거가 있는 경우에는 금융위원회에 이를 보고할 수 있도록 하고, 금융위원회, 금융감독원, 보험회사는 보험계약자 등의 행위가 보험사기행위로 의심할 만한 합당한 근거가 있는 경우에는 관할 수사기관에 고발 또는 수사의뢰하도록 하며, 수사기관은 보험사기행위 수사를 위하여 보험계약자 등에 대한 입원적정성 심사가 필요하다고 판단되는 경우 건강보험심사평가원에 그 심사를 의뢰할 수 있도록 하였고, 보험사기행위로 보험금을 취득하거나 제3자에게 보험금을 취득하게 한 자는 10년 이하의 징역 또는 5천만 원 이하의 벌금에 처하도록 하였습니다.

2.6.3. 자동차불법개조

자동차 튜닝이란 자동차의 구조·장치의 일부를 변경하거나 자동차에 부착물을 추가하는 것을 말하는 것으로 국토교통부령으로 정하는 항목에 대하여 튜닝을 하려는 경우에는 시장·군수·구청장의 승인을 받아야하며 승인을 받은 경우 자동차정비업자 또는 국토교통부령으로 정하는 자동차제작자등으로부터 튜닝 작업을 받아야한다고 자동차관리법은 규정하고 있습니다. 그럼에도 불구하고 자동차 사용상의 편의를 위하여 불법튜닝을 하는 사례가 있는데 이는 운전자와 탑승자의 안전을 심각히 저해하고 또한 교통사고를 유발할 수 있는 경우도 있으며 또한 최근 사회적으로 문제가 되었던 고속도로 등에서 대형차량의 졸음운전으로 인하여 의무화된 비상자동제동장치의 고의 해제, 최고속도제한장치의 고의 해제 등 사회적으로 대형교통사고가 유발될 수 있는 행위에 대해서도 적극 수사해야할 것입니다.

2.6.4. 대포자동차

대포차는 법률적 용어가 아니라 자동차를 매매할 때에 명의이전 절차를 제대로 밟지 않아 자동차등록원부상의 소유자와 실제 차량운행자가 다른 불법차량을 일컫는 속어[38] 입니다. 대포차는 이러한 익명성을 이용하여 범죄에 이용되거나 법규위반 등 질서위반 행위를 조장하고 의무보험에 가입하지 않아 교통사고 발생 시에 사회적 비용을 증가시키며 또한 허위도난신고 등으로 경찰력 낭비도 우려됩니다. 자동차 매매 시에는 정확하게 명의이전하도록 하고 자신의 명의가 도용되지 않도록 유의해야 하며 특히 이전등록 하지 않는 차량을 구매하여 불법행위를 스스로 저지르는 일이 없도록 해야 할 것이며 이러한 행위에 대해서는 자동차관리법, 자동차손해배상보장법에 따라 처벌의 대상이므로 유의해야 합니다.

☑ CHECK POINT

➡ 난폭운전은 자동차등(개인형 이동장치는 제외)의 운전자가 9개의 행위에 대하여 둘 이상을 연달아 하거나 하나의 행위를 지속 또는 반복함으로써 다른 사람에게 위협 또는 위해를 가하거나 교통상의 위험을 발생하게 하는 경우에 적용합니다.

➡ 난폭운전은 불특정인을 대상으로 하는 반면에 보복운전은 특정인(보복의 대상)을 대상으로 폭행, 협박하는 행위로 확정적 고의 행위입니다.

➡ 캠핑카, 차박 등 캠핑 인구의 증가로 차량의 튜닝이 제도적으로 정착되고 있음에도 불구하고 사람의 안전을 저해하거나 교통사고를 유발할 수 있는 불법튜닝은 하지 않는 것이 최선입니다.

---

3. 교통단속

3.1. 교통단속의 의의

교통단속이라 함은 교통법규를 위반한 사람을 경고·계도하거나 처벌하기 위해 적발

---

38) 네이버 어학사전(www.naver.com)

하는 경찰활동을 말한다고 교통단속 처리지침에서 정의하고 있으며 이는 결국 도로교통법의 목적인 도로에서 일어나는 교통상의 모든 위험과 장해를 방지하고 제거하여 안전하고 원활한 교통을 확보하기 위한 경찰활동이며 교통경찰활동의 중요한 분야입니다. 학문상 단속이란 광의로는 법령으로써 일정한 법률행위 또는 사실행위로 금지하거나 필요한 조건을 정하는 등 행정목적 달성을 위하여 필요한 의무를 부과하고 의무위반에 대하여는 강제적으로 행정목적 달성을 도모하는 것을 말하며 협의로는 법령에 의하여 단속권한이 부여된 행정기관 또는 당해 공무원이 그 권한에 기하여 단속법규의 준수여부를 감시하여 필요한 처분을 행하고 단속법규 위반 여부를 감시, 조사하여 위반 사실을 적발하는 행위를 말한다고 정의하고 있습니다.[39]

이러한 교통단속의 법적근거는 국가경찰과 자치경찰의 조직 및 운영에 관한 법률(약칭 경찰법, 이하 같다)에 경찰의 임무 8가지 중 하나가 교통의 단속과 위해의 방지로 정하고 있고 경찰관직무집행법에도 경찰관의 직무범위로 교통단속과 교통 위해의 방지로 규정하고 있는 반면에 경찰관직무집행법에는 이 법에 규정된 경찰관의 의무를 위반하거나 직권을 남용하여 다른 사람에게 해를 끼친 사람은 1년 이하의 징역이나 금고에 처하도록 규정하고 있고 도로교통법 제166조는 교통을 단속하는 경찰공무원은 본래의 목적에서 벗어나 직무상의 권한을 함부로 남용하여서는 아니된다고 규정하고 있습니다. 한편 교통단속의 주체는 앞서 법적근거에서 살펴본 것과 같이 경찰관이 되며 의무경찰이나 사회복무요원, 행정관, 주무관 등은 교통단속의 보조자로서의 역할적 기능은 가능할 것입니다.

교통단속의 결과로서 처벌과 경고, 계도 등이 있는데 처벌은 기본적으로 범칙행위특례가 적용되지 않는 음주, 무면허, 난폭운전 등에 형사입건(물론 범칙행위특례가 적용된다고 하더라도 이후에 절차에 따라 형사입건되는 경우도 있음)과 범칙행위특례에 따라 통고처분이 있습니다. 형사입건하는 경우는 수사의 개시로서의 의미를 가지므로 적법절차를 준수하여야 하며 나아가 영상자료 등 증거확보에도 유의해야할 것이며 도로교통법 제163조 규정에 따라 범칙자로 인정하는 사람에 대하여는 이유를 분명하게 밝힌 범칙금 납부통고서로 범칙금을 낼 것을 통고할 수 있는데 이를 통고처분이라고 합니다.

통고처분은 경미한 법률위반에 대하여 신속한 처리를 통하여 법원의 부담을 낮추고 전문성을 가진 공무원에 의해 행정목적의 효율성을 달성하는 것이며 또한 전과자 양산을 방지하고 범법자의 신용실추와 고통의 장기화를 완화하는데 기여합니다. 이러한 통고처분은 형사입건하여 형사소송의 절차를 거치는 것과 같이 형사적 절차에 의해 구제

---

39) 김남현·문병혁, 경찰교통론, 2006.

가 이루어지는데 통고처분에 불복하는 경우 등에 대하여 즉결심판에 회부하고 청구기각되면 검찰로 송치, 피고인이 정식재판청구가 있는 경우 검찰에 기록을 송부하여야 하므로 결국 형사소송의 절차에 따릅니다.

한편 교통단속은 운전자가 밝혀지는 경우에 한하여 적법절차에 의거하여 처리하나 자동차의 경우 차량번호에 의해 명백히 위반행위가 확인된 경우에는 고용주등에게 운전자를 확인하도록 하고 확인되지 않는 경우 고용주등에게 주의, 감독을 하지 않은 책임을 물어 과태료를 부과합니다. 과태료는 벌금, 과료와 달리 형벌적 성격없이 과해지는 금전벌로서 형벌이 아니므로 과벌절차는 형사소송법을 따르지 않고 개별 법률에 정한 규정이나 질서위반행위규제법을 따르며 이의제기가 있는 경우는 질서위반행위규제법에 따라 법원의 재판을 통해서 판단되므로 행정쟁송의 대상이 아닙니다(비송사건절차법을 따름).

끝으로 경고·계도는 경찰관이 형벌부과 가능성이 있는 경우 형사소송법에 의해 수사를 개시, 진행해야하므로 불가하다는 의견과 통고처분은 형사입건과 달리 즉결심판에 관한절차법(형사소송법을 준용)에 따라 구제가 이루어지고 이때 즉결심판청구권을 경찰서장에게 부여하고 있으므로 이를 행사하는 경우 형사소송법의 기소편의주의를 준용해 훈방권을 행사할 수 있다고 보는 의견40)으로 나뉘어지나 경찰청은 후자의 의견을 따라 앞서 살핀 교통단속 처리지침상 교통단속 정의의 내용에 경고·계도를 넣은 것입니다.

✔ **CHECK POINT**

⏩ 교통단속은 도로에서 일어나는 교통상의 위험과 장해를 방지하고 제거하여 안전하고 원활한 교통을 확보함을 목적으로 하는 도로교통법의 취지를 달성하는 하나의 방법으로 단속자는 법령에서 정하고 있는 절차와 방법에 따라 명확한 법집행을 하여야 할 것이고 피단속자는 도로교통법을 준수해야할 의무가 있는 운전자로서 정당한 공무집행에 대해서는 이를 따라야 할 것입니다.

⏩ 과태료는 운전자를 밝힐 수 없는 경우 고용주등에게 그 책임을 묻는 것으로 벌점은 부과되지 않는데 이러한 이유로 벌점이 부과되는 통고처분을 받기보다는 과태료처분을 받는 경우가 많은 것이 현실입니다.

⏩ 과태료에 대한 이의제기는 질서위반행위규제법에 따라 60일이내에 서면으로 제기할 수 있으나 그 기간이 경과하더라도 행정청은 각하규정이 없었으므로 접수하여 법원에 이 사실을 통보해야 합니다.

---

40) 조국, 경찰보호조치와 훈방조치의 법적근거 및 한계에 관한 연구, 경찰대학 치안연구소, 2003

3.2. 공익신고에 의한 교통단속

공익신고자보호법에 공익신고란 공익침해행위가 발생하였거나 발생할 우려가 있다는 사실을 신고·진정·제보·고소·고발하거나 공익침해행위에 대한 수사의 단서를 제공하는 것을 말하며 공익침해행위란 국민의 건강과 안전, 환경, 소비자의 이익, 공정한 경쟁 및 이에 준하는 공공의 이익을 침해하는 행위를 말하는데 그 중 도로교통법도 포함하고 있습니다. 한편 교통단속 처리지침은 경찰관 이외의 자가 도로교통법 제162조에 따라 범칙행위로 인정되는 행위를 한 차량을 서면·전자매체 등의 방법으로 사진·동영상 등의 증거자료를 첨부하여 경찰에 신고하는 것을 공익신고로 규정하고 있는데 이에 따라 공익신고자보험법 보다 제한된 범위인 도로교통법 제162조에 따라 범칙행위로 인정되는 행위에 한해서 접수, 처리하고 있습니다.

공익신고 업무처리 담당자는 현장단속과 같은 기준을 적용하여 형평성을 확보하고 위반을 입증할 수 없으면 사실확인요청서의 발송없이 종결합니다. 접수 시에 신고자 성명, 연락처, 위반일시, 장소, 차량번호, 교통위반 증거영상 또는 사진을 확인해야 하며 국민신문고의 경우는 신고자의 성명이나 연락처의 확인은 생략할 수 있습니다. 이렇게 접수한 내용을 확인, 검토하여 위반 대상자에게 공익신고 사실확인통지서를 발송하고 위반 운전자가 확인된 경우 통고처분, 위반 운전자가 확인되지 않는 경우는 과태료부과 할 수 있으며 부득이하거나 경미한 경우, 다른 교통상 장애에 의해 불가피한 법규위반의 경우, 위반일로부터 신고일이 7일을 경과한 경우 등은 경고처리합니다.

3.3. 교통단속에 필요한 법리

교통단속은 국민의 자유나 권리를 침해하는 행정행위로 헌법 제37조 제2항에 근거한 법률유보의 원칙이 적용되는데 그것은 일정한 행정권의 발동은 작용법상 형식적 의미의 법률이나 법률의 위임에 의한 법규명령에 근거하여 이루어져야 한다는 원칙으로 경찰관의 판단이 아닌 법률에서 규정하고 있는 금지행위만을 단속할 수 있다는 것입니다. 이러한 법률유보의 원칙에 위반된 행정행위는 중대명백설에 따라 무효 또는 취소의 사유가 됩니다. 또한 행정주체가 달성하고자 하는 목적과 이를 위해 사용하는 수단 사이에 합리적인 비례관계가 유지되어야 하며 적합성, 필요성, 상당성을 내용으로 하는 비례의 원칙이 있는데 앞서 살핀 헌법 제37조 제2항과 경찰관직무집행법 제1조 제2항에 근거하고 있으며 이러한 원칙을 단속주체가 위반하는 경우는 국민이 입은 손해에 대한 배상

책임과 징계책임 등이 발생할 수 있습니다.

죄형법정주의는 죄와 형벌은 법률의 정함이 있어야 한다는 근대 형법원칙인데 교통 단속도 반드시 이러한 죄와 형벌이 법률에 정한 경우에 가능할 것입니다. 또한 운전자 가 여러 개의 법규위반을 동시 또는 수시로 하는 경우 죄수론을 살펴보아야 하는데 죄 수는 일죄와 수죄로 구분되고 일죄는 다시 단순일죄·법조경합·포괄일죄, 수죄는 상상 적 경합·실체적 경합이 있습니다. 제한속도 80km/h인 도로를 100km/h의 일정한 속도 로 10km를 간 경우에 몇 번의 속도위반이 이루어졌는지를 살펴보면 10km 구간의 도로 사정이 동일한 성질의 것이라면 하나의 의사에 따른 하나의 행위라고 보아야 할 것이나 도로의 사정은 계속하여 변하는 것이므로 시간적·장소적 근접성이 인정되는 경우라면 일죄로 아니라면 수죄로 보아야 할 것입니다.[41] 상상적 경합은 1개의 행위가 실질적으 로 수개의 구성요건을 충족하는 경우로 진로변경제한선에서 끼어들기를 하는 때에 도로 교통법 제5조 지시위반과 같은법 제23조가 경합되는데 이러한 경우는 가장 중한 죄의 정한 형으로 처벌해야 한다는 규정(형법 제40조)에 따라 제5조 지시위반으로 처리해야할 것입니다.[42] 실체적 경합은 1개의 행위로 수죄가 구성되는 상상적 경합과 달리 수개의 행위에 의해 수죄가 성립되며 해당 행위에 대하여 각각 처벌이 가능하고[43] 질서위반행 위규제법 제13조 제2항도 위반행위별로 과태료를 부과하도록 규정하고 있습니다. 대표 적으로 도로교통법 제39조 제1항(적재중량 및 적재용량) 위반과 도로법 제77조 제1항(제 한차량운행) 위반인데 예를 들면 화물차의 운전자가 적재물을 적재중량보다 많이 싣게 되면 두 가지 법률 모두 위반하게 되고 양법의 보호법익이나 제정취지 등이 달라 결국 실체적 경합에 의해 도로교통법에 의한 통고처분과 도로법에 의한 과태료처분을 부과할 수 있습니다.

어떤 사건에 대하여 일단 판결이 내려지고 그것이 확정되면 그 사건을 다시 심리·

---

41) 경찰청에서는 버스전용차로를 2.4km 진행하다가 무인단속 및 현장단속된 경우 100km/h의 속도로 진 행하는 경우 1분 26초가 걸려 충분히 차로변경할 수 있는 거리로 보고 수죄로 판단하였고, 1km의 경 우는 과도한 단속에 해당할수 있으므로 한건에 대해서는 계도처리하도록 판단하였음(2011. 3. 22., 교 통안전담당관-1427 / 2017. 7. 31., 교통안전과-4811)

42) 도로교통법 단속업무 해설(2020)에서는 20만 원 이하의 벌금, 구류, 과료로 정해져 있어 둘 중 하나라 면 무엇으로도 처벌이 가능하다고 기술하고 있으나 도로교통법 시행령 별표 8에 따라 범칙행위에 따 른 범칙금액이 다르고 도로교통법 시행규칙 별표 28에 따라 범칙행위에 따른 벌점 또한 다르게 하고 있는 것은 도로교통법의 목적에 나와 있는 위험과 장해를 일으킬수 있는 정도의 차이에 따라 구분한 다고 보이므로 범칙금액이나 벌점이 높은 범칙행위로 통고처분하는 것이 타당함

43) 교통단속은 도로교통법 목적상 사고예방 측면에서 이루어지는 것이므로 가급적 중대한 위반에 대해 서만 처벌하고 다른 위반에 대해서는 경고하는 것이 바람직하나 경찰관의 정지명령에 불응하여 도주 하면서 다른 위반을 일삼는 경우라면 모든 위반을 처벌하는 것이 그 위반의 태양이나 사고예방 목적 에 부합한다고 도로교통법 단속업무 해설(2020)에 기술되어 있음

재판하지 않는다는 일사부재리의 원칙은 도로교통법 제164조 제3항에 범칙금을 낸 사람은 범칙행위에 대하여 다시 벌 받지 아니한다고 규정함으로써 범칙행위의 영역에서도 천명되고 있습니다. 이미 형사입건되거나 통보처분된 경우에 동일내용으로 재차 공익신고로 접수되는 경우에는 일사부재리의 원칙에 따라 종결처리함이 상당하며 다만, 법원은 다음과 같이 일사부재리의 원칙의 적용 여부 등에 대한 판단을 하면서 교통사고의 경우 도로교통법위반으로 범칙금을 납부한 후에도 그 도로교통법위반이 교통사고의 원인에 해당한다면 형사처벌이 가능하다고 판단하였습니다.

> ### 대법원 2002. 11. 22. 선고 2001도849 판결
>
> [1] 도로교통법 제119조 제3항은 그 법 제118조에 의하여 범칙금 납부통고서를 받은 사람이 그 범칙금을 납부한 경우 그 범칙행위에 대하여 다시 벌받지 아니한다고 규정하고 있는바, 이는 범칙금의 납부에 확정재판의 효력에 준하는 효력을 인정하는 취지로 해석하여야 한다.
> [2] 범칙금의 통고 및 납부 등에 관한 규정들의 내용과 취지 등에 비추어 볼 때, 범칙자가 경찰서장으로부터 범칙행위를 하였음을 이유로 범칙금의 통고를 받고 납부기간 내에 그 범칙금을 납부한 경우 범칙금의 납부에 확정판결에 준하는 효력이 인정됨에 따라 다시 벌받지 아니하게 되는 행위사실은 범칙금 통고의 이유에 기재된 당해 범칙행위 자체 및 그 범칙행위와 동일성이 인정되는 범칙행위에 한정된다고 해석함이 상당하다.
> [3] 범칙행위와 같은 일시, 장소에서 이루어진 행위라 하더라도 범칙행위의 동일성을 벗어난 형사범죄행위에 대하여는 범칙금의 납부에 따라 확정판결의 효력에 준하는 효력이 미치지 아니한다.
> [4] 같은 일시, 장소에서 이루어진 안전운전의무 위반의 범칙행위와 중앙선을 침범한 과실로 사고를 일으켜 피해자에게 부상을 입혔다는 교통사고처리 특례법위반죄의 범죄행위사실은 시간, 장소에 있어서는 근접하여 있는 것으로 볼 수 있으나 범죄의 내용이나 행위의 태양, 피해법익 및 죄질에 있어 현격한 차이가 있어 동일성이 인정되지 아니하고 별개의 행위라고 할 것이어서 피고인이 안전운전의 의무를 불이행하였음을 이유로 통고처분에 따른 범칙금을 납부하였다고 하더라도 피고인을 교통사고처리 특례법 제3조 위반죄로 처벌한다고 하여 도로교통법 제119조 제3항에서 말하는 이중처벌에 해당한다고 볼 수 없다.

끝으로 도로교통법의 목적이 도로에서 일어나는 교통상의 위험과 장해를 방지하는 것이므로 이 법이 담고 있는 금지규정은 본질적으로 이러한 위험과 장해를 방지하기 위한 목적을 위한 것으로 보호법익에 대한 침해의 결과가 있어야 하는 결과범이 아닌 결과가 발생하지 않고 단지 위험상태를 야기하는 것만으로도 구성요건이 충족되는 위험범으로 보는 것이 타당합니다.

CHECK POINT

▶ 행정행위의 무효는 외관상 행정행위는 존재하지만 처음부터 그 행위의 내용에 따른 법률적 효과가 전혀 발생하지 않는 행위, 즉 처음부터 어떠한 효력도 발생할 수 없는 반면 행정행위의 취소는 그 성립에 흠이 있음에도 불구하고 권한 있는 행정청이나 법원의 취소가 있기까지는 유효한 행위로서의 효력을 가지는데 둘의 구분은 중대명백설(통설·판례)에 의합니다. 이는 뒤에 나오는 교통시설에서도 같습니다.

3.4. 교통단속 처리지침의 이해

도로에서의 교통안전 확보·교통소통 촉진·교통장애물 제거·교통법규 위반자단속 등 교통업무에 관한 처리기준과 절차 등을 구체적으로 규정함으로써 업무처의 공정성·정확성·능률성·제고를 목적으로 한 교통단속 처리지침은 2003. 9. 30. 개정 이후에 14여년 동안 개정없이 활용하다가 최신 도로교통법령과 판례 등을 반영하여 2017. 3. 21. 개정하였으며 2020. 5. 15. 다시 개정을 통해 현재에 이르고 있습니다.

개정된 지침은 그 목적을 교통법규 위반자 단속 등에 관한 구체적인 처리기준과 절차 등을 정하여 효율적으로 업무를 수행하는 것으로 정하여 실질적인 교통단속에 방점을 찍었고 적용대상 및 범위를 교통경찰과 교통지도·단속 등의 업무를 수행하거나 보조하는 경찰관서 소속 공무원 등에게 적용함으로써 교통경찰관 이외의 경찰공무원과 행정관, 주무관까지 아울렀고 교통단속업무 처리로 범위를 한정하면서도 현장상황에 따라 합리적인 대응이 가능하도록 하였습니다. 총칙, 교통법규위반 단속, 주취운전자 단속, 무인교통단속, 영상단속장비에 의한 단속, 공익신고의 처리 등 총 6편으로 구성되어 있고 별표 4, 서식 8종을 포함하고 있습니다.

교통법규를 위반한 사람에게 통고서를 발부하고 그 범칙금의 납부기한은 처분일의 다음날부터 기산하여 10일이 되는 날까지를 1차 납부기한으로, 1차 납부기한의 다음날부터 20일이 되는 날까지를 2차 납부기간으로 기산하여 처분하며 납부 최종일이 은행의 휴무일 또는 공휴일인 때에는 그 휴무일 또는 공휴일이 끝나는 다음 날까지 납부할 수 있습니다. 통고서를 받은 경우 처분일로부터 10일 이내에 처분 경찰서 또는 주소지 경찰서(또는 거소지 경찰서)로 이의신청이 가능하며 이를 접수한 때에는 관할법원에서 즉결심판 절차가 진행되는 것과 이의신청을 취소할 경우 범칙금이 가산될 수 있음을 안내[44]

---

44) 통고처분을 할 때에는 납부기한이 지나면 즉결심판을 받거나 범칙금이 가산(100분의 50)되는 것과 전자를 이행하지 않는 경우 운전면허가 정지된다는 사실을 고지해야 하며 단속 시에 이의절차도 안내

해야 합니다. 이러한 단속절차는 다음과 같습니다.

간단한 인사말과 함께 위반내용을 설명하고 피단속자의 의견 청취
↓
운전면허증 또는 이를 갈음하는 증명서 제시 요구
↓
제시한 운전면허증으로 본인 여부를 확인하고 소지한 운전면허의 취소 또는 효력이 정지되었는지 여부 확인
↓
위반행위의 위험성, 혼잡유발 정도, 운전자의 준법의식, 단속 현장의 교통상황 등을 종합적으로 고려하여 위반이 경미하거나 정상참작이 필요한 경우 경고·계도 처분
↓
단속이 필요한 경우 통고처분 또는 과태료 처분 등을 하고 이의절차 안내
↓
협조에 대한 간단한 인사말을 하고 차량 출발 지시

주취운전자를 단속하는 때에는 음주측정기에 의한 측정 이외에 운전자의 외관·태도·운전행태 등 정황을 주취운전자 정황진술보고서 및 수사보고(주취운전자 정황보고)에 상세히 기록하여 증거자료를 확보하고 단속된 사람이 계속하여 운전하지 못하게 한 뒤 차량열쇠를 보관하거나 다른 사람을 운전하게 하는 등 필요한 조치를 하여야 합니다. 운전자가 음주감지기에 의하여 음주한 것으로 감지[45]되는 등 주취운전이 의심스러울 때에는 음주측정기기 또는 채혈에 의한 방법을 이용하여 주취여부를 측정하는데 음주측정기기를 통해 호흡측정을 하는 때에는 구강잔류알코올농도를 감안하여 반드시 음용수 200밀리리터를 제공하여 입을 헹구게 해야 하며[46] 불대는 1회당 1개를 사용해야 합니

---

45) 대법원은 경찰공무원이 운전자에게 음주 여부를 확인하기 위하여 음주측정기에 의한 측정의 전 단계에 실시되는 음주감지기에 의한 시험을 요구하는 경우 그 시험 결과에 따라 음주측정기에 의한 측정이 예정되어 있고, 운전자가 그러한 사정을 인식하였음에도 음주감지기에 의한 시험에 불응함으로써 음주측정을 거부하겠다는 의사를 표명한 것으로 볼 수 있다면, 음주감지기에 의한 시험을 거부한 행위도 음주측정기에 의한 측정에 응할 의사가 없음을 객관적으로 명백하게 나타낸 것으로 볼 수 있다고 본 판례(대법원 2017. 6. 8. 선고 2016도16121 판결)와 이를 인용하고 있는 판례(2018. 12. 13. 선고 2017도12949 판결)를 참고하여 경우에 따라서 음주감지기 의한 시험을 거부하는 행위가 음주측정 거부에 해당할 수 있음을 참고

46) 개정 전 교통단속 처리지침은 구강잔류알코올농도가 측정되는 것을 방지하기 위하여 음주종료시간으로부터 20분이 경과하거나 입안을 헹구는 것 등 두가지의 방법 중 하나를 선택하도록 하였으나 처벌수치에 근접하게 초과한 경우 물로 입안을 헹구지 않은 상태에서 한 음주측정에 대하여 무죄 선고가

다.47) 주취운전자로 확인되면 음주측정결과와 채혈에 의하여 다시 측정할 수 있음을 고지하고 주취운전자 적발보고서를 작성하는데 음주운전측정란의 일시와 결과, 주취운전자란의 성명과 주민등록번호가 오기된 경우는 오손처리하되 사실관계를 조사하여 교통과장의 결재를 받아 합철하여 5년간 보존하며 이러한 오기, 오손의 경우 고의·중과실로 확인된 경우에는 감찰기능에 통보하여 조치되도록 규정하고 있습니다. 또한 처음부터 채혈하는 경우48) 측정결과란에 ⊞⊞⊞⊞⊠ 라고 기록하고, 호흡측정 불복 채혈한 경우는 호흡측정결과를 기록한 후에 별지 제9호서식의 채혈동의및확인서를 받고 가까운 병의원 등 의료기관에서 채혈하여 혈액을 별지 제10호서식의 혈액감정의뢰서와 함께 국립과학수사연구원에 감정의뢰49)합니다. 이렇게 채혈하여 감정의뢰한 결과를 받은 때에는 호흡측정결과와 관계없이 감정결과에 따라 다시 주취운전자 적발보고서를 작성하여 처리하며 단속시간부터 채혈시간까지 상당히 경과한 경우에는 위드마크 계산법에 따라 혈중알코올농도를 산정하도록 하고 있습니다. 한편 음주측정에 불응하는 시간과 유형이 바뀌었는데 명시적인 의사표시를 하지 않으면서 경찰관이 음주측정 불응에 따른 불이익을 5분 간격(예전에는 10분 간격)으로 3회 이상 고지(최초 측정요구시부터 15분(예전에는 30분) 경과)했음에도 계속 음주측정에 응하지 않은 때와 명시적 의사표시로 음주측정에 불응하는 때, 현장을 이탈하려 하거나 음주측정을 거부하는 행동을 하는 때는 음주측정

되고 있는 사례가 늘고 있어 경찰청에서는 음주측정시 준수사항으로 음주종료 시간 불문하고 전 대상자에 대하여 입안을 물로 헹군 후 호흡측정하도록 하였고 이러한 사항을 주취운전자 정황진술보고서에 정확하게 기재하여 호흡측정 절차의 명확성을 확보하도록 함(경찰청 교통안전과-1004(2014. 3. 7.) 음주측정시 준수사항 하달)

47) 음주측정용 불대를 교체하지 않은 채 1개의 불대만으로 약 5분 사이에 5회에 걸쳐 연속적으로 음주측정을 실시한 하자가 있음을 인정하는 판례가 있어(대법원 2006. 5. 26. 선고 2005도7528 판결) 운전자에 구강에 불대가 닿은 경우는 구강잔류알코올이 측정될 가능성이 있으므로 교체하여 측정

48) 구 도로교통법 제41조 제1항은 경찰공무원은 교통안전과 위험방지를 위하여 필요하다고 인정하거나 제1항의 규정에 위반하여 술에 취한 상태에서 자동차등을 운전하였다고 인정할 만한 상당한 이유가 있는 때에는 운전자가 술에 취하였는지의 여부를 측정할 수 있으며, 운전자는 이러한 경찰공무원의 측정에 응하여야 한다고 규정하고 있고 또한 처음부터 혈액채취를 요구한 경우 호흡기 측정에 불응한 행위를 음주측정불응으로 볼수 없다는 판례(대법원 2002. 10. 25. 선고 2002도4220 판결)에 따라 처음부터 채혈요구가 가능하였으나 전부개정된 도로교통법(2006. 6. 1. 시행) 제44조 제1항은 경찰공무원은 교통의 안전과 위험방지를 위하여 필요하다고 인정하거나 제1항의 규정을 위반하여 술에 취한 상태에서 자동차등을 운전하였다고 인정할 만한 상당한 이유가 있는 때에는 운전자가 술에 취하였는지의 여부를 호흡조사에 의하여 측정할 수 있다. 이 경우 운전자는 경찰공무원의 측정에 응하여야 한다고 규정함으로써 운전자가 반드시 호흡측정에 응하여야하고 불응하는 경우 음주측정거부에 해당한다는 의견이 있으나 경찰청은 교통단속 처리지침 및 도로교통법 단속업무 해설을 통해 처음부터 채혈을 원하는 경우 채혈하도록 하고 있음

49) 채혈한 경우에는 감정의뢰하도록 규정하고 있으므로 의료기관에서 혈액채취가 완료된 경우라면 운전자의 채혈감정을 철회하더라도 감정의뢰하고 채혈결과에 따라 처리하는 것이 타당함

거부자로 처리하며 채혈에 응하지 않거나 음주측정거부자에 해당하여 주취운전자 적발보고서 작성이 완료된 후에는 당해 운전자의 요구가 있더라도 다시 음주측정(호흡측정·채혈)을 할 수는 없습니다.

음주운전은 혼자 술을 마시고 하는 경우도 있겠으나 회식을 하는 경우가 다수이고 또한 운전자 본인은 하고 싶은 마음이 없으나 주변에서 부추기는 행위로 운전하는 등 동승자의 음주운전 방조에 대한 비난가능성과 처벌 여론이 높아짐에 따라 경찰청에서는 음주운전 방조범 처리지침을 하달하였고 개정된 교통단속 처리지침에서 이를 반영하였는데 단순히 동행했다는 이유만으로 모든 동승자를 방조죄로 조사하는 것이 아니라 ① 운전자가 몸을 가누지 못할 정도로 만취하여 차량을 운전하는 것이 어렵다는 것을 알면서도 동승한 자, ② 3회 이상 상습 음주운전자의 차량에 동승한 자로서 운전자의 음주운전 습벽을 알 수 있을만한 관계에 있는 자, ③ 음주측정을 거부하거나 공무집행을 방해하는 운전자의 행위에 가세하는 동승자로 한정하고 이에 해당한다고 하더라도 비난가능성이 높은 중대한 경우에만 예외적으로 단속하고 블랙박스 동영상 확보, 주취운전 동승자 정황진술보고서(별지 제12호서식) 작성 등 증거 확보를 통해 처벌의 가능성을 높여 법집행의 통일성을 기해야할 것입니다.

과태료는 행정상의 각종 의무 위반 행위, 특히 행정상 질서위반행위에 대한 제재로서 과하는 행정벌의 일종인 금전벌로서 범칙금이 위반 당시 행위자에게 부과하는 것에 반해 과태료는 차량 소유주등에게 부과하는 것이며 부과기준은 도로교통법 시행령 별표 6을 따르고 이에 대한 부과 및 징수절차 등은 도로교통법령에 규정한 내용을 토대로 교통단속 처리지침에서 구체적으로 설명하고 있으며 이외에도 무인교통단속, 영상장비에 의한 단속, 공익신고의 처리 등 교통단속에 대한 구체적 기준을 제시하고 있는데 지면 관계상 줄이고 상세한 내용이나 절차, 서식 등은 교통단속 처리지침[50]을 참고하시면 됩니다.

✔ **CHECK POINT**

▸ 혈중알코올농도의 단속수치는 0.03퍼센트이상이며 0.08퍼센트미만까지는 정지대상이며 0.08퍼센트이상이면 면허는 취소가 됩니다.(물론 음주운전 전력에 따라 정지수치임에도 취소가 되는 경우가 있습니다.)

▸ 음주측정 전에는 반드시 음용수 200mℓ를 제공하여 구강잔류알코올농도가 측정되지 않도록 해야하며 경찰공무원의 정당한 음주측정요구에 15분간 불응하는 경우에는 음주측정거부로 처리하며 다만 이 경우 5분 간격으로 3회 이상 음주불응에 따른 불이익을 고지하여야 합니다.

---

50) 경찰청 홈페이지(www.police.go.kr) 정보공개 > 사전공표 > 정보공개자료실

▶ 음주운전 방조죄는 동승했다는 이유만으로 무조건 적용하는 것이 아니라 일정 조건이 되는 경우에 한하여 주취운전 동승자정황보고서를 작성, 처리합니다.

4. 교통시설

4.1. 교통안전시설의 정의

교통이라함은 앞서 교통사고 분야에서 살펴본 것과 같이 교통사고조사규칙(경찰청훈령 제1003호 2021. 1. 23.)에는 차를 운전하여 사람 또는 화물을 이동시키거나 운반하는 등 차를 그 본래의 용법에 따라 사용하는 것을 말하며 표준국어대사전에는 자동차·기차·배·비행기 따위를 이용하여 사람이 오고 가거나 짐을 실어 나르는 일로 표현하고 있는데 결국 교통은 사람이나 물건이 오가는 것을 말하는 것이며 국민이 안전하고 편리하게 오가는 것을 하기 위해서는 도로의 건설이 필수적이며 한편으로 시선유도표지, 중앙분리대, 과속방지시설 등 도로안전시설도 도로의 편리한 이용과 안전 및 원활한 도로교통의 확보를 위해서 설치되어야하며 또한 도로에서 일어나는 교통상의 모든 위험과 장해를 방지하고 제거하여 안전하고 원활한 교통을 확보하기 위하여 설치되어야 할 것도 있습니다. 전자는 도로법에서 규정하고 있고 후자는 도로교통법에 규정하고 있는데 경찰의 임무인 교통의 단속과 위해의 방지를 위하여 살펴보아야할 것은 후자로 도로교통법 제3조 제1항은 특별시장·광역시장·제주특별자치도지사 또는 시장·군수(광역시의 군수는 제외한다)는 도로에서의 위험을 방지하고 교통의 안전과 원활한 소통을 확보하기 위하여 필요하다고 인정하는 경우에는 신호기 및 안전표지를 설치·관리하여야 한다고 규정하면서 이 신호기 및 안전표지를 교통안전시설이라고 정의하고 있습니다.

4.2. 교통안전시설의 종류

교통안전시설의 종류, 교통안전시설의 설치·관리기준, 그 밖에 교통안전시설에 관하여 필요한 사항은 도로교통법 시행규칙에서 정하도록 도로교통법 제4조에서 규정하고 있으며 도로교통법 시행규칙 제6조는 신호기의 종류 및 만드는 방식, 신호의 종류 및 그 뜻을 별표 1, 2에 담고 있고 같은 시행규칙 제7조는 신호기 중에 신호등의 종류, 만드는 방식 및 설치·관리 기준과 신호등의 등화의 배열순서 및 신호 순서를 별표 3, 4, 5에 담고 있고 같은 시행규칙 제8조는 다섯가지로 안전표지를 구분하고 있는데 다음과 같으며, 이러한 안전표지의 종류, 만드는 방식 및 설치·관리기준은 별표 6에서 담고 있는데, 자세한 내용은 신호기와 안전표지를 구분하여 살펴보겠습니다.

구분	의미
주의표지	도로상태가 위험하거나 도로 또는 그 부근에 위험물이 있는 경우에 필요한 안전조치를 할 수 있도록 이를 도로사용자에게 알리는 표지
규제표지	도로교통의 안전을 위하여 각종 제한·금지 등의 규제를 하는 경우에 이를 도로사용자에게 알리는 표지
지시표지	도로의 통행방법·통행구분 등 도로교통의 안전을 위하여 필요한 지시를 하는 경우에 도로사용자가 이에 따르도록 알리는 표지
보조표지	주의표지·규제표지 또는 지시표지의 주기능을 보충하여 도로사용자에게 알리는 표지
노면표시	도로교통의 안전을 위하여 각종 주의·규제·지시 등의 내용을 노면에 기호·문자 또는 선으로 도로사용자에게 알리는 표지

4.3. 신호기

신호기는 도로교통에 대하여 문자·기호 또는 등화로써 진행·정지·방향전환·주의 등의 신호를 표시하기 위하여 사람이나 전기의 힘에 의하여 조작되는 장치를 말하며 신호기는 교차로, 단일로 및 합류하는 도로 등에 설치되어 신호등이 위치한 도로의 교통을 통제합니다. 신호기의 종류와 만드는 방식에 따라 현수식, 측주식(종형 및 횡형), 중앙주식, 문형식으로 구분하고 있는데 그 모양은 다음과 같으며 우리나라는 대부분 측주식을 설치하고 있습니다.

종류	현수식	측주식		중앙주식	문형식
		종형	횡형		
방식					

신호기가 표시하는 신호의 종류 및 신호의 뜻은 도로에서의 위험을 방지하고 교통의 안전과 원활한 소통을 위하여 아주 중요한 의미를 지니며 이에 따라 신호를 지킨 것인지 위반한 것인지를 판단하므로 반드시 알아야 하며 특히 자동차의 운전자가 알아야할 다음의 신호 색상 3가지는 무엇보다 중요할 것입니다.

신호의 색상	신호의 뜻
적색	차마는 정지선, 횡단보도 및 교차로의 직전에서 정지하여야 한다. 다만, 신호에 따라 진행하는 다른 차마의 교통을 방해하지 아니하고 우회전할 수 있다.
황색	1. 차마는 정지선이 있거나 횡단보도가 있을 때에는 그 직전이나 교차로의 직전에 정지하여야 하며, 이미 교차로에 차마의 일부라도 진입한 경우에는 신속히 교차로 밖으로 진행하여야 한다. 2. 차마는 우회전할 수 있고 우회전하는 경우에는 보행자의 횡단을 방해하지 못한다.
녹색	1. 차마는 직진 또는 우회전할 수 있다. 2. 비보호좌회전표지 또는 비보호좌회전표시가 있는 곳에서는 좌회전할 수 있다

적색은 정지신호로서 차마는 정지선이나 횡단보도, 그리고 교차로의 직전에 정지하도록 하고 있으며 황색도 이와 다르지 않게 정지선이 있거나 횡단보도가 있을 때에는 그 직전이나 교차로의 직전에 정지하여야 한다고 규정하고 있습니다. 결국 적색과 황색의 뜻은 기본적으로 동일하게 정지의 의미를 담고 있으며 정지하지 않는 경우 신호위반에 해당하며 다만, 적색은 정지한 후에 신호에 따라 진행하는 다른 차마의 교통을 방해하지 아니하고 우회전할 수 있고 황색은 이미 교차로에 차마의 일부라도 진입한 경우에는 신속히 교차로 밖으로 진행하여야 한다고 규정하고 또한 우회전 할 수 있고 우회전하는 경우에는 보행자의 횡단을 방해하지 못한다고 기술하고 있습니다. 실무적으로 교통사고를 야기한 운전자에게 황색의 의미를 질문해보면 많은 운전자들이 예비신호, 주의신호, 심지어는 빨리 가라는 신호라고 이야기를 하면서 정지의 의미를 담고 있다고 생각하지 않고 있습니다. 그러다보니 신호위반 교통사고 중 많은 유형이 바로 신호가 변경될 시점에서 발생한 것이며 황색이 등화되면 정지하여야 함에도 불구하고 정지하지 않고 교차로로 진입하게 됩니다.[51] 이외에도 별표 2에는 보행자에 대하여 정지·횡단시

---

51) 황색의 등화되는 순간에 이를 사람이 인지하고 정지하는데 걸리는 시간인 인지반응시간을 고려해야 한다는 주장(일명 딜레마존)이 많은데 이는 사람마다 그 기준이 다르고 또한 혈중알코올농도처럼 객관적으로 측정할 수 있는 과학적 장비가 없어 객관화하기가 곤란하며 또한 대법원에서도 차량이 교차로에 진입하기 전에 황색의 등화로 바뀐 경우에는 차량은 정지선이나 교차로의 직전에 정지하여야 하며 차량의 운전자가 정지할 것인지 또는 진행할 것인지 여부를 선택할 수 없다라고 판시(대법원 2018. 12. 27. 선고 2018도14262 판결)하여 법원에서도 인지반응시간을 고려하는 것으로 보이지는 않음

킬 것을 알리는 보행신호등, 자전거에 대하여 진행·정지 등을 알리는 자전거신호등, 중앙버스전용차로를 통행하는 차마의 진행·정지 등을 알리는 버스신호등, 그리고 도로교통법의 적용을 받게 된 노면전차의 진행·정지를 알리는 노면전차신호등이 있습니다.

　도로교통법 시행규칙 별표 3은 차량신호등, 차량보조등, 보행신호등, 자전거신호등, 버스신호등, 노면전차신호등(종형육구등)으로 구분하여 만드는 방식과 설치 기준을 구체적으로 제시하고 있으며 우리나라는 일부국가에 설치된 차량신호등에 남은 시간을 알려주는 보조장치는 없으나 보행신호등은 보행자의 안전한 보행을 위해 ① 보행자에게 남은 보행시간을 알려주는 보조장치, ② 보행자에게 보행신호 등을 음성으로 알려주는 보조장치, ③ 시각장애인을 위해 음성으로 보행신호를 안내하는 보조장치, ④ 보행자 버튼이 작동된 경우에만 신호를 부여하는 보조장치, ⑤ 횡단보도 대기자를 자동으로 인식하여 보행신호를 부여하는 보조장치, ⑥ 보행신호 대기공간의 바닥에 보행신호를 표출하는 보조장치를 설치할 수 있습니다. 또한 교차로와 교통 여건을 고려하여 신호등의 지시내용을 한정하거나 보조할 필요가 있다고 인정되는 경우에는 이를 설명하는 표지를 신호등에 부착할 수 있도록 하고 있는데 신호기에 설치된 유턴허용표지 등이 이에 해당할 것입니다.

　신호등의 등화 배열순서는 도로교통법 시행규칙 별표 4에 나와 있는데 예외 규정이 없으므로 반드시 이를 지켜야 할 것인데 사색등화는 적색·황색·녹색화살표·녹색으로 횡형은 좌에서 우로(녹색화살표를 적색의 등화 아래에 배열하는 경우도 있음) 종형은 위에서 아래로 배열하며 삼색등화도 사색등화와 크게 다르지 아니하며 이색등화로 표시되는 신호등은 위에서 아래로 적색·녹색의 순서로 합니다.[52] 이러한 신호등의 신호순서는 사색등화에서 녹색등화 → 황색등화 → 적색 및 녹색화살표등화 → 적색 및 황색등화 → 적색등화의 순서, 삼색등화에서 녹색(적색 및 녹색화살표)등화 → 황색등화 → 적색등화의 순서로 하는데 이러한 순서는 교차로와 교통 여건을 고려하여 특별히 필요하다고 인정되는 장소에서는 신호의 순서를 달리하거나 녹색화살표 및 녹색등화를 동시에 표시할 수 있으며 그러하기에 신호등을 미리 예측하고 진행하기 보다는 신호등을 확인하고 진행하는 것이 안전하게 운전하는 방법의 하나입니다.

---

52) 2011. 초 화살표 삼색신호가 추진되어 시범실시하였으나 국제표준도 아니고 운전자에게 혼란만 가중시키는 등 실효성없이 예산만 낭비할 것이라는 여론에 힘이 실리면서 결국 시행하지 못하고 사문화된 도로교통법령으로 남게 됨(2011. 5. 18. 부산일보 박청화의 세상만사 / 신호등 논란 등)

➡ 일반적으로 적색신호는 정지신호로 알고 있으나 황색신호는 정지신호가 아닌 주의 또는 예비신호로 인식하고 빠른 속도로 교차로로 진입하려는 경우가 많은데 황색신호도 분명히 정지신호임을 알아야 합니다.

➡ 비보호 좌회전은 전방 신호가 녹색인 경우 좌회전을 허용하는 것으로 반대방면에서 오는 교통에 방해가 되지 않게 좌회전을 조심스럽게 할 수 있으므로 반대방면에서 차가 오는 경우에는 좌회전을 하지 않는 것이 안전합니다.

➡ 신호의 배열순서는 도로교통법령에서 정하고 있으나 이와 달리 등화의 순서는 교차로의 특성에 따라 그 순서를 달리할 수 있으므로 예측에 의한 것이 아니라 정확히 신호를 확인하고 진행해야 합니다.

4.4. 교통안전표지

도로교통법 시행규칙 별표 6은 안전표지의 종류, 만드는 방식 및 설치·관리기준을 제시하고 있는데 주의표지는 삼각형을 기본으로 가장자리는 적색, 바탕은 황색, 문자와 기호는 흑색으로 하며 규제표지는 원형을 기본으로(양보 및 서행은 역삼각형, 일시정지는 팔각형) 가장자리는 적색, 바탕은 백색, 문자와 기호는 흑색으로 하며[53] 지시표지는 원형, 사각형, 오각형 등 다양한 모양을 기본으로 가장자리와 문자 및 기호는 백색으로 하며[54] 보조표지는 사각형을 기본으로 바탕은 흰색, 문자와 기호는 흑색으로 하고 보조표지 중 구간시작 표지, 구간내 표지 및 구간 끝 표지와 기호는 적색으로 하고, 어린이 보호구역표지의 바탕은 황색으로 하며 그 기본적인 모습은 다음 그림과 같습니다.

주의·규제·지시·보조표지는 기본적으로 노면에 고정한 기둥에 부착하는 방식으로 제작하며 필요에 따라서는 신호기나 전주, 기타 공작물에 부착할 수 있으며 2종류 이상의 표지를 설치할 때에는 1개의 사각형 배색기판에 2종류 이상의 표지도안을 함께 표시하여 설치할 수 있습니다. 또한 안전표지(노면표시는 제외)의 크기는 교통상황에 따라 기본규격보다 확대 또는 축소할 수 있는데 고속도로 등에서는 1.5·2·2.5, 일반도로에서는 1.3·1.6·2배로 확대하거나 규제·지시표지는 모든 도로에서 0.5·0.8배 축소할 수 있습니다. 규제표지에 부착·설치하는 보조표지에 있어서 차량의 종류를 기재할 때에는

---

53) 규제표지 중 정차·주차금지표지 및 주차금지표지의 바탕은 청색으로 하고, 진입금지표지 및 일시정지표지의 바탕은 적색으로, 문자 및 기호는 백색으로 함

54) 지시표지 중 일방통행표지의 기호부분은 청색바탕에 백색기호로, 문자부분은 백색바탕에 흑색문자로 함

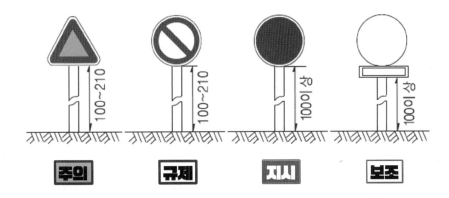

승용자동차 → 택시·승용, 승합자동차 → 버스·노선버스, 화물자동차 → 화물, 특수자동차 → 특수, 이륜자동차 → 이륜, 원동기장치자전거 → 원동기로 약칭하여 사용할 수 있습니다. 안개가 잦은 곳, 야간교통사고가 많이 발생하거나 발생가능성이 높은 곳, 도로의 구조로 인하여 가시거리가 충분히 확보되지 않은 곳 등에서는 표지판 자체에서 빛을 발광형 안전표지를 설치할 수 있는데 이 경우에는 바탕은 무광흑색으로, 주의표지의 문자와 기호는 황색으로, 규제 및 지시표지의 문자와 기호는 백색으로 변경할 수 있으며 비·안개·눈 등 악천후가 잦아 교통사고가 많이 발생하거나 발생가능성이 높은 곳, 교통혼잡이 잦은 곳 등에는 속도를 상황에 따라서 가감할 수 있는 가변형 속도제한표지를 설치할 수도 있습니다.

　　노면표시는 다른 안전표지가 표지로 표현하는 반면 노면에 문자나 기호를 그리는 것으로 표시라고 표현하고 있으며 도로표시용 도료나 반사테이프 또는 노면표시병으로 하며 색채는 기본적으로는 흰색이나 다음의 경우는 다른 색으로 정하여 표시할 수 있습니다.

색상	표시
노란색	중앙선표시, 주차금지표시, 정차·주차금지표시 및 안전지대 중 양방향 교통을 분리하는 표시
파란색	전용차로표시 및 노면전차전용로표시
빨간색	도로교통법 시행령 제10조의3 제2항에 따라 설치하는 소방시설 주변 정차·주차금지표시 및 어린이보호구역 또는 주거지역 안에 설치하는 속도제한표시의 테두리선
분홍색, 연한녹색 또는 녹색	노면색깔유도선표시

　　노면표시는 노면에 설치되어 다른 안전표지보다 운전자의 눈에 쉽게 띄여 그 의미를 정확하게 전달하여야 하므로 시간대나 기상상태 등에 관계없이 운전자 및 보행자에게

잘 보일 수 있도록 하기 위해 성능이 우수한 반사재료를 사용하거나 반사장치를 해야 하며 노면표시 문자의 크기는 차로 폭에 따라 기본규격보다 0.5배에서 2배까지 축소하거나 확대할 수 있도록 하여 탄력적 운용이 가능도록 하였습니다.

이런 안전표지의 종류와 수를 살펴보면 다음과 같고 만드는 방식, 표시하는 뜻, 설치 기준 및 장소를 모두 살피기에는 192가지로 양이 너무 방대하여 지면 관계상 모두 살피지 못하고 운전자의 눈에 쉽게 띠는 노면표시 중에서 몇 가지만 살펴보겠습니다.[55]

구분	일련번호	수량
주의표지	101~110의2(11), 111~130(20), 132~138의2(8), 139~141(3)	42가지
규제표지	201~207(7), 210~214(5), 216~228(13), 230~231(2)	27가지
지시표지	301~303의2(4), 304~309의2(7), 310~324의2(16), 325~331의2(8) 332~334(3)	38가지
보조표지	401~415의2(16), 416~425(10), 427~428(2)	28가지
노면표시	501~504의2(5), 505~508(4), 510~512의3(5), 513~516의4(7), 517~523의2(8), 524~525의3(4), 526~526의2(2), 527~532의2(7), 533~535의2(4), 536~536의3(3), 537~544(8)	57가지

중앙선표시는 황색으로 설치하는데 실선은 넘어갈 수 없음을 표시하는 것이고 점선은 반대방향의 교통에 주의하면서 일시적으로 반대편으로 넘어갈 수 있으나[56] 진행방향 차로로 다시 돌아와야 함을 표시하는 것이며 단선은 편도 1차로, 복선은 편도 2차로 이상에서 표시합니다. 유턴구역선표시는 유턴을 허용하는 안전표지가 있는 곳에서 차마가 유턴하는 구역임을 알리는 것으로 유턴을 허용하는 안전표지가 없는 반대차로에서 유턴을 허용하지 않습니다. 차선표시는 편도 2차로 이상의 차도구간 내의 차로 경계를 표시할 필요가 있는 경우에 설치하는 것으로 백색실선은 진로변경을 제한하고(진로변경제한선) 백색점선은 동일방향의 교통에 주의하면서 진로를 변경할 수 있음을 표시한 것인데 이때 백색점선은 그 길이가 300~1,000밀리미터로 규정하고 있으므로 10미터가 넘는 경우는 백색실선으로 보아야할 것입니다.[57] 방향의 금지표시는 예전에 특례예외 제1

---

55) 지시·규제·지시 등의 내용을 노면에 표시하는 것이 노면표시로 3가지의 의미를 모두 담고 있어 노면표시만 살펴봄

56) 중앙선을 넘어갈 수는 있으나 반대차로에서 교통사고가 발생하거나 진행차로로 돌아오던 중에 교통사고가 발생하는 경우에는 중앙선 침범의 책임이 있어 인적피해가 발생하는 경우 특례예외 제2호의 적용대상임

57) 진로변경제한선은 3,000~5,000밀리미터로 규정하고 있었으나 2021. 4. 17. 개정된 도로교통법 시행규칙이 시행되면서 길이규정이 없어짐

호의 적용을 받지 않았으나 경찰청 지침의 변경으로 특례예외 제1호의 적용을 받으므로 (이는 규제표지도 마찬가지임) 운전자는 이에 유의하여야 할 것입니다. 서행표시는 차가 서행해야 하는 곳을 표시하는 것으로 길가장자리구역선, 정차·주차금지선을 지그재그 형태로 설치하는 것으로 규정하고 있었으나 2021. 4. 17. 개정된 도로교통법 시행규칙이 시행되면서 진로변경제한선도 포함되면서 서행표시이지만 진로변경제한선의 의미를 담고 있다면 이도 특례예외 제1호의 적용대상이 될 수 있습니다. 일시정지표시는 차가 일시정지하여야 할 것을 표시하는 것으로 이 또한 특례예외 제1호의 적용이 될수 있는데 신호의 의미에 따라 운용되는 교차로에서도 이를 설치함으로써 운전자에게 혼란을 주는 경우가 있고 교통사고가 발생하는 경우 법적용에 어려움을 주는 경우가 있어 유의해야 합니다. 안전지대표시는 노면표시 중에 가장 논란이 많았던 표시중의 하나로 노상장애물이 삭제되면서 모두 안전지대표시로 흡수되어 그 의미가 노상에 장애물이 있거나 안전확보가 필요한 안전지대로서 이 지대에 들어가지 못함을 표시하는 것으로 변경되었으며(2021. 4. 17. 시행) 이 안전지대를 중심으로 양방 교통을 이룰 때에는 노란색으로 설치하고 동일방향으로 진행하는 도로에서는 흰색으로 설치하도록 혼란을 최소화하였습니다.[58] 보도 통행량이 많거나 어린이 보호구역 등 보행자 안전과 편리를 확보할 수 있는 곳에 설치하는 대각선횡단보도표시는 모든 방향으로 통행가능한 횡단보도임을 표시하는 것인데 대각선 설치로 인하여 횡단보도 표시 사이의 빈공간이 횡단보도이냐 아니냐 논란이 있었으나 2021. 4. 17. 시행된 도로교통법 시행규칙은 빈공간도 횡단보도에 포함됨을 명시하였고 이에 따라 빈공간에서도 보행자와 교통사고가 발생하는 경우 교통사고처리 특례법 특례예외 제6호의 적용을 받습니다. 끝으로 녹색의 등화 시에 비보호표시가 있는 경우 좌회전이 허용되는데 언제 좌회전해야 하는지 운전자가 모르는 경우가 많은데 비보호표시는 진행신호에 반대방면에서 오는 교통에 방해가 되지 않게 좌회전을 조심스럽게 할 수 있다는 표시이므로 반대방면에서 차가 오지 않을 때 하는 것이 가장 안전하다고 판단됩니다.

도로교통법 시행규칙에는 기본적인 규정만 담고 있으며 세부적인 설치·관리기준은 경찰청 지침으로 교통신호기설치·관리매뉴얼, 교통안전표지설치·관리매뉴얼, 교통노면표시설치·관리매뉴얼, 고속도로교통안전시설물설치매뉴얼 등에 잘 나와 있으며 이를 토대로 규정에 맞는 교통안전시설의 설치를 통하여 교통상의 모든 위험과 장해를 방지하고 안전과 원활한 교통을 확보하도록 해야할 것입니다.

---

58) 흰색이든, 노란색이든 모두 안전지대에 해당하므로 안전지대표시를 침범하여 그 내에서 교통사고가 발생하는 경우 인적피해가 있다면 특례예외 제1호를 적용해야함

✔ **CHECK POINT** ─────────────────────────────────

➡ 일반적인 횡단보도는 횡단보도를 벗어나면 보행자보호의무위반을 적용하지 않으나 최근 도로교통법 시행규칙의 개정에 따라 대각선 횡단보도표시는 횡단보도 표시 사이 빈 공간도 횡단보도로 포함되니 운전 시에 유의해야 합니다.

➡ 도로교통법 제5조에 따라 교통안전시설이 표시하는 지시를 따라야 하며 이를 따르지 않는 경우 지시위반에 해당하나 교통사고처리 특례법 특례예외 제1호의 적용은 도로교통법 제5조에 따른 통행금지 또는 일시정지를 내용으로 하는 안전표지가 표시하는 지시를 위반하는 경우로 한정하고 있어 모든 안전표지를 적용하는 것은 아닙니다.

──

4.5. 시설의 하자와 그 책임

행정행위는 실정법상에 규정된 용어가 아닌 학문상의 개념으로 행정청에서 행정법규를 구체적으로 적용·집행하는 행위를 말하는 것으로 도로교통법에서 기술하고 있는 교통안전시설 또한 행정청에서 설치·관리하는 것으로 특별시장·광역시장·제주특별자치도지사 또는 시장·군수(광역시의 군수를 제외한다. 이하 이 장에서는 시장등이라 한다)를 그 주체로 정하고 있으며 도로교통법 제147조는 위임 및 위탁 규정을 두어 시·도경찰청장이나 경찰서장에게 위임 또는 위탁할 수 있도록 하고 있으며[59] 시·도경찰청장은 경찰서장에게 위임할수 있도록 규정하고 있습니다. 결국 교통안전시설의 설치·관리는 행정청의 행위로서 행정행위에 해당하고 이러한 행정행위의 요건은 ① 행정주체가 행한 행위, ② 구체적 사실에 관한 법집행 행위[60], ③ 외부에 대한 직접적 법적효과 발생 행위,

---

[59] 도로교통법 시행령 제86조는 특별시장·광역시장은 교통안전시설의 설치·관리에 관한 권한, 유료도로 관리자에 대한 지시 권한을 시·도경찰청장에게 위임하고 시장·군수는 경찰서장에게 앞의 권한을 위탁한다고 규정하고 있는데 위임은 법률에서 정하는 행정기관의 장의 권한 중 일부를 보조기관 또는 하부행정기관의 장에게 맡겨 그의 권한과 책임하에 행사하도록 하는 것이며 위탁은 보조기관 또는 하부행정기관 등 하위기관이 아닌 동등한 수준의 다른 행정기관의 장이나 법인, 단체 등 민간기관에 맡겨 수탁자의 권한과 책임하에 행사하도록 하는 것임

[60] 도로교통법 제10조 제1항은 모든 차의 운전자는 보행자가 횡단보도를 통행하고 있는 때에는 그 횡단보도 앞(정지선이 설치되어 있는 곳에서는 그 정지선을 말한다)에서 일시 정지하여 보행자의 횡단을 방해하거나 위험을 주어서는 아니된다고 규정하고, 제113조, 제114조는 제10조 제2항 및 제24조 제1항의 규정을 위반한 보행자 및 차의 운전자에 대하여 10만 원 이하의 벌금이나 구류 또는 과료의 형으로 벌하도록 규정하고 있으므로 지방경찰청장이 도로교통법 제10조 제1항에 의하여 횡단보도를 설치한 경우 보행자는 횡단보도를 통해서만 도로를 횡단하여야 하고 차의 운전자는 횡단보도 앞에서 일시정지하는 등으로 횡단보도를 통행하는 보행자를 보호할 의무가 있음을 규정하는 도로교통법의 취지에 비추어 볼 때 지방경찰청장이 횡단보도를 설치하여 보행자의 통행방법 등을 규제하는 것은 행정

④ 행정청의 권력적 단독행위이어야 합니다.

학문상의 개념인 행정행위는 실정법상으로는 먼저 명령적 행정행위로 개인에게 특정한 의무를 부과하는 하명과 그 의무를 해제하는 허가와 면제가 있고 다음으로 형성적 행정행위로 특정의 상대방에게 권리·능력이나 기타 법률상의 지위를 발생·변경·소멸시키는 행위로 특허·인가·공법상의 대리가 있으며 준법률행위적 행정행위인 확인·공증·통지·수리 등이 있는데 이를 총칭하여 행정처분(또는 처분)이라고 하며 학설은 실체법적 개념설(행정행위＝행정처분)과 쟁송법적 개념설(행정행위＜행정처분)로 나뉘고 판례가 실체법적 개념설을 취하고 있는지 쟁송법적 개념설을 취하고 있는지에 관하여 견해의 대립이 있으나 판례가 종래와 달리 오늘날에는「직접 변동을 초래하는」이라는 문구가 아니라「직접 영향을 미치는」내지「직접 관계가 있는」이라는 문구를 사용하고 있을 뿐만 아니라 행정행위라고 볼 수 없는 권력적 사실행위, 건축신고 거부, 경고, 내부행위에 그치는 지목 변경 등의 처분성을 인정하고 있는 점 등에 비추어 오늘날 판례는 쟁송법상 개념설을 취하고 있다고 보는 것이 타당합니다.[61]

교통안전시설은 도로에서의 위험을 방지하고 교통의 안전과 원활한 소통을 확보하기 위하여 필요하다고 인정되는 경우에 설치·관리하는 것으로 신호기 및 안전표지의 설치는 법령의 요건과 원칙에 따라 행해져야 할 것인데 법의 일반원칙에 위반한 경우인 위법한 설치행위가 되기도 하고 공익에 위반하거나 합목적성의 판단을 잘못하여 행하여진 경우인 부당한 설치행위가 되기도 하는데 이를 통칭하여 하자 있는 행정행위라고 합니다. 이러한 하자는 취소의 하자와 무효의 하자로 구분되며 전자는 외관은 존재하나 그 하자가 중대·명백하여 처음부터 행정행위로서의 법적 효과를 전혀 발생하지 않는 행위로 누구든지 이에 구속당하지 않고 독자적 판단 아래 그 효력을 부인할 수 있는 반면에 후자는 성립상의 하자가 있음에 불구하고 일응 유효한 행위로 추정을 받아 쟁송절차 또는 직권에 의해 취소될 때까지는 유효한 행정행위로서 통용됩니다.[62]

무효와 취소의 구별기준에 대하여 판례는 행정처분에 내재된 하자가 중대할 뿐만 아니라 외형상 객관적으로 명백하여야 무효라고 판단하는 중대명백설을 취하고 있는데 하자있는 행정처분이 당연무효가 되기 위하여는 그 하자가 법규의 중요한 부분을 위반한

청이 특정사항에 대하여 의무의 부담을 명하는 행위이고 이는 국민의 권리의무에 직접 관계가 있는 행위로서 행정처분이라고 보아야 할 것이다(대법원 2000. 10. 27. 선고 98두8964 판결)

61) 박균성, 사법의 기능과 행정판례, 행정판례연구, 2017
62) 행정행위가 그 성립요건의 어떤 중요한 요소를 완전히 결여함으로써 행정행위로 성립조차 못하는 행정행위의 부존재와 무효의 하자와는 구별의 실익이 있다는 것이 다수설이나 효력이 전혀 발생하지 않는 점에서 동일하므로 여기에서는 구분이 실익이 있어 보이지 않아 행정행위의 부존재는 논하지 않음 (김진영 편저, 김진영 멘토행정법총론, 박문각, 2019)

중대한 것으로서 객관적으로 명백한 것이어야 하며 중대하고 명백한 것인지 여부를 판별함에 있어서는 그 법규의 목적, 의미, 기능 등을 목적론적으로 고찰함과 동시에 구체적 사안 자체의 특수성에 관하여도 합리적으로 고찰함을 요한다고 판시하였고[63] 이후에도 동일한 판단을 견지하고 있습니다.[64]

　　교통안전시설의 설치가 법령의 요건과 규정에 따라 설치되지 아니하는 경우 하자가 있는 행정행위에 해당할 것이고 이러한 하자가 무효에 해당하는지 아니면 취소에 해당하는지 다툼이 발생할 것인데 이에 대하여 앞서 판례에서 살핀 것과 같이 내재된 하자가 중대한 것인지와 외견상 명백한지 여부를 종합적으로 판단하여야 할 것입니다. 사례를 통해 이를 구체화해보면 A는 자동차의 운전자로서 횡단보도에서 보행자를 충격하는 교통사고를 일으켰는데 이 횡단보도가 도로교통법 시행규칙 별표 6(노면표시는 도로표시용 도료나 반사테이프 또는 노면표시병으로 한다)의 규정을 지키지 아니하고 흰색 벽돌로 횡단보도를 설치함으로써 하자가 발생하였습니다. 교통사고처리 특례법 특례예외 제6호에 따라 횡단보도 사고로 처리된다면 A는 종합보험에 가입되어 있거나 피해자의 처벌불원 의사표시가 있다고 하더라도 공소제기되어 형사처벌을 받지만 이와 달리 하자 있는 행정행위 중 무효에 해당한다면 횡단보도 자체가 효력이 부정되므로 특례예외 제6호의 적용을 받지 않게 됩니다. 그러나 도로교통법령의 규정을 지키지 아니한 횡단보도라고 하더라도 외견상 누가 보더라도 횡단보도임이 명백하므로 무효인 행정행위가 아닌 취소인 행정행위에 해당한다고 보임이 타당하고 그러하다면 이 횡단보도는 공정력이 인정되므로 취소되기 전까지는 유효하며 결국 운전자 A는 특례예외 제6호의 적용을 받아 형사처벌의 대상이 됩니다.

　　한편 교통안전시설의 하자의 유형은 신호기를 운용하는 과정에서 정상적으로 작동하지 않는 경우, 서로 모순되는 신호등이 등화되는 오작동으로 인한 경우, 법령 및 규정에 맞지 않는 안전표지를 설치한 경우로 나눌 수 있으며 이러한 하자로 인하여 발생하는 손해에 대한 책임은 국가나 지방자치단체의 손해배상의 책임과 배상절차를 규정함을 목적으로 하는 국가배상법에서 찾아볼 수 있는데 도로·하천, 그 밖의 공공의 영조물의 설

---

63) 행정행위의 무효사유를 판단하는 기준으로서의 명백성은 행정처분의 법적 안정성 확보를 통하여 행정의 원활한 수행을 도모하는 한편 그 행정처분을 유효한 것으로 믿은 제3자나 공공의 신뢰를 보호하여야 할 필요가 있는 경우에 보충적으로 요구되는 것으로서, 그와 같은 필요가 없거나 하자가 워낙 중대하여 그와 같은 필요에 비하여 처분 상대방의 권익을 구제하고 위법한 결과를 시정할 필요가 훨씬 더 큰 경우라면 그 하자가 명백하지 않더라도 그와 같이 중대한 하자를 가진 행정처분은 당연무효라고 보아야 한다는 반대의견이 있음

64) 대법원 1995. 7. 11. 선고 94누4615 전원합의체 판결, 대법원 1995. 8. 22. 선고 94누5694 전원합의체 판결, 대법원 1997. 6. 19. 선고 95누8669 전원합의체 판결, 대법원 2006. 3. 16. 선고 2006두330 전원합의체 판결, 대법원 2008. 9. 25. 선고 2007다 24640 판결

치나 관리에 하자가 있기 때문에 타인에게 손해를 발생하게 하였을 때에는 국가나 지방자치단체는 그 손해를 배상하여야 한다고 규정하고 있으며 교통안전시설물은 도로에 설치되어 일반 공중에 제공하므로 교통안전시설 등 설치·관리에 관한 규칙에 의거하여 설치된 영조물[65]로 볼 수 있어 결국 교통안전시설의 하자는 국가배상법에 의하여 배상책임이 있다고 할 것입니다. 다만, 도로교통법에서 말하는 도로에는 도로법에 의한 도로나 유료도로법에 의한 유료도로뿐만 아니라 일반교통에 사용되는 모든 곳도 포함되고 여기에서 일반교통에 사용되는 모든 곳이라 함은 현실적으로 불특정 다수의 사람 또는 차량의 통행을 위하여 공개된 장소로서 교통질서유지 등을 목적으로 하는 일반교통경찰권이 미치는 공공성이 있는 모든 곳을 의미하므로 경찰서장 등은 도로의 소유자나 관리자가 누구냐와 상관없이 현실적으로 불특정 다수의 사람 또는 차량의 통행을 위하여 공개되어 일반교통경찰권이 미치는 곳이면 어디에나 신호기나 안전표지를 설치하여 관리할 수 있으며 그 경우 그 신호기나 안전표지는 그것이 경찰서장 등에 의하여 설치·관리되는 것인 이상 그 설치·관리 비용의 부담자가 누구이냐와 관계없이 당연히 국가배상법 제5조 소정의 공공의 영조물이 된다 할 것이고, 따라서 국가나 지방자치단체 아닌 한국수자원공사가 도로를 소유·관리하면서 교통신호기의 설치·관리 비용까지 부담하고 있다 하더라도 그 도로가 일반 공중의 통행에 제공되어 사용되고 있는 이상 그 도로의 교통신호기의 설치·관리 사무의 귀속 주체인 지방자치단체로서는 그 하자로 인한 타인의 손해에 대하여 국가배상법 제5조 소정의 배상책임을 면하지 못한다고 판시하여 배상책임은 귀속주체로 한정하였습니다.

✔ **CHECK POINT**

▶ 교통시설의 하자는 도로에서 일어나는 교통상의 모든 위험과 장해를 방지하고 제거하여 안전하고 원활한 교통을 확보함을 목적으로 하는 도로교통법에 현저히 배치되므로 하자가 발생하지 않도록 정확하게 설치하여야 합니다.

---

65) 대법원은 도로교통법에서 말하는 도로는 도로법에 의한 도로나 유료도로법에 의한 유료도로뿐만 아니라 일반교통에 사용되는 모든 곳이 포함되고, 여기에서 일반교통에 사용되는 모든 곳이라 함은 현실적으로 불특정 다수의 사람 또는 차량의 통행을 위하여 공개된 장소로서 교통질서유지 등을 목적으로 하는 일반교통경찰권이 미치는 공공성이 있는 모든 곳을 의미하므로, 경찰서장 등은 도로의 소유자나 관리자가 누구냐와 상관없이 현실적으로 불특정 다수의 사람 또는 차량의 통행을 위하여 공개되어 일반교통경찰권이 미치는 곳이면 어디에나 신호기나 안전표지를 설치하여 관리할 수 있으며, 그 경우 그 신호기나 안전표지는 그것이 경찰서장 등에 의하여 설치·관리되는 것인 이상 그 설치·관리 비용의 부담자가 누구냐와 관계없이 당연히 국가배상법 제5조 소정의 '공공의 영조물'이 된다 할 것이라고 판시함(대법원 2000. 1. 14. 선고 99다24201 판결)

10 자치경찰의 교육과 미래전략

1. 자치경찰의 교육

1.1. 자치경찰제도의 시행과 교육

오랜 논의 끝에 2021. 7. 우리나라에 자치경찰제도가 드디어 도입되었습니다. 자치경찰제도는 국가 중심으로 운영되었던 기존 경찰제도의 단점을 보완하여 조금 더 국민 가까이에서 맞춤형 치안서비스를 제공할 수 있다는 큰 장점을 가지고 있습니다. 하지만 우리나라의 자치경찰제도는 그동안 다른 나라에서 실시했던 자치경찰제도와는 또 다른 새로운 제도이며 이에 따라 극복하고 해결해야 될 문제들도 많을 것으로 예상됩니다. 그 중 하나로 꼽히는 것이 균질한 치안서비스의 확보입니다. 자치경찰은 지방자치제도를 중심으로 지역별로 조금 더 특화된 맞춤형 치안서비스를 국민들에게 제공하고자 합니다. 지역별로 더 중요하거나 긴급한 치안문제들이 있을 수 있으며, 자치경찰제도를 통해 이러한 문제들을 조금 더 효율적으로 해결 할 수도 있습니다.

하지만 그동안 지방자치제도의 시행에서 드러난 문제와 같이 지방자치 단체별로 예산이나 인력 등의 여건이 다를 수 있으며 이로 인한 치안서비스의 불균형이 생길 가능성도 있습니다.

물리적으로는 자치단체별 1인당 경찰관수에서부터, 차량, 장비, 시설 등에서 차이가 있을 수 있습니다. 어떤 자치단체는 충분한 인력과 장비가 있는 반면 그렇지 못한 곳이 있을 수 있습니다.

다음으로 자치경찰관들의 교육 수준 역시 고려해야 합니다. 인원이나 근무여건 등에 따라 자치경찰별로 교육여건이 달라질 가능성이 있습니다. 별도의 교육센터를 설립하여 경찰관들의 교육에 집중하는 경우와 그렇지 못한 경우들이 있을 수 있습니다. 신임경찰관 교육부터 일반 경찰관들의 직무전문교육, 관리자 교육까지 차이가 있을 수 있으며 이러한 자치경찰별 교육의 차이는 직무능력의 차이로 이어질 수 있습니다.

치안서비스는 국민의 생명과 재산, 신체를 지킨다는 점에서 다른 어떤 국가의 행정 서비스보다 국민의 기본권과 직접적인 관련이 있습니다. 따라서 내가 서울에 살든, 부산에 살든, 강원도나 제주에 살든 기본 수준 이상의 치안서비스를 받을 수 있어야 합니다. 그러나 미국의 각 주들이나 더 작은 자치정부들 사이에 치안수준이나 안전도가 조금씩 다른 것처럼 이러한 수준 차이를 해결하는 것은 매우 쉽지 않은 문제 중 하나입니다. 이처럼 지역별 특화된 치안서비스를 제공함과 동시에, 지역별로 일정 수준 이상의 치안서비스를 제공해야 하는 것이 자치경찰제도가 갖는 가장 근본적인 어려움 중 하나입니다.

지방자치제도가 시행된 이후 현재 지역별 소득이나 예산 문제 등을 해결하기 위한 방법 중 하나로 국고보조금 제도가 시행되고 있고, 이 외에도 다양한 행정 보완 제도들이 있습니다. 자치경찰제 역시 이러한 문제가 발생하지 않도록 예산 및 조직에 대하여 법률적 제도적으로 지속적인 보완이 이루어져야 하며 이는 국회와 지방자치 정부의 역할이 될 것입니다.

위에서 말씀드린 것처럼 예산 및 조직 외에도 교육적인 측면에서도 차이가 발생하지 않도록 적절한 교육시스템을 만들어야 합니다. 이는 자치단체와 경찰에서 해결해야 합니다. 본 장에서는 이러한 자치경찰제도의 교육시스템에 대해서 말씀드리고자 합니다.

1.2. 자치경찰 교육제도 분석

한국형 자치경찰제 도입은 주민맞춤형 치안서비스 제공이라는 큰 장점과 함께 여러 가지 우려스러운 부분이 있는 것 역시 사실입니다. 특히 많은 전문가들과 국민들은 균질한 치안서비스 제공이 가능할 것인지에 대해 염려하고 있습니다. 이를 위해서는 위에서 살펴본 것처럼 예산과 법률, 행정문제의 점진적 해결과 함께 자치경찰에 대한 교육 역시 매우 중요합니다.

시행초기에는 우리나라 고유의 자치경찰 제도를 정확하게 이해하고 적용할 수 있어야 합니다. 지구대 경찰관들이 자치경찰에 속하는지 임무나 권한이 중복될 때 어떻게 해결할 것인지 등 새로운 제도와 법률, 조례와 행정사항들을 배워 자치경찰제를 순조롭게 시행하는 것이 중요합니다.

자치경찰제가 시행되고 안착된 이후에는 또 다른 문제들이 발생할 가능성이 높습니다. 지역별로 다른 치안 이슈들이 있을 수 있고, 다른 해결방식이나 법률이 적용될 가능성도 있습니다. 주민들의 요구사항이나 역량을 집중해야 되는 범죄도 다를 수 있습니다. 어떤 지역에서는 불법 다단계판매나 금융범죄가, 어떤 지역에서는 불법 유흥업소문제가 어떤 지역에는 불법건축물이나 토지개발 문제가, 어떤 지역에서는 빈집털이나 여성대상 범죄가 중요할 수 있습니다. 지역별로 다른 치안 이슈들을 어떻게 분석하고 대응할 것인가라는 근본적인 문제에서부터 다른 자치경찰과 어떻게 협력하고 국가경찰과는 어떻게 협업할 것인가 하는 문제는 매우 중요할 수 있습니다. 누구도 이러한 문제들을 모두 겪고 준비해 본 적이 없기 때문에 이러한 점들을 실무에 기초한 교육을 통해 해결해야 합니다.

따라서 자치경찰제도의 성공적인 안착을 위해서는 교육을 통한 지속적인 인력관리가 필수라고 할 수 있습니다. 자치경찰 교육은 지역적 특성을 반영함과 동시에 국가적 표준을 정립하고 준수할 수 있는 교육제도가 필요합니다.

1.2.1. 외국의 자치경찰 교육 제도

이미 영국,미국,독일 등 여러 나라에서는 자치경찰제도를 시행하면서 경찰관들의 교육을 실시하고 있습니다. 외국 자치경찰들의 경찰제도와 관련된 교육제도를 살펴보도록 하겠습니다.

• 영국

영국은 자치경찰제도의 대표적인 국가입니다. 영국 경찰은 순경에서 간부까지 모든 영국경찰은 2년간의 교육 훈련 및 수습과정을 거쳐야 합니다. 신임순경 대상 교육훈련과 일부 단기직무 교육훈련은 지방단위의 교육기관인 지방경찰청 산하 지방경찰 훈련센터에서 운영하며 전국 단위의 교육기관에서는 독립된 주무교육 개발기구에서 특수교육, 경찰관 신규채용시험 및 평가, 재직자 승진시험 및 교육훈련 등을 담당합니다.

• 미국

영국의 자치경찰제도를 이어받아 각 지방 실정에 맞는 분권화된 조직과 권한으로 구성되어 있습니다. 동일 지역에서도 권한과 기능을 달리하는 여러 종류의 법집행 기관들이 혼재되어 있어 경찰제도가 매우 복잡하고 다양합니다. 따라서 가장 독립적인 권한과 행태를 가지고 있으며 국가경찰인 연방경찰의 역할이 제한적입니다. 각 주별로 경찰교육기관을 운영하고 있으며 교육기간은 내용과 대상에 따라 4주에서 24주간의 교육이 이루어집니다. 이론형 교육보다 현장교육훈련(On the Job Training)과 모의연습식 교육훈련 (Simulation Training)을 중심으로 실습과 교정을 반복하며 실습과정에서 엄격한 평가가 이루어지고 특히 멀티미디어 활용 및 역할극을 이용한 실무 중심형 교육이 운영되고 있습니다. 최근 한국 경찰에서도 미국과 같은 현장교육과 시뮬레이션 교육이 주목받고 있습니다.

• 독일

독일 경찰은 연방경찰과 16개의 주경찰로 상호협력관계를 이루고 있습니다. 원칙적으로 주정부 중심의 자치경찰사무를 중심으로 경찰활동이 이루어지면, 연방경찰은 국방, 통화, 관세, 항공교통, 철도, 우편, 통신과 같이 국가 단위의 중요한 범죄들을 담당하고 일반 경찰사무는 주경찰이 담당하고 있습니다. 주 단위의 경찰조직이지만 기본적으로 강력한 중앙집권(주정부)적 경찰조직입니다. 연방 및 주정부 교육기관에서 경찰과 관련된 교육을 실시하며 신임교육은 24~36개월을 실시합니다.

• 일본

일본은 국가경찰과 자치경찰로 나누어진 절충형 경찰제도입니다. 자치경찰인 도도부현 경찰은 원칙적으로 모든 경찰사무를 처리하며 전국적인 이해가 걸린 사무, 국가 차원의 공안사건, 기술적으로 전국적인 통일을 요하는 사항은 국가경찰에서 담당하고 있습니다. 국가경찰인 관구 경찰학교에서 경찰관의 교육훈련을 담당하며, 도도부현(자치단체)별로 경찰학교를 운영하고 있습니다. 원칙이나 큰 틀은 경찰청에서 통일된 지침을 내리고 지방별로 지역 특색에 맞는 훈련을 실시하고 있습니다. 대학졸업자는 15개월, 단기 및 고등학교 졸업자는 21개월의 신임교육을 실시하고 있습니다.

• 한국

우리나라에서는 현재의 자치경찰제도가 시행되기 전 시범적으로 제주도에서 자치경찰을 운영하였습니다. 제주의 자치경찰제도는 신임교육을 중앙경찰학교에서 실시하였으며 직무교육은 경찰인재개발원 및 제주지방경찰학교에서 실시하였습니다. 제주의 지리적 특성 및 자치경찰제의 특성상 제주의 자치경찰들을 위한 별도의 교육기관 설립 필요성은 제기되었으나 여러 가지 문제로 인해 별도의 교육기관은 따로 설립되지 못했습니다. 제주의 자치경찰제는 비교적 규모가 작고 시범적인 성격이 강해 본격적인 자치경찰 교육제도는 실시되지 못했습니다.

1.2.2. 자치경찰 교육제도의 분석

세계적으로 많은 나라에서 자치경찰제를 시행하여 왔고 이와 관련된 여러 가지 교육제도들이 있습니다. 여기서 우리는 몇 가지 공통점을 찾을 수 있습니다. 자치경찰제를 시행하는 대부분의 나라들이 우리와 비슷한 고민을 하고 있는 점입니다. 즉 주민들에게 지역특화형 치안서비스를 제공함과 동시에 국가적 표준을 지킬 수 있는 교육제도를 고민하고 있습니다. 현실적으로 국가교육기관에서 자치경찰들에 대한 교육을 전담하는 것은 매우 어렵습니다. 우리나라의 경찰관인원이 약 12만명(2020년 기준 126,227명)임을 감안할 때 가장 큰 직무교육기관인 경찰인재개발원의 연간 교육인원은 1~2만명 정도입니다.(경찰수사연수원은 이 인원의 1/3정도를 교육하고 있습니다) 이를 고려하면 최대 12년이 걸려야 전국의 경찰관들을 한번 교육할 수 있게 됩니다. 이러한 교육시스템으로는 적절한 교육이 어렵습니다. 따라서 자치경찰의 경우 일반적인 교육은 앞으로 자치경찰에서 자체적으로 실시해야 할 가능성이 높습니다. 그러나 지역별로 특화된 치안교육만을 실시하기는 어렵습니다. 따라서 표준이 되는 교육제도와 컨텐츠가 필요하고 자치경찰교육기관에서 교육을 담당할 전문가들의 교육 역시 중요하는 점에서 이를 시행할 수 있는 국가(중앙)교육기관의 존재 역시 필수적이라고 할 수 있습니다.

1.2.3. 우리나라 경찰 교육기관

우리나라에 경찰과 관련된 주요 교육기관은 4개가 있으며 이를 경찰의 4대 교육기관이라고 부릅니다. 이중 경찰대학, 경찰인재개발원, 경찰수사연수원은 충남 아산에 있으며 신임순경을 교육하는 경찰중앙학교는 충북 충주에 있습니다. 경찰의 주요 교육기관들이 충남 아산에 모여 있어 이곳을 경찰교육타운(Police Education Town)이라고 부르기도 합니다.

• 경찰인재개발원(Police Human Resources Development Institute)

경찰인재개발원은 충남 아산에 있으며 일반 경찰관들의 직무전문교육을 담당하고 있습니다. 경찰인재개발원은 경찰교육기관 중 가장 오래된 교육기관으로서 1945년 서울에서 경찰관교습소로 발족하여, 조선경찰학교, 국립경찰학교 시절을 거쳐 1984년 경찰종합학교로 독립하였다가 2009년 경찰교육원으로 개원하였습니다. 2018년 부터는 경찰인재개발원으로 명칭을 변경하였으며 경무, 생활안전, 수사, 교통, 정보, 보안, 사격, 무도, 인권 등 일반 경찰들의 직무관련 교육과 경정, 경감의 기본교육을 담당하고 있습니다. 주요 교육센터로 자치경찰과 범죄예방, 지역경찰, 여성청소년 범죄등을 담당하는 자치경찰교육센터, 정보와 보안교육을 담당하는 공공안전교육센터, 경무행정과 사격등을 담당하는 경무교육센터, 교통안전교육을 담당하는 교통안전교육센터, 그리고 경찰의 인권교육을 담당하는 인권리더쉽교육센터등이 있습니다. 경찰인재개발원은 연간 약 2만명의 경찰관을 교육하는 곳으로 가장 많은 분야의 현장경찰관을 교육하는 현장직무교육의 중심교육기관입니다.

출처: 경찰인재개발원 조직도 〈출처〉 경찰인재개발원 홈페이지

• 경찰수사연수원

경찰수사연수원은 충남 아산에 있으며 수사경찰관들의 직무전문교육을 담당하는 교육기관입니다. 경찰수사연수원은 경찰수사관 및 특사경, 군 및 기타 기관들의 수사교육을 담당하는 국내 유일, 최대의 수사전문 교육기관입니다. 중요 부서로는 지능범죄수사학과, 강력범죄수사학과, 여청수사학과, 사이버수사학과, 과학수사학과, 안보수사학과 등이 있습니다. 수사연수원은 최근 국가수사본부 설립과 수사권 변화 등에 따라 역할과 기능이 더욱 중요해지고 있습니다. 경찰수사연수원과 경찰인재개발원은 같은 부지에 함께 자리잡고 있습니다.

▌경찰수사연수원 조직도

출처: 경찰수사연구원 홈페이지

• 경찰대학

　경찰대학은 충남 아산시에 있으며 경위로 임용할 경찰대학생들과 경찰간부후보생 교육을 중심으로 하고 있습니다. 법학과, 행정학과, 경찰학과 등의 학과가 있고, 치안대학원과 부설기관으로 치안정책연구소가 있습니다. 경찰대학은 경찰의 간부 육성 및 총경들의 고위직 교육을 담당하고 있으며 일반대학의 성격을 가지면서 치안업무발전에 필요한 학술이론과 응용방법 등을 연구하고 교육하는 기관입니다.

▎경찰대학 조직도

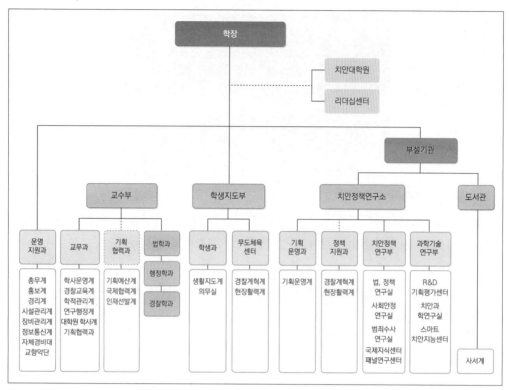

출처: 경찰대학 홈페이지

• 중앙경찰학교

    중앙경찰학교는 충북 충주에 있으며, 신임 경찰관들의 교육을 담당하고 있는 교육기관입니다. 중앙경찰학교는 신임경찰관들을 양성하는 경찰의 교육기관으로 인권에서부터

수사, 형사, 생안, 사격, 체포술, 차량 등 신임경찰관들에게 필요한 다양한 직무교육을
실시하고 있습니다.

▌중앙경찰학교 조직도

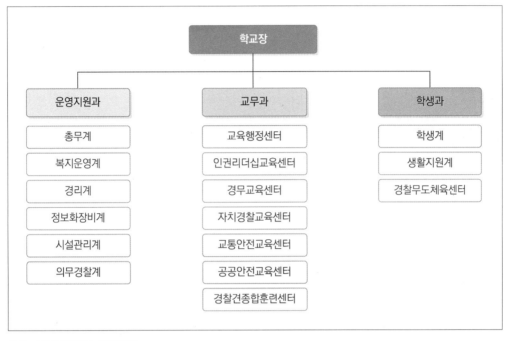

출처: 중앙경찰학교 홈페이지

1.2.4. 자치경찰제 도입에 따른 향후 교육변화 예상

1.2.4.1. 자치단체별 교육기관 설립 가속화

자치경찰제의 도입에 따라 단기적으로는 현재 경찰의 4대 교육기관등 국가 교육기관
에 의존하겠지만 중장기적으로는 자치단체별 경찰교육기관을 설립하거나 부서를 신설
할 가능성이 높을 것입니다. 현재 경찰의 중앙 교육기관만으로는 자치경찰 전체에 대한
원활한 교육을 실시하기 어렵습니다. 수용가능한 인력이나 시설 등 교육인프라에 한계
가 있고 원거리의 자치경찰에서 중앙교육기관까지 장거리, 장기간 교육을 받으러 오는
것도 쉽지 않습니다. 또한 중앙교육기관에서는 지역별로 특화된 교육을 하기도 어렵습
니다. 경찰관은 치안현장의 최일선에 있고 국민의 기본권과 직접적인 연관이 있는 공무
원으로서 지속적인 교육과 능력향상이 이루어져야 합니다. 현재의 여러 가지 여건들을
볼 때 향후 자치경찰의 역할이 정립되고 규모와 역할이 확대되면 자치단체 별로 별도의
교육기관 설립이 가속화 될 가능성이 높다고 보여집니다.

1.2.4.2. 행정경찰과 사법경찰의 구분 가중화

자치경찰과 함께 최근 경찰조직의 중요한 변화중 하나로 꼽히는 것이 국가수사본부의 출범입니다. 경찰의 수사기능이 독립하여 국가수사본부가 설립되었으며 수사와 관련된 기능들은 경찰청장이 아닌 국가수사본부장의 지휘를 받게 되었습니다. 국가수사본부의 출범에 따라 행정경찰과 사법경찰의 구분이 더욱 엄격해지게 되었으며 지휘계통도 완전히 달라지게 되었습니다. 교육 역시 경찰인재개발원을 중심으로 한 행정경찰기능과 경찰수사연수원을 중심으로 한 사법경찰 기능이 더욱 엄격하게 구분되기 시작할 것으로 예상됩니다.

1.2.4.3. 표준컨텐츠의 수요 증가

자치경찰제 도입은 지방자치 맞춤형 치안서비스라는 목적에 의해 이루어졌고 이러한 목적을 이루기 위해 여러 가지 지역특화 노력을 할 것으로 예상됩니다. 이러한 경향과는 또 별도로 국가 표준 컨텐츠의 요구 역시 증가할 것으로 예상됩니다. 이전 경찰관련 교육은 경찰의 중앙 교육기관에서 전담하였기 때문에 오히려 이러한 표준컨텐츠의 요구가 그렇게 높지 않았던 반면 향후 자치경찰자체의 교육이 강화되면 기본이 될 수 있는 각 분야 표준컨텐츠에 대한 요구는 더욱 많아질 것으로 예상됩니다. 경찰청과 경찰인재 개발원 등에서는 이러한 수요에 대응하기 위한 다양한 표준컨텐츠를 제작 또는 계획 중에 있습니다.

1.2.5. 자치경찰제 도입에 따른 교육관련 문제점

1.2.5.1. 여건에 따른 경찰관의 교육 차이 발생 가능성

지역별 예산이나 인력별 특징이 다른 것처럼, 국가경찰과 자치경찰 간 또는 자치경찰 사이에서 교육여건이 달라질 수 있습니다. 이러한 경우 경찰관의 교육수준이 달라질 수 있으며 이는 나아가서는 경찰관의 수준 차이와 이에 따른 치안서비스의 불균형을 가져올 수도 있습니다.

1.2.5.2. 자치경찰 간 표준화 문제

지방자치제도는 자치단체별로 조례나 인력, 예산의 자율성을 상당 부분 인정하고 있습니다. 경찰업무 역시 자치단체별 조례에 따라 처리절차나 매뉴얼이 달라질 가능성도 높습니다. 이는 지역별 맞춤형 치안서비스를 제공하기 위한 것이지만 본질적인 부분이 달라지는 경우에는 국가표준화에 문제가 생길 가능성도 있습니다. 행려자나 주취자 처리, 조현병(정신분열증)환자나 각종 지자체 행사의 경비 문제에서부터 자치경찰이 처리하는 일상 업무에서부터 여러 가지 수사업무에 이르기까지 다양한 분야에서 차이가 발생할 가능성이 있습니다. 사소한 부분에서는 큰 문제가 되지 않겠지만 점차 특징이 다양해지고 차이가 커지는 경우 자치경찰 간 또는 자치경찰과 국가경찰의 업무 프로세스가 달라지게 되어 전체적인 경찰역량이 저하될 가능성이 있습니다.

1.2.5.3. 자치단체별 예산 상황에 따른 자체 교육기관 설립 가능성

해외의 사례를 볼 때 장기적으로는 자치단체별로 별도의 경찰교육기관을 설립할 가능성이 높습니다. 다만 이러한 경우 자치단체별 예산상황이나 여건에 따라 교육기관의 설립여부가 달라질 수 있고 설립되는 경우에도 규모나 내용 면에서 차이가 발생할 가능성이 있습니다. 어떤 자치경찰은 전용 교육시설과 교육전문가 그룹에 의하여 정기적인 교육을 받는 반면, 어떤 자치경찰은 그렇지 못할 수도 있게 되는 것입니다. 그리고 이러한 교육여건의 차이는 교육수준과 업무수준의 차이로 이어질 가능성이 있습니다.

1.2.5.4. 국가교육기관과의 소통

당연한 우려일 수 있지만 자치경찰제가 강화되는 것은 반대로 다른 자치경찰이나 국가경찰관의 소통이 줄어들 가능성이 있습니다. 자치단체별로 교육이 실시되는 문화가 많아지고 인사교류가 줄어드는 경우 이러한 현상을 더욱 가속화될 수 있습니다. 자치단체의 치안서비스 제공은 매우 중요한 일이지만 이는 기본적으로 국가와 국민의 헌법과 법률을 수호하기 위한 것이기 때문에 지역특화가 지나치게 강조되면 국가 전체적인 연대가 약화될 수 있습니다.

1.3. 향후의 자치경찰교육제도

앞서 살펴본 자치경찰제도의 도입과 문제 향후의 방향들을 고려했을 때 앞으로 도입해야 하는 자치경찰교육제도의 핵심은 다음과 같습니다.

1.3.1. 경찰표준교육제도(National Police Standard Education System)

지역맞춤형 치안서비스 제공이라는 자치경찰제도의 근본적인 목적과 이념을 유지하면서 자치경찰제가 가질 수 있는 약점을 보완하기 위해서는 역설적이지만 먼저 경찰표준교육제도가 정립되어야 합니다. 경찰표준교육제도는 국가경찰과 자치경찰 교육을 동시에 염두에 둔 것으로서, 국가경찰에서 법률(예규 및 훈령포함), 매뉴얼, S.O.P(표준업무

처리지침)등 표준이 되는 치안관련 컨텐츠를 만들고, 자치경찰에서는 표준경찰교육제도를 기반으로 지역실정에 맞는 맞춤형 교육을 실시하는 방법입니다. 연계된 교육시스템을 통해 표준이 되어야 하는 핵심 내용들은 국가경찰의 컨텐츠를 기초로 하고, 이에 더하여 각 지방자치단체의 치안상황, 예산, 인구, 행정 등 실정에 따라 자치경찰의 고유한 내용을 추가하는 방법입니다.

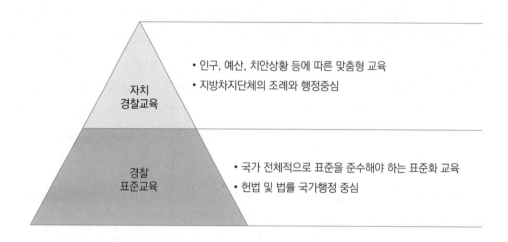

이를 위해서는 국가경찰의 표준교육을 위한 컨텐츠가 있어야 하며 이를 연계할 수 있는 교육시스템이 필요합니다. 이는 다음에서 이야기하는 전문가 인증제와 연계될 수 있습니다. 경찰청과 경찰인재개발원 등 국립경찰교육기관에서는 이러한 경찰의 표준교육이 될 수 있도록 여러 가지 컨텐츠와 매뉴얼들을 지속적으로 제작하고 있습니다.

1.3.2. 치안전문가 인증제(Security expert certification system)

모든 경찰관에 대한 교육이 국립경찰교육기관을 통해 이루어지는 경우에는 큰 문제가 없었지만 자치경찰제의 성숙과 함께 자치단체별로 각자 다른 교육을 실시할 가능성이 높습니다. 물론 지역별로 특화된 교육을 실시하는 것은 매우 바람직하지만, 문제는 적절한 전문가를 확보하지 않은 경우 주먹구구식 교육이 시행될 수도 있다는 점입니다. 법률이나 표준컨텐츠가 있다 하더라도 그 자체만으로는 정확한 내용을 이해하기 어렵고 실제 현장에서는 더욱 어려운 사례들이 많습니다. 자치경찰 교육은 단순히 계급이 높거나 경찰관 중 보직으로 선발된 사람이 하는 것이 아니라 국가에서 인증받은 전문가들에 의하여 교육이 이루어져야 합니다.

전문가의 분야는 범죄예방, 학교폭력, 가정폭력, 성폭력, 피해자보호, 풍속사범단속 등 경찰의 모든 분야에 있을 수 있으며 유사한 제도로 국가수사본부와 경찰수사연수원에서는 전문수사관 인증제를 운영하고 있습니다. 경찰인재개발원의 경우 2021년 범죄예방정책 전문가 인증제를 시범적으로 실시하였으며 향후 이를 확대할 예정입니다.

치안전문가 인증제는 기본적으로 국립경찰교육기관에서 전문교육과정을 이수하고 인증을 받은 전문가들이 다시 자치경찰에서 관련 내용을 교육하는 방식입니다. 이러한 방식을 통해 인증받은 전문가들에 대한 표준교육이 이루어짐과 동시에 국가경찰과 자치경찰간의 유기적인 관계를 유지하고, 또한 자치경찰들에 교육기회를 확대하고 맞춤형 치안컨텐츠를 개발할 수 있는 기본적인 여건을 마련할 수 있을 것입니다.

1.3.3. 자치경찰사무담당 자치단체 공무원 교육

마지막으로 중요한 교육 중 하나는 자치경찰사무를 담당하는 자치단체 공무원들에 대한 교육입니다. 경찰은 국가 행정조직중 가장 인원이 많고 광범위한 업무를 담당하고 있으며 자치경찰 업무 역시 마찬가지입니다. 이러한 경찰사무를 제대로 이해하고 자치행정업무와 유기적으로 연계하여 주민들에게 적절한 치안서비스를 제공하기 위해서는 자치경찰사무를 담당하는 공무원이나 자치단체의 관리자급 공무원에 대한 경찰사무 관련 교육이 필수적입니다. 경찰사무의 근거와 내용, 범위와 한계를 정확하게 이해해야지만 주민들에게 제대로 된 치안서비스의 제공이 가능할 것입니다. 따라서 자치경찰사무를 담당하는 공무원들에 대한 교육 역시 매우 중요한 내용 중 하나입니다.

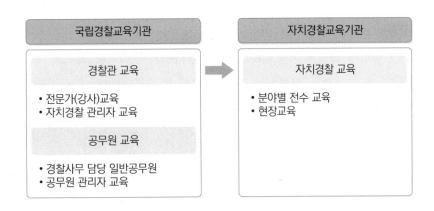

1.4. 정리 – 자치경찰교육제도

본격적인 자치경찰제 시행에 따라 많은 사람들이 혼란스러운 와중에도 제도 시행에 따른 부작용을 줄이고 적절한 치안서비스를 제공하기 위해서 여러가지 노력을 하고 있고 그런 노력의 결과로 자치경찰제는 점차 안착되어 가는 모습을 보이고 있습니다. 그러나 자치경찰제가 가지고 있는 근본적인 약점을 보완하고 자치경찰제의 강점을 극대화하기 위해서는 무엇보다 교육제도에 많은 관심을 기울여야 합니다. 적절한 교육제도를 통해 자치경찰관련 사무를 보는 분들에게 충분한 교육기회를 제공하고, 업무수행능력을 향상시키고 다른 자치경찰 및 국가경찰과의 유기적인 관계를 유지하여, 지역맞춤형 치안서비스 제공이라는 자치경찰의 목표를 수행하는데 큰 역할을 할 수 있을 것입니다.

2. 스마트치안과 자치경찰의 미래전략

2.1. 배경

최근 가장 중요한 단어 중 하나는 4차 산업혁명입니다. 어떤 분들은 4차 산업혁명이라는 얘기를 너무 많이 들어 지겹다고 하는 분들도 있습니다. 그러나 4차 산업혁명은 이제 시작일 뿐이며 앞으로 수십년 이상 진행될 주제입니다.

경찰의 경우 4차 산업혁명과 관련한 스마트치안 기술에 많은 관심이 모아지고 있습니다. 드론, VR, A.I. 빅데이터 등 관련된 기술들에 대한 연구가 지속적으로 이루어지고 있고, 점차 그 범위를 넓혀가고 있습니다. 앞으로 이러한 첨단기술들이 치안분야에 어떤 식으로 적용될 수 있는지는 살펴보는 것은 경찰의 방향을 보여준다는 점에 있어서 큰 의미가 있습니다.

또한 기술 발전과 더불어 치안환경 역시 급격하게 변화하고 있습니다. 인구, 문화, 사회, 기술, 자원, 정치 등 여러 분야에서 치안과 관련된 환경이 변화하고 있으며 이러한 치안환경변화에 제대로 대응하는 것은 국민의 안전확보와 관련된 매우 중요한 내용입니다. 현재 어떻게 치안환경이 변화하고 있고 이와 관련하여 자치경찰이 준비해야 할 것들은 무엇이 있는지 살펴보겠습니다.

2.2. 첨단치안기술 살펴보기

4차산업혁명과 관련된 기술은 매우 다양합니다. IoT, 빅데이터, 로봇, 블록체인, 3D 프린팅, 스마트모빌리티, 인공지능 등 매우 다양한 관련 기술들이 있습니다. 이를 분류 하기는 힘들지만 크게는 기계,데이터,확장현실의 범주로 나눌 수 있습니다.

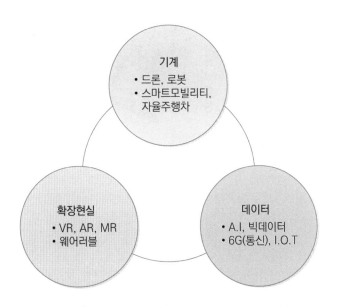

2.2.1. 기계기술

정밀 제조기술과 제어기술의 발전은 다양한 기술의 발전을 가속화시키고 있습니다. 드론이나 로봇, 개인이동장치(PM:Personal Mobility)와 같은 기술이나 자율주행자동차, 드론택시와 같은 다양한 첨단 기술들이 개발되고 있습니다. 경찰의 경우 드론경력자들을 정식으로 특채한 것을 비롯하여 약 32억원을 예산을 투입하여 경찰드론을 정식으로 일선에 배치하여 실종자 수색 업무등에 활용하고 있습니다.

▌경찰드론

또한 첨단순찰차나 순찰용 스마트모빌리티, 대테러용 로봇 등도 개발 중이거나, 향후 개발될 수 있는 기술입니다.

2.2.2. 데이터

▌경찰 빅데이터 활용 개요

출처: 경찰청

경찰청에서는 2020년 경찰청 빅데이터 플랫폼 1단계를 구축하고 범죄위험도 예측시스템 시범운영을 준비하여 2021년 5월부터는 Pre-CAS(프리카스, 범죄위험도 예측, 분석시스템)을 전국에서 운영중에 있습니다. 이러한 데이터를 치안분야에 활용하는 것은 세계적인 추세로 앞으로도 더욱 사용이 가속화될 것으로 보이며 향후 범죄예측 시스템등 A.I 및 데이터를 활용한 사례 역시 지속적으로 증가할 것으로 보입니다.

경찰은 가장 많은 데이터를 보유하고 있는 국가기관 중 하나이지만 민감한 정보들이 많아 이를 직접적으로 사용하기는 어렵습니다. 향후 이러한 치안관련 데이터들을 어떻게 활용할 것인지는 경찰의 중요한 숙제중 하나가 될 것입니다.

2.2.3. 확장현실

▌미국경찰들의 VR 기술 훈련

VR(가상현실) 및 AR(확장현실)기술은 최근 매우 부각되는 기술 중 하나입니다. 게임, 영화 등 개인이 활용하는 컨텐츠에서 시작해서 지금은 교육 훈련의 중요한 도구로 자리잡고 있습니다. 제한된 자원과 상황을 활용해야 하는 특수분야(군, 경찰, 파일럿 등)의 경우 이러한 기술이 더욱 중요하며 경찰청 등에서도 관련 기술개발에 대해 많은 관심을 기울이고 있습니다. 특히 경찰의 경우 직접적으로 체험하기 힘든 반면 위험하거나 중요한 임무(사격, 인질, 추격 등)들이 많기 때문에 이러한 가상현실기술을 활용하는 것은 임무수행에 큰 도움이 될 수 있어 이에 대한 연구가 진행중에 있습니다.

2.3. 자치경찰의 기술 도입

위에서 살펴본 것처럼 다양한 분야에서 경찰의 새로운 기술개발이 이루어지고 있고 관련된 예산규모도 지속적으로 성장하고 있습니다. 그러나 경찰의 첨단 기술 역시 국가경찰의 입장에서 이루어지고 있는 부분들이 많습니다.

자치경찰제의 기본적인 목적과 같이 자치경찰에는 자치경찰만의 기술이 필요할 수도 있습니다. 자치단체 별로 더 중요하거나 자주 발생할 수 있는 치안 문제들이 있을 수 있습니다. 어떤 지역은 보이스피싱 예방이, 어떤 곳은 산불(실화) 문제가, 어떤 곳은 불법매립이나 무허가 토지개발이, 어떤 곳은 여성대상 범죄나 교통사고 예방이 더 중요할 수 있습니다. 각 지역별로 이러한 중요도와 기술적 요구에 따라 관련된 치안기술이 먼저 개발되거나 도입될 수 있습니다. 여러 첨단기술 중에 가장 시급하고 중요한 문제들을 해결할 수 있는 기술개발을 필요에 따라 빠르게 진행할 수 있다는 점이 자치경찰의 치안기술 개발과 관련된 가장 큰 장점 중 하나입니다.

그러나 자치경찰의 경우 일반적으로는 국가경찰의 기술개발비에 비해 규모가 적고 또한 자치단체별로도 예산상 차이가 있을 수 있습니다. 따라서 국가에서 개발한 기술들에 대한 공유가 원활하게 이루어져야 하고, 예산이 부족할 자치단체들에 대한 지원방안도 고민해야 할 것입니다.

치안기술 개발을 포함하여 자치단체의 치안관련 예산은 향후 매우 중요한 문제입니다. 경찰관 개인에 대한 급여나 관서운영비는 국가 예산으로 지급된다 하더라도 CCTV 설치, 교통안전시설물 운영, 기타 치안인프라 관련 예산은 매우 중요한 문제가 될 수 있습니다. 한가지 확실한 것은 사람의 생명과 신체, 재산을 지키는 치안활동은 인간의 가장 중요한 권리라는 것입니다. 예를 들어 공용자전거를 늘려 교통편의를 확대하는 것은 주민들의 복지에 도움을 줄 수 있습니다. 그러나 주민들이 범죄나 사고로부터 안전을 확보하는 것은 그것에 앞서 더욱 중요합니다. 한정된 예산을 자전거를 늘리는데 사용할 것인지 범죄취약지에 CCTV를 설치하는데 사용할 것인지에 대한 균형있는 비전과 정책이 필요합니다. 무작정 자전거나 복지시설을 늘리는 것도, 무작정 CCTV나 단속기기를 늘리는 것도 바람직하지 않을 것입니다.

따라서 자치단체에서는 주민의 행복과 안전이 조화롭게 이루어 질 수 있도록 지속적으로 고민하고 노력해야 할 것입니다.

2.4. 치안환경의 변화와 자치경찰의 미래전략

2.4.1. 배경

우리는 앞에서 치안과 관련된 새로운 기술동향 및 도입방향 등에 대해서 살펴보았습니다. 이러한 기술의 도입이나 개발은 매우 중요한 일이지만 더욱 중요한 것은 치안환경의 변화입니다. 어떤 범죄가 발생하고 사라질 것인지, 사회환경이나 인구는 어떻게 변화할 것인지, 사회는 더 안전해질 것인지 불안정해질 것인지, 경찰관이 더 필요할 것인지 등 미래의 치안환경을 예측하고 이를 대비하는 것은 우리의 안전을 확보하고 생명과 신체 재산을 지키기 위해 매우 중요한 일이 될 수 있습니다.

2.4.2. 범죄의 변화

우리가 생각하는 것보다 범죄는 크게 변화하고 있습니다. 보이스피싱과 같이 옛날에는 없던 범죄가 갑자기 발생하기도 하고, 간통죄와 같이 이전에는 매우 비난받던 범죄가 갑자기 범죄가 아니게 되기도 합니다. 이처럼 새로운 기술의 등장이나 사회제도, 법률의 변화에 따라 다양한 범죄들이 발생하거나 소멸되거나, 변화합니다. 이러한 범죄의 변화에 관심을 기울어야 하는 이유는 범죄가 어떤 방향으로 변화하고 있는지에 따라 우리의 대응도 달라질 수 있기 때문입니다. 보이스피싱이나 사이버범죄가 늘어나면 이러한 범죄에 적절히 대응해야 하고, 주민간의 폭력이나 성범죄가 중요해지면 역시 이에 대응해야 합니다. 이러한 범죄의 변화를 예측하기 위해서는 여러 가지 방법이 있을 수 있습니다. 그러나 가장 중요한 것은 항상 여기에 관심을 기울이고 "미리" 준비해야 한다는 것입니다. 그렇지 않다면 보이스피싱범죄가 우리에게 피해를 입혔던 것과 같이 새로운 범죄의 등장에 따라 우리는 큰 피해를 입을 수도 있습니다. 범죄에 대해 미리 준비해야 하는 것이 영화에서처럼 범죄발생 시간과 내용을 정확히 예측하고 경찰관을 투입해야 한다는 것이 아닙니다. 그것은 적어도 최근 사회에 어떤 문제들이 이슈가 되고 있고, 향후 문제가 될 수 있으며 이러한 문제들에 대해 언제든지 대응할 수 있는 자세와 되어 있어야 한다는 의미입니다.

▌전통범죄 핵심동인 지수

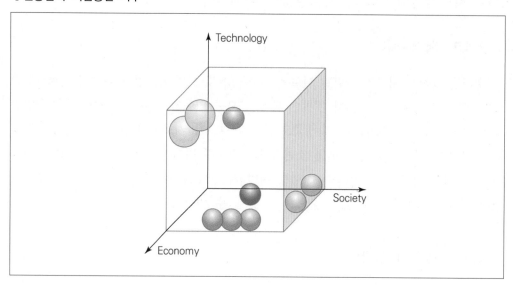

▌최신 범죄 핵심동인 지수

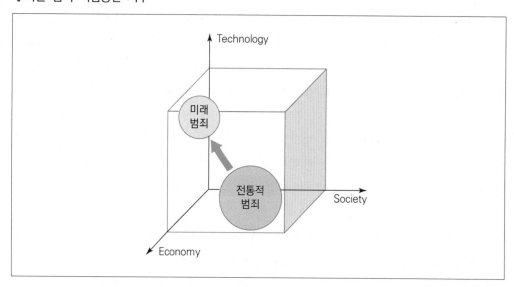

　여성대상범죄가 늘어나는 추세를 보이고 있거나 향후 이러한 가능성이 예견된다면 지금부터 이에 대응할 준비를 해야 한다는 의미입니다.

　위 그림들은 현재 범죄의 변화 유형들을 보여주는 예시입니다. 범죄를 변화시키는 주요 요인으로는 기술, 경제, 사회적 요인이 있으며 전통적인 범죄들이 사회질서유지와, 공동체의식을 강조했던 반면 최근 범죄들은 사회적 규제나 공동체의식을 중심으로 한

가치에서 벗어나 경제와 기술을 중심으로 변화하는 경향을 보여주고 있습니다.

2.4.3. 사회환경의 변화

범죄의 변화와 함께 중요한 것은 사회환경의 변화입니다. 우리를 둘러싼 사회환경은 지속적으로 변화하고 있는데 사회, 경제, 문화, 인구, 정책, 자원, 환경 등이 그러한 변화의 핵심이 됩니다.[1] 이러한 환경 변화에 따라 사회가 더 불안해질지 안정화 될지를 검토해야 하고 이러한 변화에 따라 경찰관이 더 필요할지, 새롭게 개발할 기술이 있는지, 법제도는 어떤 식으로 정비해야 할지 등을 준비해야 합니다. 스마트폰에 악성 앱이 깔리고, 여성대상 강력범죄가 빈번해지고, 혼자 사는 문화가 확산되고, 자율주행차가 많아지고, 드론택시가 하늘을 나는 것처럼, 빨라지는 기술과 사회변화의 속도에 따라 그에 적절한 준비가 필요하지만 이전과 같은 대응 체계와 준비로는 이러한 변화의 흐름을 따라잡기가 쉽지 않습니다. 따라서 국민과 주민의 안전을 확보하기 위해서는 사회환경의 변화에 계속 주의를 기울이면서 이를 대비해야 합니다.

2.4.4. 자치경찰의 미래치안전략

광역범죄의 발생이나 법률의 변화는 국가경찰에서 대응해야 할지 모릅니다. 하지만 자치경찰의 근본적인 목적이나 이념과 같이 주민에게 맞춤형 치안서비스를 제공하고 지역별로 특화된 안전을 확보하기 위해서는 지역별로도 이러한 문제에 깊은 관심을 기울여야 합니다. 이를 위해서는 자치단체별로 발생하는 범죄나 지역사회 변화에 보다 세밀하게 관심을 기울이고 대응할 필요가 있습니다. 어느 지역과 어떤 시간에 폭력사건이 많이 발생하고, 교통사고가 많이 발생하고, 여성대상범죄가 많이 발생하는지를 확인하고 이에 즉각적이고 세밀하게 대응할 수 있는 점이 자치경찰의 가장 큰 장점이 될 수 있습니다. 이를 위해서는 국가경찰에만 의존하지 않고 자치경찰 스스로의 치안역량을 키움과 동시에 필요한 기술과 인력, 제도에 대해 계속적으로 고민해야 합니다. 지방자치에 있어서 복지나 환경, 경제 등도 매우 중요한 문제들이 많이 있습니다. 그러나 주민들에 대한 안전의 확보는 그 무엇보다 중요한 우선 과제가 될 수 있습니다. 이제 시작 단계에 있는 자치경찰은 시험대에 올라 있습니다. 자치경찰제도가 국가경찰이 가지고 있었던 한계를 극복하고 국민들의 기본권을 더욱 세밀하게 보호하는 제도가 될 수 있도록 우리는 지속적으로 노력해야 할 것입니다.

---

[1] 이광형, 미래예측방법론, KAIST, 2016

저자 약력

이동규('자치경찰의 교육과 미래전략' 집필)

경찰대학을 졸업하고 KAIST 미래전략대학원에서 공학석사를 취득, 현재 같은 대학원에서 박사과정을 진행 중에 있다. 지능, 경제, 형사 등 일선 수사부서에서 15년간 근무하였으며 특수수사 분야를 특기로 하였다. 경찰수사연수원 지능범죄수사학과장을 거쳐 현재 경찰인재 개발원 자치경찰교육센터장을 맡고 있다. 드론, VR, A.I. 등 첨단기술들과 함께 범죄와 치안 환경 변화 예측을 주로 연구하고 있다. 저서로는 「Anti-Drone : 드론위협의 대응」이 있다.

김형담('자치경찰의 이해' 집필)

경찰대학 행정학과를 졸업하고 영국 University of Surrey에서'영국 경찰의 역사와 문화: 한국 자치경찰제 도입에 관한 정책적 시사점'을 주제로 범죄학 석사학위를 취득하였다. 주로 지역경찰 순찰팀원으로 근무하였으며, 경찰서 생활안전계장, 생활질서계 생명존중협력담당 관 등으로 근무하였다. 현재 경찰인재개발원에서 자치경찰 분야 강의와 연구를 담당하고 있다.

이정원('자치경찰의 사무와 권한' 집필)

경찰대학 행정학과를 졸업하고 일선 시도청과 경찰서에서 다양한 범죄수사 업무를 담당하였 다. 박사학위 취득 후 공법(헌법, 행정법, 지방자치법) 분야에서 경찰활동에 대한 관심을 가 지며 연구하고 있다. 경찰인재개발원에서 '헌법가치정책실무과정'과 '피해자위기개입전문가 과정'을 운영하면서 관련 분야의 강의를 수행하고 있다.

박성희('경찰사무의 유형별 분류' 집필)

경찰대학 법학과를 졸업하고 춘천경찰서 신사우지구대, 춘천경찰서 여성보호계장, 강원지방 경찰청 피해자보호계장, 경찰청 정보2과, 경찰청장 비서실 등 경찰의 각급 관서를 두루 거쳤 다. 특히 범죄 피해자 및 사회적 약자 보호 분야에 매진하여 2020년 대통령 표창을 받았다. 현재 경찰인재개발원에서 '자치경찰' 및 '피해자보호·지원' 관련 연구와 강의를 담당하고 있다.

문성준('수사 기능을 수행하는 자치경찰' 집필)

수사·경비·보안·외사·지역경찰 기능에서 일하였고, 특히 경찰청 수사구조개혁단에서 수사권 개혁 업무를 담당하였다. 경찰수사연수원, 경찰인재개발원, 그리고 현재는 경찰대학에서 '수 사제도', '수사서류작성', '수사추론' 등에 관한 연구와 강의를 담당하고 있다.

최형우('112치안종합상황실' 집필)

서울지방경찰청, 서울종로경찰서, 서울강서경찰서 112치안종합상황실에서 근무하였다. 2016년부터 경찰인재개발원에서 112치안종합상황실 과정 연구와 강의를 담당하고 있으며 경찰대학 및 소방·해경 긴급신고 요원과 페루, 엘살바도르, 온두라스, 앙골라, 필리핀 등 해외 경찰 대상 긴급신고 시스템 교육을 하여 왔다. 경찰청 112신고 접수 지령 매뉴얼 및 112신고 시스템 구축에 참여하였다.

조준택('지역경찰' 집필)

경찰대학 행정학과를 졸업하고 서울경찰청 영등포·강남·용산경찰서에서 근무하였다. 서울대학교 행정대학원에서 박사학위를 받고 행정학과 경찰학의 국내외 학술지에 논문을 게재하였으며 현재 경찰인재개발원에서 자치경찰 및 민간경비 관련 연구와 강의를 담당하고 있다.

손원진('생활안전' 집필)

경찰대학 법학과, 순천향대 법과학대학원에서 공부하였다. 경찰청 생활안전국, 경남청에서 생안, 여청, 생활질서 등 범죄예방과 질서유지 업무를 담당하였다. 2008년부터 CPTED에 관심을 갖고 무질서, 범죄, 범죄에 대한 두려움을 감소시킬 수 있는 방안에 대해 고민하고 있으며, 한국의 선진 치안시스템을 해외에 전파하는 일에도 앞장서고 있다. 현재 경찰인재개발원에서 범죄예방정책 및 CPTED에 대한 강의를 담당하고 있다.

좌동진('보호조치' 집필)

1992년도 경찰에 입직하여 지방청 생활안전, 외근지도관, 교육, 수사, 지역경찰 등 30년에 걸친 풍부한 현장경험과 경찰 동료강사로서 많은 강의경력을 보유하고 있다. 특히 경찰청 소속 위기협상 요원으로 경찰대학, 수사연수원, 중앙경찰학교, 지방경찰학교, 전국의 강력형사팀장들을 대상으로 인질 및 자살시도자 현장 대응기법을 강의하였으며 현재 경찰인재개발원에서 전국의 현장 경찰관들을 대상으로 '보호조치'의 일환인 '지역경찰 초동조치', '정신질환·자살시도자 현장대응기법'과 관련한 연구와 강의를 담당하고 있다.

백기호('생활질서(풍속)' 집필)

부산지방경찰청 형사과 광역수사대와 수사과 경제범죄수사팀, 해운대경찰서 형사과 강력팀 등 다수의 수사부서에서 근무하였고, 경찰공제회 발간 승진수험서 집필위원으로 활동 중이며, '사행성게임물 판례연구' 책자를 발간하는 등 풍속분야 연구를 지속해 오며 관련 유공으로 2019년 문화체육관광부장관 표창을 받았다. 현재 경찰인재개발원에서 '풍속분야' 및 '총포화약분야' 관련 연구와 강의를 담당하고 있다.

이재용('경범죄' 집필)

경찰대학 행정학과를 졸업하고 경찰에 입직하여 주로 수사부서에서 근무하였다. 강력범죄, 폭력범죄, 경제범죄, 실종사건, 교통사고 등 각종 수사팀에서 국민생활과 밀접한 사건들을 수사하였고, 현재 경찰인재개발원에서 형사법과 수사실무를 주로 지역경찰 관점에서 연구하며 강의하고 있다.

강영훈('가정폭력' '아동학대' 집필)

경찰대학 법학과를 졸업하고 경찰에 입직하여 여성청소년계장, 학교폭력전담팀장 등 여성청소년 관련 분야에서 근무하였다. 현재는 경찰인재개발원에서 8년째 APO(학대예방경찰관), 여성청소년수사팀 등의 현장 경찰을 대상으로 강의하고 관련 정부기관, 아동보호전문기관, 여성인권진흥원 등 협업 기관·단체에도 지속적으로 출강하고 있다.

서민수('학교폭력 & 소년범죄' 집필)

대학에서 청소년 상담학과 아동학을 전공했다. 2012년 '청.바.지.동아리'라는 청소년 자치단체를 운영하며 청소년 활동을 시작했으며, 인천경찰청에서 다년간 '학교전담경찰관' 활동과 '청소년경찰학교'를 운영했다. 현재, 경찰인재개발원에서 '학교폭력과 소년법' 관련 연구와 교육을 담당하고 있고, 조선일보에서 부모교육 칼럼을 연재 중이다. 저서로는 「내 새끼 때문에 고민입니다만,」, 「요즘 자녀學」이 있다.

김학수('성폭력 및 실종 대응 업무' 집필)

중앙대학교 대학원 청소년학과를 졸업(석사)하였고, 서울강남경찰서와 서울경찰청, 여성청소년계, 경찰청 여성청소년과 청소년계, 서울송파경찰서 실종수사팀장 등 각급 경찰관서에서 오랜 기간 여성청소년 관련 부서에서 근무하였다. 특히 청소년 건전 육성 및 사회적 약자 보호 유공으로 2017년 대통령 표창, 2020년 여성가족부장관 표창을 받았다. 현재 경찰인재개발원에서 '성범죄 대응 및 실종수사' 관련 연구와 강의를 담당하고 있다.

여창우('교통' 집필)

1998년 순경공채로 경찰에 입문한 이후 2004년부터 의정부경찰서 교통조사계, 경기북부경찰청 교통조사계 등에서 교통사고조사 및 재조사, 거짓말탐지검사 등의 업무를 수행하였다. 2018년부터 현재까지 경찰인재개발원 자치경찰교육센터에서 지역경찰수사역량강화과정 및 교통업무 관련 연구와 강의를 담당하고 있다.

2022년 안전, 주민, 경찰
자치경찰의 새로운 이해

초판발행   2022년 1월 10일

지은이   이동규 외 14인
펴낸이   안종만 · 안상준

편 집   염상호
기획/마케팅   오치웅
표지디자인   BEN STORY
제 작   고철민 · 조영환

펴낸곳   (주) **박영사**
              서울특별시 금천구 가산디지털2로 53, 210호(가산동, 한라시그마밸리)
              등록 1959. 3. 11. 제300-1959-1호(倫)
전 화   02)733-6771
f a x   02)736-4818
e-mail   pys@pybook.co.kr
homepage   www.pybook.co.kr
ISBN   979-11-303-1388-7   93350

copyright©이동규 외 14인, 2022, Printed in Korea

정 가   59,000원